★ 适合11至12岁 ★

守卫精神家园

SHOUWEI JINGSHEN JIAYUAN

主 编　孙玉亮

上海教育出版社
SHANGHAI EDUCATIONAL
PUBLISHING HOUSE

学习语文，不能只读语文课本，还必须广泛阅读。

广泛阅读，可以提高阅读理解力；

广泛阅读，可以丰富知识，开阔视野；

广泛阅读，可以提升思维力、鉴赏力；

广泛阅读，可以促进人的精神成长。

新编的“语文主题学习”读本，包括古诗文经典诵读、优秀作品专题阅读和整本书阅读，是落实课内外阅读一体化的优质资源。

捧起这套读本读起来，你会越来越享受阅读，你的一生一定会因为阅读而精彩！

崔峦

用阅读滋养你的心灵，
让你变得聪明善良，胸怀
宽广，更富想象力和创造力。

沈石溪

发现美，学会爱，表达自己。
在阅读和写作中不断进步！

王一梅

阅读是开启美好人生的钥匙

赵丽宏

庚子九月

为自己读书
为美好读书

肖复兴

庚子岁末

读经典的书
做优秀的人

[illegible]

幻想，从现实起飞

刘兴诗

目录

经典诵读

专题阅读

范文阅读

组文阅读

自由阅读一

自由阅读二

整本书阅读

经典诵读

东晋王羲之在《兰亭集序》中曾发出这样的感慨："虽世殊事异，所以兴怀，其致一也。"这是说，虽然时代、境遇不同，但遇到让人感怀的事都会抒发自己的情感，这在古人今人都一样。让我们在古人笔下的大自然中，寻觅那永恒的情感。

阅读本单元的经典篇目，借助注释和译文理解诗文大意，与古人对话，感受祖国山川湖海的美景吧。

扫码收听朗诵音频

1 晚泊浔（xún）阳望香炉峰[①]

［唐］孟浩然

挂席[②]几千里，名山都未逢。
泊舟浔阳郭[③]，始见香炉峰。
尝读远公[④]传，永怀[⑤]尘外踪。
东林精舍[⑥]近，日暮空闻钟。

注释

① 诗题一作《晚泊浔阳望庐山》。浔阳：今江西省九江市。
② 挂席：挂帆。
③ 郭：外城。
④ 远公：指东晋名僧慧远，《高僧传》中有慧远的传记。
⑤ 永怀：长久怀想。
⑥ 东林精舍：即东林寺，在庐山山麓。

扬帆行船几千里，竟然没遇到一座名山。我在浔阳城外停船靠岸，才看到非同一般的香炉峰。我曾读过慧远公的小传，他超尘绝俗的行踪使我长久地怀想。东林寺虽然近在眼前，却只听到传来的钟声。

扫码收听朗诵音频

2 望洞庭湖赠张丞相[①]

［唐］孟浩然

八月湖水平，涵虚[②]混太清[③]。

气蒸云梦泽[④]，波撼岳阳城。

欲济[⑤]无舟楫(jí)，端居[⑥]耻圣明[⑦]。

坐观垂钓者，徒有羡鱼情。

注释

① 张丞相：张九龄（673 或 678—740），唐玄宗时为相。
② 涵虚：指天空倒映在水中。涵，包容。虚，虚空，空间。
③ 混太清：与天空浑然一体。太清，指天空。
④ 云梦泽：古代大湖。
⑤ 济：渡过。
⑥ 端居：闲居。
⑦ 耻圣明：有愧于太平盛世。圣明，指太平盛世，古时认为皇帝圣明，社会就会安定。

译文

八月洞庭湖水上涨，几乎与湖岸齐平。天空倒映在水中，水天浑然一体。浩荡的洞庭湖水汽蒸腾，连云梦泽都在它的笼罩之中；汹涌的波涛似乎把岳阳城都撼动了。我想要渡湖却苦于没有船只，圣明时代闲居又觉愧对太平盛世。坐看垂钓之人虽然悠闲自在，可惜只能空怀一片羡鱼之情。

扫码收听朗诵音频

3 蝶恋花[①]

［宋］柳永

伫倚[②]危楼风细细，望极[③]春愁，黯黯[④]生天际。草色烟光残照里，无言谁会凭阑意。　拟把[⑤]疏狂图一醉，对酒当歌，强乐还无味。**衣带渐宽终不悔，为伊消得人憔悴。**

注 释

①蝶恋花：词牌名。一作《凤栖梧》。
②伫倚：久久地凭倚。伫，一作“独”。
③望极：极目远望。
④黯黯：心情沮丧的样子。
⑤拟把：打算。

译文

和风细细，我独倚高楼久久伫立，极目远望，伤别交织着伤春的愁情，仿佛充满了天宇。青青草色、蒙蒙烟霭沐浴在夕阳的金光里，我默默无言，有谁能领会我凭栏时的心意？

我本想尽情放纵，喝个一醉方休，但无论是饮甘醇的酒还是听美妙的歌曲，勉强地行乐，实在只觉得乏味。唉，纵然衣带渐宽，我也决不懊悔，那可爱的人，值得为了她消瘦憔悴。

4 蝶恋花[①]

［宋］晏殊

槛(jiàn)菊[②]愁烟兰泣露，罗幕轻寒，燕子双飞去。明月不谙(ān)[③]离恨苦，斜光到晓穿朱户。　**昨夜西风凋碧树[④]，独上高楼，望尽天涯路。**欲寄彩笺(jiān)[⑤]兼尺素[⑥]，山长水阔知何处。

注释

① 一作《鹊踏枝》。
② 槛菊：在围栏中生长的菊花。
③ 谙：熟悉、了解。
④ 凋碧树：树木的绿叶凋落。
⑤ 彩笺：一种精美的信笺，可供题诗用。这里指代书信。
⑥ 尺素：一尺左右的白色生绢，多作书信用。这里指代书信。

译文

栏杆旁的菊花在烟雾中发愁，沾着露水的兰草在低声哭泣。寒气轻轻地透过丝罗帘幕，一双双飞燕从我眼前掠过。明月不懂得离别的痛苦，斜照的月光直到破晓还照进这朱漆的门户。

昨夜的寒风使得许多绿叶都已枯落，我独自登上高楼，遥望通向天边的道路。真想寄去一封思念的信，可是山高水长，不知你在何处。

5 咏　雪[1]

[南朝宋]刘义庆

谢太傅[2]寒雪日内集，与儿女[3]讲论文义。俄而雪骤[4]，公欣然曰："白雪纷纷何所似[5]？"兄子胡儿[6]曰："撒盐空中差(chā)可拟[7]。"兄女曰："未若[8]柳絮因[9]风起。"公大笑乐。即公大兄无奕(yì)女[10]，左将军王凝之妻也。

注释

① 本文选自《世说新语·言语》，题目为编者所加。

② 谢太傅：谢安（320—385），字安石，东晋政治家。死后被追赠为太傅。

③ 儿女：子女，这里泛指小辈。

④ 骤：急。

⑤ 何所似：像什么。何，什么。似，像。

⑥ 胡儿：谢朗，字长度，谢安次兄谢据的长子。

⑦ 差可拟：大致可以相比。差，大致，差不多。拟，相比。

⑧ 未若：不如。

⑨ 因：趁，乘。

⑩ 无奕女：指女诗人谢道韫（yùn），谢无奕的女儿。无奕，谢安的长兄谢奕，字无奕。

谢安在寒冷的雪天举行家庭聚会，给小辈讲解文章的义理。不久，雪下大了，谢安高兴地说：“这纷纷扬扬的雪像什么？”侄子谢朗说：“跟在空中撒盐差不多可以相比。”侄女谢道韫说：“不如比作柳絮凭风飞舞。”谢安高兴得大笑起来。谢道韫是谢安的长兄谢奕的女儿，左将军王凝之的妻子。

扫码收听朗诵音频

⑥ 小石潭记（节选）

［唐］柳宗元

从小丘西行百二十步，隔篁(huáng)竹[①]，闻水声，如鸣珮环[②]，心乐之。伐[③]竹取道，下见小潭，水尤清冽(liè)[④]。全石以为底[⑤]，近岸，卷石底以出[⑥]，为坻(chí)，为屿，为嵁(kān)，为岩[⑦]。**青树翠蔓[⑧]，蒙络摇缀(zhuì)，参差(cēn cī)披拂[⑨]。**

注释

① 篁竹：竹林。
② 如鸣珮环：好像珮环碰撞的声音。珮、环，都是玉饰。
③ 伐：砍伐。
④ 水尤清冽：水格外清凉。尤，格外，特别。
⑤ 全石以为底：以整块的石头为底。
⑥ 卷石底以出：石底周边部分翻卷过来，露出水面。
⑦ 为坻，为屿，为嵁，为岩：成为坻、屿、嵁、岩各种不同的形状。坻，水中高地。屿，小岛。嵁，不平的岩石。
⑧ 翠蔓：翠绿的藤蔓。
⑨ 蒙络摇缀，参差披拂：蒙盖缠绕，摇曳牵连，参差不齐，随风飘拂。

从小丘向西走一百二十步，隔着竹林，听到了水声，好像珮环碰撞的声音，我心里高兴起来。砍倒竹子，开辟出一条道路，向下看见一个小潭，潭水格外清凉。潭以整块石头为底，靠近岸边，石底周边部分翻卷过来，露出水面，成为坻、屿、嵁、岩各种不同的形状。青葱的树，翠绿的藤蔓，遮掩缠绕，摇曳牵连，参差不齐，随风飘拂。

专题
阅读

触摸自然

“春有百花秋有月，夏有凉风冬有雪。”自然的美景让人赞叹。阅读本专题的文章，让我们走进风光旖旎的夏季牧场，欣赏洁白如雪的玉兰花，沐浴皎洁如水的月光，泛舟碧波荡漾的江上……让我们用心去倾听大自然的声音，去感受大自然的魅力。

阅读时，我们不仅要把握文章的主要内容，体会作者的思想感情，还要就所读内容展开联想，活跃思维，激发创造力。

范文阅读

1 迷人的夏季牧场①

碧 野

就在雪的群峰的围绕中，一片奇丽的千里牧场展现在你的眼前。墨绿的原始森林和鲜艳的野花，给这辽阔的千里牧场镶上了双重富丽的花边。千里牧场上长着一色青翠的酥(sū)油草，清清的溪水齐着两岸的草丛在漫流。草原是这样无边的平展，就像风平浪静的海洋。在太阳下，那点点水泡似的毡房在闪烁着白光。

对比阅读老舍的《草原》。两篇文章都是描写草原的，它们有哪些共同点？这两篇文章让你了解了草原的哪些特点？

当你尽情策马在这千里草原上驰骋的时候，处处都可以看见千百成群肥壮的羊群、马群和牛群。它们吃了含有乳汁的酥油草，毛色格外发亮，好像每一根毛尖都冒着油星。

---

①选自《天山景物记》，选入本书时略有改动。

特别是那些被碧绿的草原衬托得十分清楚的黄牛、花牛、白羊、红羊，在太阳下就像绣在绿色缎面上的彩色图案一样美。

有的时候，风从牧群中间送过来银铃似的叮当声，那是哈萨克族牧女们坠满衣角的银饰在风中击响。牧女们骑着骏马，优美的身姿映衬在蓝天、雪山和绿草之间，显得十分动人。她们欢笑着跟着嬉逐的马群驰骋，而每当停下来，就骑马轻轻地挥动着牧鞭歌唱。

从哈萨克族牧女们的服饰、身姿、动作等方面可以感受到她们生活的美好。

这雪峰、绿林、繁花围绕着的天山千里牧场，虽然给人一种低平的感觉，但位置却在海拔两三千米以上。每当一片乌云飞来，云脚总是扫着草原，洒下阵雨，牧群在雨云中出没，加浓了云意，很难分辨得出哪是云头哪是牧群。而当阵雨过去，雨洗后的草原就变得更加清新碧绿，远看像块巨大的蓝宝石，近看缀满草尖上的水珠，却又像数不清的金刚钻。

特别诱人的是牧场的黄昏，周围的雪峰被落日映红，像云霞那么灿烂；雪峰的红光映射到这辽阔的牧场上，形成一个金碧辉煌的世界，毡房、牧群和牧女们，都镀(dù)上了一色的玫瑰红。当落日沉没，周围雪峰的红光逐渐消退，银灰色的暮霭笼罩草原的时候，你就可以看见无数点点的红火光，那是牧民们在烧起铜壶准备晚餐。

你用不着客气，任何一个毡房都是你的温暖的家，只要你朝火光的地方走去，不论走进哪一家毡房，好客的哈萨克族牧民都会像对待亲兄弟似的热情地接待你。渴了你可以先喝一盆马奶，饿了有烤羊排，有酸奶疙瘩，有酥油饼，你可以一如哈萨克族牧民那样豪情地狂饮大嚼。

读完这一段，哈萨克族牧民给你留下了怎样的印象？

当家家毡房的吊壶三脚架下的野牛粪只剩下一堆红火烬(jìn)的时候，夜风就会送来冬不拉的弦音和哈萨克族牧女们婉转嘹亮的歌声。这是十家八家聚居在一处的牧民们齐集到一家比较大的毡房里，欢度一天最后的幸福时辰。

过后，整个草原沉浸在夜静中。如果这

夏季牧场的迷人之处在于不仅有奇丽的自然风光，还有淳朴的民风和人们幸福温暖的生活。

时你披上一件皮衣走出毡房，在月光下或者繁星下，你就可以蒙眬地看见牧群在夜的草原上轻轻地游荡，夜的草原是这么宁静而安详，只有漫流的溪水声引起你对这大自然的遐(xiá)思。

日积月累

大自然的每一个领域都是美妙绝伦的。

——亚里士多德

心灵与自然相结合才能产生智慧，才能产生想象力。

——梭罗

② 夏日草原

席慕蓉

若是问我，每次舟车劳顿、千里迢(tiáo)迢地到了蒙古高原，最想要做的是什么？

我一定会说，没有比走在无边无际的夏日草原上更好的事了！

有过几次，正当七月，刚好经过蒙古国中央省或者近库苏古尔省境内那些辽阔美好的草原，我只求能赶快下车走路。

从来没有比走在无边无际的夏日草原上更令人难忘的欢畅快意了！

> 夏日草原让作者感到欢畅快意，作者是从哪几方面来具体描写这种情感的？

首先是视觉上的舒展。

我们的眼睛可以望到无穷远。然而，蒙古的草原又不是平坦开阔到无趣的地步，相反地，她总是有着和缓而优美的起伏，像是放大了的微微动荡的海浪，总会引诱你想稍微快走几步，好登上眼前这座基地广大的丘

> 这里运用了比喻的修辞手法，从平视的角度来描写草原。

陵，眺望前方又有些什么新的动向和美丽的线条。

即使有时在更远处真的有比较高大的山脉，那和草原连接起来的山坡坡度也不大，无论是步行或是骑马，都可以从山下从从容容地走到山腰，一路也铺着犹如地毯一般的绿草。

这里让人想起《敕勒歌》描写的场景。

草原是广大的圆周，苍天真如一座高不可测的穹（qióng）顶，以无限宽广的弧度覆盖着大地，而我自己这小小的身体，就是这片天地的圆心。如果我把身体做三百六十度的旋转，那极远处微微起伏的地平线也绕着我转一圈而无始无终；也就是说，无论我往前走了多少步，依旧是这个广大圆周的唯一的中心点。

然后就是那云影与天光。

草原上的云朵，有时候又多又大又平整，在蓝天上列队而行，天高云低，风起的时候，一朵一朵依序飞过，那草原就忽明忽暗，人好像走在梦里。一下子所有的青草都闪着金光，逆光处背后的丘陵像镶上了发亮的边线，身体被阳光照得暖烘烘的。然后忽然间所有的颜色都沉静了下来，在云影掠过之处，草色在泛白的灰绿和透明的青绿之间挪移，风也凉多了，像擦了薄荷油一样。

然后，还有那难以形容的芳香！

那不只是青草的清香而已，而是混合着好几种香草的草叶被压折碰触后所发出的香气。在刚刚站定时还不太显著，不过，只要一开始往前走，每迈一步就会马上有一股翻腾而起的独特的芳香，弥漫在四周。

读到这里，你是否想到了“踏花归去马蹄香”的典故？

野生的香草，在夏日遍布草原，好几种香味混合之后，那强烈的芳香如药酒又如甘泉那样的提神醒脑，沁人心脾，进入每一种感觉细胞的最深处，让生命苏醒，让我忘记了所有的疲劳困顿，只想就这样一步一步地走下去。

我当然明白我的祖先在游牧生活里有许多艰难之处。可是，七八月间，时当草原的盛夏，阳光静好，青草繁茂，鹰雕从云层下低飞掠过，草丛间被我们的脚步惊扰起来的蚱蜢等草虫，在身前身后弹跳得好远，还不断发出“嘎”声的鸣叫。旷野无人，只有轻柔的风声，这里，应该就是天堂了吧？

草原深处，有时会遇见一泓(hóng)弯泉极尽曲折地流过。小河的流水清澈，河中长长的水草顺着水流的流势忽左忽右轻轻摆荡，连几颗小石子的滚动也看得清清楚楚。薄暮时分，从山腰往下眺望，那样一条狭窄弯曲的河流映着天空的霞光，像条灰紫色的发亮的缎带，在暗绿的旷野上蜿蜒伸展，不知道从何处起始，到何处终结。然而，我深信，几千年来我的祖先们所追求的“水草丰美”，应该就是这样了吧？

草原深处的小河，让作者想到了“水草丰美”。你有过类似的感受吗？

3 报　秋

宗　璞

似乎刚过完春节，什么都还来不及干呢，已是长夏天气，让人懒洋洋的像只猫。一家人夏衣尚未打点好，猛然却见玉簪(zān)花那雪白的圆鼓鼓的棒槌(chuí)，从拥挤着的宽大的绿叶中探出头来。我先是一惊，随即怅然。这花一开，没几天便是立秋。以后便是处暑便是白露便是秋分便是寒露，过了霜降，便立冬了。真真的怎么得了！

联系全文，想一想：作者看到玉簪花，为什么吃惊？又为什么怅然呢？

一朵花苞钻出来，一个柄上的好几朵都跟上。花苞很有精神，越长越长，成为玉簪模样。开放都在晚间，一朵持续约一昼夜。六片清雅修长的花瓣围着花蕊，当中的一株顶着一点嫩黄，颤颤地望着自己雪白的小窝。

这花的生命力极强，随便种种，总会活的。不挑地方，不拣土壤，而且特别喜欢背阴处，把阳光让给别人，很是谦让。据说花瓣可以入药。还有人来讨那叶子，要捣烂了治脚气。我说它是生活上向下比，工作上向上比，算得一种玉簪花精神吧。

我喜欢花，却没有侍弄花的闲情。因有自知之明，不敢邀名花居留，只有时要点草花种种。有一种太阳花又名“死不了”，开时五色缤纷，杂在草间很好看。种了几次，都不成功。“连‘死不了’都种死了。”我常这样自嘲。

这一段写自己种太阳花的经历，反衬玉簪花的生命力强。

玉簪花却不同，从不要人照料，只管自己蓬勃生长。往后院月洞门小径的两旁，随便移栽了几个嫩芽，次年便有绿叶白花，点缀着夏末秋初的景致。我的房门外有一小块地，原有两行花，现已形成一片，绿油油的，完全遮住了地面。在晨光熹(xī)微或暮色朦胧中，一柄柄白花擎(qíng)起，隐约如绿波上的白帆，不知驶向何方。有些植物的繁茂枝叶中，会藏着一些小活物，吓人一跳。玉簪花下却总是干净的。可能因气味的缘故，不容虫豸(zhì)近身。

花开有十几朵，满院便飘散着芳香。不是丁香的幽香，不是桂花的甜香，也不是荷花的那种清香。它的香比较强，似乎有点醒脑的作用。采几朵放在养石子的水盆中，房间里便也飘散着香气，让人减少几分懒洋洋，让人心里警惕着：秋来了。

秋是收获的季节，我却是两手空空。一年、两年过去了，总是在不安和焦虑中。怪谁呢，很难回答。

久居异乡的兄长，业余喜好诗词。前天寄来自译的朱敦儒的那首《西江月》。原文是：

日日深杯酒满，朝朝小圃(pǔ)花开。自歌自舞自开怀，且喜无拘无碍。　青史几番春梦，红尘多少奇才。不须计较与安排，领取而今现在。

这首词写得很好，我要背下来。

若照他译的英文再译回来，最后一句是认命的意思。这意思有，但似不够完全。我把“领取而今现在”一句反复吟哦，觉得这是一种悠然自得的境界。其实不必深杯酒满，不必小圃花开，只在心中领取，便得逍遥。

这里连用四个“领取”，从秋到冬再到四季，最后到整个生活，层层铺开，逐渐扩大，将作者那种悠然自得地面对现实的人生态度展现在我们面前。

领取自己那一份，也有品味、把玩、获得的意思。那么，领取秋，领取冬，领取四季，领取生活吧。

那第一朵花出现已一周，凋谢了。可是别的一朵一朵在接上来。圆鼓鼓的花苞，盛开了的花朵，由一个个柄擎着，在绿波上漂浮。

阅读链接

玉簪花的花朵还没开放的时候，好像古代女子插在头发上的发簪，玉簪花因此得名。玉簪花有着高雅圣洁的美好寓意，给人一种宁静自然、超凡脱俗的美。相传在天宫里，有个性格十分顽皮的仙女，她是王母娘娘最小的女儿，从小就十分向往人间那自由自在、无拘无束的日子。有一次，仙女计划在王母娘娘寿宴当天偷偷下凡。没想到，王母娘娘竟看穿了女儿的心事，没有给她下凡的机会。仙女无奈之下，只好将插在头发上的玉簪取下来，让玉簪代替自己前往人间。后来，这支玉簪落在人间的地方，就长出了和玉簪一样的花儿。这些散发着清香的花儿，就是人们熟知的玉簪花，也被人们称为“江南第一花”。

4 广玉兰赞

陈荒煤

在南京中山陵附近住了短短五天，我爱上了广玉兰。

联系下文，说一说：“我”为什么会在短短五天就爱上广玉兰？

好多年来，我没有在这么安静、广阔的林园里住过。第一天晚上临睡前，我独自散步在林丛中，渐渐发现总有一股淡淡的幽香在清新的空气中荡漾，又似乎围绕着我的身边飘浮不定。

开始，我以为，可能是林丛中有些不知名的野花所散发的气息，但是我在明亮的月光下搜寻，并没有发现有多少野花。有几处小小的野花，也不可能有这么大的能量，发出净化夜空的幽香。

我继续搜寻，认为附近一定有一个很大的花坛正在百花齐放，因而芬芳四溢，在夜空弥漫。可是我也没有发现这个花坛。我简直有些迷惑了，我愈是搜寻，愈是感觉到这股淡淡的幽香似乎渐渐变得更加浓郁起来，渗透了我的心灵。

“幽香”和作者的回忆有什么关联？

这一夜，我在这股使人迷惑的幽香里失落了睡眠，闪现了许多回忆。30年代，许多曾经在南京一起做过短暂战斗的已经去世的朋友们的影子，却个个清晰地涌到我的眼前：章泯(mǐn)、宋之的(dì)、沙蒙、瞿(qú)白音、吕班、郑山尊，还有抗战爆发后在南京匆匆诀别的叶紫。

我也看到了丽尼。我从北平流亡到南京和他会见时，他讲过，上海的朋友们听到传言，我在北平沦陷时遇难了，还准备为我举行追悼会……

可是，我现在还活着，这些老战士却只能活在我的心中了。当然，他们的名字将永远铭刻在新文艺运动的丰碑上。

虽然这一夜辗转难以安眠，却醒得特别早，而且醒来的第一个念头，就是要去搜寻一下幽香的来源。

我在林荫道上徘徊（pái huái），才发现两旁的树林里有许多开着洁白花朵的树木。问了一下园丁，这些树木就叫广玉兰，是从广东一带传过来的玉兰花。有些广玉兰树四五米高，有的才不过是一二米高。现在正是玉兰花盛开的季节，抬头看，树枝头上，在绿油油的叶丛中，有的玉兰花正在绽放。在朝阳的照耀中，我觉得我笨拙的文字无法形容那花瓣洁白的色彩。说它纯白吧，又似乎有一种淡淡的青绿色渗透出来；说是雪白吧，它又显得那么厚实，没有任何颗粒感。总之，“洁白”两个字又不能概括它洁白的全部内涵。

文章到这里才揭开“幽香”的来源，体会这样写的好处。

清晨、傍晚、深夜，我在散步中所感觉到的一阵阵幽香，就是这些洁白的玉兰花迸放时候传送给人们的信息。

一连几天，成了我的习惯，每天散步的时候都要观察与欣赏一下广玉兰。

花朵还未成苞，最早萌芽在枝头的时候，只是一根淡绿色的嫩芽，然后逐渐结成花苞，又从淡绿色成为碧玉色的花苞脱颖而出，坚实挺立的身上还披着一层已经萎黄的外壳，证明一个新的生命开始了。这个花苞约莫有三四寸高，到这时候，它开放了。刚开的花朵里往往钻进去六七只蜜蜂，围绕着花蕊飞来飞去。这个椭圆形的花蕊有一寸左右长，像是一颗夹杂着淡黄青绿色的白嫩白嫩的小玉米。

当玉兰花大开之后，有手掌心那么大的花瓣，便洁白鲜嫩像婴儿的笑脸、少女的掌心，显得那么温柔、纯洁，几乎使人不禁要伸手去抚摸一下。然而，它们悄悄地逐渐萎黄了，终于变为一片片褐色卷起枯黄的叶儿，飘落在泥土野草之中，流散在树脚下。尽管在一棵广玉兰树上，新的、大大小小的花苞不断耸立，有的玉兰苞刚刚开放，有的正处在盛开的时节，然而在碧绿的密集的树叶中，即使只有少数枯黄的玉兰花的残片，也觉得特别显眼，不免使人感到十分惋惜和遗憾。

这三段描写了玉兰花从嫩芽、花苞、开放，到枯萎、凋落的全过程，一方面表达了作者对玉兰花凋落的惋惜之情，另一方面也为下文写玉兰花蕊做了铺垫。

可是我终于发现了一个秘密：当玉兰花枯萎凋落之后，它的花蕊却变成了近两寸长的鲜丽的近乎紫红色的颗粒，如细珠的圆茎，还毅然独自挺立在枝头！而且还在它的根部又冒出一枝新的嫩芽来，似乎证明洁白的玉兰花虽然花开花落，从生到死，然而它还有一颗红心依然耸立，还在孕育着新芽。可惜我要走了，我来不及看到这棵嫩芽生长起来之后，到底是一片新的树叶还是一个新的花苞。

花开花落、生生死死，当然是永恒的现象，但是我却由此联想到，对于作家、艺术家来讲，一颗红心不死，临终在他们的作品里能够发射出强烈的时代的光和热，点燃人们心灵的希望之火，照亮了广大人民前进的道路，才能获得真正的永恒。

这是作者由玉兰花联想到的，把你读完这段后所想到的和同学们交流一下吧！

因此，短短的几天里，我爱上了广玉兰。

我爱广玉兰的嫩芽、花苞、盛开的幽香和洁白的花朵，但是更加使我敬爱的是玉兰花那颗挺立在枝头上不断哺育出新芽的红心！

5 旅夜书怀

[唐] 杜甫

这首诗哪几句写的是近景？哪几句写的是远景呢？

细草微风岸，危樯（qiáng）[①]独夜舟。
星垂平野阔，月涌大江流。
名岂文章著？官应老病休。
飘飘[②]何所似？天地一沙鸥。

注释

① 危樯：高竖的桅杆。危，高。樯，船上挂风帆的桅杆。
② 飘飘：四处飘零的样子。

译文

微风习习，江岸细草如丝，一只高竖桅杆的船，夜间孤零零地行驶在江上。星星垂挂在远天，显出平野的辽阔；月光照着汹涌奔流的江水。自己有点名声，哪里是因为文章好呢？做官之事，由于自己年老多病，不得不结束了。如此江湖落拓，到处漂泊，像什么呢？就像那天地之间孤单飘飞的一只沙鸥。

⑥ 五月十九日大雨

[明] 刘基

风驱急雨洒高城，
云压轻雷殷(yǐn)[1]地声。
雨过不知龙[2]去处，
一池草色万蛙鸣。

一句诗就是一幅画。你从中读出了怎样的画面？

注 释

① 殷：震动。
② 龙：古人认为龙能兴云作雨。

疾风驱使着大雨，倾倒下来洒向城楼；乌云密布，雷声隆隆，震撼大地。雨来得快，去得也快，不一会儿，那兴云作雨的龙挟着雷电乌云远去了，眼前万物清新，池塘水溢，青草滴翠，只有嘈杂的蛙鸣不绝于耳。

⑦ 清平乐·博山道中即事

［宋］辛弃疾

这首词全篇都是写景，没有一句抒情，却又处处融情于景。读完后，你感受到了作者怎样的情感？

柳边飞鞚（kòng）[①]，露湿征衣重。宿鹭窥（kuī）沙孤影动，应有鱼虾入梦。　一川明月疏星，浣（huàn）纱人影娉婷（pīng tíng）[②]。笑背行人归去，门前稚子[③]啼声。

注 释

① 鞚：马笼头，代指马。
② 娉婷：形容女子的姿态美。
③ 稚子：幼子。

译文

驱马从柳边飞驰而过，柳枝上的露水落在身上，沾湿的衣衫变重了。一只白鹭栖宿在沙滩上，眯着眼向沙面窥视，映在沙上的影子轻轻摇晃，它一定是梦见了鱼虾。

夜深人静，月明星稀，溪边一位年轻的女子正在浣纱。在月光下，她那美丽的身影倒映在水中。听到村舍门前孩子的哭声，正在浣纱的母亲立即往家赶，路上遇见陌生的行人，只羞怯地一笑，便匆匆离去。

8 雨之歌

［黎巴嫩］纪伯伦

我们是上天从天上撒下的银线，大自然将我们接住，用我们来美化山川。

从哪些地方可以看出“我”是雨？

我们是从阿斯塔特女神[①]王冠上落下来的美丽的珍珠，早晨的女儿抢走了我们，将我们撒遍大地。

我在哭，一个个小山丘却在笑；我往下掉，花儿们却高高地昂起了头。

乌云和大地是一对恋人，我同情他们，并为他们传递书信。我倾注着冲淡了他俩中间的这一个强烈欲念，抚慰了另一个受创的心灵。

雷声和闪电预报着我的到来，天空的彩虹宣布了我旅程的终结。生活就是这样，它从愤怒的雷电脚下开始，然后在安谧的死亡

① 阿斯塔特女神：古代腓尼基丰收女神、母爱之神和爱神的希腊名称。

的怀抱里结束。

我从海里升起，在太空的羽翼上翱翔。看到美丽的花园，我就下降，我去亲吻鲜花的嘴唇，拥抱树木的枝条。

万籁俱寂，我用纤细的手指敲着窗上的水晶玻璃，这声音组成了歌曲，使多愁善感的心灵沉醉。

大气的炎热生育了我，我却要驱散这炎热的大气。

我是海洋的叹息，是苍穹的眼泪，也是大地的微笑。爱情也是这样，它是感情的海洋里发出的叹息，是沉思的天空滴下的泪水，是心田里浮出的微笑。

找出文中想象奇特的地方，与同学交流。

（苏玲　译）

9 金色花

[印度]泰戈尔

假如我变成一朵金色花，只是为了好玩，长在那棵树的高枝上，笑哈哈地在风中摇摆，又在新生的树叶上跳舞，妈妈，你会认识我吗？

你要是叫道：“孩子，你在哪里呀？”我暗暗地在那里匿(nì)笑，却一声儿不响。

我要悄悄地开放花瓣儿，看着你工作。

“我”突发奇想，变成一朵金色花，在一天的时间里三次与妈妈嬉戏。请你画出三次描写嬉戏场景的句子。

当你沐浴后，湿发披在两肩，穿过金色花的林荫，走到小庭院时，你会嗅到这花的香气，却不知道这香气是从我身上来的。

当你吃过中饭，坐在窗前读《罗摩衍(yǎn)那》，那棵树的阴影落在你的头发与膝上时，我便要投我的小小的影子在你的书页上，正投在你所读的地方。

但是你会猜得出这就是你的小孩子的小

影子吗？

当你黄昏时拿了灯到牛棚里去，我便要突然地再落到地上来，又成了你的孩子，求你讲个故事给我听。

假如你是一朵金色花，你会怎样跟妈妈嬉戏呢？

“你到哪里去了，你这坏孩子？”

“我不告诉你，妈妈。”这就是你同我那时所要说的话了。

（郑振铎　译）

阅读链接

泰戈尔（1861—1941），印度作家、诗人。1913年，他凭借《吉檀迦利》成为第一位获得诺贝尔文学奖的亚洲人。他的代表作有长篇小说《沉船》等，诗集《吉檀迦利》《新月集》《园丁集》《飞鸟集》等。

我们知道：在阅读文章时，从所读的内容想开去，不仅能深化对文章内容的理解，还可以活跃思维，激发创造力。本组文章中，哪些植物引发了作者对人生的思考，又让你想到了什么呢？

1 石　榴

郭沫若

五月过了，太阳增加了它的威力，树木都把各自的伞盖伸张了起来，不想再争妍斗艳的时候，有少数的树木却在这时开起了花来。石榴树便是这少数树木中最可爱的一种。

石榴有梅树的枝干，有杨柳的叶片，奇崛而不枯瘠(jí)，清新而不柔媚，这风度实兼备了梅、柳之长，而舍去了梅、柳之短。

最可爱的是它的花，那对于炎阳的直射毫不辟易的深红色的花。单瓣的已够陆离[1]，双瓣的更为华贵，那不是夏季的心脏吗？

---

① 陆离：美好。

单那小茄形的骨朵就已经是一种奇迹了。你看，它逐渐翻红，逐渐从顶端整裂为四瓣，任你用怎样犀利的剪刀也都剪不出那样的匀称，可是谁用红玛瑙(nǎo)琢成了那样多的花瓶儿，而且还精巧地插上了花？

单瓣的花虽没有双瓣的豪华，但它却更有一段妙幻的演艺，红玛瑙的花瓶儿由希腊式的安普剌(lá)①变为中国式的金罍(léi)，殷、周时代古味盎(àng)然的一种青铜器。博古家所命名的各种锈彩，它都是具备着的。

你以为它真是盛酒的金罍吗？它会笑你呢。秋天来了，它对于自己的戏法好像忍俊不禁地破口大笑起来，露出一口皓(hào)齿，那样透明光嫩的皓齿，你在别的地方还看见过吗？

我本来就喜欢夏天。夏天是整个宇宙向上的一个阶段，在这时使人的身心解脱尽重重的束缚。因而我更喜欢这夏天的心脏。

有朋友从昆明回来，说昆明石榴特别大，籽粒特别丰腴(yú)，有酸甜两种，酸者味更美。

我禁不住唾津的潜溢了。

---

① 安普剌：一种圆身细颈小瓶。

2 紫云英

张品成

突然想跟你说说紫云英。现在南方好像已经不种这种用于肥田的植物了。记得小时候，生产队收了晚稻，总要混合了草木灰往田里撒一种芝麻般大小形状怪异的种子。那就是紫云英，俗称红花草。

其实不应该叫草，她肯定是一种花。也就是清明前后的这段时间，春风贴地而行，掠过草木的叶梢，紫云英就像被人施了魔法“哗”地蹿长成一片，像一块块绿色的绒毡，远看近看都极富生机和诗意。再过不几天，就有小小花蕾在枝叶间显现，忽然某个夜晚，那绿色的绒毡就有粉红夹杂其间了，后来就索性改换了颜色，成粉红斑斓的了。你一定体验过那天早上突然将屋门打开，看着远近的农田颜色更换的情形而产生的诧异和惊喜。粉红的颜色铺天盖地，像世界突然一夜间变了一副模样。

贴近了细看，紫云英的花有点像莲花，当然她没有莲花那么显眼醒目，也没有莲花那种清雅，甚至开得过于张扬。

但她有一种阵势。她不合适于村姑单朵单束地摘了采了，缀于发鬓或置于花瓶；她也不能为摆设而摆设。紫云英的美在于一种阵势，像映山红。可能野花知道自己的渺小，缺乏诱人的芬芳，不起眼，不显目，为世人不屑。所以，她们才联合起一种阵势，那种逼人眼眸(móu)、摄人心魄的阵势。如果你真的能够领略到她的伟大，没有人不为之感动，是那种为一枝一朵所陶醉所满足者不能体会的。

孩提时候的我，很喜欢雀跃于疯长着紫云英的田野上，在那翻跟斗、摔跤。紫云英是不怕踏压的，才凹伏下去一片，不多久又蓬勃起来。她是宽容的，好像理解乡间顽童的活泼天性；可对恶意的摧残，她却毫不留情地报复，我目睹过村中老牛饱食紫云英腹胀而死的整个过程，其惨状不可言说。

紫云英几乎没有馨(xīn)香，但我常常因她想起“一缕香魂”这个词。紫云英的最后结局是被翻耕埋入烂泥之中。可我从没感觉那一丘丘的方田是她们的坟场，我总觉得在水田明镜般的水面之下，她们那缕香魂依旧，不然，那些禾苗赖以吸吮的养分从何而来？一直到稻禾吐穗扬花甚至成熟收割，我仍会想到紫云英的生命存在。

③ 牡丹的拒绝

张抗抗

它被世人所期待、所仰慕、所赞誉，是由于它的美。

它美得秀韵多姿，美得雍容华贵，美得绚丽娇艳，美得惊世骇俗。它的美是早已被世人所确定、所公认了的。它的美不惧怕争议和挑战。

有多少人没有欣赏过牡丹呢？

却偏偏要坐上汽车、火车、飞机、轮船，千里万里跋山涉水，天南海北不约而同，揣着焦渴与翘企的心，滔滔黄河般地涌进洛阳城。

欧阳修曾有诗云：洛阳地脉花最重，牡丹尤为天下奇。

传说中的牡丹，是被武则天一怒之下逐出长安，贬去洛阳的。却不料洛阳的水土最适合牡丹的生长。于是洛阳人种牡丹蔚然成风，渐盛于唐，极盛于宋。每年四月中旬春色融融的日子，街巷园林千株万株牡丹竞放，花团锦簇、香云缭绕——好一座五彩缤纷的牡丹城。

所以看牡丹是一定要到洛阳去看的。没有看过洛阳的牡丹就不算看过牡丹。况且洛阳牡丹还有那么点来历，它因被贬而增色而名声大噪，是否因此勾起人的好奇也未可知。

这一年已是洛阳的第九届牡丹花会。这一年的春天却来得迟迟。

连日浓云阴雨，四月的洛阳城冷风飕飕。

街上挤满了从很远很远的地方赶来的看花人。看花人踩着年年应准的花期。

明明是梧桐发叶，柳枝滴翠，桃花、梨花姹紫嫣红，海棠更已落英缤纷——可洛阳人说春尚不曾到来；看花人说，牡丹城好安静。

一个又冷又静的洛阳，让你觉得有什么地方不对劲。你悄悄闭上眼睛不忍寻觅。你深呼吸掩藏好了最后的侥幸，姗姗步入王城公园。你相信牡丹生性喜欢热闹，你知道牡丹不像幽兰习惯寂寞，你甚至怀着自私的企图，愿牡丹接受这提前的参拜。

然而，枝繁叶茂的满园绿色，却仅有零零落落的几处浅红，几点粉白。一丛丛半人高的牡丹植株之上，昂然挺起千头万头硕大饱满的牡丹花苞，个个形同仙桃，却是朱唇紧闭，洁齿轻咬，薄薄的花瓣层层相裹，透出一副傲慢的冷色，绝无开花的意思。偌大的一个牡丹王国，竟然是一片黯淡萧瑟的灰绿……

一丝苍白的阳光伸出手竭力抚弄着它，它却木然呆立，无动于衷。

惊愕伴随着失望和疑虑——你不知道牡丹为什么要拒绝，拒绝本该属于它的荣誉和赞颂。

于是看花人说这个洛阳牡丹真是徒有虚名；于是洛阳人摇头说其实洛阳牡丹从未如今年这样失约,这个春实在太冷，寒流接着寒流怎么能怪牡丹？当年武则天皇帝令百花连夜速发以待她明朝游玩上林苑，百花慑于皇威纷纷开放，唯独牡丹不从，宁可发配洛阳。如今怎么就能让牡丹轻易改了性子？

于是你面对绿色的牡丹园，只能竭尽你想象的空间。想象它在阳光与温暖中火热的激情；想象它在春晖里的辉煌与灿烂——牡丹开花时犹如解冻的大江，一夜间千朵万朵纵情怒放，排山倒海、惊天动地。那般恣意那般宏伟，那般壮丽那般浩荡。它积蓄了整整一年的精气，都在这短短几天中轰轰烈烈地迸发出来。它不开则已，一开则倾其所有挥洒净尽，终要开得一个倾国倾城、国色天香。

你也许在梦中曾亲吻过那些赤橙黄绿青蓝紫的花瓣，而此刻你须在想象中创造姚黄、魏紫、豆绿、墨撒金、白雪塔、铜雀春、锦帐芙蓉、烟绒紫、首案红、火炼金丹……想象花开时节洛阳城上空被牡丹映照的五彩祥云；想象微风夜露中颤动的牡丹花香；想象被花气濡染的树和房屋；想象洛阳城延续了一千多年的“花开花落二十日，满城人人皆若狂”之盛况。想象给予你失望的纪念，给予你来年的安慰与希望。牡丹为自己营造了神秘与完美——恰恰在没有牡丹的日子里，你探访了窥视了牡丹的个性。

其实你在很久以前并不喜欢牡丹。因为它总被人作为“富贵”膜拜。后来你目睹了一次牡丹的落花，你相信所有的人都会为之感动：一阵清风徐来，娇艳鲜嫩的盛期牡丹忽然整朵整朵地坠落，铺散一地绚丽的花瓣。那花瓣落地时依然鲜艳夺目，如同一只奉上祭坛的大鸟脱落的羽毛，低吟着壮烈的悲歌离去。牡丹没有花谢花败之时，要么烁于枝头，要么归于泥土，它跨越委顿和衰老，由青春而死亡，由美丽而消遁。它虽美却不吝惜生命，即使告别也要展示给人最后一次的惊心动魄。

所以在这阴冷的四月里，奇迹不会发生。任凭游人扫兴和诅咒，牡丹依然安之若素。它不苟且不俯就不妥协不媚俗，甘愿自己冷落自己。它遵循自己的花期自己的规律，它有权利为自己选择每年一度的盛大节日。它为什么不拒绝寒冷?!

天南海北的看花人，依然络绎不绝地涌入洛阳城。人们不会因牡丹的拒绝而拒绝它的美。如果它再被贬谪十次，也许它就会繁衍出十座洛阳牡丹城。

于是你在无言的遗憾中感悟到，富贵与高贵只是一字之差。同人一样，花儿也是有灵性的，更有品位之高低。品位这东西为气、为魂、为筋骨、为神韵，只可意会。你叹服牡丹卓尔不群之姿，方知品位是多么容易被世人忽略漠视的美。

阅读链接

相传，武则天有一次想游览上林苑，专门宣诏：“明朝游上苑，火急报春知。花须连夜发，莫待晓风吹。”当时正值寒冬，面对武则天甚为霸道的宣诏，百花仙子只有领命准备。第二天，武则天游览花园时，看到园内众花竞开，却独有一花圃中不见花开。细问后得知是牡丹仙子违命，武则天一怒之下便命人点火焚烧牡丹，并将牡丹从长安贬到洛阳。谁知，这些已烧成焦木的花枝来年竟开出艳丽的花朵。众花仙佩服不已，便尊牡丹为“百花之首”。“焦骨牡丹”因此得名，也就是今天的“洛阳红”。

4 古 藤[1]

王剑冰

翻下来，腾挪上去，再翻下来，再腾挪上去，就像临产前的巨蟒，痛苦得不知如何摆放自己的身体。又似台风中的巨浪，狂躁不安地叠起万般花样。

这该是多少藤的纠缠啊！洋洋洒洒不知多少轮回。可主人说这只是一棵藤时，我吃惊了。怎么能是一棵藤呢？但它确实是一棵藤，一棵独立的藤，学名叫“白花鱼藤”，属稀有的物种。

好美的名字，有色有形，诗意盎然。

这棵藤距离何仙姑家庙不远。说它沾了何仙姑的仙气，或何仙姑沾了它的仙气也未可知。《仙佛奇踪》说：何仙姑为广州增城何泰的女儿，生时头顶有六条头发。经常在山谷之中健行如飞。传说武则天曾遣使召见她去宫中，入京的途中何仙姑突然失踪。之后白日升仙。这之后还有人为吕洞宾与何仙姑罩上了感情色彩。说何仙姑成仙返回家乡，在家庙

---

① 选自王剑冰的散文《增城增成的印记》。

的树林里乘凉，师父吕洞宾欣然而往，匆忙间用神仙拐杖叉住了何仙姑的绿丝带，何仙姑掩面飞往天庭，吕洞宾丢掉拐杖去追何仙姑。于是，仙姑的绿丝带化作了盘龙古藤，吕洞宾的神仙拐杖也变成了支撑古藤的大树。当然这只是传说，但我仍然会恍惚间把这藤想成是何仙姑长长的六条头发。

我敬慕地站立着，品读着这棵意象万千的古藤。

它一定受过无尽的苦痛。风雨剥蚀过它，雷电轰击过它，战火摧残过它，它依附的大树，长大，长高，长老，直到一个夜晚轰然倒塌。那伤感的声音，把一棵藤的后半生弄得不知所措。现在那棵树只剩下一段冒出地表的枯树桩。

藤，看着疼，身子一半已朽，一些枝条乱于风中。

藤，要么死亡，要么活着。

无有依托就不再存有想法，就像失去娘的孩子，自己为自己做桩，自己为自己相绕，直立而起，倒下，再直立。藤留下坚毅、痛苦、挣扎的过程。一千三百年风霜雨雪，把它变成根，变成树，变成精。

藤，木的典范、水土的凝铸、生命的阐述。像不羁的狂草，有重笔有轻染，有淋漓的汁点。

因也就想到，一位九十高龄书法家出席一个集会，有人上前搀扶说，您老气色不错啊。老人说，色没有了，气还有。

而看这藤，乃真气色。据悉，藤依然六月开花如瑞雪，而后还结果，花开季节，芬芳遍地，香气袭人。那该是多么迷人的意境啊！

人其实同藤一样，从一点点爬起，活得不知有多艰难。要依靠亲人，依靠师长，依靠领导，依靠社会。要学着做人，学着生活，学着应付，学着面对。

见过一些社会底层的老人，这些人多是农家人，田间里辛劳一生，慢慢地累弯了腰，在墙角路边聊度余生，那腰也就更像一棵藤。我还在医院里看到一个老态女子，弯了的腰使头几乎垂于地面，走路时双手撑在脚上，脚挪手也挪，身子像个甲壳虫。如果不是住进了产房，你几乎忽略了她是一个女人。可她确确实实地生出了一个孩子，成为一个母亲，那是个大胖小子呢。这个枯藤一般瘦弱的女人，总是弯曲着身子,幸福地搂着她的白胖的儿子,那是她身上滋长出的嫩芽，是她生命的又一次接续。她不需要谁的同情与搀扶，她诠释了一个生命。

我们试图找到白花鱼藤的起点与终点。很多的人绕来绕去，终不得结论。它没有根吗？没有头吗？也许真的就找不到答案了，它不再靠根活着，不再靠头伸展，只要生命在体内一息尚存，就以藤的个性，滋生、蔓延、上升、翻腾。

藤、腾同音，也同义。

很多人开始同这棵藤照相合影，但总是找不到合适的角度，它真不同于一棵树、一束花。有的干脆坐在了它弯曲的躯干上，于是又有一些人坐着或趴上去，我真担心它那枯老的身子会突然颓毁。但藤承受住了，为了我们的某种满足。

我们热热闹闹地走后，它还将留在那里，守着它的岁月，守着它的孤独。当然也守着倔强的形象，被人凝注，被人思索，被人景仰。

阅读链接

八仙，传说中的八位神仙。即铁拐李（李铁拐）、汉钟离（钟离权）、张果老、何仙姑（元代以前有徐神翁而无何仙姑）、蓝采和、吕洞宾、韩湘子、曹国舅八人。八仙故事多见于宋、元、明文人的记载。元杂剧里出现较多，但姓名尚不固定。至明代吴元泰《八仙出处东游记传》里，才确定为以上八人。都是神仙中的散仙，民间传说有许多关于他们的故事。常作为文艺作品的题材，以“八仙庆寿”“八仙过海”故事流传最广。

阅读实践

我是朗读者

阅读这四篇文章，想象文中描绘的场景。从每篇文章中各选择一个优美的片段朗读，读出自己的感受。

1 我朗读的是《石榴》的第（ ）自然段。

我的感受：

2 我朗读的是《紫云英》的第（ ）自然段。

我的感受：

3 我朗读的是《牡丹的拒绝》的第（ ）自然段。

我的感受：

4 我朗读的是《古藤》的第（ ）自然段。

我的感受：

我是思考者

石榴、紫云英、牡丹和古藤，这些植物的哪些特点打动了作者？又让你产生了哪些共鸣呢？这几篇文章在写法上有什么共同点？

《紫云英》

事物特点：

作者情感：

我的感受：

《牡丹的拒绝》

事物特点：

作者情感：

我的感受：

《古藤》

事物特点：

作者情感：

我的感受：

《石榴》

事物特点：

作者情感：

我的感受：

写法的共同点

我是实践者

被郭沫若称为“夏季的心脏”的石榴，让张品成想起“一缕香魂”的紫云英，还有充满灵性和有品位的牡丹，孤独又倔强的古藤……大自然中的每样事物都有自己独特的美，如诗如画，耐人寻味。背起行囊到大自然中去观察，去感受，把你看到的和感受到的用镜头和文字记录下来吧！

你去过八月的草原吗？你去过号称“世界屋脊”的青藏高原吗？阅读这组文章，让我们一起领略草原的宽广、青藏高原的雄奇、春江的俏娇、太湖的静美……感受作者神奇的想象。阅读时，可以结合自己的生活经验，想象文字所描绘的美丽景色，深化对文章内容的理解，激发自己的创造力。

1 草原八月末

梁　衡

作者以为错过了草原最好的季节，却赶在草原换装之前上了草原，阴差阳错地领略到了草原的开阔、宁静、干净、纯真。朗读文章，想象草原八月末迷人的风光，读出自己的感受。

朋友们总说，草原上最好的季节是七八月。一望无际的碧草如毡如毯，上面盛开着数不清的五彩缤纷的花朵，如繁星在天，如落英在水，风过时草浪轻翻，花光闪烁，那景色是何等的迷人。但是不巧，我总赶不上这个季节，今年上草原时，又是八月之末了。

在城里办完事，主人说："怕这时坝上已经转冷，没有多少看头了。"我想总不能枉来一次，还是驱车上了草原。车子从围场满族蒙古族自治县出发，翻过山，穿过茫茫林海，过一界河，便从河北进入内蒙古境内。刚才在山下沟谷中所感受的峰回路转和在林海里感觉到的绿浪滔天，一下都被甩到另一个世界上，天地顿然开阔得好像连自己的五脏六腑也不复存在。两边也有山，但都变成缓缓的土坡，随着地形的起伏，草场一会儿是一个浅碗，一会儿是一个大盘。草色已经转黄了,在阳光下泛着金光。由于地形的变换和车子的移动，那金色的光带在草面上掠来飘去，像水面闪闪的亮波，又像一匹大绸缎上的反光。草并不深，刚可没脚脖子，但难得的平整，就如一只无形的大手用推剪剪过一般。这时除了将她比作一块大地毯，我再也找不到准确的说法了。但这地毯实在太大，除了天，就剩下一个她；除了天的蓝，就是她的绿；除了天上的云朵，就剩下这地毯上的牛羊。这时我们平常看惯了的房屋街道、车马行人，还有山水阡陌，已都成前世的依稀记忆。看着这无垠的草原和无穷的蓝天，你突然会感到自己身体的四壁已豁然散开，所有的烦恼连同所有的雄心、理想都一下逸散得无影无踪。你已经被融化在这透明的天地间。

车子在缓缓地滑行，除了车轮与草的摩擦声，便什么也听不到了。我们像闯入了一个外星世界，这里只有颜色没有声音。草纹丝不动，因此你也无法联想到风的运动。停车下地，我又疑是回到了中世纪。这是桃花源吗？该有武陵人的问答声。是蓬莱岛吗？该有浪涛的拍岸声。放眼尽量地望，细细地寻，不见一个人，于是，那牛羊群也不像是人世之物了。我努力想用眼睛找出一点声音。牛羊在缓缓地移动，它们不时抬起头看我们几眼，或甩一下尾，像是无声电影里的物，玻璃缸里的鱼，或阳光下的影，仿佛连空气也没有了，周围的世界竟是这样空明。

这偌大的草原又难得的干净。干净得连杂色都没有。这草本是一色的翠绿，说黄就一色的黄，像是冥冥中有谁在统一发号施令。除了草便是山坡上的树。树是成片的林子，却整齐得像一块刚切割过的蛋糕，摆成或方或长的几何图形。一色桦木，雪白的树干，上面覆着黛(dài)绿的树冠。远望一片林子就如黄呢(ní)毯上的一道三色麻将牌，或几块积木，偶有几株单生的树，插在那里，像白袜绿裙的少女，亭亭玉立。蓝天之下干净得就剩下了黄绿、雪白、黛绿这三种层次。我奇怪这树与草场之间竟没有一丝的过渡，不见丛生的灌木、蓬蒿(hāo)，连矮一些的小树也没有，冒出草毯的就是如墙的树，而且整齐得像公园里常修剪的柏树墙。大自然中向来是以驳杂多彩的色和参差不齐的形为其变幻之美的。眼前这种异样的整齐美、装饰美，倒使我怀疑不在自然中。

这草场不像内蒙古东部那样风吹草低见牛羊，不像西部草场那样时不时露出些沙土石砾，也不像新疆、四川那样有皑(ái)皑的雪山、郁郁的原始森林做背景。她像什么？像谁家的一个庭院。“庭院深深深几许？”这样干净，这样整齐，这样养护得一丝不乱，却又这样大得出奇。本来人总是在相似中寻找美，我们的祖先创造了苏州园林那样的与自然相似的人工园林，获得了奇巧的艺术美。现在造物主创造了这样一幅天然的装饰画，便有了一种神秘的梦幻美。

在这个大浅盘的最低处是一片水，当地叫泡子，其实就是一个小湖。当年康熙帝的舅父曾带兵在此与阴谋勾结沙俄叛乱的噶(gá)尔丹部决一死战，并为国捐躯。因此这地名就叫将军泡子。水极清，也像凝固了一样，连倒影的云朵也纹丝不动。对岸有石山，鲜红色，说是将士的血凝成的。历史的活剧已成隔世的渺茫的传说。我遥望对岸的红山，水中的白云，觉得这泡子是一块凝入了历史影子的透明琥珀，或一块凝有三叶虫的化石。往昔岁月的深沉和眼前大自然的纯真使我陶醉。历史只有在静思默想中才能感悟，有谁会在车水马龙的街市发思古之幽情？但是在古柏簇拥的天坛，在荒草掩映的圆明园，只会有一些具体的可确指的联想。而这空旷、静谧、水草连天、蓝天无垠的草原，教人真想长啸一声“念天地之悠悠”，想大呼一声“魂兮归来”。教人灵犀一点想到光阴的飞逝，想到天地人间的久长。

我们将返回时，主人还在惋惜未能见到草原上千姿百态的花。我说，看花易，看这草原的纯真难。感谢造物主的安排，阴差阳错，我们在花已尽、雪未落、草原这位小姐换装的一刹那见到了她不遮不掩的真美。正如观众在剧场里欣赏舞台上浓妆长袖的美人是一种美，画家在画室里欣赏立于窗前晨曦(xī)中的模特又是一种美。两种都是艺术美，但后者是一种更纯更深的展示着灵性的美。这种美不可多得，也无法搬上舞台，它不但要有造物主特造的极少数的标准的模特，还要有特定的环境和时刻，更重要的还要有能与美产生共鸣的欣赏者。这几者一刹那的交汇，才可能迸发出如电光石火般震颤人心的美。大凡看景只看人为的热闹，是初级；抛开人的热闹看自然之景，是中级；能抛开浮在自然景上的迷眼繁华而看出个味和理来，如读小说分开故事读里面的美学、哲学，这才是高级。这时自然美的韵律与你的心律共振，你就可与自然对话交流了。

鸣呼！草原八月末。大矣！净矣！静矣！真矣！山水原来也和人一样会一见钟情，如诗一样耐人寻味。我一步三回头地离开那块神秘的草地，将要翻过山口时又停下来伫立良久，像曹植对洛神一样“背下陵高，足往神留，遗情想象，顾望怀愁”。明年这时还能再来吗？我的草原！

阅读链接

草原，是指温带半干旱气候地区，旱生或半旱生的多年生草本植物群落。植物种类以针茅属、狐茅属、冰草属、羽茅属、隐子草属等禾本科植物为主，也有一些豆科和菊科等双子叶植物。由于水热条件的差异，又划分为草甸草原、典型草原和荒漠草原三大类型。分布于中国内蒙古及黄土高原的草原，以及亚欧大陆中部其他地区和北美洲、南美洲的草原，都是畜牧基地。

② 天地有大美（节选）

贺学群

青藏高原，一个离天最近的地方，一个离人的喧闹与繁华很远的地方，大自然将它的雄奇与壮丽集于斯，从地上铺到天上，从脚下一直铺进你的灵魂。

这是我第二次踏上这块大地。和初来时一样，面对它的辽阔，它的静默，它的壮美，我长时间地失语，只能看，只能听，只能呼吸，什么也不能说。

这是一种震撼人灵魂的大美。在这里，太阳一直照进我心里。星星就在我的灵魂上闪烁。风吹起蓝色的波纹，那是什么？那是我的灵魂在颤动。

柴 达 木

一座以海相称的湖。

很久以前，这里还是一片海。柴达木，大地的一只盆，盛下关于海的记忆。于是，在这最年轻的陆地，停泊着最古老的海。进入柴达木，一路总是这海蓝相伴而行。

天这样蓝，阳光这样灿烂，金灿灿的草地顺着阳光一路铺过来，一直铺向湖边。草黄和海蓝一同被阳光照亮，构成强烈的对比。

沿着草地望过去，一路上，我们的目光被染成不同的颜色：草黄过去是苔藓的暗红；接着，是耀眼的白色沙滩；然后，是海水的深蓝。在那里，我们的目光汹涌起来，不时涌起云朵一样的浪花。

满湖的阳光在涌动，在盆地中部涌动。宽广平坦的沙滩，任湖中的波浪摆成一道道长线缓缓游来。只有这样宽广平缓的滩地，才能一任波浪尽情地舒展，缓缓走尽所有的力、所有的冲动，直到隆起来的涌动平静下去，完全归于滩地的平缓里。这长长牵起的波浪线多么壮阔，这慢镜头似的涌动多么修美动人！

有几次，爬上岸的波浪满怀欣喜闪闪发光，作势要打到草地上去。金色的草浪把咸味的风接过去，纵深向阳光那边传递。到后来，好几股风携手同行，整个草原一齐涌动起来。

风吹过去，云在空中悄悄移动。云影落到草地上，阳光跟在云影的后面。阳光走到哪里，哪里的草浪便亮起来。草原波浪似的变幻着阴阳二色。

站在这里，望着这一切，吹着青海湖的风，我感到，这波浪，这阳光，这云影，这草地，整个原野都在表达着我。我的心就展开在原野上，原野就是我浩荡的胸怀。

在金草滩，一些齐刷刷刈(yì)倒的牧草被一层层卷裹起来，卷成一个个巨大的草卷，躺在草滩上，仿佛只要风一吹就会骨碌骨碌滚起来。想不到人竟然可以这样，可以把生长了一个夏季的阳光卷起来，卷成铺盖卷似的，卷成可以滚动的东西！当他卷动草卷时，草地、阳光、四季和风也跟着一齐转动起来，连古老的海水也被他牵动。

这些草卷将会被牧民牛车拉回去，堆在场院里。场院是被太阳晒得发白的泥墙。在这些泥墙里，牦牛和羊将用一个冬季的时光，慢慢地咀嚼，慢慢地反刍。

原来，这个草原上美丽的夏季也可以卷起来，卷成卷，码成垛，慢慢地吃下肚去。这些牛这些羊要算是天底下最幸运的生命了！真想做一头牛，就着高原的阳光，把这些草卷一个个吃下去。要不，抱着它枕着它美美地睡上一觉也是好的。可是，我是人，只是一个匆匆过客，刚刚瞥上一眼，就得离去，去过那八小时一天画成许多小方格的日子。因为过上这样的日子，我还得不断地写心得谈体会，打躬作揖，不时说上一声谢谢。

能不能把那草卷也捎上一卷？打一个背包，就像行李卷，就像一个人的铺盖，把它背在背上，一直背进城去，然后在我们家并不宽敞的地板上铺开——把辽阔的草原还有湖水一齐铺开，每天夜晚都躺在上面！

昆仑山

海拔到了一定高度，大地就只剩下岩石。

这是一场岩石的舞会，风吹过，水流过，亿万年的岁月一路狂奔，突然一刹车，停在那里。大自然大笔起落，你想象得到的，都站在这里；你想象不到的，正在朝你奔来。山峰如聚，大地如沸腾一般。岩石在一处地方举起如拥挤的刀锋，又在另一处地方一绺绺披散下来如藏女的发辫。棱起来这样刚强凌厉，披散下来却又如此柔美，把你的目光拂弄得柔柔的。你正要伸过手去梳理她的长发，就有一道嶙峋的山脊线从柔软的细沙中露出，就像一把梳子。风从沙地上吹过，就像梳子梳过一样。

风火山，风仿佛骑着马的男子，打着呼哨一路驰奔，从年头奔到年尾。岩石仿佛成了像水一样流淌的东西，驾着风，在山顶在山腰弯弯地流淌，流淌得那样柔软，那样多彩。

第一次发现，岩石原来也可以这样多彩，有红色、黄色、橙色、灰色和黑色，还有一些我们的词典里所没有的颜色。它们没有花色的喧闹和艳丽，却是那样的深沉厚重，大片大片地在峰谷间铺展、漫流。

在一处河岸上，河水深深切入，河岸一尊尊站起来，站立成一排高高低低大大小小颜色有异的雕像。人永远也无法这样站立。在这样的地方，如此这般地站立。难怪人要把站立的岩石当作神。

在两山间开阔的河谷地带，我们开始捡拾从那些石像身上落下来的小石子。我的朋友曹先生捡到一个灰色石子，一朵火红走进石体中间，刚好红成一头奔鹿。

一路找寻，不知不觉来到一道金灿灿的瀑布前面：一色极细的沙——岩石细到极处柔软成万丈丝绸，从山顶凹处直泻下来，给人以强烈的动感。一种静止的动感。直到一阵风挽起一道沙线，直到某一处滑落牵动整个沙面。

这是一段关于雪水的记忆。雪流走了，沙留下来。一些小草沿着沙地往上长，竟然长到那样的高度。草像是人朝向天空的向往。仿佛顺着这些草绿沿着沙瀑向上，就可以走上雪山，走进白云，走到又高又蓝的天空。

③ 乌篷摇梦到春江[①]

叶文玲

四年前，在青海戈壁滩竟日奔波时，被辉煌如火的大沙漠灼花了眼睛的我，曾经大发奇想：假如让富春江泻到这儿来，那该多好！

那时，我并没见过富春江，却千百次做过有关她的梦，郁达夫“屋住兰舟梦亦香”的诗文和叶浅予墨韵淋漓的画卷，早把我对富春江的梦幻濡染得又浓又甜，那绿沉沉的甜梦中，总是悠荡着乡思绵绵的乌篷船。

我终于圆了梦。回归浙江仅两年，我已两次遂了与她相亲的心愿。

一是去岁金秋，一在今年暮春，两次均做陪客，陪文朋艺友遨游。一棹(zhào)轻波碧水路，兴致格外高昂，只觉得不枉我做悬肠念的富春江，比梦中更俏更娇美。

两次遨游，都是旱路走，水路归。这行程颇使人得其佳妙：因为，当你迂回山间行行复行行不胜引颈张目之苦时，突然，

① 选入本书时略有改动。

一条银练素带在前方闪闪烁烁起来，你兀地眼前一亮，倍觉这碧波粼(lín)粼一江水的鲜活可爱；待盼到归程荡舟起桨开始真正的春江游时，这漾波漫流的大水，更令你陶然如醉，神魂飞扬。彼时，你纵有千种愁思万般忧，也将全部消融在这一江碧玉里。

我始想，富春江的俏，恐怕全在于江流的曲折多姿，从她与新安江、兰江的汇合处下行，越见委婉袅娜(niǎo nuó)。行过淹没在水中的乌石滩，行至流急涡回的七里泷(lóng)，富春江裙裾(jū)一闪，又闪出个江中之江葫芦湾。葫芦湾委实别致有趣，湾形毕肖一只毛茸茸嫩生生的青葫芦，壁立湾畔的奇岩崛石，似乎触手可及，掩映在老树青藤中的村居农舍，更添无限野趣。小船悄悄儿荡进湾来，船上人无不惊殊，若再到那流泻百尺飞珠迸玉的葫芦瀑下溅一溅，定会溅得你满身惬意。

> 作者的“梦”是通过“想”来表达的。作者在富春江都想到了什么？画出相关词句。

我还想，富春江的娇，也在于她的色泽，无怪她有“第二漓江”之称。那江水，真是澄于湖海碧于天，活脱脱是天神地母拣尽翡翠绿玉铺就的。行在江上望两岸，只见千嶂染翠，峰峰岭岭尽都浓浓淡淡地绿进去；立在船头看江心，只觉水底天上的云絮，一朵朵一团团，俱是深深浅浅地绿出来，真难说是山染绿了江，还是江浸绿了山，无怪朋友们相视叹曰：哦，一到富春江，眼瞳都是绿的！

我再想，富春江的美，更在于她无与伦比的静。由于电站的建成，益发使江水浪敛波平。所以，她虽还是千重涧水汇清流，但那汇和流，仿佛都是在水底暗处悄悄儿进行的，几十里水面竟没弄出丁点儿惊涛骇浪，“临流鼓棹，帆飞若驰”的光景已不复见，那或顺流或逆水的千舟百舸(gě)，亦如动画一般悠悠来去，舒泰、自在极了。“鸥鸟亦知人意静，故来相近不相惊。”在哄闹的现代生活中，烦躁了城市的嚣(xiāo)音后，人们自然会格外钟爱富春江这千金难买的幽静。

奇山异水的富春江，钟灵毓(yù)秀，风物独绝，而七里泷碑文荟萃的严子陵钓鱼台，尤能展现她扬古启今的魅力。

我又想，古往今来的人对严子陵如此仰慕，大概并不在乎已成百丈悬崖的钓台当年是否真能垂钓，而是敬崇这位先贤不慕富贵不媚皇亲的傲世风骨。试想，数请不出山、宁做垂钓翁的归隐客，倘使活至今日，恐怕更要与阿谀奉承、趋炎附势、开后门发横财之类歪门邪道绝缘。而这位敢把脚搁在刘秀肚子上午睡的严光先生和喝了高粱酒“见了皇帝不磕头”的山东好汉们的神魂，又是何等的相通相似！

哦，钓台不仅是一处风景点，更是历史老人垂落在江边的一只巨手，千年百载，以其特殊的膂(lǚ)力，撩拨着人们心头的重重波澜。

丰哉，富春江！乌篷摇梦梦越酣，唯愿年年得相觅。

请用思维导图展现“丰哉，富春江”的场景。

阅读链接

富春江，位于浙江省中部，钱塘江自桐庐至杭州市萧山区闻堰段的别称。长68千米。富春江两岸山色青翠秀丽，江水青碧见底，有鹳山、春江第一楼等名胜古迹，为国家级风景名胜区。

4 太湖黄昏[①]

赵丽宏

一边阅读一边展开联想，可以加深阅读感受。

太阳疲疲软软枕在了山脊上，再射不出刺眼的光芒，只是无力地流出橘红的色彩，流在天上，流在湖里……

太湖凝固成静静的一幅水彩画了。湖面像一块巨大的镜子，平滑得不见一丝波纹，天光似乎全被深深地吸进湖底，没有亮色泛出来，这镜子是黯淡的。湖心几只小舟，是镜中的几点黑斑，水天交界处那些青紫色的山影，是一圈弯弯曲曲的镜框，这不规则的镜框艺术真是天下无二，谁也无法复制它们。

天色却是极斑斓极辉煌的。那落日周围，眼花缭乱的一片，仿佛是泼翻了一大盘荧光颜料，五颜六色亮晶晶的，掺和在一起。也许是在燃着许多人世间罕见的宝物，于是才吐出这许多人世间罕见的火焰。火光正逐渐幽下去。

一棵苍劲的老松，孤独地立在湖畔。已经分辨不清枝叶

① 选自赵丽宏的散文《风景》。

的色彩和层次，只有黢(qū)黑一片剪影，一动不动地贴在水天之间，上半截在天幕，下半截在湖面。那些伸向水天的枝干分明是一些手，激动地伸出来，想要挽留什么，却又无可奈何地僵持在那里了。

太阳被黑沉沉的山影吞噬(shì)了。天色随即暗下来，太阳消失的地方一片黛紫深红，再往上去，便是深深的蓝，无边无际的蓝，星空下静海一般的蓝……

湖水失去了边界。湖山交接的地方，被一缕缕烟雾遮盖了。起伏的山峰于是都飘浮在紫红的天幕上，像一群腾空而起的骆驼，在幽暗的空中逐渐隐去……

终于什么也看不清楚了。湖、山、树影，全都融化在冥冥暮色里。风不知从什么地方溜出来，缓缓地在暗中踱着步，它的脚步化作了轻微的涛声和窸(xī)窸窣(sū)窣的树叶声……

星星悄悄地蹦了出来，一颗、两颗、三颗……像一些好奇的眼睛，俯视着被夜幕笼罩的茫茫太湖。有两颗星星落在了湖里，并且飘然浮移着，恍若梦游的萤火——那是舟子上的风灯。

看到描写的场景，你想起了曾经吟诵过的哪些诗？

5 五月的青岛[①]

老　舍

带着问题阅读，想一想：作者从哪些方面介绍了五月的青岛？

因为青岛的节气晚，所以樱花照例是在四月下旬才能盛开。

樱花一开，青岛的风雾也挡不住草木的生长了。海棠、丁香、桃、梨、苹果、藤萝、杜鹃，都争着开放，墙角路边也都有了嫩绿的叶儿。五月的岛上，到处花香，一清早便听见卖花声。公园里自然无须说了，小蝴蝶花与桂竹香们都在绿草地上用它们的娇艳的颜色结成十字，或绣成几团；那短短的绿树篱上也开着一层白花，似绿枝上挂了一层春雪。就是路上两旁的人家也少不得有些花草。围墙既矮，藤萝往往顺着墙把花穗儿悬在院外，散出一街的香气；那双樱、丁香，都能在墙外看到，双樱的明艳与丁香的素丽，真是足以使人眼明神爽。

山上有了绿色，嫩绿，所以把松柏们比得发黑了一些。谷中不但填满了绿色，而且颇有些野花，有一种似紫荆而色

① 选入本书时略有删节。

儿略略发蓝的，折来很好插瓶。

青岛的人怎能忘下海呢？不过，说也奇怪，五月的海就仿佛特别的绿，特别的可爱，也许是因为人们心里痛快吧？看一眼路旁的绿叶，再看一眼海，真的，这才明白了什么叫作“春深似海”。绿、鲜绿、浅绿、深绿、黄绿、灰绿，各种的绿色，连接着，交错着，变化着，波动着，一直绿到天边，绿到山脚，绿到渔帆的外边去。风不凉，浪不高，船缓缓地走，燕低低地飞，街上的花香与海上的咸味混到一处，浪漾在空中，水在面前，而绿意无限，可不是，春深似海！欢喜，要狂歌，要跳入水中去，可是只能默默无言，心好像飞到天边上那将将能看到的小岛上去，一闭眼仿佛还看见一些桃花。人面桃花相映红，必定是在那小岛上。

看到“春深似海”这个词，你脑海中浮现出了什么样的画面？

这时候，遇上风与雾便还需穿上棉衣，可是有一天忽然响晴，夹衣就正合适。但无论怎么说吧，人们反正都放了心——不会大冷了，不会。妇女们最先知道这个，早早地就穿出利落的新装，而且决定不再脱下去。海岸上，微风吹动少女们的发与衣，何必再去到电影院中找那有画意的景儿呢？这里是初春浅夏的合响，风里带着春寒，而花草山水又似初夏，意在春而景如夏，姑娘们总先走一步，迎上前去，跟花们竞争一下，女性的伟大几乎不是颓废诗人所能明白的。

人似乎随着花草都复活了，学生们特别的忙：换制服，开运动会，到崂(láo)山、丹山旅行，参加劳动。本地的学生忙，别处的学生也来参观，几个，几十，几百，打着旗子来了，又成队走开；男的，女的，先生，学生，都累得满头是汗，而仍不住地向那大海丢眼。学生以外，该数小孩最快活，笨重的衣服脱去，可以到公园跑跑了。一冬天不见猴子了，现在又带着花生去喂猴子，看鹿，拾花瓣，在草地上打滚。妈妈说了，过几天还有大红樱桃吃呢！

阅读链接

老舍（1899—1966），原名舒庆春，字舍予，北京人。曾任中国文联副主席、中国作协副主席等职。老舍是新中国第一位获得“人民艺术家”称号的作家。代表作有小说《骆驼祥子》《四世同堂》等，剧本《茶馆》《龙须沟》等。

6 初春的雨

［日本］德富芦花

午前春阴，午后春雨，和暖，闲适，且宁静。

逗子的梅花多为老树。八幡的梅林里，一位背着孩子的老婆婆，正在捡松叶、松子和松枝。雨从松、杉、榉(jǔ)的间隙里漏下来，沙沙沙，敲打着枯叶杂陈的沙土。

从村庄来到野外，麦苗郁郁青青，路边的枯草也泛起片片绿意。春雨潇潇，神武寺山的青烟迷离。樱花山头只有斑斑白雪，然而，这山，这树，这房舍，这田园，无不在春雨里尽情洗浴。河边干枯的芦苇被草草割去了，剩下的，这里一丛，那里一簇。河床开阔了，被辟为宽广的田圃。春雨淋在一张渔网上。

梅花渍(zì)香，山茶流红，麦苗绿润，山色空蒙。这是一场催春的雨啊！归途经过富士见桥畔，见两只小船漂浮在河面上，盖着草席。是刚刚淘过米吧，牛乳般

读到这里，你是否感受到了“春潮带雨晚来急，野渡无人舟自横”所描绘的意境？

的泔(gān)水，从倾倒的木桶里淌出，点点滴滴，融汇在春潮里消失了。春潮带雨，清流湍急，如膏似玉。海洋上水天一色，春帆一点，穿雨而来。

（陈德文　译）

阅读链接

德富芦花（1868—1927），日本小说家、散文家。1898年因发表小说《不如归》而闻名。1903年发表了震动文坛的长篇小说《黑潮》，揭露明治政府的奢侈昏聩和专横暴虐。他的作品以剖析和鞭笞社会的黑暗在日本近代文学中独树一帜。

7 晓

刘半农

火车——永远是这么快——向前飞进。

天色渐渐明了，不觉得长夜已过，只觉车中的灯一点点地暗下来。

车窗外面——

起初是昏沉沉一片黑，慢慢露出微光，露出鱼肚白的天，露出紫色、红色、金色的霞彩。

一边读文字，一边想象画面。说一说：车窗外的景致有哪些？

是天上疏疏密密的云？是地上的池沼？丘陵？草木？是流霞？是初出林的群鸟？依旧模模糊糊，辨别不出。

太阳的光线，一丝丝透出来，照见一片平原，罩着层白蒙蒙的薄雾。雾中隐隐约约，有几墩(dūn)绿油油的矮树。雾顶上，托着些淡淡的远山。几处炊烟，在山坳(ào)里徐徐动荡。这样的景致，是我生平第一次见到。

晓风轻轻吹来，很凉快，很洁净，叫我不甘心睡。

回看车中，大家东横西倒，鼾声呼呼，现出那干——

对比阅读第8～9自然段，你认为大家“死灰似的脸色”与小女孩苹果似的笑脸分别象征什么？

枯——黄——白——死灰似的脸色！

只有一个三岁的女孩，躺在我手臂上，笑眯眯的，两颊像苹果，映着朝阳。

1918年7月10日，沪宁车中

阅读链接

刘半农（1891—1934），中国诗人、语言学家。江苏江阴人。1917年起在北京大学任教。曾参加新文化运动，提倡白话诗。主要作品有《半农杂文》及诗集《扬鞭集》等。

8 兰溪棹歌[①]

［唐］戴叔伦

凉月如眉挂柳湾[②]，
越中山色镜[③]中看。
兰溪三日桃花雨[④]，
半夜鲤鱼来上滩。

月、柳、溪和倒映在溪水中的山，让人仿佛置身于春夜的兰溪江边。

注释

① 棹歌：古代船家摇船时所唱的歌曲。
② 柳湾：有柳树的水湾。
③ 镜：形容水面平静如镜。
④ 桃花雨：桃花开时下的雨，即春雨。

译文

抬头望月，月儿像弯弯的眉毛，挂在溪边的柳梢上，月色清朗，凉爽宜人；低头看水，清澈的兰溪像镜子一样倒映着越中秀丽的山色。兰溪连续下了多日的春雨，乐坏了鲤鱼，它们纷纷在夜半人静之时涌上浅滩嬉戏。

9 望海楼晚景[1]

［宋］苏轼

对比苏轼的《六月二十七日望湖楼醉书》，这两首诗有何异同?

横风[2]吹雨入楼斜，
壮观应须好句夸[3]。
雨过潮平江海碧，
电光时掣(chè)[4]紫金蛇[5]。

注释

① 诗题下共有五首，这是第二首。望海楼：在杭州凤凰山腰，可观海潮。
② 横风：狂风。
③ 夸：赞美。
④ 掣：极快地闪过。
⑤ 紫金蛇：指闪电的颜色和形状。

译文

狂风吹打雨水斜着飘进望海楼，壮丽的景观应该用华美的词句来夸赞。风雨过后潮水平静，江海澄碧，时时闪过的电光像紫金蛇。

⑩ 商山早行

[唐] 温庭筠

晨起动征铎[①]，客行悲故乡。
鸡声茅店月，人迹板桥霜。
槲(hú)[②]叶落山路，枳花明[③]驿[④]墙。
因思杜陵[⑤]梦，凫(fú)雁[⑥]满回塘[⑦]。

首联一个“悲”字，尾联一个“思”字，让你体会到了作者什么样的心情？

注 释

① 动征铎：远行的车子启程了，摇响了车铃。铎，乐器的一种，形状如铃。此处指车铃。
② 槲：一种落叶乔木。
③ 明：耀眼。
④ 驿：驿站。
⑤ 杜陵：在今陕西省西安市长安区，诗中指长安。
⑥ 凫雁：野鸭和大雁。
⑦ 回塘：曲折的池塘。

译文

天还未亮，我就套上马车上路了，车铃叮叮当当，每走一步，都使我怀念起远别的故乡。这时，残月当空，荒村野店中又传来了声声鸡鸣，不知是谁竟起得那样早，在小河木板桥厚厚的白霜上，留下了深深的脚印。天亮时，只见槲叶片片，飘落在山间小道，白色的枳花照亮了驿站的墙头。望着这旅途的萧索景象，回想起昨夜梦见杜陵的美好情景，一群群野鸭和大雁落满了迂回曲折的池塘。

走进自然，万物皆有趣；聆听自然，万物皆有情；感悟自然，万物皆有理……万物作书卷，天地为课堂，大自然是我们最广阔的教室。阅读下面这组文章，朗读优美的片段，思考作者从这些事物中产生了哪些联想；还可以结合相关文字展开想象——如果自己置身于这些场景中会怎样？

1 柳　信[1]

宗　璞

今年的春，来得特别踌躇、迟疑，乍暖还寒，翻来覆去，仿佛总下不定决心。但是路边的杨柳，不知不觉间已绿了起来，绿得这样浅，这样轻，远望去迷迷蒙蒙，像是一片轻盈的、明亮的雾。我窗前的一株垂柳，也不知不觉在枝条上缀满新芽，泛出轻浅的绿，随着冷风，自如地拂动。这园中原有许多花木，这些年也和人一样，经历了各种斧钺（yuè）、虫豸之灾，只剩下一园黄土、几株俗称瓜子碴（chá）的大树。还有这棵杨柳，

① 选入本书时略有改动。

年复一年，只管自己绿着。

少年时候，每到春来，见杨柳枝头一夜间染上了新绿，总是兴高采烈，觉得欢喜极了，轻快极了，好像那生命的颜色也染透了心头。曾在中学作文里写过这样几句：

嫩绿的春天又来了

看那陌头的杨柳色

世界上的生命都聚集在那儿了

不是么？

那年轻的眼睛般的鲜亮呵——

老师在这最后一句旁边打了密密的圈。我便想，应该圈点的，不是这段文字，而是那碧玉妆成绿丝绦(tāo)般的杨柳。

于是许多年来，便想写一篇《杨柳辩》，因为历来并不认为杨柳是该圈点的，总是以松柏喻坚贞，以蒲柳比轻贱。现在呢，“辩”的锐气已消，尚幸并未全然麻木，还能感觉到那柳枝透露的春消息。

抗战期间在南方，为躲避空袭，我们住在郊外一个庙里。这庙坐落在村庄附近的小山顶上，山上蓊(wěng)蓊郁郁，长满了各样的树木。一条歪斜的、可容下一辆马车的石板路，从山脚蜿蜒而上。路边满是木香花，春来结成两道霜雪覆盖的花墙。花墙上飘着垂柳，绿白相映，绿的格外鲜嫩，白的格外皎洁。柳丝拂动，花儿也随着有节奏地摇头。

庙的右侧，有一个小山坡，草很深，杂生着野花，最多的是野杜鹃，在绿色的底子上形成红白的花纹。坡下有一条深沟，沟上横生着一株柳树，据说是雷击倒的。虽是倒着，还是每年发芽。靠山坡的一头有一个斜生的枝杈，总是长满长长的柳丝，一年有大半年绿茵茵的，好像一把撑开的绿伞。我和弟弟经常在这柳桥上跑来跑去，采野花，捉迷藏，不用树和灌木，只是草，已足够把我们藏起来了。

一个残冬，我家的小花猫死了。昆明的猫很娇贵，养大是不容易的。那是我第一次看到什么是死。它躺着，闭着眼。我和弟弟用猪肝拌了饭，放在它嘴边，它仍一动也不动。

“它死了。”母亲说，“埋了吧。”

我们呆呆地看着那显得格外瘦小的小猫，弟弟呜呜地哭了。我心里像堵上了什么，看了半天，还不离开。

“埋了吧，以后再买一只。”母亲安慰地说。

我作了一篇祭文，记得有“呜呼小花”一类的话，放在小猫身上。我们抬着盒子，来到山坡。我一眼便看中那柳伞下的地方，虽然当时只有枯枝。我们掘了浅浅的坑，埋葬了小猫。冷风在树木间吹动，我们那时都穿得十分单薄，不足以御寒的。我拉着弟弟的手，呆呆地站着，好像再也提不起玩的兴致了。

忽然间，那晃动的枯枝上透出的一点青绿色，照亮了我们的眼睛，那枝头竟然有一点嫩芽了，多鲜多亮啊！我猛然觉得心头轻松好多。杨柳绿了，杨柳绿了，我轻轻地反复在心里念诵着。那时我的词汇里还没有“生命”这些字眼，但只觉得自己又有了精神，一切都又有了希望似的。

时光流去了近四十年，我已经历了好多次的死别，到一九七七年，连我的母亲也撒手别去了。我们家里，最不能想象的就是没有我们的母亲了。母亲病重时，父亲说过一句话：“没有你娘，这房子太空。”这房子里怎能没有母亲料理家务来去的身影，怎能没有母亲照顾每一个人、关怀每一个人的呵斥和提醒，那充满乡土风味的话音呢？然而母亲毕竟去了，抛下了年迈的父亲。母亲在病榻上用力抓住我的手时说过，她放心，因为她的儿女是好的。

我是尽量想做到让母亲放心的。我忙着料理许多事，甚至没有好好哭一场。

两个多月过去，时届深秋。园中衰草凄迷，落叶堆积。我从外面回来，走过藏在衰草落叶中的小径——这小径，我曾在深夜里走过多少次啊。请医生，灌氧气，到医院送汤送药，但终于抵挡不住人生大限的到来。我茫然地打量着这园子，这时，侄儿迎上来说，家里的大猫——狮子死了，已经埋了。

这是母亲喜欢的猫，是一只雪白的狮子猫，眼睛是蓝的，在灯下闪着红光。这两个月，它天天坐在母亲房门外等，也没有等得见母亲出来。我没有问埋在哪里，无非是在这一派清冷荒凉之中罢了。我却格外清楚地知道，再没有母亲来安慰我了，再没有母亲许诺我要的一切了。

深秋将落叶吹得团团转，枯草像是久未梳理的乱发，竖起来又倒下去。我的心直在往下沉，往下沉……忽然，我看见几缕绿色在冷风中瑟瑟地抖颤，原来是那株柳树。在冬日的萧索中，柳色有些黯淡，但在一片枯黄之间，它是在绿着。

“这容易生长的、到处都有的、普通的柳树，并不怕冷。”我想着，觉得很安慰，仿佛得到了支持似的。

清明时节，我们将柳枝插在门外，据说是可以辟邪，又选了两枝，插在母亲骨灰盒旁的花瓶里。柳枝并不想跻(jī)身松柏等岁寒之友中，它只是努力尽自己的本分，尽量绿得长一些，就像一个普通正常的母亲，平凡清白的人一样。

柳枝给你留下了怎样的印象？在作者的心中，这柳枝有什么象征意义？

柳枝在绿着，衬托着万紫千红。这丝丝垂柳，是会织出大好春光的。

② 海棠花

季羡林

早晨到研究所去的路上，抬头看到人家的园子里正开着海棠花，缤纷烂漫地开成一团。这使我想到自己故乡院子里的那两棵海棠花，现在想也正是开花的时候了。

默读文章，想一想：海棠花引发了作者怎样的思考？

我虽然喜欢海棠花，但却似乎与海棠花无缘。自家院子里虽然就有两棵，枝干都非常粗大，最高的枝子竟高过房顶，秋后叶子落光了的时候，看到尖尖的顶枝直刺着蔚蓝悠远的天空，自己的幻想也仿佛跟着高爬上去，常默默地看上半天。但是要到记忆里去搜寻开花时的情景，却只能搜到很少的几个片段。搬过家来以前，曾在春天到原来住在这里的亲戚家里去讨过几次折枝，当时看了那开得团团滚滚的花朵，很羡慕过一番。但这已经是很久很久以前的事情，现在回忆起来都有点渺茫了。

家搬过来以后，自己似乎只在家里待过一个春天。当时开花时的情景，现在已想不真切。记得有一个晚上同几个同伴在家南边一个高崖上游玩，向北看，看到一片屋顶，其中纵横穿插着一条条的空隙，是街道。虽然也可以幻想出一片海浪，但究竟单调得很。可是在这一片单调的房顶中却蓦地看到一树繁花的尖顶，绚烂得像是西天的晚霞。当时我真有说不出的高兴，其中还夹杂着一点渴望，渴望自己能够走到这树下去看上一看。于是我就按着这一条条的空隙数起来，终于发现，那就是自己家里那两棵海棠树。我立刻跑下崖头，回到家里，站在海棠树下，一直站到淡红的花团渐渐消逝到黄昏里去，只朦胧留下一片淡白。

但是这样的情景只有过一次，其余的春天我都是在北京度过的。北京是古老的都城，尽管有许多机会可以做赏花的韵事，但是自己却很少有这福气。我只到中山公园去看过芍药，到颐和园去看过一次木兰。此外，就是同一个老朋友在大毒日头下面跑过许多条窄窄的灰土街道到崇效寺去看过一次牡丹。又因为去得太晚了，只看到满地残英。至于海棠，不但是很少看到，连因海棠而出名的寺院似乎也没有听说过。北京的春天是非常短的，短到几乎没有。最初还是残冬，可是接连吹上几天大风，再一看树木都长出了嫩绿的叶子，天气陡然暖了起来，已经是夏天了。

夏天一来，我就又回到故乡去。院子里的两棵海棠已经密密层层地盖满了大叶子，很难令人回忆起这上面曾经开过团团滚滚的花。长昼无聊，我躺在铺在屋里面地上的席子上睡觉，醒来往往觉得一枕清凉，非常舒服。抬头看到窗纸上历历乱乱地布满了叶影。我间或也坐在窗前看点书，满窗浓绿，不时有一只绿色的虫子在上面慢慢地爬过去，令我幻想深山大泽中的行人。蜗牛爬过的痕迹就像是山间林中的蜿蜒的小路。就这样，自己可以看上半天。晚上吃过饭后，就搬了椅子坐在海棠树下乘凉，从叶子的空隙处看到灰色的天空，上面嵌着一颗一颗的星。结在海棠树与檐边中间的蜘蛛网，借了星星的微光，把影子投在天幕上。一切都是这样静。这时候，自己往往什么都不想，只让睡意轻轻地压上眉头。等到果真睡去半夜里再醒来的时候，往往听到海棠叶子窸窸窣窣地直响，知道外面下雨了。

似乎这样的夏天也没有能过几个，六年前的秋天，当海棠树的叶子渐渐地转成淡黄的时候，我离开故乡，来到了德国。一转眼，在这个小城里，就住了这么久。我们天天在过日子，却往往不知道日子是怎样过的。以前在一篇什么文章里读到这样一句话："我们从现在起要仔仔细细地过日子了。"当时颇有同感，觉得自己也应从即时起仔仔细细地过日子了。但是过了一些时候，再一回想，仍然是有些捉摸不住，不知道日子是怎样过去的。到了德国，更是如此。我本来是下定了决心用苦行者的精神到德国来念书的，所以每天除了钻书本以外，很少想到别的事情。可是现实的情况又不允许我这样做。而且祖国又时来入梦，使我这万里外的游子心情不能平静。就这样，在幻想和现实之间，在祖国和异域之间，我的思想在挣扎着。不知道怎样一来，一下子就过了六年。

哥廷根是有名的花城。来到这里的第一个春天，这里花之多就让我吃惊。雪刚融化，就有白色的小花从地里钻出来。以后，天气逐渐转暖。一转眼，家家园子里都挤满了花。红的、黄的、蓝的、白的，大大小小，五颜六色，锦似的一片，都不知道是什么时候开放的。山上树林子里，更有整树的白花。我常常一个人在暮春五月到山上去散步，暖烘烘的香气飘拂在我的四周。人同香气仿佛融而为一，忘记了花，也忘记了自己，直到黄昏才慢慢回家。但是我却似乎一直没注意到这里也有海棠花。原因是，我最初只看到满眼繁花，多半是叫不出名字。“看花苦为译秦名”，我也就不译了。因而也就不分什么花什么花，只是眼花缭乱而已。

但是，真像一个奇迹似的，今天早晨我竟在人家园子里看到盛开的海棠花。我的心一动，仿佛刚睡了一大觉醒来似的，蓦地发现，自己在这个异域的小城里住了六年了。乡思浓浓地压上心头，无法排解。

我前面说，我同海棠花无缘。现在我不知道应该怎样说好了，乡思并不是很舒服的事情。但是在这垂尽的五月天，当自己心里填满了忧愁的时候，有这么一团十分浓烈的乡思压在心头，令人感到痛苦。同时我却又有点爱惜这一点乡思，欣赏这一点乡思。它使我想到：我是一个有故乡和祖国的人。故乡和祖国虽然远在天边，但是现在它们却近在眼前。我离开它们的时间愈远，它们却离我愈近。我的祖国正在苦难中，我是多么想看到它呀！把祖国召唤到我眼前来的，似乎就是海棠花，我应该感激它才是。

想来想去，我自己也糊涂了。晚上回家的路上，我又走过那个园子去看海棠花。它依旧同早晨一样，缤纷烂漫地开成一团，它似乎一点也不理会我的心情。我站在树下，待了半天，抬眼看到西天正亮着同海棠花一样红艳的晚霞。

1941 年 5 月 29 日　德国哥廷根

③ 沙之聚

张抗抗

千里河西，十日陇上之行的最后一站——敦煌。

去敦煌不全是为了莫高窟。我明白，却不能说。其实心里惦念了很久的，是茫茫大漠中那座神奇的鸣沙山。

人说在清朗干爽的风天，傍晚时分，在山脚下能听见沙子“呜呜”的鸣响。伴着月牙泉汩(gǔ)汩的水声，这鸣沙山就是沙漠中的音乐之城。

血红的夕阳隐去山后，天空纯金一般烁亮。鸣沙山从尘埃中静静显露，眼前一片混沌的金黄。天低了，地窄了，原野消失，大海沉没，唯有这座凝固的沙山，如同宇宙洪荒时代的巨型雕塑，矗(chù)立于库姆塔格沙漠的起点或尽头。

也许最初的创造只是出于一场无意的游戏。千古寂寞，朔风把大山和岩石揉成沙砾，然后又把白灼的细沙重新捏成一座山岩——当鸣沙山成为鸣沙山时，它已是一群雄健而威武的西北汉子，壮硕的脸膛上刻着重重的深邃(suì)而峻峭的线条。延绵的山脊如一道锋利的刀刃，挎于腰间，举过头顶。一旦挥舞起来，或许能把天空削成一片片的。

曾在梦里见过许多回的鸣沙山，在这一刻却忽然变得不那么真实——曾有过千姿百态的想象，可就是没想到，一座沙子聚成的山，居然能聚得如此坚实，如此刚硬，如此有棱有角，如此轮廓分明。

那沙子是如何一粒粒汇拢、堆积、聚合又浑然一体地升高壮大的呢？

我读不懂鸣沙山。

文中三次写到“读不懂鸣沙山”，请你用文中的句子说明读不懂的分别是什么。

脱去鞋袜，光脚走上沙丘。沙极细且柔软，有一种温热的暖意，从脚跟缓缓升起。沿着山脊上坡，瘦削的山顶如地平线在远天呼唤。沙中的脚窝很深，却不必担心会陷落，沙窝似有弹性，席梦思般地托着，起起伏伏，沉沉浮浮，跳着即兴而随意的舞蹈，在自己身后扔下一长串荡逸的脚印，是沙漠之舟……

忽然恍悟，沙山原来还很温柔。

沙山的温情别有一种表达的方式。天下也许再不会有比鸣沙山更坦率的山了，它从来没有外衣没有包装，没有树林没有青苔，只有金沙连着银沙，一无遮拦地铺陈开去，裸露的身体无须任何一点覆盖，从从容容地展示着它优美的体态和曲线。坦坦荡荡，清清白白。冷峻中含着几分柔韧，野性中尚有几分羞怯，从春到冬，永远敞着胸怀，呵护着来往西域的路人。

我惊异，我惶惑，我读不懂鸣沙山的性别。

夕阳已完全沉落。月亮从大沙漠尽头悄悄升起，沉浸在月色中的鸣沙山，如海上漂流的冰峰，烟笼雾绕，白璧无瑕。沙峰之顶，更加仙山琼阁，难以企及。回望身后，沙坡笔陡如削，四壁悬空，果然有降落伞的旅游服务，可在山坡上逆风一跃，降落到海绵般的沙谷中去。还有用木头和竹片做成的漏空滑板，人坐在上面，可以从沙坡上溜溜地滑下来。如出弦之箭，只要几秒钟时间就滑到了山下。

只见每个游客滑到山脚，都削下一层沙子，裹下一层沙子。

人，生性也许是喜欢玩沙的吧，那是一个童年的游戏，也是人生最后的归宿。

于是伙伴们都索性纵身跃入沙海，身体自是滑板，双手代桨，一个个挂在陡峭的沙坡上，前前后后只见憧（chōng）憧的人影晃动，像一座座移动的沙丘。

月色迷茫，星星深远。亘（gèn）古大漠，冷峻寂然。有凄凉的风，从沙底一丝丝透出来。那个时刻，我相信永恒。

前来膜拜鸣沙山的人，几乎每个人都要从鸣沙山上带走些许沙子，沙子藏在鞋里衣里头发里，带到山下，带回他来的那个地方。可是，为什么，这鸣沙山竟然未被络绎不绝的游人踩塌？它一日日依然如故，巍然耸立，每日里流失的沙子，为什么竟没有使它低矮下去呢？

我仍然读不懂鸣沙山。

有人说，当第二天太阳升起来的时候，游人留在鸣沙山上那一行行凌乱的脚印，就会消失得无影无踪。鸣沙山重又恢复了原状——杳(yǎo)无人迹的雪峰、缎子般的金沙滩。舒缓而坦然，没有一丝波纹和皱褶。

是月牙泉的女神，在黑夜里辛劳而奇巧的创作吗？

是沙漠里的精灵，不厌其烦的一个游戏吗？

也许是来去无踪的风。是风之手，在人们歇息之时，抚平了鸣沙山的每一道印痕；又将沙子驱赶回它们原来的位置，将它们重新凝聚，重新整合，重新磨砺(lì)。每日每日，风都在这样不知疲倦地完成着它手中不朽的雕塑。

所以鸣沙山每天都是新的。

人们难以察觉风的工作。人们不会知道，沙子也是可以塑造的。不是用强力黏合剂，不是用万能胶，更不是用强于“沙”的水泥，而就是用这无形无状无色无味的风。当人们发现风儿揉捏了修复了再造了鸣沙山时，风，已飘然而去。

于是我再次仰视再次攀临鸣沙山，在这西域的吉祥宝地，风，已成为聚合物的一种精神，一种力量。它来去随缘，挥洒自如，从不刻意而为，却能移山搬山，还能潇洒地在鸣沙山上拨响它的琴弦。

作者由“沙之聚”想到了“人心之聚”，你从中体会到什么？

沙之聚，有自由的风之手。那么人心呢？人心之聚，更求八面来风。若是一盘散沙，解铃还须系铃人——风聚沙，便是一个顺其自然、循序渐变的演进之途。想必是，当风参透了沙子的心，风的需要成为沙子的需要时，沙子就自己走动起来，舞蹈起来，最后完成它的屹立。

声声驼铃，在大漠上叮咚远去。鸣沙山，却无言。

4 鸟是树的花朵

吴　忌

我们都穿起了厚厚的棉衣，而有些树木落光了叶子！你看吧，这就是冬天了！

一棵树落光了叶子，不能说丑，但缺了枝繁叶茂的风姿，裸露出树枝与树枝之间巨大的空旷，总是遗憾。我时常有一种冲动，希望能在冬天的树枝与树枝之间放点什么。正如我在稿纸上一格格和着心血填文字。我喜欢让一切事物都从无到有，这令人激动。

冬天总是如此疏疏朗朗，这是不是我们在冬天缺少快乐的真正缘由呢？树木仿佛都停止了生长，我们总是怀着一种等待的心理度过冬天。如果下雪，玉树琼枝，以及屋檐吊着冰凌，都能令我们开心。没有树木的阴凉，我们直接在大地上车水马龙，来来往往，无遮无拦。我有些心虚，感觉如同厕所没有围墙。大雁的声音已经很远了。我在大地上为冬日的阳光感到可惜，因为，阳光的灿烂和温暖如不照在红花和绿叶上，阳光岂不等于虚度了岁月？正如袖手旁观的我们在一堆红红的炭火前，等天黑。

然而一些鸟落到了树上，大大小小，五颜六色。我一阵惊喜，仿佛看见了满树的花朵！

生活中你一定也见过这样的场景，给你带来怎样的感受？

有时候，鸟是一群一群地飞来又飞走的。黑压压一大片的是八哥或乌鸦。冬天的麻雀也喜欢一群一群地飞，一群一群地落在光秃秃的树枝上。黑色的鸟群会在瞬间装点一棵树，装点一丛树林。鸽子也这么飞，要是一群白鸽落到树枝上，仿佛早春的玉兰花开，白得丰腴而优雅。鸟儿们叫着喊着，吵吵闹闹。有时候，只三五只，相同或不同，它们散落在稀疏的树枝上。我觉得这三五只鸟，它们各自有各自的心事，说话的时候少，不说话的时候多。有的飞走，有的留下。有时候只一只，一只也好。一只鸟，孤独地立在一根细细的树枝上，这使人记起树上的花朵，也是先开一朵，再开一大片的。

每当树上落满鸟的时候，我就停下来看。有了鸟的树显得格外生动。我喜欢这些在树与树之间飞来飞去的小鸟，喜欢它们在树枝上舞蹈。冬天的风因为这些小鸟的跳跃，也就显得细微而富有弹性。它们在树枝上唱着歌，一只鸟的歌唱使树木上的冬天没有了寒冷的凝滞。乌鸦的歌声粗壮而无所顾忌，麻雀使得冬天没有了秩序。有时一只鸟独自唱出婉转的歌声，细细地发颤、发亮，犹如一个回味爱情的人在冬天品着春茶，那是妙不可言的。

树枝上的鸟比真实的花朵还要美丽。你见过一朵花从春天开到冬天吗？你见过树上的花朵在树枝与树枝之间飞来飞去吗？你见过会唱歌的花朵吗？这是一只鸟再造了冬大的生机。

这一连串的问句并非有疑而问，而是为了突出树枝上的小鸟比真实的花朵还要漂亮。作者对小鸟的喜爱之情溢于言表。

鸟是树的花朵，此前肯定有人发现并且说过。如此美丽的事物不会等到今天才有人惊喜。我站在树木之下，我想做的事，鸟儿们替我做了，它们真的在冬天的树枝与树枝之间打开了花朵，排练了舞蹈，播放了音乐。冬天因此而生动，而充实。我尤其感激这些鸟没有回避冬天里缩着脖子的人，一只鸟，一群鸟，就站在我们面前的树枝上。这是鸟对人的信赖，对我们启迪冬天的生动，冬天的事物丰富多彩。

如果我们多一些关注，或许还会发现更多的可爱。比如雪，也是树的花朵。下雪的日子里，从深夜到黎明的一瞬，“千树万树梨花开”。我希望树上的这些鸟不要飞走。即使飞走，也要常来。我希望它们一直等到明年的春天。

实际上，鸟儿一直都在树上，在春天的树上，在夏天的树上，在秋天的树上。只是由于树上有了真正的花朵，有了枝繁叶茂的摇动，我们看到了更多的生命的美丽，因此而忽视了树上的小鸟。我说，在一年四季，鸟儿从来就是树上的花朵。它们隐藏在树叶之间，与绿叶一起舞蹈，与春风一起歌唱，夏天的蝉鸣由一只鸟定调，秋天的夜月被一声鸟鸣切开。树木本来就是鸟的家园。

一只翠鸟就住在池塘边的灌木上，它翠绿的羽毛比深绿或浅绿的树叶更加艳丽，我们一眼就能认出树叶里的翠鸟之花。两只黄鹂可以让一棵柳树更加婀娜，我想杜甫当年在美丽的锦官城思念家乡，“两个黄鹂鸣翠柳”，他只听到了一声婉转的鸟鸣，就想起了江南。在江南的二月，哪一棵树上没有黄鹂鸟的歌声和舞蹈？不管树上有没有花朵，黄鹂总会落到二月的江南。树上有花，鸟儿也会落上去。锦上添花，不是重复，是更多的美丽。喜鹊踏梅如何？乡村的快乐都在一树灿烂的梅花上。喜鹊总是两只两只地飞，两只两只地起舞歌唱。喜鹊就是开在乡村里的花朵。叽叽喳，叽叽喳，喜鹊在村子里放开了歌喉，展开了翅膀，我们的乡村就会飞翔。

我喜欢夏天的白鹭，它们整个夏天都住在村头河边的树林里，当白鹭们从碧绿的水田里归来，它们都落到树梢上，远远望去，那就是一树最浪漫的花朵。最不能忘怀的是村子里的月夜，白鹭们栖宿在那棵枫树上，夜风把树叶吹得哗哗地响，月光会把枝头的白鹭摇上摇下，翻开它们长长的翅膀。一树的白鸟，一树的花；一树的歌舞，一树开朗的笑颜。我有时候回忆童年，村头的枫树一定会出现，树上的白鹭也一定会出现。我的记忆，湿湿的风情万种。一树的白鹭，一朵洁白的云，最是常开的花朵。

我想，一年四季的树木会感谢一年四季的鸟，人也会的。真细想起来，我记住的人不是很多，而我记住的鸟却不少。因为，我认定鸟是树木的花朵，千姿万态的花朵，常开常新的花朵，跳着舞蹈的花朵，唱着歌声的花朵……一只鸟，在树枝与树枝之间飞来飞去，保持了树与树距离的美感，保持了树枝与树枝联系的亲密。这些都是我眼中永恒的美丽。

我们在欣赏的同时是否要向一只鸟学习呢？一个折断树枝的儿童，一个砍伐树木的人，在树的心目中不可能有鸟一样的亲情和美感。我在观看一树小鸟的同时，多少有些惭愧。我的脸红得像春日的桃花。我知道，有时候一只鸟嘴也是红的。

⑤ 空山鸟语

林红宾

我从闹市闹区来到这空旷的深山。那蝼蚁般熙熙攘（rǎng）攘的人群，那甲虫样蠕动的车辆，那氤氲（yīn yūn）着岚气般的烟云，那充斥着蚊哄似的喧嚣，统统离我远去。极目远眺，唯见青山含黛，层峦叠翠，苍穹湛蓝，飞云鼓浪。山中的一切都让我赏心悦目。我仿佛穿过岁月的隧道，进入了远古，去采风，去挖掘，去思索……

我来到一条草木葳蕤（wēi ruí）[①]的山谷，坐在一棵状如华盖的罗汉松下，将一双脚伸进清澈无比的石潭里，立刻引来小鱼小虾前来造访。潭水幽幽，倒映楚楚，心也融融，情亦浓浓。我宛若幻化成一尊玄石，与大山密不可分了。物我交融，遐思无边，庄周梦蝶之情油然而生。此刻，我摒弃了一切人世杂念，心中不染纤尘，靠悟性来欣赏大山，来聆听山之音乐。

听啊，山风乍起，那低沉的松涛莫不是大山老人的鼾声，那潺潺的涧泉莫不是大山老人的脉跳！

---

① 葳蕤：形容枝叶繁盛。

这里有如搭起鸟的歌台，百鸟踊跃献艺，汇聚各种流派，呈现千种神韵，令人叹服大自然的造化神功，叹服大自然竟有如此高深的艺术造诣(yì)[1]！我洗耳恭听这极为难得的空山鸟语，欣赏这久违的、拨人心弦使之颤动的鸟之绝唱！

喜鹊衣着典雅，黑衣白领，站在高枝上喳喳喳地大声叫着，俨然一位落落大方的节目主持人。云雀是山中的民歌高手，如同一块不落的石头悬在蔚蓝色的空中振翅啼啭。“啁啁唧唧勾哩嘀，哩哩哩哩唧勾哩嘀嘀……”歌儿悠扬婉转，娓娓动听。蜡嘴鸟叫声优美，歌声嘹亮，传得很远，尤其那花腔，宛若有人在演奏木琴。南雀来自南国，语音颇有南方的腔调，哨起来嘟嘟噜噜的，就像有人高擎茶壶往茶杯里斟茶的声音。大尾莺只会那么一句词儿——“唧唧鬼儿，唧唧鬼儿”，还在孤芳自赏反复吟唱。沙溜鸟“滴溜溜溜溜”地叫着，如同一枚水飘石，擦过平静如镜的湖面，溅起一串晶莹的水花儿。筲(shāo)了带鸟总愿站在最高的萍柳顶梢上，长尾巴一撅勾，头儿一点，“吱喽，吱喽”地叫唤，真像有人挑着一担空筲发出的声响。

哪些鸟给你留下了深刻的印象？作者是怎样描写这些鸟鸣叫的样子和叫声的？

---

①造诣：学问、艺术等所达到的程度。

节目依次上演，叫声各有千秋。

啄木鸟在拍打着手鼓助兴，山鸡在忘情地大声喝彩，画眉和山雀在发表天真活泼的议论，斑鸠则不满，与山鹁鸪在“咕咕咕，咕咕咕”地低声嘀咕。

布谷鸟在宣传独身主义：“光棍好过！光棍好过！”王干哥鸟却在断崖上急切地呼唤伴侣：“王干哥儿！王干哥儿！”吃杯茶鸟吐字清晰，俨如一个口吃的小堂倌(guān)在殷勤地招徕(lái)顾客：“吃杯，杯，茶——吃杯，杯，茶——”黑老鸹(guā)好不惊讶，发出由衷的赞叹：“哇！哇！”“哈哈哈哈，哈哈哈哈。”猫头鹰在挤眉弄眼地嘲笑。

欧吼鸟不会唱歌，只能模仿发齁(hōu)的人哮喘：“齁——齁——”“狠虎”是鹰的一种，长着一副凶相，只会恶吼吼地叫：“狠虎！狠虎！”再不就会用坚硬的喙(huì)啄击岩石，“嗒嗒嗒，嗒嗒嗒”，仿佛戏台上的鼓佬在敲打小鼓。“抓——抓——”爪爪鸟动辄(zhé)制造恐怖气氛，也不知张罗八火地抓什么。

日暮西山，百鸟唱晚，音乐会又掀高潮。

啊，你们这些善唱的精灵，我知道，你们本身就是大自然放飞的音符，大自然为你们谱写出这么多精美的曲子，又借用你们的歌喉，对我，对人类，对芸芸众生，转达他神秘而充满魅力饱含善意的问候！

啊，听不完的鸟语，听不够的山曲！此乃精美绝伦的山曲经典，是大自然的原声唱片，谁也无法作假。来这儿欣赏空山鸟语，不用花大钱买门票，不用受拥挤，不用呼吸近乎发霉的空气。这儿空气清新，阳光充沛，舞台恢宏，到处都是雅座，或在萋萋芳草上仰卧，或在累累岩石上倚着，或在淙（cóng）淙溪岸边静坐。听上一场空山鸟语，心如大山一样空旷，心中泛绿，顿觉年轻了许多。不管走到哪里，耳畔也会萦绕这刻骨铭心的鸟之绝唱！

阅读链接

同学们欣赏了作家笔下的《空山鸟语》，还可以欣赏中国作曲家、音乐教育家刘天华创作的二胡独奏曲《空山鸟语》。其初稿写于1918年，十年后才定稿。曲名采自唐代王维所作《鹿柴》中的诗句“空山不见人，但闻人语响”。在此曲中，刘天华营造出了深山幽谷、百鸟啼鸣的优美意境，使其成为一首极具形象性的作品。

⑥ 三只虫[①]

刘亮程

一只八条腿的小虫，在我的手指上往前爬，爬得极慢，走走停停，八只小爪踩上去痒痒的。它停下的时候，就把针尖大的小头抬起往前望，然后再走。我看得可笑。它望见前面没路了吗？竟然还走。再走一小会儿，就是指甲盖，指甲盖很光滑，到了尽头，它若悬崖勒不住马，肯定一头栽下去。我正为这只小虫的短视和盲目好笑，它已过了我的指甲盖，到了指尖，头一低，没掉下去，竟从指头底部慢慢悠悠向手心爬去了。

这句话点出了自以为是、强加于物等观念和行为，影响了人类对自身和大自然的认识。

这下该我为自己的眼光羞愧了，我竟没看见指头底下还有路，走向手心的路。

人的自以为是使人只能走到人这一步。

虫子能走到哪里？我除了知道小虫一辈子都走不了几百

① 选自《一个人的村庄·剩下的事情》。

米，走不出这片草滩以外，我确实不知道虫走到了哪里。

一次，我看见一只蜣(qiāng)螂滚着一颗比它大好几倍的粪蛋，滚到一个半坡上。蜣螂头抵着地，用两只后腿使劲往上滚，费了很大劲才滚动了一点点，而且，只要蜣螂稍一松劲，粪蛋就有可能滚下去。我看得着急，真想伸手帮它一把，却不知蜣螂要把它弄到哪儿。朝四周看了一圈也没弄清哪儿是蜣螂的家，是左边的那棵草底下，还是右边那几块土坷垃①中间？假如弄明白的话，我一伸手就会把这个对蜣螂来说沉重无比的粪蛋轻松拿起来，放到它的家里。我不清楚蜣螂在滚这个粪蛋前，是否先看好了路，我看了半天，也没看出朝这个方向滚去有什么好去处，上了这个小坡是一片平地，再过去是一个更大的坡，坡上都是草，除非从空中运，或者蜣螂先铲草开一条路，否则粪蛋根本无法过去。

或许我的想法天真，蜣螂根本不想把粪蛋滚到哪儿去。它只是做一个游戏，用后腿把粪蛋滚到坡顶上，然后它转过身，绕到另一边，用两只前爪猛一推，粪蛋骨碌碌滚了下去，它要看看能滚多远，以此来断定是后腿劲大还是前腿劲大。谁知道呢，反正我没搞清楚，还是少管闲事。我已经有过教训。

---

① 土坷垃：土块。

那次是一只蚂蚁，背着一条至少比它大二十倍的干虫，被一个土块挡住。蚂蚁先是自己爬上土块，用嘴咬住干虫往上拉，试了几下不行，又下来钻到干虫下面用头顶，竟然顶起来，摇摇晃晃，眼看顶上去了，却掉了下来，正好把蚂蚁碰了个仰面朝天。蚂蚁一骨碌爬起来，想都没想，又换了种姿势，像那只蜣螂那样头顶着地，用后腿往上举。结果还是一样，但它一刻不停，动作越来越快，也越来越没效果。

我猜想这只蚂蚁一定是急于把干虫搬回洞去，洞里有多少孤老寡小在等着这条虫呢。我要能帮帮它多好，或者，要是再有一只蚂蚁帮忙，不就好办多了吗？正好附近有一只闲转的蚂蚁，我把它抓住，放在那个土块上，我想让它站在上面往上拉，下面的蚂蚁正拼命往上顶呢，一拉一顶，不就上去了吗？

可是这只蚂蚁不愿帮忙，我一放下，它便跳下土块跑了。我又把它抓回来，这次是放在那只忙碌的蚂蚁的旁边，我想是我强迫它帮忙，它生气了。先让两只蚂蚁见见面，商量商量，那只或许会求这只帮忙。这只先说忙，没时间。那只说，不白帮，过后给你一条虫腿。这只说不行，给两条。一条半，那只还价。

我又想错了。那只忙碌的蚂蚁好像感到身后有动静，一回头看见这只，二话没说，扑上去就打。这只被打翻在地，爬起来仓皇而逃。也没看清咋打的，好像两只牵在一起，先是用口咬，接着那只腾出一只前爪，抡(lūn)开向这只脸上扇去，这只便倒地了。

那只连口气都不喘，回过身又开始搬干虫。我真看急了，一伸手，连干虫带蚂蚁一起扔到土块那边。我想蚂蚁肯定会感激这个天降的帮忙。没想到它生气了，一口咬住干虫，拼命使着劲，硬要把它再搬到土块那边去。

我又搞错了。也许蚂蚁只是想试试自己能不能把一条干虫搬过土块，我却认为它要搬回家去。真是的，一条干虫，我会搬它回家吗？

也许都不是。我这颗大脑袋，压根儿不知道蚂蚁那只小脑袋里的事情。

7 养花人的梦

艾　青

在一个院子里，种了几百棵月季花，养花的人认为只有这样才能每个月都看见花。月季的种类很多，是各地的朋友知道他有这种偏爱，设法托人带来送给他的。开花的时候，那同一形状的不同颜色的花，使他的院子呈现了一种单调的热闹。他为了使这些花保养得好，费了很多心血，每天给这些花浇水、松土、上肥、修剪枝叶。

一天晚上，他忽然做了一个梦：当他正在修剪月季花的老枝的时候，看见许多花走进了院子，好像全世界的花都来了，所有的花都愁眉泪睫地看着他。他惊讶地站起来，环视着所有的花。

最先说话的是牡丹，它说："以我的自尊，决不愿成为你的院子里的不速之客，但是今天，众姐妹们邀我同来，我就来了。"

接着说话的是睡莲，它说："我在林边的水池里醒来的时候，听见众姐妹叫嚷着穿过林子，我也跟着来了。"

牵牛弯着纤弱的身子，张着嘴说：“难道我们长得不美吗？”

石榴激动得红着脸说：“冷淡里面就含有轻蔑。”

白玉兰说：“要能体会性格的美。”

仙人掌说：“只爱温顺的人，本身是软弱的，而我们却具有倔强的灵魂。”

迎春花说：“我带来了信念。”

兰花说：“我看重友谊。”

所有的花都说了自己的话，最后一致地说：“能被理解就是幸福。”

正如所有的花都有它们美丽的地方，世上所有的事物都有它们美好的一面。

这时候，月季说话了：“我们实在寂寞，要是能和众姐妹们在一起，我们也会更快乐。”

众姐妹们说：“得到专宠的有福了，我们被遗忘已经很久，在幸运者的背后，有着数不尽的怨言呢。”说完之后，所有的花忽然不见了。

他醒来的时候，心里很闷，一个人在院子里走来走去，他想：“花本身是有意志的，而开放正是她们的权利。我已由于偏爱而激起了所有的花的不满。我自己也越来越觉得

通过对比，我们能发现事物的美好。

世界太狭窄了。没有比较，就会使许多概念都模糊起来。有了短的，才能看见长的；有了小的，才能看见大的；有了不好看的，才能看见好看的……从今天起，我的院子应该成为众芳之国。让我们生活得更聪明，让所有的花都在她们自己的季节里开放吧。”

养花人通过自己的梦，想到了什么？

1956 年 7 月 6 日

阅读链接

在中国现代诗歌发展史上，艾青是继郭沫若、闻一多等人之后又一位推动一代诗风，并产生重大影响的诗人。他的诗较多地把个人的悲欢融合到时代的悲欢里，鲜明地传出了时代的呼唤和人民的心声，在世界上也享有盛誉。智利诗人聂鲁达曾在他的回忆录中称艾青为“中国诗坛的泰斗”。

8 对一朵花微笑①

刘亮程

我一回头，身后的草全开花了，一大片，好像谁说了一个笑话，把一滩草惹笑了。

我正躺在土坡上想事情。是否我想的事情——一个人脑中的奇怪想法让草觉得好笑，在微风中笑得前仰后合。有的哈哈大笑，有的半掩芳唇，忍俊不禁。靠近我身边的两朵，一朵面朝我，张开薄薄的粉红花瓣，似有吟吟笑声入耳；另一朵则扭头掩面，仍不能遮住笑颜。我禁不住也笑了起来，先是微笑，继而哈哈大笑。

“我”为什么笑了起来?

这是我第一次在荒野中，一个人笑出声来。

还有一次，我在麦地南边的一片绿草中睡了一觉。我太喜欢这片绿草了，墨绿墨绿，和周围的枯黄野地形成鲜明对比。

我想大概是一个月前，浇灌麦地的人没看好水，或许他把水放进麦田后睡觉去了。水漫过田埂（gěng），顺这条干沟漫漶（huàn）而

① 选自《一个人的村庄·剩下的事情》。

联系上下文，想一想：“我”为什么感到满足？

下，枯萎多年的荒草终于等来一次生机。那种绿，是积攒(zǎn)了多少年的，一如我目光中的饥渴。我虽不能像一头牛一样扑过去猛吃一顿，但我可以在绿草中睡一觉，和我喜爱的东西一起睡一觉，做一个梦，也是满足。

一个在枯黄田野上劳忙半世的人，终于等来草木青青的一年，一小片。草木会不会等到我出人头地的一天？

这些简单地长几片叶、伸几条枝、开几瓣小花的草木，从没长高长大、没有茂盛过的草木，每年每年，从我少有笑容的脸和无精打采的行走中，看到的是否全是不景气？

我活得太严肃，呆板的脸似乎对生存已经麻木，忘了对一朵花微笑，为一片新叶欢欣和激动，这不容易开一次的花朵，难得长出的一片叶子。在荒野中，我的微笑可能是对一个卑小生命的欢迎和鼓励，就像青青芳草让我看到一生中那些还未到来的美好前景。

以后我觉得，我成了荒野中的一个。真正进入一片荒野其实不容易，荒野旷敞着，这个巨大的门让你在努力进入时不经意已经走出来，成为外面人。它的细部永远对你紧闭着。

走近一株草、一滴水、一只小虫的路可能更远，弄懂一棵草，并不仅限于把草放到嘴里嚼嚼，尝尝味道。挖一个坑，把自己栽进去，浇点水，直愣愣站上半天，感觉到的可能只是腿酸脚麻和腰疼，并不能断定草木长在土里也是这般情景。人没有草木那样深的根，无法知道土深处的事情。人埋在自己的事情里，埋得暗无天日。人把一件件事情干完，干好，人就渐渐出来了。

我从草木身上得到的只是一些人的道理，并不是草木的道理。我自以为弄懂了它们，其实我弄懂了自己，我不懂它们。

作者从草木身上得到了哪些做人的道理？

阅读链接

刘亮程，1962年出生在新疆古尔班通古特沙漠边缘的一个小村庄，他被誉为“20世纪中国最后一位散文家”和“乡村哲学家”。《一个人的村庄》是他创作的一本散文集，他不是以旁观者的角度站在一边“体验生活”，而是写他自己的村庄，他眼中的、心中的、生于斯长于斯的这一方土地。

9 告　别

［印度］泰戈尔

这首散文诗是以一个孩子的口吻写的，通过孩子稚嫩的话语、天真的想象，抒发了母亲与孩子之间真挚的感情。

是我走的时候了，妈妈，我走了。

当清寂的黎明，你在暗中伸出双臂，要抱你睡在床上的孩子时，我要说道：“孩子不在那里呀！”——妈妈，我走了。

我要变成一股清风抚摸着你；我要变成水中的涟漪(yī)，当你沐浴时，把你吻了又吻。

大风之夜，当雨点在树叶中淅(xī)沥时，你在床上，会听见我的微语；当电光从开着的窗口闪进你的屋里时，我的笑声也偕(xié)了它一同闪进了。

如果你醒着躺在床上，想你的孩子到深夜，我便要从星空向你唱道：“睡呀！妈妈，睡呀。”

我要坐在各处游荡的月光上，偷偷地来到你的床上，趁你睡着时，躺在你的胸上。

我要变成一个梦儿，从你的眼皮的微缝中，钻到你的睡眠的深处。当你醒来吃惊地四望时，我便如闪耀的萤火似的熠(yì)熠地向暗中飞去了。

当普耶节[①]日，邻舍家的孩子们来屋里游玩时，我便要融化在笛声里，整日在你心头震荡。

亲爱的阿姨带了普耶礼[②]来，问道："我们的孩子在哪里，姊姊？"妈妈，你将要柔声地告诉她："他呀，他现在是在我的瞳仁里，他现在是在我的身体里，在我的灵魂里。"

你从画线的句子中读出了什么？

（郑振铎　译）

① 普耶节：是指印度十月间的"难近母祭日"。普耶，意为"祭神大典"。

② 普耶礼：普耶节亲友相互赠送的礼物。

⑩ 月

［宋］欧阳修

朗读这首古诗，你仿佛看到了怎样的画面？

天高月影浸长江，
江阔风微水面凉。
水天相连为一色，
更无纤[①]霭[②]隔清光[③]。

注释

① 纤：细小，细微。
② 霭：云气。
③ 清光：清澈明亮的月光。

译文

一轮明月高悬蓝天，月影倒映江心，宽阔的江面，凉风习习，波光闪闪。天与水连成一色，夜空如洗，更没有一丝云气，月光朗照，一片清辉无边的优美景色。

11 云

[日本]金子美铃

我想变成
一朵云。
又松又软
飘在蓝天里，
从这头到那头
看够了风景，
晚上就跟月亮
捉迷藏。
玩腻了
就变成雨。
跟雷公
结个伴，
一起跳到
人家的池塘里去。

（吴菲　译）

云朵的高远，令人神往；云朵的多变，令人浮想联翩。假如你是一朵云，你想做什么呢？

⑫ 初　夏

顾　城

乌云渐渐稀疏，
我跳出月亮的圆窗，
跳过一片片
美丽而安静的积水，
回到村里。

在新鲜的泥土墙上，
青草开始生长。

每扇木门
都是新的，
都像洋槐花那样洁净，
窗纸一声不响，
像空白的信封。

不要相信我，
也不要相信别人，
把还没睡醒的
相思花
插在一对对门环里，
让一切故事的开始
都充满芳馨和惊奇。

早晨走近了，
快爬到树上去。

我脱去草帽，
脱去习惯的外鞘(qiào)，
变成一个
淡绿色的知了，
是的，我要叫了。

公鸡老了，
垂下失色的羽毛。

请你也来用诗一般的语言写一写你所看到的初夏景色吧！

所有早起的小女孩
都会到田野上去，
去采春天留下的
红樱桃，
并且微笑。

日积月累

初夏绝句

［宋］陆游

纷纷红紫已成尘，布谷声中夏令新。
夹路桑麻行不尽，始知身是太平人。

⑬ 小　桥

金　波

弯弯地弓着背，
俯视着脚下的流水，
车马行人从背上走过，
也走了年年岁岁。

小时候走过小桥去外婆家，
第一次吃到了香甜的米花糖；
长大了走过小桥去上学，
才知道外面的世界很宽广。

在没有路的地方，
桥是路的延伸；
在没有土地的水上，
桥是水上的土地。

我们爱土地，就会爱桥，

我们爱江河，更会爱桥。

桥是土地和土地的纽带，

桥是心和心之间腾飞的爱。

小桥一生一世站在水里，

它获得了崭新的生命，

相信终会有那么一天，

每根桥柱上都会叶绿花红。

读完了诗人笔下的小桥，你的脑海中是不是也浮现出了自己曾经走过的小桥？它是什么样的？它又给你带来了哪些美好的回忆？和同伴交流一下吧。

⑭ 童年的梦

柯　岩

童年的梦都是金色的吗？
不，妈妈沉思地说：
有的苍白如洗，有的黑如泼墨；
有的冰冷，有的火热；
有的明亮，有的却是
一团永远化不开的灰色……

那么，我的呢？我的怎么
不但有各种颜色，还有声音呢？
忽而霹雷闪电，忽而太阳灼灼，
鱼儿在水面唼喋（shàzhá），小鸟在枝头唱歌；
还有妹妹，哭了又笑……
哦，真是彩色的交响乐！

⑮ 纸　船

——寄母亲

冰　心

我从来不肯妄弃了一张纸，
总是留着——留着，
叠成一只一只很小的船儿，
从舟上抛下在海里。

有的被天风吹卷到舟中的窗里，
有的被海浪打湿，沾在船头上。
我仍是不灰心地每天地叠着，
总希望有一只能流到我要它到的地方去。

母亲，倘若你梦中看见一只很小的白船儿，
不要惊讶它无端入梦。
这是你至爱的女儿含着泪叠的，
万水千山，求它载着她的爱和悲哀归去。

《绿山墙的安妮》

[加拿大] 露西·蒙哥马利

推荐语

主人公安妮是个喋喋不休的“小话痨”，金句频出的“小大人儿”，叱咤风云的“小学霸”……她极富想象力和浪漫情怀，给所有喜欢的东西都起了诗意的名字：开满苹果花的林荫道是“白色的欢乐之路”；巴里的池塘是“闪光的小湖”；窗前的樱桃树是“白雪皇后”……在她眼中，绿山墙农舍及周围风光美如仙境。

《绿山墙的安妮》问世至今被翻译成数十种文字，持续发行几千万册，是一本世界公认的文学经典，连大文豪马克·吐温也不吝啬对它的赞美：“安妮是继不朽的爱丽丝之后最令人感动和喜爱的儿童形象。”

作者简介

露西·蒙哥马利（1874—1942），加拿大女作家。她从小就表现出极高的文学天赋，其青少年时期创作的一首长诗被刊登在当地一家报纸的头版，广受好评。在她的口袋里总有一个小本，灵感乍现时，她便立刻记录下来。在一次浏览小本的时候，她发现了这样一条引发她创作灵感的消息：“一对年迈的夫妇向孤儿院申请领养一个男孩，阴差阳错，一个女孩被送了过来。”正是从这只言片语中，蒙哥马利写出了她的第一本小说，并于1908年出版，这就是《绿山墙的安妮》。该书很快就成为当年的畅销书并风靡全球。

内容梗概

在美丽的爱德华王子岛上，未娶未嫁的兄妹马修和玛丽拉住在一栋有着绿山墙的房子里。随着年事渐高，他们准备去孤儿院收养一个男孩，便于将来替他们打理农庄上的活计。可是阴差阳错，孤儿院送来了一个满头红发、满脸雀斑，又喋喋不休的女孩安妮。经过一天的相处后，马修和玛丽拉决定留下这个能说会道的女孩。后来这对兄妹发现安妮生性倔强，但勤恳、活泼、乐观、酷爱幻想、待人真诚。她有着强烈的好奇心，频繁地闯一些无伤大雅的祸，让人不忍责难，反而忍俊不禁。她不像任何传统意义上的女孩，从此马修兄妹刻板的生活被彻底颠覆了。安妮的激情洋溢、活力四射及略带叛逆的个性感染了身边的每一个人。她聪明勤奋，很快就在学校崭露头角，并赢得了上大学的奖学金。当马修突然去世，绿山墙农庄面临困境时，她知恩图报，毅然放弃去远处上大学的机会，在家附近当了教师，以便照顾年迈体弱的玛丽拉。

精彩片段

马车只是在路上拐了个弯，来到了“林荫道”上。

“林荫道”是新布里奇居民的叫法，这是四五百码长的一段道路，好多年前一位性情古怪的老农在两边栽下的许多苹果树，如今长得高大茂盛，它们的枝叶会合成弓形，把道路上空罩得严严实实。头顶上是一大片雪白、芬芳的花朵，像一长溜覆盖在上面的天篷。树枝下的空气里飘荡着一种紫色的柔光，向前看去，隐约可见被落日染红的天空像教堂走廊尽头的大圆花窗一样发出光芒。

这番美景似乎把孩子惊得瞠目结舌。她靠在马车里，把两只瘦小的手紧握在胸前，欣喜若狂地仰起小脸庞，看着上面那一片白色的光辉。后来出了林荫道，马车已经行驶在通往新布里奇的长长的斜坡上，她还是一动不动，一声不吭。她脸上仍是那副全神贯注的表情，凝视着远处西方的落日余晖，眼里看到的无数幻象在那片红光闪耀的背景的衬托下匆匆闪过。经过新布里奇时，他们仍然沉默无语。新布里奇是个喧闹的小村子，狗朝他们吠叫，成群的小男孩叫喊着，向窗子里探进好奇的面孔。他们又走了三英里，把上述的一切抛在后面，这时孩子还是默不作声。很明显，她是能够保持沉默的，正如她能够那么精力充沛地跟你聊个不休一样。

“我猜你一定感到很累很饿了吧，”马修终于大胆地问道，这孩子好长时间没有讲话，他只能想到用这个原因可以解释，“不过我们没有多少路要走了，再走一英里就到了。”

她这才深深地叹了口气，从出神的沉思中惊醒过来，用一种恍恍惚惚的目光看着他，好像她的灵魂曾被星星领着，飘游得很远很远。

“哦，卡思伯特先生，”她低声说，“刚才我们经过的地方——那片雪白的地方——是什么呀？”

“哦，你一定是指林荫道吧，”经过片刻的深思，马修说，“那可是个漂亮的地方。”

“漂亮？不，‘漂亮’这个词儿似乎用得不很恰当。用‘美丽’这个词儿也不行。它们都还不够味儿。哦，是‘神奇’——神奇。这是我第一次看见无法用想象来改善的东西。现在单是这一点就使我很满足了。”她把一只手搁在胸口，“它使我心里感到一种莫名其妙的奇怪的痛苦，不过这是一种愉快的痛苦。你可曾有过这样的痛苦，卡思伯特先生？”

“哦，我记不起是不是有过。”

“我有过许多次——每当我看见事物的美丽达到庄严肃穆的程度时，我就有这样的感觉。可是他们不应该管那风光秀丽的地方叫林荫道呀。这类名字毫无意义。他们应该管它叫——让我想想——‘白色的欢乐之路’。这是不是个富有想象的好名字？每当我对一个人或一个地方的名字不满意时，我总为他们想象出一个新的名字,并在脑子里使用这个称呼。孤儿院有个女孩叫赫普齐巴·詹金斯，可我总把她想象成罗莎莉娅·德弗尔。别人可以管那地方叫林荫道，我可始终要称它为‘白色的欢乐之路’。真的只要再走一英里我们就到家了吗？我真高兴，又很难过。我难过是因为这段旅程太令人赏心悦目了，每当赏心悦目的事情突然结束时，我总感到心里难受。或许以后还会有更加令人愉快的事情出现，可是你并没有很大的把握。令人懊丧的事情还是常常会碰到的。这多少是我的一点经验。可是想到我们就要到家了，真叫人高兴。你知道，从我能够留下记忆的时候起，我还从来没有一个真正的家呢。想到就要加入一个真正的家庭，又使我感到那种令人愉快的痛苦。啊，这真是太妙了！”

他们已经越过了一个小山顶。山顶下面是一方池塘。池塘很长，蜿蜒曲折，看上去几乎像是一条河。一座桥横跨池塘中央，池塘的尽头有一条琥珀色的带状沙丘将它同下面深蓝色的海湾隔开。水面闪动着多种灿烂的色彩——橘黄色、玫瑰色和淡雅的翠绿色那样，一些出神入化、明暗多姿的色调，其中夹杂着其他忽隐忽现、不可名状的色泽变化。在桥的上首，池塘直伸入靠近岸边的枞树林和枫树林，使它们摇曳的影子呈现出半透明的黑色。到处都有一棵野李树从岸上探出身子，像一个身穿白衣服的小姑娘踮着脚尖欣赏自己在水面上的影子。池塘上端的泥沼里传出来青蛙清晰的哀怨而又动听的合唱声。下面斜坡上一座白色的苹果园中间，隐隐约约露出一所灰色的小房子，尽管天还不太暗，有一扇窗子里正在射出灯光。

“那是巴里的池塘。”马修说。

“哦，我也不喜欢这个名字。我要叫它——让我想想——‘闪光的小湖’。对，给它起这个名字正合适。我知道合适，因为这个名字很动听。每当我突然想出了一个恰如其分的名称时，我总非常激动。有什么事情曾使你心情激动过吗？”

马修苦苦思索着。

“嗯，对了。看到那些从黄瓜地里挖出来的丑陋不堪的白蛴螬(qí cáo)时，我总感到有点震颤。我讨厌它们那副模样。”

“哦，我认为那不是同一种激动。你觉得它们有什么共同点吗？蛴螬和‘闪光的小湖’之间没有多大联系，是不是呢？可是为什么人们管它叫巴里的池塘呢？”

“我想是因为巴里先生就住在那边的那所房子里。他住的地方叫果园坡。要不是果园坡后有那一大片树丛，你从这里就可以看见绿山墙农舍了。可是我们还得通过小桥，顺着道路拐个弯儿，大概还要再走半英里。”

“巴里先生家有小姑娘吗？哦，也不要太小——像我这么大的。”

“他有个大约十一岁的姑娘，名叫黛安娜。”

“啊！”她深深地吸了口气，“多么可爱的名字！”

“嗯，我不知道。我倒情愿要简·玛丽或者诸如此类实用的名字。黛安娜出生时，有一位小学教员在那儿搭伙，他们请他给孩子起个名字，他就起了个黛安娜。”

“我真希望当初我出生时附近也有个小学教员才好。喔，我们走到桥上了。我要把眼睛闭得紧紧的。我总是害怕过桥。我不由自主地会想到，也许正当我们走到桥中间时，它会像把大折刀那样折叠起来，把我们夹在当中。所以我闭上眼睛。不过，每当我觉得我们快到桥中间时，我总要把眼睛睁开。因为你知道，如果桥真的塌掉了，我也要看看它是怎么塌掉的。它发出的轰隆声该多么有趣呀！我总喜欢听轰隆轰隆的声音。这个世界有这么多东西让你喜欢，难道不是妙不可言吗？好啦，我们过来了。现在我得回过头去瞧瞧。晚安，亲爱的‘闪光的小湖’。我总对自己喜爱的东西道声晚安，就像对人一样。我想它们一定很欢喜。那湖水看起来好像是在对我微笑呢。”

他们又翻过一座小山丘，拐了个弯，这时马修说：“我们离家很近了。绿山墙农舍就在那——”

“啊，别告诉我，”她气喘吁吁地打断了他的话，一边紧紧抓住他举了一半的手臂，闭上眼睛，这样就看不见他的手势了，“让我猜一猜。我肯定会猜对的。”

她睁开眼睛，环顾四周。他们正处在一个小山丘的顶上。太阳落山已有一会儿了，可是在柔和的余晖下，景色仍很清晰。

西边一座黑色教堂的尖塔在金黄色天空的衬托下高高耸起。下面是一条小小的溪谷，远处是一长条缓缓升起的斜坡，沿着斜坡散布着一些温暖舒适的农舍。孩子的目光从这一座扫向那一座，满怀着热切的心情和渴望。最后，停留在左边的一座房屋跟前。这个农舍离道路远一些，它在周围树林的朦胧夜色中露出一片淡白色。上面，在那纯洁的西南天空中，闪耀着一颗晶亮的大星星，像一盏给人指路和给人希望的明灯。

“那座就是，对吗？”她用手指点着说。

马修高兴地拍拍母马背上的缰绳：“对啦，你猜中了！”

（马爱农　译）

阅读时，我们可以从所读的内容想开去。如：想象安妮看到的美丽景物的画面，体会她内心的欣喜；从安妮身上联想自己成长的故事，感悟她成长的历程……

阅读这本书，我们可以朗读自己喜欢的部分，读出自己的感受。还可以把自己读书时产生的想法批注在旁边。

我伴你读

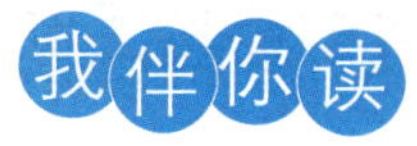

活动一　制作安妮个人档案

读了本书，你一定对安妮这个女孩有了很深的了解吧！请根据书中内容为安妮建一个人物档案吧。

姓名：

性别：

性格特点：

手绘安妮照片

身边的人物关系：

主要经历：

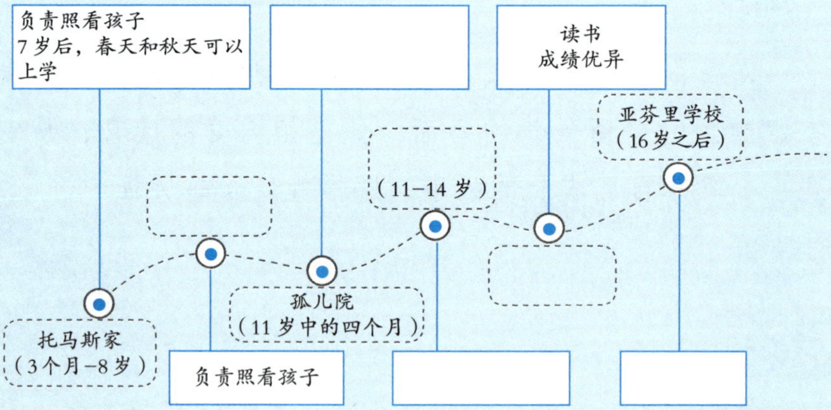
负责照看孩子
7岁后，春天和秋天可以上学
托马斯家
（3个月–8岁）
负责照看孩子
孤儿院
（11岁中的四个月）
（11–14岁）
读书
成绩优异
亚芬里学校
（16岁之后）

活动二　感受优美的景色

这本书中对自然景物有大量细腻的描写，请找出来读一读，并和同学一起开一个小小朗读会。再描写一下自己观察过的景物，学着安妮的样子，发挥想象力，为它们取个别致的名字吧！

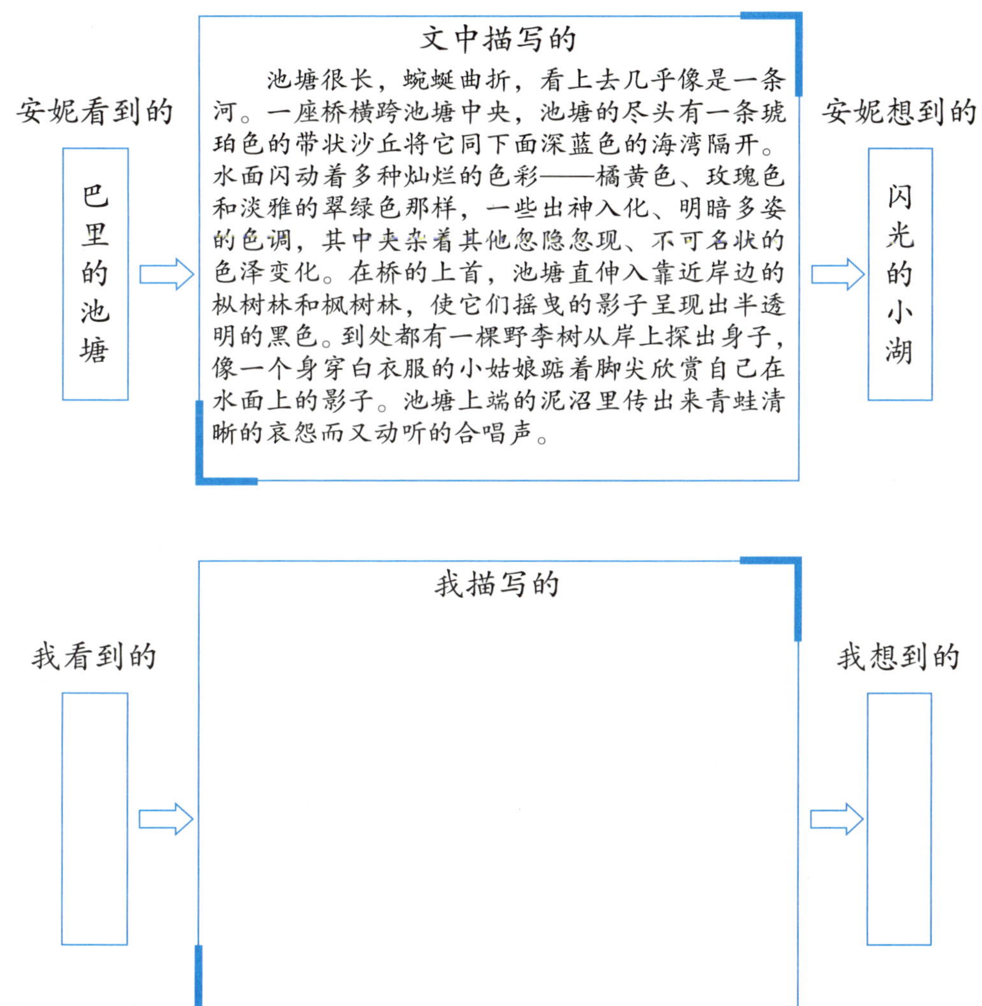

活动三　记录阅读体会

读完本书，你一定对这些词语有更加深刻的体会：成长、友谊、乐观、善良、爱……请选择一个关键词结合阅读理解和生活实际，写一写自己的感悟，并和同学交流。

关键词：

我的感悟：

敬 启

为编好这本书，我们与收入本书的作品（含图片）作者进行了广泛联系，得到了各位作者的大力支持。在此，我们表示衷心的感谢。但是，由于个别作者地址不详，虽经多方努力，仍无法取得联系。敬请各位有著作权的作者尽快与我们联系，以便我们支付稿酬，并致谢忱！

我们还要感谢使用本书的师生们。希望你们在使用本书的过程中，能够及时把意见和建议反馈给我们，对此，我们深表谢意，并将给予一定奖励。让我们携起手来，共同完成本书的建设工作。

联 系 人：梁老师　张老师

联系电话：010-58022100

联系邮箱：ztxx2008@sina.com

网　　址：http://www.ywztxx.com

地　　址：北京市海淀区知春路7号致真大厦A座18层

图书在版编目（CIP）数据

守卫精神家园 / 孙玉亮主编. — 上海：上海教育出版社, 2021.6

ISBN 978-7-5720-0813-9

Ⅰ. ①守… Ⅱ. ①孙… Ⅲ. ①阅读课—小学—教学参考资料 Ⅳ. ①G624.233

中国版本图书馆CIP数据核字（2021）第142043号

责任编辑　余佳家　李光卫
封面设计　陈丽娟　王艺霖
著作权人　北京华樾教育科技有限公司

守卫精神家园
孙玉亮　主编

出版发行　上海教育出版社有限公司
官　　网　www.seph.com.cn
地　　址　上海市永福路 123 号
邮　　编　200031
印　　刷　河北泓景印刷有限公司
开　　本　720×1010　1/16　印张 63
字　　数　700千字
版　　次　2021年8月第1版
印　　次　2021年8月第1次印刷
书　　号　ISBN 978-7-5720-0813-9/G・0629
定　　价　268.00元

如发现质量问题，请向本社调换　　电话 021-64377165

★ 适合11至12岁 ★

守卫精神家园

SHOUWEI JINGSHEN JIAYUAN

主 编 孙玉亮

名家寄语

学习语文，不能只读语文课本，还必须广泛阅读。

广泛阅读，可以提高阅读理解力；

广泛阅读，可以丰富知识，开阔视野；

广泛阅读，可以提升思维力、鉴赏力；

广泛阅读，可以促进人的精神成长。

新编的“语文主题学习”读本，包括古诗文经典诵读、优秀作品专题阅读和整本书阅读，是落实课内外阅读一体化的优质资源。

捧起这套读本读起来，你会越来越享受阅读，你的一生一定会因为阅读而精彩！

崔峦

用阅读滋养你的心灵，
让你变得聪明善良，胸怀宽广，更富想象力和创造力。

沈石溪

发现美，学会爱，表达自己，
在阅读和写作中不断进步！

王一梅

閱讀是開啓美
好人生的鑰匙

趙麗宏
庚子九月

为自己读书
为美好读书

肖复兴
庚子中秋

读经典的书
做优秀的人

[illegible]

幻想，从现实起飞

刘兴诗

目录

经典诵读

专题阅读

范文阅读

组文阅读

自由阅读一

自由阅读二

整本书阅读

经典诵读

决决中华，滚滚逝水。几千年来，许多文人墨客触景生情，有感而发，为我们留下了诸多或慷慨激昂或智慧深沉的文字，鼓舞斗志，激发情感，启迪人生。

诵读本单元的经典篇目，借助注释和译文理解诗文大意，在诵读中感受古人所表达的思想感情。

扫码收听朗诵音频

1 南园十三首（其五）

［唐］李贺

男儿何不带吴钩[①]，

收取关山五十州[②]。

请君暂上凌烟阁[③]，

若个[④]书生万户侯[⑤]？

注释

① 吴钩：古代吴地所出产的弯形战刀。

② 五十州：唐王朝难以辖管的五十余州郡。

③ 凌烟阁：唐王朝为表彰功臣而建的绘有功臣图像的高阁。

④ 若个：哪个。

⑤ 万户侯：食邑万户的侯爵。

译文

男子汉大丈夫为什么不带宝刀，去收复朝廷难以辖管的五十州呢？请你暂且登上那凌烟阁去看一看，又有哪一个书生曾被封为食邑万户的侯爵？

扫码收听朗诵音频

② 夜上受降城[1]闻笛

[唐] 李益

回乐烽[2]前沙似雪，
受降城外月如霜。
不知何处吹芦管，
一夜征人[3]尽望乡。

注释

① 受降城：指西受降城，遗址在今内蒙古自治区境内。
② 回乐烽：一作“回乐峰”。
③ 征人：指出征或戍边的战士。

译文

回乐烽火台前，月光下的沙砾如雪粒一样洁白，受降城外的月光像霜一般皎洁。不知道什么地方吹起了凄凉幽怨的笛声，使得戍边的将士们整夜思念着家乡。

扫码收听朗诵音频

丑奴儿·书博山道中壁

［宋］辛弃疾

少年不识[1]**愁滋味，爱上层楼**[2]。爱上层楼，为赋[3]新词强说愁[4]。 而今识尽愁滋味，欲说还休[5]。欲说还休，却[6]道天凉好个秋。

注释

① 识：知道，体会到。
② 层楼：高楼。
③ 赋：写作。
④ 强说愁：勉强说愁，没有愁而说愁。强，勉强。
⑤ 休：停止，罢了。
⑥ 却：只，仅仅。

译文

人在年少时，不明白忧愁的滋味，喜欢登高远望。喜欢登高远望，为吟赋新词而勉强说愁。

现在尝尽了忧愁的滋味，想说却说不出。想说又说不出，只好说："好个凉爽的秋天呀！"

④ 山坡羊·潼关[①]怀古

[元]张养浩

峰峦如聚，波涛如怒，山河表里潼关路[②]。望西都[③]，意踌躇（chóu chú）。伤心秦汉经行处[④]，宫阙万间都做了土。**兴，百姓苦；亡，百姓苦！**

注 释

① 潼关：在今陕西省潼关县，关城雄踞山腰，下临黄河，地势险要，是古代兵家必争之地。

② 山河表里潼关路：意思是潼关外有黄河，内有华山，地势险要。表，外。里，内。

③ 西都：指故都长安（今陕西省西安市）。

④ 秦汉经行处：指沿途经过的秦汉以来的历史遗迹。

挽聚的山峦，雄峙一方，发怒的黄河，波涛汹涌。外连着黄河、内接着华山的，就是潼关路。西望长安，心潮难平。行经这秦汉都城，百感交集，豪华宫室都不见踪影。朝代兴，百姓要受苦；朝代亡，百姓也要受苦！

扫码收听朗诵音频

5 猴

《笑林》

一猴死，见冥王[①]，求转人身。王曰：“既[②]欲做人，须将毛尽拔去。”即唤夜叉[③]拔之。方[④]拔一根，猴不胜[⑤]痛叫。王笑曰：**“看你一毛不拔，如何做人？”**

注释

①冥王：即阎王。冥，阴间。
②既：既然。
③夜叉：传说中阴间的恶鬼。
④方：才，刚。
⑤不胜：不堪，受不住。

译文

一只猴子死后，见到了阎王，请求投胎做人。阎王说：“既然你想做人，就需要将身上的毛全部拔掉。”于是阎王就叫夜叉来给猴子拔毛。刚拔下了一根，猴子就痛得忍不住叫了起来。阎王笑道：“看你，连一根毛都舍不得拔，怎么做人呢？”

⑥ 出师表（节选）

［三国］诸葛亮

先帝[1]创业未半而中道[2]崩殂(cú)[3]，今天下三分，益州疲弊[4]，此诚[5]危急存亡之秋[6]也。然侍卫之臣不懈(xiè)[7]于内[8]，忠志之士忘身于外[9]者，盖追先帝之殊遇[10]，欲报之于陛(bì)下也。**诚宜开张圣听[11]，以光[12]先帝遗德，恢弘(hóng)[13]志士之气；不宜妄(wàng)自菲(fěi)薄[14]，引喻失义[15]，以塞忠谏(jiàn)之路也。**

注释

①先帝：指三国时期蜀汉的创建者刘备。

②中道：中途。

③崩殂：指帝王之死。

④益州疲弊：指蜀汉国力薄弱，处境艰难。益州，这里指蜀汉。疲弊，人力疲惫，民生凋敝，困苦穷乏。

⑤诚：确实，实在。

⑥秋：时候。

⑦懈：懈怠，放松。

⑧内：朝廷。

⑨外：指战场上。

⑩殊遇：特殊的礼遇。

⑪开张圣听：扩大皇帝听闻的范围，意思是要后主广泛听取意见。

⑫光：发扬光大。

⑬恢弘：发扬，扩展。

⑭妄自菲薄：随意地看轻自己。

⑮引喻失义：说话不合道理。引喻，称引、比喻。失义，不合道理。

译文

先帝开创大业未完成一半，竟中途去世。如今天下分成三国，我蜀汉国力困乏，民生凋敝，这真是处在万分危急、存亡难料的时刻。但是，朝廷上侍奉守卫的臣子不敢稍有懈怠；战场上忠诚有志的将士舍身忘死地作战，这都是追念先帝对他们的特殊礼遇，想报答给陛下啊。陛下确实应该广开言路，听取群臣意见，发扬光大先帝遗留下来的美德，振奋鼓舞志士们的勇气，绝不应随便看轻自己，说出无道理的话，从而堵塞了忠诚进谏的路。

专题阅读

难忘的旋律

冒险送中国旗帜的杨惠敏、拄拐庆祝申奥成功的老奶奶，以及向“壮士”致敬的数万名群众、长安街上欢呼的人们……文本中这些点面结合的写法，使鲜活的人物形象跃然纸上，动人的情景若在眼前。

阅读本专题选文，想一想：这些文章分别描写了哪些场面？作者又是怎样进行场面描写的？

范文阅读

① 和毛主席长征诗

袁国平

这两句是全诗的纲领，展现了威武之师坚忍不拔、所向披靡的精神风貌。

万里长征有何难？中原[①]百战也等闲[②]。
驰骋潇湘[③]翻浊浪，纵横云贵[④]等弹丸[⑤]。
金沙大渡征云暖，草地雪山杀气寒。
最喜腊子口外月，夜辞茫荒笑开颜。

注 释

① 中原：本指黄河流域，这里指中国。
② 等闲：平常事。
③ 潇湘：指潇水、湘水，都在湖南。
④ 云贵：指云贵高原。
⑤ 等弹丸：把云贵高原看得像弹丸之地，极力写出红军纵横驰骋的豪气。

赏析

这首七律意境雄浑，描绘了长征途中的许多宏大场面，鲜明地表现了红军的豪迈和勇猛，伟大和崇高，生动地展示了红军充满乐观和必胜信念的内心世界，贴切地描写了革命军队能征善战和临危不惧的英雄境界。

② 八百壮士守四行（节选）

金 忭

1937 年“八一三”淞沪开战后，中国军队与日军进行了英勇顽强的拼搏，以重大牺牲为代价，消灭日军数万人。由于日军装备精良，又掌握制空权，为了保存实力，10 月 26 日，中国军队开始撤退，命令谢晋元率领 524 团留守闸北，担任断后任务。

四行仓库原是上海金城、盐业、大陆、中南四家银行共同投资的一座六层钢筋水泥建筑物。

这时，中国军队主力已开始西撤，四行仓库成为孤悬于中国军队战线外面的一块中国阵地。它的西边和北边已被日军占领，东边是公共租界，南边紧临苏州河，过了河上的新垃圾桥（今西藏路桥），也是公共租界。事实上，四行仓库已成为孤岛，谢晋元率领

从这段描写中，你体会到了什么？

的第 1 营已是一支没有后援的孤军。

那天夜里，苏州河对岸公共租界的两名英国军官悄悄向四行仓库走来，因为他们发现整个上海的中国军队都在后撤，只有这里还有中国军队坚守着。他们怕把战火引向租界，为了自身的安全，想来探个究竟。

“贵国的军队不是都撤退了吗？你们为什么不撤？”一名英国军官问道。

“我们奉命死守上海。”谢晋元回答他。

“如果你们愿意交出武装，我们将准许你们撤入租界。”另一名英国军官提议道，“我们将保证你们的生命安全。”

对此，谢晋元毅然拒绝。他说：“我们中国军人宁愿战死，也决不放弃杀敌的责任。我们的生命可以不顾，但枪决不能离开我们的双手，阵地决不能丢。”

通过谢晋元的话，你认识了一个怎样的军人？

两个英国军官对谢晋元这种视死如归的精神，深表敬佩。临离开前，一个军官又问道：“你能告诉我，你们有多少人吗？”

当时，这个团在四行仓库的兵员实际上

只有四百多人，但为了壮大声势，谢晋元大声回答道：“八百人。”第二天，“八百壮士”死守四行仓库的消息不胫(jìng)而走，到下午就传遍了整个上海。这便是“八百壮士”的由来。

27 日晨，日军包围了四行仓库，正式发起了进攻，同时又纵火大烧仓库四周的民房，炮弹像雨点一般落在仓库的墙壁上爆炸着。但壮士们却毫不畏惧，沉着还击，掩护警戒部队向仓库内撤退。

不料警戒部队还没有完全撤回仓库，敌军已跟踪到了门口，直欲夺门而入。中国警戒部队立即返身与敌人肉搏，将敌人阻止在仓库门外。在楼顶上的中国士兵，这时正好向敌军发射了两颗迫(pǎi)击炮弹，敌兵顿时七死八伤，血肉横飞。剩下的两三个残兵，也死在中国士兵的刺刀之下。中国士兵急忙进入仓库，关起大门。远处的百余名敌兵也只好仓皇逃回。

从这里可以看出战斗的激烈。

经过一天的激战，死在中国军队炮弹、手榴弹和刺刀之下的敌人共有五十多名，伤的也有四五十名，而中国军队只有一名士兵受伤。

谢晋元率“八百壮士”死守四行仓库的壮举，深深感动了上海市民。27 日这一天，从早到晚，有数万名群众聚集在苏州河南岸租界内围观，群情激昂，人心振奋，人们纷纷隔河举臂向壮士们致敬，甚至连租界里的外国人也对孤军赞叹不已。

这段文字描写了数万名群众向壮士们致敬的场面。

就在这人群中，有一名参加战地服务团的女童子军叫杨惠敏，她望着那弹痕累累的高大建筑，突然发现四周除了日军膏药似的太阳旗外，就是租界内米字形的英国国旗。她心里立刻起了一个念头：一定要在那楼顶上飘扬起一面我们中国的旗帜。

这里着重对人群中的杨惠敏进行了刻画，这样点面结合的写法有什么好处？

这天夜里，杨惠敏怀揣着一面中国旗帜，悄悄溜出租界，冒着日军机枪封锁的危险，爬过苏州河上的新垃圾桥，在中国哨兵的帮助下，终于闯进了四行仓库，找到了谢晋元。

谢晋元立正、挺胸，双手把旗帜接过来。那面旗帜已经被汗水湿透了，但谢晋元却觉得那汗水像鲜血一样珍贵。这里饱含着中华儿女保卫祖国的献身精神，是勇敢和智慧的汗水。

28 日，在四行仓库六楼楼顶的平台上，一面中国的旗帜升上蓝天。当苏州河对岸租界里的上海市民看到中国的旗帜迎风飘扬时，人群沸腾了，齐声高呼："中华民族万岁！""抗战必胜！"许多人感动得流下了热泪。

29 日这一天，敌人又发动了四次攻击，中国军队沉着应战，机关枪、步枪早已构成了严密的火网，再加上手榴弹、迫击炮弹从窗口、楼顶直泻下来，使整个大楼没有一处死角。敌人虽不断地冲杀，却始终被阻在仓库以外 50 米，无法接近大楼。

经过一天的激战，"八百壮士"仍牢牢地坚守在四行仓库，使敌人不能前移一步。

一座仓库，因为英雄的坚守，而成为民族永恒的丰碑。

③ 狼牙山远眺

张庆和

狼牙山本无名，在中华大地上它仅仅是千万秀峰中极为普通的一处。然而，自从那年那月那天的那一场抗击恶魔的战斗之后，狼牙山便有名了，继而名扬天下。

蒙蒙细雨中，我听到花草在歌唱，大山在诉说：

作者借花草的歌唱、大山的诉说，表达了怎样的情感？

兽性的蹄在践踏我们的国土，锋利的刀在血刃我们的百姓！苦难中挣扎的中国人民啊，外受欺辱，内遭蹂躏，血性的男儿岂能坐视无睹！于是，在大江南北，在黄河两岸，山，举起了刀枪；水，唱起了战歌。千千万万有志男儿，一起奔向了抗战前线！

前线，其实就是一条生死线。在那里，前进一步，就要遭遇敌人，就要殊死格杀，就要付出血的成本和生命的代价。所以，在前线，敢于前进的，是勇士，是英雄，是耸立在人们心中的丰碑；而胆怯退缩的，就成了逃兵，成了叛徒，被钉在千古耻辱柱上。狼牙山的五位勇士，面对多于自己数十倍的对手，他们选择的始终是“前进”！一直前进到无路可走的最高峰。这高峰，不仅仅是一种地理高度，更是一种精神信念的高度。站在这高度上俯视，苟且的生渺小了，凶恶的敌人低矮了，所以勇士们才选择了折射生命之光的另一种前进，踏着脚下的渺小和低矮，高呼着感召胜利的口号，纵身跳下了万丈悬崖！

联系上下文，体会这句话的含义。

那是惊天地泣鬼神的一跳，是震撼亿万心灵的一跳，是让生命和青春瞬间升华的一跳。那一跳，如雄鹰搏猎，让一股英雄气激荡神州；那一跳，若流星闪烁，把光明播撒进天下人心中。勇士们以自己青春生命的凋谢，让祖国收获了胜利的果实。

读句子，注意画线部分，说说这样写的好处。

可不是吗！听，风在吼，马在叫，黄河在咆哮；看，在高高的山冈上，在密密的丛林里，子弹射进了敌人的胸膛，大刀向鬼子们的头上砍去……那是一段怎样波澜壮阔、激情燃烧的岁月啊！

登上五勇士舍身跳崖处，仰望高高的五勇士纪念塔，心中不由生出些感叹。

举目眺望，不远处清西陵隐约可见。清军入关后的第一代皇帝就曾经规定，不论谁登基坐殿，自当皇帝那天开始，就要为自己选陵造墓。他们的陵墓一座比一座奢华，其目的无非是想死后不朽。至于皇帝们的墓地花去了国家多少银子，谁也无法说得清楚。可五勇士却不同，他们生前无所求，死后无所取，为祖国、为人民义无反顾的英雄气概，已经成为一种精神，浸入中华文化的血脉之中，营养着不屈不挠的民族之魂。

这段采用对比写法，反衬出五勇士的英雄气概。

登山时，雨一直在头上飘，雾一直在身边绕，狼牙山被笼罩在迷蒙之中。一到山顶，骤然间雨停雾散，山也明亮起来，像五勇士睁开的眼睛。

那天下山返回已是中午，看到还有很多

人正在向狼牙山顶端攀登。这么多人，为什么要来？是祭祀，是追忆，还是仅仅为了看景？如今，人们的思维已经不再局限于走一条通道了，不管登山者们出于何种动机，但有一点可以肯定：只要来了，就不会不知道五勇士和五勇士的动人故事。天天月月年年，前赴后继，那动人的故事就会不停地在人们的灵魂深处复活。所以我才有理由说，五勇士的壮举，作为一道风景，必将与狼牙山一起，在人们的记忆中永存。同时，也很希望大家来狼牙山走走看看，让激荡在这里的那股英雄豪气，拂去蒙在我们心灵上的浮尘。

联系文章内容，讲一讲五勇士的动人故事吧！

 长安街——狂欢奔腾的河

徐仁杰

千万颗激动的心向着这里，千万缕喜悦的涓流汇向这里。2001 年 7 月 13 日深夜的长安街，如同一条狂欢奔腾的河。

“北京！奥运！”“祖国！万岁！”奔腾不息的人流在欢呼，汽车喇叭在鸣响，街北的呼喊和着街南的回应，此起彼伏，一浪高过一浪。从复兴门到六部口，从建国门到王府井，从东往西，从西往东，火树银花辉映下的长安街，车如河水人如潮涌。

这里的场面描写让你体会到人们怎样的心情？

深夜将近零点，记者在复兴门登上了一辆开往天安门广场方向的公共汽车。

窗外缓缓的车流中，一辆红色轿车车身贴上了醒目的美术体字样：“2008，向前！”车的前盖贴上了两尺见方的“红双喜”。离这台车不远，一位司机把庆祝北京申奥成功

的巨幅标语缠在了车身上，车一开动，立刻引来周围人群的欢呼。

所有的车辆几乎都打开了车窗，车里的人各出奇招，表达难以抑制的欢喜。有的将手伸出窗外，手中的国旗迎风飘扬；有的大半个身子探出窗，鼓着腮帮子使劲吹着悦耳的喇叭；有的更加“放肆”，干脆坐到了车顶上，骄傲地挥舞着彩旗、上衣；有的一时没找到合适的旗帜，撑开彩色的伞具，反倒别具一格。他们的举动总是招来满街喝彩。车流中，一位身材高挑、穿红色连衣裙的女青年站在汽车天窗中，迎风挥舞着一面鲜艳的国旗。公共汽车里乘客高喊：“胜利女神！胜利女神！”

这一段是如何描写人们的狂欢场面的？

一对父女骑着摩托车加入狂欢的人流。摩托车两个扶手上各插一面国旗，车后绑着更大的一面彩绸制的五星红旗。摩托车“突突突”蛇行前冲，三面国旗迎风招展。马路边，一个女孩眉飞色舞地拨通公用电话，不知是在表达北京申奥成功的喜悦，还是描述长安街狂欢的场景。在民族文化宫对面的街边，四个七八岁穿花格衣服的小女孩，并排坐在临街的花岗岩台阶上，每人双手举着一张报纸号外，号外整版四个大字：“北京赢了！”四个小姑娘微笑着，四份“北京赢了！”并列在她们胸前。车厢里几位带相机的乘客赶紧拍下这难得的镜头。

零点30分，汽车才到西单路口，每隔一两分钟才能挪动一下，行驶不到一两米又停下来。没有谁在乎汽车的快慢，车上车下，只要你挥舞着国旗，就会有人同你打招呼，就会引起欢呼。

读着读着，我们眼前仿佛出现了那欢乐的场面。

汽车临近府右街路口，忽然从首都影院附近传来一阵阵欢呼声。一男青年挥舞着国旗，在他的引导下，十几名青年男女跳起了节奏明快的舞蹈。忽然，十几辆三轮车彩旗猎猎风风火火飙(biāo)向前去，又引起一路欢呼。

府右街路口往东实行交通管制。记者下车，一看表，已是凌晨1点。短短的路程，汽车整整行驶了1小时。此时此刻，长安街依然人流涌动。从天安门广场联欢现场退场、由东往西的人群尤其活跃。他们自发组成一支支几十人、上百人的队伍，在一面面飘扬的国旗引导下，尽情呼喊着“北京！奥运！北京！奥运！”“祖国！万岁！祖国！万岁！”

临近天安门广场，长安街上的人越来越多。在新华门附近，记者看到一位拄着拐杖的老太太，在女儿的陪同下站在路灯下，静静注视着狂欢的人群。她满足地微笑着对记者说：“赶上国家这么好的喜事，睡不着。我跑不动了，看着年轻人欢天喜地的，高兴啊！”

这一段重点描写了一位拄着拐杖的老奶奶，这样写的好处是什么？

1时27分，人民大会堂西北角的交通指挥岗台传出雷鸣般的欢呼声。原来，二三十名青年人跳上这“制高点”，一边挥舞国旗，一边高喊：“中国！万岁！”“共产党！万岁！”忘情的欢呼，真情的呼喊，引来越来越多的市民围观。

不知谁带头唱起了国歌，铿锵激越的《义勇军进行曲》响彻长安街夜空。

5 船夫曲[①]（节选）

魏钢焰

那是1941年吧，我在太行山的一座核桃林，第一次听到了船夫曲。

好大的合唱队啊，足有三四百人！这是由几个根据地来会演的宣传队组成的。他们从台上一直排到台下，在核桃林那绿油油的屏风前，构成一个巨大的扇面。这里的每一个人，都是穿过“火海刀山”走来的。从十八盘大山来的穿着能砸碎核桃的铁板鞋，冀鲁豫来的穿着“牛鼻梁”，冀中来的穿着轻巧的“绵鱼头”，皮带上还挂着绣着红五星的碗套。这些才十几岁的孩子们，一个个目光闪闪，脸色严峻。

这样的合唱场面是多么宏大啊！

乐队，也够奇特的：有油桶改制的大提

---

① 选入本书时略有改动。

琴，庙里摘下的古钟，两个人搂不过来的牛皮鼓，号兵连借来的马号……在林荫下排成了长阵。在那伸出来的杈丫上，吊下来一盏马灯，照着乐谱架和指挥台。林子里黑压压，齐崭崭坐着几千战士，枪斜靠着肩膀，人坐在背包上，静悄悄地等着就要开始的演出。

…………

“朋友，你到过黄河吗？……”在森林的深处，一个声音深情地发问了。这声音，把我带到了黄河畔：那里有枣花的淡淡清香，旋转奔流的雄浑河水，一个个穿着白布背心的船夫，紧握着桨，炯炯的目光射向蹲在船头的老艄公，等他发出开船的手势……

有感情地朗读这几段描写壮观场面的文字吧！

指挥，缓缓地举起了指挥棒，几千人的心都被提了起来！鼓手，捏紧了鼓槌（chuí）；号兵，举起了系着红绸的马号；几千双眼睛都凝聚在那个小小的棒头上。他，将棒向下一劈，乐声像冲出闸门的洪水，真是黄河之水天上来啊！

指挥棒一挑一个巨浪，一甩一个浪花。

分不清乐声、歌声，台上、台下。只觉得，扑面飞来的水珠，脚上滚滚的波浪；万千父老弟兄，盯着一个人的眼睛。桨板，劈动了死寂的东海；号子，震醒了沉睡的山峰；中国号，乘驾着怒吼的黄河，向前冲去！

…………

乐声停止了，耳边却还响着浪拍石崖的澎湃声。

大道上传来了沙沙的声响，仔细听去，才觉出是脚步声。嗬，好一支精悍的队伍！几百个人，脚步轻得就像蚕咬桑叶。小伙子们背着满袋手榴弹、鼓鼓的子弹袋，脖子上挂着一条干粮袋，皮带上系一双草鞋，一个个那么轻便、利落、敏捷，一双双眼睛那么机警而深沉，闪射着投入激战前的焦灼和快乐、迫不及待的复仇意志、可以忍受巨大考验的刚毅火花。这部队，可真是每一分钟都可以跳起来、扑上去的夜老虎！

船夫曲象征着中华民族不畏艰险、奋勇向前的精神。

…………

林中的合唱，在继续着："风在吼，马

在叫……”歌声好像在为这支部队送行。今夜，他们就要徒步涉过深深的河水，穿过敌人的火网；明天，在那稠(chóu)密的青纱帐里、地道里、田埂(gěng)上，就会有无数的人民，在小号的号音中，“挥动着大刀长矛”，跟在部队后面，唱着雄壮的歌曲，迎接战斗！

阅读链接

《黄河大合唱》是一部大型合唱声乐套曲，由光未然作词，冼星海作曲。这部作品以黄河为背景，热情歌颂了中华民族悠久的历史和中国人民坚强不屈的斗争精神。音乐气势磅礴，具有强烈的时代精神和鲜明的民族风格。

⑥ 七根火柴

王愿坚

天亮的时候，雨停了。

草地的气候就是怪，明明是月朗星稀的好天气，忽然一阵冷风吹来，浓云像从平地上冒出来的，霎时把天遮得严严的。接着，就有一场暴雨，夹杂着栗子般大的冰雹，不分点地倾泻下来。

这段环境描写有什么作用？

卢进勇从树丛里探出头，四下里望了望。整个草地都沉浸在一片迷蒙的雨雾里，看不见人影，听不到人声。被暴雨冲洗过的荒草，像用梳子梳理过似的，光滑地躺倒在烂泥里，连路也看不清了。天，还是阴沉沉的，偶尔有几粒冰雹洒落下来，打在那浑浊的绿色水面上，溅起一撮撮浪花。他苦恼地叹了口气。因为小腿伤口发炎，他掉队了。两天来，他日夜赶路，原想在今天赶上大队的，却又碰上了这倒霉的暴雨，耽误了半个晚上。

他咒骂着这鬼天气，从树丛里钻出来，长长地伸了个懒腰，一阵凉风吹得他冷不丁地连打了几个寒战。他这才发现衣服已经完全湿透了。

“要是有堆火烤烤该多好啊！”他使劲绞着衣服，望着那顺着裤脚流下的水滴想着。他也知道这是妄想——不但是现在，就在他掉队的前一天，他们连里已经因为没有引火的东西而只好吃生干粮了。可是他仍然下意识地把手插进裤兜里。突然，他的手触到了一点黏黏的东西。他心里一喜，连忙蹲下身，把口袋翻过来，果然，在口袋底部粘着一小撮青稞面粉。面粉被雨水一泡，成了稀糊了。他小心地把这些稀糊刮下来，居然有鸡蛋那么大的一团。他吝惜地捏着这块面团，一会儿捏成长的，一会儿又捏成圆的，心里不由得暗自庆幸：“幸亏昨天早晨我没有发现它！”

这些加点的词语让你感受到了什么？

已经是一昼夜没有吃东西了，这会儿看

见了可吃的东西，更觉得饿得难以忍受。为了不致一口吞下去，他又把面团捏成了长条。正要把它送到嘴边，蓦(mò)地听见了一声低低的叫声：

“同志——”

这声音那么微弱、低沉，就像从地底下发出来的。他略略愣了一下，便一瘸一拐地向着那声音走去。

卢进勇蹒跚地跨过两道水沟，来到一棵小树底下，才看清楚那个打招呼的人。他倚着树根半躺在那里，身子底下贮满了一汪浑浊的污水，看来他已经有很长时间没有挪动了。他的脸色更是怕人：被雨打湿了的头发像一块黑毡糊贴在前额上，水，沿着头发、脸颊滴滴答答地流着。眼眶深深地塌陷下去，眼睛无力地闭着，只有腭下的喉结在一上一下地抖动，干裂的嘴唇一张一翕(xī)地发出低低的声音：“同志——同志——”

> 这里的外貌、动作、语言描写表现了人物的什么特点？

听见卢进勇的脚步声，那个同志吃力地张开眼睛，习惯地挣扎了一下，似乎想坐起来，但却没有动得了。

卢进勇看着这情景，眼睛像揉进了什么，一阵酸涩。在掉队的两天里，他这已经是第三次看见战友倒下来了。“这一定是饿坏了！”他想，连忙抢上一步，搂住那个同志的肩膀，把那点青稞面递到那同志的嘴边说：“同志，快吃点吧！”

那同志抬起一双失神的眼睛，呆滞地望了卢进勇一眼，吃力地抬起手推开他的胳膊，嘴唇翕动了好几下，齿缝里挤出了几个字：“不，没……没用了。”

读到此处，那位无名战士生命垂危、饥寒交迫的样子跃然纸上。

卢进勇手停在半空，一时不知怎么好。他望着那张被寒风冷雨冻得乌青的脸，和那脸上挂着的雨滴，痛苦地想：“要是有一堆火，有一杯热水，也许他能活下去！”他抬起头，望望那雾蒙蒙的远处，随即拉住那同志的手腕说：“走，我扶你走吧！”

那同志闭着眼睛摇了摇头，没有回答，看来是在积攒着浑身的力量。好大一会儿，他忽然睁开了眼，右手指着自己的左腋窝，急急地说："这……这里！"

卢进勇惶惑地把手插进那湿漉漉的衣服，这一刹那，他觉得那同志的胸口和衣服一样冰冷了。在那人腋窝里，他摸出了一个硬硬的纸包，递到那个同志的手里。

读读描写无名战士的句子，从这些细节描写中你体会到了什么？

那同志一只手哆哆嗦嗦地打开纸包，那是一个党证。揭开党证，里面并排摆着一小堆火柴。焦干的火柴。红红的火柴头簇(cù)集在一起，正压在那朱红的印章的中心，像一簇火焰在跳。

"同志，你看着……"那同志向卢进勇招招手，等他凑近了，便伸开一个僵直的手指，小心翼翼地一根根拨弄着火柴，口里小声数着："一，二，三，四……"

一共有七根火柴，他却数了很长时间。数完了，又询问地向卢进勇望了一眼，意思好像说："看明白了？"

"是，看明白了！"卢进勇高兴地点点头，心想："这下子可好办了！"他仿佛看见了一个通红的火堆，他正抱着这个同志偎依在火旁……

就在这一瞬间，他发现那个同志的脸色好像舒展开来，眼睛里那死灰般的颜色忽然不见了，爆发着一种喜悦的光。只见他合起党证，双手捧起这几根火柴，像擎(qíng)着一只贮满水的碗一样，小心地放到卢进勇的手里，紧紧地把它连手握在一起，两眼直直地盯着他的脸。

“记住，这，这是，大家的！”他蓦地抽回手去，深深地吸了一口气，用尽所有的力气举起手来，直指着正北方向，“好，好同志……你……你把它带给……”

话就在这里停住了。卢进勇觉得自己的臂弯猛然沉了下去！他的眼睛模糊了。远处的树，近处的草，那湿漉漉的衣服，那双紧闭的眼睛……一切都像整个草地一样，雾蒙蒙的；只有那只手是清晰的，它高高地擎着，像一只路标，笔直地指向长征部队前进的方向……

反复阅读无名战士将七根火柴交给卢进勇的段落，圈画让你感动的地方，体会其中蕴含的情感。

这以后的路，卢进勇走得特别快。天黑

的时候，他追上了后卫部队。

在无边的暗夜里，一簇簇的篝火烧起来了。在风雨、在烂泥里跌滚了几天的战士们，围着这熊熊的野火谈笑着。湿透的衣服上冒着一层雾气，洋瓷碗里的野菜“嗞嗞”地响着……

卢进勇悄悄走到后卫连指导员的身边。映着那闪闪跳动的火光，他用颤抖的手指打开了那个党证，把剩下的六根火柴递到指导员的手里，同时，又以一种异样的声调在数着：

从“异样的声调”可以看出卢进勇很悲伤，同时也可以感受到他对无名战士的缅怀和崇敬之情。

“一，二，三，四……”

⑦ 活 神 仙[①]

刘 真

因为我爱说话，说起话来声音又高又脆，同志们就给我起了个外号叫“歪把机关枪”。

一九四二年六月的一天晚上，赵科长帮助我把文件包结结实实地捆在身上，像往日一样，我就朝着我要去的那个秘密的地方出发了。

六月的天气是很奇怪的，刚才还有满天的星星向我挤眼睛，突然，暴风带着满天的黑云，像是一群没有笼头的野马，迎面呜哇呜地叫喊着，拼命地向我扑来。我深深地吸了一口凉气，浑身起了鸡皮疙瘩。我稳稳地站了站，挺起胸脯说：“怎么样？你欺侮我是个十五岁的孩子吗？对不起，我是参加八路军三年的老战士啦！日本鬼子的飞机大炮

文中多次写到了那天晚上的天气，想一想这样写有什么好处。

① 选自小说《我和小荣》。

我都不怕，你算什么？哼！”我坚决地迈开了大步，可是这风也不是好惹的，它更带劲地跟我干起来。我往前走，它就偏叫我向后退，我就偏要往前走，总不能让它打败。

我微微地向前弯着腰，喘着粗气。不知走了多少时候，我抬头一看，黑云已经织成了一块无边无沿的天幕，把银河，把北斗星，把整个的天都盖起来了。我的心一慌，天哪！哪里是我应该去的方向，我竟不知道了。

此处的场景和动作描写让我们感受到了当时情况的危急。

四面都是日本鬼子的炮楼，探照灯像魔鬼的眼睛，在我的身上晃过来晃过去，好像就是为了寻找我的文件包。我急忙把文件包转移到胸前，紧紧地抱着。哎呀！我这可该往哪里走哇？

临出发的时候，赵科长有点不放心地低声对我说：“小王！千万要小心哪，这是一包很重要的文件，必须在天亮以前送到。这么远的路程，你能完成任务吗？”我有点生气地说：“这一点文件，就是闭着眼睛，也能送到。”赵科长伸手就来解文件包：“不行不行，你太自高自大啦！这样一定会出岔子，还是找别人……”我急忙拦住他：“好科长！我承认错误，我不过是嘴里说说好玩，心里并不是这样想的。”赵科长照我的背上捅了一下，往我手里塞了一个手巾包：“快去你的吧。”我出了大门，仔细看了看包包，原来是四个煮熟了的鸡蛋。噢！我想起来啦，这是昨天他媳妇来看他，从家里拿来的。真的，隔着皮我好像就闻到鸡蛋的香味了。

我是这么高兴地离开了他，真倒霉，我碰上了这样的坏天气。在这漆黑一团的夜里，走错一步就会叫敌人捉住，文件这么重要，我该怎么办？嗨！我真想插翅飞上天去，拿一把能盖过天的大扫帚，赶跑黑云，把明晃晃的月亮放在天的正当中；我又想把太阳——那个火红的大圆球，从地球的那一面抱回来。

我正这样着急地胡思乱想，突然，有一点点火光在左边不远的地方，忽明忽暗地闪动。我想：假如是人，就绝不是敌人，因为

读到此处，我们感受到了故事的一波三折，这样写出来的故事才引人入胜。

一到天黑，敌人就变成了乌龟的脑袋，钻进炮楼的壳里不敢出头了。

我高兴地向火光跑去，走了不远，就钻进了一片古老的松树林。火光不见了，我正急得心慌，一个低沉又严厉的声音从树后面传出来：“干什么的？”把我吓了一大跳，我立刻假装冷静地回答：“我娘病啦，到城里去买药回来，走迷路了，你给我指个方向吧。”一个黑影子走到我跟前来，他两手抱住我的头，摇了摇，哈哈地笑了：“好一个老百姓，别跟我装蒜了。”从他的声音里，我听出了他不是坏人。这时候，月亮从裂开了的黑云缝里露出脸来。我这才看出了，站在我面前的，原来是个白胡子老头，他肩膀上背着一条破口袋。他接着问：“说，快点，是不是同志？”我说了声：“是同志！”就把头深深地埋在他怀里了。不知怎么的，我觉着很委屈。他亲切地扳起我的头问：“你需要我帮你做点什么吗？快下命令，我的小首长。”我毫不客气地说：“我有要紧的事，

想一想：作者是如何把“我”送文件时的自信、碰到坏天气时的着急、遇到救星时的高兴写出来的？

快把我领到大王庄去，你去得了吗？”他满不在乎地说：“嗨！这算什么。告诉你，我的腿是飞毛腿，眼是千里眼，天上也能去。”“好，那就快走吧！”他马上像个战士似的说：“立正，敬礼，开步——走。”我扑哧一声笑了，紧紧地拉住了他的手。

他虽然老，走起路来胸膛还是挺得那么高，比年轻人的精神还大呢。有他领着路，黑暗与暴风再也不敢逞凶了。

我觉着有点奇怪，怎么在我最需要的时候，他就突然出现了呢？他真像奶奶讲的故事里的活神仙，能呼风唤雨，腾云驾雾。他的胡子有一尺长，就像晚霞中太阳爷爷的胡子。他把手一甩：“直看我干什么？我又不是刚娶来的新媳妇。小心脚底下，别把脑袋摔个大疙瘩。”我憋不住地说：“老大爷！要不是我参加了八路军，反对了迷信，我真认为你是个活神仙。”他笑了：“哈哈，活神仙？那算得了什么，我比活神仙可强多啦，我会打鬼子，就这一条，不论是吕洞宾、铁

读到此处，你一定明白题目为什么叫“活神仙”了吧，和同学交流一下你的想法。

读到这里，老人开朗幽默、爱憎分明的形象跃然纸上。

拐李，谁都比不上我。”

不知不觉中，我们走到了一个村边上，他又给我行了个礼：“报告首长，任务完成啦，我可以回去了吧？”我仔细一看，原来这真是大王庄。可是我舍不得离开他，我急忙拦住他的去路说：“老大爷，请你相信我，告诉我吧，你是干什么的？叫什么名字？住在哪里？”他把嘴对准我的耳朵：“好孩子！我相信你。我是敌伪工作联络员，我姓孙，你不必问我的名字，高兴你就喊我孙大爷，不高兴就喊我孙悟空或者孙猴子都可以。”说完他就大步大步地走开了。我追到他跟前说：“你别以为自己挺秘密的，就是走到天边，我还能把你找到。”

阅读本组文章，你会看到周文雍和陈铁军那场悲壮的刑场上的婚礼；你会看到瞿秋白面对死亡时的那份恬淡；你会看到敌后武工队奋勇杀敌的壮举……你会明白“投身革命即为家，血雨腥风应有涯。取义成仁今日事，人间遍种自由花”的真正含义。我们在感受革命者英勇斗争、不怕牺牲的英雄主义精神的同时，体会作者是如何运用点面结合的方法进行场面描写的。

① 刑场上的婚礼

黄庆云

国民党反动派抓到了周文雍(yōng)和陈铁军，如获至宝，以为可以从他们口里知道共产党的秘密。国民党公安局的头子亲自来审问他们。

冷酷的牢房把周文雍和陈铁军隔开来了。国民党反动派用严刑审讯他们，用金钱地位引诱他们，要他们投降，要他们改变他们的信仰，还妄想对他们进行分化、瓦解。可是再高的牢墙都隔断不了他们连着的心，再残酷的刑讯也屈服不了他们坚强的意志，物质引诱更动摇不了他们对无产阶级事业的忠诚，对人民的热爱，对爱情的坚贞。

公安局局长朱晖日亲自出马对付陈铁军，软硬兼施，夜以继日。但是陈铁军却一言不发，不理不睬，最后干脆绝食，拒绝敌人的审讯。那局长说："你大好青春，又有周文雍这样的英雄伴侣，死了不是很可惜吗？"陈铁军呸了他一口，说："你们不配跟我谈这些！"

敌人把周文雍押在死囚牢里。这个黑沉沉、只有几方尺的牢房，囚禁过多少高尚的灵魂，折磨过多少的英雄好汉啊！除了那些从狗洞爬出去偷生的人，在这黑黑的牢房里，志士们在那里重温自己战斗的一生，在黑暗里憧憬着他们再看不到的红旗。

有人在墙上写下了遗给后人的心里话，这些话常常从一个高尚的灵魂传给另一个高尚的灵魂，在这黑暗的牢狱里闪闪发光。

敌人到死囚牢里诱胁周文雍来了。他们告诉他这是最后的机会，劝他投降，要他自白。敌人嬉皮笑脸地说："周文雍，你才二十四岁，正是年轻有为的时候，就不考虑你的前途吗？"

周文雍昂然地回答说："我正是考虑清楚了，才这样干的。"

敌人又说："你难道不想活下去吗？不过写个自白书就是了。"

周文雍回应他们说：“我的自白吗？我早就写好了。你们就看看我在墙上写的什么吧！”

在牢狱的墙上，周文雍写下的是永远磨灭不掉的一首诗：

头可断，肢可折，革命精神不可灭！

壮士头颅为党落，好汉身躯为群裂！

笔力遒（qiú）劲，纵横挥舞，恍如他在广州起义的那面红旗上的字一样。

在黑暗的牢房里，周文雍写这首诗的时候，他的心也正是飞回到广州起义的那些日子里，回到了在那月光如水、灯光灿灿的小房子里，陈铁军和工人姐妹们绣红旗的那一夜；回到了在那面红旗下，和同志们一起，浴血战斗的三个昼夜。这首诗，就是他的“自白”！

敌人更无耻了，他们讹（é）诈说：“周文雍，你不为你自己着想，也得想想你那好伴侣陈铁军啊！她已答应给我们提供情况了，她叫你也倒向我们这边来。”

周文雍仰天大笑说：“你们别想骗我！陈铁军是绝不会向你们屈膝投降的。我的话就是陈铁军的话，我的诗也就是陈铁军要写的诗！”

敌人在陈铁军那里得不到的，在周文雍这里也休想得到。他们无计可施了，便说：“那么，周文雍，你只好等你的死期了。给你一个机会，你最后有什么要求？”

周文雍想了一下说：“我最后的一个要求，就是要跟陈铁军合拍一张照片，此外再没有了。”

敌人终于答应了他的要求。就在他们住的牢房前面，周文雍又和陈铁军见面了。他们的死刑已经定了日子，他们就站在刺刀丛中的照相机前，肩并肩地站着，坦怀地微笑着。他们蔑视刺刀和牢狱，昂然迎接即将到临的一切。他们两颗丹心，紧紧连在一起，翘首天外，伫候在地平线下将要升起的太阳。

这一张照片，记录了这对年轻的党的儿女对党的坚定不渝的忠贞，和他们永生不朽的爱情，它和周文雍在牢里写的诗一样，永远留在人们的心上。

1928 年 2 月的一天，正是农历正月十五，上元佳节。反动派把这两个共产党员押赴刑场。

反动派用手车拉着他们，走过广州的街道，到东较场那里去行刑。

英雄的儿女，视死如归，周文雍和陈铁军，脸不改色，从容上道。可是，“春蚕到死丝方尽”，他们离死还有许多分、许多秒钟啊。一个革命者的生命每一分每一秒都是属于革命、属于人民的。死，也是不等闲的，死也要死得轰轰烈烈，怎能“如归”就算呢！

他们经过了许多街道，他们一面走一面高呼口号：“中国共产党万岁！”“打倒国民党反动派！”他们用激昂壮烈的声音高唱着《国际歌》，用无产阶级的革命意志唤醒着饥寒交迫的奴隶们争取那“英特耐雄纳尔”的实现。一路上，群众想着拯救人民的中国共产党，钦佩、心疼这一对党的优秀儿女。有些人被激发得义愤填膺，有些人被感动得流泪饮泣。成群成群的人依依不舍，一直跟着他们走到刑场。

陈铁军环顾了一下东较场。东较场连着红花岗，对着刑场上一片黄沙地，红花开得如火一般，生机勃勃。这是她多么熟悉的地方啊！反帝、反封建的示威队伍从这里出发，伟大的纪念日在这里庆祝，壮烈的北伐在这里誓师；农民运动讲习所的学员，工人纠察队的队员，工人下一代的劳动童子团都曾在这里练兵、习武。她和周文雍多少次在这里参加这些活动，他们的心多少次和群众的心跳在一起啊！她深情地注视着朵朵红花。前些日子里，她曾到过这里，偷偷洒着热泪，吊唁（yàn）着被反动派埋葬在下面的千百个阶级兄弟姐妹。今天，她和周文雍又来到了这里。让那血花儿开得更灿烂、更灿烂吧，我们的革命种子已撒遍了人间，赤旗永远永远不会倒下。亲爱的同胞们，陈铁军和周文雍看不到那幸福的明天了。但是，记住，明天是属于我们的！

这是生命的最后一刻了，陈铁军就要战斗到最后一刻！

在刑场上，在敌人的刺刀面前，陈铁军慷慨激昂地对周围的群众做最后一次演说：

“亲爱的同胞们，兄弟姐妹们，我和周文雍同志的血就要洒在这里了。为了革命，为了救国救民，为了共产主义的伟大事业而牺牲，我们一点也没有遗憾！

“同胞们，过去为了革命的需要，党派我和周文雍同志同住一个机关。我们工作配合得很好，两人的感情也很深。但是，为了服从革命的利益，我们顾不到个人的爱情，只是保持着纯洁的同志关系。今天，我要向大家宣布：当我们把自己的青春和生命都献给党和人民的时候，我们就要举行婚礼了。让反动派的枪声做我们结婚的礼炮吧！同志们，同胞们，永别了！望你们勇敢地战斗，共产主义一定会胜利，未来是属于我们的！”

“工农劳动人民联合起来，打倒卖国的国民党政府！”

“打倒帝国主义！”

“中国共产党万岁！”

陈铁军和周文雍手挽着手。周文雍解下脖子上的红围巾，披在陈铁军的肩上，然后，深情地吻了她一下。这刑场，是他们最后的战场，也是他们举行庄严的婚礼的礼堂！

他们昂起头，蔑视敌人加在他们身上的死刑，带着充满希望和向往着光明的微笑，把那扑不灭的火种留给后来的人。

人们扑上去，要挽留他们，要纵情痛哭，要再一次听听他们的声音。可是，枪声响了！

党的两个英雄儿女在人间永远留下他们的青春！在中国革命历史上，永远留下他们的功绩，也留下他们不朽的爱情！

阅读链接

广州起义是1927年12月11日中国共产党在广州领导工人、农民和革命士兵举行的反抗国民党反动派的武装起义。12日，因国民党军队大举反扑，起义失败。广州起义虽然失败了，但起义军民无比英勇的战斗精神，给了当时中国人民巨大的鼓舞。

② 浮云止水（节选）

张品成

他被监刑官引领着走向中山公园。刑场就在公园紧邻罗汉岭下的蛇王宫养济院旁边。他们给他找了个“合适”的地方。他们走进幽静的公园，在公园那条曲径间行走。瞿秋白像是在沉思，谁也不知道他脑子里想的是什么。

“这世界对于我仍然是非常美丽的。一切新的、斗争的、勇敢的都在前进。那么好的花朵、果子，那么清秀的山和水，那么雄伟的工厂和烟囱，月亮的光似乎也比以前更光明了。”

“但是，永别了，美丽的世界！”

这是他《多余的话》里的文字，也许他想的就是这些。

“总之，滑稽剧最终是闭幕了。舞台上空空洞洞的，有什么留恋也枉然的了，好在得到的是‘伟大的’休息。至于躯壳，也许不能由我自己做主了。”

“永别了，这世界的一切。”

“最后……”

“中国的豆腐也是很好吃的东西，世界第一。”

"永别了！"

这是他《多余的话》里的文字，也许他想的就是这些。

…………

他们穿过幽静的公园，来到一个同样幽静的地方。那地方也长着很好的林子，也长着丛丛野花和青草。

监刑官说："就这了。"

瞿秋白点了点头，看得出他很满意。

"拿来。"他说。

"什么？！"

"我要纸笔。"

他们给他拿来纸笔，他把纸铺在草地边一块石头的平坦处。他执笔蘸(zhàn)墨，在纸上写字，他写他的绝笔诗：

> 夕阳明灭乱山中，落叶寒泉听不穷。
> 已忍伶俜(líng pīng)十年事，心持半偈(jì)万缘空。

书毕，瞿秋白拈起那四行诗看了两眼，回顾四周，淡然一笑，说："人生有小休息，有大休息，今后我要大休息了。"

他盘膝坐在那片草地上。

"此地甚好！"他微笑着朝刽(guì)子手点头说。

此时是上午十时左右。阳光斜斜地穿透云层照在树梢和草地上。

有人过来要蒙他的眼睛，他说：“你别蒙，我要看着这一切离去，我要看着光明，我要光明。”

他就坐在那里，面对阳光背靠树林，等着。

他听到拉枪栓的声音，接下来却没了动静。

他抬头，看见行刑队那几张脸都挂着奇怪的表情。

“瞿先生，你还是蒙上眼吧？你蒙上眼。”监刑官说，“要不你背过身去？不然他们……”

他想说不然他们端不稳枪，他想说不然他们打不准地方，他想说打不准地方那先生要受罪受苦。他没说出来。

瞿秋白摇了摇头，他蔑视的神情似乎在说：我都不怕你们怕什么？

军人该有军人的样子。他似乎在说。

他听到行刑官的口令声，后来是枪声。

这一天是 1935 年 6 月 18 日。也就是同一天，红一方面军和红四方面军在川西北一个叫懋(mào)功的地方完成了会师。

3 敌后武工队（节选）

冯　志

在一个伸手不见五指的黑夜，魏强率领他的小队作前卫，无声息地从唐河南岸博、蠡（lǐ）、清[1]三角地区又蹿了回来，一直朝红光映天的保定附近奔了去。

越走越离保定近。保定乾义面粉公司洋楼顶上的一对探照灯，活像一对大蟒（mǎng）的眼睛，射向了远方；火车进站的声音，也听得更加真切。他们脚步放轻，走得更快了。

“小队长，到了！”担任联络的辛凤鸣回来报告。魏强站住脚，扭头朝后传：“告诉队长，到了！”

队长杨子曾领着二小队长蒋天祥赶到魏强跟前，认真地朝周围看了几眼，扭头朝队伍说：“到地里去，伏下！”便和魏强、蒋天祥串着干了叶子的高粱、玉米秸地，朝大道旁的两个大土疙瘩走过去。

两个大土疙瘩紧紧地夹着从东南乡伸向保定城里去的一

①博、蠡、清：博野、蠡县、清苑的简称。

条平坦的大道。土疙瘩上长满了枯干的、没膝深的扎蓬棵、笤(tiáo)帚苗和铺满地的蔓子草；疙瘩下面还长着几棵小树，黑夜，辨别不清是榆，是杨，还是柳。

看了一遭地形，杨子曾蹲下来对魏强和蒋天祥说："这个地方在马池的东南角，离保定南城根儿不到三里地。如果真像情报里说的那样，拂晓以前，敌人真会在这儿过，我们这个网就不会白撒。只要敌人不搜索，就要统一行动；敌人要是搜索的话，搜索哪边，哪边就打。现在蒋天祥在东，魏强在西，开始布置吧！"

阴沉沉的天，不时掉下几颗雨点，掉在人们的脸上、脖颈里，还挺凉。正西偏北的马池村里的公鸡一唱群和地叫起来。分伏在东西土疙瘩上的人们，随着鸡的鸣叫，不知是紧张，还是高兴，心情马上激动起来，个个都睁大眼睛，顺着平坦的大道，朝东南的远方望着。

辛凤鸣凑近常景春，刚张嘴想问："怎么还看不见人影？"话没出口，就让常景春用胳膊肘子捣了回去。

"来了！来了！"从魏强那边传来很微弱的这么两句。它像两只有力的巨掌，一下将人们的脸儿按得贴了地皮。

黑乎乎的一溜黑影慢腾腾地从东南方向走了来，脚步轻得像群夜游鬼。他们越走越近了，总共不过十来个人。魏强心里不由得嘀咕起来："难道就是这几个人？夜袭队不是四十几号人吗？那些个呢？"

来的这群人，走进西面的土疙瘩，像走到自家炕头上，一点也没搜索，有的坐，有的躺，乱七八糟地吸起烟来。一个家伙说："今天没有白跑腿，总算抓到几个。"另一个家伙不满地说："这几个都是挤不出油水的穷棒子，有什么用处？"

魏强探头仔细一瞅，只见歇腿的人个个手脚灵活，没一个像捆绑的样。"噫！抓的那人呢？"他心里纳闷地想。

夜，本来就神秘，眼下更让人感到神秘异常。三丈多高的大土疙瘩，连着两起见面就红眼的人：一起在上；一起在下。上面的早知晓；下面的鬼不知。上面的像打狼除害的猎人，举起枪瞄准好单等行动信号；下面的像饱餐人肉蹲下歇脚的一群豺狼。现在，虽说彼此不相扰地平安相处，一眨眼，就会枪弹横飞、刀枪并举地厮杀起来。

伏在东面大土疙瘩上的二小队那边，突然响起了手榴弹。魏强他们立即将手榴弹甩到了土疙瘩下面的敌人群里。轰！轰！轰！一阵手榴弹响过，赵庆田、贾正、李东山……十几个人疾速扑了下去。一阵突如其来的手榴弹，打得夜袭队蒙头又转向。一些打死了，一些没死的忙钻进高粱秸地。就在赵庆田他们猛扑下去的时候，土疙瘩西面的玉米秸地里突然蹿出十几条黑影子。他们猫腰轻脚地朝土疙瘩跑来。这是又一股夜袭队。这股夜袭队既没走大路，也没走小道，他们捆押几个抓来的群众，从漫荒郊野里走过来。他们本想钻出玉米秸地和先来一步的伙伴们会合休息一下。不料刚一露头，前面打开了。他们见到有人从土疙瘩上朝南面冲下去，便无声息地从土疙瘩后面朝顶上闯，想占领这个制高点。刚爬到顶，刘太生发觉了，他大喊了句："西面有敌人！"这时，三个夜袭队员已经蹿到他的跟前。刘太生举枪就打，子弹哑了火；甩手榴弹，距离太近，不能了。一转眼，三人同时按住了刘太生。刘太生心一横，拉断了身上的一颗手榴弹弦。轰！敌人和他都趴下不动了。这时，魏强、辛凤鸣、常景春……都扭过头来。常景春抱起歪把子，调转枪口，横扫过去，像扫驴粪蛋子似的，把扑上来的敌人一股脑地扫下了土疙瘩，没有死的都钻进玉米秸地溃逃了。魏强跑到刘太生跟前，两手朝身子底下一抄，将刘太生扶坐起来。刘太生二目紧闭，脖颈软绵绵的，将头一歪，扎到魏强的怀里，他的左手里还挽着那根不长的手榴弹弦。魏强扯下左臂系扎的白毛巾，揩掉刘太生脸上的鲜血，然后抱起来，像抱着一个睡熟的孩子，生怕惊醒他似的，一言不发地走下了土疙瘩。

为了民族解放事业，刘太生光荣、壮烈地牺牲了！

阅读实践

感受人物形象

这三篇文章塑造了多个特点鲜明的人物形象，请从每篇中各选择一个让你难忘的人物形象写一写。

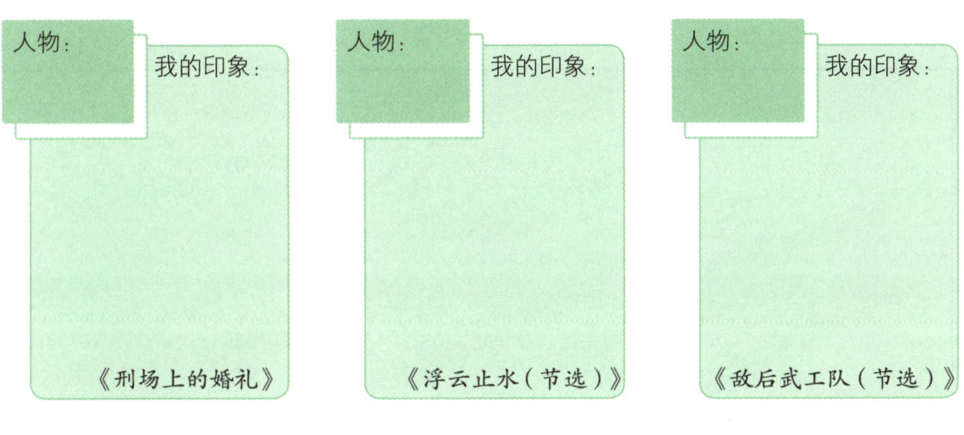

寻找写作秘诀

任选一篇文章，找出让你印象最深的一处场面描写圈画出来。想一想：作者在场面描写中选取的点和面分别是什么？这样写的好处是什么？完成后与大家交流。

联系生活写作

生活中，你也会经历各种活动场面，比如劳动场面、运动场面、会议场面等，请选择一个自己熟悉的活动场面，用点面结合的表现手法把它记录下来吧！

升旗仪式	开学典礼	剧院看演出	……

一个个平凡的英雄，用他们的生命，在共和国的旗帜上留下了血染的风采。本组文章将把我们带入那段硝烟弥漫的战争岁月。

一边读，一边想，作者是怎样通过点面结合的方法来描写的？这样写的好处是什么？

1 马石山上（节选）

峻　青

一道一人多高的石墙，弯弯曲曲的，把马石山顶团团围住。围墙外面，是陡峭的岩石和险阻的山路。围墙里面，是一片较为平坦的草地。传说，在一百多年以前的一次农民起义中，起义的农民被困在这山上，他们一夜之间筑起了这一道石墙，居高临下抗击官兵。

宫班长和战士们进到了围墙里面，他们找了一个石坑，把伤员放在里面。石坑里面，有许多被压扁了的枯草和一些地瓜皮、花生皮。显然昨天夜间有人在这里过夜。一看见地瓜皮，大家的肚子都叫了起来。到这时候，他们才想起自从昨天早晨在徐家店吃了一顿地瓜以后，一直到现在，没有一点东西落腹了。饿得最厉害的是大老矫，他人大饭量也大，平时在连队里谁都吃不过他，他一人能吃三个人的饭，总还在不到开饭的时候又喊饿。现在，他饿得肚皮紧贴着脊梁骨，头上直冒虚汗。他用手往怀里摸了一下，掏出了一个馒头（这是昨天晚上于大娘在西山脚下塞给他的）。他拿起来嗅了一嗅，可是，他没有吃，就递给了班长。

“我不饿，”班长摇摇头说，“你吃吧。”

他又递给了小刘，小刘也不接。他火了，气呼呼地说：

“怎么，有毒吗？”

“我吃不下。”小刘说。他的腿还在流着血，脸煞白煞白，痛得嘴都歪了，可是，他用力地咬紧牙关，一声不哼。另外的两个伤员，伤势也很重，一直昏迷不醒地躺在草上。

大老矫又把馒头让给别人吃，可是别人也都不吃。大家你让我，我让你，让到后来，就让那馒头冷冷地躺在地上，没有一个人去动它。

宫班长叹了一口气，站起身来，走到围子墙边，从墙上向下望去。只见山下的敌人，已经从四面八方冲到了山腰，刚才他们据守的那座青石崖上，已经插上了红膏药旗子。这种旗子，飘飘扬扬的，满山遍野都是，只要是敌人到了哪里，哪里就插上了这样的旗子。这是他们的标志，标志着血洗的进度，也是死亡的象征，是人间的耻辱。现在，这旗子在炮火的烟雾中，在染满了鲜血的山坡上，迅速地向着山顶上蠕动着，合击圈越来越紧了。

“同志们，准备战斗！”宫班长斩钉截铁地命令道。

战士们都站上了围墙，瞪大着充血的眼睛，紧盯着山下的敌人。小刘从石坑里爬出来，拖着带血的身子，向围墙这边爬过来。

“回去，小刘，好好地躺着。”班长命令道。

“不，我还能打……”

“回去！”班长严厉地说。

正在这时，空中传来了一阵嗡嗡的响声，

班长抬头一望，正西的天空里，鬼子的飞机，翅膀上闪着太阳的金光，笔直地向着山顶上飞来。

“同志们，隐蔽好。”班长在马达的隆隆声中大声喊道。

七架飞机，走马灯似的贴着山巅盘旋。飞机的黑影，无声地掠过山坡，一次又一次地从战士们的头上滑了过去。它们飞得那样低，机翼几乎擦着山坡的岩石，连那机舱里戴着风镜的驾驶员的发红的有着一小撮(zuǒ)胡须的面孔都看得清清楚楚。

“小鬼子，你这么眼中无人。”大老矫端起机枪来，朝着飞机嗒嗒嗒嗒就扫射了一梭子。

飞机吃惊地一架跟着一架腾高了。接着，炸弹就簌(sù)簌地掉落下来。大地剧烈地颤抖了一下，浓黑的烟雾，立刻吞没了山顶，炸起来的石块尘土从半空中纷纷扬扬地落到了战士们身上……

“同志们，”班长在轰隆隆的爆炸声中，大声地喊道，“飞机不要紧，注意下面的鬼子，节省子弹，不到近前不打！”

轰炸在继续，山谷被爆炸震动得轰轰地雷鸣着。

随着飞机的轰炸，山腰的敌人，开始向山顶冲锋了。当轰炸停止了的时候，南面的一股敌人，已经沿着山脊，冲到了围墙下面的一堵突出的黑色岩石旁边。这时候，围墙里面寂无声息，炸弹的浓烟在渐渐地飘散着。鬼子绝不相信那里面此刻还有什么生物存在，因此，他们成群地攀登着岩石，在陡峭的山路上拥挤着，向着围墙下奔来。突然，像山崩地裂似的，围墙上的机枪、手榴弹轰然响成了一片，随着这一阵震耳的响声，鬼子成片地倒了下去，有的躺在围墙下面，有的倒悬在陡峭的岩石尖上，有的滚进了黑洞洞的深谷。侥幸没有死的，也都滚的滚爬的爬，拼命地逃回去了。

不久，炮轰又开始了，敌人的炮弹，一颗接着一颗地在围墙的前后爆炸，飞机转着圈向围墙上扫射……

一颗炮弹飞来，在班长的身旁爆炸了。机枪射手大老娇倒下了。班长赶快跑过来扶住了他。在班长的臂弯里，他慢慢地睁开了眼睛,定定地看着班长,胸脯一起一伏地吃力地说:

“班长……别……别管我，打……打那些……狗……我……打死了七八十……够本……”说着说着,就闭上了眼睛。

班长放下了大老娇。他的左胳膊也受了伤，血向下淌着。他咬着牙，用一只手，从大老娇身子底下抽出了机枪，架在被炸坍了的围墙上，向着再次冲上来的敌人，疯狂地扫射起来……

机枪突然咔的一声停住了，他吃了一惊，低头一看，子弹打光了。伏在岩石后面的鬼子，趁着这个机会，忽地跳起来就向围子下冲来。正在这时，班长身旁一支三八大盖叭勾叭勾地叫了起来,跑在最前面的两个鬼子身子一歪,倒了下去,后面的又赶快缩回到了岩石后面。班长回头一看，在他身旁射击的原来是小刘，只见他用一条左腿支着身子，伏在石墙上射击，每打一枪，那只被炮弹削断了的右腿就咕嘟嘟地冒出了一摊鲜血。班长心里一阵激动，大声地说：

“小刘，你怎么又上来了？”

没有回答，枪也不响了。

班长过去拉了他一把，只见他的头软软地伏在步枪柄上，已经牺牲了。啊！他利用生命的最后一息活力，打退了一次鬼子的冲击。班长铁似的下颚(è)，又剧烈地蠕动起来了。他站起身来，看了看围子里的伙伴。原来放伤员的那个石坑已经落上了炸弹，两个伤员都被炸得无影无踪。同伴们活着的连他只有四个人了。这四个人都是身上淌着血，头上流着汗，不停地向着山下射击。他看看山下，山下的村庄都在冒着浓黑的烟，山下的敌人仍然蜂子似的向山上围攻。山坡上，到处都在响枪。英勇的人们在和冲上山来的敌人展开搏斗。他们没有武器，但是他们用木棍、石块抛击敌人，用牙齿手指撕咬敌人……

班长突然全身一震，精神百倍地喊道：

“同志们，敌人冲上来用石头砸！”

石头伴着手榴弹，居高临下，他们又一次打退了鬼子的冲锋。

山巅上一时呈现了可怕的沉寂。

敌人又在组织新的冲锋。

趁着这一空隙，班长检查了一下：所有的子弹都打光了，剩下的只有两颗手榴弹。他看看山下，四面的敌人都快冲到山顶了，黄压压的一片像洪水似的向围墙下涌来。他看看三个负了伤的战士，他们都仰着被炮火熏黑了的脸，定定地看着他，等候他的命令。

“怎么样，同志们？子弹打光了，敌人从四面围攻上来了。我们怎么办？能给中华民族丢人吗？”

战士们大声地说：

“宁死不当俘虏，宁死不把武器留给敌人！”

“好，同志们，”班长点着头说，“就这么办。我们已经完成了光荣的任务。我们救出了两千多老百姓，我们杀伤了一两百敌人。我们对得起党，对得起人民，来，咱们砸枪吧！”

战士们都从围墙里站起来，拖着流血的身子，把机枪、步枪在石头上一顿乱摔，统统砸碎了。

“好，好，砸得好，一点都不留给敌人。”班长说。

“班长，今儿是初几了？”王魁突然问道。

班长想了一想说：“十一月二十四日。”

“十一月二十四日。”王魁重复着，同时用炸弹的碎片，在大青石上用力地刻了下来。

“干什么？”班长不解地问道。

“我想应该记下来：一九四二年十一月二十四日，八路军五旅十 × 团二营四连一班班长宫炳山，率领全班战士，在此山掩护群众突围，战至弹尽援绝，壮烈牺牲。”王魁像读书似的一字一句地说。

“记这个干什么？”班长眉毛一扬，严肃地问道。

“我们需要留下个纪念，让老百姓永远地记住……”

“不需要，”班长大声地打断了王魁的话，“不需要，完全不需要。我们做这一点点小事有什么值得让老百姓永远地记住呢？应该记住的不是这个，而是……来，我说你写。”

王魁把刚才写的“一九四二年十一月二十四日”几个字，要用衣袖擦去，可是怎么也擦不掉，它已经深深地刻在石头上了。

“不要擦，”班长说，“接着写：一九四二年十一月二十四日，日本侵略军和国民党部队，血洗马石山，屠杀我和平人民数千人。乡亲们，记住这笔血债，永远地记住。为保卫和平，保卫幸福的生活，勇敢地斗争吧！——好啦！”

“好，好，”战士们都说，“这才是我们心里的话。”

敌人的冲锋又开始了。伴随着猛烈的炮火，敌人从四面冲上了围墙，他们乱嚷嚷地喊道：

“八路缴枪吧，缴枪不杀！”

班长站起身来，把手一挥，一颗手榴弹在敌人群中爆炸了，另一颗手榴弹揭开了木盖。

“来吧，同志们！”

战士们都一齐站起来，四个人紧紧地抱在一起，班长把手榴弹举在互相挤紧了的头中间，拉出了弦。导火管在吱吱地冒着白烟。班长急促而大声地说：

“同志们！我们喊个口号！”

“共产党万岁！”

雄壮的口号声和手榴弹的爆炸声，同时震荡着马石山巅。在那钢铁似的陡峭的悬崖上，在那黑黝黝的深谷里，良久地荡漾着这雄壮的回声：

读到这里，我想起了狼牙山五壮士……

“共产党万岁！”

…………

阅读链接

1941年山东反“扫荡”期间，某部三团一个班在马石山遭遇日军拉网“扫荡”，十名八路军战士主动留下，组织群众分批突围、隐蔽转移，十位英雄战士最后全部壮烈牺牲。安全脱险的数千名群众中就有峻青，他脱险后含着激动的泪水写下了这篇《马石山上》。

② 悄然隐退的晨星[①]（节选）

邱　勋

火车渐渐减慢了速度。它喘着粗气，在漆黑的山野里停了下来。埋伏在路基两旁的战士和民兵，飞速从沟坡和草丛中冲出来，在陈虹和孙连长的带领下，冲到了各个车厢的门口。小杨一步跃上车门口的铁梯，举起斧头，朝车门猛力砍去。

车门的铁皮和木板被劈开一个窟窿。门鼻子断裂下来，跌落在地上。

沉重的铁门吱嘎吱嘎叫着，沿着滑轮朝两边打开了。

这是关押柳泉峪群众的那节车厢。人们听到了亲人的呼唤，互相搀扶着朝车门口拥来。石山根和大愣背着缴获的两支钢枪，走在人群中间。人们眼望着陈虹和武工队的战士们，眼含热泪，心情激动，一句话也说不出来了。

“跟上队伍！”黑地里传来陈虹的声音，“赶快向山里撤走！”

---

① 节选自长篇小说《烽火三少年》。

另外几个车厢，车门也已经打开。押车的伪军全部缴械投降。有的鬼子兵顽抗了一阵，也被战士和乡亲们一起解决了。人们顺着山路，迅速向路南的山沟里奔去。

“冬梅，冬梅！”传来陈虹焦急的声音，“看见冬梅了没有？”

回答她的是一阵密集的枪声。抬头望去，只见守车底下的车轮旁边，两挺机枪在喷吐着血红的火焰。紧靠守车，还有一节闷罐车没有打开。一个战士举起斧头去砍车门，却传来一阵枪声，战士摇晃了一下身子，倒在了路基下面。

机枪更加疯狂地喷吐着火焰……

一个日军小队长带领几名鬼子兵乘坐在守车上，配有两挺机枪，负责押解整个列车。他们把机枪拖到列车底下，用火车车轮作屏障，疯狂射击，等待着援兵的到来。

冬梅和那二十几名“犯人”，就关押在紧靠守车的一节车厢里。

陈虹发现这节车里的群众没有救出来，就带领几个武工队员，从路旁的道沟里迅速向敌人接近。敌人的枪弹泼水般扫过来，打得路面上火花四溅，道沟里沙石纷飞，压得战士们抬不起头来。陈虹迅速组织了一个突击小组，每人四颗手榴弹，原地待命。然后命令机枪步枪一齐向守车射击，打算压下敌人的火力，再让突击小组迅速接近守车，用手榴弹杀伤敌人。但是，唯一的那挺机枪只打出一梭子，就卡了壳，再也叫不响了。单凭几支步枪，根本压不下敌人那疯狂的气焰。

路轨开始轻轻颤动，敌人的装甲车从东崮和西面的车站同时开出来了。

守车底下，敌人的机枪更加狂暴地喷吐着火舌，子弹在路基上闪出一道道刺眼的白光，在钢轨上尖声叫着蹦跳翻飞。

“老陈，拼了吧！”小杨和几个战士一齐焦急地说。

“继续射击，迷惑敌人！”陈虹冷静地下达着命令。说完，她提起几颗手榴弹，弯着腰向来路退回来，在敌人火力没有封锁的远处跨上路基，一闪身钻到列车底下去了。

小杨立即明白了陈虹的意思。他端起枪，和其他战士一起，向敌人猛烈射击。

沿着车底漆黑的、狭窄的空当，陈虹身子贴在枕木上，迅速向前移动着。她爬得飞快，一次也没有碰着车轮、弹簧和纵贯车底的管道，也没有蹬响脚下的石子儿。她十几岁就在窑下挖煤掏炭。在那漆黑的掌子面上，身旁是煤墙、矸(gān)石和七歪八扭的支柱，头顶是破碎的顶板，脚下是浸在淋水中的浮煤，她口里叼着一盏豆大的油灯，肩上一根麻绳，手脚一齐落地，身后拖着沉重的煤筐，熬了一年又一年。有时候，口里的油灯被老塘里扑来的冷风吹灭了，人就像掉进墨缸里一样，上下左右漆黑一团。在这种情况下，凭着她长期磨炼出来的灵敏感觉，她也能从那歪歪扭扭的支柱之间，沿着凹凸不平的掌子面，绕过水塘和倒塌下来的矸石堆，躲过那眼看就要碰着脑门的悬石，把煤一筐一筐拖出来。现在，车底尽管狭窄而又漆黑,她却如同水中游鱼,轻捷灵活地悄然前进，很快就来到了守车跟前。敌人正在气势汹汹地向两侧射击，根本没有发现她的踪影。

陈虹停下来，咬开了手榴弹的铁盖。她身子向一旁略微一侧,一只手掠一下遮在眼前的几丝乱发,另一只手轻轻一挥，鬼子群里就立即传来一声沉雷般的轰鸣。

鬼子的一挺机枪哑了。

没有炸死的鬼子掉过头来，朝黑暗的车底打出几枪。陈虹肩膀抖了一下。她没有理会，又挥臂扔出了第二颗手榴弹。

鬼子的另一挺机枪，枪管断成了两截。

在这同时，小杨和武工队员们冲上来。经过一阵短暂的、面对面的厮杀，守车上的鬼子全部报销了。等陈虹从车底跳出来，紧靠守车的车厢早已打开车门，押车的两名日伪军也已经躺在武工队员的脚下，一动不动了。

“赶快撤走！”陈虹站在车门口说。

从火车两端传来了密集的枪声，子弹在夜空中尖声鸣啸。铁轨急遽(jù)地震动着，探照灯巨大的光束在铁轨上扫来扫去，敌人的装甲列车从东西两面开过来，越来越近了。

田副政委和孙连长，早带领主力连的战士，在东西两面分别拆掉了几节铁轨，挡住了敌人的装甲列车。鬼子看看列车不能前进，就下车来，在强大的火力掩护下，向出事地点拼命进攻。主力连的战士们伏在铁路两旁，勇猛地阻击敌人。但是，敌人孤注一掷，拼命要夺回这批“华工”，来势十分凶猛。第一道防线被敌人突破，鬼子兵在藤田和鬼子站长的带领下，越来越近了。

子弹在闷罐车顶上嗖嗖乱叫，车皮上打出一个个弹孔。陈虹站在车门的铁梯旁边，搀扶着乡亲们，一个个走下车来。

这辆车厢里的群众，押的时间更长，受的折磨更多，身体更为虚弱。一位大嫂扶住陈虹的肩膀，吃力地走下铁梯。

注意文中加点的部分，体会“说”的不同表达方式。

“冬梅！”陈虹惊喜地、急促地喊了一声。

“陈……陈……陈老师……”冬梅身子一软，倒在陈虹的臂弯里。

正在这时，一枚炮弹落在附近的闷罐车顶上，一道火柱冲天而起。陈虹借着火光抬头望去，只见不远一块岩石后面，露出了潘彪一双血红的眼睛。

这条恶狼不知为什么没有被击毙，也不知从什么地方突然钻了出来。他隐在岩石后面，眯起一只眼睛，举起了龟盖匣子。

枪声响了。

这是那种疯狂的、撕裂人心的连声速射。子弹曳(yè)着致命的白光，划破暗夜，朝陈虹身前扫来。

仿佛一只无形的恶魔的手，朝陈虹胸口上猛力一推。她脚下的土地旋转起来，身子朝下沉下去，沉下去……

③ 荷 花 淀

——白洋淀纪事之一

孙　犁

月亮升起来，院子里凉爽得很，干净得很，白天破好的苇眉子潮润润的，正好编席。女人坐在小院当中，手指上缠绞着柔滑修长的苇眉子。苇眉子又薄又细，在她怀里跳跃着。

要问白洋淀有多少苇地，不知道。每年出多少苇子，不知道。只晓得，每年芦花飘飞苇叶黄的时候，全淀的芦苇收割，垛起垛来，在白洋淀周围的广场上，就成了一条苇子的长城。女人们，在场里院里编着席。编成了多少席？六月里，淀水涨满，有无数的船只，运输银白雪亮的席子出口，不久，各地的城市村庄，就全有了花纹又密又精致的席子用了。大家争着买：

“好席子，白洋淀席！”

这女人编着席。不久在她的身子下面，就编成了一大片。她像坐在一片洁白的雪地上，也像坐在一片洁白的云彩上。她有时望望淀里，淀里也是一片银白世界。水面笼起一层薄薄透明的雾，风吹过来，带着新鲜的荷叶荷花香。

但是大门还没关，丈夫还没回来。

很晚丈夫才回来了。这年轻人不过二十五六岁，头戴一顶大草帽，上身穿一件洁白的小褂，黑单裤卷过了膝盖，光着脚。他叫水生，小苇庄的游击组长，党的负责人。今天领着游击组到区上开会去来。女人抬头笑着问：

“今天怎么回来得这么晚？”站起来要去端饭。水生坐在台阶上说：

“吃过饭了，你不要去拿。”

女人就又坐在席子上。她望着丈夫的脸，她看出他的脸有些红涨，说话也有些气喘。她问：

文章多处描写了人物的对话，找出来读一读，从这些对话中，你感受到了什么？

“他们几个哩？”

水生说：

“还在区上。爹哩？”

女人说：

“睡了。”

“小华哩？”

“和他爷爷去收了半天虾篓，早就睡了。他们几个为什么还不回来？”

水生笑了一下。女人看出他笑得不像平常。

“怎么了，你？”

水生小声说：

“明天我就到大部队上去了。”

女人的手指震动了一下，想是叫苇眉子划破了手，她把一个手指放在嘴里吮了一下。水生说：

“今天县委召集我们开会。假若敌人再在同口安上据点，那和端村就成了一条线，淀里的斗争形势就变了。会上决定成立一个地区队。我第一个举手报了名的。”

女人低着头说：

“你总是很积极的。”

水生说：

“我是村里的游击组长，是干部，自然要站在头里，他们几个也报了名。他们不敢回来，怕家里的人拖尾巴。公推我代表，回来和家里人们说一说。他们全觉得你还开明一些。”

女人没有说话。过了一会儿，她才说：

“你走，我不拦你，家里怎么办？”

水生指着父亲的小房叫她小声一些，说：

“家里，自然有别人照顾。可是咱的庄子小，这一次参军的就有七个。庄上青年人少了，也不能全靠别人，家里的事，你就多做些，爹老了，小华还不顶事。”

女人鼻子里有些酸，但她并没有哭，只说：

“你明白家里的难处就好了。”

水生想安慰她。因为要考虑准备的事情还太多，他只说了两句：

“千斤的担子你先担吧，打走了鬼子，我回来谢你。”

说罢，他就到别人家里去了，他说回来再和父亲谈。

鸡叫的时候，水生才回来。女人还是呆呆地坐在院子里等他，她说：

“你有什么话嘱咐嘱咐我吧。”

“没有什么话了，我走了，你要不断进步，识字，生产。”

“嗯。”

“什么事也不要落在别人后面！”

“嗯，还有什么？”

“不要叫敌人汉奸捉活的。捉住了要和他拼命。”这才是那最重要的一句。女人流着眼泪答应了他。

第二天，女人给他打点好一个小小的包裹，里面包了一身新单衣，一条新毛巾，一双新鞋子。那几家也是这些东西，交水生带去。一家人送他出了门。父亲一手拉着小华，对他说：“水生，你干的是光荣事情，我不拦你，你放心走吧。

大人孩子我给你照顾，什么也不要惦记。”

全庄的男女老少也送他出来，水生对大家笑一笑，上船走了。

女人们到底有些藕断丝连。过了两天，四个青年妇女集在水生家里来，大家商量：

“听说他们还在这里没走。我不拖尾巴，可是忘下了一件衣裳。”

“我有句要紧的话得和他说说。”

水生的女人说：

“听他说鬼子要在同口安据点……”

“哪里就碰得那么巧，我们快去快回来。”

“我本来不想去，可是俺婆婆非叫我再去看看他，有什么看头啊！”

于是这几个女人偷偷坐在一只小船上，划到对面马庄去了。

到了马庄，她们不敢到街上去找，来到村头一个亲戚家里。亲戚说：“你们来得不巧，昨天晚上他们还在这里，半夜里走了，谁也不知开到哪里去。你们不用惦记他们，听说水生一来就当了副排长，大家都是欢天喜地的……”

几个女人羞红着脸告辞出来，摇开靠在岸边上的小船。

现在已经快到晌午了，万里无云，可是因为在水上，还有些凉风。这风从南面吹过来，从稻秧苇尖上吹过来。水面没有一只船，水像无边的跳荡的水银。

几个女人有点失望，也有些伤心，各人在心里骂着自己的狠心贼。可是青年人永远朝着愉快的事情想，女人们尤其容易忘记那些不痛快。不久，她们就又说笑起来了。

“你看说走就走了。”

“可慌（高兴的意思）哩，比什么也慌，比过新年，娶新——也没见他这么慌过！”

“拴马桩也不顶事了。”

“不行了，脱了缰了！”

“一到军队里，他一准得忘了家里的人。”

“那是真的，我们家里住过一些年轻的队伍，一天到晚仰着脖子出来唱，进去唱，我们一辈子也没那么乐过。等他们闲下来没有事了，我就傻想：该低下头了吧。你猜人家干什么？用白粉子在我家影壁上画上许多圆圈圈，一个一个蹲在院子里，托着枪瞄那个，又唱起来了！”

她们轻轻划着船，船两边的水哗，哗，哗。顺手从水里捞上一棵菱角来，菱角还很嫩很小，乳白色。顺手又丢到水里去。那棵菱角就又安安稳稳浮在水面上生长去了。

“现在你知道他们到了哪里？”

“管他哩，也许跑到天边上去了！”

她们都抬起头往远处看了看。

“哎呀！那边过来一只船。”

“哎呀！日本人，你看那衣裳！”

“快摇！”

小船拼命往前摇。她们心里也许有些后悔，不该这么冒冒失失走来；也许有些怨恨那些走远了的人。但是立刻就想，什么也别想了，快摇，大船紧紧追过来了。

大船追得很紧。

幸亏是这些青年妇女，白洋淀长大的，她们摇得小船飞快。小船活像离开了水皮的一条打跳的梭鱼。她们从小跟这小船打交道，驶起来就像织布穿梭、缝衣透针一般快。

假如敌人追上了，就跳到水里去死吧！

后面大船来得飞快。那明明白白是鬼子！这几个青年妇女咬紧牙制止住心跳，摇橹的手并没有慌，水在两旁大声地哗哗，哗哗，哗哗哗！

“往荷花淀里摇！那里水浅，大船过不去。”

她们奔着那不知道有几亩大小的荷花淀去，那一望无边际的密密层层的大荷叶，迎着阳光舒展开，就像铜墙铁壁一样。

粉色荷花箭高高地挺出来，是监视白洋淀的哨兵吧！

她们向荷花淀里摇，最后，努力地一摇，小船窜进了荷花淀。几只野鸭扑棱棱飞起，尖声惊叫，掠着水面飞走了。就在她们的耳边响起一排枪！

整个荷花淀全震荡起来。她们想，陷在敌人的埋伏里了，一准要死了，一齐翻身跳到水里去。渐渐听清楚枪声只是向着外面，她们才又扒着船帮露出头来。她们看见不远的地方，那宽厚肥大的荷叶下面，有一个人的脸，下半截身子长在水里。荷花变成人了？那不是我们的水生吗？又往左右看去，不久各人就找到了各人丈夫的脸。啊，原来是他们！

但是那些隐蔽在大荷叶下面的战士们，正在聚精会神瞄着敌人射击，半眼也没有看她们。枪声清脆，三五排枪过后，他们投出了手榴弹，冲出了荷花淀。

手榴弹把敌人那只大船击沉，一切都沉下去了。水面上只剩下一团烟硝火药气味。战士们就在那里大声欢笑着，打捞战利品。他们又开始了沉到水底捞出大鱼来的拿手戏。他们争着捞出敌人的枪支、子弹带，然后是一袋子一袋子叫水浸透了的面粉和大米。水生拍打着水去追赶一个在水波上滚动的东西，是一包用精致纸盒装着的饼干。

妇女们带着浑身水，又坐到她们的小船上去了。

水生追回那个纸盒，一只手高高举起，一只手用力拍打着水，好使自己不沉下去。对着荷花淀吆喝：

“出来吧，你们！”

好像带着很大的气。

她们只好摇着船出来。忽然从她们的船底下冒出一个人来，只有水生的女人认得那是区小队的队长。这个人抹一把脸上的水，问她们：

“你们干什么去来呀？”

水生的女人说：

“又给他们送了一些衣裳来！”

小队长回头对水生说：

“都是你村的？”

“不是她们是谁，一群落后分子！”水生说完把纸盒顺手丢在女人们船上，一泅，又沉到水底下去了，到很远的地方才钻出来。

小队长开了个玩笑，他说：

“你们也没有白来，不是你们，我们的伏击不会这么彻底。可是，任务已经完成，该回去晒晒衣裳了。情况还紧得很！”

战士们已经把打捞出来的战利品，全装在他们的小船上，准备转移。一人摘了一片大荷叶顶在头上，抵挡正午的太阳。几个青年妇女把掉在水里又捞出来的小包裹，丢给了他们，战士们的三只小船就奔着东南方向，箭一样飞去了。不久就消失在中午水面上的烟波里。

几个青年妇女划着她们的小船赶紧回家，一个个像落水鸡似的。一路走着，因过于刺激和兴奋，她们又说笑起来，坐在船头脸朝后的一个噘着嘴说：

“你看他们那个横样子，见了我们爱搭不理的！”

“啊，好像我们给他们丢了什么人似的。”

她们自己也笑了，今天的事情不算光彩，可是：

“我们没枪，有枪就不往荷花淀里跑，在大淀里就和鬼子干起来！”

“我今天也算看见打仗了。打仗有什么出奇，只要你不着慌，谁还不会趴在那里放枪呀！”

“打沉了，我也会浮水捞东西，我管保比他们水性好，再深点儿我也不怕！”

“水生嫂，回去我们也成立队伍，不然以后还能出门吗！”

“刚当上兵就小看我们，过两年，更把我们看得一钱不值了，谁比谁落后多少呢！”

这一年秋季，她们学会了射击。冬天，打冰夹鱼的时候，她们一个个蹬在流星一样的冰船上，来回警戒。敌人围剿那百顷大苇塘的时候，她们配合子弟兵作战，出入在那芦苇的海里。

阅读链接

《白洋淀纪事》是一部描写抗日战争时期白洋淀人民英勇抗日并与当地地主等恶势力进行斗争的小说与散文合集，书中还收录了《芦花荡》《嘱咐》《采蒲台的苇》《山地回忆》《王香菊》等篇目。

④ 两个小八路（节选）

李心田

一弯残月挂在灵官庙的房檐上，静静地照着绑在大殿后面柏树上的孙大兴。夜越深，天越冷，孙大兴冻得缩着身子。一个持枪的伪军在旁边看着他。

孙大兴一天一夜没吃东西了，口渴得厉害。他对伪军说："给我点儿水喝吧！"

"给你点儿尿喝。"那个伪军没好气地说。他又冷又困，正在来回踱(duó)着步取暖。

"你也是中国人哪！"

"中国人怎么样？你少说话！"

孙大兴试探着问："把我放了吧？"

"怎么着？放了？"伪军停下脚步，冷笑一声，"我放了你，谁放我呀？"

孙大兴说："跟我一块跑。"

伪军说："我跑哪儿去？当八路去？"

孙大兴说："反正得当个中国人。"

伪军不说话了。

孙大兴又说："中国人干吗要替鬼子干事呢？祖祖辈辈都得挨骂……"

伪军烦躁地说："你少宣传，等会儿我把你的话全告诉日本人。"

孙大兴伸出舌头，舔了舔干瘪的嘴唇，他想："班长一定已经回去把情况汇报了,团长这会儿已经知道我被捕了吧！咱们的部队什么时候来到刘集呢……"他想着想着，不觉打起盹儿来。

伪军冻得直打战，他走到墙根一个草堆跟前，一歪身躺在草堆上。他原本只想暖和一会儿，一躺下来却身不由己，就呼呼地睡着了。

这时候，武建华悄悄地摸过了大殿的墙角。他向黑暗里仔细观察了一会儿,又侧着耳朵听了一会儿。在朦胧的月光下，他看到大柏树下面绑着一个人。他轻轻地走上前几步，仔细一看，啊，正是大兴！回头一看，草堆上睡着个伪军。武建华想："真巧，先把大兴救了出去再说。"

孙大兴迷迷糊糊地靠在树干上，忽然觉得被谁推了一下，正想问，嘴被人捂住了。

"是我。"武建华凑到大兴耳朵边，小声地说。他敏捷地拿出一把小刀，割断了孙大兴身上的绳子，把大兴轻轻地扶了起来。

“快跑。”武建华轻轻喊了一声，拉着大兴往北面走。忽听到前面有脚步声，两个孩子急忙往边上一闪。

孙大兴一看身边是一垛矮墙，可以爬上屋顶，忙拉着武建华说：“咱们上房。”

武建华往下一蹲：“来，踩着我肩膀上去，快！”

孙大兴爬上墙头，武建华跟着也爬了上去。忽然一道手电筒光照射过来，两个人急忙伏在屋脊后面。

来的是换岗的伪军，他揉着睡眼，打着手电筒，嘴里喊：“喂，陈四疤，该换岗啦！”他把手电筒向大柏树下面一照，啊呀，人没有了，地上只剩下一截一截的绳子，那个陈四疤却躺在草堆上呼呼地睡觉。

他急忙跑过去，一脚把陈四疤踢醒：“你还睡哪，人跑了！”

“啊！跑了？跑哪儿去了？”陈四疤着急地跳了起来。

“问你自己啊！”换岗的伪军掏出哨子嘟嘟地吹了起来。

孙大兴和武建华在房顶上听见院子里乱开了。伪军中队长田仑匆匆跑出屋子，拼命喊道：“守住庙门，赶快搜查。”

霎时间手电筒光乱照，日军和伪军在到处找人。

武建华说："坏了，下不去了。"

孙大兴问："你带什么武器了吗？"

武建华说："靳大叔给了我两颗手榴弹。"

孙大兴说："给我一颗，鬼子上来，就跟他们拼。"

武建华给了孙大兴一颗手榴弹，一边说："别乱打，部队可能已经到了，我来放火，把庙外的敌人引进来。部队一往里打，敌人就要乱套了。"

"部队来了吗？"孙大兴十分兴奋，"你带放火的东西来了吗？"

武建华点点头说："我带了一团油纸。你身上有伤，就先躲在这里。我来放火。"

下面的鬼子和伪军抓不着人，乱得更厉害了，满院子乱吆唤。武建华擦根火柴点着了油纸，向下面的草堆上一丢，草堆立刻烧起来了，才一会儿，火苗就蹿上了屋顶。敌人一看起火了，有的喊救火，有的喊抓人，更是忙成了一团。正在这时候，庙外枪声大作。武建华爬到孙大兴跟前说："咱部队来了。"

火光里，映出了两个孩子激动得发红的脸。

听见外边枪响，庙里的日军、伪军就向外冲，庙外的伪军正往里跑，彼此撞个正着，把庙门都堵住了。有的伪军慌忙地喊着："我们被八路包围了。"敌人乱得像一群没头的苍蝇。伪军中队长田仑大声喊："跟我来，往外冲。"伪军又一窝蜂地跟着他向前面拥去。

石岛强作镇定，他让田仑带着伪军先出去顶头阵，自己带领鬼子兵也跟着冲出去。可是庙门已经被八路军用猛烈的火力封锁住了，手榴弹轰轰轰地在伪军的人堆里炸开了花。伪军也不管田仑的命令了，抢着往庙里撤退，把后面石岛带的鬼子队也冲乱了。

读着文字，我们眼前仿佛出现了激烈战斗的场面。

孙大兴看见这种情景，捺不住了，向武建华说："咱们也下去吧！"

武建华说："等一会儿，咱们的部队还没有打进来呢，现在下去太危险。"

两个孩子正在商议，忽听见院子里发出了一种像夜猫子一样的尖厉的号叫声。"是石岛。"孙大兴对他的声音分外敏感。他爬到房檐边上，仔细一看，鬼子和伪军全被打乱了。伪军夹在中间，东躲西藏。石岛带领着十几个鬼子退到这里来了。石岛命令鬼子在一堵断墙后面架起了一挺机枪，机枪立即疯狂地向外喷射着火舌。武建华爬到孙大兴身边。两个人把手榴弹都抽了出来，听到八路军已经冲进庙门了，孙大兴说了声“打”，两颗手榴弹一齐向鬼子的机枪扔过去。“轰！轰！”两声，鬼子的机枪就变成了哑巴。八路军一声呐喊：“冲呀！”大部队很快就冲了进来。田三斜子领着几个伪军还想顽抗，都被刺刀捅死了，其余的赶紧举枪投降。

石岛一看自己的部队全被消灭了，转身就向后跑。孙大兴哪儿肯放过这只“夜猫子”，他看石岛刚跑到屋檐下，就从上面往下一跳，正好压在石岛的身上。石岛趴在地上，一个翻身，把孙大兴掀倒，抽出军刀向孙大兴砍去。只听见当啷一声，刀飞到一边去了。原来是班长王玉成赶到，飞起一脚，踢中了石岛的手腕。

“举起手来。”王玉成用枪指着石岛。

石岛从地上爬起来，垂着两手，还气势汹汹地看着王玉成。王玉成用刺刀抵住石岛的胸膛，又大喝一声：“举起手来。”石岛立刻顺从地把两手举过了头顶。

孙大兴见石岛这副怕死的样子，哈哈大笑起来。他跳到石岛的面前说：“喂，小鬼子，你看我这个小八路！”

石岛一看是孙大兴，气得肚子一鼓一鼓的，一句话也说不出来。武建华也从屋顶上下来了，他也跑到石岛的面前，和孙大兴站在一起说：“喂，这里还有一个小八路呢！”

靳大婶也被人从小屋里放出来了，正和老靳说着话。孙大兴奔过去，一家子又欢聚了，都十分高兴。

战士们把孙大兴、武建华围起来，亲热地搂抱他们，把他们俩抬了起来，举得高高的。

…………

朝阳从地平线升起，晶莹的露珠迎着阳光闪耀。傲霜的野菊花开满了山间，巍峨的大泽山显得格外峻拔瑰丽。八路军的队伍军容整肃，浩浩荡荡向前行进。队伍中间并排走着两个小战士——孙大兴和武建华。他们俩仰望着大泽山，默默地立下了誓言：为了祖国和人民的解放事业，一定更坚强地参加未来的斗争，迎接更严酷的考验。

阅读链接

《两个小八路》是作家李心田创作的中篇小说，主要讲述了在硝烟弥漫的抗日战争时期，孙大兴和武建华这两个小八路成长为英勇的革命战士的故事。李心田还创作了《闪闪的红星》《跳动的火焰》《十幅自画像》等脍炙人口的作品。

⑤ 小砍刀的故事（节选）

勤 耕

傍黑，游击队三三两两出了大王村，在沙河边上柳树林子里集合，等到静了夜，队伍就出发了。

秋天的夜晚，稍微有点凉。队伍迎着小西北风儿，顺着一条田间小道走着。小道两边，是一大片一大片的庄稼地。今年的庄稼长得分外的好，高粱蓬了头，谷子弯了腰，玉米开了怀，伸出一个个牛犄角样的大棒穗子，玉米地里间作的绿豆，结了一挂挂豆角子。真是一个好收成！一只蝈蝈儿，停在豆叶上，不住地“国国国国”叫着。

小砍刀走在队伍中间，心里觉着有一股说不出来的滋味儿。他现在是一个真正的八路军了。从现在起，为了打败日本帝国主义，保卫老乡们过太平日子，他要和同志们一道战斗。想到这儿，他觉着自个儿一下子长大了许多，浑身生长出无限的力量。他朝前看看，往后瞧瞧，队伍牵成一条线儿，拉了有半里地长。

就在旁边不远的地方，有一个炮楼子。炮楼上的探照灯像一只魔鬼的眼睛，在庄稼地里扫来扫去。隔不一会儿，炮楼子上站岗的，就嚎叫一阵子。在这静静的黑夜里，那声音就像狼嗥的一样，听着就瘆(shèn)人。小砍刀虽说生来胆子大，可到底没经过这阵势，心里不由得打起鼓来。走在他旁边的陈志国，低头凑到他的耳朵上，轻轻地问道："怕吗，砍刀？"

"不怕！"小砍刀鼓着劲说。

"对，不要怕。你别看他们咋呼得怪邪乎，其实没事儿。"

队伍绕过敌人的炮楼子，走进一条官道沟，这时候，小砍刀才松了一口气。又走了一会儿，队伍停下来了，陈志国叫队伍集合起来，下命令说："同志们，今天晚上我们在三里庄宿营。这里离城近，群众基础又弱，我们的行动一定要保守绝对秘密，不能走漏一点消息。出发！"说罢，队伍立刻加快脚步，唰唰唰朝三里庄开去。

三里庄，是个四五十户人家的小村子。因为它离城只有三里地，八路军轻易不到这里来，敌人也不大注意。三里庄有个破落户财主，名叫焦义卿。焦义卿这个人是个快刀拉(lá)豆腐——两面光的家伙。平常不落家，一天到晚长到城里，茶馆出，酒馆进，打麻将，抽大烟。祖上留下的两顷多地，都叫他抖搂得差不多了，只剩下一座四合套的大院子。日本鬼子进城以后，为了支应日本人，举他做了联村的村长。这家伙一边支应鬼子，另一边对八路他也不得罪，三六九的还往外送个不吃拉劲儿的情报。

区游击队到了三里庄，没有进村，一直绕到焦义卿家的后墙根。抬头看时，只见磨砖对缝的大院墙，足有一丈四五尺高。陈志国打量了一阵，见院墙外边一丈多远是一条大车道，车道两边栽着两溜大洋槐树。这树有碗口粗细，比院墙还要高出几尺。便问小砍刀道：“砍刀，能不能上去？”

“行！”小砍刀紧了紧裤腰带，朝手心里吐了一口唾沫，搓了搓手掌，抓住一棵洋槐树，噌噌几下，就爬到顶高的一个树丫里了。他扒开树枝儿一打量，离开院墙还有七八尺远。他轻轻地爬到一个鸭蛋粗细的横枝儿上，也顾不得洋槐树上那带钩儿的圪(gē)针，坐在上面颤巍了两下，还挺结实的。这才两手抓住那个横枝儿，像打秋千一样，来回晃悠了几下，然后一提气，两手一松，借着树枝的弹力，嗖的一声，便骑在那高高的院墙上了。他正想往下跳，忽然“呜——”的一声，从夹道里蹿出一只大狼狗来。那家伙竖着耳朵，一双铜铃似的眼睛，直盯着小砍刀，不住声地吠叫。

在打游击的那会儿，八路军最忌讳狗咬，因为狗一咬，很容易暴露我们的秘密行动，所以在根据地里，群众都自动地把狗打死了。到这里来的时候，就防着这一手儿，小砍刀从怀里掏出一个大黄米面窝窝，叭的一声丢过去，那狗叼住窝窝就跑，再也叫不出声来了。小砍刀这才飘身下地，打开后梢门，让大伙儿进来，回手又把梢门关好。陈志国让赵文昌招呼战士们休息，亲自带着常四儿跟小砍刀向焦义卿的上房走去。

焦义卿是个有名的夜猫子，每天不到鸡叫两遍不睡。这会儿，他正躺在屋里抽大烟呢，先前听到大狼狗咬了两声，他欠起身来听了听，狗又不咬了。这时忽然听到院了里有轻轻的脚步声，立刻警觉起来。他噗的一口吹熄了大烟灯，欠起身来，把耳朵凑到窗户跟前听着。

“嗒嗒嗒！”一阵弹窗棂子的声音。他压低了声音问道：“谁呀？”

“我们！”

“你们是哪路上的朋友呀？”

“八路！”

他吓得一哆嗦，连忙把吊窗提起来，想探出身子看个明白，就听嗖的一声，一个鲤鱼打挺，从窗户里钻进一个人来，一步跳到炕上，再一步就跨到地上了。

焦义卿战战兢兢地擦根火柴，点着灯，一边借着灯亮打量刚进来的小砍刀，一边讪讪地说：“对不起，兄弟，你看我这个老没材料的，净干这没材料的事儿。也是今天着了点凉，才烧口烟……”

“甭废话！”小砍刀说，“今儿个先不管你这些闲篇儿，先开门，让区长进来！”

“是是是，”焦义卿连鞋也没顾上穿，就跑出去开门，一看是陈志国，忙不迭地哈腰打躬地说，“是陈区长！失迎，失迎！”

常四儿一步抢上来说：“少说废话，快把你全家人都叫起来，到这屋里来集合，少了一个找你算账。”

打游击那会儿就是这样，每到一个不可靠的生地方，就要把全家人集中起来，有时候连整个村子都要封锁，以免走漏消息。常四儿跟着焦义卿，把他一家十几口子人，一个个都叫进北上房，家里人正睡得迷迷糊糊的，乍猛猛起来一看，院子里净是带枪的，吓得浑身打战，嗒嗒嗒嗒地上牙直磕下牙。

陈志国让他们都坐下来，说：“你们不要害怕，我们是八路军，一根草刺儿也不动你们的。叫你们到这里来，也是为你们好。……”他交代了一下政策，然后让赵文昌在门口放了一个岗，屋顶上又安了一个暗哨，这才安排队员们休息。

⑥ 老游击队员的故事（节选）

邱　勋

小驹子多么熟悉这鼓声和号声呀！在他还不到九岁，还没成为少先队员的时候，就曾经跟一伙“小猴儿”组织过他们的“小少先队”，并且由他担任“总司令”。他们模仿真正的少先队员的样子，偷偷给五保户老奶奶打水，结果一不小心把水缸给打碎了。从那以后，他们再不敢从她跟前走过，再不敢在她门前的空场上“挖河”“打夯”“修水库”了。当他成为真正的少先队员后，才知道少先队比他们原来想象的不知要好多少倍。他想，明天跟荷花学叉鱼的时候，要对她进行一次“队的知识”教育。这是老队员的义务，小驹子当然明白。

赵大叔呢，听到这号声，看到他的小女儿在红旗面前庄严地举起拳头，忽然想起他自己那个最光辉的日子。十几年前那个晚上，在打退敌人的多次进攻之后，在一片硝烟里，在这个小岛上，他朝着镰刀锤头的旗帜，高高地举起了拳头……现在，他的小女儿沿着他走过的路走上来了。他感到心里热乎乎的，觉得应该大声唱唱歌才对。但他顾不得多想下去，他是个忙人，还得赶快回社里劳动呢。他招呼一下小驹子，要他们早点回去，免得老爷爷挂念，就跳上船，走了。

辅导员庄重地把红领巾给新队员戴上。

然后，几十条嗓子一齐喊："时刻准备着！"

然后是文娱节目。中队长宣布由小诗人王小菱朗诵诗。

"是打仗的故事吗？"二牛问。

"打仗的。"中队长回答。

男孩子们非常高兴，就使劲鼓掌。

中队长又说："这故事里那位英雄，咱们都认识。大伙听完了，看哪个能猜到。"

孩子们活跃起来，互相打赌说自己一定能第一个猜到。王小菱大大方方地走到同学们面前。

"她自己作的诗。"荷花朝小驹子说，"她作文可好啦，有一篇写到五百六十多个字呢！"

王小菱像个真正的诗人一样，朝大家扫了一眼，就开始朗诵了。

诗里说，十几年前，湖里有个大恶霸、大坏蛋，说半个微山湖是他家的，鱼虾喝他的水，捕来就该归他。后来，湖里组织游击队，他夹着尾巴跑到夏镇，趴在鬼子屁股底下当了汉奸大队长。他仗着他是个老水鬼，湖里地理熟，领着鬼子汉奸进湖“清剿”，杀人放火，害了很多老百姓。人们恨他恨得牙痒痒，可又逮不住他……

后来，有一天，汉奸队在夏镇大街捉来了一个小伙子。汉奸队的兵有一些是抓来的。把你拉进营房，穿上“灰皮”，就成他的兵啦。他们看这小伙子浓眉大眼、呆头呆脑，就让他当伙夫。那些汉奸兵看这小伙子老实，就欺负他，干活让他干重的，吃饭让他吃孬的。

“注意，这就是那位英雄！”中队长提醒大家。

王小菱继续朗诵。

她说，有一天，那小伙子用辆地排车拉个麻袋，从“大队部”朝外走。门岗问装的什么，他就说这是昨天抢来的猪，大队长叫分给连里弟兄的。门岗朝麻袋踢一脚。这猪一定很肥，软软的，不断蠕动，而且还闷声哼叫。门岗朝麻袋又踹一脚才放行。小伙子拉着肥猪拐上运河口，几个人飞快把它装到一条早备好的船里。

汉奸队忽然几路人马追来了。枪呀，炮呀，喊呀，叫呀……那小伙子让划船的大嫂把麻袋藏进舱底，赶快进湖。他自己却拐弯朝小路上跑去，把汉奸引了过去……

小船平平安安地到了抗日岛。解开麻袋一看，原来里面躺着那个烂醉如泥的大恶霸，那个应该千刀万剐的汉奸大队长。

孩子们高兴得乱喊乱叫，摘下帽子朝空中乱扔。有一个男孩竟兴奋得抱起另一个男孩朝草地上摔，笑着叫着。

忽然有人问："那小伙子呢？"

大家这才急了。

王小菱继续朗诵：

小伙子朝东跑，
东边汉奸追来了；
小伙子朝西跑，
西边汉奸追来了。

"朝南跑呀！朝南跑呀！"孩子们大喊。

有个顶坏的汉奸开了一枪。
真糟糕，小伙子腿上受了伤……

孩子们喘不过气来，捏了一把汗。有几个小姑娘急得眼里泪汪汪的了。

小伙子一个跟头跳进湖里，
扎一个猛子，就从湖东钻到湖西。
这时候，芦苇里很多鸭枪一齐响，
打得汉奸队趴在地上直叫亲娘……

孩子们一下子沸腾起来，高兴得发狂。

这时，小诗人两手一挥，朗诵达到了高潮：

这小伙子真勇敢呀！

从此汉奸再不敢到湖里来啦。

小伙子是位大英雄呀，

我们要向他学习呀！

于是，大家使劲鼓掌。

中队长说："喂，大家猜猜诗里说的小伙子是谁呀？"

孩子们这才想起来，他们只顾了高兴，忘了比赛谁第一个猜到啦，就一个个不住地眨巴眼皮。

有个胖胖的小姑娘说："我知道，我知道！"

"谁呀？"大家问。

她却又不说了，朝荷花努努嘴："问她吧！"

这时候大家才注意到，荷花坐在一边，不说话，直搓手。

她见大家都看着自己，连忙舔一下嘴唇，说："我也不知道，不知道……"

那小姑娘就说："是她爹，是她爹——俺爷爷还去放过鸭枪呢！"

大家一齐望着荷花，就像那汉奸大队长是她装进麻袋当作肥猪逮来的一样。

大家七嘴八舌地问："真的吗？真的吗？"

“咱不知道。”荷花咽口唾沫说。

这时候，辅导员讲话了。她说，大家猜得对，这人就是赵大叔。她要大家学习赵大叔那种为了打败日本侵略者，不怕困难、不怕危险的英雄行为。为了今天的幸福，有多少叔叔、伯伯们流过血呀！她要求新队员们，记住自己是在抗日岛这个英雄的小岛上宣誓的。她希望新队员们一定要记住和学习老游击队员的英雄事迹。

听着她的话，大家一动不动。孩子们默默地望着湖面，希望在哪个角落里发现那个汉奸大队长，或者几个鬼子兵，大家就会呼啸一声，冲上去把他们装进麻袋里。

孩子们登上船头，准备回家了。太阳把抗日岛的青草绿树镀上一层金粉，整个小岛看起来金灿灿、黄澄澄，就像童话里那放射道道霞光的宝岛。孩子们举起手来，向它致以庄严的少先队员的敬礼。

队旗飘扬，号声响亮。船犁开水面，破浪前进。孩子们回头恋恋不舍地望着亲爱的抗日岛，放开嗓子唱起来：

红色抗日岛永放光芒，

给我们勇气，给我们力量，

沿着老游击队员光荣的道路，

少先队员们乘风远航……

点面结合是场面描写中常用的表现手法，这种表现手法能让读者既看到整体，又看到局部，从而体会到作者所表达的情感。读下面这组文章，想一想：作者描绘的是什么场面？具体写了场面中的哪些细节？

① 记一辆纺车

吴伯箫

我曾经使用过一辆纺车，离开延安的那年，把它跟一些书籍一起留在蓝家坪了，后来常常想起它。想起它，就像想起旅途的旅伴、战场的战友，心里充满了深深的怀念。

那是一辆普通的纺车。说它普通，一来它的车架、轮叶、锭子，跟一般农村用的手摇纺车没有什么两样；二来它是延安成千上万辆纺车中的一辆。的确，那个时候在延安的人，无论是机关的干部，学校的教员和学员，也无论是部队的指挥员和战斗员，在工作、学习或者练兵的间隙里，谁没有使用过纺车呢？纺车跟战斗用的枪、耕田用的犁、学习用的书和笔一样，成为大家亲密的伙伴。

在延安，纺车是作为战斗的武器使用的。那是在抗日战争最艰苦的时候，国民党反动派发动反共高潮，配合日寇重重封锁陕甘宁边区，想困死我们。我们边区军民热烈响应毛泽东同志的伟大号召："自己动手，丰衣足食。"结果彻底粉碎了敌人围困的阴谋。在延安的人，在所有抗日根据地的人，不但吃得饱，而且穿得暖，坚持了抗战，争取到了抗战的最后胜利。开荒、种庄稼、种蔬菜，是保证足食的战线；纺羊毛、纺棉花，是保证丰衣的战线。

大家用纺的毛线织毛衣，织呢子；用纺的棉纱合线，织布。同志们穿的衣服鞋袜，有的就是自己纺线或者跟别的同志换工劳动做成的。开垦南泥湾的部队甚至能够在打仗、练兵和进行政治、文化学习以外，纺毛线给指战员发军装呢。同志们亲手纺线织布做的衣服，穿着格外舒适，也格外爱惜。那个时候，人们对一身灰布制服、一件本色的粗毛线衣，或者自己打的一副手套、一双草鞋，都很有感情。衣服旧了，破了，也敝帚自珍，不舍得丢弃。总是脏了洗洗，破了补补，穿一水又穿一水，穿一年又穿一年。衣服只要整齐干净，越朴素穿着越随心。西装革履，华丽的服饰，只有在演剧的时候作演员的服装，平时不要说穿，就是看看也觉得碍眼，隔路。

美的概念里有更健康的内容，那就是整洁、朴素、自然。

纺线，劳动量并不太小，纺久了会胳膊疼腰酸。不过在刻苦学习和紧张工作的间隙里纺线，除了经济上对敌斗争的意义而外，也是一种很有兴趣的生活。在纺线的时候，眼看着匀净的毛线或者棉纱从拇指和食指中间的毛卷里或者棉条里抽出来，又细又长，连绵不断，简直会有一种艺术创作的快感。摇动的车轮，旋转的锭子，争着发出嗡嗡嘤嘤的声音，像演奏弦乐，像轻轻地唱歌。那有节奏的乐音和歌声是和谐的、优美的。

纺线也需要技术。车摇慢了，线抽快了，线会断头；车摇快了，线抽慢了，毛卷、棉条会拧成绳，线会打成结。摇车，抽线，配合恰当，成为熟练的技巧，可不简单，需要用很大的耐心和毅力下一番功夫。初学纺线，往往不知道劲往哪儿使。一会儿毛卷拧成绳了，一会儿棉纱打成结了，纺手急得满头大汗。性子躁一些的人甚至为断头接不好生纺车的气，摔摔打打，恨不得把纺车砸碎。可是那关纺车什么事呢？尽管人急得站起来，坐下去，一点也没有用，纺车总是安安稳稳地待在那里，像露出头角的蜗牛，像着陆停驶的飞机，一声不响，仿佛只是在等待，等待。一直等到使用纺车的人心平气和了，左右手动作协调，用力适当，快慢均匀了，左手拇指和食指间的毛线或者棉纱就会像魔术家帽子里的彩绸一样无穷无尽地抽出来。那仿佛不是用羊毛、棉花纺线，而是从毛卷里或者棉条里往外抽线。线是现成的，早就藏在毛卷里或者棉条里的。熟练的纺手，趁着一豆灯光或者朦胧的月光，也能摇车，抽线，上线，一切做得优游自如。线上在锭子上，线穗子就跟着一层层加大，直到沉甸甸的，像成熟了的肥桃。从锭子上取下穗子，也像从果树上摘下果实，劳动后收获的愉快，那是任何物质享受都不能比拟的。这个时候，就连起初想砸碎纺车的人也对纺车发生了感情。那种感情，是凯旋的骑士对战马的感情，是“仰手接飞猱，俯身散马蹄”的射手对良弓的感情。

纺线有几种姿势：可以坐着蒲团纺，可以坐着矮凳纺，也可以把纺车垫得高高的站着纺。站着纺线，步子有进有退，手臂尽量伸直，像“白鹤晾翅”，一抽线能拉得很长很长。这样气势最开阔，肢体最舒展，兴致高的时候，很难说那是生产，是舞蹈，还是体育锻炼。

为了提高生产率，大家也进行技术改革，运用物理学上轮轴和摩擦传动的道理，在轮子和锭子中间安装加速轮，加快锭子旋转的速度，把手工生产的工具变成半机械化。大多数纺车是在纺羊毛、纺棉花的劳动实践中培养出来的木工做的，安装加速轮也是在劳动实践中大家摸索出来的创造发明。从劳动实践中还不断总结出一些新的经验，譬如，纺羊毛跟纺棉花常有不同的要求：羊毛要松一些，干一些；棉花要紧一些，潮一些。因此弹过的羊毛要卷成卷，棉花要搓成条，烘晒毛卷和阴润棉条都有一定的火候分寸。这些技术经验，不靠实践是一辈子也不知道里边的奥妙的。

为了交流经验，互相提高，纺线也开展竞赛。三五十辆或者百几十辆纺车搬在一起，在同一个时间里比纺线的数量和质量。成绩好的有奖励，譬如，奖一辆纺车，奖手巾、肥皂、笔记本之类。那是很光荣的。更光荣的是被称为“纺毛突击手”“纺纱突击手”。竞赛，有的时候在礼堂，有的时候在窑洞前边，更有的时候在山根河边的坪坝上。在坪坝上竞赛的那种场面最壮阔，“沙场秋点兵”或者能有那种气派？不，阵容相近，热闹不够。那是盛大的节日里赛会的场面。只要想想：天地是厂房，深谷是车间，幕天席地，群山环拱，怕世界上还没有哪个地方哪种轻工业生产有那样的规模呢！你看，整齐的纺车行列，精神饱满的纺手队伍，一声号令，百车齐鸣，别的不说，只那嗡嗡的响声就有点像飞机场上机群起飞，扬子江边船只拔锚。那哪是竞赛，那是万马奔腾，在共同完成一项战斗任务。因此竞赛结束，无论是纺得多的还是纺得比较少的，得奖的还是没有得奖的，大家都感到胜利的快乐。

就这样，用劳动的双手，自力更生。纺线，不只在经济上保证了革命根据地的人大家有衣穿，使大家学会了一套生产劳动的本领，而且在思想上还教育了大家认识劳动“本身成了生活的第一需要”的意义；自觉地克服了那种“认为劳动只是一种负担，凡是劳动都应当付给一定报酬的习惯”。劳动为集体，同时也为自己。在劳动的过程里，很少人为了个人的什么去锱铢(zī zhū)计较，倒是为集体做了些什么有意义的事情，才感到是真正的幸福。

就因为这些，我常常想起那辆纺车。想起它像想起老朋友，心里充满了深深的怀念。围绕着这种怀念，也想起延安的种种生活。在党中央和毛泽东同志的周围工作、学习、劳动，同志的友谊，革命大家庭的温暖，把大家团结得像一个人。真是既团结、紧张，又严肃、活泼。那个时候，物质生活曾经是艰苦的、困难的吧，但是，比起无限丰富的精神生活来，那算得了什么！凭着崇高的理想、豪迈的气概、乐观的志趣，克服困难不也是一种享受吗？

跟困难做斗争，其乐无穷。

——记一辆纺车。

② 看　戏

叶君健

时间是晚上八点。太阳虽然早已经下落，但暑气并没有收敛。没有风。公园里那些屹立着的古树是静静的。树叶子也是静静的。露天的“劳动剧场”也是静静的。

但剧场里并不是没有人。相反地，人挤得非常满。每个角落里都是人，连走路的石阶上都坐着人：工人、店员、手艺人、干部、学生，甚至还有近郊来的农民——一句话，我们首都的劳动人民。从前面一排向后面一望，这简直像一个人海。他们所发散出来的热力和空中的暑气凝结在一起，罩在这个人海上面像一层烟雾。烟雾不散，海在屏住呼吸。

舞台上的幕布分开了，音乐奏起来了，演员们踩着音乐的拍子，以庄重而有节奏的步伐走到前面来了。灯光射在他们五颜六色的丝绣和头饰上，激起一片金碧辉煌的彩霞。这个迷蒙的海上顿时出现了一座蜃楼。那里面有歌，也有舞；有悲欢，也有离合；有忠诚，也有奸谗；有决心，也有疑惧；有大公的牺牲精神，也有自私的个人打算。但主导这一切的却是一片忠心耿耿、为国为民的热情。这种热情集中地、具体地在穆桂英身上表现了出来。

当这个女主角以轻盈而矫健的步子走出场来的时候，这个平静的海面陡然膨胀起来了，它上面卷起了一阵暴风雨，观众像触了电似的对这位女英雄报以雷鸣般的掌声。她开始唱了。她圆润的歌喉在夜空中颤动，听起来似乎辽远而又逼近，似乎柔和而又铿锵。歌词像珠子似的从她的一笑一颦(pín)中，从她的优雅的“水袖”中，从她的婀娜的身段中，一粒一粒地滚下来，滴在地上，溅到空中，落进每一个人的心里，引起一片深远的回音。这回音听不见，但是它却淹没了刚才涌起的那一股狂暴的掌声。

这两段作者是如何运用“点面结合”来展开描写的？

观众像着了魔一样，忽然变得鸦雀无声。他们看得入了神。他们的思想感情和舞台上女主角的思想感情交融在一起。随着剧情的发展，女主角的歌舞渐渐进入高潮，观众的情感也渐渐进入高潮。潮在涨，没有谁能控制住它。这个一度平静下来的人海又忽然膨胀起来了。戏就在这时候到达顶点。我们的女主角也就在这时候像一朵盛开的鲜花，观众想要把这朵鲜花捧在手里，不让它消逝。他们都不约而同地从座位上立起来，真像潮水一样，涌到我们这位艺人的面前。观众和他打成一片。舞台已经失去了界限，整个剧场就是一个庞大的舞台。

我们的这位艺术家是谁呢？他就是梅兰芳同志。过了半个世纪的舞台生活以后，如今六十六岁的高龄，他仍然能创造出这样富有朝气的美丽形象，仍然能表现出这样充沛的青春活力，这不能不说是一个奇迹。这种奇迹只有在我们的国家里才能产生——因为我们拥有这样热情的观众和这样热情的艺术家。

阅读链接

梅兰芳，中国京剧演员。他发展和提高了京剧旦角的演唱和表演艺术，形成一个具有独特风格的艺术流派，世称“梅派”。代表作有《贵妃醉酒》《霸王别姬》等。

③ 歌　声

吴伯箫

感人的歌声留给人的记忆是长远的。无论哪一首激动人心的歌，最初在哪里听过，那里的情景就会深深地留在记忆里。环境、天气、人物、色彩，甚至连听歌时的感触，都会烙印在记忆的深处，像在记忆里摄下了声音的影片一样。那影片纯粹是用声音绘制的，声音绘制色彩，声音绘制形象，声音绘制感情。只要在什么时候再听到那种歌声，那声音的影片便一幕幕放映起来。“云霞灿烂如堆锦，桃李兼红杏”，《春之花》那样一首并不高明的歌，带来一整套辛亥革命以后启蒙学堂的生活。“我们是开路的先锋”，反映出一个暴风雨来临的时代。“我的家在东北松花江上”，描绘出抗日战争初期一幅动乱的景象……

我以无限恋念的心情，想起延安的歌声来了。

延安的歌声，是革命的歌声，战斗的歌声，劳动的歌声，极为广泛的群众的歌声。列宁在纪念《国际歌》的作者欧仁·鲍狄埃的文章里说：“一个有觉悟的工人，不管他来自哪个国家，不管命运把他抛到哪里，不管他怎样感到自己是异邦人，言语不通，举目无亲，远离祖国，——他都可以凭《国际歌》的熟悉的曲调，给自己找到同志和朋友。”我们可以这样理解:《国际歌》是全世界无产阶级的共同的声音、共同的语言。我们也可以这样看延安的歌。在延安，《国际歌》就是被最庄严最普遍地歌唱的。

回想从冼星海同志指挥的《生产大合唱》开始吧。那是1939年夏初一个晚上，在延安城北门外西山脚下的坪坝上。煤气灯照得通亮。以煤气灯为中心，聚集了上万的人。印象中仿佛都是青年人。少数中年以上的人，也是青年人的心情，青年人的襟怀和气魄。记得那时候我刚刚从前方回到延安，虽然只出去四五个月，也像久别回家那样，心里热乎乎的，见到每个人都感到亲热，不管认识不认识，见到谁都打招呼。会场上那些男的、女的，都一律穿着灰布军装，朴素整洁，打扮得都那样漂亮。大家说说笑笑，熙熙攘攘，像欢度快乐的节日一样。是的，正是欢乐的节日，是第一个五四青年节。就是在那天晚上，我们听了伟大的领袖毛泽东同志那篇有名的报告——《青年运动的方向》。

说的这时候，是报告完了，热烈的鼓掌、欢呼以后，大家正极兴奋的时候。那真是“意气风发，斗志昂扬”；只是大家酣醉在幸福里，那时还想不出这样恰当的形容文字。每个人都咀嚼、回味报告里的深刻意义和精辟的语句：“革命的或不革命的或反革命的知识分子的最后的分界，看其是否愿意并且实行和工农民众相结合。”“今天到会的人，大多数来自千里万里之外，不论姓张姓李，是男是女，做工务农，大家都是一条心。”咀嚼着、回味着这些语句，同时等候大合唱开始。

露天会场。西边是黑黝黝的群山。东边是流水汤汤的延河，隔河是清凉山。南边是隐隐约约的古城和城上的女墙。北边是一条路，沿了延河，蜿蜒过蓝家坪、狄青牢，直通去三边的阳关大道。合唱开始，大概已经是夜里十一点了。

就在那样不平凡的时刻，在那个可纪念的地方，我第一次听见唱：

二月里来，好风光，

家家户户种田忙……

冼星海同志指挥得那样有气派，姿势优美、大方；动作有节奏、有感情。随着指挥棍的移动，上百人，不，上千人，还不，仿佛全部到会的，上万人，都一齐歌唱。歌声悠扬、淳朴，像谆谆的教诲，又像娓娓的谈话，一直唱到人们的心里，又从心里唱出来，弥漫整个广场。声浪碰到群山，群山发出回响；声浪越过延河，河水演出伴奏；几番回荡往复，一直辐散到遥远的地方。抗日战争的前线后方，有谁没有听过、没有唱过那种从延安唱出来的歌呢？

作者是如何描写冼星海指挥大合唱的场面的？

延安唱歌，成为一种风气。部队里唱歌，学校里唱歌，工厂、农村、机关里也唱歌。每逢开会，各路队伍都是踏着歌走来，踏着歌回去。往往开会以前唱歌，休息的时候还是唱歌。没有歌声的集会几乎是没有的。列宁记 19 世纪 70 年代德国工人歌咏团，说他们是在法兰克福一家小酒馆的一间黑暗的、充满了油烟的里屋集会，房子里是用脂油做的蜡烛照明的。在黑暗的时代里，唱唱歌该是多么困难啊。在延安，大家是在解放了的自由的土地上，为什么不随时随地、集体地、大声地唱歌呢？每次唱歌，都有唱有和，互相鼓舞着唱，互相竞赛着唱。有时简直形成歌的河流，歌的海洋。歌声一波未平，一波又起，接唱，联唱，轮唱，使你辨不清头尾，摸不到边际。那才叫尽情地歌唱哩！

唱歌的时候，一队有一个指挥。指挥多半是多才多艺的，既能使自己的队伍唱得整齐有力，唱得精彩，又有办法激励别的队伍唱了再唱，唱得尽兴。最喜欢千人、万人的大会上，一个指挥用伸出的右手向前一指，唱一首歌的头一个音节定定调，全场就可以用同一种声音唱起来。一首歌唱完，指挥用两臂有力地一收，歌声便戛然停止。这样简直把唱歌变成了一种思想，一种语言，甚至一种号令。千人万人能被歌声团结起来，组织起来，踏着统一的步伐前进，听着统一的号令战斗。

延安唱歌，也有传统，那就是陕北民歌。

“信天游”唱起来高亢、悠远，“蓝花花”唱起来缠绵、哀怨。那多半是歌唱爱情，诉说别离，控诉旧社会剥削压迫的。过去陕北地广人稀，走路走很远才能碰到一个村子，村子也往往只有几户人家散落在山峁(mǎo)沟畔。下地劳动，或者吆了牲口驮脚，两三个人一伙，同不会说话的牲口嘀嘀咚咚地走着，够寂寞，诉说不得不诉说的心事，于是就唱民歌。歌声拖得很长很长，因此能听得很远很远。人还没看见，已经先听见歌声了；或者人已经转过山头望不见了，歌声还余音袅袅，不绝如缕。

时代变了，延安的歌就增加了新的曲调，换上了新的内容。二十年前那个时候，主要是歌唱革命，歌唱领袖，歌唱抗战，歌唱生产。延安唱的歌很快传到各抗日根据地，后来又传到一个接一个解放了的地区。日本投降以后，哪里听到延安的歌声，哪里就快要解放了。延安的歌声直接变成了解放的先声。譬如《三大纪律八项注意》那首歌吧，从苏区唱起，一直就是红军、八路军、新四军和人民解放军的先遣部队。哪个地方的人民最痛苦，哪个战场上的战斗最艰巨，这首歌就先到哪里。听见这首歌，连小孩子都知道人民的救星来了，毛主席的队伍来了。它是黑夜的火把，雪天的煤炭，大旱的甘霖。人们含着笑又含着欢喜的眼泪听这首歌。我甚至养成了这样一种习惯，听别人唱这首歌，仿佛也是自己在唱；听见声音，仿佛同时看见了队伍，看见了队伍两旁拥挤着欢迎队伍的人群。人群里，年长的是大娘、大爷，同年的是大哥、大嫂、兄弟、姊妹，都是亲人。又仿佛队伍同时是群众，群众又同时是队伍，根本分不清。这首歌，唱一千遍，听一万遍，我都喜欢。

这里就不说我喜欢的那首唱遍世界的歌——《东方红》了。那是标志着全国人民对伟大领袖衷心爱戴的歌，又是人民群众自己创作的歌。谁不喜欢？从心里，从灵魂的深处。

④ 北平漫笔（节选）

林海音

秋的气味

秋天来了，很自然地想起那条街——西单牌楼。

无论从哪个方向来，到了西单牌楼，秋天，黄昏，先闻见的是街上的气味。炒栗子的香味弥漫在繁盛的行人群中，赶快朝向那熟悉的地方看去,和兰号的伙计正在门前炒栗子。和兰号是卖西点的，炒栗子也并不出名，但是因为它在街的转角上，就不由得就近去买。

来一斤吧！热栗子刚炒出来，要等一等，倒在箩中筛去裹糖汁的砂子。在等待秤包的时候，另有一种清香的味儿从身边飘过，原来是眼前街角摆的几个水果摊子。啊！枣、葡萄、海棠、柿子、梨、石榴……全都上市了。香味多半是梨和葡萄散发出来的。沙营的葡萄，黄而透明，一撅两截，水都不流，所以有“冰糖包”的外号。京白梨，细而嫩，一点儿渣儿都没有。“鸭儿广”柔软得赛豆腐。枣是最普通的水果，郎家园是最出名的产地，于是“无枣不郎家园”了。老虎眼、葫芦枣、酸枣，各有各的形状和味道。“喝了蜜的柿子”要等到冬季，秋天上市的是青皮的脆柿子，脆柿子要高桩儿的才更甜。海棠红着半个脸，石榴笑得露出一排粉红色的牙齿。这些都是秋之果。

抱着一包热栗子和一些水果，从西单向宣武门走去，想着回到家里在窗前的方桌上，就着暮色中的一点光亮，家人围坐着剥食这些好吃的东西的快乐，脚步不由得加快了。身后响起了铛铛的电车声，五路车快到宣武门的终点了。过了绒线胡同，空气中又传来了烤肉的香味，是安儿胡同口儿上，那间低矮窄狭的烤肉宛上人了。

门前挂着清真的记号，他们是北平许多著名的清真馆子中的一个，秋天开始，北平就是清真馆子的天下了。矮而胖的老五，在案子上切牛羊肉；他的哥哥老大，在门口招呼座儿；他的两个身体健康、眼睛明亮、充分表现出回族青年精神的儿子，在一旁帮着和学习着剔肉和切肉的技术。炙子上烟雾弥漫，使原来就不明的灯更暗了些，但是在这间低矮、烟雾弥漫的小屋里，却另有一股温暖而亲切的感觉，使人很想进去，站在炙子边举起那两根大筷子。

老五是公平的，所以给人格外亲切的感觉。这原来只是一间包子铺，供卖附近居民和路过的劳动者一些羊肉包子。

渐渐地，烤肉出了名，但他并不因此改变对主顾的态度。比如说，他们只有两个炙子，总共也不过能围上一二十人，但是一到黄昏，一批批的客人来了，坐也没地方坐，一时也轮不上吃，老五会告诉客人，再等二十几位，或者三十几位，那么客人就会到西单牌楼去绕个弯儿，再回来就差不多了。没有登记簿，他们却是丝毫不差地记住了前来后到的次序。没有争先，不可能插队，一切听凭老五的安排，他并没有因为来客是坐汽车的或是拉洋车的，而有什么区别，这就是他的公平和亲切。

一边手里切肉一边嘴里算账，是老五的本事，也是艺术。一碗肉，一碟葱，一条黄瓜，他都一一唱着钱数加上去，没有虚报，价钱公道。在那里，房子虽然狭小，却吃得舒服。老五的笑容并不多，但他给你的是诚朴的感觉，在那儿不会有吃得惹气这种事发生。

秋天在北方的故都，足以代表季节变换的气味的，就是牛羊肉的膻和炒栗子的香了！

台上、台下

礼拜六的下午，我常常被大人带到城南游艺园去。门票只要两毛（我是挤在大人的腋下进去的，不要票），进去就可以有无数的玩处，唱京戏的大戏场，当然是最主要的，可是那里的文明戏，也一样地使我发生兴趣，小鸣钟、张笑影的《锔碗丁》《春阿氏》，都是我喜爱看的戏。

文明戏场的对面，仿佛就是魔术场，看着穿燕尾服的变戏法儿的，随着音乐的旋律走着一颠一跳前进后退的特殊台步，一面从空空的大礼帽中掏出那么多的东西：花手绢、万国旗、面包、活兔子、金鱼缸。这时乐声大奏，掌声四起，在我小小心灵中，只感到无限的愉悦！觉得世界真可爱，无中生有的东西这么多！

我从小就是一个喜欢找新鲜刺激的孩子，喜欢在平凡的事物中给自己找一些思想的娱乐，所以，在那样大的一个城南游艺园里，不光是听听戏，社会众生相也都可以在这天地里看到：美丽、享受、欺骗、势利、罪恶……但是在一个无忧无虑的小女孩的观感中，她又能体会到什么呢？

有些事物，在我的记忆中，是清晰得如在眼前一样，在大戏场的木板屏风后面的角落里，茶房正从一大盆滚烫的开水里，拧起一大把毛巾，送到客座上来。当戏台上是不重要的过场时，茶房便要表演“扔手巾把儿”的绝技了：楼下的茶房，站在观众群中惹人注目的地方，把一大捆热毛巾，忽下子，扔给楼上的茶房，或者是由后座扔到前座去，客人擦过脸收集了再扔下来，扔回去。这样扔来扔去，万无一失，也能博得满堂喝彩，观众中会冒出一嗓子：“好手巾把儿！”

但是观众与茶房之间的纠纷，恐怕每天每场都不可免，而且也真乱哄。当那位女茶房硬把果碟摆上来，而我们硬不要的时候，真是一场无味的争执。茶房看见客人带了小孩子，更不肯把果碟拿走了。可不是，我轻轻地、偷偷地，把一颗糖花生放进嘴里吃，再来一颗，再来一颗，再来一颗，等到大人发现时，已去了大半碟儿了，这时不买也得买了。

茶，在这种场合里也很要紧。要了一壶茶的大老爷，可神气了，总得发发威风，茶壶盖儿敲得呱呱山响，为的是茶房来迟了，大爷没热茶喝，回头怎么捧角儿喊好儿呢！包厢里的老爷们发起脾气来更有劲儿，他们把茶壶扔飞出去，茶房还得过来赔不是。那时的社会，卑贱与尊贵，是强烈地对比着。

在那样的环境里：台上锣鼓喧天，上场门和下场门都站满了不相干的人，饮场的，检场的，打煤气灯的，换广告的，在演员中穿来穿去。台下则是烟雾弥漫，扔手巾把儿的，要茶钱的，卖玉兰花的，飞茶壶的，怪声叫好的，呼儿唤女的，乱成一片。我却在这乱哄哄的场面下，悠然自得。我觉得在我的周围，是这么热闹，这么自由自在。

⑤ 安塞腰鼓

刘成章

一群茂腾腾的后生。

他们的身后是一片高粱地。他们朴实得就像那片高粱。

咝溜溜的南风吹动了高粱叶子，也吹动了他们的衣衫。

他们的神情沉稳而安静。紧贴在他们身体一侧的腰鼓，呆呆的，似乎从来不曾响过。

但是：

看！——

一捶起来就发狠了，忘情了，没命了！百十个斜背响鼓的后生，如百十块被强震不断击起的石头，狂舞在你的面前。骤雨一样，是急促的鼓点；旋风一样，是飞扬的流苏；乱蛙一样，是蹦跳的脚步；火花一样，是闪射的瞳仁；斗虎一样，是强健的风姿。黄土高原上，爆出一场多么壮阔、多么豪放、多么火烈的舞蹈哇——安塞腰鼓！

这腰鼓，使冰冷的空气立即变得燥热了，使恬静的阳光立即变得飞溅了，使困倦的世界立即变得亢奋了。

使人想起：落日照大旗，马鸣风萧萧！

使人想起：千里的雷声万里的闪！

使人想起：晦暗了又明晰，明晰了又晦暗，尔后最终永远明晰了的大彻大悟！

容不得束缚，容不得羁绊，容不得闭塞。是挣脱了、冲破了、撞开了的那么一股劲！

好一个安塞腰鼓！

百十个腰鼓发出的沉重响声，碰撞在四野长着酸枣树的山崖上，山崖蓦然变成牛皮鼓面了，只听见隆隆，隆隆，隆隆。

百十个腰鼓发出的沉重响声，碰撞在遗落了一切冗杂的观众的心上。观众的心也蓦然变成牛皮鼓面了，也是隆隆，隆隆，隆隆。

隆隆隆隆的豪壮的抒情，隆隆隆隆的严峻的思索，隆隆隆隆的犁尖翻起的杂着草根的土浪，隆隆隆隆的阵痛的发生和排解……

好一个安塞腰鼓！

后生们的胳膊、腿、全身，有力地搏击着，疾速地搏击着，大起大落地搏击着。它震撼着你，烧灼着你，威逼着你。它使你从来没有如此鲜明地感受到生命的存在、活跃和强盛。它使你惊异于那农民衣着包裹着的躯体，那消化着红豆角角老南瓜的躯体，居然可以释放出那么奇伟磅礴的能量！

黄土高原啊，你生养了这些元气淋漓的后生；也只有你，才能承受如此惊心动魄的搏击！

多水的江南是易碎的玻璃，在那儿，打不得这样的腰鼓。

除了黄土高原，哪里再有这么厚这么厚的土层啊！

好一个黄土高原！好一个安塞腰鼓！

每一个舞姿都充满了力量。每一个舞姿都呼呼作响。每一个舞姿都是光和影的匆匆变幻。每一个舞姿都使人战栗在浓烈的艺术享受中，使人叹为观止。

好一个痛快了山河、蓬勃了想象力的安塞腰鼓！

愈捶愈烈！形体成了沉重而又纷飞的思绪！

愈捶愈烈！思绪中不存在任何隐秘！

愈捶愈烈！痛苦和欢乐，生活和梦幻，摆脱和追求，都在这舞姿和鼓点中，交织！旋转！凝聚！奔突！辐射！翻飞！升华！人，成了茫茫一片；声，成了茫茫一片……

当它戛然而止的时候，世界出奇地寂静，以至使人感到对它十分陌生了。

简直像来到另一个星球。

耳畔是一声渺远的鸡啼。

《小游击队员》

王愿坚

推荐语

翻开风云激荡的红色篇章，触摸中华民族的精神脊梁；走进星火燎原的战争岁月，传承优秀的革命传统。作者王愿坚曾说过：“过去了的，并不只属于过去，它还属于现在和将来。”战争岁月虽已远去，但优秀的传统需要传承。让我们一起阅读红色经典，重温战争岁月，继承优良传统，弘扬民族精神。

作者简介

王愿坚（1929—1991），当代作家。山东诸城人。1944 年到抗日根据地参加革命工作，1945 年参加八路军。他塑造了很多性格鲜明、令人难忘的人物形象。代表作有《党费》《七根火柴》《普通劳动者》等。

内容梗概

《小游击队员》是王愿坚先生的作品集，包括《珍贵的纪念品》《党费》《小游击队员》等经典作品。这些感人至深的故事，再现了第二次国内革命战争时期红军和老革命根据地人民生活的艰辛，反映了他们对于光明的渴望，表现了他们的机智、勇敢、乐观。作者通过大量的细节描写，将英雄人物的崇高精神刻画得淋漓尽致，真切感人。全书语言清新质朴，自然流畅，令人回味无穷。

作品集中的《小游击队员》讲述了樟伢子成为小游击队员的

故事。樟伢子是个十二三岁的孩子，他的父母在掩护红军伤员时被敌人杀害了，他不幸成为孤儿。带着对敌人的刻骨仇恨，他独自逃到深山找红军。途中，他遇到了负伤的红军侦察员。后来，在协助侦察员去敌区侦察时，他们不慎被敌人发现，侦察员被俘。机智、勇敢的樟伢子把侦察员被捕前绘制的敌人的工事情报图送达游击队。樟伢子还勇敢潜入关押侦察员的牢房附近，机智地和侦察员取得联系，得到了更加准确的消息。游击队得到情报后一举歼灭了敌人，并救出了侦察员。樟伢子经历了战火的考验，终于成为一名光荣的小游击队员。

这是1935年夏天的事。

红军主力长征以后，蔡溪的回乡地主、民团闹得很凶：收租，夺田，杀害革命群众，甚至把我们的革命家属也弄到外地去贩卖，欠下了人民好大的一笔血债。

为了打击敌人的气焰，鼓舞革命群众的斗志，我们游击队决定来一次长途奔袭，消灭这一股匪徒。这样，不但可以壮大红军游击队的声势，而且能解决一部分武器弹药的问题。

当时，就我们的力量来说，这就算打大仗了。敌人防备得很严，村子四周筑起了高高的围墙，隔不远就是一座炮楼，强攻硬打是不行的，所以先要摸清敌人的虚实，才好动手。

于是，这个任务就落在我这个侦察班长的身上了。

…………

我和樟伢子被敌人发觉了。我把画好的地图塞到他手里，急促地说：“走，赶快把它送给游击队。”他没有说什么，擦着眼泪把我的伤口摸了摸，把地图往裤腰里一掖，顺着沟撒腿就跑了。

我把最后一条子弹压进弹槽，俯在沟沿上射击起来，我尽量把敌人的注意力往我这边引，敌人也毫不放松地往我这里迫近。我连打出了八发子弹，撂倒了三个敌人，这工夫，我估计樟伢子能钻进山了。我又打倒了扑上来的一个敌人，然后掉转枪口，对准自己的太阳穴。我的手指刚触到扳机，只觉得后脑重重地挨了一击，轰的一声，便失去知觉了。

当我被一桶冷水泼醒时，我发现两臂被紧紧地捆着，躺在监牢里。

在这个黑暗的土楼里，我整整被关了三天。这三天里，我受到了一个革命战士落到敌人手里以后可能受到的一切折磨。我身上已经被打得没有一块好地方了，到处青一块紫一块，血块把衣服都粘住了，肋骨被打断了一根；原来胳膊上的伤口也发炎化脓了。在这里，我所能做的只是在神志清醒的时候，勉强爬起来，倚在唯一的小窗口上，望望远处的山峰，吸几口新鲜空气。现在，痛苦、死亡已经不算什么了，我只是担心一件事：樟伢子是不是找到了游击队？情报是不是送到了？另外，我又想起，前天他们审讯我的时候，我发现孙逊轩家大门前突出两个角楼来，上面还有一挺花机关，这是我的地图上没有的；同志们在攻击孙家院子的时候，说不定要吃它的亏。要是因为我侦察得不仔细而使同志们受伤亡，我心里怎么得安？

第四天的上午，我照例又倚到窗子上，猛然，我吃了一惊：窗对面一家房檐上趴着一个孩子，正俯下身在掏家雀子，还不时地抬起头往这边张望；他抬起头时，我发现不是别人，正是樟伢子。我俩只隔一条小胡同，几乎伸手就够得着。我看他神情很疲惫，眼皮水肿着。当我俩目光相遇的时候，他高兴得张了张嘴，差点喊出声，脚底一蹭，人也差点从屋顶上掉下来。他脸冲着我，把手向东一指，两手朝我比量了个方块儿，点了点头。

我正要做点表示，哨兵脚步重重地游动过来了。我向他使了个眼色要他躲开，他却没有动，又弯腰把手插进墙洞里掏雀子了，一面掏着一面尖着嗓子唱起儿歌来：

日头落山莫心慌，夜里没日有月光，

月亮没哩有星子，星子落哩大天亮。

他一连唱了两三遍，唱着，还不住地拿眼角瞟我。其实他的意思我早明白了：情报送到了，战斗大概在明天拂晓时进行。我的心事放下了一半，但还有孙家院子的情况呢，我用手向孙家院子指指，又指指哨兵。他惶惑地望着我。我也很苦恼：怎么告诉他呢？我望望被手铐铐住的手腕，想找块破瓦片画给他看。可是找了一转也没找到，再抬头来看，他却不见了。

不一会儿，我又听见他的声音了，原来他已经下到我这牢房门前，在逗弄看守我的那个哨兵。只听他尖着嗓子，对那个哨兵说："你这么一大把钱，都是抢的吧？分给穷人点行不行？"大概那个哨兵正在数钱。我想，这孩子一定要吃苦头了。果然，就听得"啪"的一响，樟伢子挨了一个耳光，紧跟着就听见他骂着："你这个狗东西，还敢打人……"随着喊声，我又听见一阵跑步的声音，哨兵一边追赶，一边扯着喉咙骂："揍死你这个小崽子，把钱给我……"

我心里又是着急又是生气，不知道樟伢子为什么要惹这一场是非，万一叫人抓住，可不坏了大事？我踮起脚跟向窗外望去，只见孩子像只小兔子似的飞快地跑着，随手把钱零零碎碎地扔在后面。那哨兵又想抓住孩子，又舍不得丢了钱；他又得捡地上滚着跳着的铜元，又得抓空中飞舞着的票子。转眼间樟伢子跑出了好长一截路。等哨兵从忙乱中想过来，举枪瞄准的时候，孩子早拐进一条小巷不见了。

我正看着那哨兵手忙脚乱地捡钱呢，猛听见一声低微而又急促的声音："叔叔，有，有什么事，快，快，快告诉我！"

我一扭头，是樟伢子，他刚刚爬上对面的屋顶，累得气还没喘过来呢。这我才恍然大悟，原来他是故意调弄哨兵呀！多聪明的孩子！我顾不得夸奖他，一口气把情况说了说。他压了压气说："队伍已经到了扇子山了，今晚就有人混进来，明天一早干！"

我点点头，又不放心地望望那哨兵，那家伙还在上上下下地忙着捡钱呢。我催促他："这里太危险，你快去报告去吧！"

他没理我，又问："叔叔，他们打你打得厉害吗？"

"不要紧。"我摇摇头。

"你又哄我了！他们一定打你，一定……"刚才他被哨兵打得那个样子，一滴眼泪也没有，现在眼泪却顺着那个小翘鼻子哗哗地流下来。我心情很激动。说真的，我也想和这个可爱的孩子多待一会儿，可是那哨兵已经往这边来了。我只好说："快去！那家伙来了。"

"好！明天早晨我来接你！"他随手摸出两块东西朝我这边窗洞里一扔，又向我留恋地望了一眼，就爬到屋脊背后去了，我低头一看，扔过来的是两个烧红薯。

从白天到天黑，从天黑到半夜，一天过去了。好难熬的一天啊！我简直说不出这一天里想了些什么，一会儿计算着几个钟头以后部队就要打进来，一会儿又怕部队在突破围墙或者攻击孙家大院时吃亏，一会儿又想到坚强、机灵、救过自己的性命的樟伢子……鸡叫的时候，我的伤口又发作了，头晕眼黑，我不得不躺下来。刚躺好，“轰！轰！轰！”几颗手榴弹在南面爆炸了，接着枪声就在村子里响起来，没问题，部队顺利地突破围墙了。我挣扎着爬近窗子，向外瞭望：正南方向围墙上，闪着手榴弹炸起的火光。窗前，慌乱的敌人，提着枪，有的连衣服也没穿好，像没头苍蝇似的在牢房旁边窜来窜去。特别使我惊奇的是，孙家大院里烧起了冲天大火，火苗卷着木棒、碎草，飞扬在天空，敌人这个核心据点是失效了。我断定，这准是樟伢子把情况报告给了游击队，我们的队伍把它拿下来了！

我正高兴呢，忽然铁门哐啷打开了，我们二分队队长一步跨过来。走在后边的樟伢子一蹦扑到我身上：“叔叔，你活着！”

“活着哪！看不到革命胜利我能死？！”我也高兴起来。

二分队队长也跑过来紧紧地拉着我的手，嘴里不停地喊着：“老黄呀，老黄，你可受苦了！”随后他弯下身来，给我打开了脚镣、手铐。他俩一前一后搀扶着我，走出了监牢。

“不动笔墨不读书”，在阅读这类和战争有关的文章时，我们要留意作者都写了哪些场面，哪些场面描写运用了点面结合的方法，阅读时可以批注在旁边。

阅读本书，可以搜集一些与小说相关的背景资料，这样有助于我们理解小说的人物形象和主题。

我伴你读

活动一　我的阅读计划

___月___日	___月___日	___月___日	___月___日	___月___日	___月___日
阅读篇目	阅读篇目	阅读篇目	阅读篇目	阅读篇目	阅读篇目

活动二　我难忘的场面

故事的名字：

难忘的场面：

场面中的人物及表现：

故事的名字：

难忘的场面：

场面中的人物及表现：

故事的名字：

难忘的场面：

场面中的人物及表现：

活动三　我印象深刻的人物形象

本书塑造了许多可歌可泣的英雄人物形象：《小游击队员》中机智、勇敢的樟伢子，《支队政委》中“拣”来的政委老胡，《火》中为给解放军报信而放火烧掉自己心爱的竹子的林大妈……他们都是战争年代最可爱的人。

再次认真阅读本书，并结合相关历史背景，走近这些人物，了解他们的优秀品质。

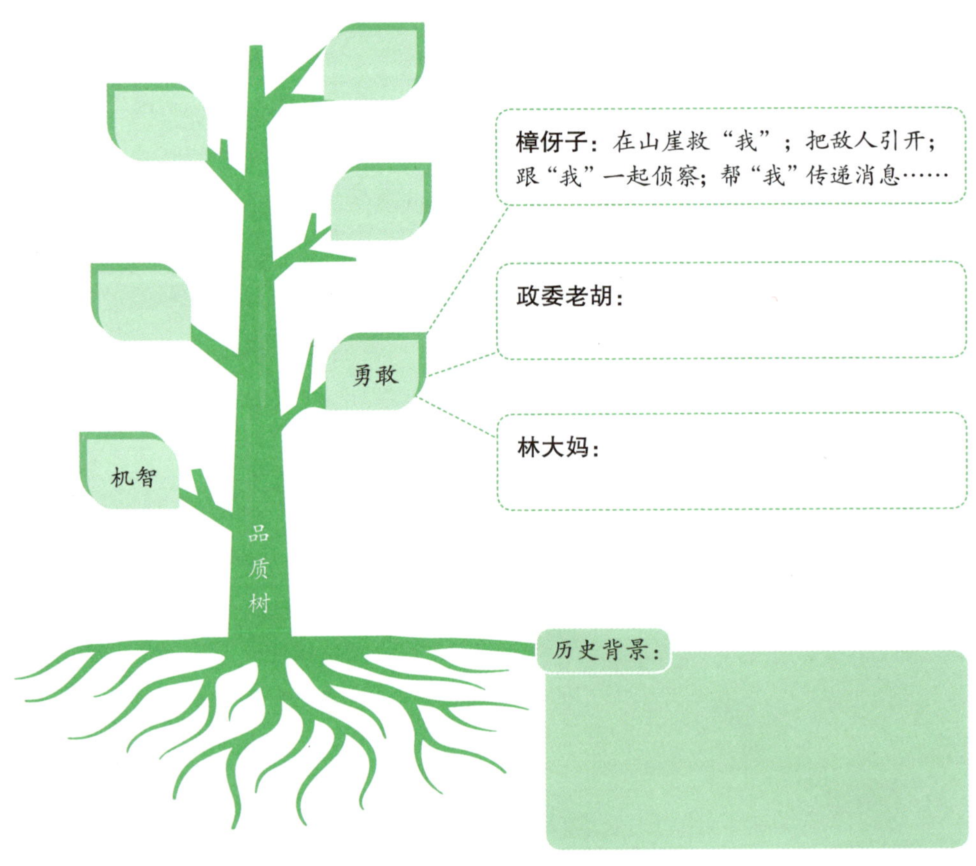

敬启

为编好这本书，我们与收入本书的作品（含图片）作者进行了广泛联系，得到了各位作者的大力支持。在此，我们表示衷心的感谢。但是，由于个别作者地址不详，虽经多方努力，仍无法取得联系。敬请各位有著作权的作者尽快与我们联系，以便我们支付稿酬，并致谢忱！

我们还要感谢使用本书的师生们。希望你们在使用本书的过程中，能够及时把意见和建议反馈给我们，对此，我们深表谢意，并将给予一定奖励。让我们携起手来，共同完成本书的建设工作。

联 系 人：梁老师　张老师

联系电话：010-58022100

联系邮箱：ztxx2008@sina.com

网　　址：http：//www.ywztxx.com

地　　址：北京市海淀区知春路7号致真大厦A座18层

图书在版编目（CIP）数据

守卫精神家园 / 孙玉亮主编. — 上海 : 上海教育出版社, 2021.6

ISBN 978-7-5720-0813-9

Ⅰ. ①守… Ⅱ. ①孙… Ⅲ. ①阅读课—小学—教学参考资料 Ⅳ. ①G624.233

中国版本图书馆CIP数据核字（2021）第142043号

责任编辑　余佳家　李光卫
封面设计　陈丽娟　王艺霖
著作权人　北京华樾教育科技有限公司

守卫精神家园

孙玉亮　主编

出版发行　上海教育出版社有限公司
官　　网　www.seph.com.cn
地　　址　上海市永福路 123 号
邮　　编　200031
印　　刷　河北泓景印刷有限公司
开　　本　720 × 1010　1/16　印张 63
字　　数　700千字
版　　次　2021年8月第1版
印　　次　2021年8月第1次印刷
书　　号　ISBN 978-7-5720-0813-9/G · 0629
定　　价　268.00元

如发现质量问题，请向本社调换　　电话 021-64377165

★ 适合11至12岁 ★

守卫精神家园

SHOUWEI JINGSHEN JIAYUAN

主 编 孙玉亮

学习语文，不能只读语文课本，还必须广泛阅读。

广泛阅读，可以提高阅读理解力；

广泛阅读，可以丰富知识，开阔视野；

广泛阅读，可以提升思维力、鉴赏力；

广泛阅读，可以促进人的精神成长。

新编的“语文主题学习”读本，包括古诗文经典诵读、优秀作品专题阅读和整本书阅读，是落实课内外阅读一体化的优质资源。

捧起这套读本读起来，你会越来越享受阅读，你的一生一定会因为阅读而精彩！

崔峦

用阅读滋养你们的心灵，
让你变得聪明善良，胸怀宽广，更富想象力和创造力。

张之路

发现美，学会爱，表达自己，
在阅读和写作中不断进步！

王一梅

阅读是开启美好人生的钥匙

赵丽宏 庚子九月

为自己读书
为美好读书

肖复兴 庚子岁末

读经典的书
做优秀的人

汤素兰

幻想，从现实起飞

刘兴诗

目录

经典诵读

专题阅读

范文阅读

组文阅读

自由阅读一

自由阅读二

整本书阅读

经典诵读

小桥流水、燕啭莺啼、荷锄南山……蕴含着文人的悠闲之情；雪洗晴空、万壑争流、千岩竞秀……展现着大自然的勃勃生机。

品读本组诗文，要在读通、读顺的基础上，结合注释理解诗文的意思，体会其中蕴藏的情感，和作者一起感受、体悟田园风光的美好。

扫码收听朗诵音频

① 春中[①]田园作

［唐］王维

屋上春鸠（jiū）[②]鸣，村边杏花白。
持斧伐远扬[③]，荷（hè）锄觇（chān）[④]泉脉[⑤]。
归燕识故巢，旧人看新历。
临觞（shāng）[⑥]忽不御（yù）[⑦]，惆怅（chóu chàng）远行客。

注释

① 春中：指仲春，农历二月。
② 鸠：斑鸠。
③ 远扬：指桑树的长枝条。
④ 觇：察看。
⑤ 泉脉：地下伏流的泉水。
⑥ 觞：古代饮酒用的器皿，泛指酒杯。
⑦ 御：进用，这里指饮、喝。

屋顶的斑鸠在鸣叫，村旁的杏花开得一片雪白。农人们有的手持斧子去修剪桑树的长枝条，有的扛起锄头去察看水源。燕子飞回来了，似乎还认得它的旧巢，屋里的旧主人正在翻看新年的日历。举起酒杯正要喝酒，突然又停了下来，想起离开家乡漂泊在外的游子，不由得满怀惆怅。

扫码收听朗诵音频

②归园田居（其三）

［晋］陶渊明

种豆南山下，草盛豆苗稀。

晨兴[①]理荒秽(huì)[②]，带月荷锄归。

道狭草木长，夕露沾我衣。

衣沾不足惜，但使愿无违[③]。

注 释

① 晨兴：晨起。

② 荒秽：指豆苗地里的杂草。

③ 但使愿无违：只是希望不要违背自己的意愿。愿，指诗人向往田园生活，不与世俗同流合污的意愿。

我在南山下种豆，地里的野草茂盛，豆苗却很稀疏。清晨，我起身到地里去清除杂草，一直忙到晚上，才披星戴月扛着锄头回家。狭窄的道路两旁，杂草茂盛，灌木丛生，夜间的露水沾湿了我的衣裳。沾湿了衣裳倒并不觉得可惜，只是希望我不要违背自己归隐田园的意愿。

扫码收听朗诵音频

③ 秋登万山寄张五

[唐] 孟浩然

北山[1]白云里，隐者自怡悦。
相望试登高，心随雁飞灭[2]。
愁因薄暮[3]起，兴[4]是清秋发。
时见归村人，平沙[5]渡头歇。
天边树若荠(jì)[6]，江畔(pàn)洲如月。
何当载酒来，共醉重阳节。

注释

① 北山：指张五隐居的山。
② 心随雁飞灭：一作“心飞逐鸟灭”。
③ 薄暮：傍晚。
④ 兴：兴致。
⑤ 平沙：一作“沙平”或“沙行”。
⑥ 荠：荠菜。

面对北山岭上的白云，归隐的我感到愉悦。我试着登高望远，心却随大雁高飞远去。忧愁由暮色降临引发，兴致由清秋景色引起。时时望见回村的农人，走过沙滩坐在渡口歇息。远看天边的树像荠菜，俯视江畔的沙洲好比弯月。不如你带着酒到我这里来，重阳佳节咱们开怀畅饮，一起共醉。

4 渭川[①]田家

［唐］王维

斜光[②]照墟(xū)落[③]，穷巷(xiàng)[④]牛羊归。
野老念牧童，倚杖候荆扉(fēi)[⑤]。
雉(zhì)雊(gòu)[⑥]麦苗秀，蚕眠[⑦]桑叶稀。
田夫荷锄至，相见语依依。
即此美闲逸，怅然吟式微[⑧]。

注释

① 渭川：渭水，源于甘肃，在陕西流入黄河。
② 光：一作“阳”。
③ 墟落：村落。
④ 穷巷：陋巷，僻巷。
⑤ 荆扉：柴门。
⑥ 雉雊：野鸡鸣叫。
⑦ 蚕眠：指蚕蜕皮时，不吃不动，像睡着一样。
⑧ 式微：《诗经》中的名篇，其中有“式微，式微，胡不归”句。这里表明自己有归隐之意。

译文

夕阳的余晖笼罩着整个村落，牛羊沿着偏僻的巷子纷纷归圈入栏。村中老人惦念着放牧的孩童，拄着拐杖在柴门外等候。野鸡鸣叫不停，麦苗儿即将抽穗，蚕儿开始吐丝作茧，桑树上的桑叶稀少。农人们三五成群地扛着锄头回来，在村头田间相遇，互相聊着农事家常，久久不去。如此安适、闲逸的情景怎能不令我心生羡慕呢？我不禁怅然地吟起《式微》。

扫码收听朗诵音频

5 游褒(bāo)禅山记（节选）

［宋］王安石

而世之奇伟、瑰怪[①]、非常之观[②]，常在于险远，而人之所罕至焉，故非有志者不能至也。有志矣，不随以止也，然力不足者，亦不能至也。有志与力，而又不随以怠(dài)，至于幽暗昏惑[③]而无物以相(xiàng)[④]之，亦不能至也。

注释

① 瑰怪：珍异瑰丽。
② 观：景象。
③ 幽暗昏惑：幽深昏暗，令人混乱迷惑（的地方）。
④ 相：支持，帮助。

译文

然而这世上的奇特雄伟、珍异瑰丽、非比寻常的景象，往往都在那危险僻远的地方，因而少有人到达，所以，没有意志的人是不能到达的。虽然有意志，也不盲目地跟随别人而停止，但是体力不济的人，也是不能到达的。即使有意志与体力，也不盲目地跟随别人而懈怠，但是到了那幽深昏暗令人混乱迷惑的地方却没有必要的物件来支持，也还是不能到达的。

扫码收听朗诵音频

⑥ 醉翁亭记（节选）

［宋］欧阳修

若夫日出而林霏(fēi)[1]开，云归而岩穴暝(míng)[2]，晦(huì)明变化[3]者，山间之朝暮也。**野芳发而幽香，佳木秀而繁阴[4]，风霜高洁，水落而石出者，山间之四时也。**朝而往，暮而归，四时之景不同，而乐亦无穷也。

注释

①林霏：树林里的雾气。霏，弥漫的云雾之气。
②暝：昏暗。
③晦明变化：或暗或明，变化不一。
④佳木秀而繁阴：好的树木枝叶繁茂，形成浓密的绿荫。

当太阳升起来，树林里的雾气就散开了；当云雾聚拢，山谷就显得昏暗了；白天明亮，傍晚昏暗，或明或暗的变化，这就是山中的早晚。野花盛开，散发出阵阵清幽的香气；好的树木枝叶繁茂，形成浓密的绿荫；天高气爽，霜色洁白，水面低落，石头露了出来，这就是山中的四季。清晨上山，黄昏归来，四季的风光不同，这其中的乐趣自然也是无穷尽的。

专题阅读

读书明理

根据不同的目的，不同的任务，选用不同的方法展开阅读，会给我们带来不一样的阅读体验和收获。

阅读本组文章，要根据不同的阅读目的，选用恰当的阅读方法，感悟文章阐述的道理，体会文章蕴含的情感。

① 踢毽子

汪曾祺

如果给你以下任务，你会怎么读《踢毽子》这篇文章呢？

◆介绍毽子的制作过程，重点介绍如何选取制毽子用的鸡毛，并体会拔鸡毛的惊险。

◆了解毽子的踢法以及踢毽子给人们带来的乐趣。

◆讲一个有关踢毽子高手的故事。

请标出本段的中心句。

我们小时候踢毽子，毽子都是自己做的。选两个小钱（制钱），大小厚薄相等，轻重合适，叠在一起，用布缝实，这便是毽子托。在毽托一面，缝一截鹅毛管，在鹅毛管中插入鸡毛，便是一只毽子。鹅毛管不易得，把鸡毛直接缝在毽托上，把鸡毛根部用线缠缚结实，使之向上直挺，较之插于鹅毛管中者踢起来尤为得劲。鸡毛须是公鸡毛，用母鸡毛做毽子的，必遭人笑话，只有刚学踢毽子的小毛孩子才这么干。鸡毛只能用大尾巴之前那一部分，以够三寸为合格。鸡毛要“活”的，即从活公鸡的身上拔下来的，这样的鸡毛，用手摩挲(suō)几下，往墙上一贴，可以粘住不掉。死鸡毛粘不住。后来我明白，大概活鸡毛经摩挲会产生静电。活鸡毛做的毽子毛茎柔软而有弹性，踢起来飘逸潇洒。死鸡毛做的毽子踢起来就发死发僵。鸡毛里讲究要“金绒帚子白绒哨子”，即从五彩大公鸡身上拔下来的，毛的末端乌黑闪金光，下面的绒毛雪白。次一等的是芦花鸡毛。赭(zhě)石的、土黄的，就更差了。我们那里养公鸡的人家很多，入了冬，快腌风鸡了，这时正是公鸡肥壮、羽毛丰满的时候，孩子们早就“贼”上谁家的鸡了，有时是明着跟人家要，有时趁没人看见，摁住一只大公鸡，噌噌拔两把毛就跑。大多数孩子的书包里都有一两只足以自豪的毽子。踢毽子是乐事，做毽子也是乐事。一只“金绒帚子白绒哨子”，放在桌上看看，也是挺美的。

制作毽子时，鸡毛的选用极为讲究，我要仔细读一读。

我们那里毽子的踢法很复杂，花样很多。有小五套、中五套、大五套。小五套是“扬、拐、尖、托、笃”，是用右脚的不同部位踢的。中五套是“偷、跳、舞、环、踩”，也是用右脚踢，但以左脚做不同的姿势配合。大五套则是同时运用两脚踢，分“对、岔、绕、掼、揲(zhuā)”。小五套技术比较简单，运动量较小，一般是女生踢的。中五套较难，大五套则难度很大，运动量也很大。要准确地描述这些踢法是不可能的。这些踢法的名称也是外地人所无法理解的，连用通用的汉字写出来都困难，如“舞”读如“吴”，“掼”读kuàn，“笃”和“揲”都读入声。这些名称当初不知是怎么确立的。我走过一些地方，都没有见到毽子有这样多的踢法。也许在我没有到过的地方，毽子还有更多的踢法。我希望能举办一次全国毽子表演，看看中国的毽子到底有多少种踢法。

踢毽子的花样可真多！

踢毽子总是要比赛的。可以单个地赛。

可以比赛单项，如“扬”踢多少下，到踢不住为止，对手照踢，以踢多少下定胜负；也可以成套比赛，从“扬、拐、尖、托、笃”“偷、跳、舞、环、踩”踢到“对、岔、绕、掼、揿”；也可以分组赛，组员由主将临时挑选，踢时一对一，由弱至强，最弱的先踢，最后主将出马，累计总数定胜负。

踢毽子也有名将，有英雄。我有个堂弟曾在县立中学踢毽子比赛中得过冠军。此人从小爱玩，不好好读书，常因国文不及格被一个姓高的老师打手心，后来忽然发奋用功，现在是全国有名的心脏外科专家。他比我小一岁，也已经是抱了孙子的人了，现在大概不会再踢毽子了。我们县有一个姓谢的，能在井栏上转着圈子踢毽子。这可是非常危险的事，重心稍一不稳，就会扑通一声掉进井里！

毽子还有一种大集体的踢法，叫作“嗨（读第一声）卯”。一个人“喂卯”——把

为了完成“了解毽子的踢法以及踢毽子给人们带来的乐趣”这一任务，读的时候要特别关注文章的第2、3、5自然段。从踢毽子比赛以及大集体的踢法中感受踢毽子带给人们的乐趣。

毽子扔给嗨卯的，另一个人接到，把毽子使劲向前踢去，叫作“嗨”。嗨得极高，极远。嗨卯只能“扬”——用右脚里侧踢，别种踢法踢不到这样高，这样远。下面有一大群人，见毽子飞来，就一齐纵起身来抢这只毽子。谁抢着了，就有资格等着接递原嗨卯的去嗨。毽子如被喂卯的抢到，则他就可上去充当嗨卯的，嗨卯的就下来喂卯。一场嗨卯，全班同学出动，喊叫喝彩，热闹非常。课间十分钟，一会儿就过去了。

品读这一段，我知道同学们热衷于“大集体的踢法”的原因了，真是太有趣了！

踢毽子是冬天的游戏。刘侗《帝京景物略》云“杨柳死，踢毽子”，大概全国皆然。

踢毽子是孩子的事，偶尔见到近二十边上的人还踢，少。北京则有老人踢毽子。有一年，下大雪，大清早，我去逛天坛，在天坛门洞里见到几位老人踢毽子。他们之中最年轻的也有六十多了。他们轮流传递着踢，一个传给一个，那个接过来，踢一两下，传给另一个。“脚法”大都是“扬”，间或也来一下“跳”。我在旁边也看了五分钟，毽子始终没有落到地下。他们大概是“毽友”，经常，也许是每天在一起踢。老人都腿脚利落，身板挺直，面色红润，双眼有光。大雪天，这几位老人是一幅画，一首诗。

大雪天里，踢毽子的老人，是一道美丽的风景！

阅读链接

据历史文献和出土文物证明，踢毽子起源于中国汉代，盛行于南北朝和隋唐。宋代时，踢毽子在民间流传极广，集市上还出现了专门制作出售毽子的店铺。从明代开始，就有了正式的踢毽子比赛。清代可谓踢毽子的鼎盛时期，无论是毽子的制作工艺，还是踢毽子的技巧，都大大超过前代。

② 竹蜻蜓

高洪波

如果给你以下任务，你会怎么读《竹蜻蜓》这篇文章呢？

◆了解竹蜻蜓的制作过程，并用自己的话讲给同学听。

◆体会作者玩竹蜻蜓时的心情。

第1~4自然段的内容是为了引出竹蜻蜓这种玩具，简单一读即可。

据说玩具不仅仅属于孩子。这个“据说”出自两年前《参考消息》上的一篇文章，作者介绍美国纽约玩具业的情况，专门撰文称赞一家名叫许瓦滋的百年玩具店。就是这家百年老店的迎顾客处，赫然写有一条大字标语——“欢迎90岁以下的孩子们”。

我今年37岁，离90岁差不多还有三分之二的旅途。因此我觉得自己还有资格来谈谈玩具。

现在的玩具真贵！这是我想说的第一感觉。当然贵有贵的理由：变形金刚是进口货，外汇换来的，几十几百元一个你爱买不买；电动狗、救火车、发光电子冲锋枪沾了电子的光，几十元十几元一个你不买也得买。此外还有小火车、过山车、磁力车，这车那车，美观、时髦、昂贵，可就是不结实。

我知道玩具能启迪智慧，玩具代表一个国家的轻工业水平，玩具是孩子的良师益友，玩具能给它的小主人一个幻想奇丽的童话王国。玩具的魅力可能不仅仅是这些，对我来说，还意味着记忆，象征着自信，不过我指的不是上面那些缠着爸爸或妈妈强行购买的玩具，而是自己制造的玩具。这些玩具当然粗糙简陋，比如竹蜻蜓，但给予你的快乐一点也不逊于变形金刚。

竹蜻蜓很简单，一根小小的木棍儿，一条薄薄的木片。工具是一把小刀，锋利与不锋利都无所谓，关键是有刀尖。

认真阅读这两个自然段，了解竹蜻蜓的制作过程，并用自己的话讲给同学听。

刀尖用来在小木片上钻洞。小木片要削成匀净的螺旋桨形，也就是说事先要用尺子画线，在中间留下钻洞的点。随后你要小心翼翼地切削木片，先斜着向左削，削出斜且平滑的一面；再斜着往右削，几刀过后木片就呈现出一种扭曲的螺旋状，安上木棍，竹蜻蜓就活了。

记得制成竹蜻蜓的时间是一个星期天的早晨，我捧着它走出家门，像捧着一件伟大的工艺品。我在屋后的空地上，迎着红灿灿笑眯眯的北方原野上的大太阳，使劲儿一搓小木棍，竹蜻蜓便奇迹般地飞了起来。它一下子飞得很高，高过了屋脊，超过了树梢，仿佛被神奇的手向天空上拽去。仰头望着我的竹蜻蜓的英姿，我感到一阵涌自心底的狂喜。

反复朗读本段，体会竹蜻蜓带给“我”的快乐。

竹蜻蜓的生命出自我，一个三年级小学生之手，还有什么事情比它更让人激动呢？我想欢叫，想让所有的小朋友们知道我的成功；我更想不动声色，保持一个发明家的风度。我东想西想，可惜星期天的清晨，人们都在高卧，没有一个人来分享我的快乐。

小鸟和燕子们倒直为我捧场，竹蜻蜓使

它们惊奇不止，这旋转的家伙似乎带几分野气和固执。于是鸟儿们叽叽喳喳聚在电线杆上，讨论起一个小男孩和他的不明飞行物。

圈画出描写小鸟和燕子的句子，体会作者玩竹蜻蜓时的心情。

我的兴奋保持的时间很短，因为竹蜻蜓飞行了三次之后，小木棍便松了。到第四次时，我使劲一搓，竹蜻蜓悠悠地飞上高天，很快甩下了一条尾巴，斜斜地落下来，翅膀却仍然向上旋去。同时由于甩掉了唯一的负担，木片儿借一阵清风直上九重云霄，很快隐入树梢的绿荫里，竟就此失踪，再不肯落到大地上。

我拾起小木棍，痴立半晌，不知该怎样应付这场意外飞行事故。我试图四处追寻那竹蜻蜓的不安分的木翅，它像服了隐身药一样不肯露面。于是恼恼的，我回到家里，企图再一次制作竹蜻蜓。

不知怎么回事，竹蜻蜓的灵气一去不返了，小刀子鬼使神差，往我的指头上戳（chuō）了一下，血便不客气地冒出来。见到殷（yān）红的血，爸爸妈妈像看到警报一样过来救援，手指自然是包扎得很出色，血也停止了流淌。然而竹蜻蜓，梦中的竹蜻蜓，也就此辞我而去。

小时候我自以为很聪明，这根据是那只高飞远遁(dùn)的竹蜻蜓；小时候我也极笨拙，这理由也是那只不辞而别的竹蜻蜓。

你也来尝试制作一个玩具吧，相信你一定能成功的！然后，你也可以和同学分享它带给你的乐趣！

竹蜻蜓很容易制作，也要注意不要被刀子戳破手指。但要记住我的教训：插小木棍的孔不能太松，用胶粘一下最好。

拥有一只自己制作的玩具，哪怕是顶原始、顶不起眼的竹蜻蜓，你也会感受到莫名的喜悦。试一试，你准能成功。

③ 星际来客：孕(yùn)育地球与生命？

吴岳伟

通过查找和阅读资料，我们知道了很多宇宙生命的秘密。快速浏览这篇文章，想一想：星际来客真能孕育地球与生命吗？结合批注，开始你的阅读之旅吧。

大家知道不知道，我们的“母亲”地球不完全是土生土长的太阳系“子民”，她的“种子”来自太阳系之外，是太阳系代孕的别人家的孩子？

这是最近一项研究得出的结论。该研究表明，银河系应该充满像奥陌陌[①]那样自由移动的星际岩石。尤其值得一提的是，它们在行星形成过程中可能起到过非常重要的作用。

开头两个自然段引发了我对地球“母亲”的好奇，我想接着往下读。

---

① 奥陌陌：小行星名，在夏威夷语中意思是“远方的信使”。2017年10月被科学家发现。天体呈雪茄状，大约长400米，宽40米，颜色整体偏红，具有固态表面。这是人类首次在太阳系内发现的系外天体。

“星际流浪汉”是播种机

关于行星的形成，传统观点认为，它们形成于恒星周围由气体和尘埃组成的一个叫“原恒星盘”的圆盘。但一些观察表明，行星形成的速度似乎比理论预测的要快得多。

像奥陌陌这样的星际天体可能是解决这个问题的关键。据估计，在我们银河系，每立方光年应该有大约29万亿个类似于奥陌陌的星际天体。它们是被其原先所在的“太阳系”抛出后，成为“星际流浪汉”的。它们块头相对较小，移动又快，所以不容易被察觉。这就是我们迄今为止只看到一个的原因。

结合相关材料，猜一猜：迄今为止只看到一个奥陌陌的原因还有哪些？

最近，有两位欧洲科学家提出，如果这些星际岩石被另一个正在形成恒星和行星的原恒星盘俘获，它们可能就会在行星形成中起到关键作用。这些“星际流浪汉”因为块头较大，引力较强，可以利用自身的引力吸聚周围的尘埃、气体和岩石，最终使自己变成一颗行星。它们好比是行星形成的一颗种子。

这一段对说明星际来客是否孕育地球和生命十分重要，圈画出关键语句，体会“星际流浪汉”的价值。

广种薄收的天外来客

虽然这些“星际流浪汉”因为移动太快，不容易被俘获，而且大多数被俘获的可能又掉进了恒星，但即使这样，两位科学家计算出，每颗恒星周围至少还会留下大约1000万个大小与奥陌陌（直径约100米）相当或者更大的星际天体，其中数千个可能直径超过1千米，少数甚至可与冥王星相当。可见，“种子”是十分丰富的。

这个机制还会自我反馈：拥有更多行星的恒星系会产生更多的“星际流浪汉”；而“星际流浪汉”越多，它们会在其他恒星系中产生更多的行星……

这里解释了“天外来客”广种薄收的原因。

如果这样的话，还可解释另一个谜团：老恒星为什么拥有的行星数量比新恒星少？因为在宇宙早期，星际天体相对较少，行星主要依靠传统的方式，即尘埃颗粒的缓慢积聚形成。后来，随着“星际流浪汉”多起来，于是“拿来主义”就成为主流。纵观整个银河系，行星的形成应该是不断加速的。

对于这一结论的正确性，同学们可以通过查阅更多资料来判断。

你看，奥陌陌虽然来自太阳系外，离我们十万八千里，而且来了又走了，但它早先的一些兄弟可能就在你我的脚下。

搭载着生命旅行

奥陌陌的发现，证明小行星确实是可以在星际中旅行的，而外星生命完全可以搭载这些天然的“宇宙飞船”，从一颗行星迁徙到另一颗行星。这些偶然进化出来的生命，通过迁徙的方式扩散到整个星系。

当然要完成这项使命，这艘天然“宇宙飞船”单单能在星际旅行是不够的，为了转移生命，它还必须最终被另一个“太阳系”的恒星引力俘获，并最终与一颗处于适宜居住带上的行星相撞，以便卸下它的“乘客”——因为它自身并不适合生命长期定居。

为了保证生命的安全，对这些小行星的块头也有要求。它们不能太小，因为太小，小行星的环境就太容易受太空环境的影响，不利于“乘客”在搭乘期间存活。比如一颗小行星如果块头较大，里面有一个山洞，生命就可以躲在这个洞里，抵御太空的严寒和致命的辐射。

据科学家估计，利于搭载生命的小行星半径不能小于200千米——这个块头大约与土卫二一般大小。

土卫二是土星的第六大卫星，据说具备生命所需的所有元素。可以通过查找相关资料，进一步了解。

它们来自哪里？

这样看来，要在星系之间完成扩散生命这项使命，搭载生命的小行星必须满足两个要求：首先，容易被另一个恒星系统俘获；其次，块头要稍微大一些。据科学家计算，满足这两个要求的小行星在我们银河系达1亿多个。

这个数量初看起来似乎相当可观，可是

考虑到另一个事实，就不那么乐观了。

首先我们要问，这些小行星上搭载的生命又从哪里来呢？显然，小行星的环境对生命进化是十分不利的，所以自身能进化出生命的小行星少而又少。更大的可能是：一颗大行星上已进化出生命，当一颗行星与之碰撞，把它“削”下一块，这一块连带生活在上面的生命飞到太空，于是变成了一艘星际“飞船”（地球上就有不少岩石是从火星上“削”下来，落到我们这个星球上的。这一情况甚至一度引发人猜测，地球生命的种子最初来自火星）。

可是，这些从大行星上“削”下来的小行星，在小行星群体中毕竟占极少数。所以搭载着生命进行星际之旅的小行星，并没有科学家计算的那么多。

对于“生命的种子到底能不能在星系范围内传播，地球上的生命种子究竟是如何来的”这个问题，你是怎么想的？

至于生命的种子到底能不能在星系范围内传播，地球上的生命种子究竟是如何来的，这个问题大概要留给后人了。如果以后在银河系的其他地方发现生命，而这些生命又与地球生命迥异，那说明各个地方的生命是独立进化出来的；但如果外星生命与地球生命极其相似，那可能意味着地球上的生物确实曾在星际旅行过。

日积月累

想象力比知识更重要，因为知识是有限的，而想象力概括着世界上的一切，推动着进步，并且是知识进化的源泉。

——爱因斯坦

想象力作为一种创造性的认识能力，是一种强大的创造力量，它从实际自然所提供的材料中，创造出第二自然。

——康德

④ 外星生命越来越难找

吴岳伟

人类对太空的求知欲望，是进行太空探索的永恒动力。我们迄今发现的4000多颗系外行星上是否存在外星生命？让我们走进本文一探究竟。

带着问题阅读有助于提高阅读速度。

我们迄今已经发现了4000多颗系外行星，现在感兴趣的话题是，它们中有没有一颗星球上存在外星生命？说出来也许会让你丧气，因为很可能一颗都没有！为什么这么说呢？让我们来看看下面的解释。

适宜居住区和自然发生区

我们通常认为，如果一颗行星的表面温度适合液态水存在，它就能够承载生命。这取决于它离母恒星的远近——太远了，任何水都会结成冰；太近了，水又会被蒸发掉。每颗恒星周围允许液态水存在的区域称为

“适宜居住区”，地球就处于太阳系的适宜居住区。

但是，是否适宜生命居住是一回事，是否适合生命出现又是另一回事。也是说，适宜生命居住的地方，未必一定会有生命诞生。因为创造生命比维持生命要困难得多，条件也苛刻得多。

科学家认为，地球上之所以能出现生命，除了地球处于适宜居住区，还有另一个因素——太阳的紫外线——起了重要作用。因为紫外线的能量比可见光大，当它照射到简单的分子上，可以让分子获得足够的能量发生化学反应（加热能让化学反应发生，也是这个道理），制造出生命所需的复杂的化合物。但是众所周知，紫外线太强了也不行，这会杀死已有的生命。

快速地找到段落中的中心句，把握主要意思，提高阅读速度。

所以，一颗星球要想有生命出现，那里要能够获得足够的紫外线来启动制造生命的一系列化学反应，但紫外线又不能太强，把辛辛苦苦制造出来的生命扼杀掉。这就是科学家于2018年提出来的“自然发生区”的概念。

适宜居住区和自然发生区，一个是基于行星表面的温度，另一个是基于紫外线的强度，然而两者并不总是同时具有的。

层层筛选，只剩一颗

我们迄今已发现有49颗处于适宜居住区的系外行星，在它们当中，又仅有8颗处于自然发生区。即便是这8颗行星，情况也很糟糕，它们的半径很大，意味着可能不是岩石质的。因为行星越大，在其成长过程中越会积聚气体，更容易变成像海王星或木星这样的气态巨行星，而不是像地球或火星那样的岩石质行星。先前的研究表明，大于地球半径1.7倍的行星可能是气态的。

通过层层筛选，最后只剩下一颗系外行星开普勒-452b有可能存在生命，可见生命存在的条件有多苛刻。

这样经过层层筛选，最后只剩下一颗系外行星能同时满足三个条件——开普勒-452b。这是距地球1400光年外围绕着一颗类太阳恒星运行的行星，它的半径是地球半径的1.63倍。

这意味着，在超过4000颗系外行星中，我们只找到一颗可能存在生命进化的行星——但如果开普勒-452b也是一颗气态行星，那就一颗都没有了。

历经这么久找到的系外行星开普勒-452b，也很可能不存在生命，但科学探索的脚步永不停歇。

最后，即使三个条件都满足，也不一定存在生命。举例来说，在我们的太阳系，地球和火星都是岩石质行星，且处于适宜居住区和自然发生区，但是据我们所知，火星上没有生命。

这一切表明，生命的出现多么困难。如果我们的目标是寻找外星生命，我们需要发明更先进的设备，去寻找到更多的系外行星，然后我们再从容地进行筛选——目前找到的4000多颗系外行星看来希望不大。

5 颐和园

林徽因

根据以下阅读任务，你会怎样读这篇文章呢？

◆为家人规划颐和园一日游，画一张游览颐和园的路线图。

◆选择颐和园的一两个景点，为家人作讲解。

对颐和园建造的背景介绍，我们可以快速阅读哟！

在中国历史中，城市近郊风景特别好的地方，封建主和贵族豪门等总要独霸或强占，然后再加以人工的经营来做他们的“禁苑”或私园。这些著名的御苑、离宫、名园，都是和劳动人民的血汗和智慧分不开的。他们凿了池或筑了山，建造亭台楼阁，栽植了树木花草，布置了回廊曲径、桥梁水榭，在许许多多巧妙的经营与加工中，才把那些离宫或名园提到了高度艺术的境地。现在，这些宝贵的祖国文化遗产，都已回到人民手里了。

北京西郊的颐和园，在著名的圆明园被帝国主义侵略军队毁了以后，是中国历史里保存到今天的最后一个大“御苑”。颐和园周围十三里，园内有山有湖。倚山临湖的建筑单位大小数百，最有名的长廊，东西就长达一千几百尺，共计273间。

为了完成阅读任务，我们在阅读时可以采用略读或者跳读的方法。

颐和园的湖、山基础，是经过金、元、明三朝所建设的。清朝规模最大的修建开始于乾隆十五年（1750），当时本名清漪(yī)园，山名万寿，湖名昆明。1860年，清漪园和圆明园同遭英法联军毒辣的破坏。前山和西部大半被毁，只有山巅琉璃砖造的建筑和“铜亭”得免。

前山湖岸全部是光绪十四年（1888）前后所重建。那时西太后那拉氏专政，为自己做寿，竟挪用了海军造船费来修建，改名颐和园。

颐和园规模宏大，布置错杂，我们可以分成后山、前山、东宫门、南湖和西堤等四大部分来了解它。

第一部分后山，是清漪园所遗留下的艺术面貌，精华在万寿山的北坡和坡下的苏州河。东自“赤城霞起”关口起，山势起伏，石路回转，一路在半山经“景福阁”到“智慧海”，再向西到“画中游”。一路沿山下河岸，处处苍松深郁或桃树错落，是初春清明前后游园最好的地方。山下小河（或称后湖）曲折，忽狭忽阔。沿岸模仿江南风景，故称“苏州街”，河也名“苏州河”。正中北宫门入园后，有大石桥跨苏州河上，向南上坡是“后大庙”旧址，今称“须弥灵境”。这些地方，今天虽已剥落荒凉，但环境幽静，仍是颐和园最可爱的一部分。东边“谐趣园”是仿无锡惠山园的风格，当中是荷花池，四周有水殿曲廊，极为别致。西面通到前湖的小苏州河，岸上东有“买卖街”，俨如江南小镇（现已不存）。更西的长堤垂柳和六桥是仿杭州西湖六桥建设的。这些都是模仿江南山水的一个系统的造园手法。

可惜这里的“买卖街”已经不存在了。讲解时，记得告诉家人这里曾经热闹的场面。

第二部分前山湖岸上的布局，主要是排云殿、长廊和石舫(fǎng)。排云殿在南北中轴线上。这一组由临湖一座牌坊起，上到排云殿，再上到佛香阁。倚山建筑，巍然耸起，是前山的重点。佛香阁是八角钻尖顶的多层建筑物，立在高台上，是全山最高的突出点。这一组建筑的左右还有“转轮藏”和“五芳阁”等宗教建筑物。附属于前山部分的还有山上几处别馆如“景福阁”“画中游”等。沿湖的长廊和中线成“丁”字形，西边长廊尽头处，湖岸转北到小苏州河，傍岸处就是著名的“石舫”，名清宴舫。前山着重侈大、堂皇富丽，和清漪园时代重视江南山水的曲折大不相同。前山的安排，是“仙山蓬岛”的格式，略如北海琼华岛，建筑物倚山层层上去，成一中轴线，以高耸的建筑物为结束。湖岸有石栏和游廊，对面湖心有远岛，以桥相通，也如北海团城。只是岛和岸的距离甚大，通到岛上的十七孔长桥，不在中线，而由东堤伸出，成为远景。

我要品读这一段，弄清楚前山湖岸上的布局，与家人一起游览的时候好给他们讲解。

第三部分是东宫门入口后的三大组主要建筑物：一是向东的仁寿殿，它是理事的大殿；二是仁寿殿北边的德和园，内中有正殿、两廊和大戏台；三是乐寿堂，在德和园之西，这是那拉氏居住的地方，堂前向南临水有石台石阶，可以由此上下船。这些建筑拥挤繁复，像城内府第，堵塞了入口，向后山和湖岸的合理路线被建筑物阻挡割裂，今天游园的人，多不知有后山，进仁寿殿或德和园之后，更有迷惑在院落中的感觉，直到出了荣寿堂西门，到了长廊，才豁然开朗，见到前面湖山。这一部分的建筑物为全园布局上的最大弱点。

原来这一部分的建筑物布局还有这么大的弱点。画游览路线图时，可以标注一下。

第四部分是南湖洲岛和西堤。岛有五处，最大的是月波楼一组，或称龙王庙，有长桥通东堤。其他小岛非船不能达。西堤由北而南成一弧线，分数段，上有六座桥。这些都是湖中的点缀，为北岸的远景。

6 苏州园林

叶圣陶

如果要完成下面两项任务，你会怎样根据不同的任务阅读这篇文章？

◆都说苏州园林“如在图画中”，画一画，说说自己的感受。

◆给同学或家人介绍一下苏州园林与北京的园林有什么不同。

苏州园林据说有一百多处，我到过的不过十多处，其他地方的园林我也到过一些。倘若要我说说总的印象，我觉得苏州园林是我国各地园林的标本，各地园林或多或少都受到苏州园林的影响。因此，谁如果要鉴赏我国的园林，苏州园林就不该错过。

读完这一段，想一想：如此有影响力的苏州园林到底有哪些与众不同的地方？

设计者和匠师们因地制宜，自出心裁，修建成功的园林当然各个不同。可是苏州各个园林在不同之中有个共同点，似乎设计者和匠师们一致追求的是：务必使游览者无论站在哪个点上，眼前总是一幅完美的图画。

为了达到这个目的，他们讲究亭台轩榭的布局，讲究假山池沼的配合，讲究花草树木的映衬，讲究近景远景的层次。总之，一切都要为构成完美的图画而存在，绝不容许有欠美伤美的败笔。他们唯愿游览者得到“如在图画中”的实感，而他们的成绩实现了他们的愿望，游览者来到园里，没有一个不心里想着口头说着“如在图画中”的。

快速阅读文章第3~9自然段，画出每段的中心句，感受苏州园林“如在图画中”的特点。

我国的建筑，从古代的宫殿到近代的一般住房，绝大部分是对称的，左边怎么样，右边也是怎么样。苏州园林可绝不讲究对称，好像故意避免似的。东边有了一个亭子或者一条回廊，西边绝不会来一个同样的亭子或者一道同样的回廊。这是为什么？我想，用图画来比方，对称的建筑是图案画，不是美术画，而园林是美术画，美术画要求自然之趣，是不讲究对称的。

苏州园林里都有假山和池沼。假山的堆叠可以说是一项艺术而不仅是技术。或者是重峦叠嶂，或者是几座小山配合着竹子花木，全在乎设计者和匠师们生平多阅历，胸中有丘壑，才能使游览者远望的时候仿佛观赏宋元工笔云山或倪云林的小品，攀登的时候忘却苏州城市，只觉得在山间。至于池沼，大多引用活水。有些园林池沼宽敞，就把池沼作为全园的中心，其他景物配合着布置。水面假如成河道模样，往往安排桥梁。假如安排两座以上的桥梁，那就一座一个样，绝不雷同。池沼或河道的边沿很少砌齐整的石岸，总是高低屈曲任其自然。还在那儿布置几块玲珑的石头，或者种些花草：这也是为了取得从各个角度看都成一幅画的效果。池沼里养着金鱼或各色鲤鱼，夏秋季节荷花或睡莲开放，游览者看“鱼戏莲叶间”，又是入画的一景。

苏州园林栽种和修剪树木也着眼在画意。高树与低树俯仰生姿，落叶树与常绿树相间，花时不同的多种花树相间，这就一年四季不感到寂寞。没有修剪得像宝塔那样的松柏，没有阅兵式似的道旁树。因为依据中

苏州园林优美别致，让人难以忘怀。请你根据文字描述，说说苏州园林的特点。

国画的审美观点看，这是不足取的。有几个园里有古老的藤萝，盘曲嶙峋的枝干就是一幅好画。开花的时候满眼的珠光宝气，使游览者只感到无限的繁华和欢悦，可是没法细说。

为什么苏州园林里的花墙和廊子这样引人注意呢？

游览苏州园林必然会注意到花墙和廊子。有墙壁隔着，有廊子界着，层次多了，景致就见得深了。可是墙壁上有砖砌的各式镂(lòu)空图案，廊子大多是两边无所依傍的，实际是隔而不隔，界而未界，因而更增加了景致的深度。有几个园林还在适当的位置装上一面大镜子，层次就更多了，几乎可以说把整个园林翻了一番。

游览者必然也不会忽略另外一点，就是苏州园林在每一个角落都注意图画美。阶砌旁边栽几丛书带草，墙上蔓延着爬山虎或者蔷薇木香。如果开窗正对着白色墙壁，太单调了，给补上几竿竹子或几棵芭蕉。诸如此类，无非要游览者即使就极小范围的局部看，也能得到美的享受。

苏州园林里的门和窗，图案设计和雕镂琢磨功夫都是工艺美术的上品。大致说来，那些门和窗尽量工细而绝不庸俗，即使简朴而别具匠心，四扇，八扇，十二扇，综合起来看，谁都要赞叹这是高度的图案美。摄影家挺喜欢这些门和窗，他们斟酌着光和影，摄成称心满意的照片。

苏州园林与北京的园林不同，极少使用彩绘。梁和柱子以及门窗栏杆大多漆广漆，那是不刺眼的颜色。墙壁白色。有些室内墙壁下半截铺水磨方砖，淡灰色和白色相衬。屋瓦和檐漏一律淡灰色。这些颜色与草木的绿色配合，引起人们安静闲适的感觉。而到各种花开的时节，却更显得各种花明艳照眼。

对比阅读林徽因写的《颐和园》，思考苏州园林和颐和园的建筑风格有什么不同。

下面这组文章写的都是童年的游戏。快速浏览这三篇文章，选择你最感兴趣的游戏，和同学分享一下玩游戏的具体过程。节假日也可以和同学玩一玩这个游戏。

① 抽陀螺

金　波

“杨柳活，抽陀螺。”

这是我童年时学过的一首童谣中的两句，说的是初春时节，孩子们常常玩的一种游戏。

陀螺，是一种很简单的玩具，小孩子们自己都可以制作。找一块木头，削成一寸多高、直径也一寸多的圆柱形，再把下端削尖，尖端安一粒滚珠，陀螺就算做成了。再做一根鞭子，就可以玩起来。

玩的时候，先得用鞭梢一圈一圈缠住陀螺的腰身，然后直放在地上，用指轻轻按住陀螺顶端，用力一拉鞭绳，陀螺就在地上旋转起来，再用鞭子不断地抽打，越抽转得越快。

为了让陀螺转得更快，我们常到冰上去玩。鞭梢噼啪噼啪响，陀螺滴溜滴溜转。尽管春寒料峭，可谁也不觉得冷，倒是常常玩得满头大汗。

在我的印象中，抽陀螺似乎是男孩子的游戏。现在想起来，大约是因为这种游戏刺激性较强，你必须一下一下地抽打，它才转，稍一怠慢，它就会东倒西歪。

抽陀螺，还可以玩得很有攻击性，方法是：几个人在一起，各自抽打自己的陀螺，常常是扬鞭猛抽一下，让自己的陀螺以极快的转速去撞击别人的陀螺，谁把别人的撞倒谁就是赢家。

给我印象最深的是1945年抗战胜利后，我们开始把“抽陀螺”改称“抽汉奸”。这个新叫法，很快就被大家认可。一说起“抽汉奸”，我们的鞭子抽得更响、更有力，把那些投敌卖国的视作陀螺，一鞭一鞭抽得它团团转，很是解气。

有时候，大人们在一旁看着看着，也会走上前来，和我们一起抽它几鞭子。

2 童年游戏[①]

陈 村

看着今天的孩子，我总会生出一点儿怜悯。他们不光缺少玩的时间，就是玩起来也很可怜。他们和机器玩，和从来没活过的玩具动物玩。他们很少气喘吁吁，大笑大叫。他们经不起输，更谈不上输得颇有风度。人本来是应该和人玩的，和活物玩。电视屏幕上的动物，即使是叫人开心的唐老鸭，毕竟不给人以实物感。

遥想我们小时候，那真是非常快乐。当一名上海弄堂里的“野蛮小鬼”的味道实在好极了。这会儿，眼看着许多颇有情趣的玩法即将失传，实在叫人非常痛心。

那时，最基本的游戏是捉人，“好人”“坏人”（或称“官兵”“强盗”，不过这是书面语）。说起来倒是当“坏人”有趣，可以逃得背井离乡，鸡飞狗跳，什么样的黑暗肮脏的地方也敢钻进去爬出来。当“好人”实在很辛苦，遍地

---

① 选入本书时略有改动。

找寻着“坏人”，鸡窝也要伸个头过去闻一闻。这种游戏通常总是闹得不欢而散。“坏人”逃得飞快，“好人”没法追上，便在后面独自耍起赖来。假如用一点儿计，便能将“坏人”赶进伏击圈。厮打挣扎是免不了的，但“坏人”的最终义务是举手投降，手臂后折，被“好人”神气活现地押回弄堂。有时还要审上一审，强迫他供出同伙的隐匿场所。这时，“坏人”往往成了“叛徒”（因为不成“叛徒”就没法玩了）。“叛徒”们个个兴高采烈，比“好人”更起劲地去捉拿自己的同党。这种游戏对精力过剩的孩子特别合适。

文雅些的是打弹子。男孩的口袋里总有几个彩色玻璃球，随时随地打起来，这是对“眼火”的考验。手上的准头好，便可一赢再赢，只是赢来的弹子上都是“麻皮”，很不光洁。打弹子时，经常将手在泥地上搓一搓，不知是因为手汗还是为了运气。于是，这项运动成为所有大人们深恶痛绝的不卫生的游戏。

打弹子分为两种，通常以击中对方为赢。另一种复杂些，预先挖好若干小洞，然后一个洞一个洞地打，以首先进完所有的洞者为胜。其实，这是小型的高尔夫球。一旦放大了，由外国人玩，挥动镶银的高尔夫球杆玩，身价就大不同了，要花多少万美元去当一个会员。可玩来玩去，不也就是进进洞吗？

更高级的是打康乐球，和今天的打台球比较接近，枪法准的人可以将“排子”一枪光，手势潇洒。不过，这是需要花钱的游戏，不很普及。

同样要花钱的还有打乒乓球，八分钱打一个小时。还有，八分钱游一小时泳。从池子里极不乐意地爬起来（再不起来要罚款了，教练用带圈的竹竿套你的头），将游泳裤顶在头上，赤着膊在骄阳下走回家去，觉得腋下特别光滑。人晒得黝黑，屁股就显得雪白。夏天的野小鬼总是黑黑的。赤着脚溜出家门，去哪里偷偷抽一根墙篱笆，将面筋粘在梢上，结伙去粘知了。柏油晒化了，烫得一跳一跳地走，脚上粘着一层黑色。不捉知了就去捉金乌虫，去捉皮虫，去捡电车票，捡棒冰的棒头。

每隔一阵会出现新的玩法。打腻了弹子就弹橡皮筋，弹中为胜。用纸折成长条子，一、二、三、四地在手里翻动，最后伸出食中两指在空中猛地夹住（有种玩法必须只叼住一张）。还有飞香烟牌子。在孩子的眼中没有废物，几段烂木头也是好东西，可以玩个半天一天。

男孩最爱的玩具是弹弓，这是家长们心惊肉跳的东西，最简单的只需在左手的食指和拇指间套根橡皮筋。讲究一些的要用粗粗的铅丝，橡皮筋二三十根，成组地对称地一环套一环地延伸，中间是一块牛皮。子弹不再是纸，用泥巴搓成球，在煤炉下烤烤。这样的子弹可以弹死麻雀，可以将门牌上的搪瓷弹脱。当然，弹人是很危险的，弹中眼睛后果不堪设想。不过，我知道的弹弓不计其数，并没听见过把谁的眼睛给弹瞎了，可见即便是孩子也知道节制。最好听的是弹玻璃窗，乒乓一声，祸就闯下了。如果没逃走或没赖掉，晚上挨打是免不了的。

冬天的孩子穿得都很单薄，一般也就是一套卫生衫裤。冷了可以斗鸡，支起一条腿，用膝盖相互撞击。可以跳山羊，一直跳到“小包头”和“大包头”。冬天还可以抽“贱骨头”（陀螺），鞭子总是消耗得很快，越抽越短，就偷来母亲的裤带再抽。“贱骨头”上涂它一点红，转起来就红了一圈。也可以斗，让它们像蟋蟀一样对打。所有的游戏都要一点体力，都有输赢和竞争。从进贡电车票到刮鼻子弹耳朵皮，赌起来不算破费。赌具也很简陋，被家长没收算不上很大的损失。何况有时是无法没收的。例如男孩比谁尿得高，这真是“天生我材必有用”。

树上的桑子和白果可以白吃，树上的“元宝”和“黄鱼子”可以对掷，树叶的梗可以斗（那种酱色的老梗称为“老将”），丝草可以用来引蟋蟀。最可恶的是五爪的蟋蟀，是蟋蟀中的残疾人，据说它斗起来十分拼命，一旦被发现立即处死。蟋蟀和盆有说不尽的讲究。一条弄堂一条弄堂地斗。赢是赢一个光荣，没什么物质利益，一旦胜利，整条弄堂的男孩都趾高气扬。蟋蟀输了就被关进“集中营”，那里有许多“败鬼蟀”。败了，往天上扔三下（俗称“掼三掼”），据说再去斗就又能开牙了。金铃子是用来听的，而“油葫芦”既不中看又不中听，粗胚，没人喜欢。

男孩和女孩一般玩不到一起，否则会唱出“介许多萝卜夹了一块肉，酱油蘸蘸肉丝炒咸菜”的童谣。那时的女孩常常跳橡皮筋，一直可以跳到“一举手”之高，韧带是很松的。也跳绳，一个接一个的“双飞”，令人眼花缭乱，叫人在一旁数得没有耐性。再就是踢毽子，家中找出个铜板，叫弟弟去公鸡的尾巴上拔几根花羽毛，将毽子踢得身前身后飞舞。课间休息的时候，她们拿出麻将牌，在老师的讲台上玩抓麻将，手指是那么灵活。

一代孩子有一代孩子的童年。我曾在晒台上将童年的风筝放向天空，那块简陋的“屁股帘子”是我的幸福。想起它，耳边就传来木拖板的声音，它为昔日的上海打着节奏。

③ 那年那月的游戏（节选）

王泉根

大概从小学三四年级起，我们游戏的主流起了变化：逐渐带有了“赌博”味道，这里的“赌博”当然是要加引号的。当时章镇街上小伙伴最流行的“赌博游戏”有：射纸箭、飞牌头。

射纸箭既是比赛，又是“赌博”。纸箭通常用香烟壳折成，香烟壳的纸张不但光洁，有一定的硬度，而且折出来的都是彩箭，好看。纸箭折成长条的三角形，尖角顶端还要包上一层薄薄的铁皮，这样的“铁头箭”容易射得远。

我们镇上下沙弄的小伙伴玩射箭的场地就在我家门前的长弄堂，通常是三至五六个小伙伴一起玩。先在石板地面用木炭或粉笔画一条线，算是“黄线”，射箭时不能越出此线。然后一个个依次用力射箭，一人一支。

射箭时，先要助跑，一边挥舞小胳臂，一边把箭头放在小嘴前，用力气使劲呵几下，以为这样就射得远，再用尽全力射将出去，射程大致有一二十米。射完箭后，大家赶紧跑到赛场的前头，寻找自己的箭，看谁的箭射得最远，确定第一名。第一名就赢得了“吃箭”的资格：站在纸箭落地处，将其纸箭丢到第二名的纸箭处用手一拃(zhǎ)，如拃上，这支箭就归他了。然后再吃第三名、第四名的纸箭，直到吃光。如果丢箭时不注意，甩远了，小手拃不到两箭，那就失去了赢的资格，让给没有被吃掉箭的那一位。依次轮流。不过第一名丢箭时大都不会拃不到，因为小伙伴的射程通常差不多，纸箭都落在前后左右的近距离范围。

参加射箭游戏的都是男孩，因为射箭要有力气，要跑，要喊叫，而且还是一种“赌博”，所以很少有小女孩参加。她们大多是围在落箭处看热闹。射箭游戏是一种户外活动，通常是在春夏季晴天举行，暑假最热闹，往往从下午两三点钟开始，一直要玩到大人喊“吃夜饭哉”。

射纸箭给小伙伴带来无穷乐趣，又跑又跳又要赢箭，一个个玩得满头大汗，脸红身脏。但赢来的纸箭一般都不做保留，既然射不远，当然不是好箭了。而且因已被折成纸箭，原来的香烟纸壳被弄得皱巴巴，连香烟纸也成了废纸，还保留它干啥？射箭高兴的是过程，尤其是丢箭吃箭时的那一种胜利者的满足和得意。

第二种游戏是飞牌头。所谓“牌头”，是一种软硬适度的纸块画片，我们绍兴一带都叫作“牌头”，或叫“纸牌”。绍兴地区的牌头全是由上海厂家生产印刷的，在我儿时的心目中，那些花花绿绿的牌头实在是无价之宝，多少梦想多少幸福的感觉，多少满足与期盼都在那一张张小小的牌头上。

一整版牌头大概有一整版的报纸那样大小，每一整张牌头就是一个完整的故事。正面是画，背面是简短的文字说明，如西游记、三国故事等，或是系统的知识介绍，印象最深的有各种杂技表演、兵舰类型、京剧脸谱等。一整版牌头有六十小张，要自己用剪刀剪开，每一小张牌头大概有火柴盒那样大小，呈长方形。一分钱可以买八至十张小牌头。买卖牌头的旺季是在春节前后，那时候，放了寒假，小口袋里多少都会有一点剩余的压岁钱（压岁钱的大头通常交给大人，开学时补充学费）。

镇上牌头品种最多的是文具店，那是一家镇供销社开的大店，又卖图书，又卖办公用品与文具，但春节前后必定要从上海进货，向小朋友卖牌头。店里的营业员大概有三五人，干得最久、印象最深的店员叫陈涨潮，他能用一把锋利的弯刀，快速裁纸。文具店是全镇最大的文化用品商店，所以这里的牌头要整版买，不一分二分地零卖。有时见到人家大人牵着孩子，去陈涨潮那里买牌头，一买就是三四版甚至十来版，那真叫人羡慕。请想一想，一整版牌头可以剪成将近一百张的小牌头，那是多么厚的一堆啊！

零卖牌头的通常是镇上的小摊贩，我们最常去的是下沙弄卖炒货（花生、瓜子、罗汉豆等）的阿仁伯。阿仁伯的炒货店兼卖牌头，一分二分钱都卖，所以阿仁伯就成了小伙伴心目中掌握牌头的大老板。我们常常会跑去问，有没有新牌头？有时买了牌头，还再买三分、五分钱的罗汉豆。阿仁伯特别喜欢我们小孩子去光顾，他做的是绝对的小生意，每天靠一分、二分、一角、二角的经营谋生。阿仁伯似乎是一个孤老头，屋里总不见有其他人。

春节期间，倘若买来新牌头，尤其是大人一高兴，允许买一整版的新牌头，闻着牌头的油墨香——我现在还能想起那种儿时闻到的牌头的香味——看着印在上面的花花绿绿的人物、花鸟，那实在是一种说不出的满足与陶醉，简直成了世上最幸福的人。我那时想象不出还有什么比拥有整版新牌头更大的幸福。

牌头的玩法主要有三种，都有“赌博”意味。第一种是“劈牌头”。参加赌牌头的小伙伴，一般是三四人，先用木炭或粉笔在平整的石板地面画一方框，然后由一人做“庄家”，把牌头平放在方框正中，牌头的画面朝上。其他的小伙伴就轮流将手中的牌头劈下去，借助牌头落地的那一股气流，使庄家的牌头翻过来，翻过来就赢，翻不过来就输，或者不断地将庄家的牌头劈出方框。如果劈下去不小心，自己的牌头盖在庄家的牌头上面，那也算输。这种方法虽好玩，但往往劈上半天也难分输赢，所以不够刺激，但适合口袋里牌头少，也即“赌资”少的时候玩。

第二种是“飞牌头”，两人或三五人一起玩。玩法是：将牌头贴在墙上，让其飞落于地，如果你落地的牌头靠近另一位已落地的牌头，就用手去拃，伸出右手，大拇指与中指之间的距离为一拃，能拃上，那张牌头就归你，赢了。所以拃的时候要尽量伸长拇指、中指，小伙伴往往用力去拉手指。但有时拃上了还不算赢，对方可以伏在地上用力吹气，倘若将他那张牌头从你的手指压力中吹走了，那牌头就不归你，不算赢。伏地吹气是飞牌头最好看的一景，为了设法吹走自己的牌头，小伙伴总是翘起屁股，侧着脑袋，腮帮贴着地面，用足全力，从不同角度“嘘嘘”地吹。这样，每次飞牌头回来，小脸蛋总是脏兮兮的。

玩牌头真正刺激的方法叫“养鱼塘”，这是牌头的第三种也是最高级的玩法，条件是口袋里装的牌头要多，也即

“赌资”要多，如果不多，还没“养完”，牌头就归对方所有了。这种玩法一般也是三五位小朋友一起玩，很少有两人玩的，两人玩不热闹，而且两人加在一起的牌头也不会太多。

“养鱼塘”的玩法是：大家依次将牌头贴在墙上，让牌头一张一张地往地面落，谁的牌头盖住了已落地的一张，于是地上所有的牌头全归他所有，赢了。落地的牌头要盖住地上的牌头很不容易，稍微有一点风，牌头就飞开了。往往大家一张一张地往地上落牌头，越来越多，就像池塘里的鱼越养越多，满地都是牌头了，还没有被盖上，小伙伴真是紧张极了。如果这时候谁的牌头飞完了，那就自认倒霉，退出养鱼的资格，站到一边去，看谁最后能赢……

只见墙上的牌头还在一张张地落地……哇，盖上了！终于有人将牌头盖上了！于是通吃，这一地的牌头统统归他所有。那股高兴劲甭提有多痛快了，一张张地捡拾胜利果实，这是多么大的一堆牌头啊！往往有几十张，运气好时可以有上百张。小口袋一下子被牌头装鼓了。这样的好运气，我也曾碰到过，那种得意、高兴，至今依然历历在目。

大概读小学四年级时的一天午后，我们四五个男生聚在镇上“沈伯良照相馆”院子里“养鱼塘”，鱼塘已养了很多塘了——每赢一次算一塘——玩兴正浓，全然忘了上学。忽然听到沈伯良先生家的自鸣钟“当”地敲了一响，呀，下午一点了，于是我们捡起地上的牌头赶紧往学校跑。跑进校门，咦，奇怪，怎么还没上课？校园里正热闹着呢！原来，还不到下午一点。后来我们才知道，沈先生家的自鸣钟每半小时就会“当”地敲一响，我们听到的那一记响声是中午十二点半。

飞牌头、养鱼塘，给我的儿时带来了无穷乐趣，有时做梦还在养鱼塘，老是梦见我的牌头落地，就是盖不住。心里那个急呀，真是难以形容。一觉醒来，常常感谢幸亏是梦，要是真的，我口袋里的牌头可就输光了。

阅读实践

快速阅读这组文章，记下阅读每篇文章所用的时间以及了解的内容。

文章题目	阅读用时	了解的内容
《抽陀螺》		
《童年游戏》		
《那年那月的游戏（节选）》		

这三篇文章都描写了童年的游戏，从中选取你最喜欢的游戏，跟组内同学说一说玩这个游戏的具体过程，并谈谈你的感受，然后参照示例填写表格。

示例：

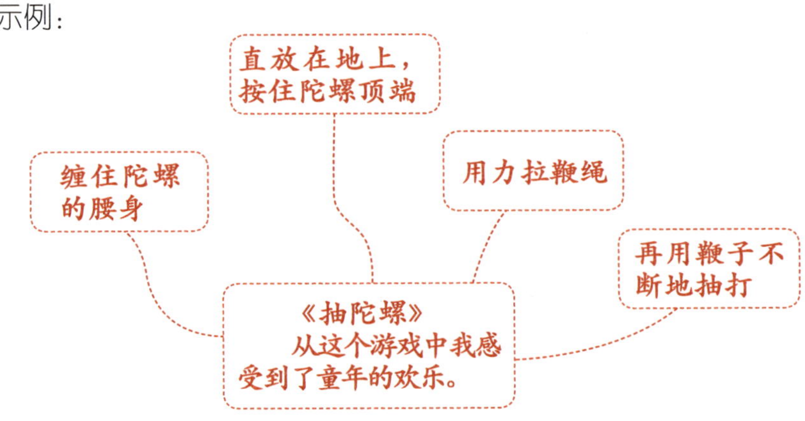

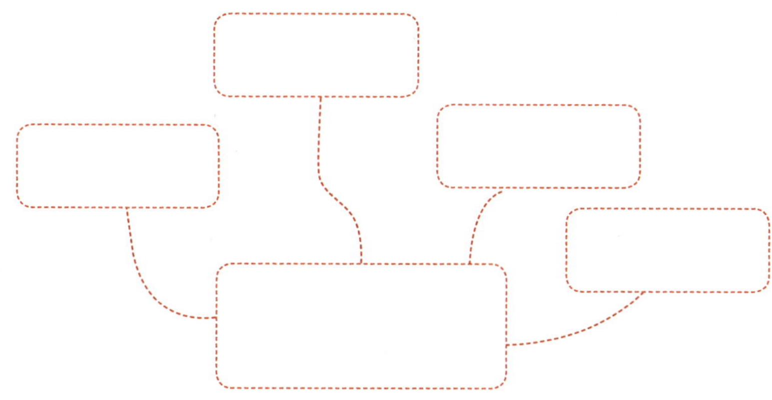

活动三

作家笔下的游戏是否唤起了你的记忆？选择你最爱玩的游戏，把游戏过程写下来。

通过范文与组文阅读，我们不仅感受到了阅读的快乐，还学到了一些阅读策略。让我们张开阅读的翅膀，继续在文字的天地中自由飞翔，采撷精神食粮。

阅读时，要注意运用学到的阅读策略，提高阅读效率，体会作者表达的情感，并试着把学到的方法运用到自己的习作中。

1 玩　具

史铁生

我有生的第一个玩具是一只红色的小汽车，不足一拃长，铁皮轧制的外壳非常简单，有几个窗但是没有门，从窗间望见一个惯性轮，把后车轮在地上摩擦几下便能“嗷嗷——”地跑。我现在还听得见它的声音。我不记得它最终是怎样离开我的了，有时候我设想它现在在哪儿，或者它现在变成了什么存在于何处。

但是我记得它是怎样来的。那天可谓双喜临门，母亲要带我去北海公园玩，并且说舅舅要给我买那样一只小汽车。母亲给我扣领口上的纽扣时，我记得心里充满庄严。在那之前和在那之后很久，我不知道世上还有比那小汽车更美妙更奢侈的玩具。到了北海公园门前，东张西望并不见舅舅的影儿。我提醒母亲："舅舅是不是真的要给我买个小汽车？"母亲说："好吧，你站在这儿等着，别动，我一会儿就回来。"母亲就走进旁边的一排老屋。我站在离那排老屋几米远的地方张望，可能就从这时，那排老屋绿色的门窗、红色的梁柱和很高很高的青灰色台阶，走进了我永不磨灭的记忆。独自站了一会儿，我忽然醒悟，那是一家商店，可能舅舅早已经在里面给我买小汽车呢，我便走过去，爬上很高很高的台阶。屋里人很多，到处都是腿，我试图从拥挤的腿之间钻过去靠近柜台，但每一次都失败，刚望见柜台就又被那些腿挤开。那些腿基本上是蓝色的，不长眼睛。我在那些蓝色的旋涡里碰来转去，终于眼前一亮，却发现又站在商店门外了。不见舅舅也不见母亲，我想我还是站到原来的地方去吧，就又爬下很高很高的台阶，远远地望那绿色的门窗和红色的梁柱。一眨眼，母亲不知从哪儿来了，手里托着那只小汽车。我便有生第一次摸到了它，才看清它有几个像模像样的窗，但是没有门——对此我一点儿都没失望，只是有过一秒钟的怀疑和随后好几年的设想，设想它应该有怎样一个门才好。我是一个容易惭愧的孩子，抱着那只小汽车觉得不应该只是欢喜。我问："舅舅呢，他怎么还不出来？"母亲愣了一下，随我的目光向那商店高高的台阶上张望，然后笑了，说："不，舅舅没来。""不是舅舅给我买吗？""是，舅舅给你买的。""可他没来呀？""他给我钱，让我给你买。"这下我听懂了，我说："是舅舅给的钱，是您给我买的，对吗？""对。""那您为什么说是舅舅给我买的呢？""舅舅给的钱，就是舅舅给你买的。"我又糊涂了："可他没来他怎么买呢？"那天在北海公园的大部分时间，母亲都在给我解释为什么这只小汽车是舅舅给我买的。我听不懂，无论母亲怎样解释我绝不能理解。甚至在以后的好几年中我依然冥顽不化固执己见，每逢有人问到那只小汽车的来历，我坚持说："我妈给我买的。"或者再补充一句："舅舅给的钱，我妈进到那排屋子里去给我买的。"

对，那排屋子：绿色的门窗，红色的柱子，很高很高的青灰色台阶。我永远不会忘。惠特曼的一首诗中有这样一段："有一个孩子逐日向前走去/他看见最初的东西，他就倾向那东西/于是那东西就变成了他的一部分，在那一天，或在那一天的某一部分/或继续了好几年，或好几年结成的伸展着的好几个时代。”

正是这样，那排老屋成了我的一部分。很多年后，当母亲和那只小汽车都已离开我，当童年成为无比珍贵的回忆之时，我曾几次想再去看看那排老屋。可是非常奇怪，我找不到它。它孤零且残缺地留在我的印象里，绿色的门窗、红色的梁柱和高高的台阶……但没有方位没有背景周围全是虚空。我不再找它。空间中的那排屋子可能已经拆除，多年来它只作为我的一部分存在于我的时间里。

但是有一天我忽然发现了它。事实上我很多次就从它旁边走过，只是我从没想到那可能就是它。它的台阶是那样矮，以致我从来没把它放在心上。但那天我又去北海公园，在它跟前偶尔停留，见一个三四岁的孩子往那台阶上爬，他吃力地爬甚至手脚并用，我猛然醒悟，这么多年我竟忘记了一个最简单的逻辑：那台阶并不随着我的长高而长高。这时我才仔细打量它。绿色的门窗，对，红色的柱子和青灰色的台阶，对，是它，理智告诉我那应该就是它。心头一热，无比的往事瞬间涌来。我定定神退后几米，相信退到了当年的位置并像当年那样张望它。但是张望越久它越陌生，眼前的它与记忆中的它相去越远。从这时起，那排屋子一分为二，请你仔细找一找，文章一共出现了几次老屋？多次出现的老屋承载着作者怎样的情感呢？

成为我的两部分，大不相同甚至完全不同的两部分。那么，如果我写它，我应该按照哪一个呢？我开始想：真实是什么？设若几十年后我老态龙钟再来看它，想必它会二分为三成为我生命的三部分。那么真实，尤其说到客观的真实，到底是指什么？

阅读链接

品读第2自然段，感受作者史铁生字里行间流露的对母亲深深的思念之情。史铁生思念母亲的文章还有《秋天的怀念》《我与地坛》等。

② 叠　纸

李杭育

小时候，我常去看大人怎么造房子。有砌砖墙的，也有夯(hāng)土墙的，然后上梁，钉椽(chuán)子，直到盖瓦或者苫(shàn)草……

那孩子会一直站在那儿看上半天。

手脚很痒痒。眼睛里满满含着无限多的羡慕。

但他并不气馁(něi)。他也有自己摆弄得来的造物的材料。只需一两分钟，他就能用一张纸叠出一只小船来。

他，还有别的孩子，都可能是叠纸的高手。天生具有造物欲望的我们，在能够对付木材、石头乃至钢铁之前，肯定都已经很有成效地对付过纸了。

别的什么材料比纸张更容易让小时候的我们拿来做这做那？从天上飞的飞机，到地上跑的火车，我们都造了。我们造的小船多密实，放在小水洼、小水沟里，真能漂荡上很久，除非是纸泡烂了。造坦克的本事稍微差些，有时炮筒不太直溜。可喷雾器绝对是够优质的，往里面装进多少粉笔灰，它就能一下一下地全都给你喷射出来。桌是桌，椅是椅，床是床，都有像模像样的形状，都能让我们叠的纸人儿在那上边吃饭、睡觉。当然纸的尺寸稍做变动，桌子也可以变成茶几，于是小人儿坐在那里就是喝茶了……

还有叫作“东南西北”的叠纸把戏，有点演木偶戏的感觉，用两个大拇指和两个食指一同撑着，或前后或左右地张开，闭拢，让你瞧那里面写在两个东南西北壁上的八个字，怎样搭配、拼接，组成如何戏弄你的词句。还有女孩们常叠的纸鹤，长长的脖子，尖尖的嘴。抽动它的尾巴，翅膀也会跟着扇动。

反正，用上很多想象力，从前的我们，还会造出很多很多。

感觉上，好像没有什么东西是我们不能用纸叠一个出来的。

而且，好像所有人的小时候，都是这方面的能工巧匠。

所有这一切想象力的创造，让所有从前直至更从前的我们，一代一代地传了下来……

别的游戏或许有男女之分，叠纸却成全所有的男孩、女孩。自然，性情不同，兴趣各异，还是有些花样上的差别的。小姑娘一般不造枪炮，她们通常爱叠的是纸床呀，桌椅呀，小船小房小人儿之类，大体上是些静物，当摆设，供自己观赏的。大概也因为如此，女孩的这些叠纸玩意儿常常能够保存很久。

你用纸叠过哪些有意思的东西？和同学一起分享。

而浮躁、好动的男孩，显然更爱叠那些会转，会动，甚至会跑会飞的。当初那个站在一旁看大人造房子的男孩，叠飞机最拿手，投出去会飘飘然地滑翔很长的一段距离。再就是风车了，举在手里往前跑，四片叶轮转得飞快……

感觉一好，还好像他自己是让那风车带动着跑的呢。

③ 兔儿爷

金　波

小白兔向来是孩子们的宠物，雪白的绒毛，通红的眼睛，尤其是温顺的性格，让我们格外爱怜。

每年中秋节，市面上除了卖月饼、水果、干果外，最引起我们孩子家兴趣的，就数泥塑兔儿爷了。

本是兔儿，偏又以“爷”相称，这在别的动物中，绝无这种殊荣。“爷”字向来是与长辈，与威严连在一起的。在人间不说，单就诸神而论，我小时候就知道有“灶王爷”“土地爷”“财神爷”……对这些“爷”们，须格外敬畏，以免招灾惹祸。

这兔儿爷，虽然也算得上广寒宫里的“神兔”，即使称得上“爷”，我们也并不惧怕它，相反，都觉得这兔儿爷和我们最平等、最亲近。每年的中秋节，都愿意“请”一尊兔儿爷来和我们玩耍。它带给我们的快乐，是别的玩具所不能代替的。

对兔儿爷的喜爱，除了源于对生活中真实小白兔的喜爱之外，还由于兔儿爷多了几分童话色彩。

兔儿爷的外貌就很奇特，兔脸儿，人身子，那样子格外引人遐想。

那时候，每逢买来一个兔儿爷，总是沉甸甸地抱在怀里，和它脸对脸地对视好久。兔儿爷的眼睛瞪得圆圆的，很有神。三瓣嘴闭得紧紧的，显得很严肃。脸蛋儿上总是施着淡淡的胭脂，样子有些滑稽可笑。

兔儿爷的穿着打扮也很奇特，有的穿着大红袍，有的披着甲胄(zhòu)，有的背插令旗，样子很是威武。

兔儿爷可不是卧在那儿，而是骑着老虎，或者狮子，或者麒麟，好像随时准备出征，无往而不胜。

请你再读读描述兔儿爷样子的相关片段，试着画一画兔儿爷吧！

在我买到的众多的兔儿爷中，我最喜欢的是一种叫“呱嗒呱嗒嘴”的兔儿爷。这种兔儿爷嘴唇会动，一动就发出“呱嗒呱嗒”的响声。原来有一根线连着嘴唇，从中空的身体中伸到脚下，用手一拽，嘴巴一张一合，就会发出声响。

说起兔儿爷，本是中秋祭月的象征，以兔代月，又是源于兔居月中捣药的神话。妇女拜月，供的是“月光码儿”，我们孩子效法妇女，供的是兔儿爷。对我们这些孩子来说，拜月是游戏，兔儿爷就成了我们的玩具了。

小时候，年年中秋节都要买一个兔儿爷。开始年龄小，买个二三寸高的，随着年龄增长，买的兔儿爷也越来越大，我买过的兔儿爷，最大的有身高一尺的。

兔儿爷最大的有二三尺高。这么高的，我没买过，一来因为抱不动，二来也没地方摆。

已经好多年没见过兔儿爷了，如果现在有卖兔儿爷的，我一定买一个大个儿的。

阅读链接

1.坐象兔儿爷：“象”与“祥”同音，象本身也是祥瑞，坐象兔儿爷的寓意为吉祥如意。

2.坐虎兔儿爷：虎为百兽之王，是统帅，坐虎兔儿爷象征事业有成，人脉广博。

3.麒麟兔儿爷：因麒麟吐书的典故而流传，麒麟兔儿爷象征学识广博，学业有成。

④ 我的童玩（节选）

林海音

挝子儿

北方的天气，四季分明。孩子们的游戏，也略有季节的和室内外的分别。当然大部分动态的在室外，静态的在室内。女孩子以女红兼游戏是在室内多，但也有动作的游戏，是在室内举行的，那就是“挝子儿”。

挝子儿的用具有多种，白果、桃核、布袋、玻璃球，都可以。但玩起来，它们的感觉不一样。白果和桃核，其硬度、弹性差不多。布袋里装的是绿豆，不是圆形固体，不能滚动，所以玩法也略有不同。玻璃球又硬又滑，还可以跳起来，所以可以多一种玩法。

单数（五或七粒）的子儿，一把撒在桌上，桌上铺了一层织得平整的宽围巾，柔软适度。然后拿出一粒，扔上空，手随着就赶快拣上一颗，再扔一次，再拣一颗，把七颗都拣完，再撒一次，这次是同时拣两颗，再拣三颗的，最后拣全部的。这个全套做完是一个单元，做不完就输了。

女性的手比较巧于运用，当然是和幼年的游戏动作很有关系。记得读外国杂志说，有的外科医生学女人用两根针织毛线，就是为了练习手指运用的灵巧。

捉子儿，冬日玩得多，因为是在室内桌上玩。记得冬日在小学读书时，到了下课十分钟，男生抢着跑出教室到外面野，女生赶快拿出毛线围巾铺在课桌上，捉起子儿来。

为了收集这些玩具给《汉声》，我买来一些白果，试着玩玩。结果是扔上一颗白果，老花眼和略有颤抖的手，不能很准确地同时去拣桌上的和接住空中落下来的了。很悲哀呢！

除了捉子儿，在桌上玩的，还有“弹铁蚕豆儿”。顾名思义，蚕豆名铁，是极干极硬的一种。没吃以前，先用它玩一阵吧，一把撒在桌上，在两粒之中用小指立着划过去，然后捏住大拇指和食指，大拇指放出，以其中的一粒弹另外一粒，不许碰到别的。弹到了，就可以拣起一粒算胜的，再接着做下去，把所有的都弹光就算赢了。

剪纸的日子

一张张四四方方彩色的电光纸，对折，对折，再对折，小小的剪子在上面运转自如地剪起各种花样。剪好了，打开来，心中真是高兴，又是一张创作，图案真美，自己欣赏好一阵子，夹在一本爸爸的厚厚的书里。

剪纸，并不是小学里的剪贴课，而是北方小姑娘的艺术生活之一。有时我们几个小女孩各拿了自己的一堆色纸，凑在一起剪，互相欣赏，十分心悦。

等到长大些，如果家中有了喜庆之事，像爷爷的生日，哥哥娶嫂子，到处都要贴寿字、双喜字，我们就抢不及地帮着剪，这时有创意的艺术字，就可以出现了。

日积月累

人类的罪过只有两种根源——懒惰和迷信，德行也只有两种——活动和智慧。

——列夫·托尔斯泰

我们在我们的劳动过程中学习思考，劳动的结果，我们认识了世界的奥妙，于是我们就真正来改变生活了。

——高尔基

⑤ 在树上唱歌

刘保法

通常情况下，青蛙在池塘里唱歌，蜜蜂在花丛里唱歌，蟋蟀、纺织娘和油葫芦在草丛里唱歌，在树上唱歌的恐怕只有鸟儿和知了，哪有人在树上唱歌的？然而千真万确，我确实曾经跑到小树林里，爬到一棵老榆树上唱歌，而且大唱特唱，一唱就是两年。

事情的起因是一次学校庆祝国庆的联欢会。联欢会上有个大合唱节目叫《祖国颂》，那是高三年级的压轴戏。那年我读初二，早就听说高三有一个男生和一个女生唱歌非常好听，所以就急切地等待着《祖国颂》的演出。果然，节目一开始，就把全场的气氛推向了高潮——

江南丰收有稻米，江北满仓是小麦，高粱红啊棉花白，密麻麻牛羊盖地天山外……

气势宏伟的前奏一结束，那两个唱歌非常好听的男生和女生就轮流上场领唱了。他们领唱的时候，大礼堂里的所有人都好像屏住了呼吸，眼睛睁得亮亮的，耳朵竖得高高的，全场鸦雀无声，只有那两个男生女生优美动听的歌声在礼堂里回荡。我特别喜欢那个男生，他的声音清脆响亮、委婉高远，再加上他那俊秀的脸庞和潇洒的身姿，说把我迷得神魂颠倒是一点也不过分的！不瞒你说，后来我连续好几天，都在下课后，偷偷跑到高三年级的教室外，看那个男生和那个女生。他们成了我崇拜的偶像，我成了他们的铁杆歌迷。再后来，就传出消息，说那个男生被上海合唱团看中，那个女生被上海音乐学院录取……我的心里真是羡慕得不得了，想想自己的歌喉也不错，如果将来也能被上海合唱团看中，或者被上海音乐学院录取，那该多好呀！

当个歌唱家——这个美丽的梦想，就这么在我心底扎下了根。

谁都知道，当歌唱家除了天赋，天天练唱是必需的。这就给我出了道难题：我从小就胆小，怕难为情，平时在生人面前一说话就脸红，如今要我在大庭广众之下，旁若无人、毫无顾忌地唱歌，岂不是要我的命？在家里也不行，偶尔哼一两句还可以，要是一本正经地唱，肯定会被哥哥姐姐、侄子侄女们笑话。即使家人全部外出、我独自在家的时候也不行。你想想，左邻右舍听到了，多难为情啊！那么就去野外田头唱歌如何？我试过几次。有一次，我在我家菜地里唱歌，唱着唱着，走来一个村民，他用异样的眼光看我，弄得我很尴尬，恨无地洞可钻。最后，我终于想到了那片小树林，我决定爬到小树林的老榆树上去唱歌！这真是一个绝妙的想法：小树林离村子远，很少有人去。我放开嗓子唱，也不会有人听见，而且，爬到树上唱歌还能让自己产生一种登台表演的感觉，很容易进入角色。爬到树上唱歌站得高看得远，一旦看到有人远远地走过来，我可以马上压低嗓音，甚至暂时不出声，等来人过去了，再重新放开嗓子大声唱……

我就这么开始了在树上唱歌的有趣经历。

想想好笑，我最初的歌唱舞台竟是小树林中那棵老榆树。我最初的舞台搭档，竟然是小树林里的鸟儿、知了，池塘里的青蛙，还有草丛里的蟋蟀、纺织娘、油葫芦……它们既是我的舞台搭档，又是我的忠实听众；我是它们崇拜的偶像，它们也乐于做我的铁杆歌迷。常常是这样，每当我在老榆树上放声高歌的时候，鸟儿、知了、青蛙、蟋蟀、油葫芦和纺织娘们，就全都不叫了；它们突然全部静音，一定是被我的歌声感染了，陶醉了，是在全神贯注、聚精会神地倾听呢！而当我唱累了，躺在我的“空中躺椅”上休息、读书的时候，这些小家伙们又全都兴高采烈地鸣唱起来。你听，鸟儿“叽叽喳喳”地唱，青蛙“呱呱呱呱”地唱，蟋蟀“蛐蛐蛐蛐”地唱，知了不停地唱“热死了热死了”……此起彼伏，热情奔放，那是对我激情演唱最好的回报。也可以这么理解，我的领唱完毕，它们的合唱便开始了……我们真是一个训练有素的合唱团，我们真是最佳舞台搭档！

整整两年，我在老榆树这个独特的舞台上出尽了风头。

江南丰收有稻米，江北满仓是小麦，高粱红啊棉花白，密麻麻牛羊盖地天山外……

曾经感动过我的《祖国颂》，早已被我唱得滚瓜烂熟、声情并茂。我还学会了当时流行的其他歌曲，甚至拿到一个新歌谱，自己练几遍就能唱得像模像样……我感觉自己的歌唱水平好像已经不亚于那个高三男生的了。我暗暗高兴，开始耐心地等待机会，等待上海合唱团到学校来物色歌手，等待上海音乐学院到学校来招生。我连续做了好几次梦，梦见自己已经不再在树上唱歌了，而是潇洒地站在有聚光灯照射、有合唱团伴唱和乐队伴奏的学校大礼堂的舞台上领唱……有一次，大哥带我们几个（包括小林根、阿三和罗铭思等）逛淮海路，走过一个有围墙、有洋房、有高高香樟树的大院的时候，大哥说，这里就是上海音乐学院。我听了心里一热，差点说出这样一句话：“我以后可能会被音乐学院录取。”可我强忍住没说。我怕我说了，会被他们笑死，更会被罗铭思这家伙咋呼得全校都知道，让我丢尽脸面。唉，也幸亏我没说，我从初二等到初三，等了一个学期又一个学期，还几次三番转弯抹角地去老师那里探听招生消息，结果都是失望而归：这两年里，无论是上海合唱团，还是上海音乐学院，都没有人到学校来过。一直等到初三毕业，我才不得不带着遗憾离开了母校，开始了另一种生活……

——我最终没能成为一个歌唱家，但在树上唱歌的经历，却让我享受至今！

树上唱歌的经历让作者享受至今，你生活中有哪些有趣的故事？和同学交流一下吧。

6 童年的画

浇　洁

我的童年有四幅画，随着年龄增长，愈来愈清晰，且让人回味无穷。

春天的像一幅水彩画。起雾的天，蒙蒙的水汽，竹林的每片叶子都缀满了细细密密的水珠，像百足虫纤细的脚。松软的田埂上，嫩绿的青草跟我的雨鞋玩着游戏。几只白鹭在翻好的水田里，展开翅膀，轻盈地从一个耸出水面的土块跳到另一个土块，弓着背曲着长颈寻觅鱼、虫。不远处，影影绰(chuò)绰中的身影，唯有我能在浓雾中认出——那是我的父亲，在竹林边的水田里，扶犁赶牛耕着田，雾中响起他耕田翻土时卷起的哗哗声，以及从他丹田发出的短促的呵牛声：嘿！嗬嗬……嘿！

夏日的像一幅中国画。黄昏，落日的余晖将天染成绚烂的红，空气中弥漫着曝(pù)晒了一天的稻秆的清香。田垄上，沾了一身泥的壮年男子打着赤脚，脚趾一个个分开着巴着地，肩上背一张弯犁，牵着牛，疲惫地拖着身子慢慢往家走。收工早些的村妇，利索地收完晒谷，风风火火地上菜园摘满一竹篮蔬菜，到小溪里一漂一荡，恨不得一步跨到家。石缝间长着蕨(jué)草的拱桥下，几个光溜溜的男孩在水里嬉闹着，打着水仗，全身溅满了水花。溪里的一绺(liǔ)绺丝草也忍不住摆手扭腰跳起了蛇形舞。家里厅堂里的灯，晕出一圈圆圆的影子。母亲在厨房里忙碌着，柴火灶里飘出水蕹(wèng)菜和腌菜肉的香味……

秋天的像一幅油彩画。水是清的，连收割后稻田里的水都是浅浅的，一汪见底的清。村口那棵老樟树上结着一簇簇的黑籽，比赛着扑扑往下掉，变成一摊摊破碎四射的墨汁。从春到秋都边长边落的叶子，老了还是青的，它们从枝头离开，过一晚就黑了，仿佛土地是个大染缸。晒谷场上晾着刚滤淀出来的红薯粉，粉白粉白的。晒场边的山脚下长着几棵三个人都抱不过来的大枫树，霜风吹过，变成几丛篝火。叶子像喝醉了酒，红着脸摇摇晃晃，飘落在雪白的薯粉上，红白相衬，异常鲜艳。傍晚，风刮得脸生疼，婶子一边喊着两个在屋后烧枯枝稻秆、煨红薯玩耍的孩子，一边将晒在竹簟(diàn)上的薯粉聚拢收起。有些薯粉沾在竹簟上，她顺手操起一根木棍，往簟背“啪啪啪”地拍打，此时，夕阳正渐渐落下山头。

冬日的像一幅素描画。山上的竹鸡“嘘叽鸡脚拐、嘘叽鸡脚拐”地鸣叫着，乌桕(jiù)树褪尽一身的彤红，光秃秃地站在四面透风的牛栏边。牛栏里铺有几块长条麻石，几根杉木柱撑着杉树皮盖的顶，满地是还没清理干净的牛粪。大伯戴着耷拉着帽耳的黄棉帽，穿着黄棉袄，搓着两手哈着嘴里的热气，一天三趟把牛从栏里牵出来喝水。天太冷，池塘里结着薄冰，大伯往牛栏里多丢了两捆稻秆，用烧猪食的锅烧了一大锅热水，倒在盛牛食的木盆里，添上几木勺秕(bǐ)谷，拌上谷糠和两碗剩饭，顿时，热气冲破空中坚硬的寒冷，白缕缕地升腾开来。

美好的童年是一幅色彩斑斓的画卷，你能按顺序说一说作者都写了关于童年的哪几幅画吗？

7 蜘　蛛

［苏联］普里什文

我生起炉子。当火焰笼罩了木柴时，在一根劈柴发暗的断面上，我看到了一只蜘蛛。它兴高采烈，不过也许是因为觉得热而感到不安。它顺着断面跑到了尽头处，而迎接它的却是一片火海。

如果看到动物处在悲惨境地，我总要设想自己处在它的位置。每当我设身处地时，不会忘了把它那个相对的范围换成大小和我相称的地方。劈柴上那点面积换成我所在的地方，就好比是一间房子。对我来说，就好比我的房子四面都起火了。蜘蛛奔到另一端，那儿也是一片火海。就这样绕着劈柴的整个断面跑了一圈，它停下来，呆住了。懒得动手救出这只蜘蛛，还不单是懒而已，而是似乎在向谁挑战：哼，仿佛说，我还要去管这种事吗？由它去吧！我们人类自己的灾难已经够多的了，让蜘蛛自己照顾自己吧！

这时火已包围了这根劈柴。大概支撑着它的另一根劈柴塌下去了，于是轰隆一声，我们这根有蜘蛛的劈柴突然垮下来，倒到屋子里，蜘蛛曾经待着的那个断面猛一下子撞在炉边被铁器碰坏了的地板上。

我以为，经这么一撞，蜘蛛大概已经粉身碎骨了。但当我捡起那根劈柴的时候，蜘蛛却生气勃勃，在一块铁片上跑了起来。这时我的小狗发现了它，于是把鼻子伸到它身上去，而且像它往常碰到昆虫时一样，淌出一大摊口涎(xián)，形成了一片口涎的海洋。在这海水当中，隐约看得出一个很小的小岛，这就是蜘蛛所留下的一切了。不过这还不是结局。

渐渐地，小岛动弹起来，从海里爬上了陆地。似乎它只剩了两条腿，但后来变成三条，四条，就这样，粘在一起的腿都舒展开了，于是蜘蛛很快向一个黑暗的角落爬去。

我向它祝贺，同时想起了我自己生活中一件情况复杂的意外事故，当时我也是丝毫不靠别人帮助，在一场火灾中安然脱险。后来又想到战时的情况，想到我也曾像这只蜘蛛一样，浑身湿透，从大海里爬出来。什么事情我没经历过啊……

可见在世界上什么也不要怕，在任何情况下都不要在灾难之中灰心丧气。

（非琴　译）

8 小动物[1]

秦 牧

儿童时代我很喜欢小动物，养过小鳄鱼、小白鼠、兔、斗鸡、山龟、斗鱼种种东西。

在耍弄小动物当中，我做过一些有趣的事，也做过一些蠢事。

热带有一种鱼，叫作“过山鲫”（也叫作“巴摩鱼”），十分耐死，把它捞起来，离水半个小时也不会死。听说天旱的时候，它能够从干涸的地方，不断跃动，找到有水的地方，再度生活下去。“过山鲫”这个称号，就是由此而来的。

我在家里的大水缸中，养了几条“过山鲫”，每次洗澡的时候，总是把它们捞了出来，放在地面，看它们跃动，数着：“一，二，三，四！”想象着它们是在进行比赛。过了好一会儿才把它们放回水缸。

---

① 选自秦牧的散文《童年十忆》。

有一次家里买了几只鳖(biē)来吃，我要求留下一只给我玩，大人不答应，我再三恳求，大概“哼”得久了，大人不胜其烦，只好答应，但是再三吩咐道：“要小心啊，不要给咬着，你如果给咬了，还得打你一顿鞭子！”

我就躲着，悄悄和这只鳖“玩”起来了！小时候有时真蠢啊！我竟设想这只鳖是不敢咬我的，我伸出一只手指去逗它，当它把脖子伸出来的时候，我就迅速把手移开。经过多次逗弄，我都平安无事，胆子就越发大了。最后一次，当我把手指伸到十分接近鳖的吻端的时候，它突然迅速伸颈一咬，唉，一下子就给咬住了！鳖咬的痛楚，是很难形容的。但我强忍着，不敢哭喊，生怕给大人们知道。我举起手来，企图甩脱它。但鳖悬在半空中，仍然不肯松口，我只好拼命用力甩，过了好一阵子，才把它甩脱，手指已经变得血淋淋了。

“愚蠢是要受报复的”，小愚蠢受小报复，大愚蠢受大报复。这事给了我很深的印象。长大以后，我又知道，好些小朋友由于愚蠢和粗心，有些人比我吃到更大的亏。例如：不知道水的深浅就去游泳，不知道冰的厚

联系上下文，结合自己的生活经历，说说你是怎么理解“愚蠢是要受报复的”这句话的。

薄就去溜冰，在电线密布的地方放风筝，在高台危险的地方捉迷藏，不但有人因此受伤，还有人因此送命。

一个人从小就要学习，就要努力使自己聪明一点，实事求是一点才好。我常常这样想。

阅读链接

鳖，又叫“甲鱼”“团鱼”，是一种爬行动物。鳖的形状像龟，背甲上没有乌龟般的条纹，边缘有厚实的裙边，头颈和四肢可以缩进壳内。鳖生活在河湖、池沼中，捕食鱼、虾、螺等。

9 你唱起一支童年的歌

顾　城

一

在太阳醒来的时刻，
你唱起一支童年的歌。
那快活的节拍
就像融化的雪水，
从屋檐上滴落，
从树枝上滴落。

那是一个美丽的故事，
那是一个遥远的传说。

二

在月亮困倦的时刻，
你唱起一支童年的歌。
那美好的旋律

就像天真的泉水，
从群山间走过，
从石缝间走过。

那是一个奇特的故事，
那是一个迷人的传说。

副　歌

透明的泪水，
从你的嘴角滑落；
童年的歌曲，
从我的心中流过。
啊，啊，
让我们手拉着手
去寻找每一个时刻，
去寻找月亮的声音，
去寻找太阳的颜色，
去采那故事里的小红花，
去摘那传说中的金苹果。
啊，啊，

去采那最美的小红花，

去摘那幸福的金苹果。

阅读链接

顾城（1956—1993），中国朦胧诗派的代表诗人。代表作有《一代人》《弧线》《我是一个任性的孩子》等。《一代人》中的“黑夜给了我黑色的眼睛，我却用它寻找光明”成为中国新诗的经典名句。

让我们走进这组文章，体验阅读的快乐吧。阅读时，注意抓住重点语段，把握文章的主要内容。同时联系自己的生活实际，说说你从中得到哪些启示。

① 禽兽为邻（节选）

［美国］梭罗

常来我家的老鼠并不是平常的那种，平常的那种据说是从外地带到这野地里来的，而常来我家的却是在村子里看不到的土生的野鼠。我寄了一只给一个著名的博物学家，他对它产生了很大的兴趣。还在我造房子那时，就有一只这种老鼠在我的屋子下面做窝了，而在我还没有铺好楼板，刨(bào)花也还没有扫出去之前，每到午饭时分，它就到我的脚边来吃面包屑了。也许它从来没有看见过人，我们很快就亲热起来，它驰奔过我的皮鞋，而且从我的衣服上爬上来。它很容易就爬上屋侧，三下两蹿就上去了，像松鼠，连动作都是相似的。到后来有一天我这样坐着，用肘子支在凳上，它爬上我的衣服，沿着我的袖子，绕着我盛放食物的纸不断地打转，而我把纸拉向我，躲开它，然后突然把纸推到它面前，跟它玩躲猫儿。最后，我用拇指与食指拿起一片干酪来，它过来了，坐在我的手掌中，一口一口地吃了它之后，像苍蝇似的擦擦它的脸和前掌，然后扬长而去。

很快就有一只美洲鹟(wēng)来我屋中做窠，一只知更鸟在我屋侧的一棵松树上巢居着，受我保护。六月里，鹧鸪这样怕羞的飞鸟，带了它的幼雏经过我的窗子，从我屋后的林中飞到我的屋前，像一只老母鸡一样咯咯咯地唤它的孩子们，它的这些行为证明了它是森林中的老母鸡。你一走近它们，母亲就发出一个信号，它们就一哄而散，像一阵旋风吹散了它们一样。鹧鸪的颜色又真像枯枝和败叶，经常有些个旅行家，一脚踏在这些幼雏的中间了，只听得老鸟拍翅飞走，发出那焦虑的呼号，只见它的扑扑拍动的翅膀，为了吸引那些旅人，不去注意它们的前后左右。母鸟在你们面前打滚、打旋子，弄得羽毛蓬松，使你一时之间不知道它是怎样一种禽鸟了。幼雏们宁静而扁平地蹲着，常常把它们的头缩入一张叶子底下，什么也不听，只听着它们母亲从远处发来的信号，你就是走近它们，它们也不会再奔走，因此它们是不会被发觉的。甚至你的脚已经踏上了它们，眼睛还望了它们一会儿，可是还不能发觉你踩的是什么。有一次我偶然把它们放在我摊开的手掌中，因为它们从来只服从它们的母亲与自己的本能，一点也不觉得恐惧，也不打抖，它们只是照旧蹲着，这种本能是如此之完美。有一次我又把它们放回到树叶上，其中有一只由于不小心而跌倒在地了，可是我发现，它十分钟之后还是和别的雏鸟一起，还是原来的姿势。鹧鸪的幼雏不像其他禽鸟的幼雏那样不长羽毛，比起小鸡来，它们的羽毛更快地丰满起来，而且更加早熟。它们睁大了宁静的眼睛，很显著地成熟了，却又很天真的样子，使人一见难忘。这种眼睛似乎反映了全部智慧，不仅仅提示了婴孩期的纯洁，还提示了由经验洗练过的智慧。鸟儿的这样的眼睛不是与生俱来的，而是和它所反映的天空同样久远。山林之中还没有产生过像它们的眼睛那样的宝石，一般的旅行家也都不大望到过这样清澈的一口井。

（徐迟　译）

② 大自然的语言

竺可桢

立春过后，大地渐渐从沉睡中苏醒过来。冰雪融化，草木萌发，各种花次第开放。再过两个月，燕子翩(piān)然归来。不久，布谷鸟也来了。于是转入炎热的夏季，这是植物孕育果实的时期。到了秋天，果实成熟，植物的叶子渐渐变黄，在秋风中簌(sù)簌地落下来。北雁南飞，活跃在田间草际的昆虫也都销声匿迹。到处呈现一片衰草连天的景象，准备迎接风雪载途的寒冬。在地球上温带和亚热带区域里，年年如是，周而复始。

几千年来，劳动人民注意了草木荣枯、候鸟去来等自然现象同气候的关系，据以安排农事。杏花开了，就好像大自然在传语要赶快耕地；桃花开了，又好像在暗示要赶快种谷子。布谷鸟开始唱歌，劳动人民懂得它在唱什么："阿公阿婆，割麦插禾。"这样看来，花香鸟语，草长莺飞，都是大自然的语言。

这些自然现象，我国古代劳动人民称它为物候。物候知识在我国起源很早，古代流传下来的许多农谚就包含了丰富的物候知识。到了近代，利用物候知识来研究农业生产，已经发展为一门科学，就是物候学。物候学记录植物的生长荣枯，动物的养育往来，如桃花开、燕子来等自然现象，从而了解随着时节推移的气候变化和这种变化对动植物的影响。

物候观测使用的是“活的仪器”，是活生生的生物。它比气象仪器复杂得多，灵敏得多。物候观测的数据反映气温、湿度等气候条件的综合，也反映气候条件对于生物的影响。应用在农事活动里，比较简便，容易掌握。物候对于农业的重要性就在这里。下面是一个例子。

北京的物候记录，1962年的山桃、杏花、苹果、榆叶梅、西府海棠、丁香、刺槐的花期比1961年迟十天左右，比1960年迟五六天。根据这些物候观测资料，可以判断北京地区1962年农业季节来得较晚。而那年春初种的花生等作物仍然是按照往年日期播种的，结果受到低温的损害。如果能注意到物候延迟，选择适宜的播种日期，这种损失就可能避免。

物候现象的来临决定于哪些因素呢？

首先是纬度。越往北桃花开得越迟，候鸟也来得越晚。值得指出的是，物候现象南北差异的日数因季节的差别而不同。我国大陆性气候显著，冬冷夏热。冬季南北温度悬殊，夏季却相差不大。在春天，早春跟晚春也不相同。如在早春三四月间，南京桃花要比北京早开20天，但是到晚春五月初，南京刺槐开花只比北京早10天。所以在华北常感觉到春季短促，冬天结束，夏天就到了。

经度的差异是影响物候的第二个因素。凡是近海的地方，比同纬度的内陆，冬天温和，春天反而寒冷。所以沿海地区的春天的来临比内陆要迟若干天。如大连纬度在北京以南约1°，但是在大连，连翘和榆叶梅的盛开都比北京要迟一个星期。又如济南苹果开花在四月中或谷雨节，烟台要到立夏。两地纬度相差无几，因为烟台靠海，春天便来得迟了。

影响物候的第三个因素是高下的差异。植物的抽青、开花等物候现象在春夏两季越往高处越迟，而到秋天乔木的落叶则越往高处越早。不过研究这个因素要考虑到特殊的情况。例如秋冬之交，天气晴朗的空中，在一定高度上气温反比低处高。这叫逆温层。由于冷空气比较重，在无风的夜晚，冷空气便向低处流。这种现象在山地秋冬两季，特别是这两季的早晨，极为显著，常会发现山脚有霜而山腰反无霜。在华南丘陵区把热带作物引种在山腰很成功，在山脚反不适宜，就是这个道理。

此外，物候现象来临的迟早还有古今的差异。根据英国南部物候的一种长期记录，拿1741到1750年十年平均的春初七种乔木抽青和开花日期同1921到1930年十年的平均值相比较，可以看出后者比前者早九天。就是说，春天提前九天。

物候学这门科学接近生物学中的生态学和气象学中的农业气象学。物候学的研究首先是为了预报农时，选择播种日期。此外还有多方面的意义。物候资料对于安排农作物区划，确定造林和采集树木种子的日期，很有参考价值，还可以利用来引种植物到物候条件相同的地区，也可以利用来避免或减轻害虫的侵害。我国有很大面积的山区土地可以耕种，而山区的气候、土壤对农作物的适应情况，有很多地方还有待调查。为了便利山区的农业发展，开展山区物候观测是必要的。

物候学是关系到农业丰产的科学，我们要进一步加强物候观测，懂得大自然的语言，争取农业更大的丰收。

③ 大自然的恩赐

赵丽宏

关于春天的许多记忆都充满诗意，即便是在苦涩的岁月。这些记忆似乎构不成完整的故事，只是几个简单的细节、一些动人的印象，甚至只是一个美妙的瞬间，然而却历久而不忘，那种感觉，过了几十年还是清晰如当初。

二十多年前，我曾离开上海客居在苏南的一个小村庄。那是一个寒冷的冬天，冰雪覆盖了一切，世界变得惨白而单调。在寒风中行走，觉得自己就像是在冰雪中颤抖的一根枯枝，孤独无望，不敢想明天会怎么样。那年的冬天似乎特别长，二三月的天气，依然冰霜铺地，看不到春天降临的迹象。一天早晨，踏着浓霜在湖畔行走，我的眼睛蓦然一亮：罩着霜花的湖沿冻土中，竟钻出了几根粉红色的小尖芽！这是芦芽。这些又细又小的芦芽，看上去那么嫩，那么可怜。使我惊讶的是，它们怎么能从还未开冻的泥土中钻出来？湖沿上那些冻土简直就像石头，可以使锋利的铁锹(qiāo)卷刃。整个冬天，冻土都以威严强悍的面貌傲视着世界。阳光的照射可以使它融化于一时，但是只要夜幕降落，只要寒风一起，它便悄然封冻，成为铁板一块，连顽强的蚯蚓们也无法突破它对大地的封锁，而又嫩又小的芦苇却倔头倔脑地从冻土下钻出来了。这是生命创造的奇迹，是春天最初的脚步。我无法想象芦芽钻出冻土的过程，这过程一定痛苦而又漫长，需要恒心，需要忍耐，需要日复一日的等待……此后，我每天都以一种欣喜的心情观察这些芦芽，看它们一天天长高，逐渐抽出青青的嫩叶，长成一株株纤秀的小芦苇。我为芦苇的生命力而惊叹，也为姗姗来迟的春天而欣慰。

春天真是说来就来。几乎就在芦苇吐绿的同时，整个大自然都开始从冬眠中苏醒过来。枯枝上爆出了湿润的、毛茸茸的绿芽，田头路边的青草悄悄地蔓延开来。灰色的远山渐渐泛出青翠的绿，沉寂的湖水也变得澄澈晶莹……说不清这些变化发生于何时，似乎就是一夜之间的事情。最动人的，是南来的候鸟。燕子成双成对掠过水面和树林，到处听见它们快乐的呢喃。这些活泼的小鸟一点也不惧怕人类，不仅在人们头顶盘旋，还飞进屋里，在房檐下筑窝。有两只燕子就把窝垒在我窗上的房梁下。它们的工作引起我极大的兴趣。我看着它们用小嘴衔来泥和草，来来回回飞了无数次，终于营造起一个小小的窝。那种锲(qiè)而不舍的恒心使我感动。那个燕窝离我非常近，我开窗伸手就可以摸到它。两只小燕子于是成了我的邻居，我一有空就静静地观察它们，看它们快活地忙碌。它们有时甚至飞落在窗台上，我可以看清楚它们身上每一根亮晶晶的羽毛……一天夜里刮风，我听见窗外有燕子惊惶的叫声传来。第二天早晨开窗一看，那燕窝已被风刮落，两只燕子也不知去向，这使我惆怅了好久。

然而大自然中生命的歌唱却越来越热闹。印象最深的是湖中的鹭鸶。早晨，太阳还没有升起来，薄雾像若有若无的轻纱在湖面上飘。湖心那片稀稀落落的芦苇丛里有雪花似的小白点一闪一闪，那便是鹭鸶。这时候它们是朦胧的，只是一点点白色的小精灵，是昨夜梦境的残片，飘荡在宁静的空气中。薄雾散去，玫瑰色的朝霞浸透了湖波。这时便能很清楚地看见鹭鸶们悠然舞动的白色翅膀，这些自由自在的生命，如同从红霞里浮出的一片片白云。它们不时飞离水面，在苇丛上空飞翔一圈，然后落下来引颈长鸣，好像是在欢呼春天的到来……

陶醉在春日生机盎然的清新之中，我似乎暂时淡忘了人世的艰辛和烦恼，也由此生发出许多美好的联想，这是大自然的恩赐。白天劳动筋骨之后，晚上居然还有兴致写诗。我曾经这样写：不管生活的色彩如何黯淡，春天的容颜永远美丽而新鲜……

日积月累

描写春天的词语

春意盎然	春风拂面	万木争春	春山如黛
花红柳绿	春色满园	春暖花开	百花齐放
春和景明	鸟语花香	草长莺飞	杏雨梨云

④ 在长城上[①]

叶君健

长城号称万里。事实上今天我们所看到的明长城却有一万二千七百多里。它蜿蜒在沙漠上，盘旋在丛岭间，虽然已具有两千两百多年历史（从秦始皇修筑长城算起）的遗迹，但它仍然充满了生命。它像一条长龙，似乎是在奔驰，又似乎是在准备起飞的样子。当然这只是一种印象——你向它远眺时所获得的一种印象。特别是当你从北京驱车一程一程地开向八达岭的时候。这个印象只有当你登上它的时候才有实质性的改变：你会觉得它像一个奇特的堡垒。这里所谓“奇特”，是因为它并非我们在习惯中所理解的那种单一的建筑，它是一大长串。堡垒一个接着一个，连成一气，看上去不知是从什么地方开始，也不知是到什么地方结尾。

八达岭是这一系列堡垒中最富有代表性的单元。这里

---

① 选入本书时略有改动。

墙身高大坚固，外壳全是用整齐的巨大条石筑成，城顶上铺砌着方砖，十分平整。虽然城墙是下宽上窄，但在长城顶上五六匹马都可以并肩前进。墙顶靠外的一侧有高达两米的垛口，垛口上都还有瞭望口，垛口下面则是用作射击的小洞。由于地势陡峭，城墙靠内的一侧还有券门，开向一系列通到外边地面的阶梯，士兵可以从这里上下。这样一座堡垒，进可以攻，退可以守，但它们又与一般堡垒不同，它们的数目是那么多，紧接不断，一望无际！

但这些堡垒使你感到更惊奇的地方，恐怕还不一定是它们那庞大的规模和气魄，而是一件相比之下似乎微不足道的东西：修筑它们外壳的那些条石。这些条石会使人联想起那些耸立在开罗郊外吉札的金字塔。金字塔上的条石和这里的条石都有一个共同点：整齐，但是非常沉重，每一块恐怕要重达一吨还有余。这就会使人发问：它们是怎样从采石场被运到这阿拉伯沙漠之上或中国崇山峻岭之巅呢？就是在我们拥有巨大马力起重机的今天，这恐怕还是一个难题。当然，吉札的地理条件要比像八达岭这样的高山好得多：它靠近尼罗河畔，有水路运输的方便。但是我们修筑长城的祖先是怎样把它们搬到这些“塞外”的高山上呢？这对今天的人说来，仍然是一个费思索的谜。

但长城终于还是修筑成了，而且是修筑得那么好。经过了千百个寒暑，它今天仍然巍然地屹立在我们面前。这是我们现在亲眼看到的事实。在这个事实的后面，我们不难想象，这个古老的建筑该是凝集着我们祖先的多少血、泪和汗。据历史的记载，修筑长城的秦始皇——自称为“天下第一皇帝”——征集了百万劳动大军来完成这项工程。当时全国人口只不过两千万左右，其中男劳动力也不过是五百万。他修筑长城就一下子调走了全国劳动力五分之一！这对生产该会带来多大的灾害：田园荒芜，接踵而来的必然是饥馑。事实上也是如此。但就长城这项工程本身而言，一百万的壮工也并不一定就能完成任务。然而任务还是完成了，而且质量也还不坏。这说明什么呢？这说明这个建筑除了渗透了我们祖先的血和汗外，还体现出他们的聪明和才干。当然它也暗示着，为了完成这个任务，那位始皇帝派下来的监工，该是在这修筑工人的背上挥动了多少千万次皮鞭和刀剑。难怪在中国人民的心目中，长城不仅具有生命，而且还充满了感情。传说中的孟姜女，为了给修筑长城的丈夫送去寒衣，不惜跋涉万里，来到长城的工地。当她发现丈夫已经不在人世的时候，她的一声哀哭就感动了这座坚固的建筑，突然有一段崩塌——作为它对她的同情，也对那位“天下第一皇帝”的抗议。

因此也不难理解，统一了中国、建立了中央集权制度、规范化了全国的文字、确立了通用的度量衡标准的这位“天下第一皇帝”，他的王朝在中国历史上却短得不能再短。最具有讽刺意味的是，为了保证他的帝国长治久安，他采取了不少残暴的统治手段，结果他的王朝不到二十年就灭亡了。

但长城究竟是广大人民血汗和智慧的结晶。它是不会灭亡的。秦始皇当初设计它的意图，是想把“塞外”和“塞内”的人民隔开，彼此不相往来。但历史的发展却得出了相反的结果。那些长年守戍长城的士兵都是来自中原的农民家庭。他们对于塞外的游牧民族没有那么多的仇恨；那些不时被奴隶主驱使来骚扰中原的牧民出身的匈奴士兵，对塞内的人民也没有太大的恶感。这样，长城内外人民相互“对峙”的结果，却又是走向了两方面统治者的意图的反面。他们逐渐了解了彼此的共同境遇，建立了友谊。在这种友谊的交流中，中原的耕作技术和文化也逐渐传到“塞外”。我们今天常常提到的所谓“塞外江南”就是这种交流的成果。

现在我们登上长城，展现在我们眼前的已经不是古代诗人所谓的“羌笛何须怨杨柳，春风不度玉门关”的那种情况。春风早已吹到“塞外”了。瞧！长城外面现在是一幅多么和平、瑰丽而又雄浑的景象！当初为了使汉族与其他兄弟民族隔离而修筑这座万里长城的秦始皇帝，做梦也没有想到今天会出现这样一个局面。这是历史对他的嘲弄，但对我们伟大的祖国的各族人民说来则是崇高的颂赞。

日积月累

统汉烽下

［唐］李益

统汉烽西降户营，黄沙白骨拥长城。

只今已勒燕然石，此地无人空月明。

5 云冈

冰心

十二日晨，晴，阳光极好，大家精神倍爽，早餐后一齐出发，自别墅向西，穿入石佛古寺。先到正殿，入门就觉得冷气侵人，仰视坐佛大像高亦五六丈，在洞外登上四层高楼，又经过一条两条块板的横桥，才到大佛的座下。洞中广如巨厦，四壁琳琅，都是小佛像，彩色亦新，是寺僧每日焚香处，反不如他洞之素古可爱。

出寺门向西，到西来第一山、佛籁洞、五佛洞等处。计中段诸洞石刻最完全，有庙宇掩护，不受风日之侵削。自此而西诸窟均沦为民居，土墙隔断，叩门而入，始得窥一二。第七窟佛像之伟大，为全山之最。像系坐形，莲座已湮(yān)没土内，两旁侍立之尊者亦璎珞(yīng luò)庄严地露立天空之下。

由大佛像处再向西行，尚经十余窟，或封或启，佛像大小及坐立，扶倚，姿势及窟顶花纹鸟兽等，式样各不相同，亦有未完工者。总计全山石壁东西数里，凡大小九十五窟。佛像高者七十余尺，次亦五六十尺，小则有盈寸者。各石窟高者二百余尺，广者可容三千余人。万亿化身，罗刻满山，鬼斧神工，骇人心目。一如来，一世界，一翼，一蹄，一花，一叶，各具精严，写不胜写，画不胜画。后顾方作无限之留恋，前瞻又引起无量之企求，目不能注，足不能停，如偷儿骤入宝库，神魂丧失，莫知所携，事后追忆亦如梦入天宫，醒后心自知而口不能道，此时方知文字之无用了！

走进窟洞，自山下云冈堡绕回，进怀远、迎曦二门，门上额书为明万历十四年（1586）所立。堡内道旁尽是民居土屋，并有“留人小店”。街中朝南有庙名碧霞宫，对面有戏台一座，也是明代建筑。

午餐后少息，下午四时许沿别墅东边之和尚沟上山，山上有田地，并有明万历、清康熙时代之和尚坟三座。向西走入一处土城，为云冈上堡，系明代屯兵之所，今已夷为田圃。再向西走为云冈山顶，有玉皇阁，门窗破损，阒(qù)然无人。看钟上款识，为明崇祯末年所铸，钟声初鸣，国祚(zuò)已改了！

晨九时许，微阴，因定下午回大同，因又遍探各窟，作临别之依恋。先向西走尽山末，又回来向东沿河岸行，过刘宋刘孝标译经楼，和云深处、左云交界处的刻石，走到河岸尽处，崖壁峭立，俯视浊流，少憩即归。

午后由云冈巡长和堡中村长率数十民夫，打开东边数窟，使我们得窥一二，只破墙上一部，我们登梯上去，只见到石窟寒泉一洞，中有石柱屹立，上刻佛像，地下有泉水流迹。其余诸洞以时间匆促，因止不发。

下午四时又乘汽车回大同。重过观音堂时阴云已合，大雨骤至。十五分钟之后，便又放晴。而四面是山，山洪四围奔合，与车争路，洪流滔滔，顺山沟倾泻而下，横截山道势如瀑布。河边沙岸为水冲陷，纷纷崩倒，奄然随流而去。我们在一座桥边，暂停了二十分钟，候到水势渐减，方涉水而过。自此一路如在河内乘车，水花四溅，直抵城下。

山西四围是山，稍有雨水，便可成患，由来已久，这也是我们到处出游，看见镇水的铜牛等像的原因。

回站已是黄昏，登上专车，竟如回家一般的欢喜。稍憩即进城到“兴华春”晚餐，尝了代酒、汾酒的滋味。饭后有赵司令请大家到电灯公司看电影，系营中俄国技师所摄，有山西骑兵队抗日之战，内长黄绍雄百灵庙之行及五当召等景，茶毕回车已一时许。

⑥ 颐和园

陈从周

“更喜高楼明月夜，悠然把酒对西山”，明米万钟在他北京西郊的园林里，写了这两句诗句，一望而知是从晋人陶渊明“采菊东篱下，悠然见南山”脱胎而来的。不管“对”也好，“见”也好，所指的都是远处的山。这就是中国园林设计中的借景。把远景纳为园中一景，增加了该园的景色变化。这在中国古代造园中早已应用，明计成在他所著《园冶》一书中总结出来，有了定名。他说：“借者，园虽别内外，得景则无拘远近。”已阐述得很明白了。

北京的西郊，西山蜿蜒若屏，清泉汇为湖沼，最宜建园，历史上曾为北京园林集中之地，明清两代，蔚为大观，其中圆明园更被称为“万园之园”。这座在历史上驰名中外的名园——圆明园，其于造园之术，可用“因水成景，借景西山”八字来概括。圆明园的成功，在于“因”“借”二字，是中国古代园林的主要手法的具体表现。偌(ruò)大的一个园林，如果立意不明，终难成佳构。所以造园要立意在先。尤其是郊园，郊园多野趣，重借景。这两点不论从哪一个园，即今日尚存的颐和园，都能体现出来。

圆明园在1860年英法联军与1900年八国联军入侵北京时已全被焚毁，今仅存断垣(yuán)残基。如今，只能用另一个大园林——颐和园来谈借景。

颐和园在北京西北郊10公里，万寿山耸翠园北，昆明湖弥漫山前，玉泉山蜿蜒其西，风景洵(xún)美。

颐和园在元代名瓮山金海，至明代有所增饰，名好山园。清康熙四十一年（1702）曾就此作瓮山行宫。清乾隆十五年（1750）开始大规模兴建，更名清漪园。1860年为英法联军所毁，1886年开始修复，后易名颐和园。1900年又为八国联军所破坏，1902年又重修，遂成今状。

颐和园是以杭州西湖为蓝本，精心模拟，故西堤、水岛、烟柳画桥，移江南的淡妆，现北地之胭脂，景虽有相同，趣则各异。

园面积达三四平方公里，水面占四分之三，北国江南因水而成。入东宫门，见仁寿殿，峻宇翚(huī)飞，峰石罗前。绕其南豁然开朗，明湖在望。

万寿山面临昆明湖，佛香阁踞(jù)其巅，八角四层，俨然为全园之中心。登阁则西山如黛，湖光似镜，跃然眼帘；俯视则亭馆扑地，长廊萦带，景色全囿(yòu)于一园之内，其所以得无尽之趣，在于借景。小坐湖畔的湖山真意亭，玉泉山山色塔影，移入槛前，而西山不语，直走京畿(jī)，明秀中又富雄伟，为他园所不及。

廊在中国园林中极尽变化之能事，颐和园长廊可算显例，其予游者之兴味最浓，印象特深，廊引人随，中国画山水手卷，于此舒展，移步换景，上苑别馆，有别宫禁，宜其清代帝王常作园居。

谐趣园独自成区，倚万寿山之东麓(lù)，积水以成池，周以亭榭，小桥浮水，游廊随经，适宜静观，此大园中之小园，自有天地。园仿江南无锡寄畅园，以同属山麓园，故有积水，皆有景可借。

水曲由岸，水隔因堤，故颐和园以长堤分隔，斯景始出，而桥式之多，构图之美，处处画本，若玉带桥之莹洁柔和，十七孔桥之仿佛垂虹，每当山横春霭(ǎi)，新柳拂水，游人泛舟，所得之景与陆上得之景，分明异趣。而处处皆能映西山入园，足证“借景”之妙。

⑦ 背包客的太阳系指南

杨　璐

太空是严酷的，破坏性的辐射、极端的温度、有毒的气体，任何一样都可能会置我们于死地。然而广袤(mào)神秘的太空也拥有数不尽的自然奇观，且不说远的地方，光太阳系就足够我们探索好长一段时间了。

也许有一天，我们会拥有发射深入太空的火箭技术、合适的防护装备、太空徒步旅行的装备等，幸运的冒险家也许能够亲自游览太阳系的自然景观。

如果真的能在太阳系徒步旅行，你想去哪里？假想你正穿着宇航服，带着足够几个月的供给，请跟随我一起去参观星际公园吧。

月亮洞穴

我们的第一个目的地是月球最大的月海——风暴洋。实际上，早在1969年11月，美国“阿波罗12号”宇航员就曾在此处登陆月球。

我们都知道月球上没有水，月海是指我们看到的月亮表面较暗的区域，它们的表层覆盖着类似地球玄武岩那样的岩石。风暴洋是迄今已知的22个月海中最大的一个。一系列的小山点缀在风暴洋上，成为日间远足的最佳地点。

除了大大小小的山脊，最特别的景点还是火山洞穴。早前科学家在月球上发现了大量的地下洞穴，其中位于风暴洋的马里乌斯山的洞穴长达50千米，洞穴的内部高数十米，宽数百米，使它成为潜在的人类居住地。据研究人员分析，这条“隧道”很可能是过去月球火山活动中，熔岩流留下的巨大洞穴，即“熔岩隧道”。同时洞穴还有三个纵向的孔洞，可能是洞穴顶部塌陷形成的。

想象一下：你白天爬山，探索附近的浅峡谷；晚上，你回到因熔岩流形成的古老露营地中，通过“天窗”凝视地球和星星。多么美好的旅程啊！

太阳系最高峰

接着去火星。在火星上，有一座山比太阳系其他星球上所有的山都高——这就是奥林匹斯山，它的最高峰有27千米高，大约是珠穆朗玛峰的3倍。不过，相比于攀登珠穆朗玛峰的困难程度，我们却可以轻轻松松地登上太阳系的最高峰。因为奥林匹斯山虽然高，却不陡。山坡与水平面所成的角度大概只有5度左右，而且火星上的重力大约只有地球的三分之一，爬坡也不会多累。除了高度是太阳系第一，奥林匹斯山的占地面积也十分巨大，与整个法国大小相当。

最孤独的山

地球、火星、金星上有众多的山，每一座山都包含着行星丰富的地质历史，所以在这三个星球上，我们可以任意选择自己想登的山。不过，在谷神星上（在火星与木星之间的小行星带中最大的小行星），我们只有一个选择，因为这里只有一座山。

孤独的山名叫阿胡那，它高约4千米，宽约20千米，形成于约2亿年前。除了孤独以外，它还是一座“冰火山”，它喷发的不是岩浆，而是含有盐、冰和其他矿物的泥浆。

“冰火山”是一种在地球上找不到，但是在太阳系其他行星上存在的独特地形。实际上，它并不是真正的火山，只是喷发过程与地球火山相似。冰火山由坚固的冰壳构成，当行星内部温度升高时，行星深处的冰层就会熔融，如果这时上部的冰层破裂，深部融化了的冰水就像地球内部的岩浆一样，在周围压力的挤迫下，沿裂缝喷发出来，这就是奇特的冰火山爆发的过程。

“冰火山”的存在，使谷神星上广泛分布着含水矿物，这说明这颗矮行星很可能在过去拥有遍布全球的海洋。

由于谷神星表面的重力仅为地球重力的2.85%左右，我们可以很容易地登上这颗行星上唯一的山，从它的最高点可以远眺那片曾经是海洋世界的尘埃面。

土卫八的赤道脊

越过小行星带和木星，我们来到了土星附近。土星的第三大卫星——土卫八是个“阴阳脸”，以其两边半球面巨大的颜色差异而著称，其中暗的那一面叫作卡西尼区。而土卫八最大的看点就是其位于卡西尼区中心的赤道脊。所谓的赤道脊与地球上的大陆分水岭（分隔相邻两个地区的山岭）类似，比如我国的秦岭分水岭。只是赤道脊的位置接近土卫八赤道而得名。在整个太阳系中，只有土星的三颗卫星有赤道脊，除了土卫八，还有个头较小的土卫十五和土卫十八。

土卫八的赤道脊长达1300千米，宽20千米，高13千米，覆盖了大部分的赤道。同时在亮的一面的赤道处，有着很多高达10千米的山峰，这些山峰跟赤道脊一起把土卫八给分成了两半，土卫八看上去像是两个金属半圆焊接起来的一样。

如果你从一端开始，逐渐爬上山脊，并最终到达高峰，当你俯视整个卫星的时候，某些地区覆盖的暗色物质可能会吸引你的注意。这些物质实际上来自菲比卫星（土卫九），菲比卫星掉落的碎屑会被土卫八吸附，最后变成暗色的覆盖物。当你向上仰望时，你也会看到土星闪烁的光环，这在土星的其他卫星上可是看不到的，所以赶紧拍张照片吧。

到底是什么造成了赤道脊的形成呢？关于这一点，各种假设都有。其中一种说法是：在短时间内，子卫星（卫星的卫星）沿着赤道坠落，形成了今天的巨大山脉。还有一种说法是：类似于卡戎星，赤道脊是由于地下冰冻结，被顶起来的。最奇怪的说法是，结合土卫八较低的密度，有科学家认为土卫八是外星人制造的巨型宇宙飞船。无论哪种说法，土卫八都绝对值得我们走上一趟。

最宏伟的峡谷

最后，我们来到了卡戎星，它是冥王星的卫星。在卡戎星的表面，有着一个宏伟壮观的巨大峡谷，它长1000千米，深度达9千米，比地球上最大的峡谷、我国的雅鲁藏布大峡谷还要长得多、深得多（雅鲁藏布大峡谷位于我国西藏，全长504.6千米，平均深度2.268千米，最深处6.009千米）。在有适当装备的情况下，徒步旅行者想要穿越卡戎大峡谷，大概需要几个月的时间才能完成。

这么大的峡谷究竟是如何形成的呢?

尽管现在卡戎星的地质景观多样，有着巨大的山脉、宽广的峡谷、多样的地表色彩和山体塌方，但曾经的卡戎星很可能是一个像木卫二那样的海洋世界。然而，随着时间的推移，卡戎的内热逐渐减弱，地表下的海洋开始结冰，海冰膨胀并胀破了星球的表面，最后给卡戎星表面留下了巨大的伤疤。

既然我们都到了卡戎星，那么我们也可以顺道去看看它北极暗红色的极冠。红色极冠的形成与冥王星有关，由冥王星逃逸而出的甲烷气体会被卡戎星的引力捕获，并被冻结成冰聚集在卡戎星的极地地区。随后来自太阳的紫外线引发化学反应，将这些甲烷转化为较重的碳氢化合物，并最终变为一种叫索林的红色有机物质。

其实太阳系里面的景点还有很多，这里只能简单介绍几个，如果让你来做导游，你会推荐哪些景点呢？

读完这篇文章，你了解了太阳系的哪些奥秘？试着用思维导图的形式展示出来。

阅读链接

行星，太阳系天体的一类，指环绕太阳运行、质量足够大、呈球形或近似球形，并能通过引力清空轨道附近碎物的天体。行星本身一般不发光，以表面反射太阳光而发亮。按距太阳的距离（由近而远），有水星、金星、地球、火星、木星、土星、天王星和海王星八颗。此外，有些恒星也有行星。

8 如何辨别外星生命①

杨　璐

说起外星生命，首先浮现在你脑海里的画面是怎样的？

我们可能会想到大导演史蒂芬·斯皮尔伯格的电影《外星人E.T.》中身材矮小、脑袋扁扁、十分友好的外星植物学家，又或是电影《异形》中外表像虫子一样的可怕怪物。

事实上，描述外星生命的电影有很多，比如，《第九区》《独立日》《世界大战》《黑衣人》等。在每一部电影中，人们都以完全不同的方式描绘着外星人——从人形到类人形再到完全非人类。

不过，这也从侧面反映了一个事实，那就是我们其实并不知道外星生命的样子，所有与外星生命相关的描述都是想象的。正因为我们从来没有真正地见到过或找到过外星人，于是就有了关于外星生命的各种推测。当然这些推测并不仅限于电影，今天大多数对外星人的探索都是基于假设和推测的。因此，有人提出人类一直没找到外星生命的原因是我们

① 选入本书时略有改动。

的方向出错了。那么我们到底哪里出错了呢？我们又该如何理解外星生命？

多种可能的生命形态

目前，科学家寻找外星生命的主要方向还是寻找液态水和碳元素，因为地球上的生命都是以碳元素为基础的，没有液态水，地球上的生命便无法生存，迄今为止，科学家没有发现任何可以脱离液态水而保持活动状态的生命。也就是说，我们对外星生命的定义是地球以外的符合人类现有认知水平的生命。

然而，这样的定义很可能阻碍了我们发现外星生命。因为人类的“非注意盲视”心理，在搜寻地外生命时，我们总是倾向于从人类自身的认知和意识中去寻找它们，而完全忽略了其他可能。例如，目前提出的外星生命宜居带理论仅仅适用于碳基生命而已。

除了碳基生命，大多数读者应该还听说过硅(guī)基生命、硼(péng)基生命和砷(shēn)基生命等。因为碳原子之间可以形成十分稳定的化学键和长链，同时碳也是构建复杂大分子的完美基石，可以与其他元素形成许多相对稳定但也容易断裂的共价键，形成脂肪、糖类、氨基酸等有机物，所以碳元素是完美的生命“骨架”。

此外，最常被提及的其他可能的生命形态是硅基生命，因为在元素周期表中，硅位于碳的下方，所以和碳元素的许多基本性质都相似。比如说碳能和四个氢原子化合形成甲烷（CH_4），而硅同样也能形成硅烷（SiH_4）；硅酸盐是碳酸盐的类似物，三氯硅烷（$HSiCl_3$）是三氯甲烷（$HCCl_3$）的类似物等。而且硅和碳两种元素都能组成长链或聚合物（质量较大的链状化合物），两种元素都可以与氧结合，并交替排列形成长链。碳–氧链可以形成“聚缩醛(quán)”，它经常用于合成纤维，而用硅和氧搭成骨架可以产生“聚合硅酮”，一些特殊的生命形态就有可能以类似硅酮的物质构成。而且许多硅基化合物比碳基更耐高温，比如硅–氧可以承受大约327℃的温度。因此还是有科学家相信，某些更炎热的行星上的外星生命有可能是硅基的。就外观来看，硅基动物很可能像是会活动的晶体。科学家们推测上述其他生命形态的依据也差不多，就不再赘(zhuì)述了。

根据目前的宇宙理论，宇宙的95%是暗物质和暗能量，发光物质仅占很小的比例，而发光物质中大部分可以看作是等离子体，那么，暗物质、暗能量又或者等离子能否构成新的生命形式呢？既然不能证明也不能证伪，我们就不能完全否定这种可能性。

外星生物也经历自然选择

地球上很多生物有眼睛和四肢，不代表其他星球上也会出现这种生物特征；我们是利用“DNA”编码的，并不意味着外星生命也是，它们可能利用“XNA”编码。既然我们不能完全参照现成的地球生命来预测外星生命，那么在浩瀚无垠的宇宙中，天体生物学家到底在寻找什么呢？我们又如何确定外星生命体呢？

牛津大学研究员萨缪尔·莱文及其同事在《国际天体生物学杂志》上发表的一项新研究指出：我们不要再尝试着给生命下定义，而是要通过生命独有的行为去辨识它。地球生命所经历的进化历程同样适用于外星生命，进化论也许可以帮助我们确定外星生命。

首先，生命与非生命的区别之一就是它的构成。生物体一定不是单一的，比如一个分子是不可能组成生物体的。从病毒到草履(lǚ)虫（单细胞生物），再到大型的动植物，生物体是由多个部分组成的，并且所有这些部分有着共同的目的——生存和繁殖。即使外星生命的外表、遗传因子和构成（比如硅基生命）和我们完全不一样，但它们一定是由多部分组成的，这些部分通过合作达到共同的目的。

其次，无论地球生命还是可能存在的外星生命，它们的演化过程都是由生存环境塑造的，我们可以肯定，地外生命经过了自然选择。

自然选择理论包含三个方面：变异（短脖子长颈鹿种群中出现了长脖子长颈鹿），变异的遗传性（长脖子长颈鹿的宝宝也是长脖子的），与变异相关的差异化成功（长脖子长颈鹿可以吃到更多的叶子，生更多的宝宝）。由此我们可以看出，如果有外星生命，那么它们一定经过了变异。因为如果一个生命体一直完全准确地复制自己，那么它就不需要经过自然选择。没有自然选择的话，外星生命将无法适应行星的特殊环境或者环境变化，在我们发现它们之前，就消失了。

在外星生命变异的过程中，它们的复杂性（即生物体结构的复杂程度）会进一步提高。有时，独立的生物体会聚集在一起形成新的个体，比如单细胞生物形成多细胞生物；有时，生物体会呈现嵌(qiàn)套型的多层次结构，比如细胞由细胞核和线粒体组成，线粒体和细胞核又都包含遗传物质（DNA）。尽管外星生命可能不是由细胞组成的，但它们是由曾经独立生活的部分组成的，而这些部分反过来也是外星生命的遗传物质。

为了将自己的理论具象化，莱文和同事想象出了一种酷似块茎植物的外星生物，取名为“Octomite”。这种复杂生物由众多较小的生命结构组合而成，各生命结构为追求共同的目的而合作。

科学家们仍努力探寻着“我们是宇宙中的孤独者吗？”这一问题的答案，虽然我们仍无法绘制出外星人的真实样貌，但至少在我们遇到外星人时，我们可以根据自然选择理论认出它们。

阅读链接

《外星人E.T.》是一部电影，讲述的是一个走失的小外星人，幸运地被善良的小艾里奥特发现了。他悄悄地收留了小外星人，并将其介绍给自己的哥哥和妹妹。孩子们与外星人友好地相处，给他吃巧克力，带他去郊外寻找同伴留下的痕迹，并为小外星人的种种特异功能感到好奇和兴奋。渐渐地，小艾里奥特与外星人之间形成了某种奇妙的联系，跨越了言语沟通的障碍。可是，外星人的存在被大人们知晓了，他们把外星人抓进实验室进行研究。孩子们愤怒了，自发组织起来，营救外星人。他们救出外星人了吗？看完电影《外星人E.T.》就知道答案了。

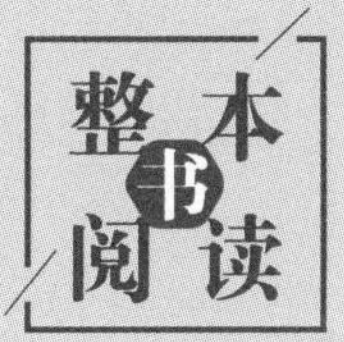

《超新星纪元》

刘慈欣

假如把世界交给孩子，将会是怎样的一番景象？一本神奇的科幻小说，一个想象奇特的科幻世界，一场美丽又可怕的新生之旅——孩子为何掌控了全世界？人类的武器怎会成为孩子的玩具？……还有数不尽的谜团等你去探索，快快登上阅读快车，开启《超新星纪元》的阅读之旅，相信你一定会有不一样的阅读体验和阅读收获！

作者简介

刘慈欣，高级工程师，科幻作家。代表作有长篇小说《三体》《超新星纪元》《球状闪电》等，中短篇小说《流浪地球》《乡村教师》《朝闻道》等。其中《三体》被认为是中国科幻文学的里程碑之作。2015年8月23日，刘慈欣凭借《三体》获第73届雨果奖最佳长篇小说奖，这是亚洲人首次获得雨果奖。

内容梗概

在一个看似平常的夏夜，酝酿了上亿年的灾难从宇宙深处到达地球，所有成年人的基因都遭到不可修复的破坏，13岁以上的人类都将死亡。经过一年的大学习时代，13岁以下的孩子们掌握了世界的决策权。然而，虽然补齐了见识、技能和知识上跟成年人的差距，但这个没经历过调试，也没有容错率的运行系统还是很快就崩溃了。孩子们的游戏天性不断升级，引爆了核战争，地球最终变成了一个工业瘫痪、政府停摆、民众绝望、仇恨遍布的废土世界。

从此，这个社会已经完全改变了。在经历了短暂的混乱后，孩子们开始重新让世界变得有序。华华、晓梦和严井（眼镜）等几十个用特殊方式选出来的孩子分别出任国家的主席、总理、国防部长等。他们瘦小稚嫩的肩膀担负起了领导国家的使命。但在孩子们真正长大以前，新的社会还有很长的路要走……

精彩片段

大人们离开后的几天，小领导人们都是在公元钟前度过的，这个公元钟显示在信息大厦顶端大厅里的大屏幕上，那个巨大的绿色长方形使大厅里的一切都映照在绿光中。

第一天国家的情况很正常，各专业部委卓有成效地处理着各行业的事务，国土上没有大的变故发生，孩子国家似乎正在由试运行平稳地过渡。同试运行时一样，守在信息大厦顶部的孩子国家领导集体也没有太多的工作要做。

第一天夜里，公元钟上没有任何变化，还是一片无瑕的纯绿色。孩子领导者们在这片绿光中一直待到深夜才去睡觉。但当他们正起身要走时，有个孩子喊了一声：

“你们看，上面是不是出来了一个小黑点呀？”

孩子们走到大屏幕跟前仔细看，上面果然有一个正方形的小黑块，只有硬币大小，好像是这发出绿光的光滑墙面上脱落的一小片马赛克。

“是屏幕的这一小片坏了吧？”一个孩子说。

“肯定是，我以前那个电脑的液晶屏就出现过这种情况。”另一个孩子附和着。其实检验这说法是否正确很简单，只要看看别的屏幕就行了，但没人提出来，大家都回去睡觉了。

比起大人来，孩子们更善于自我欺骗。

第二天早晨，当孩子们再次来到公元钟前时，自我欺骗已不可能了：那绿色长方形上已出现了许多黑点，零星分布在各处。

从这里看去，下面的城市很安静，街道上空空荡荡，见不到行人，只偶尔有一辆汽车驶过。这座大都市在喧闹了一个世纪后，似乎睡着了。

天黑后，公元钟上的黑点数量又增加了一倍，一些黑点已连成了片，像是在绿色丛林中出现的一片片黑色的林间空地。

第三天早晨，公元钟上黑色与绿色的面积已几乎相等，呈现出一幅由这两种色彩构成的斑驳复杂的图案。这以后，黑色面积增加的速度急剧加快，那黑色的死亡“岩浆”在公元钟上漫延，无情地吞没着生命的绿草。到了晚上，黑色已占据了公元钟三分之二的面积。已是深夜了，公元钟像一个魔符，把孩子们紧紧吸引到它的面前。

晓梦拿起遥控器把大屏幕关了，她说：“大家快去睡觉吧，我们这几天每天都在这里待到很晚，这不行的，要抓紧时间休息，谁知道下面会有什么工作在等着我们呢？”

于是，大家都回到大厦中自己的房间里去睡觉。华华关了灯在床上躺下，拿起掌上电脑接入网络，又调出了公元钟，这很容易，现在几乎所有的网页上都是公元钟了。他着魔似的看着那个长方形，没有觉察到晓梦推门进来了——她一把拿走了华华的电脑，华华看到，她的手里已拿了好几个掌上电脑。

“快点睡觉！你们什么时候才能学会控制自己？我得挨房间把所有的电脑都收了。”

“你怎么总像个大姐姐似的？！”当晓梦拉开门走出去时，华华冲她喊。

孩子们在公元钟面前感到了巨大的恐惧，但使他们欣慰的是，国家仍在平稳地运行着，像一部和谐的大机器，这一切通过数字国土显示出来，使孩子们坚信他们实际已接过了世界，一切将永远这样平稳地运行下去。这天夜里，他们还是离开那已经继续黯淡下去的公元钟，回房睡觉了。

第四天早晨，当孩子们走进大厅时，他们忽然生出一种走进坟墓的恐惧。这时天还没大亮，大厅中一片黑暗，前三天的绿光已完全消失了。他们走进这黑暗，发现公元钟上只剩下一片绿色的光点，就像冬夜里稀疏的寒星，直到把灯全部打开，他们的呼吸才顺畅了。这一天，孩子们一步也没有离开公元钟，他们一次次数着钟上的绿点，随着绿点一个个减少，悲哀和恐惧一点点地攫(jué)住了他们的心。

“他们就这么丢下我们走了？”一个孩子说。

“是啊，他们怎么能这样？”另一个孩子说。

晓梦说：“妈妈去世的时候我就在她身边，当时我也是这么想，她怎么能就这么丢下我走了呢？我甚至恨她，可到了后来，我总觉得她好像还在什么地方活着……”

有孩子喊：“看，又灭了一个！”

华华指着公元钟上的一个绿点说：“我打赌，下次是这个灭。”

“赌什么？”

“我要是猜不对，今天晚上就不睡觉了！”

“今天晚上可能谁都睡不成觉了。”眼镜说。

“为什么？”

“照这个速度，公元世纪肯定要在今天夜里终结。”

绿星星以越来越快的速度一个接一个地消失，看着已是一片黑暗的公元钟，孩子们感觉自己仿佛悬在一个无底深渊之上。

“铁轨真的要悬空了。”眼镜自语道。

接近午夜零点时，公元钟上只剩下最后一颗绿星星了，这黑暗荒漠中的唯一一点星光，在公元钟的左上方孤独地亮着。大厅中一片死寂，这群孩子如石雕般一动不动地盯着它，等待着公元纪元的最后终结。但一小时过去了，两小时过去了，那最后一颗绿星星一直顽强地亮着。孩子们开始互相交换眼色，窃窃私语起来。

太阳从东方升起，越过这个宁静的城市上空，又在西边落下，在整个白天里，公元钟上那唯一的一颗绿星星一直亮着。

到中午的时候，信息大厦中出现了一个传言，说治愈超新星辐射的特效药早就研制出来了，由于生产的速度缓慢，只能满足少数人的需要，为避免社会混乱就没有公布这个消息。后来，世界各国秘密地把最有才能的人集中起来，用这种药治好了他们的病，现在亮着的那个绿点就是他们的聚集地。仔细想想，这种事也并非完全没有可能。于是，他们又调出联合国秘书长发布的世界交换宣言重看一遍，注意到其中有这样一段话：

“……只有当公元钟完全变成黑色时，孩子才在宪法和法律意义上真正接过了世界政权，在此之前，成人仍拥有对世界的领导权……”

这是一段很奇怪的话。当大人们前往终聚地时就可以交出政权了，为什么非要等到公元钟完全熄灭呢？只有一种可能：某些终聚地中的某些人仍有活下来的希望！

到了下午，孩子们已经对这个想法信以为真了，他们惊喜地看着那颗绿星星，仿佛在险恶的夜海上见到了远方的灯塔。他们开始查询那个终聚地的位置，并设法与它取得联系——但这些努力都落空了，所有的终聚地都没有留下任何线索，它们仿佛处于另一个世界。孩子们又剩下了等待，不知不觉天又黑了。

夜深了，在大厅里的公元钟前，在那颗不灭的绿星星的抚慰下，一天一夜没合眼的孩子们相继在椅子和沙发上睡着了，梦中他们都回到了爸爸妈妈的怀抱。

外面下起了雨，雨点打在已调成透明的落地窗上，发出清脆的声响。下面的城市全笼罩在雨中的夜色里，寥落的灯光变得朦朦胧胧，雨水在透明墙壁的外侧汇成一道道小溪流下去……

时间也在流动，像透明的雾气无声无息地穿越宇宙。

后来，雨大了起来；后来，好像又刮起了风；再后来，天空中出现了闪电，还响起了雷声。这雷声把孩子们惊醒了，大厅中响起了一声惊叫——

那颗绿星星消失了，公元世纪的最后一片橡树叶已经落下，公元钟上一片漆黑。

现在地球上已没有一个大人了。

这时，雨停了，大风很快扫光了半个夜空的残云，巨大的玫瑰星云出现了。玫瑰星云在苍穹中发出庄严而神秘的蓝光，这光芒照到大地上就变成了月光那样的银色，照亮了雨后大地上的每一个细节，使下面城市的灯光黯淡了许多。

孩子们站在这座A字形建筑高高的顶端，凝视着宇宙中发着蓝光的大星云，这古老恒星庄严的坟墓和孕育着新恒星的壮丽的胚胎，给一群幼小的身躯镀上了一层梦幻般的银色光辉。

超新星纪元开始了。

阅读时要有一定的速度，先快速浏览故事内容，然后在你感受深刻的地方仔细阅读并做好批注。

阅读时要根据不同的阅读目的选择恰当的阅读方法。比如，可以积累对自己有启发的语句；可以运用猜测的方法猜想故事的发展；还可以把自己当成书中的人物，感受人物的形象，思考故事带来的启示。

我伴你读

活动一　超新星纪元时光轴

从一颗恒星能量爆发到超新星纪元的开启，直至最后以各国交换领土结束，中间经历了一个又一个不同寻常的时期，发生了许多不可思议的事情。阅读时，请按照时间顺序提取信息，完成下面的时光轴。

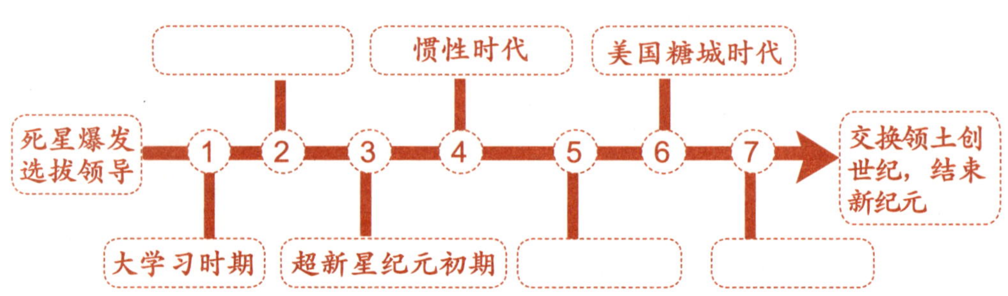

活动二　星际迷航

如果有一天，你驾驶宇宙飞船来到了超新星纪元，看到那里的一切，你有什么问题想问超新星纪元的领导者？提出你最想问的四个问题，然后在小组内交流一下吧！

问题一

问题二

问题三

问题四

活动三　颁奖词

书中的人物，如华华、晓梦、严井（眼镜）等，他们用瘦小稚嫩的肩膀担负起领导国家的使命。你最欣赏哪个领导人物呢？为他写一份“最具魅力人物”颁奖词吧！

敬　启

为编好这本书，我们与收入本书的作品（含图片）作者进行了广泛联系，得到了各位作者的大力支持。在此，我们表示衷心的感谢。但是，由于个别作者地址不详，虽经多方努力，仍无法取得联系。敬请各位有著作权的作者尽快与我们联系，以便我们支付稿酬，并致谢忱！

我们还要感谢使用本书的师生们。希望你们在使用本书的过程中，能够及时把意见和建议反馈给我们，对此，我们深表谢意，并将给予一定奖励。让我们携起手来，共同完成本书的建设工作。

联 系 人：梁老师　张老师

联系电话：010-58022100

联系邮箱：ztxx2008@sina.com

网　　址：http://www.ywztxx.com

地　　址：北京市海淀区知春路7号致真大厦A座18层

图书在版编目（CIP）数据

守卫精神家园 / 孙玉亮主编. — 上海：上海教育出版社，2021.6

ISBN 978-7-5720-0813-9

Ⅰ. ①守… Ⅱ. ①孙… Ⅲ. ①阅读课—小学—教学参考资料 Ⅳ. ①G624.233

中国版本图书馆CIP数据核字（2021）第142043号

责任编辑　余佳家　李光卫
封面设计　陈丽娟　王艺霖
著作权人　北京华樾教育科技有限公司

守卫精神家园

孙玉亮　主编

出版发行　上海教育出版社有限公司
官　　网　www.seph.com.cn
地　　址　上海市永福路 123 号
邮　　编　200031
印　　刷　河北泓景印刷有限公司
开　　本　720×1010　1/16　印张 63
字　　数　700千字
版　　次　2021年8月第1版
印　　次　2021年8月第1次印刷
书　　号　ISBN 978-7-5720-0813-9/G・0629
定　　价　268.00元

如发现质量问题，请向本社调换　　电话 021-64377165

★ 适合11至12岁 ★

守卫精神家园

SHOUWEI JINGSHEN JIAYUAN

主 编 孙玉亮

上海教育出版社
SHANGHAI EDUCATIONAL
PUBLISHING HOUSE

学习语文，不能只读语文课本，还必须广泛阅读。

广泛阅读，可以提高阅读理解力；

广泛阅读，可以丰富知识，开阔视野；

广泛阅读，可以提升思维力、鉴赏力；

广泛阅读，可以促进人的精神成长。

新编的“语文主题学习”读本，包括古诗文经典诵读、优秀作品专题阅读和整本书阅读，是落实课内外阅读一体化的优质资源。

捧起这套读本读起来，你会越来越享受阅读，你的一生一定会因为阅读而精彩！

崔峦

用阅读滋养你的心灵，
让你变得聪明善良，胸怀
宽广，更富想象力和创造力。

张之路

发现美，学会爱，表达自己，
在阅读和写作中不断进步！

王一梅

阅读是开启美好人生的钥匙

赵丽宏
庚子九月

为自己读书
为美好读书

肖复兴
庚子岁末

读经典的书
做优秀的人

陈东兰

梦想，从现实起飞

刘兴诗

经典诵读

专题阅读一

范文阅读

组文阅读

自由阅读

专题阅读二

范文阅读

自由阅读

整本书阅读

经典诵读

古往今来，文人墨客对于“送别”总是歌咏不绝。送别之情，除伤感之外，还有寄寓，有激励，有劝勉，有抒怀……离情别绪已成为古诗中一个永恒的话题。

读诗之余，再读一读《滥竽充数》《呻吟语（节选）》，与古人进行跨时空的交流。通过反复诵读，体会字里行间蕴含的哲思。

扫码收听朗诵音频

① 闻王昌龄左迁龙标遥有此寄①

［唐］李白

杨花②落尽子规③啼，
闻道龙标④过五溪⑤。
我寄愁心与明月，
随君直到夜郎⑥西。

注释

① 这首诗是李白得到王昌龄被贬为龙标尉的消息后所写。王昌龄，唐代诗人。左迁，降职。龙标，唐代县名，在今湖南。
② 杨花：柳絮。
③ 子规：即布谷鸟，又称“杜鹃”。
④ 龙标：此处指王昌龄。古代常用官职或任官之地的州县名来称呼一个人。
⑤ 五溪：今湖南西部、贵州东部五条溪流的合称。
⑥ 夜郎：唐代夜郎有三处，两个在今贵州桐梓，本诗所说的“夜郎”在今湖南怀化境内。

柳絮落尽，子规鸟不停啼鸣，就在这时节我听说你被贬官，途中坎坷，一路上要经过五条溪流。让我把为你担心的愁情寄给天上的明月，随着你直到那夜郎以西的偏远地方。

扫码收听朗诵音频

② 送杜少府之任蜀州

［唐］王勃

城阙（què）①辅②三秦③，风烟望五津④。
与君离别意，同是宦（huàn）游⑤人。
海内存知己，天涯若比邻⑥。
无为⑦在歧路⑧，儿女共沾巾。

注释

① 城阙：城楼。这里指唐朝都城长安。阙，宫门、城门两侧的高台。
② 辅：环抱。
③ 三秦：这里泛指长安附近的关中之地，为王勃当时的宦游之地，也是当时的送别之地。
④ 五津：当时蜀中岷江有五大渡口，即白华津、万里津、江首津、涉头津、江南津。这里代指蜀州，为杜少府即将去的地方。
⑤ 宦游：远离家乡在外做官。
⑥ 比邻：近邻，邻居。
⑦ 无为：不要。无，同“毋”。
⑧ 歧路：分岔路口，古人送行常至路的岔口而分手。

译文

长安四周，由三秦拱卫着；风烟渺渺，眺望蜀州五津。与你离别时，情深意切，只因同样是在外做官之人。四海之内，只要知己连心，纵然远在天涯，也如近邻一般。不要在岔路口分别的时候，像小儿女一样让眼泪沾湿了袖巾。

③ 送友人

[唐] 李白

青山横北郭①，白水②绕东城。
此地一为别③，孤蓬④万里征。
浮云游子意⑤，落日故人情⑥。
挥手自兹去⑦，萧萧⑧班马⑨鸣。

注 释

① 郭：外城，这里指城外。
② 白水：清澈的河水。
③ 为别：作别。
④ 蓬：蓬草，枯后根断，常随风飞旋。这里比喻即将孤身远行的友人。
⑤ 浮云游子意：浮云飘浮不定，比喻游子行踪不定。
⑥ 落日故人情：落日缓缓而下，比喻难舍之情。
⑦ 自兹去：从此离去。兹，此。
⑧ 萧萧：马嘶叫声。
⑨ 班马：离群的马。

苍翠的山峦横卧在北城外，清澈的河水环绕着东城流淌。在这里和你作别，你就像蓬草一样踏上万里行程。行踪不定的你就像天上悠悠的浮云，徐徐落下的夕阳如同依依不舍的离情。挥手告别后我们将各奔东西，只留下离群之马的串串嘶鸣。

④ 送人东游

［唐］温庭筠

荒戍[1]落黄叶，浩然[2]离故关。

高风汉阳渡[3]，初日郢(yǐng)门山[4]。

江[5]上几人在，天涯孤棹(zhào)[6]还。

何当[7]重相见？樽酒慰离颜。

注释

① 荒戍：荒废的边塞营垒。
② 浩然：意气充沛、豪迈坚定的样子，指远游之志甚坚。
③ 汉阳渡：湖北汉阳的长江渡口。
④ 郢门山：即荆门山，位于今湖北宜都市。
⑤ 江：指长江。
⑥ 孤棹：孤舟。棹，船桨，代指船。
⑦ 何当：何时。

译文

荒弃的营垒上黄叶纷纷飘落，你意气充沛地告别了古塞险关。汉阳渡水急风高，郢门山朝阳之下景象万千。江东亲友有几人正望眼欲穿，等候你的孤舟从天涯回还。什么时候我们才能再次相见？定要举杯畅饮以抚慰离人的愁颜。

扫码收听朗诵音频

⑤ 滥竽充数[①]

［战国］韩非

齐宣王[②]使人吹竽，必[③]三百人。**南郭处士请[④]为王吹竽，宣王说[⑤]之，廪(lǐn)食(shí)以数百人[⑥]。**宣王死，湣(mǐn)王[⑦]立[⑧]，好一一听之，处士逃。

注释

① 滥竽充数：意思是不会吹竽的人混在人群里充数。滥，失实的，假的。竽，一种古代乐器，形状像现在的笙。
② 齐宣王：战国时期齐国的国君。
③ 必：一定，必须，总是。
④ 请：请求，要求。
⑤ 说：同“悦”，对……感到高兴。
⑥ 廪食以数百人：拿数百人吃的粮食供养他。廪，官府发放口粮。以，用，拿。
⑦ 湣王：齐国国君，宣王的儿子，在宣王死后继位。
⑧ 立：继承王位。

译文

齐宣王让人吹竽，一定要三百人合奏。南郭处士请求给齐宣王吹竽，宣王对此感到很高兴，拿数百人吃的粮食供养他。齐宣王去世后，齐湣王继承王位，他喜欢听人一个一个地演奏，南郭处士听后便逃走了。

扫码收听朗诵音频

6 呻吟语（节选）

［明］吕坤

往[①]见“泰山乔岳以立身”四语[②]，甚爱之，疑有未尽，因推广为男儿八景云：**“泰山乔岳之身，海阔天空之腹，和风甘雨之色，日照月临之目，旋乾转坤之手，磐石砥柱之足，临深履薄之心，玉洁冰清之骨。”**

注释

① 往：过去，从前。
② “泰山乔岳以立身”四语：即“明镜止水以存心，泰山乔岳以立身，青天白日以应事，光风霁月以待人”四句话。乔岳，高而陡的山。

从前我看见“泰山乔岳以立身”四句话，很是喜爱，但怀疑意思没有表达完全，就将其引申为男儿立身八景：“泰山乔岳一般的身体，海阔天空的胸襟，和风细雨一般的神色，日照月临一样的目光，可以旋转乾坤的手掌，磐石砥柱一样的腿脚，如临深渊如履薄冰一样谨慎的心，玉洁冰清的风骨。”

人性的光辉

小说通过具体的环境描写和生动的故事情节塑造了一个个鲜明的人物形象，其中有很多都散发着熠熠的人性光辉。

阅读这个专题的小说，可以通过圈画重点词句，留意人物的语言、动作、心理等描写，深入地理解人物形象；也可以关注环境描写和故事情节，进一步把握人物形象。

范文阅读

①交　接

刘吾福

老校长举起手中的小铁棒，敲响了挂在老槐树上的二尺长的钢管："当——当当——当——"

你能想象出老校长站在老槐树下敲钢管的画面吗？

上课了，孩子们像兔子一般蹦进教室里。

教室里一共才九个孩子，九个孩子却分成三个年级：三个是一年级新生，四个读二年级，还有两个是三年级的孩子。这是农村特有的复式教学班。

这所名叫"冬茅垄"的小学是雾盖山乡最偏远的一所小学。小学建在山坳(ào)顶，站在学校举目四看，尽是崇山峻岭，白云缭绕，几个村子点缀在云雾中，时隐时现。这所贫困的小学，教室的墙是泥巴墙，墙上的裂缝就像一位饱经风霜的老翁脸上的皱褶(zhě)，房顶

"点缀""时隐时现"这两个词用得好，我要好好品味一下。

这段有环境描写的句子，我要圈画出来多读几遍。

是杉(shān)树皮盖的，已经布满了青苔，有的地方冒出了一朵朵浅黄色的小蘑菇……

老校长带着娟子走进了教室，一个稍大的男孩脆脆地喊了一声："起立！"九个孩子立马起立齐声叫道："老师好！"

老校长环视教室一周，微笑着回答："同学们好！"

孩子们看到，老校长头上的白发今天分外亮。

老校长打了一个手势，九个孩子坐在板凳上挺直了腰。

老校长说："孩子们，我来介绍一下，这位是你们的新老师、新校长，叫何娟子……从今天起，我退休了，今后就由新老师给你们上课。大家欢迎！"教室里响起了噼里啪啦的掌声。

老校长说："为了让新老师尽快认识你们，我现在开始点名……"

"盘山伢(yá)。"

"在这里！"一个个子最矮小，脑袋却

像萝卜头的男孩站了起来。

娟子看到孩子的鼻子下还挂着两行鼻涕呢！于是她走过去掏出手绢，把孩子的鼻涕轻轻擦去。

读读这几个自然段，找出描写何娟子动作的词语，结合上下文思考：你认识了一个怎样的何娟子？

“盘小生。”

“哎！”娟子又走过去，看到这个小男孩的衣襟居然一边长一边短——原来是扣子扣错了位。娟子把他的扣子重新扣好。

“赵三妹。”

“到！”赵三妹的嗓子很脆。娟子看到这个女孩长得很水灵，大大的眼睛忽闪忽闪的。但她穿的衣服显然太宽大了，衣襟都遮住了大腿。毫无疑问，这个赵三妹穿的不是妈妈的衣服就是姐姐的衣服，衣袖上还有一个铜钱大的破洞。娟子说：“三妹中午到我办公室去，我把你的衣服给补一补。”赵三妹抿(mǐn)着嘴唇，脸颊泛起一抹红晕……

老校长对娟子点点头，脸上露出赞许的微笑。

交接完后，老校长喊了一声“下课”，

九个孩子像小鹿一样蹦出了教室。

老校长和娟子回到了办公室，老校长把办公桌上的备课本和作业本推到了娟子的面前，语重心长地说："娟子呀，从今天起，这所学校和这九个孩子就交给你了，你一定要像待自己的亲弟妹一样待他们啊！"

娟子说："您放心回去吧，待会儿我送您下山……"

老校长说："不用送，我已经决定不走了！"

"为什么？"娟子不解地抬头看着老校长。

这篇文章的结尾有什么巧妙之处？读到结尾处，你的感想是什么？

老校长微微一笑："我舍不得这里，我要留在这里为你和孩子们做饭呢……"

娟子深情地看着老校长，突然轻轻地伏在老校长的肩头嗔（chēn）叫了一声："爸……"

②假　币

顾文显

人有时一犹豫就错过了良机。辰这样想。此时老教授正在滔滔不绝地和新生们沟通感情，辰就没办法把那两千元钱交上，而早上乘乱交这笔钱再好不过，可那时辰就是犹豫了一下，错过了。辰为此如坐针毡。

辰为什么认为“早上乘乱交这笔钱再好不过”？开篇设置悬念，吸引读者的阅读兴趣。

终于熬到下课，辰盯住一群叽叽喳喳的女同学中的老教授，好歹待女娃们散尽，他才跨前一步，把钱递上。这时，辰脑子嗡的一声，一片空白，他感到一种灭顶之灾的降临，还好还好，老教授点了点，装在上衣兜里。

“一片空白”“灭顶之灾”预示着事情正朝什么方向发展？

辰这一夜没合眼，那钱是单独交的，万一老教授发现了呢？为了进京到这家文学院深造，他卖光了全部药材，没想到该死的药贩子在交款时夹了三张假币！他曾想到市场上买点零碎花出去，可小贩们不收这假钱。

他已没有更多的钱了，逼急了才出此下策，但他又怕被识破。假币的事抖搂出来，他如何混得下去？

辰决定次日主动坦白，就说不小心夹带了，求老教授容他宽限些日子借来补上，这样总比当众揭穿好。

辰拿定主意，次日就恭候在老教授上班必经的路上，见到他说：“老师，我昨天交的钱……”老教授的脸立刻板起来：“别提你那钱！”

如果你是辰，听到老教授说的话，你会怎样想？

辰魂飞魄散！却听老教授说：“早不交晚不交，偏我揣了你的钱，在市场上走，被小偷割了兜。”

啊呀，谢天谢地！辰一边赔不是，一边回到教室。这贼其实是帮了我的忙呢！辰想。

兴奋之后，辰又陷入了苦恼。毕竟老教授损失了恁(nèn)多钱，并且直接怪他学费交得迟！想到老教授总穿一件皱巴衣服的寒酸样，他心里就凉了。辰想，好好努力吧，有朝一日我要加倍报偿这位善良的老人。

辰勤学苦作，不断写出好文章，连《人民文学》这样的刊物也有他的一席之地，老教授时常当众夸赞。每当这时，辰就暗自道：等着，老师。

通过这句话，你读懂辰的内心在想什么了吗？

学习期满，辰直接成了市文联干部，又一年，他又成为省作协聘任的专业作家。辰渐有名气，经济条件从此也提升了很多。

辰依然惦记着那可怜兮兮的老教授，该彻底了结这块心病了。他为老教授准备了一万元现金，专程来京。

老教授高兴："学生出了名，不忘师恩，这就好。"坚持设家宴款待高徒。酒前，辰鼓足全部气力，向教授认错："老师，我交给您那两千元学费中，混着三张该死的假币……"他的眼圈红了，并哽咽起来。

老教授哈哈大笑："三张假币，你还没忘啊？在，我留着呢，如今集什么的都有，我集几张假币玩玩有何不可？"说着，从一本影集内拿出那几张玩意儿。

"老师，那您说让贼偷了……"辰目瞪

口呆。

“假话。兴你假币就不兴我假话？”

“为什么？您当时完全可以揭穿。”

老教授的脸色立刻无比严肃起来：“揭穿容易，但我更知道一个山里的孩子该多艰难，那样做对他产生的后果不堪设想，为区区三百元钱，扼杀一个人才，吾不屑为之也。”

你从老教授的话中明白了什么？你预料到这样的结尾了吗？这样写的好处是什么？

“老师，”辰扑通一声跪了下来，泪流满面，“我不回去了，我还要跟您学几年，您一定要收留我！”

③ 中彩之夜

［美国］约翰·葛利格斯

当我还是个刚刚开始懂事的少年时，城里没有汽车的唯独我家—— 在我看来，我家的生活处于最贫穷困苦的境地了。

仔细读读下面这几段，说说你从哪里感受到了“我家”的贫穷。

每天，我们都是乘坐一辆其貌不扬[①]的双轮大车去买东西。

拉车的是一匹古雪特兰种小马，母亲管它叫巴吉斯——这还是《大卫·科波菲尔》一书中某个人物的大名呢，它模样滑稽可笑，“嘚嘚”响着的马蹄似乎声声都在诉说着我们的贫穷。

我们的确穷，父亲在交易所里当职员，本来，要是他不把工资的半数去接济那些生病的穷亲戚，那我家的日子还是蛮过得去的……眼下房子已全数抵押给债主了，而且

① 其貌不扬：指不好看，样貌普通。

好几年冬天我家还向杂货店老板赊(shē)账购物。

本段有揭示全文中心的句子，你找到了吗？请你圈画出来。

可母亲总是这么来宽慰大家：“一个人只要心灵美好，他就比别人富有。生活贫困却能使灵魂充实——这就是我们的精神财富。”

“你能用这笔‘精神财富’来买汽车吗？妈妈！”我伤心地反驳道。

不过话又要说回来，妈妈可会精打细算了。一小块花布，一星点儿油漆，她都使用得恰到好处。我们的日子倒过得挺好，遗憾的是，我们的汽车库仍然是巴吉斯的马厩(jiù)。

突然，我家竟迎来了一个令人心花怒放的时辰！明灿灿的荣光将驱走过去的屈辱！

几个星期以来，梅恩大街最大的商店橱窗里展览着一辆全新的轿车，今晚是城里展览会举办的狂欢活动的最后一夜——就在今晚，中彩的人就要将车取走。看完焰火，我就躲在人群边不显眼的暗处等待那高潮的到来。那车专门摆在一个台上，披着彩布，十多盏聚光灯把它照得光彩夺目。当市长把手伸进玻璃缸抽取中彩号码时，人们都紧张得屏住了呼吸。

我连做梦都没想到：幸运之神居然会对我家——城里唯一没有汽车的人家露出微笑！大喇叭里大声响着父亲的大名！等我好不容易挤到台前，市长已把一串钥匙交给爸爸了。在一片欢呼声和歌声中，爸爸把汽车开走了。

我以破纪录的速度拔腿飞奔回家。我似乎已坐在车上……

家里黑洞洞的，只有客厅里亮着灯。全新的轿车就停在车道上，在窗里透出的灯光的照耀下，车身闪闪发光。汽车库里，巴吉斯正打着响鼻。

我气喘吁吁地摸了摸光滑的车身，然后打开车门上了车里头，精巧周密的陈设发出一阵阵新车所特有的奇异香味。我察看着一排亮晶晶的仪表，接着，正当我转身想去后座的软椅上欢乐一番时，我从后窗看到漫步在河边的父亲结实的身影，我关上车门，朝

你从哪些地方感受到“我”渴望拥有这辆汽车？如此强烈的渴望，会不会带来巨大的失望呢？让我们继续往下读。

他奔去。

联系上下文想一想：爸爸进行激烈的思想斗争时，会有怎样的心理活动呢？

“别吵！”他却向我吼了起来。

我像挨了一棒似的惊呆了。我走进屋子，真是丈二和尚摸不着头脑。

妈妈在客厅里。“别难过，”她说，“你爸爸的良心正在进行斗争呢。等着吧，他会正确处理的。”

“中彩得了一辆新轿车——这同良心又有什么关系？”

“这汽车最终属不属于我们还是个问题呢。”妈妈回答道。

我发狂似的大喊：“是市中心的广播里宣布的，这还有什么问题！”

“孩子，过来。”

桌上，台灯照着两张彩票存根：一张是348号，另一张是349号。我知道中彩的那张是348号。

“你看这两张彩票有什么不同？”妈妈问。

我仔细地看了一下，说：“我看唯一的

不同就是 348 号中了彩，而 349 号没中。”

“你把 348 号彩票凑到灯下看看。”

看了老半天，我才发觉彩票的一角上有个字迹模糊的“K”字，是用铅笔写的。

“你看到这个‘K’字了吗？”

“瞪大了眼睛才看得到。”

“‘K’就是肯菊克先生的缩写。”

“就是爸爸的老板吉姆·肯菊克吗？”

“是他。”

接着妈妈向我解释道：父亲曾问过吉姆是否要买张彩票，吉姆心不在焉地咕哝了一声“好吧”，就去干他自己的事了，以后他也没再提及此事。后来父亲以自己的名义去买了两张彩票并在 348 号彩票上用铅笔给肯菊克做了个记号——就是存根上那个字迹模糊的“K”字——用指头轻轻一擦就能擦去。

文章提了几次“字迹模糊”？作者这样写用意何在？

对我来说，处理这件事真是易如反掌。吉姆·肯菊克是个百万富翁，他有十多辆汽车，庄园里仆人就有一大群，还加司机两名。对他来说，这辆汽车微不足道得犹如我们的巴吉斯的马勒子。我气急败坏地和母亲争论着：“妈妈，叫爸爸把车留下吧！”

“我知道他懂得怎么办的。”妈妈却冷静地说。

最后，门廊上响起了爸爸的脚步声。我紧张得大气也不敢喘一口，只听见他径直走向饭厅里的电话机，开始拨号。肯菊克那儿的电话铃响了好久，后来一个仆人接了电话。原来肯菊克已经睡了。

肯菊克梦中被叫醒来听电话，心里老大不高兴。爸爸把事情一五一十地给他讲了。第二天下午，肯菊克的两个司机坐公共汽车来到我家。开车以前，他们送了一包纸烟给父亲。

直到等我长大成人后，我家才有了自家的汽车。岁月流逝，但是，妈妈的格言“一个人只要心灵美好，他就比别人富有”不会过时。回顾当年，我知道：爸爸打电话的刹那，就是我家最富有的时刻。

（唐若水　译）

结合文中妈妈的格言，想一想：文章的结尾为什么说“爸爸打电话的刹那，就是我家最富有的时刻”？

④ 穷苦人（节选）

［法国］雨果

二

男人已出海打鱼。他从小捕鱼为业，
对于危险的命运展开艰巨的搏斗，
不论风狂或雨骤，他都要出海一走，
因为，一群孩子在挨饿。他晚上出发，
正当滔滔的海水涨上海堤(dī)的堤坝。
他独自驾驶自己四帆的小船一艘。
妻子待在屋子里，她是在准备鱼钩，
缝补帆篷，把渔网修补得严严密密，
然后，等五个孩子睡了，就祈求上天，
同时，她还要当心炉子上滚着的鱼汤。
而他，独自经受着不断袭来的海浪，
他出发进入深渊，他出发进入黑夜。
多苦的劳动！漆黑一片，而寒风凛冽。
在汹涌澎湃、冲击礁石的浪花中间，

这里的描写表现了“妻子”是一个怎样的人？

从这几句环境描写中，你读出了什么？

茫茫大海上，只有那么一个个小点：
喜欢来这儿的鱼长的鳍(qí)闪着银光，
这儿又暗又变幻莫测，但适合下网，
这儿有两间房间大小，但千变万化。
十二月浓雾迷漫，到夜间阵雨哗哗，
在流动的沙漠里要找到这么一点，
计算海潮和海风需要多么地熟练！
驾驭(yù)操纵的本领需要多么地高明！
波浪是绿色水蛇，顺着船舷在滑行，
无底深渊在翻滚，惊涛骇(hài)浪在乱搅，
船上受惊的帆索都在恐怖地嘶叫。
他在冰冷的海上思念着他的燕妮，
而燕妮流着眼泪在叫他，两人一起，
思念之心在夜里像神鸟一般相逢。

三

她正在祈祷，海鸥嘶哑嘲弄的叫声
使她烦恼，而礁石犹如一堆堆瓦砾，
海洋使她很害怕，此时在她的心里，
掠过一阵阵阴影：大海，那么多水手，

他们都被盛怒的波涛一个个卷走。
冷静的时钟正在钟罩里当当敲响，
点点滴滴，如同是血管里的血一样，
神秘地敲走时光，敲走春夏和秋冬，
钟声每一次敲响，在浩浩宇宙之中，
就像芸芸的众生，秃鹫(jiù)和白鸽不分，
这一边放进摇篮，那一边又立新坟。

生活是多么贫穷！她在左思和右想。
儿女们光脚行走，严冬和盛夏一样。
吃不上精白面粉，只好吃大麦面包。
“上天啊！风声像是铁匠的风箱怒号，
海岸发出铁砧(zhēn)的声音，似乎能看见
黑压压的飓风里喷溅出繁星点点，
如同炉膛里飞出一阵一阵的火星。
这时分，子夜这个舞迷亮亮的眼睛，
戴着黑绸的半截面具在尽情嬉笑，
也是这时分，子夜这个神秘的强盗，
以阴雨作为掩护，夹带着呼呼北风，
抓住颤抖的可怜水手，借突然冒出

燕妮对生活陷入困境感到害怕。

的狰狞巉（chán）岩[1]，把他在石上砸个稀烂。”
可怕！波浪淹没了水手恐怖的叫喊，
他感到下沉的船在融化，沉向海底，
感到身下张开了无底深渊，他想起
阳光灿烂的码头，系船的古老铁环！

这些凄惨的景象使她的心里很乱，
她昏昏沉沉，哭得直抖。

四

燕妮对丈夫和孩子的命运感到担忧。

渔妇太可怜！
她们想想真可怕：亲人一个个不见，
我最亲爱的父亲、情人、儿子和兄弟，
我的血肉和心肝！全在海里！在水里！
天哪！受波浪折磨，完全就像喂野兽。
啊！想想当船主的丈夫，幼年当水手，
大海拿着戏耍的就是他们的头颅；
狂风像喇叭，野性难驯（xùn），在发泄愤怒，
在他们头上解开长辫，便散发披头，
也许他们这时候正在遇难和呼救；

① 巉岩：高而险的山岩。

从来就无人知晓他们最后的状态，
他们为了能对付深不可测的大海，
为对不见星光的无底深渊能应付，
仅有一小块木板，加上一小角帆布！
忧心如焚！人们在海边卵石上飞奔，
对涨潮的海浪喊：“啊！把人还给我们！”
可是，翻滚不已的大海，唉！叫人害怕，
能指望它对忡(chōng)忡忧心做什么回答？

燕妮却更加担忧，她丈夫独自一人！
独自在茫茫黑夜！独自面对着危险！
无人帮助。孩子们都还太小。——啊，母亲！
你说：“孩子快长大！好帮助父亲！”——痴心！
以后出海时，他们随父亲一起出发，
你又流着眼泪说：“啊！孩子不要长大！”

（程曾厚　译）

为什么说“孩子不要长大”呢？你如何理解这句话？

5 相　片

孙　犁

正月里我常替抗属写信。那些青年妇女总是在口袋里带来一个信封两张信纸。如果她们是有孩子的，就拿在孩子的手里。信封、信纸使起来并不方便，多半是她们剪鞋样或是糊窗户剩下来的纸，亲手折叠成的。可是她们看得非常珍贵，非叫我使这个写不可。

看似无意的细节描写，生动地体现了她们勤劳、朴实的美德。

这是因为觉得只有这样，才真正完全地表达了她们的心意。

那天，一个远房嫂子来叫我写信给她的丈夫。信封、信纸以外，还有一张小小的相片。这是她的照片，一张旧的、残破了的照片。照片上的光线那么暗，在一旁还有半个“验讫（qì）①”字样的戳（chuō）记。我看了看照片，又望了望

① 验讫：检验完毕。

她，为什么这样一个活泼好笑的人，照出相来，竟这么呆板阴沉！我说：

“这相片照得不像！”

她斜坐在炕(kàng)沿上笑着说：“比我年轻？那是我二十一岁时照的！”

“不是年轻，是比你现在还老！”

“你是说哭丧着脸？”她嘻嘻地笑了，“那是敌人在的时候照的，心里害怕得不行，哪里还顾得笑？那时候，几千几万的人都照了相，在那些相片里拣不出一个有笑模样的来！”她这是从敌人发的“良民证”上撕下来的相片。敌人败退了，老百姓焚毁了代表一个艰难时代的“良民证”，为了忌讳，撕下了自己的照片。

远房嫂子为什么要把自己的相片从“良民证”上撕下来寄给丈夫？

“可是，”我好奇地问，“你不会另照一张给他寄去吗？”

“就给他寄这个去！”她郑重地说，“叫他看一看，有敌人在，我们在家里受的什么苦楚，是什么容影！你看这里！”

她过来指着相片角上的一点白光：

“这是敌人的刺刀，我们哆里哆嗦在那里照相，他们站在后面拿枪刺逼着哩！”

从文中远房嫂子的话里，流露出其对战争的憎恨，所以她把相片寄给丈夫，是想让他坚决勇敢地打仗，保护老百姓。

“叫他看看这个！”她退回去，又抬高声音说，“叫他坚决勇敢地打仗，保护着老百姓，打退敌人的进攻，那样受苦受难的日子，再也不要来了！现在自由幸福的生活，永远过下去吧！”

这就是一个青年妇女，在新年正月，给她那在前方炮火里打仗的丈夫的信的主要内容。如果人类的德行能够比较，我觉得只有这种崇高的心意，才能和那为人民的战士的英雄气概相当。

⑥ 古渡头

叶　紫

太阳渐渐地隐没到树林中去了，晚霞散射着一片凌乱的光辉，映到茫无际涯的淡绿的湖上，现出各种各样的色彩来。微风波动着皱纹似的浪头，轻轻地吻着沙岸。

开篇的环境描写，加上题目中的一个“古”字，给普通的渡头增添了神秘的色彩。在这样的氛围中，会出现谁？会发生什么事呢？

破烂不堪的老渡船，横在枯杨的下面。渡夫戴着一顶尖头的斗笠，弯着腰，在那里洗刷一叶断片的船篷。

我轻轻地踏到他的船上，他抬起头来，带血色的昏花的眼睛，望着我大声地说道：

“过湖吗，小伙子？”

“唔，”我放下包袱，“是的。”

“那么，要等到天明啰。”他又弯腰做事去了。

“为什么呢？”我茫然地。

“为什么？小伙子，出门简直不懂规

矩的。”

“我多给你些钱不行吗？”

“钱？你有多少钱呢？”他的声音来得更加响亮了，教训似的。他重新站起来，抛掉破篷子，把斗笠脱在手中，立时现出了白雪般的头发。“年纪轻轻，开口就是钱，有钱就命都不要了吗？”

我不由得暗自吃了一惊。

画出描写渡夫外貌的句子，想一想：从这段外貌描写中，你读到了一个怎样的老渡夫？

他从舱里拿出一根烟管，用粗糙的满是青筋的手指燃着火柴。眼睛越加显得细小，而且昏黑。

“告诉你，”他说，“出门要学乖一点！这年头，你这样小的年纪……”他饱饱地吸足了一口烟，又接着说：“看你的样子也不是一个老出门的。哪里来呀？”

“从军队里回来。”

“军队里？……”他又停了一停，“是当兵的吧，为什么又跑回来呢？”

“我是请长假的。我妈病了。”

“唔！……”

两个人都沉默了一会儿，他把烟管在船头上磕了两磕，接着又燃第二口。

夜色苍茫地侵袭着我们的周围，浪头荡出了微微的合拍的呼啸。我们差不多已经对面瞧不清脸膛了。我的心里偷偷地发急，不知道这老头子到底要玩个什么花样。于是，我说：

“既然不开船，老头子，就让我回到岸上去找店家吧！”

“店家？”老头子用鼻子哼着，“年轻人到底是不知事的。回到岸上去还不同过湖一样的危险吗？到连头镇去还要退回七里路。唉！年轻人……就在我这船中过一宿吧。”

一个急于要渡河，一个执意不撑船；一个要回岸住店，一个留人船上过夜……悬念迭起！

他擦着一根火柴把我引到船后头，给了我一个两尺多宽的地方。好在天气和暖，还不至于十分受冻。

当他再擦火柴吸上了第三口烟的时候，他的声音已经和缓得多了。我躺着，一面细细地听着孤雁唳（lì）过寂静的长空，一面又留心他和我所谈的一些江湖上的情形，和出门渡夫对“我”说的话是什么意思？你从中看出渡夫有什么样的闪光点？

人的秘诀。

“……就算你有钱吧，小伙子，你也不应当说出来的。这湖上有多少歹人啊！我在这里已经驾了四十年船了……我要不是看见你还有点孝心，唔，一点孝心……你家中还有几多兄弟呢？”

“只有我一个人。”

“一个人，唉！”他不知不觉地叹了一声气。

“你有儿子吗，老爹？”我问。

“儿子！唔……”他的喉咙哽咽着，“有，一个孙儿……”

“一个孙儿，那么，好福气啦！”

“好福气？”他突然地又生起气来了，“你这小东西是不是骂人呢？”

“骂人？”我的心里又茫然了一回。

“告诉你，”他气愤地说，“年轻人是不应该讥笑老人家的。你晓得我的儿子回不来了吗？哼！……”歇歇，他又不知道怎么的，接连叹了几声气，低声地说：“唔，也许是你不知道的。你，外乡人……”

他慢慢地爬到我的面前，把第四根火柴擦着的时候，已经没有烟了，他的额角上，有一根一根紫色的横筋在凸动。他把烟管和火柴向舱中一摔，周围即刻又黑暗起来……

“唉！小伙子啊！”听声音，他大概已经是很感伤了，“我告诉你吧，要不是你还有点孝心，唔！……我是喜欢你这样的孝顺孩子的。是的，你的妈妈一定比我还喜欢你，要是在病中看见你这样远跑回去。只是，我呢？唔……我，我有一个桂儿……”

“你知道吗？小伙子，我的桂儿，他比你还大得多呀！……是的，比你大得多。你怕不认识他吧？啊你，外乡人……我把他养到你这样大，这样大，我靠他给我赚饭吃呀！……”

“他现在呢？”我不能按捺(nà)地问。

“现在，唔，你听呀！……那个时候，我们爷儿俩同驾着这条船。我，我给他收了个媳妇儿……小伙子，你大概还没有过媳妇

故事中的人物都有谁？哪些人是实写？哪些人是虚写？

儿吧。唔，他们，他们是快乐的！我……我是快乐的！……”

“他们呢？”

“他们？唔，你听呀！……那一年，那一年，北佬（lǎo）来，你知道了吗？北佬是打了败仗的，从我们这里过身，我的桂儿，……小伙子，掳伕子你大概也是掳过的吧，我的桂儿给北佬兵拉着，要他做伕子。桂儿，他不肯，脸上一拳！我，我不肯，脸上一拳！……小伙子，你做过这些个丧天良的事情吗？……”

这里的描写，让老渡夫饱受思儿之苦的形象跃然纸上。在文中，你还能找到这样的句式吗？

“是的，我还有儿媳妇。可是，小伙子，你应当知道，儿媳妇是不能同公公住在一起的。等了一天，桂儿不回来；等了十天，桂儿不回来；等了一个月，桂儿不回来……我的儿媳妇给她娘家接去了。”

“我没有了桂儿，我没有了儿媳妇……小伙子，你知道吗？你也是有爹妈的……我等了八个月，我的儿媳妇生了一个孙儿，我要去抱回来，儿媳妇不肯。她说：‘等你儿子回来时，我也回来。’”

“小伙子！你看，我等了一年，我又等了两年，三年……我的儿媳妇改嫁给卖肉的朱胡子了，我的孙子长大了。可是，我看不见我的桂儿，我的孙子他们也不肯给我……他们说：‘等你有了钱，我们一定将孙子给你送回来。’可是，小伙子，我得有钱呀！……”

“是的，六年了，算到今年，小伙子，我没有做过丧天良的事，譬(pì)如说，今天晚上我不肯送你过湖去……但是，天老爷的眼睛是看不见我的，我，我得找钱……”

“结冰，落雪，我得过湖；刮风，落雨，我得过湖……”

“年成荒，捐重，湖里的匪多，过湖的人少，但是，我得找钱……”

“小伙子，你是有爹妈的人，你将来也得做爹妈的，你老了，你也得要儿子养你的，……可是人家连我的孩子都不给我……”

“我喜欢你，唔，小伙子！要是你真的有孝心，你是有好处的，像我，我一定得死

通过对这些离奇的事和人的描写，我们对这位驾船四十年、儿子被败兵拉去做伕子一去不返、儿媳带孙改嫁的孤苦伶仃的老人，产生了无比的同情，而这都是当时那个社会造成的悲剧。

在这湖中。我没有钱，我寻不到我的桂儿，我的孙子不认识我，没有人替我做坟，没有人给我烧钱纸……我说，我没有丧过天良，可是天老爷他不向我睁开眼睛……”

他逐渐地说得悲哀起来，他终于哭了。他不住地把船篷弄得“呱啦呱啦”地响，他的脚在船舱边下力地蹬着。可是，我寻不出来一句能够劝慰他的话，我的心头像给什么东西塞得紧紧的。

“就是这样的，小伙子，你看，我还有什么好的想头呢？……”

外面风浪渐渐地大了起来，我的心头也塞得更紧更紧了。我拿什么话来安慰他呢？这老年的不幸者……

我翻来覆去地睡不着，他翻来覆去地睡不着。我想说话，没有说话；他想说话，他已经说不出来了。

这句话让你想到了什么？

外面越是黑暗，风浪就越加大得怕人。停了很久，他突然又大大地叹了一声气：

“唉！索性再大些吧！把船翻了，免得

久延在这世界上受活磨！……”以后便没有再听到他的声音了。

可是，第二天，又是一般的微风，细雨。太阳还没有出来，他就把我叫起了。

他仍旧同我昨天上船时一样，他的脸上丝毫看不出一点异样的表情来，好像昨夜间的事情，全都忘记了。

我目不转睛地瞧着他。

“有什么东西好瞧呢？小伙子！过了湖，你还要赶你的路程呀！”

“要不要再等人呢？”

“等谁呀？怕只有鬼来了。”

离开渡口，因为是走顺风，他就搭上橹，扯起破碎风篷来。他独自坐在船艄上，毫无表情地捋(lǚ)着雪白的胡子，任情地高声朗唱着：

我住在这古渡前头六十年。
我不管地，也不管天，
我凭良心吃饭，我靠气力赚钱！
有钱的人我不爱，无钱的人我不怜！！
…………

作者为什么以渡夫的任情高声朗唱为结尾？从中你感受到了什么？

组文阅读

人性的光辉大多数时候是在平凡的生活中弥散开来的。人性的不凡，就在于它能让丑陋无所遁形，让美好展现。它化身为信仰、善良、友爱、正义、诚信……我们在阅读本组文章时，一边感受人性的力量，一边体会作者是如何在字里行间彰显人性的魅力的。

❶ 一个兵丁

冰 心

小玲天天上学，必要经过一个军营。他挟着书包儿，连跑带跳不住地走着，走过那营前广场的时候，便把脚步放迟了，看那些兵丁们早操。他们一排儿地站在朝阳之下，那雪亮的枪尖，深黄的军服，映着阳光，十分的鲜明齐整。小玲在旁边默默地看着，喜欢羡慕得了不得，心想：“以后我大了，一定去当兵，我也穿着军服，还要掮着枪，那时我要细细地看枪里的机关，究竟是什么样子。”这个思想，天天在他脑中旋转。

这一天他按着往常的规矩，正在场前凝望的时候，忽然觉得有人附着他的肩头，回头一看，只见是看门的那个兵丁，站在他背后，微笑着看着他。小玲有些瑟缩，又不敢走开，兵丁笑问：“小学生，你叫什么？”小玲道：“我叫小玲。”兵丁又问道：“你几岁了？”小玲说：“八岁了。”兵丁忽然呆呆地两手拄着枪，口里自己说道：“我离家的时候，我们的胜儿不也是八岁吗？”

小玲趁着他凝想的时候，慢慢地挪开，数步以外，便飞跑了。回头看时，那兵丁依旧呆立着，如同石像一般。

晚上放学，又经过营前，那兵丁正在营前坐着，看见他来了，便笑着招手叫他。小玲只得过去了，兵丁叫小玲坐在他的旁边。小玲看他那黧(lí)黑的面颜，深沉的目光，却现出极其温蔼的样子，渐渐地也不害怕了，便慢慢伸手去拿他的枪。兵丁笑着递给他。小玲十分地喜欢，低着头只顾玩弄，一会儿抬起头来。那兵丁依旧凝想着，同早晨一样。

以后他们便成了极好的朋友，兵丁又送给小玲一个名字，叫做“胜儿”，小玲也答应了。他早晚经过的时候必去玩枪，那兵丁也必是在营前等着。他们会见了却不多谈话，小玲自己玩着枪，兵丁也只坐在一旁看着他。

小玲终竟是个小孩子，过了些时，那笨重的枪也玩得腻了，经过营前的时候，也不去看望他的老朋友了。有时因为那兵丁只管追着他，他觉得厌烦，连看操也不敢看了，远望见那兵丁出来，便急忙走开。

可怜的兵丁！他从此不能有这个娇憨可爱的孩子，和他做伴了。但他有什么权力，叫他再来呢？因为这个假定的胜儿，究竟不是他的儿子。

但是他每日早晚依旧在那里等着，他藏在树后，恐怕惊走了小玲。他远远地看着小玲连跑带跳地来了，又嬉笑着走过了，方才慢慢地转出来，两手拄着枪，望着他的背影，临风洒了几点酸泪——

他几乎天天如此，不知不觉地有好几个月了。

这一天早晨，小玲依旧上学，刚开了街门，忽然门外有一件东西，向着他倒来。定睛一看，原来是一杆小木枪，枪柄上油着红漆，很是好看，上面贴着一条白纸，写着道："胜儿收玩。爱你的老朋友——"

小玲拿定枪柄，来回地念了几遍，好容易明白了。忽然举着枪，追风似的，向着广场跑去。

这队兵已经开拔了，军营也空了——那时两手拄着枪，站在营前，含泪凝望的，不是那黧黑慈蔼的兵丁，却是娇憨可爱的小玲了。

② 二十年以后

［美国］欧·亨利

该巡区的那位警察在街上庄严地走着，这种庄严的态度倒不是为了显示自己,因为街上本来就没有多少人去注意他，不过是一种习惯罢了。还不到晚上十点，一阵阵带着雨味的冷风早使街上行人寥寥无几。

这个警官，一路上察看着各家大门是否关严了，手中的那根警棍以许多复杂而又灵活的动作摆弄着，他还时时将警惕的目光投向宁静的街衢(qú)，加上那强健的体型和多少有些扬扬自得的神态构成了一幅和平卫士绝妙的肖像画，市郊是不兴夜市的，只是偶尔见到有家烟店或夜餐馆灯光闪烁，但大多数店家早已打烊(yàng)了。

走到某街衢中途时，他突然放慢了脚步。有个人倚在一家黑洞洞的五金店门前，嘴里叼着一支尚未点燃的烟。看到警察一向他走来，他马上就和他说起话来。

“长官，没啥事！”他解释着，“我在等个朋友，这可是二十年前定下的约会。您觉得奇怪是吗？好吧，如果您想了解究竟是怎么一回事，那我就给您说一说。很久以前，就在这家商店的地点，是一家餐厅，叫‘大乔白兰地’。”

“那是五年前才拆除的。”警察说。

那人在门洞里擦了根火柴，点燃了烟。火光映出了一张苍白爱唠叨的方脸，炯炯有神的眼睛和右眉边一块白色的小疤痕。他领结的饰针别出心裁地装饰着一颗大宝石。

“二十年前的今晚，”那人说，“我在大乔白兰地餐厅和吉米·威尔斯一起用餐，他是我的知己，真是个世上难找的好人。我俩都在纽约长大，我们亲似兄弟，那时我十八岁，他二十。第二天早晨我就要动身去西部碰碰运气去。可吉米说什么也不肯走，他满以为天底下只有那么一个纽约城哩。哦，当时我们就说好，二十年后的此时此刻在此地碰面，不管那时双方处境如何，也不管离得有多远。当时我们想，不论好坏，二十年后我们的命运已定，是穷是富已见分晓。”

“我觉得你们分离太久了，不过听起来还是蛮有趣的。”警察说，“你走后听到过他的消息吗？”

“听到过，我们通了一阵子的信。”那人说，“但一两年后我们便失去了联系，您知道，西部是个美丽的大地方，我在那儿忙得团团转。不过我知道如果吉米还活着，他定会来赴约的，因为他最忠实又最讲信义。他绝不会忘记的。今晚我从千里外赶来站在这门口，只要我那老朋友也来，我也就不枉走这一遭了。”

他掏出一只精致的表，表盖上缀满了珠宝。

“十点还差三分，”他说，“那次我们是十点整在餐厅门口分的手。”

“在西部混得不错吧？”警察问。

“当然，我希望吉米也能得到我一半的成就，虽然他人很聪明，但他仍然是孜孜不倦。而我却不得不跟有些‘老滑头’争斗才能赚钱，一个人在纽约混惯了，到西部就会感到处处是刀枪剑戟(jǐ)。”

警察旋转着警棍，踱了一两步。

“我还有事。但愿你的朋友准时莅(lì)临。如他不准时到你就不准备等他了？”

“不！”他说，“我至少要等他半小时。只要吉米还在世上，到时候他就一定会来到这儿。长官，再见！”

“晚安，先生！”警察说。

他继续在巡区走着，边走边察看各家大门是否关严了。

这时飘起了冷冷的毛毛细雨，冷风也从时紧时慢变得强劲起来。行人屈指可数，他们忧郁地埋头匆忙赶路，衣领翻得高高的，双手插进口袋里。五金店门前那位千里迢迢赶来同他青年时代朋友约会的人真有点荒唐可笑。他吸着烟，等待着。

他等了二十来分钟。这时，一个身穿长大衣的高大男子从对面人行道上匆忙穿过马路走来了。他翻起的衣领挨近了耳根。他径直走到他面前。

“鲍勃，是你吗？”他不肯定地问。

“你是吉米·威尔斯？”门边的人喊出了声。

“老天保佑！”来人叫道，一边握住对方的双手，“没错，我断定只要你还活着我就能在这儿找到你。呀，二十年真够长的，鲍勃，那老餐厅已不复存在了。我真希望它现在还在这儿，那我们就又能去那儿吃饭了。老伙计，西部待你怎么样？”

“弱肉强食嘛！在那儿我想要什么就能得到什么。吉米，你变多了，我从没想到你竟长高了两三寸。”

“是啊，我二十岁后还长了一节呢。”

“吉米，你在纽约也混得不错吧？”

“还过得去。我在城里一个部门找到了个位置。鲍勃，来，我们去一个我熟悉的地方，让我们好好谈谈过去的时光吧。”

两人手挽手走到街上。西部来的那人开始讲起他的经历，他被自己的成就搞得飘飘然了，另一个人却把脖子缩在大衣里，津津有味地听着。

街角上有家灯火辉煌的杂货铺。待他们走近灯光时，两人不约而同地互相注视着对方的脸。

西部来的人突然停步，松开了手。

“你不是吉米·威尔斯。”他尖声叫起来，“二十年固然很长，还不会使人面目全非。”

“不过有时它却使好人变成了坏蛋。”高个儿说，“您十分钟前就被捕了，我的滑头鲍勃！芝加哥警局估计您会来我们这儿，因而来电说他们想找您谈谈，老老实实走吧，那才是明智的。我们去局里前，请您先看一下有人要我带给您的字条，您可去窗边看，是巡警威尔斯写的。”

那人打开交给他的一张小字条，一开始他还稳得住，读完字条他的双手就不禁战栗起来。条子写得很简短：

鲍勃：

我准时到达了约会地点。当你擦火柴点烟时我发现了一张芝加哥警局准备捉拿归案的人的脸。我总不能亲手抓你呀，于是我走了，并请了一个穿便衣的人来做这件事。

吉米

（唐若水　译）

③ 诺　言

［苏联］班台莱耶夫

我很抱歉，不能告诉你们，那个小家伙叫什么名字，他住在哪儿，他的爸爸妈妈是谁。在黑暗中我甚至没有看清他的面貌。我只记得他的鼻子上有些雀斑，他的短裤很短，不用腰带，而用背带，背带的扣子在肚子的前面。

有一年夏天，我踱到华西里耶夫岛上的一个小公园里，我不知道它叫什么名字，我带着一本有趣的书，坐了很久，读得出了神，没发觉天已经黑了。

当我觉得两眼发花，实在很难读下去了，就合上书本，站起身来，朝出口处走去。

公园已经空了，街上万家灯火。看园人摇铃的声音在树丛那头丁零丁零地响着。

我怕公园关门，就加快脚步。突然我站住了，仿佛听到矮树丛那边有人在哭。

我弯进一条小路，那边有一所白色的小石屋孤立在黑暗中。那在都市的公园是常常可以看到的，不是亭子，就是看园人的小房子。房子的墙旁站着一个很小的男孩，七八岁模样，低下了头，哭得很响很伤心。我走近去，招呼他说：

“嗳，你怎么了，孩子？”

他马上像听到命令一般，止了哭，抬起头来，朝我望望说：“没什么。”

“怎么没什么？是谁欺负你了？”

“谁也没有欺负我。”

“那你哭什么呀？”

他说话还很困难，还没有咽下所有的眼泪，还在呜咽，打噎，吸鼻子。

“走吧，”我对他说，“你瞧，时候已经不早了，公园在关门了。”

我一面说，一面想拉住孩子的手，但是他连忙甩脱了手说：

“我不能。”

“你不能什么？”

“我不能走。”

“怎么？为什么？你怎么了？”

“没什么。”孩子说。

“你怎么——不舒服吗？”

“不，”他说，“我身体好着。”

“那你为什么不能走呢？”

“我是哨兵。”他说。

“怎么是哨兵？什么哨兵？”

“嘿，您怎么——不明白吗？我们在做游戏。”

“那你跟谁在做游戏呀？”

孩子沉默了一会儿，叹了一口气说：“我不知道。”

老实说，当时我心里想，这孩子一定有病，他的头脑准有问题。

“你倒说说看，”我对他说，“你在讲什么呀？这是怎么一回事？你在玩，但不知道跟谁？”

“是的，”孩子说，“我不知道。我本来坐在凳子上，可是来了几个大孩子。他们说：‘你要玩打仗游戏吗？’我说：‘要。’我们就开始玩，他们对我说：‘你是中士。’其中一个大孩子——他是元帅，他把我拉到这儿来，还说：‘这是我们的火药库——这座亭子。你做哨兵，你站在这儿，一直等到我来叫你换班。’我说：‘好的。’他又说：‘你答应一声，你不走开。’”

“后来呢？”

“后来，我就说：‘我答应，我不走开。’”

“还有呢？”

“还有就是这样。我站着，站着，他们却不来了。”

“噢，”我笑着说，“他们叫你站在这儿好久了吗？”

“那时天还没黑。”

“那么他们在哪儿呢？”

孩子又重重地叹了一口气说：“我想他们走了。”

“怎么走了？”

“他们忘记了。”

“那你干吗还站在这儿呢？”

“我答应过了……”

我几乎要笑出来，但接着马上省悟过来，觉得一点也不可笑，那孩子是完全对的。既然他答应过了，就只好站着。至于是游戏或者不是游戏，还不是一样。

“原来是这么一回事！”我对他说，“现在你怎么办呢？”

“我不知道。”孩子一面说，一面又哭了起来。

我很想帮他一点忙，但我能做什么呢？那些顽皮的孩子派他放哨，取得了他的诺言，而自己却跑回家去了。我去把他们找来吗？但此刻叫我到哪儿去找他们呢，这些孩子们？

他们恐怕已经吃过晚饭睡觉了，恐怕已经做到第十个梦了吧。

而人家却在站岗，在黑暗中，而且恐怕还饿着肚子呢……

“你大概要吃些东西吧？”我问他。

“是的，”他说，“要吃。”

“好吧，”我想了想说，“你快跑回家去吃晚饭，我暂时来代你站岗。”

“嗯，”孩子说，“难道这样行吗？”

“为什么不行？”

“您又不是军人。”

我搔搔后脑，说：“不错。一点办法也没有。我连替你换班都不成。这只有军人，只有长官才能做……”

这时我忽然有了主意。我想，既然只有军人能够解除孩子的诺言，叫他离开岗位，那有什么难处呢？就是说，只要去找一个军人来就行了。

我对孩子不说别的，只说了一句“你等一等”，立刻就朝出口处跑去……

大门还没有关上，看园人还在公园最远的角落里走着，摇着铃。

我站在门口，等待着，看有没有什么军人走过，不论是红军中尉或者普通兵士。可是，倒霉，街上连一个军人也看不到。忽然街道的另一边有几件黑色制服大衣闪动，我高兴极了，以为那是海军，我穿过街道，才看出不是海军，而是职业学校的几个学生。接着又走过了一个高个子的铁路工人，他穿着一件有红色领章的漂亮制服大衣，但就连这个穿讲究大衣的铁路工人，对我也毫无用处。

我怅(chàng)怅地正想回到公园里去，忽然看到街角的电车站上有一顶指挥员的保护色军帽，上面还有骑兵的蓝色帽圈。有生以来我恐怕没有像这会儿那么快乐过。我一口气朝电车站跑去。还没有跑到，忽然看见有一辆电车开进车站，那个指挥员，年轻的骑兵少校，跟别的乘客一起正预备挤上车去。

我气喘吁吁地跑到他的跟前，一把抓住了他的手臂，叫道：

"少校同志！等一等！等一等！少校同志！"

他回过头来，惊奇地朝我望望，说："什么事？"

"是这么一回事，"我说，"那边，公园里，在白亭子旁有个男孩在站岗……他不能走，他答应过了……他很小……他在哭。"

指挥员翻着白眼，吃惊地朝我望望。大概他也以为这个人有病，我的头脑有问题吧。

"那关我什么事？"他说。

那辆电车开走了，他气冲冲地望着我。

不过，等我比较详细地给他解释是怎么一回事以后，他就不加考虑地马上说：

“走吧，走吧，当然应该。您为什么不早对我说呢？”

当我们走到公园的时候，看园人正巧在锁大门。我请求他再等几分钟，我说有一个孩子留在公园里。我跟少校就跑到了公园深处。

在黑暗中我们好不容易找到那座白亭子。孩子仍旧站在老地方，仍旧在哭，不过哭得很轻，我叫了他一声。他快乐极了，快乐得甚至叫出声来。我说：“你瞧，我把长官带来了。”

一看到指挥员，孩子马上立正，挺起胸膛。

“哨兵同志，”指挥员对他说，“你是哪一级的？”

“我是中士。”孩子说。

“中士同志，我命令你离开岗位。”

孩子沉默了一会儿，吸了吸鼻子说：“那您是什么级呢？我看不清您有几条线……”

“我是少校。”指挥员说。

于是孩子就把一只手举到浅灰色帽子的阔大遮阳旁，说：“是，少校同志！遵命离开岗位。”

他说得那么响亮，那么老练，我们两人都忍不住哈哈大笑。

孩子也快乐地笑了起来。

我们三人一走出公园，大门就随着我们关上了，看园人在锁孔里转动了几下钥匙。

少校伸出手来给孩子。

“了不起，中士同志！”他说，“你将成为一个真正的军人，再见。”

孩子嘟哝了一下，说：“再见。”

少校向我们两人敬了一个礼，看到又来了一辆电车，就快步向电车站跑去。我也跟孩子告了别，握了握他的手。

“也许，要送你回去了吧？”我问他说。

“不，我住得很近。我不怕。”孩子说。

我看了看他那个长有雀斑的小鼻子，心里想，他确实是什么也不怕的。一个孩子具有那么坚强的意志，那么信守自己的诺言，他决不会害怕黑暗，决不会害怕坏蛋，也决不会害怕更可怕的东西。

等到他长大了……还不知道他长大之后是一个什么人，但不管他做什么，我敢保证，他将成为一个真正的人。

想到这里，我觉得能认识这个孩子很高兴。

于是我再次紧紧地、快乐地握了握他的手。

（草婴　译）

阅读实践

快速阅读这一组文章，记下阅读每篇文章所用的时间以及了解的内容。

文章题目	用时	了解的内容
《一个兵丁》		
《二十年以后》		
《诺言》		

活动二

这三篇故事的情节都很有吸引力。请选出一篇细细地读一读，将重要的情节按顺序填入下图中。

活动三

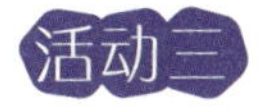

一篇小说，常常以跌宕起伏的情节吸引我们读下去。此外，总有那么一两个人物形象深入人心，让人久久难忘。结合本组文章，说说怎样在小说中塑造性格鲜明的人物。

自由阅读

1 韭 菜

余显斌

娘打来电话，问他现在在哪儿。

他轻声说：“在医院。”

娘说：“知道，听你爹说的。”娘接着哽咽着说，“儿啊，你怎么能那样，怎么能捐献骨……髓啊？”显然，娘不理解什么是骨髓，说到这儿，明显地顿了一下。

他忙说：“娘，没啥。”

娘说：“你不听娘的，娘就死去。”

他急了，忙告诉娘，自己不是捐献骨髓，爹听错了，自己是想找人给自己捐献骨髓，自己有病。

> 生病的到底是谁？作者在这里给我们设置了悬念。

娘一听更急了，问清了他所在的医院，和爹当天就打了车，匆匆赶去，在医院看见了他。他坐在病床上，护士在给他量着血压。娘一见吓了一跳，问道：“儿呀，你怎么啦？”

他说：“白血病。”

娘不懂什么是白血病，望着他。

他告诉娘，患白血病很难治的。看娘身子一颤，他忙说，不过，有骨髓配型成功的人愿意捐骨髓，自己就有救了。

娘忙说：“配啊，砸锅卖铁也配啊。”

他叹口气，说：“哪有那么容易的？两万多人中才有一对配型成功的。”

娘坐在那儿，眼睛直了。

他忙摇着手道，不过，自己很幸运，和一个女孩配型成功。

娘眼睛一亮：“真的？”

他再次垂下头，告诉娘，可是对方不愿捐献骨髓。娘一脸灰白，许久，点点头道：“是啊，身上的东西，哪一件不是跟眼睛鼻子一样，哪有多余的啊？多余的也不会长啊，谁又愿捐啊？”

爹在旁边嘀咕一声：“听说，捐骨髓没事的啊！”

他沮(jǔ)丧地摇摇头，告诉他们，那个女孩就是不愿捐。

娘试探着问：“真没事吗？”

他说：“可能是吧，不过，这得问问医生。”

正说着，一名医生从旁边匆匆经过，娘忙一把拉住，如抓住救命稻草一般，可怜巴巴地问：“医生，捐献骨髓对捐献的人有伤害吗？”医生望着她摇了摇头。看她有些不懂，医生就打比方说：“骨髓就像韭菜，捐了又会长出来的。”农村里，韭菜不少，剪后生得更快更肥更多。娘懂了，娘脸上的灰白颜色没了。娘想了想，仍拉着医生的手不放，她有一个请求，希望医生能帮自己给那个女孩说说。

医生一笑，点头答应了。

四人去了另一间病房，见到了那个女孩。

娘走过去，一把拉住女孩的手，说：“娃啊，大婶求你了。”

娘指着他说：“我就这一个儿，请你救救他啊。”

见女孩不说话，娘猛地想起什么似的，指着医生说：“医生说了，对你没损害。如果有损害，这个要求大婶也说不出口啊。”

女孩雪白的脸上流下两行泪，望望她，仍没有说话。

娘急了，说：“娃啊，大婶跪下了。”

娘说着，准备跪下来。女孩忙一把拉住，流着泪说：“大婶，我才是病人，这位大哥是捐献者啊。”说着，女孩指指他，对娘说：“求大婶了，救救我。”

娘站在那儿，愣住了。

不过，娘马上就明白了怎么回事。

娘拉住女孩的手，打量着女孩毫无血色的脸，许久许久，眼眶红了，对他说：“去吧，娘不拦你。”

娘说：“出来了，娘煮鸡蛋给你补补身子。”

他“哎”了一声，笑着望了医生和女孩一眼，忙向手术室走去。他知道，他的方法成功了，善良的娘，一旦知道捐献骨髓是怎么回事，一定不会拦他的。

他猜对了。

六个小时后，他捐献了骨髓，走了出来。

爹娘迎上来，仔细打量着他，见他没事，爹一笑，得意地道：“小子，你答应了爹的，我劝你娘来，你回去可得陪爹喝几盅的。”

他一笑，手指一弹，嗒地一响。

娘这才知道，自己被骗来，是儿子和老头子商量好的。她回头瞪了老伴儿一眼道：“啥出息？几盅酒，就让儿子收买了。”说完，拍着儿子的手笑笑，得意地道：“我儿捐了骨髓，救了一条人命，救了一个家，娘受一回骗，值啊！”

你猜到这样的结局了吗？是不是被一家三口的善良深深感动了？

他望着爹娘笑了。

② 棉 花 糖

周 波

那年，老家的炊烟像云朵一样悠悠地飘着。

晌午，父亲拖着一身的泥巴吭哧吭哧地走回家。这日头！父亲心里一阵嘀咕。

“回来了？”母亲把毛巾递给父亲。

“嗯，先喝口水。”父亲走到水缸边，用勺满满地盛了一碗凉水，咕噜一声灌进肚里。

我那时年龄小，每天屋里屋外跑。父亲背着一大摞农具进院门时，我每次比母亲跑得快。

“丫头，又看我喝水？”父亲滴着汗珠朝我笑。

“甜吗，爹？”我两手搭着缸沿咯咯地笑。

“甜，很甜，像吃棉花糖。”父亲又笑。

于是从那天起我记住了棉花糖的滋味，做梦也想吃棉花糖。后来我上学了，看到学校的门口有流动的商贩卖好看的棉花团一样的东西，同学们说那是棉花糖。棉花糖？我禁不住诱惑，用零碎的硬币买了一小团吃。真的很甜，还带着香味。

回家的路上，我一直想着父亲陶醉的样子。父亲说缸里的水是棉花糖味，这是真的吗？难道是棉花糖化了变的？

我急切地穿过窄窄的田埂，我没见到父亲行走的身影，却看见母亲提着竹竿沿着河塘在追赶鸭群。

我打开家门，扔下书包就蹿到院里的水缸边。我个子矮，踮着脚看不到水的影子。我端来一把椅子站上去，才终于看见那一汪被父亲快喝光了的棉花糖水。

“你不要命了？”母亲不知啥时候进来的，见我的头隐没在缸里，大叫起来。

我后来对母亲说：“没有您一声叫，我也许就掉不进缸里去，也不会明白缸里的水根本不是棉花糖的味儿。”

父亲惊慌地把湿漉漉的我从缸里拎了出来，嘴里咕噜噜地想说什么。然后我看见父亲舀了一瓢水喝，父亲那会儿喝水的样子一点也不好看。当然我不敢问缸里的水甜不甜，因为我已经知道水不是棉花糖味的。

惊魂未定的母亲给我换上干衣服后去了堂屋，我根本没想到她会去找那根赶鸭的竹竿来打我。

“你这是做啥？放下！”父亲扔了水瓢吼道。

“今天不打她一下，明天还会掉进缸去。”母亲气着说。

我受了太大的惊吓，在两个水缸缝隙里躲藏。

“出来！”父亲朝我喊。

我从缸缝里看见父亲的脸铁青，筋脉一根根在颤抖。

“不出来我要砸缸了！”父亲嗓门特别大。

我只好出来，我想父亲一定不会打我，因为他从来没打过我，刚才还阻止了我母亲的竹竿。但我很快感到不妙了，父亲的眼睛转来转去显然是在寻找打我的家伙。

果然父亲在堆满农具的墙角一顿乱翻。第一次他拿起一根粗大的棍子走到我跟前，把我吓得半死。第二次他换成扁担又走到我跟前，我哭着求饶。第三次他拿起一顶草帽，我破涕为笑。然而父亲还是没打下来。而这时让我惊奇的是父亲蹲在地上拼命地在拔一根草。拔草做啥？我呆呆地看着父亲。

“站好了！”父亲站起身命令我。

我很听话，毕恭毕敬地站着。

随着一阵风吹过颈部，父亲说惩罚结束。原来父亲用那根草在我脸上打了一下。我用手摸了摸自己的脸。有点痒。

晚上，父亲来到我床头边，问：“丫头，疼吗？”

我大哭起来，紧紧地抱住了父亲。

“小孩子不能喝生水，要得病的。”父亲微笑着对我说。

“今天我买了棉花糖吃，爹不是说缸里的水和棉花糖一个味吗？”我伤心地说。

“爹骗你的。”父亲愣愣地看着我。

父亲走的那年我正读大学。有一天，我接到加急电报，告知父亲病危的消息，我连夜乘火车赶回老家。

父亲一直等着我，在病床上，他老泪纵横地紧捏着我的手。可父亲的手冰冷。

“爹……这辈子……只打过你……一次。”父亲喘着气说。

“您……一次……也没打过。”我泣不成声。

母亲在一边默默地流着泪。

“爹，还记得这个吗？我把它带回来了。”我从书包里取出一个小布包，一层层地打开。

“一根草？”周围的人全惊讶万分。

我把那根草轻轻地放到父亲的手心里，然后我把自己的手放上去，再把父亲的五指合起来。

出殡那天，我看见那根草一直在父亲的手里攥着，父亲攥得很紧很紧。

③ 乞　丐

［俄国］屠格涅夫

我正在街上行走……一个乞丐，一个年迈不堪的老人使我停住了脚步。

一双红肿充血的汪汪泪眼，青紫的嘴唇，褴褛的衣衫，污秽的伤口……哦,贫困把这个可怜的生命折磨成什么样子!

他向我伸出一只浮肿、发红的脏手……他呻吟，喃喃地乞求施舍。

我开始搜索身上所有的口袋……既无一个小钱，也无一块表，连手绢也没有一块……我身边什么也没有带。

然而乞丐却期待着施舍……那只伸出的手无力地摇动、颤抖着。

我不知所措，难堪万分，紧紧地握住了那只肮脏的瑟瑟颤抖的手……

“别见怪，老兄。我什么也没有带，老兄。”

乞丐用他那双红肿的眼睛凝神盯着我，他那青紫的双唇露出一丝浅笑——于是他反过来紧紧握了握我冰冷的手指。

“没关系，老弟，”他喃喃地说，“就为这一点也该说声谢谢。这也是一种施舍呀，老弟。”

我明白了，我也得到了这位老兄的施舍。

对乞丐来说，不一定给予物质的施舍，伸出温暖的双手，也是一种关爱。

（沈念驹　译）

日积月累

人人好公，则天下太平；人人营私，则天下大乱。

——刘鹗

点燃蜡烛照亮他人者，也不会给自己带来黑暗。

——杰弗逊

竭力履行你的义务，你应该就会知道，你到底有多大价值。

——列夫·托尔斯泰

④ 柏林之围

［法国］都德

本文以主人公儒弗上校病情的演变和臆想中法军连连告捷并包围柏林为明线，以事实上法军败退和巴黎被围为暗线。

我们正和医生某君沿着香榭丽舍林荫路往回走，一面向那些被炮弹击得百孔千疮的墙壁，向那些被机枪扫射得坑坑洼洼的人行便道，探询巴黎被围的历史。快到明星街的半圆广场时，医生停住不走了，他手指着那些环抱凯旋门，形成那样富丽堂皇气派的许多高楼大厦中的一座楼房，对我说道：

“您看见那边阳台上关着的四扇窗了吗？去年八月，风暴灾难纷至沓来的那个八月的最初几天里，我被约请到那里诊视一个患急性中风的病人。病人就是儒弗上校，一个拿破仑帝国时代的军人，在荣誉和爱国观念上是个老顽固。战争一开始他就搬到香榭丽舍来，住在一套有阳台的住房里。您猜是为什么？原来,是为了亲自参与咱们军队的凯旋仪式……

这个可怜的老人啊！维桑堡[①]的消息传来的时候，他正离开饭桌。在这张报告溃败的战报下方，他一读到拿破仑的名字，便像遭了雷击似的倒了下去。

“我到的时候，看见这位当年的军人直挺挺地躺在卧室的地毯上，满脸通红，口眼全不动，就仿佛刚被木棒当头打了一下。他站起来，大概很高大；现在躺着，还显得非常魁伟。五官端正好看，一副很美的牙齿，一头卷曲的银丝发，八十岁的老人望过去像六十岁……在他身旁的是他的孙女，泪流满面，跪在地下。她面孔很像他。他们两人站在一起，看上去简直是一个模子里铸出来的两枚希腊古币，不过一枚是古老的，带着泥土，周边有点模糊；那一枚却是光彩夺目，清晰明净，完全保持着新铸成的货币的光彩和柔润。

“这个女孩子的痛苦感动了我。她的父亲和祖父都是军人，父亲现在玛克·麻洪元帅的参谋处工作。此刻躺在她面前的这位魁梧老人的形象使她的脑海里映出另一个形象，那个形象，其可怕处并不亚于这个。我竭力劝她不要着急，可是说实话，我并不抱多大的希望。摆在我们面前的是一种地地道道的严重的半身不遂症，八十岁遇上这种病症，治好的

---

① 维桑堡：法国东北部的一个城市，1870 年 8 月 4 日，法国杜埃将军的一个师团被普鲁士军队消灭在此地。

可能性是很小的。事实也正如此，整整三天，病人老是这样一动不动昏迷不醒。在这期间，莱舍芬[①]的消息传到了巴黎。你当然还记得是怎样传来的。一直到傍晚，我们大家都相信真是打了一个大胜仗，两万普鲁士人被击毙，普鲁士王太子被俘……我不知道什么神道显灵，哪一种磁电流过，这次全国欢乐的回声竟钻进了老人瘫痪症的幻境里面，找到了这位可怜的又聋又哑的病人。总之,这天晚上我走近他床头的时候，看见的不是前几天那个老人了。眼睛几乎有了光，舌头也不那么僵木了。他竟有足够的气力向我微笑，并且结结巴巴地说了两次：

一个濒临死亡的老人，因为听到祖国打了胜仗的消息，病情大为减轻。这也为后文中故事情节的转折埋下伏笔。

"'胜……胜……仗！'

"'是的，上校，大胜仗……'

"我一面把玛克·麻洪元帅辉煌胜利的详细情形讲给他听，一面就看出他的眉目逐渐舒展开来，面色开朗起来。

"我一走出门，那个年轻姑娘面色惨白，正站在门前等

① 莱舍芬战役发生于1870年8月6日。法国玛克·麻洪元帅以三万八千人抵抗普鲁士王太子率领的十二万人，几乎全军覆没。

候我。她呜呜地哭着。

“我抓起她的双手对她说：‘老人家的命已经保住了！’

“那个可怜的姑娘几乎没有勇气回答我。原来，莱舍芬的真实消息刚被张贴出来，玛克·麻洪元帅逃跑了，全军覆没……我们彼此狼狈地看着。她想着她的父亲而伤心。我呢，想着老人，不寒而栗。毫无疑义，他是禁不起这个新打击的……可是怎么办呢？……只有让他保持住他的快乐，维持住那些使他复活的幻想了！不过，那就必须撒谎……

“‘好吧！由我来撒谎吧！’那位英勇的姑娘对我说，一面擦干了眼泪。

儒弗上校的孙女为病重的祖父所说的谎言也是本文的线索。

“她喜气洋洋地回到了祖父的卧室。

“她担负的这个责任是十分艰巨的。开头几天还好办，老头儿的脑筋还不健全，像个孩子似的任凭人哄骗。可是身体渐渐恢复，他的思路也清楚起来，那就必须先让他了解双方军队的活动，然后还得杜撰军事公报读给他听。这个美丽的姑娘日日夜夜伏在德国地图上，把小红旗插来插去，努力构思出一场光辉的战役，真叫人看着怪可怜的。一会儿是巴采纳将军向柏林进军，一会儿是弗洛瓦萨将军已到巴伐利亚[①]，一会儿是玛克·麻

① 1871 年巴伐利亚被并入德意志帝国。

洪的军队指向波罗的海海滨区。关于这一切，她经常请教我，我也尽我的能力帮助她，但是在这一场虚构的侵略战里，帮了我们忙的还是老祖父。在第一帝国时期，他征服德国已经那么多次！一切行动，他预先都能料到：‘现在他们要向这儿前进……你瞧，他们这就要如此如此了……’当然他的预见总是一一得到实现，这未免使他得意非凡。

“倒霉的是我们尽管占领了不少城池，打了不少胜仗，他总认为我们前进得还太慢。这个老头儿的胃口可大了，总也没个够！每天，我一到他们家，总要听到一件新的赫赫战果。

“‘大夫，我们打下玛央斯[①]了！’那年轻姑娘迎出门来对我这样说，嘴上挂着苦笑。

“隔着门，我就听见一个愉快的声音对我高声喊道：

“‘顺利得很！顺利得很……再有八天，我们就打进柏林了。’

“那时，普鲁士军队离巴黎只有八天的路程了……最初我们商量了一下，是不是把他搬到外省去更好一些。不过，一走出大门，法国现在的情况就会把一切都泄露给他。我认

① 玛央斯：巴伐利亚的一个城市。

为他的身体还太弱，巨大打击引起的麻痹症还很严重，真情实况是不应该叫他知道的。因此决定还是留下来。

“巴黎被围的第一天，我曾到他们家里，我记得我当时很激动，心里十分惶惑不安，当时巴黎各城门都已紧闭，战争就在城下，边界已缩短到郊区，这种惶惑之情是我们人人都有的。我进去的时候，这个老头儿正兴高采烈得意扬扬地在床上坐着，一见我就说：

“‘喂！围城总算开始啦！’

“我十分诧异，一面注意看着他，一面问道：

“‘怎么，上校，您知道了？’

“他的孙女急转过身来对我说：

“‘是啊！大夫……这是个了不起的消息……围攻柏林已经开始了。’

“她说这话的时候，手里正做针线活儿，拔针的神气是那么从容、安详……老人又怎能有什么怀疑呢？杀人的炮声，他是听不见的。这座天翻地覆、灾祸重重的巴黎城，他是看不见的，他从床上窥见的是凯旋门的一面，在他的卧室里，围绕他的是一大堆乱七八糟的拿破仑帝国时代的破旧东西，在那里非常有效地维持着他的种种幻想。先是大元帅们的画像，描绘战争的画图，婴儿装束的罗马王[①]；随后是镶着镂花铜饰的直腿方角的高大长条案，案上陈列着皇帝的遗物，什么徽章啦，小铜像啦，罩在玻璃圆钟下的圣赫勒拿岛[②]上的一块岩石啦，此外还有不少小画像，画的总是那位头发卷着细鬈儿、有着黄色长袍和肥袖管窄袖口的跳舞装束、眉清目秀的夫人……所有这一切：长条案，罗马王，大元帅，黄袍夫人，这位束腰带、上半身显得鼓鼓囊囊，具有 1806 年人们喜爱的庄重姿态的黄袍夫人……这位善良的上校啊，正是这种充满胜利和侵略的气氛，比我们能够向他说的话更有力，使他天真地相信柏林是在被围。

“从这天起，我们的军事行动简单化了。攻克柏林，仅仅是一个耐心等待的问题。过一阵子，老头子实在太无聊了，我们就读一封他儿子的来信给他听，当然是假造的信，因为那时任什么东西也进不了巴黎城，并且自从色当[③]大败之后，玛克·麻洪元帅的参谋处正移向德国某要塞去当俘虏。请想一想，这个可怜女孩的处境有多么悲惨狼狈：得不到父亲的片纸只

---

① 罗马王：拿破仑的儿子，一降生便被册封为“罗马王”。

② 圣赫勒拿岛：拿破仑被放逐并死于此岛。

③ 色当：在巴黎东北，1870 年拿破仑三世被普鲁士军队大败于此，并被俘虏。

字，只知道他已被俘，也许在患病，可是不能不用他的口气写出愉快的信，当然不很长，一个正在作战并且在被攻占的敌国境内不停前进的军人只能写这样的信。有时候，她实在没有这股勇气了，于是几个星期没有信来。可是老人不放心了，睡不着了。于是赶快又从德国来了一封信，她走到老人床头忍着眼泪，欢天喜地读给他听。老人一本正经地听着，忽而心领神会地微笑起来，忽而点头赞许，忽而批评指责，有不大清楚的地方，还给我们解释一番。不过他特别显得伟大的地方却在他给儿子的信中。他说：'总也不要忘记你是法国人……对那些不幸者，要宽大为怀。不要让被征服者感到担子过分沉重……'信中是没结没完的叮咛告诫，一大堆可敬可钦的车轱辘来回转的话，都是关乎尊重私有财产、尊敬妇女等大道理，简直是专为征服者预备的一部有关军人荣誉的地道法典。他在信中也夹杂一些有关政治的一般看法和向战败者提出的媾(gòu)和条件。关于此事，我应该声明，他的条件倒不算苛刻：

"'只要战争赔款，别的什么也不要……把他们的省分割过来，又有什么用？难道说能把德国改造成法国吗？'

"说这些话的时候，他的声音是很坚决的，我们感到他的话里有这么多的天真纯朴之气，这么伟人的一种爱国精神，听起来委实不能不叫人感动。

“这期间，围攻是一个劲儿地向前进展，不过，哎，不是围攻柏林，……那时正是严寒、炮轰、瘟疫、饥馑(jǐn)的时期。可是仗着我们的照拂，我们的努力，围绕他的有增无减的温存体贴，老人的安静生活一时一刻也没受到搅扰。一直到最后，我总有办法替他弄到白面包，新鲜肉。这些东西当然只有他吃得着，别人是没有份的。因此祖父进餐的时候，那种丝毫不应由他负责的自私自利多么叫人感慨，是无法想象的：老人坐在床上，下巴底下围着饭巾，红光满面，嘻嘻笑着；在他身旁的孙女，因为饮食不足而显得比以前苍白了，扶着他的手，帮助他喝汤喝水，帮助他吃这一切当时禁止食用的东西。老人吃下东西，有了精神。卧室里暖暖和和很舒服，外面刮着西北风，窗前雪花飞舞着，老军人想起了当年他在北方经过的战役，于是第一百次地给我们叙说不幸的俄罗斯退却①，那时只有冰冻的饼干和马肉可吃。他说：

“‘你能领会吗，孩子？我们那时吃的是马肉！’

“她还能不领会吗！两个月来，她就没有吃过别的肉……不过老人的病一天一天地好起来，我们在病人身边的任务却

---

① 1812 年拿破仑侵略沙俄，在莫斯科郊外遭到坚壁清野的抵抗，饥寒交迫，被俄军包围，溃不成军，仓皇遁走。

一天一天地难起来了。他在官能、肢体方面的麻痹，到此刻为止对我们本是很有帮助的，现在却开始消失了。已经有过两三次，麻育门下的剧烈炮声惊得他跳起来，跟猎狗似的支起了耳朵。我们只好捏造出巴采纳将军在柏林城下最后的胜利，说是残废军人院中在鸣炮庆祝。又有一天，我们把他的床推到了窗户旁边——大概是布森瓦血战的那个星期四——他清楚地看到了格朗达梅林荫路上麇(qún)集着的国民自卫队。他便问道：

“‘是哪一部分的军队？’

“我们随着就听见他轻轻地抱怨说：

“‘服装太不整齐！服装太不整齐！’

“他没再说什么别的话，可是我们立刻明白今后必须多加小心。不幸的是我们还不够小心。

“有一天晚上，我一来到他们家，那小姑娘就神色仓皇地迎过来。

“‘明天，他们就进城了。’她对我说。

“‘祖父的窗子开着没有？’我问。

“现在回想起来，那时经她一说，我马上就记起来了，那天晚上，老人的神色确实很特别，很可能他是听见我们的话了。不过我们指的是普鲁士人，而老头儿心中想的乃是法国人，是他盼望了那么长久的凯旋：玛克·麻洪元帅在鲜花丛里、鼓乐声中沿着林荫大路走过来，自己的儿子在元帅身边随着走；自己呢，站在阳台上，穿着军礼服，就像当年在鲁正[①]一样，不住地向那些弹孔累累的国旗和被火药熏黑的军旗致敬。

“可怜的儒弗老人！他无疑地认为，我们为了不让他受到过大的刺激，一定会阻挡他目睹我们军队的游行，所以他跟谁也不提这个事。不过第二天，就在普鲁士队伍战战兢兢地踏上从麻育门到居勒里宫那条长街的时刻，阳台上那扇窗轻轻地开了，阳台上出现了上校，头顶钢盔，腰挎大马刀，米勒霍特[②]老骑兵的光荣而古老的全副军装都披挂在身上。我现在还奇怪，不知道是一种什么样的意志力量，是一种什么样的突来的生命力竟促使他站了起来并且穿戴起来。我确实知道，是他真的站在那儿，就在栏杆后面，并且十分诧异：为什么马路显得那么宽阔，那么寂静，各家的百叶窗都紧闭不开，巴黎凄凄凉凉像是港口的一座传染病患者隔离所；到处悬挂旗子，但旗子是那么古怪，全白色带着红十字，并且没有一个人出来欢迎我们的队伍。

① 鲁正：德国的一个小城，1813 年拿破仑曾在此处粉碎俄德联军。

② 米勒霍特：拿破仑手下著名的骑兵将领。

“在一个短时间内，他可能认为自己弄错了。

“可是没有弄错啊！在那边，凯旋门的后面，是一片分不清什么声音的嘈杂喧闹，一条黑线朝着初升的太阳走过来……接着，钢盔的尖顶慢慢地闪出光来，耶纳的小铜鼓[①]敲起来了，在凯旋门下响起了舒伯特的凯旋歌，随着歌的节奏前进的是列队的笨重步伐，同时伴随着腰刀的撞击声！

“于是在广场惨切的静寂中，听见一声喊叫，一声凄厉的喊叫：‘快拿武器！……快拿武器……普鲁士人……’同时，前哨的四个骑兵可以见到高处，阳台上面一个高大的老人摇晃着双臂，东倒西歪地站立不住，最后整个身子倒了下去。这一次，儒弗上校真的死了。”

（赵少侯　译）

①耶纳的小铜鼓：意指普鲁士的军鼓。耶纳，普鲁士的一个城。

围绕中心意思写

怎样才能把文章的中心意思表达得更全面、更充分呢？可以围绕中心意思，从不同的方面或者选取不同的事例来写。在表达时，要将重要部分写得详细些、具体些，才能给读者留下更深刻的印象。

阅读本组文章，学会分析作者围绕中心意思选择了哪些事例来写，又是怎样把事例写详细、写具体的。

范文阅读

1 我的老师[1]

贾平凹

我的老师孙涵泊，是朋友的孩子，今年三岁半。他不漂亮，也少言语，平时不准父亲杀鸡剖(pōu)鱼，很有些善良，但对家里所有的来客都不瞅不睬，表情木然，显得傲慢。开始我见他只逗着取乐，到后来便不敢放肆，认了他是老师。许多人都笑我认三岁半的小儿为师，是我疯了，或耍矫情。我说这就是你们的错误了，谁规定老师只能以小认大？孙涵泊！孙老师，他是该做我的老师的。

开篇点题，“我”的老师是三岁半的孩子孙涵泊，激发读者阅读的兴趣。

幼儿园的阿姨领了孩子们去郊游，他也在其中，阿姨摘了一抱花分给大家，轮到他，他不接，小眼睛翻着白，鼻翼一捩(liè)一捩的。

从这一段中哪些语句可见孙涵泊很慈悲？找出来读一读。

① 选入本书时略有删减。

阿姨问：“你不要？”他说：“花疼不疼？”对于美好的东西，因为美好，我也常常就不觉得它的美好了，不爱惜，不保卫，有时是觉出了它的美好，因为自己没有，生嫉恨，多诽（fěi）谤（bàng），甚至参与加害和摧残。孙涵泊却慈悲，视一切都有生命，都应尊重和和平相处，他真该做我的老师。

这一段通过孙涵泊与“我”的对比，表现出孙涵泊无所畏惧的特点。

晚上看电视，七点钟中央电视台开始播放国歌，他就要站在椅子上，不管在座的是大人还是小孩，是惊讶还是嗤（chī）笑，目不旁视，双手打起节拍。我是没有这种大气派的，为了自己的身家平安和一点事业，时时小心，事事怯场，挑了鸡蛋挑子过闹市，不敢挤人，唯恐人挤，应忍的忍了，不应忍的也忍了，最多只写“转毁为缘，默雷止谤”自慰，结果失了许多志气，误了许多正事。孙涵泊却无所畏惧，竟敢指挥国歌，他真该做我的老师。

我在他家写条幅，许多人围着看，一片叫好，他也挤了过来，头歪着，一手掏耳屎。他爹问：“你来看什么？”他说：“看写。”再问：“写的什么？”说：“字。”又问：“什么字？”说：“黑字。”我的文章和书法本不高明，却向来有人恭维，我也恭维过别人的，比如听别人说过某某的文章好，拿来看了，怎么也看不出好在哪里，但我要在文坛上混，又要证明我的鉴赏水平，或者某某是权威，是著名的，我得表示谦虚和尊敬，我得需要提拔和获奖，我也就说：“好呀，当然是好呀，你瞧，他写的这副对联，‘××××××××，××××××春’，多好！”孙涵泊不管形势，不瞧脸色，不斟(zhēn)句酌(zhuó)字，不拐弯抹角，直奔事物根本，他真该做我的老师。

通过父子二人的对话，表现出孙涵泊纯真的特点。

街上两人争执，先是对骂，再是拳脚，一个脸上就流下血来，遂抓起了旁边肉店案上的砍刀，围观的人轰然走散。他爹牵他正好经过，他便跑过去立于两人之间，大喊：“不许打架！打架不是好孩子，不许打架！”现在的人很烦，似乎吃了炸药，鸡毛蒜皮的事也要闹出个流血事件，但街头的斗殴(ōu)发生了，却没有几个前去制止的。我也是，怕偏护了弱者挨强者的刀子，怕去制伏强者，弱者悄然遁去，警察来了脱离不了干系，多一事不如少一事，还是一走了之，事后连个证明也不肯做。孙涵泊安危度外，大义凛然，有徐洪刚的英勇精神，他真该做我的老师。

我的老师话少，对我没有悬河般的教导，不布置作业，他从未以有我这么个学生而得意过，却始终表情木然，样子傲慢。我琢磨，或许他这样正是要我明白“口锐者天钝之，目空者鬼障之”的道理。我是诚惶诚恐地待我的老师的。他使我不断地发现着我的卑劣，知道了羞耻。所以，我没有理由不称他是老师！我的老师也将不会只有我一个学生吧？

作者围绕“他真该做我的老师”选择了哪些事例来展开叙述？哪个事例给你留下的印象最深刻？

②山的那边是什么

汤素兰

我是在小山村里长大的，开门见山。那些山在清晨，在黄昏，在雨中，在雪下，总会呈现不同的风景。我还不懂得“风景”这个词，但我已明白我每日开门就见的山，在不同的时候，有不同的颜色和姿态。我爱那些山，尤其爱想：山的那边是什么？

开篇点题：山的那边是什么？后文将围绕这一中心写作。

第一个告诉我山的那边有火车的人，是我的爷爷。小时候，我和爷爷、奶奶住在一起。在某个时候，爷爷会静下来，倾听一声遥远的鸣叫。爷爷说，那是火车在叫，是七星街的火车。我不知道火车是什么，也不知道七星街在哪里。但那陌生的汽笛越过层层山岭，夜夜飘进我们住的小瓦房，夜夜都让我感到惊奇：原来世界上除了雷声以外，还有另外一些东西能发出巨大的声响。

爷爷告诉“我”山的那边有火车，引发了“我”强烈的好奇心。

我很快还知道了除火车之外，山的那边有一种好看又好吃的果子，名叫苹果。我觉得只有这么好吃的果子，才配得上这么好听的名字——苹果。父亲到外面去做工，带回了苹果和花布。父亲带回的花布是我平生所见到的最好看的花布。母亲用它为我缝成了新衣，我穿上新衣，哈，整个村子里就数我最漂亮！

当然，我后来上了小学，我的见识很快就超过了火车、苹果和花布。因为这时候老师教我们认字了，因为我已经会写“中国”和“世界”这两个词了。

我上学以后，给我最多快乐的，是家里那台半导体收音机。

文章围绕“山的那边是什么”写了哪些方面的内容？

我的奶奶对着收音机看上老半天，然后说：“真怪！这么小的匣子，怎么装得下这么多人呢？又要打鼓，又要讲话，又要唱戏！”我至今都感到奇怪，为什么我没有产生过像奶奶那样的疑问。即使是今天，我也不能明确地说清楚收音机的原理。也许，因为那时我将自己的精力都放在从匣子里发出来的声音上了。我从收音机里听到过一个广播剧——《会说话的猪》。说是一个农场里的一些猪都会说话，为了改善自己的生活待遇，它们集体抵制饲养员。可是有一只猪却到饲养员那儿告了密，结果，那些猪全都进了屠宰场。这个广播剧给我的惊奇不亚于我第一次听说火车能发出那么巨大的鸣叫。我不知道是不是从那一天起，我和童话结下了缘。但至少我是从这里才开始想象，原来世界上的动物也是能说话的，它们也有自己的想法，而且对咱们人类还挺有意见。

一个广播剧为作者打开了一扇想象之门，让作者从此与童话结下了不解之缘。

让我永远难忘的，还有村子里家家户户尘封的阁楼。

我上学的时候，也许因为功课不像现在的小学生这样多吧，因此，放学后就疯狂地寻找课外书。贫穷的乡亲，常常连买盐的钱都紧张，哪里顾得上买书。幸运的是，一次偶然的机会，我在我家布满灰尘蛛网的阁楼上，打开一个破旧的皮箱，竟然找到了一箱

“如获至宝”是什么意思？从这个词语中，你感受到了什么？

书！那里面有二十世纪五十年代的旧杂志、中学课本和一些小说的断章残页。我如获至宝。那些杂志里的文字和图画都和我当时所处的七十年代不同。尽管里面有些字我还不认识，但我看得津津有味。母亲说，那些书都是当年我父亲从工厂离职回乡时带回来的，当时有整整一箱子。但经过了许多年，经过别人的借阅或损毁，已所剩无几了。母亲的话，在我面前打开了一条寻书之路。于是我开始向周围的人打听，谁家里曾有人读过书，谁的父母有文化。这一招还真灵。很快地，我就发现，在我的同学里，有些人的父亲曾在五十年代上过高小，还有一个同学的哥哥，居然是中专毕业生。我动员同学们到自己家里的阁楼上去找书，有时，我也和同学约好，趁他们家的大人出门上工的时候，去翻他们家里的阁楼。

翻阁楼是一件充满了刺激和吸引力的事。先搭上木梯子，再一步一步往上爬。农家的阁楼上，堆满了一切破烂不堪的东西，差不多就是一个废品仓库。一寸厚的灰尘和牵牵扯扯的蛛网，把阁楼弄得很恐怖。我们像寻宝的孩子，满怀兴奋，满怀希望。抹掉箱子盖上的灰尘，把箱子打开。有的时候，里面只有一些破衣烂衫。但也有一两次，我们确实找到过一两本书。

儿时的我是一个扎羊角辫的胆小的姑娘，到上高中时，还不认识去学校的路，我却翻遍了许多人家布满灰尘的阁楼，这真有点不可思议。

我带着“山的那边是什么”这个问题，从僻静的小山村来到喧嚣的城市。也就是这个小小的问号，让我学会幻想、发现和追寻，使我对未来的世界充满惊奇和渴望。

这个问题犹如指路明灯，为“我”照亮了前进的路，让“我”学会幻想、发现和追寻，使“我”对未来的世界充满惊奇和渴望。

③ 一双穿在心上的雨鞋

张亚凌

四十年前的关中农村，只有坑坑洼洼的土路，一下雨就泥泞不堪。村里的小学在东南角的龙王庙里，我家在村子的西北角。村子松松散散地分为南村、北村，中间还有一大片耕地。从家到学校的跨度之大让我绝望，因为每逢下雨我就要遭遇种种泥泞。每次雨天回家，我脚上的布鞋就成了沉重的泥疙瘩，不仅抬腿走路费事，而且裤腿上也会溅上泥巴。

这两段是为下文写作者渴望拥有一双雨鞋作铺垫。

并不是所有的孩子都穿布鞋。有少数穿黄胶鞋的，就不会冰了自己的脚。个别孩子还穿着洋气的雨鞋，那得意劲儿，恨不得将穿着雨鞋的双脚扛在肩膀上摇晃着满学校炫耀。刚上一年级的我跟上五年级的姐姐，都只有布鞋。

一天，母亲从镇上回来，取出了双雨鞋，嫩嫩的小草一样绿，看得我瞪大眼睛，差点儿撕裂眼眶。

“你姐穿不上就是你的了。”母亲说罢，就将雨鞋递给了满脸欢喜的姐姐。

干吗只买一双？我俩都上学了，为啥是她穿不上了才给我，不是我穿不上了给妹妹？我俩在一个学校，她上学走的路又不比我多。我脑子里有很多很多的不理解在闹腾着，像一锅沸腾的水。我立马抢过来，飞快地踢掉自己脚上的布鞋，穿上雨鞋，从前院跑到后院，又从后院跑到前院，以至于睡觉时都舍不得脱掉，还被母亲训斥了一顿。

圈画出描写“我”的心理的句子，体会“我”没有得到雨鞋时的沮丧心情。

我跟母亲讨价还价，提议姐姐穿一次我穿一次。母亲拍了一下我的头，说：“穿在你脚上像船，你脚长大了再穿。你姐天天晚上提着煤油灯上晚自习，下雨了就没办法。”

记得第二天，我一进教室就跟同桌说，我家也有雨鞋了！哈哈，就这么一句话，能把同桌羡慕得满地找眼珠了。同桌说，赶紧下雨，你就能穿雨鞋了。我又补充了一句，姐姐现在穿，我的脚长大了才能穿。我俩一下子都趴在桌子上，像霜打的茄子。是的，刚才有多兴奋，现在就有多沮丧。

反复阅读下雨天“我”因为没有雨鞋穿而沮丧生气的语段，想一想当时的场景。

那鞋穿在姐姐的脚上，却一直牵挂在我的心里。一下雨我就叮嘱姐姐：那也是我的雨鞋，你别弄破了或穿烂了。

下雨天最奇怪了，每每走到我家的巷子口，我就莫名其妙地哭起来，一直哭到家里。一进房门，我就将脚上湿漉漉沉甸甸的泥鞋子蹬开，光着脚在房子里走。大人们都知道，我那是生气，生气只有姐姐能穿雨鞋，生气自己没有雨鞋穿。

姐姐一进门，我的第一句话就是：“到家了还不脱鞋？是不是想穿烂？赶紧脱！”

姐姐不好意思地一笑，就脱了。

有一次，已经雨过天晴，我还把雨鞋穿到了自己脚上。母亲很惊讶地看着我，我解释说“地上的泥还没干”，就固执地穿着大雨鞋，很别扭地去上学。可是到了学校，同学们的目光里不是羡慕，而是怪异。太阳很红，地面很快干了，穿着雨鞋热得难受，鞋底黏糊糊的。

有时下雨适逢放假，我是无论如何都不会让姐姐穿雨鞋的。自己拖着很大的雨鞋，披着塑料布在院子里走来走去，只是遗憾不能去学校。有一次，我不小心滑倒了，雨鞋甩出去老远，雨水也进了雨鞋里，拎着雨鞋耷(dā)拉着脑袋进了屋子，却并不曾挨骂……

还有一次，我实在忍不住了，就跟姐姐闹，闹的结果是下午我穿雨鞋去上学，姐姐也同意了。我一步一个脚印，很艰难地穿着大雨鞋到了学校，却引来同学们的嘲笑，他们说我是踩着两只小船来学校的。

后来呀，没等我的脚长大到能穿那双鞋，家里的经济条件已经好转了，母亲给我也买了双好看的雨鞋。只是那双不属于我却让我惦记了两三年的雨鞋，成了我唯一印象深刻的雨鞋。

最后一句话再次强调了那双"我"惦记了两三年的雨鞋给"我"留下的深刻印象，与题目相呼应。

④ 手（节选）

萧　红

开篇紧扣题目，描写了一双“奇怪”的手。

在我们的同学中，从来没有见过这样的手：蓝的，黑的，又好像紫的；从指甲一直变色到手腕以上。

她初来的几天，我们叫她“怪物”。下课以后大家在地板上跑着，也总是绕着她。关于她的手，没有一个人去问过。

教师在点名，使我们越来越忍不住了，非笑不可了。

“李洁！”

“到。”

“张楚芳！”

“到。”

“徐桂真！”

“到。”

迅速而有规律性地站起来一个，又坐下

去一个。但每次一喊到王亚明的地方，就要费一些时间了。

“王亚明，王亚明……叫到你啦！”别的同学有时要催促她，于是她才站起来，把两只青手垂得很直，肩头落下去，面向棚顶说：“到，到，到。”

不管同学们怎样笑她，她一点儿也不感到慌乱，仍旧弄着椅子响，庄严地，似乎费掉了几分钟才坐下去。

从“仍旧”“庄严”“似乎”“才”等词语中，你感受到了什么？

有一天上英文课的时候，英文教师笑得把眼镜脱下来在擦眼睛：“你下次不要再答‘黑耳’了，就答‘到’吧！”

全班的同学都在笑，把地板擦得很响。

第二天的英文课，又喊到王亚明时，我们又听到“黑耳——黑——耳”。

“你从前学过英文没有？”英文教师把眼镜移动了一下。

“不就是英国话吗？学是学过的，是麻子脸先生教的……铅笔叫‘喷丝儿’，钢笔叫‘盆’。可是没学过‘黑耳’。”

“‘here’就是‘这里’的意思，你读：here！ here！”

“喜儿！喜儿。”她又读起“喜儿”来了。这样的怪读法，全课堂都笑得战栗起来。可是王亚明，她自己却安然地坐下去，青色的手开始翻着书页，并且低声读了起来：

“华提……贼死……阿儿……”

数学课上，她读起算题来也和读文章一样：“$2x+y=\cdots\cdots x^2=\cdots\cdots$”

文中多处提到了青色的手，请圈画出来，想一想作者为什么这样写。

午餐的桌上，那青色的手已经抓到了馒头，她还想着地理课本：“墨西哥产白银……云南……唔，云南的大理石。”

夜里她躲在厕所里边读书，天将明的时候，她就坐在楼梯口。只要有一点光亮的地方，我常遇到过她。有一个落着大雪的早晨，窗外的树枝挂着白绒似的穗头，在宿舍的那边，长筒过道的尽头，窗台上似乎有人睡在那里了。

“谁呢？这地方多么凉！”我的皮鞋拍打着地板，发出一种空洞洞的嗡声。因为是星期天的早晨，整个学校出现在特有的安宁里。一部分的同学化着妆，一部分的同学还睡在眠床上。

还没走到她的旁边，我看到那摊在膝头上的书页被风翻动着。

“这是谁呢？星期天还这样用功！”正要唤醒她，忽然看到那青色的手了。

“王亚明，哎……醒醒吧……”我还没有直接招呼过她的名字，感到生涩和直硬。

根据这句话，你能猜出“我”想对她说什么吗？

“喝喝……睡着啦！”她每逢说话，总是开始钝重地笑笑。

“华提……贼死，右……爱……”她还没有找到书上的字就读起来。

“华提……贼死，这英国话真难……不像咱们中国字：什么字旁，什么字头……这个：曲里拐弯的，好像长虫爬在脑子里，越爬越糊涂，越爬越记不住。英文先生也说不难，不难，我看你们也不难。我的脑筋笨，乡下人的脑筋没有你们那样灵活。我的父亲还不如我，他说他年轻的时候，就记他这个

‘王’字，记了半顿饭的工夫还没记住。右……爱……右……阿儿……”说完一句话，在末尾不相干地又读起单字来。

风车哗啦哗啦地响在壁上，通气窗时时有小的雪片飞进来，在窗台上结着些水珠。

文中多次将王亚明的手与故事情节串联起来，在整篇文章中起到了画龙点睛的作用。

她的眼睛完全爬满着红丝条；贪婪，把持，和那青色的手一样在争取她那不能满足的愿望。

在角落里，在只有一点灯光的地方，我都看到过她，好像老鼠在啮嚼什么东西似的。

自由阅读

①两窝蚂蚁

刘亮程

冬天，每隔一段时间——差不多有半个月，蚂蚁就会出来找食吃，排成一长队，在墙壁炕沿上走，有前去的，有回来的，急急忙忙，全阴得皮肤发黄，不像夏天的蚂蚁，黝黑黝黑。

蚂蚁很少在地上乱跑，怕人不小心踩死它们，也很少一两只单独跑出来。

我们家屋子里有两窝蚂蚁，一窝是小黑蚂蚁，住在厨房锅头旁的地下。一窝大黄蚂蚁，住在靠炕沿的东墙根。蚂蚁怕冷，所以把洞筑在暖和处，紧挨着土炕和炉子，我们做饭烧炕时，顺便把蚂蚁窝煨热了。

通常蚂蚁在天亮后出来找食吃。那时母亲已经起来把死灭的炉火重火架着。屋子里烟气弥漫。我们全钻在被窝里，只露出头。有的睁眼直望着房顶。有的半眯着眼睛，早睡醒了，谁都不愿起。整个冬天我们没有一点儿事情，想睡到什么时候就睡到什么时候。直到炉火和从窗户照进的刺眼阳光，使屋子重又变得暖洋洋，才有人会坐起来，偎着被子，再愣会儿神。

蚂蚁一出洞，母亲便在蚂蚁窝旁撒一把麸(fū)皮，收成好的年成会撒两把。有一年我们储备的冬粮不足，连麸皮都不敢喂牲口，留着缺粮时人调剂着吃。冬天蚂蚁出来过五次。每次母亲只抓一小撮麸皮撒在洞口。最后一次，母亲再舍不得把麸皮给蚂蚁吃，家里仅剩的半麻袋细粮被父亲扎死袋口，留作春天下地干活时吃。我们整日煮洋芋疙瘩充饥。那一次，蚂蚁从天亮出洞，有上百只，绕着墙根转了一圈又一圈，一直到天快黑时，拖着几小片洋芋皮进洞去了。

蚂蚁发现麸皮便一拥而上，拖着、背着、几个抬着往洞里搬。跑远的蚂蚁被喊回来，在墙上的蚂蚁一蹦子跳下来，只一会儿工夫，蚂蚁和麸皮便一同消失得一干二净。蚂蚁有了吃的，便把洞口封死，很长时间不出来打搅人。

蚂蚁的洞一般从墙外通到房内，天一热蚂蚁全到屋外觅食，房子里几乎见不到一只。

我喜欢那窝小黑蚂蚁，针尖那么小的身子，走半天也走不了几尺。我早晨出门前看见一只从后墙根朝前墙这边走，下午我回来看见它还在半道上，慢悠悠地移动着身子，一点儿不急。似乎它已做好了长途跋涉的打算，今晚就在前面一点儿的地方过夜，第二天，太阳不太高时走到前墙根。天黑前争取爬过门槛，走到厨房与卧房的门口处，第二天再进卧房。不过，它要爬过卧房的门槛就得费很大工夫，先要爬上两层土块，再翻过一高的木门槛，还得赶早点，趁我们没起来之前翻过来。厨房没有窗户，天窗也盖得很死，即使白天门口处也很暗，我们一走动起来就难说不踩着蚂蚁。卧房比厨房大许多，从山墙经过窗户到东墙根，至少是蚂蚁两天的路程。到第五天，蚂蚁才会从东墙根往炕沿处走，经过我们家唯一的柜子。这段最好走夜路，因为是那窝大黄蚂蚁的领地，会很危险。从东边炕头往西边炕头绕回时也是两天的路，最好也晚上走，沿着炕沿，经过打着鼾声的父亲的头、母亲的头、小弟权娃的头和小妹燕子的头，爬到我的头顶时已是另一个夜晚了。这样，小蚂蚁在我们家屋内绕一圈大概用十天的时间，等它回到窝里时，那个蚂蚁世界的事情是否已几经变故，老蚂蚁死了，小蚂蚁出生，它们会不会还认识它呢？

小黑蚂蚁不咬人。偶尔爬到人身上，好一阵才觉出一点点痒。大黄蚂蚁也不咬人，但我不太喜欢，它们到处乱跑，且跑得飞快，让人不放心。不像小黑蚂蚁，出来排着整整齐齐的队，要到哪儿就径直到哪儿。大黄蚂蚁也排队，但队形乱糟糟，好像它们的头儿管得不严，好像每只蚂蚁都有自己的想法。

有一年春天，我想把这窝大黄蚂蚁赶走。我想了一个绝好的办法。那时蚂蚁已经把屋内的洞口封住，打开墙外的洞口，在外面活动了。我端了半盆麸皮，从我们家东墙根的蚂蚁洞口处，一点一点往前撒，撒在地上的麸皮像一根细细的黄线，绕过林带、柴垛，穿过一片长着矮草的平地，再翻过一个坑（李家盖房子时挖的），一直伸到李家西墙根。我把撒剩的小半盆麸皮全倒在李家墙根，上面撒一把土盖住。然后一趟子跑回来，观察蚂蚁的动静。

先是一只洞口处闲游的蚂蚁发现了麸皮，咬住一块拖了一下，扔下又咬另一块。当它发现有好多麸皮后，突然转身朝洞口跑去。我发现它在洞口处停顿了一下，好像探头朝洞里喊了一声，里面好像没听见，它一头钻进去。不到两秒钟，大批蚂蚁像一股黄水涌了出来。

蚂蚁出洞后，一部分忙着往洞里搬近处的麸皮，一部分顺着我撒的线往前跑。有一个先头兵，速度非常快，跑一截子，对一粒麸皮咬一口，扔下再往前跑，好像给后面的蚂蚁做记号。我一直跟着这只蚂蚁绕过林带、柴垛，穿过那片长草的平地，再翻过那个坑，到了李家西墙根，蚂蚁发现墙根的一大堆麸皮后，几乎疯狂。它抬起两个前肢，高举着跳几个蹦子，肯定还喊出了什么，但我听不见。跑了那么远的路，似乎一点儿不累，它飞快地绕麸皮堆转了一圈，又爬到堆顶上，往上爬时还踩翻一块麸皮，栽了一跟头。但它很快翻过身来，它向这边跑几步，又朝那边跑几步，看样子像是在伸长膀子量这堆麸皮到底有多大体积。

做完这一切，它连滚带爬从麸皮堆上下来，沿来路飞快地往回跑。没跑多远，碰到两只随后赶来的蚂蚁，见面一碰头，一只立马转头往回跑，另一只朝麸皮堆的方向跑去。往回跑的刚绕过柴垛，大批蚂蚁已沿这条线源源不断赶来了，仍看见有往回飞快跑的。只是我已经分不清刚才发现麸皮堆的那只这会儿跑到哪去了。我返回蚂蚁洞口时，看见一股更粗的黑黄“泉水”正从洞口涌出来，沿我撒的那一溜黄色麸皮浩浩荡荡地朝李家墙根奔流而去。

我转身进屋拿了把铁锨，当我觉得洞里的蚂蚁已出来得差不多，大部分蚂蚁已经绕过柴垛快走到李家墙根了，我便果断地动手，在蚂蚁的来路上挖了一个一米多长、二十厘米宽的深槽子。我刚挖好，一大群嘴里衔着麸皮的蚂蚁已翻过那个大坑涌到跟前，看见断了的路都慌乱起来。有几个，像试探着要跳过来，结果掉进沟里，摔得好一阵才爬起来，叼起麸皮又要沿沟壁爬上来，那是不可能的，我挖的沟槽下边宽上边窄，蚂蚁爬不了多高就会掉下去。

而在另一边，迟缓赶来的一小部分蚂蚁也涌到沟沿上，两伙蚂蚁隔着沟相互挥手、跳蹦子。

怎么啦？

怎么回事？

我好像听见它们喊叫。

我知道蚂蚁是聪明动物，慌乱一阵后就会自动安静下来，处理好遇到的麻烦事情。以它们的聪明，肯定会想到在这堆麸皮下面重打一个洞，筑一个新窝，窝里造一个能盛下这堆麸皮的大粮仓。因为回去的路已经断了，况且家又那么远，回家的时间足够建一个新家了。就像我们村有几户人，在野地打了粮食，懒得拉回来，就盖一间房子，住下来就地吃掉。李家墙根的地不太硬，打起洞来也不费劲。

蚂蚁如果这样去做，我就成功了。

我已经看见一部分蚂蚁叼着麸皮回到李家墙根，好像商量着就按我的思路行动了。这时天不知不觉黑了，我才发现自己跟这窝蚂蚁耗了大半天了。我已经看不清地上的蚂蚁。况且，李家老二早就开始怀疑我，不住地朝这边望。他不清楚我在干什么。但他知道我不会干好事。我咳嗽了两声，装得啥事没有，踢着地上的草，绕过柴垛回到院子。

第二天，一大早我跑出来，发现那堆麸皮不见了，一粒也没有了。从李家墙根开始，一条细细的、踩得光光的蚂蚁路，穿过大土坑，通到我挖的沟槽边，沿沟边向北伸了一米多，到没沟的地方，又从对面折回来，再穿过草滩、绕过柴垛和林带，一直通到我们家墙根的蚂蚁洞口。

一只蚂蚁都没看见。

日积月累

观蚁（其二）

［宋］杨万里

一骑初来只又双，全军突出阵成行。

策勋急报千夫长，渡水还争一苇杭。

② 鸟

梁实秋

我爱鸟。

从前我常见提笼架鸟的人，清早在街上溜达（现在这样有闲的人少了）。我感觉兴味的不是那人的悠闲，却是那鸟的苦闷。胳膊上架着的鹰，有时头上蒙着一块皮子，羽翮(hé)[①]不整地蜷伏着不动，哪里有半点瞵(lín)视昂藏[②]的神气？笼子里的鸟更不用说，常年地关在栅栏里，饮啄倒是方便，冬天还有遮风的棉罩，十分的"优待"，但是如果想要"抟(tuán)扶摇而直上"，便要撞头碰壁。鸟到了这种地步，我想它的苦闷，大概是仅次于粘在胶纸上的苍蝇；它的快乐，大概是仅优于在标本室里住着吧？

我开始欣赏鸟是在四川。黎明时，窗外是一片鸟啭，不是叽叽喳喳的麻雀，不是呱呱噪啼的乌鸦，那一片声音是清

① 翮：鸟羽的茎状部分，中空透明。

② 瞵视昂藏：形容左顾右盼，神采焕发的样子。瞵，瞪着眼睛看。昂藏，仪态雄伟。

脆的，是嘹亮的，有的一声长叫，包括六七个音阶，有的只是一个声音，圆润而不觉其单调，有时是独奏，有时是合唱，简直是一派和谐的交响乐。不知有多少个春天的早晨，这样的鸟声把我从梦境唤起。等到旭日高升，市声鼎沸，鸟就沉默了，不知到哪里去了。一直等到夜晚，才又听到杜鹃叫，由远叫到近，由近叫到远，一声急似一声，竟是凄绝的哀乐。客夜闻此，说不出的酸楚！

在白昼，听不到鸟鸣，但是看得见鸟的形体。世界上的生物，没有比鸟更俊俏的。多少样不知名的小鸟，在枝头跳跃，有的曳着长长的尾巴，有的翘着尖尖的长喙，有的是胸襟上带着一块照眼的颜色，有的是飞起来的时候才闪露一下斑斓的花彩。几乎没有例外的，鸟的身躯都是玲珑饱满的，细瘦而不干瘪(biě)、丰腴(yú)而不臃肿，真是减一分则太瘦，增一分则太肥，那样的秾(nóng)纤合度[①]，跳荡得那样轻灵，脚上像是有弹簧。看它高踞枝头，临风顾盼——好锐利的喜悦刺上我的心头。不知是什么东西惊动它了，它倏地振翅飞去，它不回顾，它不悲哀，它像虹似的一下就消逝了，它留下的是无限的迷惘。有时候稻田里伫立着一只白鹭，蜷着一条腿，缩着颈子，有

---

① 秾纤合度：不胖不瘦，正合适。

时候“一行白鹭上青天”，背后还衬着黛青的山色和釉绿的梯田。就是抓小鸡的鸢（yuān）鹰，啾啾地叫着，在天空盘旋，也有令人喜悦的一种雄姿。

我爱鸟的声音、鸟的形体，这爱好是很单纯的，我对鸟并不存任何幻想。有人初闻杜鹃，兴奋得一夜不能睡，一时想到“杜宇”“望帝”，一时又想到啼血，想到客愁，觉得有无限诗意。我曾告诉他事实上全不是这样的。杜鹃原是很健壮的一种鸟，比一般的鸟魁梧得多，扁嘴大口，并不特别美，而且自己不知构巢，依仗体壮力大，硬把卵下在别个的巢里。如果巢里已有了够多的卵，便不客气地给挤落下去，孵育的责任由别个代负了，孵出来之后，羽毛渐丰，就可把巢据为己有。那人听了我的话之后，对于这豪横无情的鸟，再也不能幻出什么诗意出来了。我想济慈的“夜莺”、雪莱的“云雀”，还不都是诗人自我的幻想，与鸟何干？

鸟并不永久地给人喜悦，有时也给人悲苦。诗人哈代在一首诗里说，他在圣诞的前夕，炉里燃烧着熊熊的火，满室生春，桌上摆着丰盛的筵席，准备着过一个普天同庆的夜晚，蓦然看见在窗外一片美丽的雪景当中，有一只小鸟局踖（jí）缩缩[①]

---

① 局踖缩缩：这里指因寒冷而四肢不能舒展的样子。

地在寒枝的梢头踞立，正在啄食一颗残余的僵冻的果儿，禁不住那料峭的寒风，栽倒地上死了，滚成一个雪团！诗人感喟曰：“鸟！你连这一个快乐的夜晚都不给我！”我也有过一次类似经验，在东北的一间双重玻璃窗的屋里，忽然看见枝头有一只麻雀，战栗地跳动抖擞着，在啄食一块干枯的叶子。但是我发现那麻雀的羽毛特别长，而且是蓬松戟张着的，像是披着一件蓑衣，立刻使人联想到那垃圾堆上的大群褴褛而臃肿的人，那形容是一模一样的。那孤苦伶仃的麻雀，也就不暇令人哀了。

自从离开四川以后，不再容易看见那样多型类的鸟的跳荡，也不再容易听到那样悦耳的鸟鸣。只是清早遇到烟筒冒烟的时候，一群麻雀挤在檐下的烟筒旁边取暖，隔着窗纸有时还能看见伏在窗棂上的雀儿的映影。喜鹊不知逃到哪里去了。带哨子的鸽子也很少看见在天空打旋。黄昏时偶尔还听见寒鸦在古木上鼓噪，入夜也还能听见那像哭又像笑的鸱鸮的怪叫。再令人触目的就是那些偶然一见的囚在笼里的小鸟儿了，但是我不忍看。

3 阿　千[1]

郁达夫

在我们的左面，住有一家砍砍柴，卖卖菜，人家死人或娶亲去帮帮忙、跑跑腿的人家。他们的一族，男女老少的人数很多很多，而住的那一间屋，却只比牛栏、马槽大了一点。他们家里的顶小的一位苗裔年纪比我大一岁，名字叫阿千，冬天穿的是同伞似的一堆破絮，夏天大半身是光光地裸着的，因而皮肤黝黑，臂膀粗大，脸上也像是生落地之后，只洗了一次的样子。他虽只比我大了一岁，但是跟了他们屋里的大人，茶店酒馆日日去上，婚丧的人家，也老在进出；打起架吵起嘴来，尤其勇猛。我每天见他从我们的门口走过，心里老在羡慕，以为他又上茶店酒馆去了，我要到什么时候，才可以同他一样的和大人去夹在一道呢！而他的出去和回来，不管是在清早或深夜，我总没有一次不注意到的，因为他的嗓音很大，有时候一边走着，一边在绝叫着和大人谈天，若只他一个人的时候哩，总在噜苏地唱戏。

---

① 本文选自郁达夫《我的梦，我的青春！——自传之二》，题目为编者所加。

当一天的工作完了，他跟了他们家里的大人，一道上酒馆去的时候，看见我欣羡地立在门口，他原也曾邀约过我；但一则怕母亲要骂，二则胆子终于太小，经不起那些大人的盘问笑说，我总是微笑着摇摇头，就跑进屋里去躲开了，为的是上茶店酒店去的诱惑性，实在强不过。

有一个春天的早晨，母亲上父亲的坟头扫墓去了，祖母也一侵早[①]上了一座远在三四里路外的庙里去念佛。翠花在灶下收拾早餐的碗筷，我只一个人立在门口，看有淡云浮着的青天。忽而阿千唱着戏，背着钩刀和小扁担绳索之类，从他的家里出来，看了我的那种没精打采的神气，他就立了下来和我谈天，并且说：

"鹳山后面的盘龙山上，映山红开得多着哩；并且还有'乌米饭'（是一种小黑果子）、'彤管子'（也是一种刺果）、刺莓等等，你跟了我来吧，我可以采一大堆给你。你们奶奶，不也在北面山脚下的真觉寺里念佛吗？等我砍好了柴，我就可以送你上寺里去吃饭去。"

阿千本来是我所崇拜的英雄，而这一回又只有他一个人去砍柴，天气那么的好，今天侵早祖母出去念佛的时候，我

① 侵早：天快亮，拂晓。

本是嚷着要同去的，但她因为怕我走不动，就把我留下了。现在一听到了这个提议，自然是心里急跳了起来，两只脚便也很轻松地跟他出发了，并且还只怕翠花要出来阻挠，跑路跑得比平时只有得快些。出了弄堂，向东沿着江，一口气跑出了县城之后，天地宽广起来了，我的对于这一次冒险的惊惧之心就马上被大自然的威力所压倒。这样问问，那样谈谈，阿千真像是一部小小的自然界的百科大辞典；而到盘龙山脚去的一段野路，便成了我最初学自然科学的模范小课本。

麦已经长得有好几尺高了，麦田里的桑树，也都发出了绒样的叶芽。晴天里“舒叔叔”的一声飞鸣过去的，是老鹰在觅食；树枝头吱吱喳喳，似在打架又像是在谈天的，大半是麻雀之类；远处的竹林丛里，既有抑扬，又带余韵，在那里歌唱的，才是深山的画眉。

上山的路旁，一拳一拳像小孩子的拳头似的小草，长得很多；拳的左右上下，满长着了些绛黄的绒毛，仿佛是野生的虫类。我起初看了，只在害怕，走路的时候，若遇到一丛，总要绕一个弯，让开它们，但阿千却笑起来了，他说：

“这是薇蕨(jué)，摘了去，把下面的粗干切了，炒起来吃，味道是很好的哩！”

渐走渐高了，山上的青红杂色，迷乱了我的眼目。日光直射在山坡上，从草木泥土里蒸发出来的一种气息，使我呼吸感到了困难；阿千也走得热起来了，把他的一件破夹袄一脱，丢向了地下。教我在一块大石上坐下歇着，他一个人穿了一件小衫唱着戏去砍柴采野果去了；我回身立在石上，向大江一看，又深深地深深地得到了一种新的惊异。

这世界真大呀！那宽广的水面！那澄碧的天空！那些上下的船只，究竟是从哪里来，上哪里去的呢？

我一个人立在半山的大石上，近看看有一层阳炎在颤动着的绿野桑田，远看看天和水以及淡淡的青山，渐听得阿千的唱戏声音幽下去、远下去了，心里就莫名其妙地起了一种渴望与愁思。我要到什么时候才能大起来呢？我要到什么时候才可以到这像在天边似的远处去呢？到了天边，那么我的家呢？我的家里的人呢？同时感到了对远处的遥念与对乡井的离愁，眼角里便自然而然地涌出了热泪。到后来，脑子也昏乱了，眼睛也模糊了，我只呆呆地立在那块大石上的太阳里做幻梦。我梦见有一只揩(kāi)擦得很洁净的船，船上面张着了一面很大、很饱满的白帆，我和祖母、母亲、翠花、阿千等都在船上，吃着东西，唱着戏，顺流下去，到了一处不相识的地方。我又梦见城里的茶店酒馆，都搬上山来了，我和阿千便在这山上的酒馆里大喝大嚷，旁边的许多大人，都在那里惊奇仰视。

这一种接连不断的白日之梦，不知做了多少时候，阿千却背了一捆小小的草柴，和一包刺莓、映山红、“乌米饭”之类的野果，回到我立在那里的大石边来了；他脱下了小衫，光着了脊肋，那些野果就系包在他的小衫里面的。

他提议说，时候不早了，他还要砍一捆柴，且让我们吃着野果，先从山腰走向后山去吧，因为前山的草柴已经被人砍完，第二捆不容易采刮拢来了。

慢慢地走到了山后，山下的那个真觉寺的钟鼓声音，早就从春空里传送到了我们的耳边，并且一条青烟也刚从寺后的厨房里透出了屋顶。向寺里看了一眼，阿千就放下了那捆柴，对我说：

“他们在烧中饭了，大约离吃饭的时候也不很远，我还是先送你到寺里去吧！”

我们到了寺里，祖母和许多同伴者的念佛婆婆，都张大了眼睛，惊异了起来。阿千走后，她们就开始问我这一次冒险的经过，我也感到了一种得意，将如何出城，如何和阿千上山采集野果的情形，说得格外的详细。后来坐上桌去吃饭的时候，有一位老婆婆问我：“你大了，打算去做些什么？”我就毫不迟疑地回答她说：“我愿意去砍柴！”

④ 倍　倍

［苏联］高尔基

倍倍今年十岁，这孩子长得瘦小孱（chán）弱，可是跟蜥蜴一样伶俐。窄小的肩头披着杂色斑斓的破衣服，从无数的破洞洞里露出被阳光和污泥弄黑的皮肤。

从第1自然段的外貌描写中，你觉得倍倍是一个怎样的孩子？

倍倍一天到晚在岛边岩石上跳来跳去，好像被海风刮来又被风吹动的小海草，而且不停地唱着不知疲乏的好听的歌：

美丽的意大利，

我的意大利……

一切东西都能引起他的兴趣——像不透明的溪水似的流遍暖和的大地上的花，紫石缝里的蜥蜴，橄榄树茂荫中和葡萄园内孔雀似的竹棚中的小鸟，海底阴暗处的鱼儿，城中乱纷纷的小胡同里的外国人，例如那个脸上有刀伤疤的德国胖子，常常叫人想起惯演悲角的戏子的英国人，热心学英国总是学不像的美国人，以及吵闹得像只话匣子，谁也学不像他的法国人等等，都常常引起他的兴趣。

“你瞧那张脸，”倍倍看见那个胖得连头发都倒竖起来的德国人，便眼睛向四面探望着，回头向自己的同伴说，“那张脸比我的肚子还大啦！”

倍倍不喜欢德国人。他陶醉在街道、广场、阴暗的店房等等的气氛和思想中。在酒店里，有一些本地人在喝酒、打牌、看报、谈论政治。

“在我们看来，”他们说，“在我们这些穷苦的南方人看来，巴尔干的南斯拉夫人，要比用非洲的沙漠来报答我们，同我们亲善的漂亮联军亲切可爱得多。”

这些平凡的南方人越讲越起劲，倍倍在旁边全都听到而且记住了。

那位阴沉的英国人，走起路来两条腿像剪刀——倍倍见了他，便唱着送葬的哀歌：

我的朋友新近死了，

我的妻子非常烦恼……

她为什么这样烦恼，

我简直是莫名其妙。

倍倍的朋友跟在后面哄然大笑。当外国人瞪着白眼向他们平静地看着的时候，他们便跟老鼠一样往墙角和灌木丛里逃去。

关于倍倍，有许多有趣的故事。

> 文章围绕“关于倍倍，有许多有趣的故事”写了几件事？在合适的地方拟上小标题。

有一次，一位太太托他把一篮自己园子里摘的苹果拿去送一位朋友。

“给你一个铜子力钱！”她说，“钱不会害你的呀……”

他下了一个很大的决心，把篮子顶在头上走了。后来，直到傍晚他才回来领一个铜子。

“你这样慢！”太太对他说。

“可是，我真累极啦，大娘！”倍倍喘着气回答，“他们有十多个啦！”

“满满一篮子苹果，你说只有十多个？”

“我是说那班小鬼呀，大娘。”

“那么，苹果呢？”

“开头，那班小鬼米凯尔、乔凡尼……”

她开始发怒了，摇着他的肩头：“你把苹果送到了没有，快说！”

“我一直拿到广场那边，大娘，你听我说呢，我干得很好。开头他们嘲笑我，我不理，任他们去，他们说我是驴子，我也让他们说去。大娘，我听你的吩咐，我当然一切都可以忍着。可是他们又骂起我妈来啦，我想，这可受不了。我便把篮子放在地上——望准那些小鬼，拿苹果打过去。大娘，你要是看见，那才有趣呢，你一定会大笑的！”

“他们偷了我的苹果吗？”妇人喝问。

倍倍伤心地叹着气说：

“不，不过打不中那些小子的苹果，都在墙上碰碎了。剩下来的，因为我打了胜仗，跟敌人讲和，大家分来吃掉了……”

妇人把所有嘴里骂得出的话，都对着倍倍的光脑袋狠狠地骂出来了，骂了好半晌，倍倍不断地咂着舌头，老老实实地听着她骂，还不时地发出低声的赞叹：

“对，对，就是这样说，真是这个话！”

可是等她骂累了，要离开他的时候，他跟在她背后说：

“不过，你要是亲眼看见，我将你园子里摘来的那么好看的苹果，百发百中地打在那些小鬼的脏脑袋上，你就不会这样生气了——你要是看见了，你虽然答应给我一个铜子，一定会给我两个。”

那位愚蠢的太太，不懂得胜利者谦逊的骄傲——她举起硬拳头来吓唬他。

倍倍的姊姊[1]比倍倍大好几岁，但并不比倍倍聪明。她在一家有钱的美国人的别墅里收拾房间。她很快地变成一个小巧红润的姑娘，因为吃得好，像八月的梨子一样，健康的汁水流遍她的全身。

有一次弟弟问她：

“你每天都有东西吃吗？”

“两次，三次，我想吃的时候就吃。”她很得意地回答说。

“当心你的牙齿吧！”倍倍忠告她，后来想了一想，又问，“你家老板很有钱吗？”

“他吗，我想恐怕比皇帝还有钱呢！”

“喂，你不用对邻人说傻话！那么，你老板有几条裤子呢？”

“说不清！”

“有十条吗？”

“恐怕还要多一些……”

“你弄一条给我吧，不要太长，要暖和些的。”倍倍说。

“为什么？”

“你看我这条裤子烂成这个样子。”

---

① 姊姊：姐姐。

这是一条不成样子的裤子，从倍倍的膝头到脚面，已经剩得很少。“好吧，”姊姊同意了，“你得换一条，不过，老板不会说我们偷东西吗？”

倍倍解释给姊姊听：

“你可别当大家都比我们傻！从许多当中稍微拿一点，这不叫偷，这叫分！”

“那不过是这样说说罢了。”姊姊不同意。但不多一会儿，倍倍把姊姊说服了。她拿了一条淡灰色的很好的裤子到厨房里来，不过比倍倍全身还要长一点，他就想法子把它改一改。

“拿把剪刀来！”他说。

他们俩很快把美国人的裤子改成十分便利的童装。虽然大着一点，却做成了一个宽敞的袋子，这袋子用带子挂在肩头上，再在脖子旁边打一个结子，又在裤子口袋上挖了洞，就变成了出色的袖子。

他们本来还可以改得更好更舒服一点，不料那裤子主人的太太，不让他们那样从容——她跑进厨房里来了。她用在所有的语言中都同样不好的，但美国人听之泰然的最粗鲁的话，凶暴地骂起来。

倍倍没有办法停止她的滔滔不绝的言论，只好蹙(cù)紧了眉——把一只手放在心口，一只手失望地抓住自己的脑袋，没劲地叹气。而她呢，直等到丈夫跑来，才平静下去。

“怎么回事？”他问。这时候，倍倍说：

“老伯伯，你这位太太忽然这样大吵起来，真叫我吃了一惊，我真替你害臊。我想，她大概以为我们把裤子糟蹋了，可是它对我很方便，你一定也承认吧，她也许以为我拿了你这条独一的裤子，你再买不起别的了……”

美国人一动不动地听完他的话，便警告他：“你倒是一条好汉，我应当去叫警察。”

“什么？”倍倍吃惊了，“叫警察干吗？”

“带你到牢里去……”

这可使倍倍大大地悲观起来了，他差不多要哭起来，可是他忍着了，并且很威严地说：

“伯伯，要是你高兴，要是你喜欢把人家弄进牢里——那你就去叫吧！不过，假如我有许多裤子，而你是一条也没有的话，我就不会这样办！我会给你两三条。当然一下子不能穿三条，何况天气又这样热……”

美国人大笑起来，有钱人好像有时也会快活的。

后来，他请倍倍吃巧克力糖，又给他一个法郎。倍倍把银角子用牙齿一咬，道谢了：

“伯伯，谢谢你，这好像是真的角子？”

倍倍最好的时候，是他独自站在岩石上，默想地注视着石缝，好像正在细读岩石的朦胧的生活史。在这一刹那间，他灵活的眼睛瞪得大大的，上面掩着一层美丽的眼皮，细瘦的胳臂叠在身后，头略略耷拉着，像花萼似的轻轻晃动。他在低声哼着什么——他是什么时候都唱歌的。

当他观望墙头上像紫色溪流似的流着花蔓时，他的姿势也非常好看。这个站在墙根前的孩子，好像正在倾听绸一样的花瓣在海风呼吸下瑟瑟的微响。他看着，又唱着：

花呀……花呀……

远远地传来海浪轰隆的喘息，像敲打巨大的铜鼓。蝴蝶在花上游戏——倍倍仰着脸，眼睛因受阳光的刺激闭霎着，脸上现出略带羡慕的、哀愁的，但总属于大地上的老实人的微笑，注视着蝴蝶。

“嘘！”他拍手吓唬绿宝石似的蜥蜴，嘴里这样地嘘着。

可是当海面波平如镜，岩石上没有碎浪的白沫时，倍倍坐在一块岩石上，目光炯炯地注视着透明的波浪——在水里，鱼儿在红褐色的海藻中轻快地游泳，小虾很活泼地跳跃，蟹儿横爬着。碧绿而静寂的海面上，飘扬着他的嘹亮而凄切的歌声：

啊，海哟……海哟……

观察深刻、知识广博的人说：“倍倍会变成我们的诗人呢！”

有一个叫巴斯克伐利诺的木匠，长着一颗银铸似的脑袋，脸像刻在古罗马货币上的人像一般的老头儿，他的渊博的知识一向受大家的尊重，他发表了自己的意见：

“孩子们将比我们好，他们的生活会幸福的！”

很多的人都相信他的话。

（楼适夷　译）

阅读链接

我少年时候的生命如同一朵花一般——当春天的微飔来求乞于她的门上时，一朵花从她的丰富里失去一两瓣花片也并不觉得损失。

现在少年的光阴过去了，我的生命如同一个果子一般，没有什么东西耗费了，只等着完完全全地带着她的充实甜美的负担，贡献她自己。

——泰戈尔

《童　年》

[苏联]高尔基

《童年》是高尔基以自身经历为原型创作的自传体小说三部曲中的第一部，写出了高尔基对苦难的认识，对社会和人生的独特见解，字里行间涌动着一股生生不息的热望与坚强。全书真实地描述了阿廖沙苦难的童年生活，深刻地勾勒了19世纪俄罗斯形形色色的人物，着意展现了一部分下层劳动人民的正直、淳朴与勤劳。

《童年》这本书故事情节相对比较零散，阅读时要注意前后串联故事内容，可以运用“有目的地阅读”这一阅读策略，在阅读的过程中有目的地提取零散的故事情节，为了解完整的故事内容，加深对人物形象的认识做好准备。希望通过阅读本书，能让我们学会如何更好地把握故事情节、环境，感受人物形象。

作者简介

高尔基（1868—1936），苏联作家、诗人、评论家、政论家、学者。高尔基4岁时父亲去世，寄居在经营小染坊的外公家。他先后当过学徒、搬运工、看门人、面包师傅等。代表作品有《海燕》《母亲》《童年》《在人间》《我的大学》。

阿廖沙三岁时，失去了父亲，母亲瓦留莎把他寄养在外公

家。在这个家庭里，阿廖沙的两个舅舅米哈伊尔和雅科夫为了分家和侵吞阿廖沙母亲的嫁妆而不断地争吵、斗殴，人与人之间弥漫着仇恨之雾，连小孩也为这种气氛所毒害。外公专横暴躁，不幸的母亲再婚后，被贫困和疾病侵扰。周围的人让阿廖沙感到很不安。阿廖沙在家中感受不到温暖，在学校也受到歧视和刁难。在阿廖沙的心中，“爱”的情感渐渐被对一切的“恨”所代替。在母亲离世后，阿廖沙不久便到“人间”去谋生了。

在阿廖沙的童年里，外婆给他的影响是最深的。外婆为人善良公正，热爱生活，相信善总会战胜恶。她知道很多优美的民间故事，那些故事都是怜悯穷人和弱者，歌颂正义和光明的。

外婆说话很特别，像唱歌一般，所以她的话我总能清楚地记得——它们就像鲜花般甜蜜美好。

她笑的时候，黑黑的眼珠又大又亮，闪烁着一种难以言表的神采。她一笑就露出洁白坚固的牙齿，黝黑的脸颊上虽然有许多皱纹，但她的面容看起来是那么年轻生动。她整张脸上唯一有煞风景的大概就数那个又大又红、鼻孔张大的鼻子了。

她从一个黑色镶银边的盒子里取出一点鼻烟。她的东西全都是黑色的，但透过她的眼睛，我总能感受到一股从她心底射出的光芒，给人温暖，令人振奋，永不磨灭。她很胖，而且佝偻着身子，就像个驼背，但她行动自如，敏捷得就像只猫，一只可爱的大猫。似乎在外婆到来之前，我都像是躲在黑暗中沉睡。是她的到来唤醒了我，把我从黑暗中领出来，带我走向光明，是她把我的生活编织成一幅五彩缤纷的图案。

她成了我永远的朋友，我最亲密、最知心、最熟悉的朋友。

她对生活无私的热爱丰富了我的内心，指引着我的生活，给了我直面一切艰难困苦的力量……

四十年前的汽轮行驶得很慢，我们得过好几天才能到下诺夫哥罗德城。我现在还能清晰地回想起在船上那几天的美好时光。

天气晴好，我和外婆整天都待在甲板上。头顶着明朗的天空，伏尔加河两岸的金秋景色尽收眼底。

轮桨懒洋洋地拍打着蓝灰色的水面，红褐色的汽轮缓缓地逆流而上。

轮船后面拖着一条驳船。驳船是灰色的，像只大水蝽(chūn)。

阳光静静地洒在伏尔加河上，两岸的景色时刻都在变化，一切都是新奇的。苍翠的群山就像是大地锦衣上的皱褶，远处的城市、乡村好像一盘盘赏心悦目的甜点，金色的落叶漂游在秋天的河面上。

“你瞧，多美呀！”外婆在甲板上来回踱步，发出阵阵感叹，她容光焕发，欣喜地睁大了眼睛。

她时常站在那里望着对岸发呆，双手叠放在胸前，嘴角泛着微笑，眼里饱含着泪水，专注得似乎忘记了我的存在。

这时候，我便扯扯她的黑色印花裙。

“啊？”她立刻回过神来，说道，“刚才我好像睡着了，还做了个梦！”

“你为啥要哭啊？”

“那是因为高兴，我的小宝贝，岁月不饶人啊，亲爱的！”

“我已经是个老太婆了，已经度过了六十多个年头了……”

接下来，她闻一闻鼻烟，便开始给我讲一些稀奇古怪的故事，有圣人神仙、动物妖鬼，还有善良的强盗。

讲故事的时候，她凑近我的脸，紧盯着我，语气低沉而神秘，像是要在我的体内注入一股动力。

听外婆讲故事是一种享受，就像聆听歌曲一般，而且越来越流畅自如。每次她讲完一个故事，我都会觉得意犹未尽，总是恳求她：“再讲一个吧！”

“好吧，那就再讲一个。有一个灶神爷，坐在炉灶里，不小心让面条末儿扎了脚，疼得他跷着脚摇来晃去直叫疼：‘哎哟，小冤家！疼死我了，小冤家！’”

外婆讲到这里，抬起一只脚，摇来晃去，摆出一副苦相，好像她就是那个受罪的灶神爷。

水手们也围在外婆身边，和我一起听故事，这些人全留着胡子，都很好相处。他们边听边笑，都称赞外婆讲得好，也一致要求："继续，老太太，再给我们讲一个吧！"

他们还邀请道："走，和我们一起去吃晚饭！"

晚餐时，他们请外婆品尝伏特加酒，给我吃西瓜和香瓜。不过，这些水果都是偷偷给的，因为船上有人专管人们吃水果，如果让那个人看到谁吃水果，他会一把夺过水果扔到河里。那个人穿的衣服和站岗的士兵很像，上面也钉着铜纽扣，他整天醉醺醺的，人们都躲着他。

母亲极少到甲板上来，她总是避开我们。

母亲始终沉默不语。直到今天，我还记得她高挑的个子，匀称的身材，铁青的面孔，还有高高盘在头顶、像王冠似的辫子。虽然这些记忆似乎总是笼罩着一层薄薄的云雾，不甚清晰，但即使时隔多年，我还是常常能感觉到她那双和外婆一样的灰色大眼睛，似乎一直在一个遥远的地方冷冷地观察着这个世界。

有一次，她严厉地说："妈，你可成了人家的笑柄了！"

"让他们去笑好了，"外婆一点都不在乎，"尽管笑吧，笑个痛快！”

当我们终于看到尼日尼的时候，我记得，外婆高兴得像个孩子似的。

“你看，快看，多美啊！”她把我拽到船舷边，兴奋地嚷着，“这就是老天赐给我们的尼日尼！哦，简直就是人间仙境！”

她转过身来，几乎是满含着泪水央求我母亲：“瓦留莎，你看一眼吧！我想你多半不记得这地方了。不过你看了会高兴的！”

母亲勉强地笑了笑。

我们的汽船就停在了这座可爱的城市面前。

它泊在河中央，河面上挤满了船只，上百根桅(wéi)杆直耸天空，蔚为壮观。

一只载满了人的大船朝我们靠过来，船上缓缓放下一块踏板，牢牢钩到了汽船的甲板上，大船上的人开始顺着踏板走上我们的甲板。

走在最前面的是一个干瘦的小个子老头儿，他穿着一件黑褂子，绿眼睛，鹰钩鼻，红胡子微微泛着金光。

“父亲！”

母亲大叫一声，扑向他的怀抱。

他用干瘪通红的双手搂着母亲的头，抚摸她的脸，兴奋地尖声喊着：“噢，噢，傻丫头！终于等到你们了！哎呀呀，你们啊……”

外婆则像个打转儿的陀螺，一会儿工夫就已经和所有的人拥抱，亲吻，打过招呼了。

（姜希颖　译）

小说中人物众多，厘清人物关系能够帮助我们更好地读懂故事。《童年》中出现了数十个人物，不容易分清楚，但都是围绕着主人公阿廖沙塑造的，弄明白他们和阿廖沙之间的关系，就不难分清了。比如：阿廖沙的外公是卡希林，阿廖沙的外婆是阿库林娜，两个舅舅分别是米哈伊尔、雅科夫。

小说生动的故事情节会给我们留下较深的印象，这些情节能让我们记住一个个性格各异的人物。比如：从阿廖沙每次挨打，“小茨冈”都要伸出手臂挡住外公狠命抽下的鞭子等情节中，我们可以认识并记住一个善良、乐观、富有同情心的“小茨冈”。

我伴你读

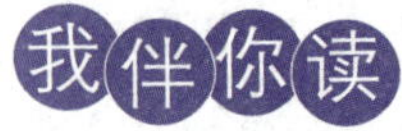

活动一　绘制人物图谱

请以思维导图的形式梳理书中的人物关系以及每个人的外貌和性格特点。

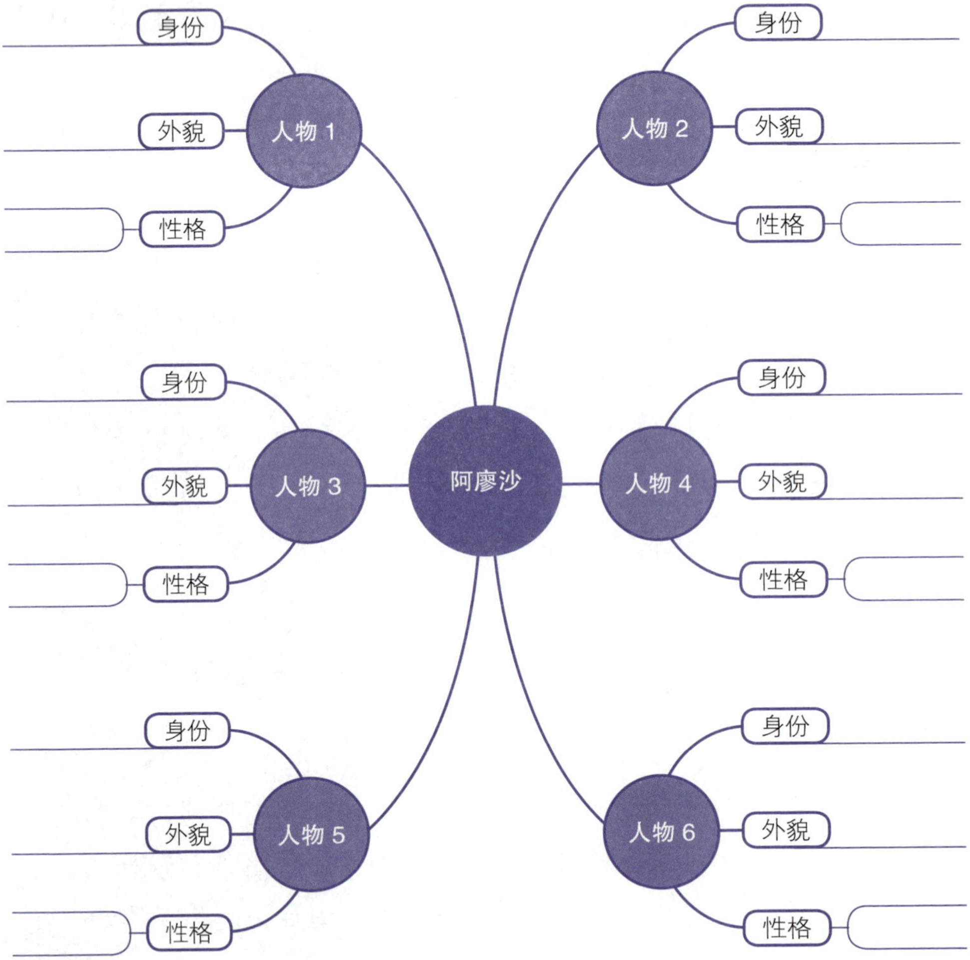

身份
外貌
性格
人物 1
身份
外貌
性格
人物 2
身份
外貌
性格
人物 3
阿廖沙
人物 4
身份
外貌
性格
身份
外貌
性格
人物 5
人物 6
身份
外貌
性格

活动二　攀登“情节梯”

讨论阿廖沙在生活中遭遇的重要事件，将重要事件的小标题写在“情节梯”上，然后尝试用简练的语言概述某个重要事件。

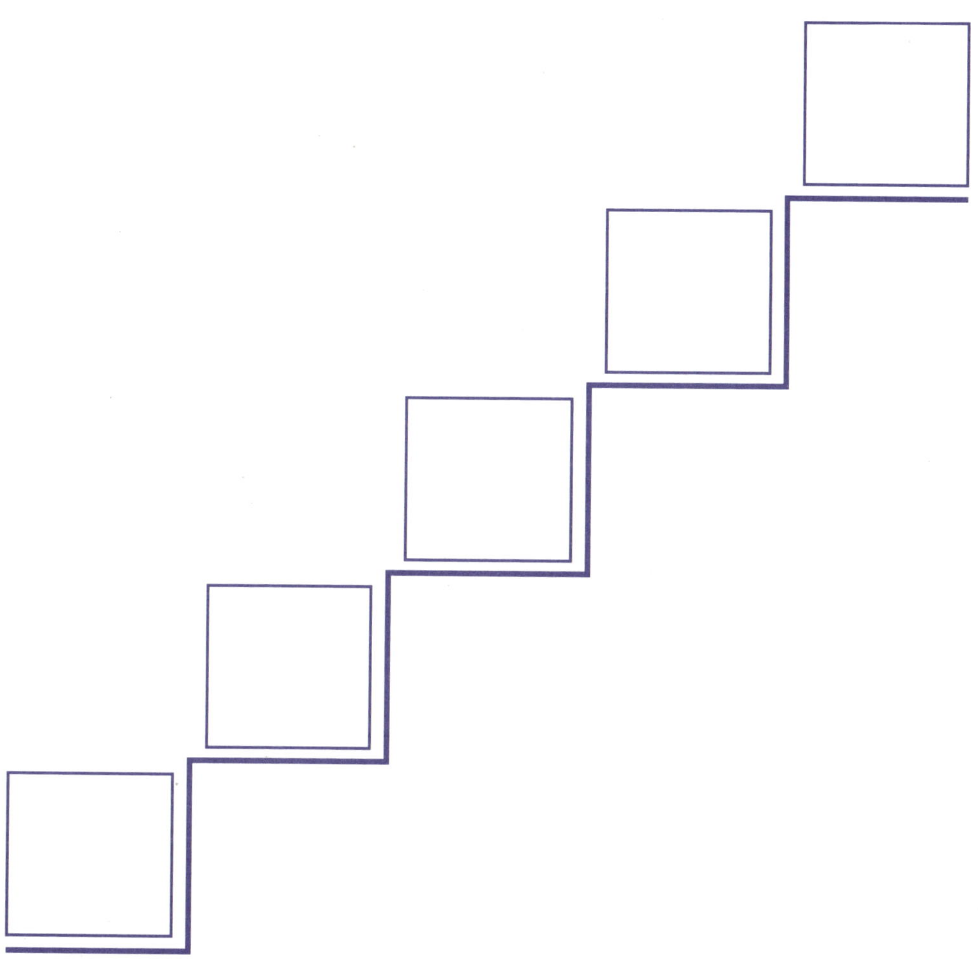

活动三　品苦难，话成长

从“情节梯”中选择自己最感兴趣的主要故事情节，按情节发展的起因、经过、结果简述该故事，体会人物的成长变化。

3. 高潮：这个故事最激动人心或最感人的一部分。

____

____

____

2. 发展（上升）：故事到达高潮之前发生的事情。

____

____

____

4. 发展（下降）：在故事的高潮结束之后发生的事情。

____

____

____

1. 开端：在这一部分，我们知道了故事中的人物、背景信息和基本的情节。

____

____

____

5. 结尾：故事的结局或影响。

____

____

____

敬启

为编好这本书，我们与收入本书的作品（含图片）作者进行了广泛联系，得到了各位作者的大力支持。在此，我们表示衷心的感谢。但是，由于个别作者地址不详，虽经多方努力，仍无法取得联系。敬请各位有著作权的作者尽快与我们联系，以便我们支付稿酬，并致谢忱！

我们还要感谢使用本书的师生们。希望你们在使用本书的过程中，能够及时把意见和建议反馈给我们，对此，我们深表谢意，并将给予一定奖励。让我们携起手来，共同完成本书的建设工作。

联 系 人：梁老师　张老师

联系电话：010-58022100

联系邮箱：ztxx2008@sina.com

网　　址：http://www.ywztxx.com

地　　址：北京市海淀区知春路7号致真大厦A座18层

图书在版编目（CIP）数据

守卫精神家园 / 孙玉亮主编. — 上海 : 上海教育出版社, 2021.6

ISBN 978-7-5720-0813-9

Ⅰ. ①守… Ⅱ. ①孙… Ⅲ. ①阅读课—小学—教学参考资料 Ⅳ. ①G624.233

中国版本图书馆CIP数据核字（2021）第142043号

责任编辑　余佳家　李光卫
封面设计　陈丽娟　王艺霖
著作权人　北京华樾教育科技有限公司

守卫精神家园

孙玉亮　主编

出版发行　上海教育出版社有限公司
官　　网　www.seph.com.cn
地　　址　上海市永福路 123 号
邮　　编　200031
印　　刷　河北泓景印刷有限公司
开　　本　720×1010　1/16　印张 63
字　　数　700千字
版　　次　2021年8月第1版
印　　次　2021年8月第1次印刷
书　　号　ISBN 978-7-5720-0813-9/G・0629
定　　价　268.00元

如发现质量问题，请向本社调换　　电话 021-64377165

★ 适合11至12岁 ★

守卫精神家园

SHOUWEI JINGSHEN JIAYUAN

主 编 孙玉亮

上海教育出版社
SHANGHAI EDUCATIONAL
PUBLISHING HOUSE

学习语文，不能只读语文课本，还必须广泛阅读。

广泛阅读，可以提高阅读理解力；

广泛阅读，可以丰富知识，开阔视野；

广泛阅读，可以提升思维力、鉴赏力；

广泛阅读，可以促进人的精神成长。

新编的"语文主题学习"读本，包括古诗文经典诵读、优秀作品专题阅读和整本书阅读，是落实课内外阅读一体化的优质资源。

捧起这套读本读起来，你会越来越享受阅读，你的一生一定会因为阅读而精彩！

崔峦

用阅读滋养你们心灵，
让你变得聪明善良，胸怀宽广，更富想象力和创造力。

张抗抗

发现美，学会爱，表达自己，
在阅读和写作中不断进步！

王一梅

阅读是开启美好人生的钥匙

赵丽宏
庚子九月

为自己读书
为美好读书

肖复兴
庚子岁末

读经典的书
做优秀的人

[illegible]

幻想，从现实起飞

刘兴诗

目录

经典诵读

专题阅读

范文阅读

组文阅读

自由阅读一

自由阅读二

整本书阅读

经典诵读

乡村是美丽的。古老的房屋，整齐的菜园，清澈的小河，方正的田畦，充满了人情与温暖。古代诗文中，有很多描绘乡野美景的优美篇章。

诵读本组诗文，借助注释和译文理解大意，感受乡野诗情，体会作者寄寓的人文情怀。

扫码收听朗诵音频

1 乌衣巷[①]

［唐］刘禹锡

朱雀桥[②]边野草花[③]，
乌衣巷口夕阳斜。
旧时王谢堂前燕，
飞入寻常[④]百姓家。

注释

① 乌衣巷：故址在今南京市。
② 朱雀桥：故址在今南京市中华门内。
③ 花：开花。
④ 寻常：平常。

译文

朱雀桥边长满丛丛野草，开着点点野花。夕阳西下，照着乌衣巷口的断壁残垣。当年王导、谢安檐下的燕子，如今已飞进平常百姓家中。

扫码收听朗诵音频

② 野　望

［宋］翁卷

一天秋色冷晴湾，
无数峰峦远近间。
闲上山来看野水①，
忽于水底见青山。

注释

① 野水：野外的溪水。

译文

漫天的秋意将晴日清澄的水湾涂抹了一层冷色，无数的峰峦忽远忽近，高低起落。我悠闲地上山来赏看野外的溪水，忽然在水底看到倒映的青山。

③ 春游湖

[宋]徐俯

双飞燕子几时回？
夹岸①桃花蘸(zhàn)水开。
春雨断桥②人不度，
小舟撑出柳阴来。

注释

① 夹岸：两岸。
② 春雨断桥：指春雨后水涨，没过桥面，难以通行。

成对的燕子是什么时候飞回来的？两岸的桃花好像是蘸水而开。春水上涨，没过桥面，正当游人无法过湖之际，一只小船从柳荫深处缓缓驶来。

扫码收听朗诵音频

4 兰（其一）

［唐］唐彦(yàn)谦

清风摇翠环①，
凉露滴苍玉②。
美人胡③不纫(rèn)④，
幽香蔼⑤空谷。

注释

① 翠环：指兰花的叶子。
② 苍玉：指兰花。
③ 胡：为什么。
④ 纫：连缀，缝纫。
⑤ 蔼：同“霭”，这里指芳香弥漫的样子。

译文

清风吹拂着兰花青翠的绿叶，清凉的露水滴在碧玉似的兰花上。这么美的兰花，美人啊，你为什么不把它连缀起来，佩戴在身上？却让它的清香弥漫在幽深的山谷。

扫码收听朗诵音频

⑤ 山村即目①（其二）

［清］丘逢甲

一角西峰夕照中，
断云②东岭雨蒙蒙。
林枫欲老柿将熟，
秋在万山深处红。

注释

①即目：眼前所见。
②断云：片云。

村西的山峰一角沐浴在夕阳的照射之中，东岭一带的天空有一片云，那里正在下着蒙蒙细雨。秋已深了，正是枫叶变红、红柿成熟的时候，看到此景，方知秋色就在这万山深处那一片红色之中。

扫码收听朗诵音频

6 童趣（节选）

［清］沈复

一日，见二虫斗草间，观之，兴①正浓，忽有庞然大物②，拔山倒树而来，盖③一癞虾(há)蟆也，舌一吐而二虫尽为所吞。余年幼，方出神，不觉呀然一惊。神定，捉虾蟆，鞭④数十⑤，驱⑥之别院。

注 释

① 兴：兴致。
② 庞然大物：外表上庞大的东西。
③ 盖：承接上文，表示原因。这里有“原来是”的意思。
④ 鞭：名词作动词，鞭打。
⑤ 数十：几十。
⑥ 驱：驱赶。

有一天，我看见两只小虫在草间相斗，便蹲下来观看。兴趣正浓时，忽然有个极大的家伙，以掀翻山压倒树之势而来，原来是一只癞蛤蟆。它舌头一吐，两只小虫全被它吃掉了。我那时年纪很小，正看得出神，不禁“呀”的一声惊叫起来。待到神情安定下来，我捉住癞蛤蟆，鞭打了几十下，把它驱赶到别的院子里去了。

专题阅读

大地之声

“我们是大地的一部分，大地也是我们的一部分。”让我们走进本专题，透过文字进一步感受人与自然和谐共处的重要性。

在阅读时，迁移运用学到的“抓住关键句，把握文章的主要观点”的方法，学习文章是如何围绕关键语句阐明观点的。

范文阅读

① 横江词（其四）

［唐］李白

诗人笔下的横江风急浪高，让我们感受到了大自然凶险的一面。

海神来过恶风回①，
浪打天门石壁开。
浙江八月何如此？
涛似连山喷雪来。

这首诗表面写景，实为写情。滔天巨浪阻挡了意欲渡江的诗人，因此诗中处处流露出他急切焦虑的心情。

注释

① 回：回荡、盘旋。

海神经过横江浦，阵阵恶风盘旋，掀起的滔滔巨浪打在天门山上，把石壁都劈开了。就是八月中旬的钱塘江大潮也比不上这里，这里的波涛像连绵不断的群山喷吐着白雪翻滚而来。

② 山房春事[①]（其一）

［唐］岑参

反复朗读古诗，圈画出诗中的景物，边读边想象诗中微风轻拂、柳枝微摇的画面。

“一切景语皆情语。”仔细品读古诗，根据你所圈画出的景物，体会诗人在诗中流露出的情感，并尝试背诵。

风恬[②]日暖荡春光，
戏蝶游蜂乱入房。
数枝门柳低衣桁（héng）[③]，
一片山花落笔床[④]。

注 释

① 春事：春色、春光。
② 风恬：这里指风柔和。
③ 衣桁：衣架，挂衣服的横木。
④ 笔床：放置毛笔的器具。

译文

春风柔，日光暖，满目春光荡漾，蝴蝶和蜜蜂不时乱飞进厅房。门前的几枝柳条随风飘动，低过了晾衣服的横木，一片山花飘落在了笔床之上。

3 城　南

[宋] 曾巩

春天的景致千般变化。这首诗所描绘的画面与上一首有什么不同呢？圈画出关键句，边读边体会。

雨过横塘[①]水满堤，
乱山高下[②]路东西[③]。
一番桃李花开尽，
惟有青青草色齐。

这里运用对比的手法，将暴雨过后零落殆尽的桃花、李花与翠绿齐整的青草对比。细细品读，体会作者所表达的情感，并背诵这首诗。

注释

① 横塘：古塘名，在今南京城南秦淮河南岸。
② 乱山高下：群山高低起伏。
③ 路东西：分东西两路奔流而去。

译文

大雨迅猛，横塘的水满与堤岸相平。雨水从高低起伏的群山冲下，分东西两路倾泻而去。一番风雨使昔日艳丽的桃花和李花零落殆尽，只有春草（不仅没有被摧毁），反而青翠欲滴，显得更加齐整。

④ 森林的作用

杨向红　纪树森

仔细阅读文章，结合关键句，说说文章介绍了森林的哪些作用。

阅读时，给文章划分层次，这样有助于理清文章的思路。

森林在地球生态系统中的最大作用，是通过光合作用吸收二氧化碳、水和养分，把无机物变成有机物，使树木长大，同时放出氧气供万物所需。

全世界的森林一年所释放出的氧气，超过全世界人口呼吸需要的10倍，同时它们一年可以处理掉约1000亿吨的二氧化碳，从而使空气中的二氧化碳与氧气的含量保持平衡。

森林是绿色能源的重要来源。全世界每年由光合作用产生的有机物能量，大约超过每年世界所消耗的总能量的10倍。例如，一片4万公顷的速生林，每年可生产相当于50万吨煤的能量。

森林能调节气候。一棵树在一个夏天平均能从土壤中吸收大约 2000 升水，通过蒸腾作用散发到空气中，增加空气的湿度，增加降雨量。森林可以吸收阳光，贮存热量，因此，森林及其附近地区，夏季气温比无林区低 3 ~ 4℃，冬季气温则高 2 ~ 3℃，昼夜温度变化比无林区小。

森林能涵养水源，保持水土。树木的干、枝、叶和根，能截留雨水。雨水降落到森林，有 20% ~ 30% 被树冠截留住，又通过蒸发回到空中，有 70% ~ 80% 穿过枝叶、树干到达地面，其中有 10% 被枯枝败叶吸收，其余渗入地下。每亩有林地比无林地多蓄水 20 立方米。一片 5 万亩的森林所蓄的水，相当于一座容量为 100 万立方米的小水库。因此，人们称森林为“绿色水库”。

这是一篇说明文，作者运用一系列的说明方法，清晰地向我们介绍了森林的作用。找出文中都运用了哪些说明方法，并说说运用这些说明方法的好处。

森林能保护地表土层免受雨水冲刷。20 厘米厚的地表土，在裸露的地面只需 18 年就会被雨水冲掉，而在林地则要 57 万多年。

森林能降低风速，根系能固着土壤和沙

粒，起到防风固沙的作用。

森林能保护人类环境，减少污染物对人类的危害，为人类创造一个良好的工作环境和生活环境，有利于人类的健康。

林木的叶子可以吸附各种烟尘，净化空气。每公顷水青冈林能吸附 68 吨烟尘。每公顷柳杉每月可吸附 60 千克二氧化硫。加拿大杨和槭树能吸收空气中的致癌物质。还有许多树木会分泌杀菌素，能杀死白喉、痢疾等病菌。

森林可以减少噪声，一条 20 ~ 50 米宽的林带，可使噪声减少 10 ~ 40 分贝，使人少受噪声的干扰。

森林可为人类提供木材和原材料。1 亩（约 667 平方米）森林每年可以生产 30 立方米木材。1 立方米木材可以制成 150 千克人造丝，大约相当于 25 ~ 30 头羊 1 年的产毛量；1 立方米松木经加工后，可以得到木焦油 63 千克、木精 2.6 千克、醋酸 11 千克、松节油 16 千克、松香 5 千克、木炭 120 千克。

植树造林是功在当代、利在千秋的事业。请结合文章内容，设计一条关于植树造林的宣传标语吧！

1 吨干燥锯末经加工，可获得葡萄糖 250 千克或纯度为 90% 的酒精 190 千克。木材经化学加工后，还能制造胶片、塑料等产品。

日积月累

人与自然和谐共生，绿水青山就是金山银山。

天空是小鸟的家，河流是鱼儿的家，地球是我们的家。

让绿色在生活中洋溢，让心灵在绿色中放飞。

保持地球生态平衡，就是保护人类自身。

⑤ 总想栽棵树

游宇明

每个人都有想去实现的愿望，本文的作者也不例外。为什么作者会有“想栽棵树”这样的愿望呢？带着问题去寻找答案，你一定会有所收获。

初读文章，说说哪句话表达了作者的主要思想，这句话起到了怎样的作用。

一直想栽一棵树。

在乡下生活的时候，屋旁有一块五六十平方米的空地，那是建完房子后余下来的。父亲在空地里栽满了香椿、杉树、水桐，每到春天，大大小小的树都绿汪汪的，美丽至极。那时我就想自己亲手栽一棵树，但父亲不允，他担心我一个小孩儿栽不活树，浪费了树苗。长大后，我进了城里一所大学教书，国家提倡绿化，但每年植树节，单位都把植树的任务派给了学生，我因此无法一偿夙(sù)愿。我所在的城市是全国森林绿化模范城，四处绿树成荫，但大街小巷没有一棵树是我栽的。走在浓浓的树荫下，我每次都有一种霸占了别人财物的感觉。

闲了的时候，总问自己：假若有机会栽一棵树，栽什么样的树合适呢？松树只要有种子掉落到地上就可以自己长出来。我小时候就经常看到一棵松树周围长着七八株高矮不同的小松树，栽松树有点多此一举。栽白杨呢？这种树生长快，干儿直，叶子好看，但它太容易活，随便扦(qiān)插一下就成，栽种它缺少成就感。种广玉兰吗？广玉兰的花又大又香，也白得很纯净，可广玉兰树姿态不美，就像一个美女，脸庞不错，但气质太差，总是一种遗憾。栽法国梧桐？此种树到了秋天，树干会部分脱皮，斑斑驳驳，树叶会由绿转黄，很有一种沧桑的意味。不过，它也有一个很大的缺点，易生毛毛虫，人在树下过，一不留神，就弄得你满头满身都是虫儿。那么，就种樟树吧，樟树的叶片像铜钱一般，叶子的密度很大，而且它的树冠面非常可观，夏天坐在树底乘凉妙不可言。要不，就栽雪松，雪松的针状树叶上铺着一层微微的白，

文章围绕“总想栽棵树”写了哪些内容？阅读时，尝试通过抓关键句的方法，给文章的第 2 ~ 5 自然段概括小标题，写在段落的前面。

像是覆盖了一层薄薄的雪花，美丽得让你心疼。它的枝条绵软又充满韧性，且呈波浪式伸展，树干也非常挺拔，我特别喜欢。

作者是怎样照顾这棵树的？你从中感受到作者对这棵树怀有怎样的情感？

栽了树，当然得关心它了。树小的时候，我得浇浇水，施施肥。浇水我绝对不用自来水，自来水有明矾、漂白粉等化学物质，我担心它伤害树根。我要去三里外的孙水河挑水，这条河是本市的饮用水源，水质不错，人喜欢，料想树也喜欢。肥料呢，我也不会用化肥，化肥容易使土壤板结，我会扯些青草、捡些绿叶堆在树的根部，让它们在自然的风吹雨打中慢慢腐烂，变成黑黑的腐殖质。树大了，不需为它的成长操心了，我有空就去陪它，春天倾听叶芽的私语，夏天共享浓荫的秘密，秋天了悟果实的心声，冬天感受树干的伟岸……我得让这棵树明白：它是我生命中不可分割的一部分，因为有了它，我的生命有了寄托，我的日子有了精彩。

古人早就说过“纵有千年铁门槛，终须一个土馒头”，人生永远是一趟单程旅行，一个人活得再得意，也总有老死的一天。当我老了的时候，我真诚地希望有一棵自己栽种的高大挺拔的树可以倚靠。当我的生命终结的时候，我渴望这一棵属于自己的树能给我最后一个温暖的拥抱。我知道一个人一生中种过一棵树，这棵树能让自己安身立命，能为别人遮风挡雨，他的生命就不会真正消失。

作者想通过种一棵树，让自己安身立命，为别人遮风挡雨，这也是他想要栽棵树的主要原因。

日积月累

夫仁者，己欲立而立人，己欲达而达人。

——《论语》

要散布阳光到别人心里，先得自己心里有阳光。

——罗曼·罗兰

你要记住，永远要愉快地多给别人，少从别人那里拿取。

——高尔基

6 有一只八哥叫“小顺子”

金 波

仔细读读题目，预测文章会写什么。带着猜测读文章，会很有趣！

文章开头交代了事情发生的时间、地点和主要人物。想象一下：这里会发生什么事情呢？

每天清晨，我去湖边散步，总会遇见那个遛鸟的人。

他遛鸟的方式很独特，不是提一个鸟笼子，选一棵树，把鸟笼挂在树杈上，然后坐在树荫里听“鸟哨”；他用的是另一种方式，他让他的八哥站在自己的肩头，任它飞向远处草地上蹦跳觅食。那只八哥时而仰起头望望主人，听得一声“小顺子”的呼叫声，它立即振翅飞回来，重新站在主人的肩上。

这句话在文中起着怎样的作用呢？

这是一只有自己的家园的自由鸟。

我没问那个遛鸟的人，为什么给他的八哥取名叫“小顺子”，但我感觉这名字是一个典型的孩子的乳名，它寄寓着平安、顺遂，流露出一种平等、关爱。

这名字给我一种亲近感，听起来就像呼唤自己疼爱的孩子。

亲近大自然，这是人类应有的情怀。

大自然是我们生命旅程中最亲切的朋友。

童年时代，我们每个人几乎都是一个泛灵论者。面对一朵野花、一片绿叶，仰望天上飞翔的小鸟，俯视地上爬行的小虫，我们常常把内心的话默默地倾诉给它们，也从它们那儿得到快乐。

大自然中的一切事物都是有灵性的，它们就像我们最亲切的朋友，给予我们快乐。

在我们的心目中，万物似乎都与我们的心灵相通。即使随着年龄增长，阅历渐丰，具备了一定的科学知识，面对大自然，虽然没有了那些天真的“小儿语”，但当我们走进山野森林，倾听松涛鸟啼，我们仍会有一种回归的感觉——大自然永远是我们心灵的家园。

我又想起那只叫“小顺子”的八哥。为宠物取一个人的名字，实际上是一种亲近大自然的方式。

说来也巧，就在我认识了“小顺子”的那

天早晨，我在林中空地上遇见了一只灰鹊。它正在那里觅食，见我走来，它没有一点惧怕的样子，只是歪过头来看了看我，又低下头来啄食着草地上的昆虫和草籽。

当时，我真想也为它取一个名字。但是，我一时竟想不出什么名字更适宜这只灰鹊。

作者从不惧怕人的灰鹊身上感受到了亲近大自然的喜悦。

我非常高兴。我虽然还没有一只像“小顺子”那样亲如一家的八哥，但我已遇见了一只不惧怕人的灰鹊。

我觉得我已亲近了大自然，亲近了大自然的精灵，那些普普通通的花鸟鱼虫、飞禽走兽。

亲近大自然是一种情怀。

大自然一向以它丰富多彩的面貌，吸引着孩子们，用它季节变化的次序，用它繁衍不息的生命，让我们在这充满玄机的世界里，萌发出许多求知的欲望，从而孕育出不尽的智慧。

我又一次听见呼唤“小顺子”的声音。只见那只八哥从很远的树林里飞出来，直奔遛鸟人的肩头，站在那儿平静地梳理着它的羽毛。这是一幅美妙的画。

这也是一个象征，象征着人和自然的亲情。

对于不同的人来说，这种亲情有着不同的含义。对于老人来说，这是他晚年的慰藉、生活的乐趣。对于孩子来说，大自然永远是他愉快的课堂、亲切的老师。对于所有的人来说，大自然是人们应当寻求的一种胸襟，一种学会尊重生命的胸襟。

有了这种胸襟，就会对世界保持着新鲜的感觉，就会有一种似水的柔情。面对大自然，就能学会潜心地思考，从而在心灵中创造一个“第二自然”，一个具有人的思绪和情感的世界。

湖边又传来了呼唤“小顺子”的声音。我看见八哥站在主人的肩头回家了。

从那天开始，我常常听见湖边遛早的人们，不时地发出呼唤着“小顺子”的声音，他们是在呼唤那只八哥，也是在向大自然问好！

“小顺子”是贯穿全文的线索，结合上下文说说，在“小顺子”身上，作者寄托了怎样的情感，他想表达怎样的观点。

7 土地情诗

舒　婷

土地是人类赖以生存和发展的物质基础。自古以来，人与土地之间就有着特殊的情感。仔细品读这首诗，思考：作者对土地有着怎样的情感？

“我爱土地”，作者在诗歌开头就直接向土地告白。用心品读诗歌，圈画出关键句，体会作者对大地深深的爱。

我爱土地，就像
爱我沉默寡言的父亲。

血运旺盛的热乎乎的土地啊，
汗水发酵的油浸浸的土地啊，
在有力的犁刃和赤脚下
微微喘息着，
被内心巨大的热能推动
上升与下沉着，
背负着铜像、纪念碑、博物馆
却把最后审判写在断层里。
我的
冰封的、泥泞的、龟(jūn)裂的土地啊，

我的

忧愤的、宽厚的、严厉的土地啊，

给我肤色和语言的土地，

给我智慧和力量的土地。

我爱土地，就像

爱我温柔多情的母亲。

布满太阳之吻的丰满的土地啊，

挥霍着乳汁的慷慨的土地啊，

收容层层落叶

又拱起茬(chá)茬新芽，

一再被人遗弃

而从不对人负心，

产生一切音响、色彩、线条

本身却被叫作卑贱的泥巴。

我的

黑沉沉的、血汪汪的、白花花的土地啊，

我的

作者运用象征和比喻的手法，将土地与父亲、母亲结合起来，写出了土地的阳刚之气与阴柔之美。带着这些理解，有感情地朗读诗歌吧。

wēi ruí
葳蕤[1]的、寂寞的、坎坷的土地啊，
给我爱情和仇恨的土地，
给我痛苦与欢乐的土地。

作者是怎样看待脚下的土地的？用心感受脚下的土地，仿照诗歌的语言风格写几句话，来表达你对土地的独特感情吧！

父亲给我无涯无际的梦，
母亲给我敏感诚挚的心，
我的诗行是
沙沙作响的相思树林，
日夜向土地倾诉着
永不变质的爱情。

日积月累

好读书，不求甚解；每有会意，便欣然忘食。

——陶渊明

读书之法，在循序而渐进，熟读而精思。

——朱熹

读书，永远不恨其晚。晚，比永远不读强。

——梁实秋

① 葳蕤：形容枝叶繁盛。

起伏的群山蕴藏着宝贵的资源，流淌的河水养育着万物的生命。阅读本组文章，了解文章写了哪些方面的内容，思考作者表达了怎样的观点。

① 倾听黄河

李雪峰

远远我们就听见了那低沉的吼鸣，像远方隐隐的奔雷，像一万张牛皮大鼓被纷纷沓沓地一起擂响。天空里的一钩弯月，和撒在夜幕上青铜钉般散落的星星，都十二分迷蒙。许是夜风把惊涛骇浪的飞沫远远地吹洒过来了，温馨了晚风，温馨了夜色，润湿了我们的眉发。

我们疾步迎着那涛声奔去。那喧嚣，也急切切朝我们的耳鼓汹涌而来。

终于，我们站在了那动人心魄的涛声里。

这就是黄河！就是比我们人类的历史还要源远流长，比我们的生命还要年轻，比我们的青春还要饱满和激荡，永远充满骚动，充满灵性，充满奔放的滔滔不息的黄河！我们站在岸边被惊涛飞浪拍溅得訇(hōng)訇作响的岩石上，苍茫的夜幕里，看不见流水，看不见浪涛，我们只能静静地伫立着，从涛声和河风里倾听这条大河，结识这条从唐诗宋词的飞韵里，一泻古今的灿烂大河。

仿佛一支奔突的马队刚刚离去，而另一支马队的一万只铁蹄又奔突而来。轰——哗——，轰——哗——，一浪推卷着另一浪的余音，没有间歇地急骤地擂在我们屏气凝神的胸膛上。一声浪涛里挟卷着漫天的飞雨碎末，凉凉地溅了我们一头一脸。在轰鸣的刹那，岸在战栗。脚下的大地也猛地一抖，仿佛要沉陷，然后那轰鸣又从大地深腹沉闷地反弹了过来。浪涛的轰鸣和大地浑厚的回声震耳欲聋，把我们夹击在中间，震击得我们摇摇晃晃。

足足有半个钟头，黄河让我们领略了它半个多钟头的恣肆和狂放、恢宏和雄浑，就渐渐收敛了，渐渐风平浪静，渐渐恬静了下来。我从此才真的知道黄河是富有灵性的，就像一个胸怀坦荡的人，他让你认识的不仅是他的阳面，而且还有他不灿烂的另一面。

有几盏星星一样的灯，从远方飘飘摇摇地漂下来。那灯在静静流淌的水声里，一点一点明明灭灭地近了。渐渐就听见那悠闲缓慢的摇橹击水声，像一双母亲的手，轻拍着静静睡去的黄河，充满慈祥，充满爱抚。有几只水鸟，冗长地啁啾（zhōu jiū）[①]着，羽翅的扇动声和在舒缓的水流里，像是几声悠远的古筝声韵，幽幽地流远了。

船近了。但看不清是乌篷，还是舢（shān）板[②]，只是欸（ǎi）欸乃乃地漂着。有缠绵的渔歌月光似的飞落过来，那歌声轻纤，淡泊，含着温馨的水汽，和着水流的起伏，轻风一样地婉转着。

我们一直站到月噙西山。谁也不说话，只是默默地谛（dì）听着。

同行的朋友叹息说，没有看到黄河的浑黄和苍茫。我想，聆听黄河的声韵难道不比见到黄河更深刻吗？就像倾听音乐，虽然看不到它所表达的那一种意境，但通过音符所臆想的境界，比那种起初的风景更高远更优美。

黄河啊，我从我的耳朵里看到了你，我从一支雄浑而清丽的音乐里看到了你。

---

① 啁啾：拟声词，鸟叫声。

② 舢板：近海或江河上用桨划的小船，一般只能坐两三个人。

② 黄果树听瀑（节选）

杨国民

黄果树瀑布，一部大自然的杰作。车到黄果树风景区，便闻一阵“哗哗”之声自远处飘来，若微风拂过树梢，渐近渐响，最后潮水般涌漫过来，盖过了人喧马啸，天地间只存下一片奔泻的水声了。

透过树隙，便见一条白帘挂在岩壁上，上面折为三叠，似一阔幅白绢正从机杼(zhù)上吐泻而下，那“哗哗”水声合成了千万架织布机的大合奏，响遏(è)行云。

我们去时，正遇上枯水季节，瀑布的水势并不宏大，远不如徐霞客在游记中所描写的那般摄人心魄。所以游者甚为寥落，连街上的不少店铺都早早关门打烊(yàng)了。据当地人介绍，盛水季节，瀑水激出的水花雨雾腾空而上，随风飘飞，漫天浮游，高达数百米，落于瀑布右侧高岩上的黄果树小镇，造成“银雨洒金街”的奇景。可惜我们去得不是时候，无缘一睹其壮观，留下了一点遗憾。

黄果树瀑布落在一片群山环抱的谷地，我们自西面顺着石阶下行，山径寂寥无人，“哗哗”的瀑布声在山谷间震荡着、回响着，似千百架低音提琴在奏鸣、在轰响。

至谷底，我们坐在水边的一块岩石上，隔着一口小小的绿潭，那一幅白帘般的瀑布，仿佛一伸手便可撩过来拭脸似的，它跃入涧底激起的烟雾般的水珠，直扑到我们脸上，沁凉沁凉的。黄果树瀑布虽不如庐山瀑布挂得那么长，但远比它宽阔，所以气势十分雄壮。当年徐霞客描写道：“一溪悬捣，万练飞空，溪上石如莲叶下覆，中剜(wān)三门，水由叶上漫顶而下。”描写得准确形象，令人叹服。

瀑声如雷轰鸣，山回谷应，我们仿佛置身于圆形乐池中，四周乐声奏鸣，人若浮身于一片声浪，每个细胞都灌满了活力，让人真正感受到自然的伟大与恢宏。

我们久坐岩上，任沁凉的飞珠扑上火热的脸庞，沾湿薄薄的衣衫。我们聆听着訇然作响的瀑声，只觉得自己的胸臆在扩展，似张开的山谷，那瀑布便直跃而进，挟来大自然生生不息的活力，回荡着大自然纯正清脆的音响。

离开潭边，我们循着石径登上溪旁的一个平台。绿树掩映间，有一座徐霞客塑像，他正遥对瀑布，作凝神谛听状，他完全沉醉了，如痴，如迷。此时此地此刻，我们也完全沉醉了，如痴，如迷。

③ 漫步在凋零的树林

刘湛秋

一个阳光如水的深秋，我在林中漫步。

我为那疏朗和高远而迷惑了。盛夏所给人的那种局促感和拥挤感顿时消散，目光犹如自由飞翔的小鸟，几乎碰不到多少屏障。

身边的树或曲或直伸向天空。由于抖落了许多叶子，枝干显得更清晰了，在湖水般天空的反射下，勾勒出遒(qiú)劲的线条。从这些线条织成的网纹中看过去，大自然更富有奇幻而不可捉摸的风韵。

我踏着沙沙响的落叶，偶尔伸出手去接一片在微风中旋转的枯黄的或暗红的落叶，体验着身心的轻快。我仔细地辨别落叶上蜷(quán)曲的脉络，闻着那干涩的气味；而且，随着脚步的移动，谛听着落叶发出的声音。

我望着树，树也望着我。我们没有语言的交流。也许，在这孤独和静谧中，我们之间存在着宇宙间神秘的信息。

那么，失去春日里那么多光彩灿烂、鲜艳妩媚的绿叶，它会惆怅或悲哀吗？在飒（sà）飒的秋风中，它是否还沉湎于对往昔的回忆呢？

我踏着沙沙响的落叶，心中犹如飘着森林上空没有被遮蔽的云，一会儿是晴朗的白云，轻快自如；一会儿又是阴沉的乌云，秤砣般压迫。

突然，我感到从沙沙响的落叶里，从裸露的枝干上，发出那有如竖琴的柔音：

——可爱的人，你们真奇怪，干吗为我们落叶而苦恼？

——抱歉，打扰了你、我秋天的兴致。其实，我也只是一闪念。

——不，你不是为我们树而苦恼，是苦恼你自己，苦恼你们，苦恼你们的民族！

我像有隐私被揭穿那样，那声音继而像单簧管：

——你们人的生性就是害怕失去，而我们从不惧怕失去！

——有死有生才是大自然！只有凋零才有新生！害怕抖落枯叶就不会滋生新芽！

那声音突然消失，像音乐戛然而止。我的思维也突然中断，它需要短暂的休息。

当我又漫步前行，似乎身上也凋零了许多枯叶。

其实，人也是自然，怎么留恋身上的枯叶也无济于事，最后会随着肉体的消亡而消亡。而一个民族或历史，如果过多地偏爱那一度辉煌的绿叶，枯萎了仍旧一年年地去背负……

落叶如潮，秋风如梦。此刻，我的心完全恬静了。我感到我和树的信息已完全相通。至少，我可以如此处置自己。

因失去而快乐，因凋零而发出魅力。四季就是辩证法。

我把心中涌出的诗句，写在一片凋零的黄叶上。

日积月累

野火烧不尽，春风吹又生。

——白居易

沉舟侧畔千帆过，病树前头万木春。

——刘禹锡

萋萋总是无情物，吹绿东风又一年。

——唐彦谦

④ 受伤的核桃树

马国福

老家院里有几棵核桃树，每年春夏之交，长得枝繁叶茂，一派欣欣向荣的景象。没事的时候我就数树上的花朵，看看今年到底能结多少核桃。数不胜数的花让我心里暖暖的，今年核桃肯定能够大丰收。我望着核桃树，脸上是掩饰不住的对丰收的渴盼表情。

核桃刚成形的时节，邻居家馋嘴的小孩经常趁我们不注意的时候，用石块、长棍将我家伸出墙外的核桃树一阵乱打。等我出门时，他们早已跑得无影无踪。看到地上打落的树枝和叶子，我很心疼。毕竟果实还没成熟不能入口啊。再看看被打伤的核桃树，有的树枝被打断了，歪歪斜斜掉了下来；有的枝丫主干被打断了，仅仅连着一点点树皮；有的核桃皮被打烂了，惨不忍睹。我很痛心地叹息道："完了，今年的核桃肯定减产了！"站在一边的父亲却笑嘻嘻地说："这是好事啊，这是好事！"我弄不懂，父亲到底是什么意思。父亲说："等秋天收核桃的时候你就明白了。"语气平和坦然，一点都没有责备人家的意思。

此后，经常有不懂事的小孩子光顾我家，趁我们不在家或者不注意的时候袭击我家的核桃树。我想出门拦阻时，总被父亲劝住：“由着他们吧，实际上他们在帮我们的忙呢。”父亲如此宽宏大量，我也不好再说什么了，眼睁睁地看着他们由着性子用石块、棍子和我家的核桃树亲密接触。

快到秋天收核桃的时节，我发现我家的核桃树几乎没有一根完整的树枝。同时，我发现了一个奇怪的现象，被小孩子打过的核桃枝上的核桃比没有打过的树枝上结的核桃大多了，而且结的果实也比一般的多。核桃成熟后一尝，果然受伤的核桃比没受伤的核桃可口得多。这引起了我浓厚的兴趣，我便向父亲请教其中的原因。

父亲解释说：“核桃树的脾性和一般的果树不一样，越是使它的枝丫受伤，它长得越茂盛，果实越香，而且第二年比第一年更好，尤其是正在结果成形的时候，受的惩罚越多越利于结果。”吃了多年核桃，我从没深究过其中的奥秘，父亲的一席话使我恍然大悟。

第二年，挨打的那些枝丫长势比第一年还茂盛蓬勃，花开得更艳更密。

我在想，这个植物界的道理同样适合我们。一个人在适宜的方式下受到更多的痛苦、灾难、挫折，他生命的枝头结的果实将会比顺境中结出的果实更甜更香些。好比成功不一定要经历失败的过程，但可以肯定在失败的逆境中人的潜力比在顺境中发掘得更深些、更大些。

于自然界而言，或许命运更垂青那些伤痕累累却又倔强地迎着灾难和风雨生长的种子；于人生而言，或许命运更喜欢将最丰硕的果实馈赠给那些含着眼泪微笑的灵魂。

日积月累

千锤万凿出深山，烈火焚烧若等闲。

——于谦

咬定青山不放松，立根原在破岩中。

——郑燮

大雪压青松，青松挺且直。

——陈毅

阅读实践

整体浏览这四篇选文，圈画出文中的关键句，提炼作者表达的主要观点，写在下面。

1《倾听黄河》作者的主要观点

2《黄果树听瀑（节选）》作者的主要观点

3《漫步在凋零的树林》作者的主要观点

4《受伤的核桃树》作者的主要观点

阅读本组文章，选择其中一篇，找出变化，并用图示呈现出来。

例：《受伤的核桃树》

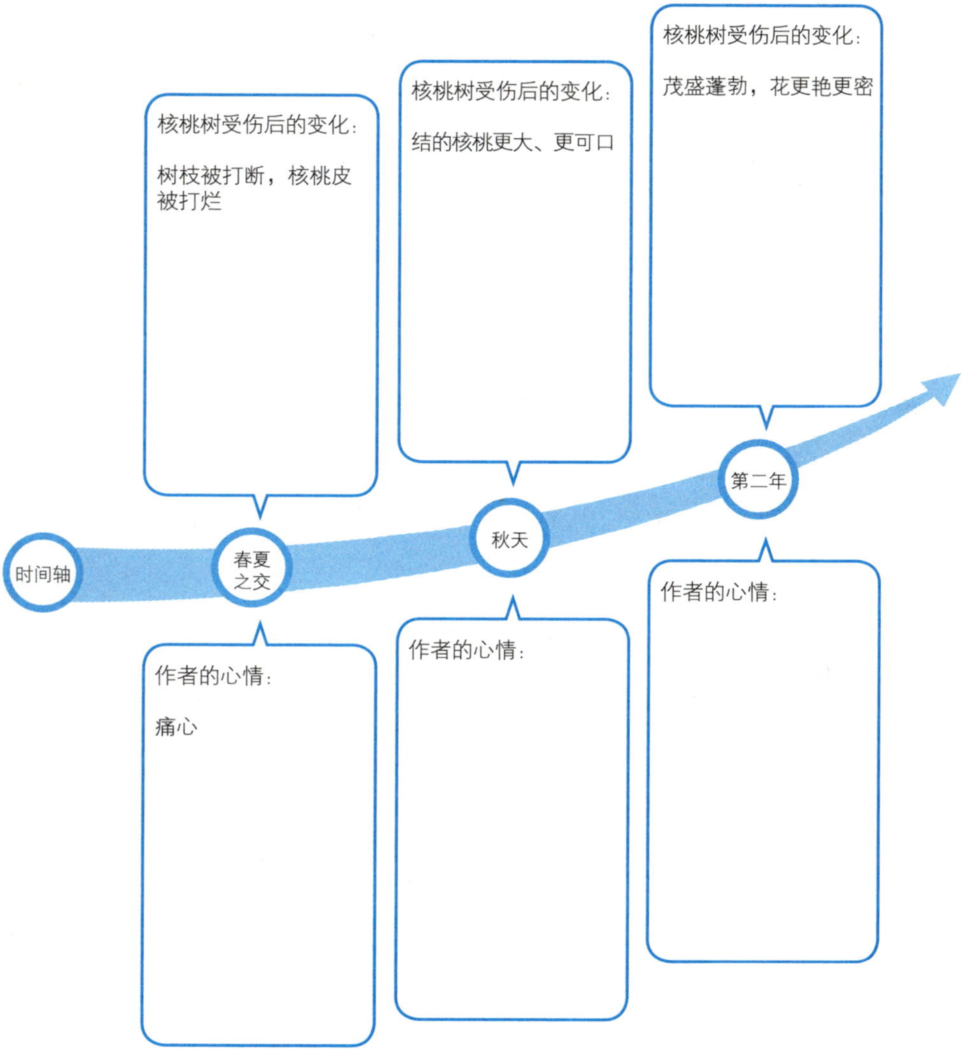

时间轴

春夏之交

核桃树受伤后的变化：

树枝被打断，核桃皮被打烂

作者的心情：

痛心

秋天

核桃树受伤后的变化：

结的核桃更大、更可口

作者的心情：

第二年

核桃树受伤后的变化：

茂盛蓬勃，花更艳更密

作者的心情：

活动三

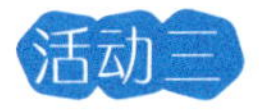

倾听黄河的涛声，感受黄果树瀑布的活力，漫步在一片凋零的小树林，一棵受伤的核桃树给人以启示……大自然让我们读懂了生命，也感悟到了生存的哲理。计划一次远足吧，仔细观察，用心感受，将你的所见所闻、所思所感，用诗一样的语言记录下来！

通过对范文与组文的阅读，我们不仅深切感受到人类与自然万物的密切关系，还学会了“抓住关键句，把握文章的主要观点”的阅读方法。让我们继续领略祖国山川的巍峨与壮美，感受花草树木的奇异与灵动。

阅读时，通过关键句把握文章的主要观点，体会作者所要表达的情感。进一步思考，作者是如何围绕关键句来表达自己的观点和情感的，并尝试将其运用到习作中去。

1 黄河之水天上来

刘白羽

细雨蒙蒙的秋天，我从北京乘飞机到兰州，机上即兴吟诗一首：“十年未可乘长风，一羽凌霄上碧空。拂去云烟十万里，来看黄河落日红。”

不过，说实在话，兰州的黄河令我失望。黄河在我记忆中永远是奔腾呼啸的激流啊！第一次给我的印象特别深，那是40年前了，我从风陵渡口眺望黄河，滚滚狂涛冲着巨大冰排，万雷轰鸣，天崩地裂，一泻而下，那是何等惊心动魄的气概呀！

兰州的黄河未免太安逸平静了。

到兰州后，一连落了几日雨。一个下午，我静静地望着窗口，窗中间巍然耸立着碧森森的皋(gāo)兰山。这整个窗口就像给烟雨笼罩着的湿蒙蒙绿茫茫的一幅画。一阵惊喜微颤过心头，这是一幅多么美妙的画呀！的确，生活有如迂回曲折的画廊，一下是幽深的峡谷，一下是开阔的原野，谁知当我埋怨兰州的黄河平淡无奇的时候，就在离兰州不远的地方，黄河向我显示了雄伟壮观的景象，这就是刘家峡。

霁雨初晴，西北高原阳光格外灿烂。也许是延安生活在我心中的再现，我总觉得空中响着牧羊人的嘹亮歌声。汽车时而穿行在碎石如斗的山谷之中，时而奔驰在辽阔的高原之上。远望刘家峡，层峦叠翠、静谧安详，谁料汽车转折而下，驶到刘家峡电站大坝底下的时候，突然冲入淋漓大雨之中。我非常惊讶，天上晴空万里，哪儿来的暴雨狂风呢？我下车转身一看，怔住了，我看到的是什么？如乌云乱卷，如怒火，如狂飙(biāo)。这些乌云先是从下面向上喷射，喷到半空，又跌落下来，化成银雾。这一卷云雾，给阳光照得闪亮，又飞上高空。乌云白雾，上下翻腾，再向上，如浓墨，如淡墨，像核爆炸时的蘑菇云，直耸高空，岿(kuī)然不动，这场景真有点惊人。原来接连落了几天雨，水位陡增，水电站提起溢洪道一扇闸门，刚才所见，就是黄河之水从溢洪道喷射而出的情景。我再举首仰望，只见巉(chán)岩壁立，万仞摩天，峡谷之内，烟雾缭绕，浪花飞溅，发出千万惊雷的轰鸣。我到坝顶俯视，才看清黄河有如无数巨龙扭在一起飞旋而下，在窄窄两山之间，它咆哮，它奔腾，冲起的雪白浪头竟比岸上的山头还高，是激流，是浓雾，旋卷在一起，浩浩荡荡，汹涌澎湃，远去，远去，再远去，整个黄河都为白烟银雾所笼罩。

我却没有料到，我真正一览黄河雄伟神姿，是在从乌鲁木齐飞回北京的飞机上。起飞时，眼前一片飞云骤雨，升上高空，忽然一道灿烂阳光透过舷窗射在我脸上，急忙向下看，云雾里巍然耸立着雪峰，白得像冰霜塑出的，像是那里刚刚落过一阵大雪，这是何等雄伟的冰雪海洋啊！

飞机继续上升，下面出现了莽莽云流，向后飞速驶去，眼望所及之处，有一道整整齐齐的白云线，云线上悬着一条蓝天。飞机再上升，下面完全是旋卷沸腾的云海怒涛了。

又过了一段时间，云海忽然逝去，下面展现出一望无际的深褐(hè)色大地，阳光从上面像千万道聚光灯照射下去。一种出乎意外的梦幻般的奇景突然出现了。我想一个人一生一世也许只能见到这样一次吧！在这茫茫大地之上有一条蜿蜒盘旋的长带。这个长带有的段落是深黑色的，有的段落是银白闪光的。开始我茫然不知这是什么，仔细看时，才知道这是黄河。这苍莽无垠的母亲大地啊，是它的乳汁，从西北高原喷涌而出，哺育着千秋万代子子孙孙。它纵横奔驰，呼啸苍天。这条浩荡的黄河，一下分散作无数条细流，如万千璎珞闪烁飘忽，一下又汇为巨流，如利剑插过深山，势如长风一拂、万弩齐发。多么辽阔无垠的西北高原啊！高原上空，无数美丽的发亮的银白色云团，飘忽闪烁，如白玫瑰花随风飘浮。这时那一曲牧羊人的歌声又嘹亮地响起，不过，这一次它不是在空中，是从我心中飞出，飞下长天，飞下黄河，随惊涛骇浪而飞扬，而回荡。

阅读链接

“黄河之水天上来”出自唐代诗人李白的《将进酒》。李白在诗中写道：“君不见，黄河之水天上来，奔流到海不复回。君不见，高堂明镜悲白发，朝如青丝暮成雪。”这几句抒发了诗人对人生易老的感慨和怀才不遇的心境。

② 泰山极顶

杨　朔

> 这篇散文以作者的游踪为线索，描绘了泰山雄奇壮丽的景色。阅读时，关注作者每个阶段的心情变化，体会作者表达的思想感情。

泰山极顶看日出，历来被描绘成十分壮观的奇景。有人说，登泰山而看不到日出，就像一出大戏没有戏眼，味儿终究有点寡淡。

我去爬山那天，正赶上个难得的好天，万里长空，云彩丝儿都不见，素常烟雾腾腾的山头，显得眉目分明。同伴们都欢喜地说："明儿早晨准可以看见日出了。"我也是抱着这种想头，爬上山去。

一路上从山脚往上爬，细看山景，我觉得挂在眼前的不是五岳独尊的泰山，却像一幅规模惊人的青绿山水画的长轴，从下面倒展开来。在画卷中最先露出的是山根底那座明朝建筑岱宗坊，慢慢地便现出王母池、斗母宫、经石峪……山是一层比一层深，一叠比一叠奇，层层叠叠，不知还会有多深多奇。万山丛中，时而点染着极其工细的人物。王母池旁边吕祖殿里有不少尊明代塑像，塑着吕洞宾等一些人，姿态神情是那样有生气。你看了，不禁会脱口赞叹说：“活啦。”

画卷继续展开，绿荫森森的柏洞露面不太久，便来到对松山。两面奇峰对峙着，满山峰都是奇形怪状的老松，年纪怕都上千岁了，颜色竟那么浓，浓得好像要流下来似的。来到这儿你不妨权当一次画里的写意人物，坐在路旁的对松亭里，看看山色，听听流水和松涛。也许你会同意乾隆题的“岱宗最佳处”的句子。且慢，不如继续往上看的为是……

作者看到的是美景，感受到的却是历史。这样写既融情于景，又为下文表达对祖国大好河山的热爱埋下伏笔。

一时间，我又觉得自己不仅是在看画，却又像是在零零乱乱翻动着一卷历史稿本。在山下岱庙里，我曾经抚摸过秦朝李斯小篆的残碑。上得山来，又在“孔子登临处”立过脚，秦始皇封的五大夫松下喝过茶，还看过汉枚乘称道的“泰山溜穿石”，相传是晋朝王羲之或者陶渊明写的斗大的楷书金刚经的石刻。将要看见的唐代在大观峰峭壁上刻的《纪泰山铭》自然是珍品，宋元明清历代的遗迹更像奇花异草一样，到处点缀着这座名山。一恍惚，我觉得中国历史的影子仿佛从我眼前飘忽而过。你如果想捉住点历史的影子，尽可以在朝阳洞那家茶店里挑选几件泰山石刻的拓片。除此而外，还可以买到泰山出产的杏叶参、何首乌、黄精、紫草一类名贵药材。我们在这里泡了壶山茶喝，坐着歇乏，看见一堆孩子围着群小鸡，正喂蚂蚱给小鸡吃。小鸡的毛色都发灰，不像平时看见的那样。一问，卖茶的妇女搭言说："是俺孩子他爹上山挖药材，捡回来的一窝小山鸡。"怪不得呢，有两只小山鸡争着饮水，蹬翻了水碗，往青石板上一跑，满石板印着许多小小的"个"字。我望着深山里这户孤零零的人家想："山下正闹大集体，他们还过着这种单个的生活，未免太与世隔绝了吧？"

从朝阳洞再往上爬，渐渐接近十八盘，山路越来越险，累得人发喘。这时我既无心思看画，又无心思翻历史，只觉得像在登天。历来人们也确实把爬泰山看作登天。不信你回头看看来路，就有云步桥、一天门、中天门一类上天的云路。现时悬在我头顶上的正是南天门。幸好还有石磴造成的天梯。顺着天梯慢慢爬，爬几步，歇一歇，累得腰酸腿软，浑身冒汗。忽然有一阵仙风从空中吹来，扑到脸上，顿时觉得浑身上下清爽异常。原来我已经爬上南天门，走上天街。

黄昏早已落到天街上，处处飘散着不知名儿的花草香味。风一吹，朵朵白云从我身边飘浮过去，眼前的景物渐渐都躲到夜色里去。我们在青帝宫寻到个宿处，早早睡下，但愿明天早晨能看到日出。可是急人得很，山头上忽然漫起好大的云雾，又浓又湿，悄悄挤进门缝来，落到枕头边上，我还听见零零星星的几滴雨声。我有点焦虑，一位同伴说："不要紧。山上的气候一时晴，一时阴，变化大得很，说不定明儿早晨是个好天，你等着看日出吧。"

等到第二天早晨，山头上的云雾果然消散了，只是天空阴沉沉的，谁知道会不会忽然间晴朗起来呢。不管怎样，我们还是冒着早凉，一直爬到玉皇顶，这儿便是泰山的极顶。

一位须髯(rán)[1]飘飘的老道人陪我们立在泰山极顶上，指点着远近风景给我们看，最后带着惋惜的口气说："可惜天气不佳，恐怕你们看不见日出了。"

我的心却变得异常晴朗，一点也没有惋惜的情绪。我沉思地望着极远极远的地方，我望见一幅无比壮丽的奇景。瞧那莽莽苍苍的齐鲁大原野，多有气魄。过去，农民各自摆弄着一块地，零零碎碎的，不知有

虽然"看不见日出"，可是作者却"一点也没有惋惜的情绪"。仔细阅读下文，找出原因。

① 须髯：络腮胡子，泛指胡须。

多少小方块堆积在一起。眼前呢，好一片大田野，全连到一起，就像公社农民连得一样密切。麦子刚刚熟，南风吹动处，麦浪一起一伏，仿佛大地也漾起绸缎一般的锦纹。再瞧那渺渺茫茫的天边，扬起一带烟尘。那不是什么“齐烟九点”，同伴告诉我说那也许是炼铁厂。铁厂也好，钢厂也好，或者是别的什么工厂也好，反正那里有千千万万只精巧坚强的手，正配合着全国人民一致的节奏，用钢铁铸造着祖国的江山。

你再瞧，那在天边隐约闪亮的不就是黄河，那在山脚缠绕不断的自然是汶河。那拱卫在泰山膝盖下的无数小馒头却是<ruby>徂<rt>cú</rt></ruby><ruby>徕<rt>lái</rt></ruby>山等许多著名的山岭。那黄河和汶河又恰似两条飘舞的彩绸，正有两只看不见的大手在耍着，那连绵不断的大小山岭却又像许多条龙灯，一齐滚舞——整个山河都在欢腾着啊！

如果说泰山是一大幅徐徐展开的青绿山水画，那么，这幅画到现在才完全展开，露出最精彩的部分。

如果说我在泰山路上翻着什么历史稿本，那么现在我才算翻到我们民族真正宏伟的创业史。

我正在静观默想，那个老道人客气地赔着不是，说是别的道士都下山割麦子去了，剩他自己，也顾不上烧水给我们喝。我问他给谁割麦子，老道人说：“公社啊。你别看山上东一户，西一户，也都组织到公社里去了。”我记起自己对朝阳洞那家茶店的想法，不觉有点内疚。

有的同伴认为没能看见日出，始终有点美中不足。同志，你还有什么不满意的？其实我们分明看见另一场更加辉煌的日出。这轮晓日从我们民族历史的地平线上一跃而出，闪射着万道红光，照临到这个世界上。

伟大而光明的祖国啊，愿您永远“如日之升”！

日积月累

人心齐，泰山移。

有眼不识泰山。

一叶障目，不见泰山。

人固有一死，或重于泰山，或轻于鸿毛。

3 穿过秦岭

雷抒雁

一说过秦岭，不免想起那些凄苦艰难的关于秦岭的诗句。

当年，从长安出发，李白走的西路，“西当太白有鸟道，可以横绝峨眉巅”，诗人喟叹蜀道之难，难如登天；韩愈却走的东路，通往蓝田商洛一线，偏是冬季，雪深路险，“雪拥蓝关马不前”。这些困苦的诗句，成了秦岭艰险的千秋写照。

53年前，我亦步古诗人后尘，经蓝田，翻牧虎关，进峪口，过黑龙口，去往商洛。那时，我还只是一个小学四年级的学生。尚不知有这么多诗人，在这一片土地上艰难地生活过、跋涉过。我和外公、母亲，早行夜宿，以双脚体验了这几百里山路的艰难。那时，虽说公路已经修通，却没有公共汽车通行。路上过客，多是穿麻鞋打裹腿的山民，人背肩挑些山货，或架子车拉些木材到山外去换些粮食、用品之类。进山偶有卡车、马车，也多是公家拉货运输的车辆，并不载人。要请人家“捎脚”，就得半夜起床，在路边等待，往往是等了几个时辰，说了许多好话，依然找不到肯捎客的顺车。

头一次进山，一切都感到新奇。看远山近岭，听鸟鸣泉咽；偶有一棵古松倒挂崖顶，也要站住瞧半晌；看着山涧水底红红蓝蓝的石子，也想探身下去拣几粒。每每被母亲劝止，说是路长着哩，好好走路。

向晚有路边店，点了油灯招客歇息。外公在前边一家家领看，我总觉得那店不干净，一家家错过去。最后，总算找了家车马大店住了下来。那店，一进门就是一面大炕，可容十数人躺卧，也不分什么男女。外公、母亲和我三人挨墙睡下。店里并无食堂，大门边支起一口大锅，客人们可以自带米面，自己做饭。我想这种古朴，怕是明、清以来沿袭的风俗。

一夜无话。由于头一天的跳跳蹦蹦，我的腿脚早晨下地时，已疼痛不堪。母亲替我揉揉，发现腿已肿了。就这样，又是一天行程。家乡人把这种步行赶路叫“起旱”，这大约是与行船相对应的说法。

那次过秦岭，是我一生对于远行、对于大山的最初记忆。所以一想到过秦岭，便有痛切的直觉先提醒我：艰难。

近些年，我去过商洛，自然一路坦途，加上车子也好，一踩油门就上了山。虽说上山下山，路途还是远一些，但方便多了，不经意间车已过了秦岭。

不过，这只是东路。中路是从西安到柞水、镇安去安康一线，前些年还十分艰难。翻山就要两三个小时，一到大雪封山，许多路途就要断绝，行走依然不便。一直听说要打一条隧道，钻通秦岭，年前到西安正逢隧道贯通，车子可以穿过秦岭，直达陕南，这是让人兴奋的消息。一到西安，立即约朋友驱车南行。

如今，西安道路宽敞，一出城，不要几十分钟，秦岭便由紫变蓝，由远趋近，山石丛树，村舍人家，尽在眼前了。

时在冬日，山头上稀稀疏疏的草木瑟缩于寒风中。大块的石崖，从夏日葱茏的草木里显露出古板的面孔，增加了山势的凝重与森然。一冬无雪，山坡面目黝黑，显现出一些贫寒相。

从石砭峪进山，穿过几个小的隧道，头上顶着一座五台山，再往前行，便是那座名为“秦岭终南山公路隧道”了。

朋友一路介绍着这座隧道的宏伟。这是一个双向双车道的长洞，全长18.02千米。如果以单洞双向隧道论，它仅次于挪威莱尔多隧道的24.5千米，为世界第二。但如依双洞单向论，又超过日本关越的10.9千米双洞单向四车道隧道，位居世界第一。

也许是因为刚刚通行，路上车子并不见多。一进那明亮宽敞的隧洞，如同走到了海底的神话世界。两排淡淡泛着蓝光的顶灯，把你的视线和想象引向更为深远处，前边看不见洞口，只是直直的长，长长的远。车行5千米，洞子突然变得开阔。两边是高高的修竹野树，底下是绿莹莹的青草铺地。灯光也突然大开，如同到了地上的某一处休闲公园，让你疲惫的身心为之一爽。近前一看，却都是些人造的景观。大约只是为了减轻司机的视觉疲劳，就这样5千米一处，交替出现，把长长的隧洞分割成一片片风景。

别有洞天。那一刻，我在想象着耸立在头顶的岩石、古柏、苍松，想象着那些活跃在青竹、碧草间的野羊、猿类，以及各种珍禽。它们可以安然无恙，依旧过着它们千百年来无惊无扰的生活。

当然，我也不能不为人力巧夺天工的伟大创造所感染。那些在秦岭的心腹长年累月开石钻洞的工人们凭着怎样的艰辛和努力，为国计民生做着巨大的贡献。

这样想着，大约20多分钟，便看见洞口，到了陕南，到了柞水地界，在一个叫营盘镇的地方出了隧道。

这里是另一片天地。两边的高山上，青松苍然，山涧里一道细流淙淙奔向汉江。那山头上立着的标语牌上写着“一江清水送北京”，让人心里一热。这一脉细流，不要多久，将会汇进双江，流向北京，让我在异地饮上家乡水。

西安到柞水，山道蜿蜒 146 千米，要翻越两道山梁，如今却只有 64 千米的路程，一个钟头便到了柞水县城。我笑着对柞水的朋友说：你们可以划入西安，成他们的郊区了。

过去翻越秦岭，山高路险；如今穿越秦岭，真有一条“终南捷径”了。柞水、镇安的百姓正思谋着开春之后，外地客人来这里旅游，吃、住的安排，景点的布局；思谋着怎样开发山区，利用交通的便利，让西安拉动这个贫困山区奔向小康。

镇安县一位朋友操着当地口音，让我听来有些近于荆楚。我想，这是秦岭常年阻碍所致，随着与关中交往的密切，这一口楚音楚语会更趋关中化。一洞隧道，沟通的不仅是经济，更有民俗文化的迅速交流与融通。

曾经有一句调皮话，显现着柞水、镇安人民生活的艰辛。那话说：“祖国河山可爱，柞水镇安除外。”为什么？就因为大山阻隔，交通不便，经济不发达，人民长期处于贫困状态。这一条捷径，一道通途，改变了山区人民的命运，让这贫困山区变得更为可爱了。

50 多年来，从徒步秦岭，到翻越秦岭，今天又是穿过秦岭，生活变幻着方式和色彩，推动着我们一步步走向前去，如同行走在时间的隧道里。

④ 长城远眺

秦　牧

新中国成立三十周年纪念日来临的前几天，我们又有机会到八达岭登了一次长城，大概是因为长城常常被用来作为中国的象征吧。在这样的日子登临它，经过一番努力，攀登高处，走上城楼，迎着呼呼的大风，纵望莽莽的群岭，长城蜿蜒山脊之上，赛似一条探首天际的巨龙。它仿佛有生命，正在奔腾似的，雄伟而又潇洒，庄严而又矫健。远望长城内外，林木耸翠，紫烟笼罩。长城脚下的广场上，许多汽车好像甲虫模样麇(qún)集[①]一起。而长城之上的城道呢，中外旅游人群又仿佛在赶集似的，形成一条人的巨流，它涌动着，奔腾着，不断掀起“人的浪花”。那番景象，的确是饶有奇趣和发人遐想的。望着望着，我竟有了这么一个幻觉，仿佛这无边无际的苍茫大地之上，出现了三条巨龙，一条是群山的巨龙，一条是长城的巨龙，一条是人流的巨龙。龙叠着龙，蜿蜒于

---

① 麇集：聚集，群集。

荒野之上。群山，那是洪荒时代就存在的了；长城，那是两千多年前就出现的了；人流，却是生活于当世的活跃的生命。他们之中的许多人，正在为建成新中国的长城般雄伟的事业而奋斗。

新中国成立后我曾经三次到过八达岭，看到长城周围的环境在数十年间起了很大的变化，然而它给人的感受却是历久常新的。新中国成立初期，这里常有人在卖出土箭镞之类的小玩意，长城外面不远还有蘑菇似的小蒙古包。不久，它历经修葺，两端城楼高耸，让游人登临的这一段逐渐面目一新，陡斜地段的铁扶手也安装上了。渐渐地，游人越来越多。到了今天，这一段长城不但已经成为古代史迹陈列场，也已经成为世界人种的博览会，更已经成为天天游人密集的，但不是经营买卖而是观赏古迹的市集。大概世界上的所有国家和地区，它们的民族成员，从来没有人在这里印上足迹的，该是绝无仅有的吧。一块块古代的砖石，几乎都被分属于世界各个国家、各个地区的人物摸过和踏过。在这个意义上，长城不仅令人想起历史的久长，也令人想起世界的辽阔。

但是，尽管围绕着长城出现了许多新鲜的事物，它引起中国人涌起的那种特殊感情恐怕是长久存在的吧！它教人想起中国历史的悠久和幅员的广大，历史进程的艰辛和劳动创造的宏伟；它也教人想起，能够造成这样伟大建筑物的民族的子孙，在崭新的时代里，也必然能够排除一切困难，建树起不比长城逊色而且还要超过它的伟大的业绩。

可能有不少人登临长城时，也还涌起一种深感个人渺小的感情。人到了这座伟大的、长约万里的古建筑旁边，仿佛变成了一只蚂蚁，仿佛童话里“小人国”的人物到了“大人国”一样。我想，也许正是由于这种感情的驱使，害得许多人，莫名其妙地要把自己的名字刻在长城的砖石上面。尽管这是一种很好笑的行为，但是，长城砖上的那部人名录，上面的“芳名”数以多少万计，却是事实。我不知道这些留名人士有没有想到，实际上，这么雄伟的长城，却正是在它旁边，相形之下仿佛渺小如蚁的人们，一砖一石把它垒起来的。从这件事看来，朝着一个方向，千万人添砖垒石所能够创造的业绩，它所能够达到的伟大的程度，事后回头一看，是多么叫人叹为不可思议啊！

在长城高处，看那条涌动的人流，也是十分有趣的事。我想，其中有好些人，恐怕整年也难得这么攀高一次吧！但是，“登上去！登上去！”的意志鼓舞着他们，有的七十多岁的老人，缠过小脚的妇女，看似弱不禁风的人物，五六岁的孩子，也终于登上那巍峙的高处了。甚至有一些人还是跑步上去的。

看见长城那么陡峭，只敢坐在下面观望的，自然无法到达高处，不断攀登、勇于克服困难的却一个个直达顶端。这样的事情，对于我们每个人，我想也是很有启示的。

不知道为什么，最近一次登上长城，竟想起了这么多。回城后看到处处在为迎接国庆张灯结彩，酒也多了，灯串也多了，就越发想把这种感受抒写出来了。

日积月累

古意（其一）

［宋］陆游

千金募战士，万里筑长城。

何时青冢月，却照汉家营？

5 野　河

李汉荣

河在无人烟的地方流着，喂养一些野草、野花、野兔、野鹿，以及很野很野的风景。

这是一条无人垂钓和捕捞的河。鱼们游在自己的家里，不安全来自它们内部，与烹调无关。鳖(biē)长得很大，放心地上岸晾晒它们的盔甲，一如隐士晾晒古老的经书。

树随意长着。笔直的、弯曲的，高接云天的大树和不思进取的灌木，纷然杂陈、互相衬托，各自都不识自己的魅力，只顾欣赏对方的魅力，最后大家都有了魅力。成材与不成材是林子外面的看法，树，只欣赏对方身上的叶子。

花可以开在任何地方，水走到哪里就追到哪里，于是蜜蜂和蝴蝶都有了飞行的路线。花停下的地方，聚集了更多的花。这里是河湾，水徘徊①的时候，春天就显出更多的妩媚。

野鹿来到河边饮水，为自己美丽的影子忧愁，难怪它总

---

①徘徊：在一个地方来回地走。

是横遭追捕。它想象，水的深处，是否有一片安静的林子，使它能躲过那凶残的牙齿？鹿望着河水发呆，河水也望着鹿发呆。

一些石头横七竖八地守在河边，或卧、或蹲，或静、或动，或黑、或白，或丑、或俊，全都憨厚慈祥，时间一直沉默。河心的石头，制造了许多漩涡和泡沫，自己却一无所知。

水鸟来了，许多鸟都来了。鹦鹉发现自己太小了，与天空不般配，却正适合自己管理自己。鹤惊讶于自己的白，羡慕乌鸦的黑；乌鸦惊异于自己的黑，羡慕鹤的白。它们都从水里发现了自己，也看见了对方，它们全都想变成对方。河水哗哗地笑着，打断了它们的胡思乱想：也无黑，也无白；也无大，也无小，都是好影子。

水草茂密，安静地铺张着远古的绿色。芦苇于晚风中摇曳（yè），无数温柔的箭镞，射向岁月，射向水天一色的苍茫……

忽然，前面出现了桥。先是木桥，有汲水的女子从桥上走过，流水捧起她害羞的身影。她缓缓地走向鸡鸣鸟唱的村庄，走向静静升起的炊烟。

> 野河的风景刚开始是“很野很野”的，文章抓住哪些景物写出了野河的“野”？读一读，在文中圈画出来，并仔细体会。

接着是铁桥、水泥桥，无数的钓竿垂向河面，无数的道路伸向河面，无数的网扑向河面。

河结束了它的“野史”。河浑浊，河淤塞，河渐断流、渐渐枯竭。

一片荒滩出现在我面前……

阅读链接

鹦鹉，俗称“鹦哥”。头圆，喙强大，上喙弯曲，基部具蜡膜。羽毛色彩华丽，有白、赤、黄、绿等色。足部的外趾可以向前转动，适于攀缘。经过训练，能模仿人的声音。

⑥ 清塘荷韵

季羡林

楼前有清塘数亩。记得三十多年前初搬来时，池塘里好像是有荷花的，我的记忆里还残留着一些绿叶红花的碎影。后来时移事迁，岁月流逝，池塘里却变得“半亩方塘一鉴开，天光云影共徘徊”，再也不见什么荷花了。

我脑袋里保留的旧的思想意识颇多，每一次望到空荡荡的池塘，总觉得好像缺点什么，这不符合我的审美观念。有池塘就应当有点绿的东西，哪怕是芦苇呢，也比什么都没有强。最好的最理想的当然是荷花。中国旧的诗文中，描写荷花的简直是太多太多了。周敦颐的《爱莲说》读书人不知道的恐怕是绝无仅有的，他那一句有名的“香远益清”是脍炙人口的。几乎可以说，中国没有人不爱荷花的。可我们楼前池塘中独独缺少荷花。每次看到或想到，总觉得是一块心病。

有人从湖北来，带来了洪湖的几颗莲子，外壳呈黑色，极硬。据说，如果埋在淤泥中，能够千年不烂。因此，我用铁锤在莲子上砸开了一条缝，让莲芽能够破壳而出，不至永远埋在泥中。这都是一些主观的愿望，莲芽能不能长出，都是极大的未知数。反正我总算是尽了人事，把五六颗敲破的莲子投入池塘中，下面就是听天由命了。

这样一来，我每天就多了一件工作——到池塘边上去看上几次。心里总是希望，忽然有一天，“小荷才露尖尖角”，有翠绿的莲叶长出水面。可是，事与愿违，投下去的第一年，一直到秋凉落叶，水面上也没有出现什么东西。经过了寂寞的冬天，到了第二年，春水盈塘，绿柳垂丝，一片旖旎（yǐ nǐ）[①]的风光。可是，我翘盼的水面却仍然没有露出什么荷叶。此时我已经完全灰了心，以为那几颗湖北带来的硬壳莲子，由于人力无法解释的原因，大概不会再有长出荷花的希望了。我的目光无法把荷叶从淤泥中吸出。

但是，到了第三年，却忽然出了奇迹。有一天，我忽然发现，在我投莲子的地方长出了几个圆圆的绿叶，虽然颜色极惹人喜爱，但是却细弱单薄，可怜兮兮地平卧在水面上，像水浮莲的叶子一样。而且最初只长出了五六个叶片。我总嫌这有点太少，总希望多长出几片来。于是，我盼星星、盼月亮，天天到池塘边上去观望。有校外的农民来捞水草，我

---

①旖旎：柔和美好。

总请求他们手下留情，不要碰断叶片。但是经过了漫漫的长夏，凄清的秋天又降临人间，池塘里浮动的仍然只是孤零零的那五六个叶片。对我来说，这又是一个虽微有希望但究竟仍是令人灰心的一年。

真正的奇迹出现在第四年上。严冬一过，池塘里又溢满了春水。到了一般荷花长叶的时候，在去年漂浮着五六个叶片的地方，一夜之间，突然长出了一大片绿叶，而且看来荷花在严冬的冰下并没有停止行动，因为在离开原有五六个叶片的那块基地比较远的池塘中心，也长出了叶片。叶片扩张的速度，范围的扩大，都是惊人的快。几天之内，池塘内不小一部分，已经全为绿叶所覆盖。而且原来平卧在水面上的像是水浮莲一样的叶片，不知道是从哪里聚集来了力量，有一些竟然跃出水面，长成了亭亭的荷叶。原来我心中还迟迟疑疑，怕池中长的是水浮莲，而不是真正的荷花。这样一来，我心中的疑云一扫而光，池塘中生长的真正是洪湖莲花的子孙了。我心中狂喜，这几年总算是没有白等。

天地萌生万物，对包括人在内的动植物等有生命的东西，总是赋予一种极其惊人的求生存的力量和极其惊人的扩展蔓延的力量，这种力量大到无法抗御。只要你肯费力来观察一下，就必然会承认这一点。现在摆在我面前的就是我楼前池塘里的荷花。自从几个勇敢的叶片跃出水面以后，许多叶片接踵而至。一夜之间，就出来了几十枝，而且迅速地扩散、蔓延。不到十几天的工夫，荷叶已经蔓延得遮蔽了半个池塘。从我撒种的地方出发，向东西南北四面扩展。我无法知道，荷花是怎样在深水中淤泥里走动的。反正从露出水面的荷叶来看，每天至少要走半尺的距离，才能形成眼前的这个局面。

光长荷叶，当然是不能满足的。荷花接踵而至，而且据了解荷花的行家说，我门前池塘里的荷花，同燕园其他池塘里的，都不一样。其他地方的荷花，颜色浅红；而我这里的荷花，不但红色浓，而且花瓣多，每一朵花能开出十六个复瓣，看上去当然就与众不同了。这些红艳耀目的荷花，高高地凌驾于莲叶之上，迎风弄姿，似乎在睥睨（pì nì）一切。幼时读旧诗："毕竟西湖六月中，风光不与四时同。接天莲叶无穷碧，映日荷花别样红。"爱其诗句之美，深恨没有能亲自到杭州西湖去欣赏一番。现在我门前池塘中呈现的就是那一派西湖景象，是我把西湖从杭州搬到燕园里来了，岂不大快人意也哉！前几年才搬到朗润园来的周一良先生赐名为"季荷"。我觉得很有趣，又非常感激。难道我这个人将以荷而传吗？

前年和去年，每当夏日塘荷盛开时，我每天至少有几次徘徊在塘边，坐在石头上，静静地吸吮荷花和荷叶的清香。“蝉噪林逾静，鸟鸣山更幽。”我确实觉得四周静得很。我在一片寂静中，默默地坐在那里，水面上看到的是荷花的绿肥、红肥。倒影映入水中，风乍起，一片莲瓣坠入水中，它从上面向下落，水中的倒影却是从下边向上落，最后一接触到水面，二者合为一，像小船似的漂在那里。我曾在某一本诗话上读到两句诗：“池花对影落，沙鸟带声飞。”作者深惜第二句对仗不工。这也难怪，像“池花对影落”这样的境界究竟有几个人能参悟透呢?

晚上，我们一家人也常常坐在塘边石头上纳凉。有一夜，天空中的月亮又明又亮，把一片银光洒在荷花上。我忽听扑通一声，是我的小白波斯猫毛毛扑入水中，她大概是认为水中有白玉盘，想扑上去抓住。她一入水，大概就觉得不对头，连忙矫捷地回到岸上，把月亮的倒影打得支离破碎，好久才恢复了原形。

今年夏天，天气异常闷热，而荷花则开得特欢。绿盖擎天，红花映日，把一个不算小的池塘塞得满而又满，几乎连水面都看不到了。一个喜爱荷花的邻居，天天兴致勃勃地数荷花的朵数。今天告诉我，有四五百朵；明天又告诉我，有六七百朵。但是，我虽然知道他为人细致，却不相信他真能数出确实的朵数。在荷叶底下，石头缝里，旮旮旯旯(gā lá)[①]，不知还隐藏着多少，都是在岸边难以看到的。

连日来，天气突然变寒。池塘里的荷叶虽然仍然是绿油油一片，但是看来变成残荷之日也不会太远了。再过一两个月，池水一结冰，连残荷也将消逝得无影无踪。那时荷花大概会在冰下冬眠，做着春天的梦。它们的梦一定能够圆的。“既然冬天到了，春天还会远吗？”

我为我的“季荷”祝福。

阅读链接

季羡林（1911—2009），字希逋、齐奘，山东清平康庄（今属临清）人。中国语言学家、翻译家、学者。有学术著作《印度古代语言论集》《佛教与中印文化交流》等，散文回忆录《牛棚杂忆》《留德十年》等，译著《沙恭达罗》《罗摩衍那》等。

---

① 旮旮旯旯：狭窄偏僻的地方。

7 与虫同眠

刘亮程

我在草中睡着时，我的身体成了众多小虫子的温暖巢穴。那些形态各异的卑小动物，从我的袖口、领口和裤腿钻进去，在我身上爬来爬去，不时地咬两口，把它们的小肚子灌得红红鼓鼓的。吃饱玩够了，便找一个隐秘处酣然而睡——我身体上发生的这些事我一点也不知道。那天我翻了一下午地，又饿又累。本想在地头躺一会儿再往回走，地离村子还有好几里路，我干活时忘了留点回家的力气。时值夏季，田野上虫声、蛙声、谷物生长的声音交织在一起，像支巨大的催眠曲。我的头一挨地便酣然入睡，天啥时黑的我一点不知道，月亮升起又落下，我一点没有觉察。醒来时已是另一个早晨，我的身边爬满各种颜色的虫子，它们已先我而醒，忙它们的事了。这些勤快的小生命，在我身上留下许多又红又痒的小疙瘩，证明它们来过了。我想它们和我一样睡了美美的一觉。有几个小家伙，竟在我的裤子里待舒服了，不愿出来。若不是瘙痒得难受，我不会脱了裤子捉它们出来。对这些小虫来说，我的身体是一片多么辽阔的田野，就像我此刻爬在大地的某个角落，大地却不会因瘙痒和难受把我捉起来扔掉。大地是沉睡的，它多么宽容。在大地的怀抱中我比虫子大不了多少。我们知道世上有如此多的虫子，给它们一一起名，分科分类。而虫子知道我们吗？这些小虫知道世上有刘亮程这条大虫吗？有些虫朝生暮死，有些仅有几个月或几天的短暂生命，几乎来不及干什么便匆匆离去。没时间盖房子，创造文化和艺术。没时间为自己和别人去着想，生命简洁到只剩下快乐。我们这些聪明的大生命却在漫长岁月中寻找痛苦和烦恼。一个听烦市嚣的人，躺在田野上听听虫鸣该是多么幸福。大地的音乐会永无休止，有谁知道这些永恒之音中的每个音符是多么仓促和短暂。

我因为在田野上睡了一觉，被这么多虫子认识。它们好像一下子就喜欢上我，对我的血和肉体的味道赞赏不已。有几个虫子，显然乘我熟睡时在我脸上走了几圈，想必也大概认下我的模样了。现在，它们在我身上留了几个看家的，其余的正在这片草滩上奔走相告，呼朋引类，把发现我的消息传播给所有遇到的同类们。我甚至感到成千上万只虫子正从四面八方朝我拥来。我血液沸腾，仿佛十几年来梦想出名的愿望就要实现了。这些可怜的小虫子，我认识你们中的谁呢？

我将怎样与你们一一握手？你们的脊背窄小得签不下我的名字，声音微弱得几近虚无。我能对你们说些什么呢？

当千万只小虫蜂拥而至时，我已回到人世间的某个角落，默默无闻做着一件事。没几个人知道我的名字，我也不认识几个人，不知道谁死了谁还活着。一年一年地听着虫鸣，使我感到了小虫子的永恒。而我，正在世上苦度最后的几十个春秋。面朝黄土，没有叫声。

日积月累

观蚁（其一）

［宋］杨万里

偶尔相逢细问途，不知何事数迁居。

微躯所馔能多少，一猎归来满后车。

⑧ 草木有本心

丁立梅

喜欢一切的花草树木。

我以为，所有的草木，都长着一颗玲珑心，天真无邪，纯洁善良。

没有草木是丑陋的。如同青春美少女，不用梳妆打扮，一颦(pín)一笑，散发的都是年轻的气息，清新迷人，无可匹敌。

草木从不化妆。所以花红草绿，都是本色。我们常说亲近自然，其实就是亲近草木。我们噼里啪啦跑过去，看见一棵几百年的老树要惊叫，看见满田的油菜花要惊叫，看见芳草茵茵要惊叫。草木却不惊不乍，活着它们本来的样子。

草木也从不背叛远离。你走，草木不走。你遗忘的，草木都给你记着呢。废弃的断壁残垣上，草在长。游子归家，昔日的村庄已成陌生，他找不到曾经的家了。一转身，却望见从前的那棵老槐树，还长在河畔。还是满树的青绿，树丫上，依旧蹲着一只大大的喜鹊窝。天蓝云白，都是昔日啊！他的泪，在那一刻落下。走远的记忆，都走了回来，他童年的笑声，仿佛还在树下回荡，叮叮当当，叮叮当当。感谢草木，让人的灵魂找到归宿。

每一棵草都会说话。它说给大地听，说给昆虫听，说给露珠听，说给小鸟听，说给阳光听。喁喁（yú）[①]，喁喁。季节的轮转，原是听了草的话。草绿，春来；草枯，冬至。

每一朵花都在微笑。一瓣一瓣，都是它笑的纹，眉睫飞扬。对着一朵花看久了，你会不自觉微笑起来，心中再多的阴霾，也消失殆尽。这世上，还有什么坎不能迈过去呢？笑也是一天，哭也是一天。不如向一朵花学习，日子笑着过。

新扩建的路旁，秋天移来一排樟树。可能是为了好运输，所有的树，一律给削去了头。看过去，都光秃秃的一截站着，像断臂的人，叫人心疼。春天，那些树干顶上，却冒出一枚一枚的绿来，团团的，像歇着一群翠绿的小鸟，叽叽喳喳，无限生机。

草木的顽强，人学不来。所以，我敬畏一切草木。

出门旅游，异乡的天空下，意外重逢一片蓝色的小花。那是一种叫婆婆纳的草，在我的故乡最常见。相隔千万里，它居然也来了。天地有多大，草木就有多远。海的胸怀、天

---

① 喁喁：形容说话的声音（多用于小声说话）。

空的胸怀，都不及草木的胸怀，它把所有有泥土的地方，都当作故乡。

“草木有本心，何求美人折。”是啊，草木不伪不装，自然天成，大美不言。

日积月累

叶舒春夏绿，花吐浅深红。

——李峤

草不谢荣于春风，木不怨落于秋天。

——李白

草树知春不久归，百般红紫斗芳菲。

——韩愈

野花向客开如笑，芳草留人意自闲。

——欧阳修

9 黄山绝壁松

冯骥才

黄山以石奇、云奇、松奇名天下。然而登上黄山，给我以震动的是黄山松。

黄山之松布满黄山。由深深的山谷至大大小小的山顶，无处无松。可是我说的松只是山上的松。

山上有名气的松树颇多，如迎客松、望客松、黑虎松、连理松等，都是游客们竞相拍照的对象。但我说的不是这些名松，而是那些生长在极顶和绝壁上不知名的野松。

黄山全是石峰，裸露的巨石侧立千仞，光秃秃没有土壤，尤其是那些极高的地方，天寒风疾，草木不生，苍鹰也不去那里，一棵棵松树却破石而出，伸展着优美而碧绿的长臂，显示其独具的气质。世人赞叹它们独绝的姿容，很少去想在终年的烈日下或寒风中，它们是怎样存活和生长的。

一位本地人告诉我，这些生长在石缝里的松树，根部能够分泌一种酸性的物质，腐蚀石头的表面，使其化为养分为自己吸收。为了从石头里寻觅生机，也为了牢牢抓住绝壁，读到这里，我们怎能不为绝壁松的智慧和坚毅而赞叹！请大声朗读并积累下来。

以抵抗不期而至的狂风的撕扯与摧折，它们的根日日夜夜与石头搏斗着，最终不可思议地穿入坚如钢铁的石体。细心便能看到，这些松根在生长和壮大时常常把石头从中挣裂！还有什么树木有如此顽强的生命力？

我在迎客松后边的山崖上仰望一处绝壁，看到一条长长的石缝里生着一株幼小的松树。它高不及一米，却旺盛而又有活力。显然曾有一颗松子飞落到这里，在这冰冷的石缝间，什么养料也没有，它却奇迹般生根发芽，生长起来。如此幼小的树也能这般顽强？这力量是来自物种本身，还是在一代代松树坎坷的命运中磨砺出来的？我想，一定是后者。我发现，山上之松与山下之松绝不一样。那些密密实实拥挤在温暖的山谷中的松树，干直枝肥，针叶鲜碧，慵懒而富态。而这些山顶上的绝壁松却是枝干瘦硬，树叶黑绿，矫健又强悍。这绝壁之松是被恶劣与凶险的环境强化出来的。它遒劲和富于弹性的树干，是长期与风雨搏斗的结果。它远远地伸出的枝叶是为了更多地吸收阳光……这一代代艰辛的生存记忆，已经化为一种个性的基因，潜入绝壁松的骨头里。为此，它们才有着如此非凡的性格与精神。

它们站立在所有人迹罕至的地方。那些荒峰野岭的极顶，那些下临万丈的悬崖峭壁，那些凶险莫测的绝境，常常可以看到三两棵甚至只有一棵孤松，十分夺目地立在那里。它们彼此姿态各异，也神情各异，或英武，或肃穆，或孤傲，或寂寞。远远望着它们，会心生敬意。但它们——只有站在这些高不可攀的地方，才能真正看到天地的浩荡与博大。

于是，在大雪纷飞中，在夕阳残照里，在风狂雨骤间，在云烟明灭时，这些绝壁松都像一个个活着的人：像站立在船头镇定又从容地与激浪搏斗的艄公，战场上永不倒下的英雄，沉静的思想者，超逸又具风骨的文人……在一片光亮晴空的映衬下，它们的身影就如同用浓墨画上去的一样。

作者运用借物喻人的写作手法，赞美拥有和绝壁松同样品质的强者。

但是，别以为它们全像画中的松树那么漂亮。有的枝干被飓风吹折，暴露着断枝残干，但另一些枝叶仍很苍郁；有的被酷热与冰寒打败，只剩下赤裸的枯骸，却依旧有尊严地挺立在绝壁之上。于是，一个强者应当有的品质——刚强、坚韧、适应、忍耐、进取与自信，它全都具备。

现在可以说了，在黄山这些名绝天下的奇石、奇云、奇松中，石是山的体魄，云是山的情感，而松——绝壁之松是黄山的灵魂。

阅读链接

黄山“四绝”：奇松、怪石、云海、温泉。

黄山松枝干遒劲，姿态优美，其中著名的有迎客松、接引松、送客松、卧龙松、凤凰松、麒麟松、黑虎松、蒲团松、棋盘松等。

⑩ 美人松

季羡林

我看过黄山松，我看过泰山松，我也看过华山松，自以为天下之松尽收眼中矣。现在到了延边，却忽然从地里冒出来了一个美人松。

仔细阅读下文，圈画出对美人松外形描写的句子。

我年虽老迈，而见识实短。根据我学习过的美学概念，松树雄奇伟岸，刚劲粗犷，铁根盘地，虬枝撑天，应该归入阳刚之美。而美人则娇柔妩媚，婀娜多姿，应该归入阴柔之美。顾名思义，美人松是把这两种美结合起来的。两种截然相反的东西，竟能结合在一起，这将是一种什么样子呢？

我就这样怀着满腹疑团，登上了驶往长白山去的汽车。一路之上，我急不可待，频频向本地的朋友发问：什么是美人松呀？美人松是什么样子呀？路旁的哪一棵树是美人松呀？我好像已经返老还童，倒转回去了七十年，成了一个充满了好奇心的顽童。

汽车驶出了延吉已经一百七十多千米。我们停下休息，在此午餐。这个地方叫二道白河，是一个不大的小镇。完全出我意料，在我们的餐馆对面，只隔着一条马路，有一小片树林，四周用铁栏杆围住，足见身份特异。我一打听，司机师傅漫应之曰："这就是美人松林，是全国，当然也就是全世界唯一的一片美人松聚族而居的地方，是全国的重点保护区。"他是"司空见惯浑无事"，而我则瞪大了眼睛，惊诧不已：原来这就是美人松呀！

我的疲意和饿意，顿时一扫而空。我走近了铁栏杆，把全身的神经都集中到了双眼上，原来已经昏花的老眼蓦地明亮起来，真仿佛能洞见秋毫。我看到眼前一片不大的美人松林。棵棵树的树干都是又细又长，一点也没有平常松树树干上那种鳞甲般的粗皮，有的只是柔腻细嫩的没有一点疙瘩的皮，而且颜色还是粉红色的，真有点像二八妙龄女郎的腰肢，纤细苗条，婀娜多姿。每一棵树的树干都很高，仿佛都拼着命往上猛长，直刺白云青天。可是高高耸立在半空里的树顶，叶子都是不折不扣的松树的针叶，也都像钢丝一般，坚硬挺拔。这样一来，树干与树顶的对比显然极不调和，棵棵都仿佛成了戴着钢盔，手执长矛，亭亭玉立的美女。既刚劲，又柔弱；既挺拔，又婀娜。简直是个人间奇迹，是个天上神话，是童话中的侠女，是净土乐园中的姽婳(guǐ huà)将军[①] ……我瞪大了眼睛，失神落魄，不知瞅了多久，我瞠目结舌，似乎要喘不过气来了。

因为我看到这些树实在都非常年轻。问了一下本地的主人，主人说，这些树有的是一二百年，有的三四百年，有的年龄更老，老到说不出年代，反正几十年来，他们看到这里的美人松总是一个样子，似乎她们真是长生多术，还童有方。他们天天坐对美人松，虽然也觉得奇怪，但毕竟习以为常。但是，对我这样初来乍到的人来说，却只有惊诧了。

美人松既然这样神奇，极富于幻想力的当地老百姓中，就流传起了一段民间传说：当年，在抗日战争最艰苦的时期，杨靖宇将军率领着抗日联军，与顽敌周旋在长白山深山密林中。在一次战略转移中，一位女护士背着一个伤病员，来到了一片苍秀挺拔的松树林中，不幸与敌人遭遇，敌我人数悬殊，护士急中生智，把伤病员藏在一个杂树荫蔽的石洞中，自己则向相反的方向跑去。敌人把她包围起来，她躲在一棵松树后面，向敌人射击。敌人一个个在她的神枪之下倒地身

① 姽婳将军：明朝末年衡王宠妃，因参过战，被人们称作“姽婳将军”。姽婳，形容女子娴静美好。

亡。最后的子弹打光了，她自己也受伤流血。她倚在一棵高耸笔直的松树后面，流尽了自己最后一滴血。从此以后，血染的松树树干就变成了粉红色……

这个传说难道不是十分壮烈又异常优美吗？难道还不能剧烈地拨动每一个人的心弦吗？

然而对一个稍微细心的人来说，其中的矛盾却是太显而易见了。美人松的粉红色的树皮，百年、千年、万年以前，早已成为定局，哪里可能是在几十年前才变成了红色的呢？

外出游玩，如果能像作者一样，多关注景点背后的文化，会有更多的收获。

编这一段故事的老百姓的心情，是完全可以理解的，我也宁愿相信这一个民间传说。但是，我在上面提到的那一不大不小的矛盾，实在是太明显了，即使相信了，心也难安，而理也难得。

我苦思苦想，排解不开，在恍惚迷离中，时间忽然倒转回去了数千年、数万年，说不清多少年。我进入了一场幻觉，看到了长白山下百里松海的大大小小的、老老少少的松树们聚集在一起开会。一棵万年古松当了主席，议题只有一个，就是向长白山土地抗议：为什么他们这一批顶撑青天碧染宇宙的松树，只能在长白山脚下生长，连半山都不允许去呢？这未免太不公平，太不合理了。于是悻悻然，愤愤然，群情激昂，决议立即上山。数百万棵松树，形成大军，以排山倒海之势，所向无前之威，棵棵奋勇登山，一时喧声直达三十三天。此时山神土地勃然大怒，咒起了狂风暴雨，打向松树大军。大军不敌，顷刻溃败，弃甲曳兵，逃回山下。从此乐天知命，安居乐业，莽莽苍苍，百里松海，一直绿到今天。

众松中的美人松，除了登山泄愤的目的以外，还有一点个人的打算，她们同天池龙宫的三太子据说是有宿缘的。她们乘此机会，奋勇登山，想一结秦晋之好，实现万年宿缘。然而，众松溃退，她们哪里有力量只身挺住呢？于是紧随众松，退到山下，有几棵跑得慢的，就留在了长白山下百里松海之中，错杂地住在那里。树数不多但却占全部美人松大部分的，一气跑了下去，跑到了离开长白山已经一百多千米的二道白河，煞住了脚，住在这里了。她们又急，又气，又惭，又怒，身子一下子就变成了粉红色……

我正处在幻觉中，猛然有一阵清风拂过美人松林，簌簌作响，我立即惊醒过来。睁眼望着这一些真正把阴柔之美与阳刚之美融合得天衣无缝的秀丽苗条的美人松，不知道应该作何感想。美人松在风中点着头，仿佛对我微笑。

⑪ 紫藤萝瀑布

宗　璞

我不由得停住了脚步。

从未见过开得这样盛的藤萝，只见一片辉煌的淡紫色，像一条瀑布，从空中垂下，不见其发端，也不见其终极，只是深深浅浅的紫，仿佛在流动，在欢笑，在不停地生长。紫色的大条幅上，泛着点点银光，就像迸溅的水花。仔细看时，才知道那是每一朵紫花中的最浅淡的部分，在和阳光互相挑逗。

这里春红已谢，没有赏花的人群，也没有蜂围蝶阵。有的就是这一树闪光的、盛开的藤萝。花朵儿一串挨着一串，一朵接着一朵，彼此推着挤着，好不活泼热闹！

“我在开花！”它们在笑。

“我在开花！”它们嚷嚷。

每一穗花都是上面的盛开，下面的待放。颜色便上浅下深，好像那紫色沉淀下来了，沉淀在最嫩最小的花苞里。每一朵盛开的花就像是一个小小的张满了的帆，帆下带着尖底的舱。

船舱鼓鼓的，又像一个忍俊不禁的笑容，就要绽开似的。那里装的是什么仙露琼浆？我凑上去，想摘一朵。

但是我没有摘。我没有摘花的习惯。我只是伫立凝望，觉得这一条紫藤萝瀑布不只在我眼前，也在我心上缓缓流过。流着流着，它带走了这些时一直压在我心上的关于生死的疑惑，关于疾病的痛楚。我浸在这繁密的花朵的光辉中，别的一切暂时都不存在，有的只是精神的宁静和生的喜悦。

这里除了光彩，还有淡淡的芳香，香气似乎也是浅紫色的，梦幻一般轻轻地笼罩着我。忽然记起十多年前家门外也曾有过一大株紫藤萝，它依傍一株枯槐爬得很高，但花朵从来都稀落，东一穗西一串伶仃地挂在树梢，好像在察言观色，试探什么。后来索性连那稀零的花串也没有了。园中别的紫藤花架也都拆掉，改种了果树。那时的说法是，花和生活腐化有什么必然关系。我曾遗憾地想：这里再也看不见藤萝花了。

过了这么多年，藤萝又开花了，而且开得这样盛，这样密，紫色的瀑布遮住了粗壮的盘虬卧龙①般的枝干，不断地流着，流着，流向人的心底。

花和人都会遇到各种各样的不幸，但是生命的长河是无

① 盘虬卧龙：指树木枝干弯弯曲曲、苍劲有力的样子。

止境的。我抚摸了一下那小小的紫色的花舱，那里满装生命的酒酿，它张满了帆，在这闪光的花的河流上航行。它是万花中的一朵，也正是一朵一朵花，组成了万花灿烂的流动的瀑布。

在这浅紫色的光辉和浅紫色的芳香中，我不觉加快了脚步。

阅读链接

宗璞，原名冯钟璞，当代作家。生于北京，原籍河南省唐河县，著名哲学家冯友兰之女。代表作品有散文《紫藤萝瀑布》，短篇小说《红豆》《弦上的梦》，系列长篇小说《野葫芦引》（包括《南渡记》《东藏记》《西征记》《北归记》）等。《东藏记》获第六届茅盾文学奖。

⑫ 染绿的声音

徐　迅

山居的日子，是在山中一座精巧的石头房里度过的。那些天，我都被一种巨大的宁静震慑着。经过许多尘嚣侵扰的心灵，陡然回归到这旷古未有的宁静之中，而又知道周围全是绿色的森林，心里似乎也注满了一汪清涟之水，轻盈盈的，如半山塘里绽放着的一朵睡莲。

也有声音，在白天的山峦；偶尔也有人语喧哗，幽谷回鸣。空山不见人，倒使人感觉到大森林的真切和人世的烟火之气。更多的是鸟声，从黎明的晨噪到傍晚的暮啼，耳闻着那密密松林里传出的啾啾鸟鸣。还可以看见那墨点般的小鸟，如大森林的音符跳荡着、栖落着。鸟鸣常常使大森林归于虚静，它天生就是一种虚幻的精灵呢！鸟声让人着迷地听，这时听出的就是一阵阵染绿的声音。

当然有许多声音是有颜色的。如皑皑白雪，潺(chán)潺流泉，响动的就是一大片白；如春花秋菊的凋谢，细心的人也会听出它的艳红和鹅黄的色调。在大森林里，此时让我激动的不是这种颜色的声音，而是满山攒(cuán)动着的森林——那浓绿浓绿的声音了。满山密密的松林、枫树、珍珠黄杨、翠竹……树丛间刮过的风也是绿的，绿将大森林融为碧翠的一体，分不清颜色的浓淡深浅。那声音自然也不用侧耳倾听，触目皆是——大森林的宁静固然会使人坠入“前无古人，后无来者”的孤独和虚空当中。而这染了绿的声音，却让人感到一种生命的快意和心灵的悸动。黎明的时候，“山路元无雨，空翠湿人衣”。森林里露珠“扑扑”滴落的声音，在我听出的是一种轻柔而凝重的绿色；森林静静肃立，枝叶交错，在我听出的是一种茁壮生长的蓬勃的绿色；狂风呼啸，排山倒海咆哮着的松涛，在我听出的是一种悲壮和磅礴的绿色；阳光拂动滔滔无边的绿海，阳光掠去又显出一江春水，在我听出的是一种恬淡而平和的绿色。……山居无事的时候，只要静静地穿行在这无边的大森林之中，我满心的尘垢，便一下子被荡涤(dí)得无影无踪，只觉得身心惬意和愉悦，心中陡然就有层斑驳的绿爬上心壁，盈注着生命那清凉的绿意来。

作者独出心裁地将声音和颜色糅合在一起。默读文章，想象文中所描绘的情景，品味作者笔下“染了绿的声音”。

听惯了这种声音，在夜里我常常睡不着觉。拥被而坐，此时，周遭那染了绿的声音已渐渐无声无息，看很白的月光，慢慢浮上窗棂(líng)，月光里的绿色冷冷如春水荡漾着，使人感觉到那绿色的声音一定是被浓浓的月光所消融，隐翳(yì)在莽莽苍苍的大森林之中了。但这时这刻，我思想的羽翅还翩翩起伏着，希冀那染了绿色的声音出现。有风的夜晚，我看窗外的大山果然是混沌未开的一团绿色，那染了绿的松涛之声，铺天盖地地在我石屋周围，如狂飙般的春湖，惊涛拍岸，振聋发聩，让我激动得恨不得长啸……这些年，我知道我常常谛听水声，谛听鸟声，不仅是因为我对尘嚣之声异常地厌倦和唾弃，更多的是在寻找清纯的自然和人生的大自然。那是我生活须臾不可缺少的思想的源泉……若能轻轻地裹在这染了绿的声音里，心就会轻灵得像一朵绿荷，即便泊在波涛里滚动，那梦也是常常染了绿呢！

⑬ 一片树叶

［日本］东山魁夷

我经常旅行，曾经飞越北极圈，在拉普兰欣赏过夜半不落的太阳。那儿景色实在神秘，完全把人类排斥在外的荒凉旷寂的世界有一种魅力强烈地吸引着我的心。我也曾在北欧的旅途中——在波的尼亚湾海岸的芬兰的湖沼地上——描绘过白夜。那是绵延不断、一望无际的针叶林与湖泊，是人类可以居住生息的处所。

我并不喜欢描绘阒（qù）无人迹的风景，所以我的作品总是飘逸散发着人的气息的景色。然而，其中大抵是没有人物，因为我描绘的是象征着人的心灵的风景，它自身叙述着人的心声。

我喜爱古老的小镇，家家户户的墙壁都渗透着几代人的体温，人们的生活依然保留着闲逸的情趣。在德国的古都，可以看到所有的窗边都盛开着姹紫嫣红的鲜花，那是向过路人亲切问候的语言。从屋里看，花朵一律朝外，不及街上观赏的那么娇艳动人。每个窗户都结构奇巧，别具一格。

我作品的主题、随笔的内容，往往是有感于澄湛的自然和淳朴的人性而发。我经常回忆起在战后狂飙突进的时代，我却走着偏离时代潮流的另一条路。今天看来，这条路还是走对了，而且决心今后继续走下去。

因为现代文明突飞猛进的发展破坏了自然与人类、人与人之间的平衡，地球上一切物质的存在意义及其尊严迷失丢落的危险性与日俱增。不言而喻，恢复平衡感是至关重要的。而珍惜清澄的自然、淳朴的人性不正是抑制人类疯狂般疾奔迅跑的一种力量吗？！人们应当更加谦逊地对待自然与风景。在这里，出门旅行，接触大自然固然必要，兴味浓郁地体会风俗迥(jiǒng)异的人的生活亦有裨(bì)益。但我也以为，近在我们身旁，例如庭院的一株树木、一片叶子，如果潜心细腻地观察，同样可以感受到生命的根本含义。

我观望着庭院的树木，不，是凝视着枝柯上的一片树叶。这片叶子绿得莹洁可爱，在夏日阳光的照耀下熠熠闪烁，这不禁使我想起第一次看到嫩芽初吐的时节。

那是去年初冬，就在这片绿叶生长的地方，还挂着一片褐色的枯叶。当它凋零飘落，你诞生了。坚挺硬实的幼芽饱孕着青春丰润的生命力。

尽管有风欺雪凌的日子，你总是默默地等待着春天，渐渐地蕴蓄着充足的力量。一天清晨，微雨初歇，无数的珍珠散落在枝头，婷妍交辉，那是一滴一滴的雨点亲吻着稚嫩的尖芽。我感到绿意萌动膨胀起来了。春天就要来临了。

春天终于来了。细芽欢欣地绽开了笑靥(yè)。那片落叶化为腐殖质回到土壤里去了。

（陈德文　译）

阅读链接

拉普兰地区有四分之三在北极圈内，有着奇妙的极夜、极昼现象。拉普兰地区每年10月进入冬季，一直要到第二年的5月才开春，整个冬季长达七八个月。到了冬至前后，人们可以亲身感受到极夜，可以看到24小时不灭的星光；到了夏至前后，人们又可以感受到极昼，看到24小时不落的太阳。

阅读下面几篇古诗文时，先借助注释和译文初步理解诗文大意，然后再联系关键语句想一想，作者表达了对大自然怎样的思想感情。阅读关于“土地”的几篇文章，你联想到了生活中的哪些现象？你对脚下这片土地又有了什么新的感受？

1 汉江临眺①

［唐］王维

楚塞②三湘③接，荆门九派④通。
江流天地外，山色有无中。
郡邑浮前浦，波澜动远空。
襄阳好风日，留醉与山翁⑤。

注释

① 诗题一作《汉江临泛》。
② 楚塞：指古代楚国地界。
③ 三湘：说法不一。古诗文中一般泛指今洞庭湖南北、湘江流域一带。
④ 九派：九条支流。
⑤ 山翁：指晋人山简，竹林七贤之一山涛之子。他曾持节镇守襄阳。好饮酒，每饮必醉。

汉江，连接古楚地与三湘，经荆门与长江九条支流汇聚。江水浩荡，似要溢出天地；山色朦胧，群山时隐时现。城郭好似浮在水面，波涛在天际翻涌。襄阳美丽的风光，的确让人陶醉，我愿留下来，陪伴常醉的山翁。

② 西 塞 山

［唐］韦应物

势从千里奔，
直入江中断。
岚①横秋塞雄，
地束惊流②满。

注 释

① 岚：山里的雾气。
② 地束惊流：指西塞山约束（阻拦）着汹涌的急流。

西塞山从千里之外奔来，如骏马疾驰，直入江中，随即被江水截断。秋天一片雾气罩着西塞山，使其越显雄伟，由于西塞山约束（阻拦）着江水，奔腾的江水漫上了山丘。

3 不违农时[1]

［战国］孟子

不违农时，谷不可胜[2]食也；数罟(cù gǔ)[3]不入洿(wū)池[4]，鱼鳖不可胜食也；斧斤[5]以时[6]入山林，材木不可胜用也。谷与鱼鳖不可胜食，材木不可胜用，是使民养生丧死无憾也。养生丧死无憾，王道之始也。

注释

① 节选自《孟子·梁惠王上》，题目为编者所加。
② 胜：尽。
③ 数罟：网孔细密的渔网。
④ 洿池：深池，池塘。
⑤ 斤：砍刀，古代斤、斧常连称。
⑥ 以时：按一定的季节。

译文

不违背农时，粮食就吃不完；细密的渔网不入池塘，鱼鳖就吃不完；按季节砍伐树木，木材就用不完。粮食和鱼鳖吃不完，木材用不完，就会使民众的生死都没有缺憾。生死没有缺憾，是王道的开端。

④ 记先夫人不残鸟雀

［宋］苏轼

少时所居书堂前，有竹柏杂花丛生满庭，众鸟巢其上。武阳君[①]恶杀生，儿童婢仆，皆不得捕取鸟雀。数年间，皆巢于低枝，其鷇(kòu)[②]可俯而窥。又有桐花凤[③]，四五日翔集其间。此鸟羽毛至为珍异难见，而能驯扰[④]，殊不畏人。闾里间见之，以为异事。此无他，不忮(zhì)[⑤]之诚信[⑥]于异类也。

有野老言："鸟雀巢去人太远，则其子有蛇鼠狐狸鸱(chī)鸢(yuān)之忧。人既不杀，则自近人者，欲免此患也。"由是观之，异时鸟雀巢不敢近人者，以人为甚于蛇鼠之类也。"苛政猛于虎[⑦]"，信哉！

注　释

① 武阳君：苏轼母亲程氏，武阳君是其封号。
② 鷇：初生的小鸟。
③ 桐花凤：鸟名，又名幺凤，据说身有五色。
④ 驯扰：驯服。
⑤ 忮：忌恨，伤害。
⑥ 信：取信。
⑦ 苛政猛于虎：孔子的话，出自《礼记·檀弓下》。意谓横征暴敛的政治比老虎还厉害。

少年时期，我居住的书房前栽着竹子、柏树以及各种花草，丛丛簇簇，布满整个庭院，招来许多小鸟在树上筑巢。我的母亲讨厌杀生，小孩子、奴婢、仆从都不得捕捉小鸟。几年间，鸟雀都把巢筑在低枝上，里边的雏鸟，人低头就能看见。又有一种叫桐花凤的鸟，四五天就会飞来栖息在这园子里。这种鸟的羽毛，极为珍贵奇异，难以见到，这鸟能驯养，绝不惧怕人。街坊邻里见了，以为是件新鲜事。其实这并没有什么特别的地方，善良不杀生的诚心取信于鸟兽罢了。

有位乡村老人说："鸟雀筑的巢离人家太远，就担忧雏鸟被蛇、鼠、狐狸、鸮鹰和老鹰吃掉。人既然不伤害它们，它们就会主动向人靠近，以避免遭受这种祸患。"由此看来，有的时候那些鸟雀不敢靠近人家筑巢，那是因为人对它们的伤害，比起蛇鼠之类还要厉害。古人说："残暴的政治比老虎还厉害。"确实是这样啊！

⑤ 我爱这土地

艾　青

假如我是一只鸟，
我也应该用嘶哑的喉咙歌唱：
这被暴风雨所打击着的土地，
这永远汹涌着我们的悲愤的河流，
这无止息地吹刮着的激怒的风，
和那来自林间的无比温柔的黎明……
——然后我死了，
连羽毛也腐烂在土地里面。

为什么我的眼里常含泪水？
因为我对这土地爱得深沉……

作者借“鸟”的形象表达了自己决心与土地生死相依、忠贞不渝的强烈情感。

⑥ 中国的土地

刘湛秋

你可知道这块神奇的土地
埋藏着黄金般的相思，
一串串杜鹃花嫣红姹紫，
激流的三峡传来神女的叹息，
冬天从冻土层到绿色的椰子林，
蔷薇色的海浪抚爱着沙粒。

你可知道这块神奇的土地
黄皮肤、黑头发是那样美丽，
敦厚的性格像微风下的湖水，
顽强勇敢又如长江一泻千里，
挂霜的葡萄下跃动着欢乐，
坚硬的核里已绽开复兴的契机。

7 地 之 子

李广田

我是生自土中，
来自田间的，
这大地，我的母亲，
我对她有着作为人子的深情。
我爱着这地面上的沙壤，湿软软的，
我的襁褓(qiǎng bǎo)[①]；
更爱着绿茸茸的田禾、野草，
保姆的怀抱。
我愿安息在这土地上，
在这人类的田野里生长，
生长又死亡。

我在地上，
昂了首，望着天上。

① 襁褓：包裹婴儿的被子和带子。

望着白的云，

彩色的虹，

也望着碧蓝的晴空。

但我的脚却永踏着土地，

我永嗅着人间的土的气息。

我无心于住在天国里，

因为住在天国时，

便失掉了天国，

且失掉了我的母亲，这土地。

阅读链接

李广田是位来自乡村的诗人。他曾在散文集《画廊集》的题记中写道："我是一个乡下人，我爱乡间，并爱住在乡间的人们。就是现在，虽然在这座大城里住过几年了，我几乎还像一个乡下人一样生活着、思想着……"这朴实的语言显示了诗人对乡村的爱，对土地的爱。这种情感直接触发他写出了《地之子》。

8 土　地

韩少功

吃着自己种出来的瓜菜，觉得它们每一样都有来历，每一样都有故事。什么时候下的种，什么时候发的芽，什么时候开的花……往事历历在目。

虫子差点吃掉了新芽，曾让你着急。一场大雨及时解除了旱情，曾让你欣喜。转眼间，几个瓜突然膨胀了好几圈，胖娃娃一般藏在绿叶深处，不知天高地厚地大乱家规，大哭大笑又大喊大叫，必定让你惊诧莫名。

有时候，瓜藤长袖飘飞，羽化登仙，一眨眼就缘着一根电线杆攀向高高蓝天，在太阳或月亮那里开花结果，让你搬来椅子再加上梯子，仍然望天兴叹。你看见一条弯弯的丝瓜挂在电线上，像电信局悬下来一个野外的话筒：刚才是谁在这里通话而且是与谁通话？或者说这么多电话筒从瓜藤上悬下来，从土地里抛撒出来，一心想告知我们远古的秘密却从来无人接听？

你想象根系在黑暗的土地下嗞嗞嗞地伸长，真正侧耳去听，它们就屏住呼吸一声不响了。你想象枝叶在悄悄地伸腰踢腿挤眉弄眼，猛回头看，它们便各就各位一本正经若无其事了。你从不敢手指瓜果，怕它们真像邻居老吴伯说的那样一指就谢，怕它们害羞和胆怯，于是气呼呼地不再合作。总之，它们是有表情的，有语言的，是你生活的一部分，最后来到餐桌上，进入你的口腔，成为你身体的一部分。这几乎不是吃饭，而是游子归家，是你与你自己久别后的团聚，也是你与土地一次交流的结束。

你会突然想起以前在都市菜市场里买来的那些瓜菜，干净、整齐而且陌生，就像兑换它们的钞票一样陌生。它们也是瓜菜，但它们对于享用者来说是一些没有过程的结果，就像没有爱情的婚姻，没有学习的毕业，于是能塞饱你的肚子却不能进入你的大脑，无法填注你感情的空空荡荡。难怪都市里的很多孩子都不认识瓜菜了,鸡蛋似乎是冰箱生出来的，白菜似乎是超级市场里长出来的,看见松树就说是“圣诞树”，看见鸭子就说是“唐老鸭”。在一个工业化和商品化的时代，人们正在越来越远离土地上的过程，这真是让人遗憾。

什么是生命呢？什么是人呢？人不能吃钢铁和水泥，更不能吃钞票，而只能通过植物和动物构成的食品，只能通过土地上的种植与养殖，与大自然进行能量的交流和置换。这就是最基本的生存，就是农业的意义，是人们在任何时候都只能以土地为母的原因。英文中 culture 指文化与文明，也指种植和养殖，显示出农业在往日文化与文明中的至尊身份和核心地位。那时候的人其实比我们洞明。总有一天，在工业化和商品化的大潮激荡之处，人们终究会猛醒过来，终究会明白绿遍天涯的大地仍是我们的生命之源，比任何东西都重要得多。

那才是人类 culture 又一次伟大的苏醒。

日积月累

陶者

［宋］梅尧臣

陶尽门前土，屋上无片瓦。
十指不沾泥，鳞鳞居大厦。

9 土地的誓言

端木蕻良

对于广大的关东原野，我心里怀着挚痛的热爱。我无时无刻不听见她呼唤我的名字，我无时无刻不听见她召唤我回去。我有时把手放在胸膛上，我知道我的心是跳跃的。我的心还在喷涌着血液吧，因为我常常感到它在泛滥着一种热情。当我躺在土地上的时候，当我仰望天上的星，手里握着一把沙泥的时候，或者当我回想起儿时的记忆的时候，我想起那参天碧绿的白桦林，标直漂亮地在原野里呻吟；我看见奔流似的马群，蒙古狗深夜的嗥鸣，皮鞭滚落在山涧里的脆响，我想起红布似的高粱，金黄的豆粒，黑色的土，红玉的脸，黑玉的眼睛，斑斓的山雕，奔驰的鹿，带着松香气味的煤，带着赤色的足金；我想起幽远的车铃，晴天里马儿带着串铃在溜直的大道上跑着，狐仙姑深夜的谰(lán)语[①]，原野上怪诞的狂风……这时我听到故乡在召唤我，故乡有一种声音在召唤着

① 谰语：指妄语，没有根据的话。

我，她低低地呼唤我的名字，声音是那样的低，那样的急切，使我不得不回去。我总是被这声音所缠绕，不管我走到哪里，或者我睡得沉沉，或者在我睡梦中突然惊醒的时候，我突然记起是我应该回去的时候了，我必须回去，我从来没想离开过她。这种声音是不可阻止的，这是不能选择的，只能爱的。这种声音已经和我们的心取得了永远的沟通。当我记起了故乡的时候，我便能看见那大地的里层，在翻滚着一种红熟的浆液，这声音便是从那里来的，在那亘古的地层里，有着一股燃烧的洪流，像我的心喷涌着血液一样，这个我知道的，我常常把手放在大地上的时候，我会感到她在跳跃，和我的心的跳跃是一样的。它们从来没有停息，它们的热血一直在流，在热情的默契里它们彼此呼唤着，终有一天它们要汇合在一起。

土地是我的母亲，我的每寸皮肤，都有着土粒，我的手掌一接近土地，我的心便平静。我是土地的族系，我不能离开她。在故乡的土地上，我印下我无数的脚印，在那田垄里埋葬过我的欢笑，我在那稻棵上捉过蚱蜢，那沉重的镐(gǎo)头上有我的手印。我吃过我自己种的白菜。故乡的土壤是香的。在春天，东风吹起的时候，土壤的香气，便在田野里飘起。河流浅浅地流过，柳条像一阵烟雨似的窜出来，空气里都有一种欢喜的声音。原野到处有一种鸣叫，像魔术似的天气清亮到透明，劳动的声音从这头响到那头。到秋天，银线似的蛛丝，在牛角上挂着，粮车拉粮回来了，麻雀吃粮，这个那个到处飞，禾稻的香气是强烈的，碾着新谷的场院辘辘地响着，多么美丽，多么丰饶……没有人能够忘记她。神话似的丰饶，不可信的美丽。我必定为她而战斗到底。土地，原野，我的家乡，你必须被解放，你必须站立。夜夜我听见马蹄奔驰的声音，草原的儿子在黎明的天边呼啸。这时我起来，找寻天空上的北方的大熊，在它金色的光芒之下，是我的家乡。我向那边注视着，注视着，直到天将破晓。我永不能忘记，因为我答应过她，我要回到她的身边，我答应过她一定回去。为了她，我愿做任何事，我必须看见一个更好看更美丽的故乡出现在我的面前——或者我的坟前，而我用我的泪水，洗去她一切的污秽和耻辱。

⑩ 土地随笔

高洪波

世界上最常见又最易为人所忽视的，大概就是土地。

我们的生命源于土地，最后又回归的还是土地。土地滋生万物，以绿色的庄稼、肥壮的牛羊、鲜美的水果，为我们提供生命的养分。土地又托住道路，承受高楼大厦的重压，让我们从这里到那里奔波走动，困乏时拥有一席安眠之处。土地在养育我们的同时，又荫护我们，帮助我们。

土地恩德无量。

土地上有山川河流，土地下有矿物宝藏。山川河流是土地的另一种存在方式，山是立体凝固的土地，河是液体流动的土地，山河之间是我们自己。

我们对得住土地的恩德吗？

土地对于农民，是命根子。“三十亩地一头牛，老婆孩子热炕头”，虽然境界不高，但你不能否认这种生活理想所显示的温馨魅力。

土地对于国王，意义尤其重大。不是有“普天之下，莫非王土”的话吗？昔日晋国公子重耳流亡时，曾被农人掷以土块，他大怒。旁边一位聪明的随员解释，说这是天赐土地给您，预示着要拥有晋国的国土。国土与王位，在这里是同义语，等值。流亡的公子重耳转怒为喜，答谢了掷土块的并非友善的农夫。

土地就这样浓缩为一方小小的土块，一掷之下，被掷入了中国的史册之中。

曾听说过“寸土寸金”之说，以金为交换单位的，除了土地之外，我只听说过“一寸光阴一寸金”，别的珠宝珍玩虽数量众多，但都不具备与土地、时光交换的资格。光阴是流动的抽象，土地是沉实的具体，相比之下，土地更胜一筹。

“寸土寸金”不光说的是上海南京路、北京王府井的商业地段，尽管这些地段的商业价值远胜于“寸土寸金”，这里面还包含着领土的神圣与不可侵犯的意蕴。“我们生长在这里，每一寸土地都是我们自己的，无论谁要强占去，我们就和他拼到底！”这是一段鼓舞过中华民族奋起抗争的著名歌词，将极辽阔的国土以方寸的尺度计较，只因土地是一个民族必然利益的所在，这毫无商量的余地。

所以香港才要收回，珍宝岛才浴血一战，老山与者阴山才留下热血与豪情。

为祖国而战，祖国的具体体现不就是国土吗？！

土地是一种资源，但是一种不能再生的资源。土地变成土坯、砖瓦，再变成房屋，百年后或许又还原成土地；土地若变成水泥钢筋的大厦，变成坚固无比的坟茔、墓穴，再复原为绿草茵茵的土地,已是一种现代神话——所以珍惜土地，珍惜的也是我们自己的生存环境。热爱土地，一如诗人艾青宣称的爱到双眼饱含泪水的地步，才有可能让土地宽容和接纳我们。

我们毕竟来源于土地，忘了这一点，才是最大的忘本。

阅读链接

晋文公，名重耳。春秋时晋国国君，公元前636—前628年在位。晋文公初为公子时，谦虚而好学，善于结交有才能的人。在位期间，晋文公实行通商宽农、明贤良、赏功劳等政策，使晋国国力大增，他也成为春秋五霸之一。

11 土　地①

秦　牧

作者在文中联想深远，由土地联想到了历史上的许多的人物和事迹。阅读时，跟随作者的思路，感受他对这片土地深沉的爱。

我们生活在一个开辟人类新历史的光辉时代。在这样的时代，人们对许许多多的自然景物也都产生了新的联想、新的感情。不是有无数人在讴歌那光芒四射的朝阳、四季常青的松柏、庄严屹立的山峰、澎湃翻腾的海洋吗？不是有好些人在赞美挺拔的白杨、明亮的灯火、奔驰的列车、崭新的日历吗？睹物思人，这些东西引起人们多少丰富和充满感情的想象！

这里我想来谈谈大地，谈谈泥土。

当你坐在飞机上，看着我们无边无际的像覆盖上一张绿色地毯的大地的时候；当你坐在汽车上，倚着车窗看万里平畴的时候；或者，在农村里，看到一个老农捏起一把泥土，

① 选入本书时有改动。

仔细端详，想鉴定它究竟适宜于种植什么谷物和蔬菜的时候；或者，当你自己随着大伙在田里插秧，黑油油的泥土吱吱地冒出脚缝的时候，不知道你曾否为土地涌现过许许多多的遐想。想起它的过去，它的未来，想起世世代代的劳动人民为要成为土地的主人，怎样斗争和流血，想起在绵长的历史中，我们每一块土地上面曾经出现过的人物和事迹，他们的苦难、愤恨、希望、期待的心情。

有时，望着莽莽苍苍的大地，我骑着思想的野马奔驰到很远很远的地方，然后，才又收住缰绳，缓步回到眼前灿烂的现实中来。

我想起了二千六百多年前北方平原上的一幕情景。

一队亡命贵族，在黄土平原上仆仆奔驰。他们虽然仗剑驾车，然而看得出来，他们疲倦极了，饥饿极了。他们用搜索的眼光望着田野，然而骄阳在上，田垄间麦苗稀疏，哪里有什么可吃的东西！一个农民正在田里除草。那流亡队伍中一个王子模样的人物，走下车子来，尽量客气地向农民请求着："求你给我们弄点吃的东西吧！你总得要帮忙才好，我们已经好几天没有吃的了。"衣不蔽体、家里正在愁吃愁穿的农民望了这群不知稼穑(sè)①艰难的人一眼，一句话也没说，从

① 稼穑：种植和收割，泛指农业劳动。

田地里捧起一大块泥土，送到王子模样的人物面前，压抑着悲愤说：“这个给你吧！”王子模样的人显然被激怒了，他转身到车上取下马鞭，怒气冲冲地想逞一下威风，鞭打那个胆敢冒犯他的尊严的农民。但是一个上了年纪的、大臣模样的人物上前去劝阻住了：“这是土地，上天赐给我们的，可不正是我们的好征兆吗！”于是，一幕怪剧出现了，那王子模样的人突然跪下地来，叩头谢过上苍，然后郑重地捧起土块，放到车上，一行人又策马前进了。辘辘大车过处卷起了漫天尘土……

这是《左传》记载下来的春秋时代晋国公子重耳在亡命途中发生的故事。

为什么会发生这样奇怪的事情？除了因为这群贵族是在亡命途中，不得不压抑着威风外，还有一个原因是在他们心目中，土地代表着上天不可思议的赏赐，代表了财富和权力。他们知道，只要掌握了土地的所有权，就可以永不休止地榨取农民的血汗。

古代中国皇帝把疆土封赠给公侯时，就有这么一个仪式：皇帝站在地坛上，取起一块泥土来，用茅草包了，递给被封的人。当殖民主义强盗还处在壮年时期，他们大肆杀戮(lù)太平洋各个岛屿上的土人，强迫他们投降，有一种被规定的投降仪式，就是要土人们跪在地上，用沙土撒到头顶。许许多多地方的部落，为了不愿跪着把神圣的泥土撒上天灵盖，就成批成批地被杀戮了。

啊！这宝贵的土地！不事稼穑的剥削阶级只知道想方设法地掠夺它，把它作为榨取劳动者血汗的工具。亲自在上面播种五谷的劳动者，才真正对它具有强烈的感情，把它当作命根子，把它比喻成哺育自己的母亲。谈到这里，我想起了好些令人掀动感情波澜的事情。几个世纪以来，那些当年被迫得走投无路的破产的中国农民,漂流到海外去谋生的当儿，身上就常常怀着一撮(cuō)家乡的泥土。那时，闽粤沿海港口上，一艘艘用白粉髹(xiū)腹，用朱砂油头，头部两旁画上两个鱼眼睛似的小圈的红头船，乘着信风，把一批批失掉了土地的农民送到海外各地。当时离乡别井的人们，都习惯在远行之前，从井里取出一撮泥土，珍重地包藏在身边。他们把这撮泥土叫作“乡井土”。直到现在，海外华侨的床头箱里，还有人藏着这样的乡井土！试想想，在一撮撮看似平凡的泥土里，寄托了人们多少丰富深厚的感情！

作者把“乡井土”描写得很细致，很感人。文中类似的细节描写还有很多，找一找，体会这样写的好处。

过去，多少劳动者为了土地而进行了连绵不断的悲壮斗争！当外国侵略者犯境的时候，又有多少英雄义士为保卫它而英勇地献出了生命！在我国福建沿海地方，历史上就流传着许多可歌可泣的保卫土地的抗敌爱国故事。在明末御倭和抗清的浪潮中，那里曾经进行过保卫每一寸土地的激烈斗争。有的地方，妇女的发髻上流行着插上三支短剑似的装饰品，那是明代妇女准备星夜和突然来袭的倭寇搏斗的装束的遗迹。有的地方，从前曾经流行过成人死后入殓时在面部盖上白布的风俗，那是明朝遗民羞见先人于地下、一种激励后代的葬仪。这些风俗，多么沉痛，多么壮烈！在我国的湛江地方，有一座桥梁被命名为“寸金桥”，就寓有“一寸土地一寸金”的意思，这是用来纪念当年抵抗帝国主义侵略的民族英雄们的。土地的长度和面积计算单位可以用丈，用公里，用亩，用公顷，然而在含有国土的意义的时候，它的计算单位应该用一寸、一撮来衡量。因为它代表一个国家的主权，一寸土都决不容侵犯，一撮土都是珍宝。

今天，在世界范围内，许许多多被殖民者奴役着的地方，也正在进行着驱逐侵略者、保卫国土的斗争。啊！一寸土，一撮土，在这种场合意义是多么神圣！

提到了一寸土这几个字，我又禁不住想到一些岛屿上的人民战士。登上那些岛屿，你会更深刻地认识到“一寸土”的严肃意义。我到过一个小岛，那岛屿很小。然而，岛上的生活却是多么沸腾啊！这里的海滩、天空、海面，决不容许任何侵略者窥探和侵入一步，人民的子弟兵日夜守着大炮阵地，从望远镜里、从炮镜里观测着海洋上的任何动静。这些岛屿像大陆的眼睛，这些战士又像是岛屿的眼睛。不论是在月白风清还是九级风浪的夜里，他们都全神贯注地盯着宽阔的海域。不仅这样，他们还把小岛建成花园一样美丽。本来是蛇虫蜿蜒、荆榛遍地的荒凉小岛，经过他们付出艰苦劳动，在上面建起了坚固的营房，辟出了林荫大道，又从祖国各地要来了花种，广植着笑脸迎人的各种花卉和鲜嫩的蔬菜；还建起畜牧栏，竖起鸽棚；又从海里摸出了石花，堆成小岛的美术图案。看到这些，不禁令人想到，我们所有的土地，一个个的岛屿，一寸寸的土壤，都在英雄们的守卫和汗水灌溉之下，迅速地改变面貌了。

在我们看来很平凡的一块块的田野，实际上都有过极不平凡的经历。在几十万年之间，人类在这上面追逐着野兽，放牧着牛羊，捡拾着野果，播种着五谷，那时候人们匍匐在大自然的威力之下，风雨雷霆，电光野火，都曾经使他们畏惧战栗。几十万年过去了，人类进入了阶级社会，一片片的土地像被戴上了镣铐似的，多少世代的农民，在大地上流尽了血汗，却挣不上温饱。有多少人在这一片片土地上面仰天叹息，椎心痛恨！又有多少人揭竿起义，画着眉毛，扎着头巾参加战斗，把压迫他们的贵族豪强杀死在这些土地上面。到了近代，又有多少仁人志士为了从封建地主阶级手里把土地夺回来，和帝国主义的军队、剥削者的军队在这上面鏖战过。二十世纪二十年代以来，中国共产党领导全国人民进行了革命斗争，打垮了反动统治者，推翻了剥削制度，进行了土地改革，土地的镣铐才被彻底打碎，劳动人民才真正成了土地的主人。我们热爱土地，我们正在豪迈地改造着土地，使它变成一片锦绣。当你这么思索的时候，大地上的红土黑土，黄土白土，仿佛都变成感情丰富的东西了，它们就像古代神话中的“息壤”似的，正在不断变化，不断成长，就像具有生命一样。

几千年来披枷带锁的土地，一旦回到人民手里，变化是多么神速啊！你试展开一幅地图，思索一下各地的变化，该有多么惊人。沙漠开始出现了绿洲，不毛之地长出了庄稼，濯(zhuó)濯童山披上了锦裳，水库和运河像闪亮的镜子和一条条衣带一样缀满山谷和原野。有一次我从凌空直上的飞机的舷窗里俯瞰珠江三角洲，当时苍穹明净，我望了下去，真禁不住喝彩，珠江三角洲壮观秀丽得几乎难以形容。水网和湖泊熠熠发光，大地竟像是一幅碧绿的天鹅绒，公路好似刀切一样的笔直，一丘丘的田野又赛似棋盘般整齐。嘿！千百年前的人们，以为天上有什么神仙奇迹，其实真正的奇迹却在今天的大地上。劳动者的力量把大地改变得多美！一个巧手姑娘所绣的只是一小幅花巾，广大劳动者却以大地为巾，把本来丑陋难看的地面变得像苏绣广绣般美丽了。

你也许在火车上看过迅速掠过的美丽的大地，也许参加过几万人挑灯修筑水电站大坝的工程，在那种场合，千千万万人仿佛变成了一个挥动着巨臂的巨人，正在做着开天辟地的工作。在华南，有些隔离大陆的岛屿给筑起了一条堤坝，和大陆连起来了；有些小山被填到海里，大海涌出陆地来了；干旱的雷州半岛被开出了一条比苏伊士运河还要长的运河；潮汕平原上的土地被整理成棋格一样齐整。我们时代的人既以一寸寸的土地为单位在精细工作着，又以一千里、一万里，更确切来说，又以九百多万平方千米土地作为一个整体来规划和工作着。这十几年来，同是千万年世代相传的大地上，长出了多少崭新的植物品种啊！每逢看到欣欣向荣的庄稼，看到刚犁好的涌着泥浪的肥沃土地，我的心头就涌起像《红旗歌谣》中的民歌所描写的——“沙果笑得红了脸，西瓜笑得如蜜甜，花儿笑得分了瓣，豌豆笑得鼓鼓圆”这一类带着泥土、露水、草叶、鲜花香味的大地的情景。让我们对土地激发起更强烈的感情吧！因为大地母亲的镣铐解除了，现在就看我们怎样为哺育我们的大地母亲好好工作了。

事实上，无数的人也正在一天天地发展着这样的感情，你可以从细小或者巨大的场面中觉察到这一切。你看过公社干部率领着一群老农在巡田的情景吗？他们拿着一根软尺，到处量着，计算着一块块土地的水稻穗数。不管是不是自己管理的，看到任何一丘田里面的一根稗草都要涉水下去把它拔掉。你看过农村中的青年技术员在改变土壤的场面吗？有时他们把几千年未曾见过天日的沃土底下的砾土都翻动了，或者深夜焚起篝火烧土,要使一处处的土地都变得膏腴起来。

几万人围在一片土地上建筑堤坝，几千人举着红旗浩浩荡荡上山的情景尤其动人心魄。那呐喊，那笑声，尤其是那一对对灼热的眼睛！虽然在紧张的劳动中大家都少说话了，但是那眼光仿佛在诉说着一切：“干啊干啊，向土地夺宝，把我们所有的土地都利用起来。一定要用我们这一代人的双手，搬掉落后和穷困这两座大山！”有时这些声音寄托于劳动号子，寄托于车队奔驰之中，仿佛令人感到战鼓和进军号的撼人的气魄……

让我们捧起一把泥土来仔细端详吧！这是我们的土地啊！怎样保卫每一寸土地呢？怎样使每一寸土地都发挥它巨大的潜力，一天天更加美好起来呢？党正在领导和率领着我们前进。青春的大地也好像发出巨大的声音，要求每一个中国人民都作出回答。

日积月累

田间管理如绣花，功夫越细越到家。

耕地过冬，虫死土松。

春耕不肯忙，秋后脸饿黄。

冬天麦盖三层被，来年枕着馒头睡。

《地心游记》

［法国］儒勒·凡尔纳

“领导人类前进的，是科学；领导科学前进的，是幻想。科幻小说，既是科学的花朵，又是天马的丝缰。”《地心游记》就是一部充满传奇色彩的科幻小说，文章从破解密码开始，先声夺人，随后内容更加引人入胜。阅读此书，就像跟主人公一起到地心游历了一番。

作者把一个个紧张的情节完美衔接在一起，每一个故事，每一个情景，都会给读者不一样的感受。

作者简介

儒勒·凡尔纳（1828—1905），19 世纪法国著名的科幻小说和探险小说作家，被誉为“现代科学幻想小说之父”。1863 年出版了他的第一部小说《气球上的五星期》，获得巨大成功。他一生出版了多部长篇小说，代表作是三部曲《格兰特船长的儿女》《海底两万里》《神秘岛》。

内容梗概

1863 年 5 月 24 日，里登布洛克教授在一本古老的书里偶然发现一张羊皮纸，他从这张羊皮纸的字里行间得到了启示：前人阿尔纳·萨科努塞姆曾到地心旅行。里登布洛克教授决定也作同样的旅行。他在 1863 年 5 月 27 日带了侄子阿克赛尔以及足够的粮食、仪器和武器等，由汉堡出发，到了冰岛又请一位向导汉斯随行。他们三人按照前人的指行，由冰岛的斯奈菲尔火山口下降，经过三个月的旅行，历尽千辛万苦，最后由于岩流的冲击，又从地中海里面西西里北部的斯多伦波利岛上的一个火山口回到了地面。

没错，罗盘的指针发疯似的乱动着！它在剧烈地摇摆着，像患上眩晕症似的，一跳一跳的，把罗盘表面的各个点都跳到了，还没完没了地在继续跳动着。

根据公认的理论，地球的磁力层从不是完全静止的；地球内部物质的分解、潮起潮落以及磁场作用，都能造成磁力层的变化和不停的震动，只不过这一切居住在地球表面的生物感觉不到而已。因此，对于罗盘指针的这种疯狂状况，我并不觉得可怕，至少没有因此而产生恐惧的想法。

然而，很快又出现的其他一些特别的情况，让我不敢掉以轻心：爆炸声越来越频繁，且越来越响亮，那声响和马车疾驶在石板路上所发出的声音一样。这是持续不断的雷鸣。

受到雷电影响的罗盘指针更加疯狂地在晃动，这更加证实了我的判断。磁力层可能会出现断裂，花岗岩块可能会合拢，裂缝可能会合并严实，空隙可能会被堵死，我们这几个可怜分分的微生物肯定就会被挤扁压碎的。

“叔叔！叔叔！”我大声喊道，“我们完了！”

“又怎么了？”叔叔十分平静地回答道，“出什么事了？”

“怎么了？您瞧呀！石壁在抖动，石块在断裂，温度灼热，水在沸腾，蒸汽在聚集，罗盘指针在疯狂跳动，这是地震的前兆呀！”

叔叔轻轻地摇了摇头。

“地震？”他不信地说。

“是呀。”

“你想错了，孩子。”

“怎么？您难道看不出这些征兆……”

“是地震前的征兆？不，我想比地震要好些。”

“您这是什么意思？”

“是火山爆发，阿克赛尔。”

“火山爆发！”我惊呼道，“那我们现在是不是在火山管里呀？”

“我想是的，”叔叔微笑着说，“这对我们来说可是一件大好事啊！”

大好事？叔叔是不是神经出了毛病？他这话是什么意思呀？他为什么这么镇静，而且还面带微笑？

“什么？”我惊惧道，“我们真的碰上火山爆发了？命运真的把我们给抛到炽热的岩浆、滚烫的岩石、沸腾的海水和所有火山喷发物的必经之路上了？我们将随着岩石块、火山灰、岩渣雨，在火焰中被推来抛去，被喷射到空中，这是大好的事？”

“是的，”叔叔透过眼镜上方看着我说，“这是我们回到地面的唯一机会！”

我脑海中浮现着成百上千种各式各样的想法。最后，我觉得还是叔叔说得对，完全正确。他正在镇定地预期着、计算着火山爆发的可能性。我觉得自己还从未见过叔叔像现在这样坚定沉着，信心满怀。

我们仍然在继续往上升，而且都这么往上升了整整一夜了。周围的爆裂声更加响亮；我几乎喘不上气来，憋闷得厉害，感觉到生命仿佛就要止息了。不过，人真的是很奇怪，这种时刻，我竟然在搜索自己的童年往事。可我又无力摆脱这种浮想联翩，只好任由自己的思想去自由驰骋。

显然，我们是因火山爆发的推力而被推着往上升的。木筏下面是沸腾的水，而水的下面则是混杂着石块的岩浆。岩浆流到火山口，就会向四下里喷射而出。可以肯定，我们正在火山管里。

然而，我们此次可不是置身于斯奈菲尔死火山中，而是处于一座正在发威的活火山里。因此，我便不由得猜想着我们这是在哪一座火山里，我们将会被喷射到什么地方去。

毋庸置疑，我们肯定是被喷射到北方地区。罗盘指针在疯狂晃动之前,是一直在指着北的。自打离开萨克努塞姆海角，我们已经往北走了上百英里了。我们此刻是不是已经回到冰岛的地底下了？我们将会被赫克拉火山喷射出来，抑或是被该岛的另外七座火山中的一座给喷射出来？在这个纬度上，我只知道西面的美洲大陆西北岸有一些不知名的火山，而东面则只有一座名为埃斯克的火山，位于北纬九十度的让·麦扬岛，离斯匹兹堡不太远。说实在的，这一带火山很多，一支庞大的军队都能被喷射出来。可我们究竟会被哪一座火山给喷射出来呢？我脑子里就一直在这样胡思乱想。

黎明时分，我们的上升速度明显在加快。在接近地面时，气温非但没有下降，反而在继续升高。这是火山的影响使然。至于我们因何会往上升，是什么力量在推动我们，这我已经非常清楚了：这股有好几个大气压的巨大推力是积聚在地下的水蒸气产生的。然而，这股巨大的力量也使我们面临着许许多多的危险。

很快，垂直的火山管逐渐变得又宽又阔，里面迅速出现黄褐色的反光。我看到管道两边有许多很深很深的坑道，如同一根根巨型管子，在往外喷射浓浓的水蒸气。而且有火舌在舔着坑道的侧壁，发出噼噼啪啪的声响。

“你快看，你快看，叔叔！”

“嗯，那都是含有硫黄的火焰。火山爆发时，自然会出现这种情况。”

“可是，这火焰如果聚在一起，把我们包围住，那可如何是好呀？”

“不会出现这种情况的。”

“即使不被包围住，也可能让我们窒息而死呀！”

“不会的。火山管在逐渐变得宽阔起来，万不得已，我们也可以弃木筏而钻到裂缝中去躲躲的。”

“那还有水呢！水还在继续往上涨！”

“已经没有水了，阿克赛尔，有的只是一种黏稠的岩浆，它在上升的同时，也把我们给推上火山管的出口了。”

水确实是没有了，被黏稠而沸腾的火山喷发物所取代。气温高得灼人，难以忍受，如果用温度计去测试一下，肯定达到七十多摄氏度！我已汗流浃背，幸好上升的速度很快，否则必被闷死无疑。

不过，叔叔并没有像刚才所说的那样，弃木筏而躲避，他这么做是对的。那几根胡乱捆扎在一起的树干为我们提供了一个宽大而平坦的坚实立足点。

将近上午8点光景，一个新的意外出现了。我们骤然间停止了上升，木筏一动不动地停住了。

“怎么了？”这骤然一停，我差点儿被摇晃得倒下，不禁惊讶地问道。

“暂时停止上升了。”叔叔回答道。

“是火山终止爆发了？”

“但愿没有。”

我站稳了，往四下里望去。也许是木筏突然被突出的岩石卡住了，所以暂时扛住了火山喷发物往上的强大推力。如果真的如此，那就得赶快想法让木筏从卡住的地方挪出来。

然而，情况并非如此，是火山灰、岩渣和碎石本身停止了上升。

“是火山爆发停止了吧？”我忙问道。

“嗨，别担心，孩子，”叔叔咬紧牙关说道，“这种平静只不过是暂时的，已经延续了有五分钟了，马上就又会继续往火山口升上去的。”

叔叔边说边不住地看计时器。这次，他的判断又被证明是正确的。不一会儿，木筏又开始不规则地快速往上升去。

大约往上升了有两分钟的工夫，就又停了下来。

“嗯，”叔叔看了看计时器说，“用不了十分钟，它又会往上升的。”

“十分钟？”

“是呀。这是一种间歇火山。它是在让我们同它一起喘口气，歇歇脚。”

叔叔简直是金口玉言。到了他估计的时间，我们又在以极快的速度往上升去。速度太快，必须紧紧抓住树干，否则肯定会被甩出去的。随后，上升再一次停止了。

对于这种奇怪现象，我琢磨了很久也没太弄明白。不过，我觉得有一点是很明显的，我们所在的坑道并不是主要的喷发管，而是一个靠近它的次喷发管，因此才受到主喷发管的影响，被推力向上推去。

这种升升停停的情况到底重复了有多少次，我说不清。反正，我知道每次重新往上升时，推力都在增大，我们则变成了货真价实的喷发物，被往上喷射着。每当木筏停止上升，我们就立刻感到憋闷得受不了；可是，在快速上升时，空气炽热，我们也同样是喘不上气来。我梦想着此刻身在北极严寒地带，零下三十多摄氏度，那就太美了！我在这么梦想着的时候，脑海中就出现了北极的冰天雪地，真想在那上面又跳又蹦又打滚！可是，这种反复的骤停，让我每次都被狠撞一下，脑袋被震得快要裂开来了。幸亏汉斯总在关键时刻用他那有力的大手将我拉住，否则我的脑袋早在花岗岩石壁上撞开花了！

因此，对这之后的几个小时里所发生的事情，我记得并不清楚。我只是模模糊糊地感到爆炸声不断，岩石一个劲儿地在颤动，木筏在旋转着。在那如雨一般纷纷落下的火山灰里，木筏随着岩浆的波浪忽上忽下地一起一伏，周围满是呼呼叫着的火焰。波浪扇起风来，把这地下火焰吹得越来越旺。汉斯的面庞最后一次映照在火光之中，我看着感到心里发毛，我感到他就像是一个被绑在炮口的罪犯似的，炮声一响，他的身体就将在空中四分五裂，不见了踪影。

（选自《地心游记》第四十三章，陈筱卿译）

科幻小说的故事情节新颖有趣，层层递进，引人入胜。在阅读时，关注故事情节，更有利于我们理解人物性格和把握小说主题。

文中多处细节描写使主人公里登布洛克教授和阿克赛尔的形象丰满起来。阅读时，可以动笔圈画文中的细节描写，并细细品味，感受作者行文的艺术。

活动一　“地心”惊险旅程

里登布洛克教授和阿克赛尔的地心之旅充满了惊险。他们依次遇到了哪些困难？阅读时利用提示，留心观察，将答案写在下面的圆圈里吧。

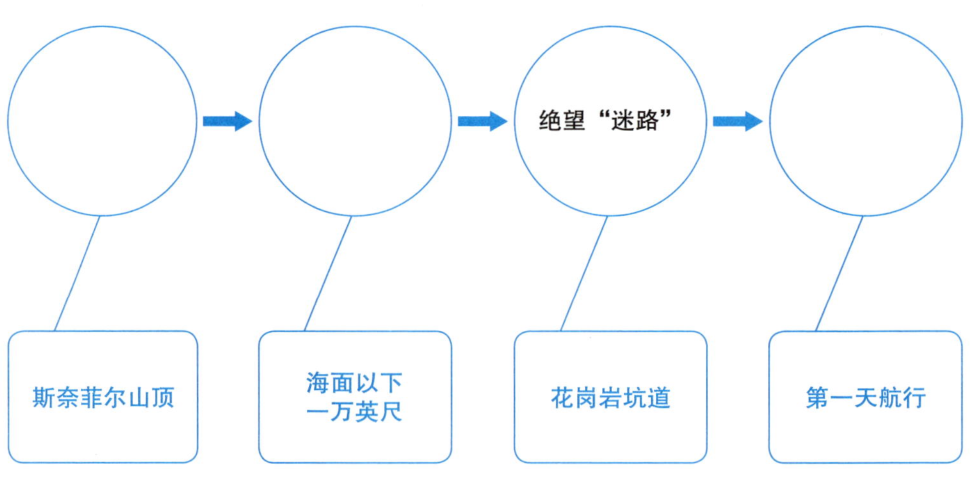

活动二　假如我是阿克赛尔

因为“我”将羊皮纸的秘密告诉了叔叔，这趟极具危险的地心之旅才得以启程。读完后思考：如果你是阿克赛尔，是否会后悔当初的决定？请写出你的理由。

活动三　人物访谈

书中人物经历了这样一场惊心动魄的旅行，如果你是《科幻报》的记者，你最想与谁对话？请列出采访提纲。

采访提纲

敬 启

为编好这本书，我们与收入本书的作品（含图片）作者进行了广泛联系，得到了各位作者的大力支持。在此，我们表示衷心的感谢。但是，由于个别作者地址不详，虽经多方努力，仍无法取得联系。敬请各位有著作权的作者尽快与我们联系，以便我们支付稿酬，并致谢忱！

我们还要感谢使用本书的师生们。希望你们在使用本书的过程中，能够及时把意见和建议反馈给我们，对此，我们深表谢意，并将给予一定奖励。让我们携起手来，共同完成本书的建设工作。

联 系 人：梁老师　张老师

联系电话：010-58022100

联系邮箱：ztxx2008@sina.com

网　　址：http://www.ywztxx.com

地　　址：北京市海淀区知春路7号致真大厦A座18层

图书在版编目（CIP）数据

守卫精神家园 / 孙玉亮主编. — 上海：上海教育出版社，2021.6

ISBN 978-7-5720-0813-9

Ⅰ. ①守… Ⅱ. ①孙… Ⅲ. ①阅读课—小学—教学参考资料 Ⅳ. ①G624.233

中国版本图书馆CIP数据核字（2021）第142043号

责任编辑　余佳家　李光卫
封面设计　陈丽娟　王艺霖
著作权人　北京华樾教育科技有限公司

守卫精神家园

孙玉亮　主编

出版发行　上海教育出版社有限公司
官　　网　www.seph.com.cn
地　　址　上海市永福路 123 号
邮　　编　200031
印　　刷　河北泓景印刷有限公司
开　　本　720 × 1010　1/16　印张 63
字　　数　700千字
版　　次　2021年8月第1版
印　　次　2021年8月第1次印刷
书　　号　ISBN 978-7-5720-0813-9/G · 0629
定　　价　268.00元

如发现质量问题，请向本社调换　　电话 021-64377165

名家寄语

学习语文，不能只读语文课本，还必须广泛阅读。

广泛阅读，可以提高阅读理解力；

广泛阅读，可以丰富知识，开阔视野；

广泛阅读，可以提升思维力、鉴赏力；

广泛阅读，可以促进人的精神成长。

新编的“语文主题学习”读本，包括古诗文经典诵读、优秀作品专题阅读和整本书阅读，是落实课内外阅读一体化的优质资源。

捧起这套读本读起来，你会越来越享受阅读，你的一生一定会因为阅读而精彩！

崔峦

用阅读滋养你的心灵，
让你变得聪明善良，胸怀宽广，更富想象力和创造力。

[illegible]

发现美，学会爱，表达自己。
在阅读和写作中不断进步！

王一梅

阅讀是開啓美好人生的鑰匙

趙麗宏 庚子九月

为自己读书
为美好读书

肖复兴 庚子岁末

读经典的书
做优秀的人

[illegible]

幻想，从现实起飞

刘兴诗

目录

经典诵读

专题阅读

范文阅读

组文阅读

自由阅读一

自由阅读二

整本书阅读

经典诵读

“高山流水觅知音”，多少情操高洁的艺术家通过艺术寻觅到了一生的知音。他们有共同的志趣和追求，他们彼此关怀，心灵相通，这也是艺术的魅力所在。

快来读读这组古诗文吧，边读边想象诗文中描述的情境，看看哪些人或事给你留下了深刻的印象，想一想你从中得到了哪些启示。

扫码收听朗诵音频

① 赠花卿

［唐］杜甫

锦（jǐn）城①丝管②日纷纷③，
半入江风半入云。
此曲只应天上④有，
人间能得几回闻？

注释

① 锦城：锦官城，指成都。
② 丝管：弦乐器和管乐器，这里借指音乐。
③ 纷纷：繁多而纷乱。
④ 天上：一语双关，表面上指天上的宫殿，实指皇宫。

译文

锦官城里，音乐天天响起，乐声或随江风播于四方，或飘入云霄，直上九天。这样美妙的乐曲只应在天宫才有啊，人世间能听到几回？

扫码收听朗诵音频

② 夜　筝[①]

［唐］白居易

紫袖红弦[②]明月中[③]，

自弹自感[④]暗低容[⑤]。

弦凝指咽[⑥]声停处，

别有深情一万重。

注释

① 夜筝：夜晚弹筝。
② 紫袖红弦：弹筝女子的衣袖是紫色的，筝弦的颜色是红的。
③ 明月中：月光下。
④ 自弹自感：弹筝人自己被曲中的情意所感动。
⑤ 暗低容：满面愁容，低头沉吟的样子。
⑥ 弦凝指咽：指弹奏暂停的状态。

译文

明净的月色中，紫色衣袖随着手指在红弦上飞舞，女子信手弹来，感怀自己的心事，低眉沉吟的样子使人产生无穷想象。忽然弦声凝绝，柔指轻顿，那片刻的宁静又诉说出千万重的深情。

③ 琵琶行（节选）

［唐］白居易

千呼万唤始出来，犹抱琵琶半遮面。

转轴[①]拨弦三两声，未成曲调先有情。

弦弦掩抑[②]声声思[③]，似诉平生不得志。

低眉信手续续[④]弹，说尽心中无限事。

轻拢慢捻抹复挑[⑤]，初为《霓裳》后《六幺》。

大弦[⑥]嘈嘈如急雨，小弦[⑦]切切如私语。

嘈嘈切切错杂弹，大珠小珠落玉盘。

注 释

① 轴：弦乐器上扭动弦的装置。

② 掩抑：低沉抑郁。

③ 思：悲伤，哀愁。

④ 续续：连续。

⑤ 轻拢慢捻抹复挑：轻轻地拢，慢慢地捻，一会儿抹，一会儿挑。拢，叩弦。捻，揉弦。抹，顺手下拨。挑，反手回拨。这四者都是弹琵琶的指法。

⑥ 大弦：指琵琶四根弦中最粗的弦。

⑦ 小弦：指琵琶上最细的弦。

我们再三呼唤，她才缓缓地走出来，用怀里抱着的琵琶半遮着脸。她拧转琵琶的弦轴，拨动了两三下丝弦，还没弹成曲调，已经充满了感情。每一弦都在叹息，每一声都在沉思，似乎在诉说着她不如意的身世。她低眉随手慢慢地连续弹奏，尽情地倾诉心底无限的伤心事。轻轻地拢，慢慢地捻，一会儿抹，一会儿挑，先弹了一首《霓裳羽衣曲》，又弹了一首《六幺》。粗弦声音浊杂粗重，好像疾风骤雨；细弦声音轻细且急促，好像有人在窃窃私语。大弦的嘈嘈声和小弦的切切声交错弹奏，就像大珠和小珠交错着掉进玉盘。

扫码收听朗诵音频

观公孙大娘弟子舞剑器行（节选）

［唐］杜甫

昔有佳人公孙氏，一舞剑器动四方。

观者如山色沮丧[1]，天地为之久低昂。

燿（huò）[2]如羿射九日落，矫如群帝骖（cān）龙翔[3]。

来如雷霆收震怒，罢如江海凝清光。

绛唇珠袖两寂寞，晚有弟子传芬芳。

注释

① 色沮丧：惊讶失色的样子。色，脸色。
② 燿：明亮闪烁。这里指剑光闪烁。
③ 骖龙翔：乘龙飞翔。

从前有一位美人公孙氏，她跳起剑舞来震动四方。如山如海的观众被她的舞姿深深吸引，她绝妙的舞技使人们惊讶失色，天地也仿佛随着她的舞姿长久地起伏。她跳舞时剑光闪动，犹如后羿射落了九个太阳；她翩然起舞，矫健敏捷，犹如天神乘龙翱翔。当喧闹的鼓乐声停止，舞者登场，好像雷霆忽地收起了震响；当舞影剑光戛然而止，周围一片静寂，又好像江海的风浪停歇，波光清亮。红红的嘴唇绰约的舞姿，都已逝去，到了晚年，有弟子把艺术继承发扬。

⑤ 画龙点睛[1]

[唐]张彦远

张僧繇（yáo）于金陵安乐寺，画四白龙于壁，不点眼睛。每[2]云："点睛即[3]飞去。"人以为妄诞[4]，固请点之。**须臾[5]，雷电破壁，两龙乘云腾去上天，二龙未点眼者见在。**

注释

① 选自《历代名画记》，有改动。题目为后人所加。
② 每：常常。
③ 即：就要。
④ 妄诞：荒诞，无根据。
⑤ 须臾：片刻。

译文

张僧繇在金陵安乐寺墙壁上画了四条白龙，但没有画眼睛。他常常说："画了眼睛，龙就要飞走。"人们都认为他说的话荒诞无根据，坚持请他画上眼睛。他给两条龙画上眼睛，顿时，雷电击破墙壁，两条龙乘云腾空飞上了天，没有画眼睛的两条龙还在。

扫码收听朗诵音频

⑥ 乐记（节选）

《礼记》

凡音之起，由人心生也。人心之动，物使之然也。感于物而动，故形于声。声相应，故生变，变成方，谓之音，比音而乐之，及干戚羽旄(máo)①，谓之乐。**乐者，音之所由生也；其本在人心之感于物也。**

注释

① 干戚羽旄：干指盾，戚指大斧，都是兵器，也是武舞所执的舞具；羽指野鸡毛，旄指牦牛尾，这两种是文舞所执的舞具。

译文

大凡音的产生，是由人心产生的。而人心的变动，是外物影响造成的。心有感于外物而变动，由声表现出来。声与声相应和，因此发生变化。按照一定的方法、规律变化，就叫作音。随着音的节奏用乐器把它演奏出来，再加上干戚羽旄以舞之，就叫作乐了。所以说乐是由音产生的，而其根本在于人心对外物的感受。

专题
阅读

艺术百花园

本专题文章，从音乐、绘画、戏曲等不同的角度折射出艺术的魅力，带我们走进艺术的百花园，让我们的心灵受到美的熏陶和启迪。

阅读本专题文章，要运用“借助语言文字展开想象，体会艺术之美”的方法，学习作者是怎样在叙事时把眼前看到的和内心的想象自然地融合在一起的，学习作者表达感受的方法。

范文阅读

① 伯牙学琴[①]

琴曲悠悠，清越激扬。联系上下文，发挥想象，你看到了怎样的画面？

伯牙学琴于成连先生，三年而不成。成连云：“我师方子春在东海中，能移人情。”乃与俱至海上，成连刺船而去，旬时不返。伯牙延望无人，但闻海水汹涌，林岫(xiù)[②]杳冥(míng)[③]，群鸟啁啾。悄(qiǎo)然[④]而悲曰：“先生移我情哉！”援琴而作水仙之曲，遂为天下妙。是曲，逸韵泠(líng)然[⑤]，摹神之作也。

注 释

① 本文选自清代蒋文勋辑《二香琴谱·水仙操》，略有改动。题目为编者所加。

② 岫：山洞，岩穴。

③ 杳冥：幽暗深远的样子。

④ 悄然：忧愁的样子。

⑤ 泠然：形容声音清越激扬。

译文

伯牙随成连先生学古琴，多年学习没有精进。成连说："我的老师方子春居住在东海，他能传授移情的方法。"于是他带着伯牙一起来到东海的岛上，成连划船离开，过了十天还没回来。伯牙在岛上举目远眺但看不到人，只听到海水汹涌澎湃，山林郁郁葱葱、幽暗深远，不时传来群鸟啁啾的声音。伯牙忧伤地叹道："先生在教我移情啊！"伯牙架起琴，谱写了一曲《水仙操》，就此成为天下最美妙的琴曲。这首曲子乐声清越激扬，宛若天神所作。

② 书黄筌（quán）[1]画雀

［宋］苏轼

黄筌画飞鸟，颈足皆展。或[2]曰："飞鸟缩颈则展足，缩足则展颈，无两展者。"验之信然[3]。乃知观物不审[4]者，虽画师且不能，况其大者[5]乎？君子是以务[6]学而好问也。

你能用自己的话讲一讲这个故事，并和同学分享一下感受吗？

注释

① 黄筌（？—965）：五代后蜀画家。
② 或：有人。
③ 信然：确实如此。
④ 审：周密，详细。
⑤ 大者：指做更大的事。
⑥ 务：致力。

译文

黄筌有一次画了一只飞鸟，脖子和脚都是伸展开的。有人对他说："飞鸟缩起脖子才能把脚伸展开，把脚缩起来才能把脖子伸展开，没有像这样两者都伸展开的。"黄筌就去验证了一下，发现果然是这样。由这件事我们知道，不仔细地观察事物，画师连画画都做不好，何况做更大的事呢？因此，君子应该认真地学习并且善于提问才是。

③ 小溪巴赫[①]

肖复兴

我一直想写一写巴赫。许多次拿起笔，又放下了。科学家爱因斯坦曾经说过："对于巴赫，只有聆听、演奏、热爱、尊敬，并且不说一句话。"像我当然要三缄(jiān)其口了。

巴赫确实太伟大了，太浩瀚(hàn)了。他的音乐影响了三百年来人们的艺术世界，也影响了人们的精神世界，无以言说，难以描述。我确实不知该怎么来写巴赫，但我又实在想写巴赫。

这一次，鼓励自己说：试一试吧！看看你能不能走近他。

鼓励我写下去的原因，是我在偶然间

贝多芬曾经这样评价巴赫："他不是小溪，是大海！"文章中也说："巴赫确实太伟大了，太浩瀚了！"但文章的题目是《小溪巴赫》，全文也是围绕"小溪"这一中心意象展开的，你认为这样写矛盾吗？为什么？

① 选入本书时略有删改。

看到一个资料，其实这资料早已经并不新鲜，只是我的外语太差，德语更是一窍不通。巴赫德文的意思是指小小溪水，涓涓细流却永不停止。似乎这个德文的原意一下子解读开巴赫的一切，我对他豁然开朗。

说来很惭愧，因为见识的浅陋和闭塞，我听到的巴赫的第一支乐曲是《勃兰登堡协奏曲》，还只是其中的片段。那是十多年前的事情，因为这里面有经威廉汉姆改编而异常动听的《G弦上的咏叹调》。但这支著名的乐曲，当时勃兰登堡对它根本不屑一顾，没让他的乐队演奏，而是将这支乐曲曲谱的手稿混同在其他曲谱中一起卖掉，一共才卖了36先令。可以说，如果没有1802年德国音乐学家福尔克出版的世界上第一部巴赫的传记，没有1829年门德尔松重新挖掘并亲自指挥演出巴赫的曲子，恐怕巴赫的音乐到现在为止还只值36个先令。

如果没遇到知音，巴赫的音乐也许就会被埋没。

但这样说并不准确，如果没有福尔克、门德尔松，还会有别的人将巴赫音乐的真实价值挖掘出来，告诉世人的。真正有价值的音乐，即使看来再弱小，只是潺潺的小溪，也是埋没不了的，而且不会因时间久远而苍老，相反却能常青常绿。这确实是音乐独具的魅力，它同出土文物不一样，出土文物只能观看、追寻、钩稽、对比，它却能站立起来，用自己的声音塑造起形象来，抖落岁月覆盖在身上的一切仆仆风尘，让人们刮目相看。时间只会为它增值，就像陈年老酒一样，时间和醇(chún)厚的味道融为一体，互成正比。

看来，有价值的音乐并不会就此被埋没，反而会随时间而增值。

这就是小溪的意义吧？我们总爱说意义，有时意义是挺重要和必要的，意义代表着价值。

小溪，涓涓细流，就那样流着、流着，流淌了三百年，还在流着，这条小溪的生命力该有多么的旺盛。在我们没有发现它的时候，其实它就是这样永不停止地流着，只不过那时被树荫掩映，被杂草遮挡，被乱石覆盖，或在那高高的山顶，我们暂时看不见它罢了。

大河可能会有一时的澎湃，浪涛卷起千堆雪。但大河也会有一时的冰封、断流，乃至干涸(hé)。小溪不会，小溪永远只是清清地、浅浅地流着，永远不会因为季节和外界的原因而冰封、断流、干涸。我们看不见它，并不是它不存在，而是因为我们眼睛的问题：近视、远视、弱视、色盲、白内障、失明，或只是俯视浪涛汹涌的大河，或只是愿意眺望飞流三千尺的瀑布，而根本没有注意到小溪的存在罢了。而小溪就在我们的身旁，很可能就在我们的脚下。它穿过碎石、草丛，隐没在丛林、山涧，行走在无人能到达、连鸟都飞不到的地方。

联系上下文，说说小溪有什么特点。

在险峻的悬崖上，它照样流淌；在偏僻的角落里，它照样流淌；在阳光月光的照耀下，它照样流淌；在风霜雨雪的袭击下，它照样流淌……小溪的水流量不会恣肆狂放，激情万丈得让人震撼，但它让人感动是持久的，不会一曝(pù)十寒，不会繁枝容易纷纷落，不会无边落木萧萧下，而总是一如既往地水珠细小却清静地往前流淌着。它拥有着巴洛克特有的稳定、匀称、安详、恬静、圣洁，和旷日持久的美。它的美不在于体积而在于它渗透进永恒的心灵和岁月里，就像刻进树木内心的年轮里。它不是一杯烈酒，让你吞下去立刻就烟花般怒放、烈火般燃烧；它只是你的眼泪，在你最需要的时候，珍珠项链般地挂在你的脖颈上，或悄悄地湿润着你的心房。

这才是小溪的性格和品格。

这才是巴赫的性格和品格。

> 巴赫与小溪的性格和品格有何相似之处？联系上下文说说你的理解，和同学交流一下感受吧。

有人说巴赫伟大，称巴赫为“音乐之父”，说在巴赫以后出现的伟大音乐家中几乎没有一个没受过他的滋养。贝多芬、舒曼、里姆斯基-科萨科夫、雷格尔、勋伯格、肖斯塔克维奇……无数后代音乐家对巴赫的敬仰和崇拜，甚至专门创作出有关巴赫的主题音乐，或用只有音乐语言才有的特殊方式（按照音乐乐理体系，巴赫的德文Bach在乐谱中对应的B是7、A是6、C是1、H是7，将这四个音符连缀起来就是巴赫名字的音乐专称），音乐家们用这种他们心心相通的语汇，以他们钟情的乐器的鸣奏，向巴赫呼唤，表示着对巴赫的敬意。

伟大不见得都是巍巍乎、昂昂乎，如庙堂之器哉，伟大可以是高山，是江河，伟大也同样可以是溪水。巴赫就是这样清澈的小溪水，当世事沧桑，春秋代序，高山夷为平地，江河顿失滔滔，大河更改河道，小溪却一如既往，依然涓涓在流，清清在流，静静在流。

巴赫借助音乐表达了对生活的追求，他如小溪一般顽强坚毅，永远流淌。

这就够了，这就是小溪的伟大之处。

听巴赫的音乐，你的眼前永远流淌着这样静谧(mì)安详、清澈见底的小溪水。

在宁静如水的夜晚，巴赫的音乐，是

孔雀石一样蓝色夜空下的尖顶教堂沐浴着的皎洁的月光，是教堂旁不远的地方流淌着的小溪水，九曲回肠，长袖舒卷，蜿蜒地流着，流向夜的深处，溪水上面跳跃着教堂寂静而瘦长的影子，跳跃着月光银色的光点……

在阳光灿烂的日子，巴赫的音乐，是无边的原野。青草茂盛，野花芬芳，暖暖的地气在氤氲（yīn yūn）地袅袅上升，一群云一样飘逸的白羊，连接着遥远的地平线。从朦朦胧胧的地平线那里，流来了这样一湾清澈的小溪，溪水上面浮光跃金，却带来亲切的问候和梦一样轻轻的呼唤。

时间不同，心境不同，听音乐时会有不一样的联想和感受。试着像作者一样，听听自己喜爱的音乐，用有形之景写无形之美。

④《二泉映月》的诞生（节选）

碧　野

因患眼疾而双目失明的阿炳踟蹰街头，过着流浪的日子。从春到冬，从朝到暮，年年月月，他在惠山街头、崇安寺和三万昌茶馆一带拉二胡要饭。

将阿炳“不求富贵家，不登高门槛”的表现圈画出来，养成边阅读边做批注的好习惯。

阿炳要饭，不求富贵家，不登高门槛。有时，穷人家断炊，碰上还没有断炊的人家，他又去晚了，要不到吃的。有一次，城里有钱人家到惠山祭过祖坟，给了他几块饼子，他没有接，就走到小溪边去舀几口水喝。阿炳饥肠辘辘，但还是拉响他的二胡，他追求技艺的提高，没有一天间断过。

阿炳除了以穷家小户的汤汤水水度日之外，把乞讨的一点钱积攒起来，为自己奇特地制造了一把二胡，柱长弦粗，音量宏大。

阿炳非常心爱他的二胡，一天不知拂拭多少回；同时，他极为敬重他的知音，不论做泥人的手艺人，还是“贩夫走卒”，他对着他们尽情地拉了一遍又一遍。他拉二胡一丝不苟，非常认真。在二胡声中，他的眉毛微微颤动，神情严肃端庄。

阿炳不满足于当年师傅对他的传艺。他富于想象，精于技艺，他有所追求，有所创造。夏天的夜里，银河已经西斜，他冒着露水，仍然坐在田野上谛听着蛙鸣，谛听着水鸟的叫声，他在沉思；秋天的夜里，在清冷的月光下，他穿着单薄褴褛的衣衫，站在龙光塔边，远远地谛听着那久已不许他接近的“二泉”的流水声，他在沉思。

尽管过着流浪艺人的悲惨生活，但阿炳并没有颓丧。聆听大自然的天籁之音，使他暂时忘记了境遇的艰难，让他的心灵在广阔的田野和清冷的月光下自由徜徉、飞翔……此时此刻阿炳在沉思什么呢？把你的感受写下来，与同学分享吧。

阿炳的技艺越来越精湛(zhàn)。在他的十指间，二胡声变得越来越激动人心。二胡成了阿炳的化身，成了他的心灵。他的情思和他的二胡和谐一致。他的感情，他的希望，他的理想，流荡在他的十指间，流荡在他的琴弦上，流荡在人们的心坎里。

终于，阿炳成了名师。

夏天的夜里，当星星挂满天幕或月亮升上柳梢的时候，惠山街上的劳动人民洗去一身的污泥和汗气，有的肩搭小褂，有的拿着蒲扇，纷纷地聚集到惠山脚下，有的蹲在石头上，有的坐在树根上，有的靠着宫观的红墙，里三层外三层地静静地等待着什么。

而就在这充满着星月清辉的夜里，就在这月光从随风摇摆的枝叶间筛落到地上的静静的惠山脚下，忽然几声短促的二胡调弦定音过后，紧接着就从夜空里飞起了二胡的清越的声音。

从人们的沉思、唏嘘、叹息、流泪中，说说他们听到了怎样的琴声。

阿炳为惠山街的劳动人民精心地拉起了二胡。夜清如水，大地寂寂。二胡声悠悠扬扬，回旋荡漾。人们听着听着，有的沉思，有的唏嘘，有的叹息，有的流泪……

正因为阿炳成了名师，居住在无锡城的地主豪绅家里每遇堂会或举办婚嫁喜筵的时候，就要派人前来叫阿炳去拉二胡，供他们取乐。每次，他们都遭到阿炳的拒绝。有一次，一家富豪特地派人送来一套新鞋帽和新衣裳，外加一个沉甸甸的大红纸包，“请”阿炳去给他的地主老丘母拉二胡祝寿。阿炳在二胡上弹指对来人说：“要饭它不登高门，拉它更不上华堂！”

这就是阿炳“不求富贵家，不登高门槛”的具体表现。

这一天，当阿炳坐在一条小溪边，谛听着流水的潺潺和鱼群的低语的时候，忽然一个沉重的坚硬的东西猛击他的头部，他立即晕倒。黎明前，他被清冷的溪水冲醒过来，艰难地爬上溪岸，跌跌撞撞地摸回了惠山街。

惠山街的劳动人民心里都明白，地主老财们恨死了阿炳，是他们派人暗害阿炳的。但是惠山街的劳动人民心里都感到骄傲，阿炳虽然身受重伤，但他爬都要爬回惠山来，阿炳是他们惠山街的乐师啊！

阿炳伤势很重，躺在一间破草屋里。一早一晚，只有穷家小户给他送来一碗薄粥。除了几个好心的白发老奶奶轮番跑来给“可怜的孩子”阿炳洗去伤口的脓血，一个满脸风霜的乡下老医生踏遍锡山惠山给阿炳采来草药敷伤之外，永昼和长夜，唯一陪伴阿炳的是他的二胡。这把二胡，柱长弦粗，阿炳虽在伤病中，仍然不断地日夜拨弄它。平日里，阿炳拉二胡，总是习惯把他的二胡放在两腿中间，因此，他的两腿磨出了坚硬的大茧子。但是现在，他摸了摸大腿，变软了！难道他的艺术生命从此花凋叶残了吗？他多么焦虑，多么悲愤啊！

即使在伤病中，阿炳仍不断地日夜拨弄二胡，可见二胡是阿炳生命的寄托。想象一下：阿炳什么时候会再次拉二胡？

阿炳虽然双目失明了，但他的心灵却像一面镜子，纤毫分明。他心头有强烈的憎恨，也有深沉的爱情。他抱着二胡，深情地一次又一次地抚摸着它。他为它笑，他为它哭。为了它，他被戒尺赶出了山门；为了它，他被地主恶霸下毒手。但随着年岁增长，阅历多了，他就更加珍惜他的二胡。由于它，他被惠山街上的人们所喜爱；由于它，他为中国的民间音乐创造了新声。

阿炳独自躺在破草屋里，但他并不感到孤单。虽然他的眼睛看不见惠山街上的任何一张脸孔，但是他的心却和惠山街上劳动人民的每一颗心一起跳动。因为伤病，他已经很久没有拉他的二胡了。他感觉到惠山街上千万只眼睛在望着他，千万只耳朵在听着他。他去年秋天卧床，现在，已经是春天了。他想起惠山宫前那棵古老的白果树，这时，一定开花了，该是千里传粉了；同时，他想起惠山观后那清澈晶莹的“二泉”，这时，也该是从地下涌溢出春潮来了。一想到这里，阿炳发出一声长啸，吐出长期郁积胸中的闷气。他猛地拿起他的二胡，从凌乱的草铺上用力爬了起来……

请圈画出阿炳情系音乐的句子，体会他渗透在音乐中的情感。

惠山春天的月夜，忽然夜风送来一阵清越而回荡的声音，这声音多么熟悉而悦耳啊，可是这声音已经很久没有听见了。

惠山街的人们发出了惊喜的呼喊：

“阿炳的二胡！阿炳的二胡响了！”

在传来的二胡声中，人们庆幸阿炳养好了伤，又为惠山街的千家万户拉起他心爱的二胡来了！

通过“四面八方”“奔”“簇拥”“密密匝匝”“围”这些词，你眼前浮现出了怎样的画面？

于是人流从四面八方像潮水似的奔涌到惠山脚下，成千上万的人簇拥着阿炳冲进了竖立着唐宋石刻经幢的惠山宫观，密密匝匝地把阿炳围在“天下第二泉”的泉流的巨石上。

阿炳冲破了禁地。地主、豪绅下毒手没能害死他，老道士的铁戒尺也没能阻拦他。在惠山街劳动人民簇拥下，阿炳被赶出宫观多年后，终于回到“二泉”边上来了。

春夜，月色朦胧。在这朦胧的月光下，可以看见阿炳的眼角上有晶莹的东西在闪烁。

阿炳颤抖着双手，开始在这春宵月下的“二泉”边拉起了他的二胡。

二胡的弦柱在晃动，在微微地闪光。在这每一根弦柱上，都凝结着阿炳的辛酸的泪珠，都凝结着阿炳对惠山街劳动人民的深深的情意，都凝结着他的艺术的高超的成就。

在阿炳拉响的二胡声中，成千上万的人在周围静静地听。阿炳的二胡声，惊起宿鸟，绕树飞鸣，增加了这春夜的寂静。

阿炳的二胡是如此激越，如此悲愤，如此怆凉。在他的二胡声里，人们感觉到周围的世界是这样黑暗！云遮月色朦胧，偶尔月光从云缝里投下一缕清辉，月光只是刹那间映照在“天下第二泉”的闪动的水波上，给予人们一线光明与希望……

——这就是阿炳传之后世震撼人心的《二泉映月》二胡乐曲的诞生。

请找来《二泉映月》这首曲子，听一听，再读这篇文章，相信你会有更深的感受。

⑤ 文武场（节选）

徐城北

中国的戏曲种类很多，由于地域、方言以及文化背景不同，形成了各具特色的戏曲音乐。京剧音乐并不像西洋歌剧音乐，是由作曲家专门创作的，而是套用一些常用的曲调，以固定的板式、曲牌为主，依曲填词。曲谱是一种用汉字而不是其他特殊字符记录的。京剧音乐是由七声音阶构成的，以一对（上、下）乐句为基础，在变奏中突出节拍、旋律的变化，以各种不同板式（用一种名为“板”的打击乐标示节奏的样式）的联结和变化作为整出戏或整场戏音乐陈述的基本手段，以表现各种不同的戏剧情绪。

默读本文，你认为京剧音乐和西洋歌剧音乐有什么区别？

大部分京剧剧目的音乐由西皮和二黄两种板腔曲调变型而成，唱词多为五字句或七字句，也有变体到十字句的。西皮的曲调比较活泼、刚劲，节奏紧凑，唱腔明朗，适合表现坚毅、愉悦、愤怒或激动等比较高昂的情绪。二黄则是一种比较平和、稳重、抒情、深沉的腔调，节奏较平稳、舒缓，适合于表现沉思、忧伤、感叹、悲怨等比较低落的情绪。这两种曲调还依乐句的速度、句幅的长短、乐曲段落的戏剧性要求等产生了十几种的节奏板式。专业琴师认为二黄和西皮必须要有“各司其职”的专用琴，其原因除了这两种琴大小质地不同之外，还在于京胡本身已经长期适应了一种音律的振动，如果突然改换另一种，很容易破坏这把琴长期习惯的音律共振，就会出噪音，并且音色也不美，韵味风格也不对。

西皮、二黄两种曲调分别适合表现什么样的情绪？

而除了西皮和二黄之外，京剧也吸收了其他戏曲的唱腔曲调，例如南梆子（是由河南梆子演变而成，结构和原板大致相同，但腔调婉转柔美，大多是旦角和小生使用）、四平调（曲调流畅，任何复杂不规则的唱词都可以用它来演唱）、高拨子（由秦腔演变而来，适合表现激昂悲愤的感情）、昆曲、吹腔（是一种用笛子伴奏的唱腔，但是文辞接近口语，而且唱腔中有音乐间奏，演唱时比较轻松。旋律相当简单，容易朗朗上口）等也是京剧常用的曲调。京剧音乐给人的鲜明印象是金鼓喧天，没有这种欣赏习惯的人听了，可能会嫌它吵得慌。大概是因为它起源于乡野草台，要靠大声的锣鼓招集观众。不像昆曲，在古雅的园林厅堂里演唱，笛子是其主要的乐器，用小锣的地方多，自然就清静多了。京剧里的散板就因借用了昆曲的调式，听起来婉转抒情。

你能想象“金鼓喧天”的场面吗？

6 西皮流水[1]

高洪波

北京人有一好：唱京戏。

有位小说家专门研究过这种无伤大雅的业余爱好，总结出两个字，叫作“找乐”，后来以此为题写成一部颇著名的小说，把北京人唱京戏的种种心态描摹了个够。

我经历过几次这种“找乐”的场面，觉得其中很有些耐人寻味的东西，似乎在“找乐”之外，还应该多一点什么，究竟是什么，我也说不清道不明。

“我”经历过几次“找乐”的场面？请用序号在文中标注出来，养成做批注的习惯。

有一次是在浴池里，热气腾腾的水蒸气闷得人昏沉沉的，冷不丁地亮出一嗓子“西皮流水”，挺地道的马派[2]——脆、俏，

① 西皮流水：京剧的一种声腔板式。
② 马派：京剧流派之一，以马连良为代表。

你能想象这位“京戏迷”在浴池演唱时的有趣样子吗？

吐字利落。待热气略微消散，才见到一位朋友正面对墙角，头微颔（hàn），臂略抬，一脸庄重，全副身心地介入了诸葛孔明借东风时的角色。

更妙的是，这位朋友唱完换气的当口，四周竟冒出好几声“好”来。于是他又接着唱，这回是《甘露寺》的乔玄乔国老，劝孙权留神，别杀大耳刘备。尤其是这段“西皮流水”颇有味道：“他有个二弟汉寿亭侯，青龙偃月神鬼皆愁，白马坡前诛文丑，在古城曾斩过老蔡阳的头。他三弟翼德威风有，丈八蛇矛惯取咽喉，鞭打督邮他气冲牛斗，虎牢关前战温侯，当阳桥前一声吼，喝（hè）断了桥梁水倒流。”接下来是替赵子龙、孔明吹嘘，乔玄整个是“长他人志气，灭自己威风”，但好在他是“国老”，孙权也不敢把他怎么着。可这段“西皮流水”确实如潺潺流水，韵味叮咚，令人不能不叫一声“好”。马派的唱腔甜润流畅，做派潇洒飘逸。由于在浴池里，所以除了唱功之外，别的无法欣赏，这位票友的做派如何，只能待考了。

自从听过浴池清唱之后，我竟不知不觉也爱上了京戏，尤其喜欢老生唱段。北京一家音乐书店里售有《京剧须生十大名家》的录音盘带，便买回来时时欣赏。听谭富英的《洪羊洞》、杨宝森的《击鼓骂曹》、李少春的《野猪林》，端的是一种极惬意的享受。尤其是饰林冲的李少春，嗓音宽厚纯正，把英雄失意的心态表达得淋漓尽致：“彤云低锁山河暗，疏林冷落尽凋残。往事萦(yíng)怀难排遣，荒村沽酒慰愁烦。望家乡，去路远，别妻千里音书断，关山阻隔两心悬。”可谓字字血声声泪，声情并茂，动人心旌(jīng)！

作者爱上京戏具体表现在哪里？

京剧是中国的国粹[①]，又是老北京的骄傲，外地人若非爱之弥深者，一般体味不到京剧的妙处。有一次，我携小女儿到

---

①国粹：指我国传统文化中的精华。

日坛公园赏秋，穿过修竹茂林，在一处大亭子里看到了一群“找乐”的人们。他们中间的两位老人，斜倚在栏杆上，左腿上垫块手帕，手帕上立把京胡，脚下踏只小方凳，分明是两位极合格的琴师。二人调好弦，头一点，胡琴就清清亮亮地响了起来。他们拉的是过门，刚一结束，人群中自动走出一位中年汉子——身着皮夹克，扎着抢眼的紫红领带，洋气十足，但一开口，却是言派[1]的《捉放曹》，讲究的是脑后音。这汉子似乎与两位老人极熟，唱上几句，还清清嗓子，然后再旁若无人地接着唱。周围观众很多，评头品足者更多，我仔细端详一下，发现都是四五十岁的人。有的轻声随唱，有的用手打着节拍，有的闭目点头，似进入陶醉的状态。总之，这显然是一群京剧的知音，而且不甘寂寞，每个人都要拣自己喜爱的段子唱一

“轻声随唱”“打着节拍”“闭目点头”，这些动作写出了观众陶醉的状态。

① 言派：京剧流派之一，以言菊朋为代表。

唱，实践一下艺术的理论。

人们在大亭子里唱着、聊着，互相调侃、逗闷子，唯有两位琴师一丝不苟地执行着自己的职责，他们是这群“找乐者”的领袖，是京剧艺术沙龙的核心。听着京胡悠扬高亢(kàng)的旋律，你不能不为这一古老艺术的魅力所折服，同时更为公园中的这群戏迷所倾倒。我相信只要在这大亭子里尽兴高唱了自己喜好的京剧唱段之后，准能得到一种宣泄的快乐，郁闷和忧愁也一定不复存在。

北京一些时髦(máo)的酒吧里，流行“卡拉OK”。自告奋勇到麦克风前去唱歌者，大有人在，也正是这种业余歌手支撑了“卡拉OK”的生意，遂成为一种时尚。但与公园里、浴池内的京剧清唱家们相比，我似乎更喜爱后者，他们更接近自然，更贴近艺术。或者说，这是一种古老的艺术升华之后的余韵流响，有着民俗、民风、民族的心理积淀。不管怎么说吧，只要在北京

这是作者喜爱“京剧清唱家们”的原因。

居住，你就不能不喜欢上京剧，尤其是干脆利落的“西皮流水”。特别是当你在秋风飒飒的公园里，踏着沙沙作响的落叶黯然神伤时，一声高亢的京胡，两句脆、俏的唱腔，确有遏云裂帛的音响效果，让你的心神为之一爽。

作者成为一个能“常常吼上几嗓子”的戏迷是有一个过程的，根据文章内容填一填（每空限5字），再与同学交流：（　　　　）→家中赏京戏→（　　　　）。

不怕你笑话，我如今也常常吼上几嗓子，虽然还不敢到公园或浴池里去显摆，可自我娱乐是足够用了。你想想，林冲在雪地里踉踉跄跄地走着，还唱着不屈服的抗争之歌，“雄心欲把星河挽，空怀雪刃未除奸”，咱们体验一下英雄的心态，也不失为一种人生乐趣不是？

民间热闹的歌会，戏院中的京韵大鼓，照亮长夜的音乐，摇荡着情感的舞蹈……艺术来源于生活，又照亮了我们的生活。让我们通过本组文章，再次走进艺术的世界，感受艺术的美妙。

① 云南的歌会

沈从文

云南本是个诗歌的家乡，路南和迤(yǐ)西歌舞早闻名全国。这一回却更加丰富了我的见闻。

这是种别开生面的场所，对调子的来自四方，各自蹲踞(jù)在松树林子和灌木丛沟凹处，彼此相去虽不多远，却互不见面。唱的多是情歌酬和(hè)，却有种种不同方式。或见景生情，即物起兴，用各种丰富比喻，比赛机智才能。或用提问题方法，等待对方答解。或互嘲互赞，随事押韵，循环无端。也唱其他故事，贯穿古今，引经据典，当事人照例心中一本册，滚瓜熟，随口而出。在场的既多内行，开口即见高低，含糊不得，所以不是高手，也不敢轻易搭腔。那次听到一个年轻妇女一连唱败了三个对手，逼得对方哑口无言，于是轻轻地打了个吆喝，表示胜利结束，从荆条丛中站起身子，理理发，拍拍绣花围裙上的灰土，向大家笑笑，意思像是说："你们看，我唱赢了。"显得轻松快乐，拉着同行女伴，走到江米酒担子边解口渴去了。

这种年轻女人在昆明附近村子中多的是。性情明朗活泼，劳动手脚勤快，生得一张黑中透红的脸，满口白白的牙齿，穿了身毛蓝布衣裤，腰间围了个钉满小银片扣花葱绿布围裙，脚下穿双云南乡下特有的绣花透孔鞋，油光光辫发盘在头上。不仅唱歌十分在行，大年初一和同伴去各个村子里打秋千（用马皮做成三丈来长的秋千条，悬挂在路旁高树上），蹬个十来下就可平梁，还悠游自在，若无其事！

在昆明乡下，一年四季，早晚都可以听到各种美妙有情的歌声。由呈贡赶火车进城，向例得骑一匹老马，慢吞吞地走十里路。有时赶车不及还得原骑退回。这条路得通过些果树林、柞(zuò)木林、竹子林和几个有大半年开满杂花的小山坡。马上一面欣赏土坎边的粉蓝色报春花，在轻和微风里不住点头，总令人疑心那个蓝色竟像是有意模仿天空而成的；一面就听各种山鸟呼朋唤侣，和身边前后三三五五赶马女孩子唱的各种本地悦耳好听的山歌。有时面前三五步路旁边，忽然出现个花茸茸的戴胜鸟，矗(chù)起头顶花冠，瞪着个油亮亮的眼睛，好像对于唱歌也发生了兴趣，经赶马女孩子一喝，才扑着翅膀掠地飞去。这种鸟大白天照例十分沉默，可是每在晨光熹(xī)微中，却欢喜坐在人家屋脊上，“郭公郭公”反复叫个不停。最有意思的是云雀，时常从面前不远草丛中起飞，一面扶摇盘旋而上，一面不住唱歌，向碧蓝天空中钻去，仿佛要一直钻透蓝空。伏在草丛中的云雀群，却带点鼓励的意思相互应和。直到穷目力看不见后，忽然又像个小流星一样，用极快速度下坠到草丛中，和其他同伴会合，于是另外几只云雀又接着起飞。赶马女孩子年纪多不过十四五岁，嗓子通常并没经过训练，有的还发哑带沙，可是在这种环境气氛里，出口自然，不论唱什么，都充满一种淳朴本色美。

大伙儿唱得最热闹的叫“金满斗会”。有一次，由村里人发起，到时候住处院子的两楼和那道长长的屋廊下，集合了乡村男女老幼一百多人，六人围坐一矮方桌，足足坐满了三十来张矮方桌，每桌各自轮流低声唱《十二月花》，和其他本地好听曲子。声音虽极其轻柔，合起来却如一片松涛，在微风摇荡中舒卷张弛不定，有点龙吟凤哕(huì)的意味。仅是这个唱法就极其有意思。唱和相续，一连三天才散场。来会的妇女占多数，和逢年过节差不多，一身收拾得清洁利索，头上手中到处是银光闪闪，使人不敢认识。我以一个客人身份挨桌看去，很多人都像面善，可叫不出名字。随后才想起这里是村子口摆小摊卖酸泡梨的，那里有城门边挑水洗衣的，此外打铁箍桶的工匠家属，小杂货商店的管事，乡村土医生和阉(yān)鸡匠，更多的自然是赶马女孩子、不同年龄的农民和四处飘乡赶集卖针线花样的老太婆，原来熟人真不少！集会表面说避疫(yì)免灾，主要作用还是传歌。由老一代把记忆中充满智慧和热情的东西，全部传给下一辈。反复唱下去，到大家熟习为止。因此在场年老人格外兴奋活跃，经常每桌轮流走动。主要作用既然是在照规矩传歌，那么不问唱什么都不犯忌讳。就中最当行出色的是一个吹鼓手，年纪已过七十，牙齿早脱光了，却能十分热情整本整套地唱下去。除爱情故事，此外嘲烟鬼，骂财主，样样在行，真像是一个“歌库”（这种人在我们家乡则叫作歌师傅）。小时候常听老太婆口头语，“十年难逢金满斗”，意思是盛会难逢，参加后才知道原来如此。

② 忆刘宝全先生（节选）

马连良

刘宝全先生生前曾经和我有过二十多年的交往。在过从①之中，我们始终是亲密无间，不分彼此，友谊非常深厚。为此，愿将我所知道的有关刘先生生前的一些事迹，记述下来。

我第一次观摩刘宝全先生的演出，是在1923年。那时候我才二十多岁，就已经久仰刘宝全先生的大名了。

那天晚上，刘先生在前门外石头胡同“四海升平”演出。这家杂耍园子在当时算是比较不错的。门口上下都有廊子，挂着一块绿底金字的牌匾。著名曲艺演员荣剑尘（单弦）、金万昌（梅花大鼓）、万人迷（相声）等也都在这里演唱，大轴（zhòu）是刘先生演唱京韵大鼓——《闹江州》。至今我还清楚地记得当天刘宝全先生出场时的神态。他出场时的风度和气派，是那样光彩照人，精神

① 过从：来往；交往。

焕(huàn)发。

那一天，他穿的是银灰色的长袍，上罩青缎子马褂，下身是藏蓝色的长裤，用飘带绑住裤腿。鱼白色的布袜子，配着一双青双脸的便鞋。虽然那一年他已经是五十多岁的人了，但红光满面，两只眼睛炯(jiǒng)炯有神，给人一种精神、健壮、洁净、大方的印象。他满面笑容向观众鞠躬致意，感谢观众在他出场时为他热烈鼓掌。然后，从容不迫地脱下身上的马褂，露出里面的坎肩。谈笑自若地表白了几句“垫话”，接着拿起鼓楗(jiàn)，随着弦师所弹的过门儿，轻敲几下，顿时就把全场观众的注意力都集中到他的身上，使本来相当混乱的剧场秩序，一下子就安静下来了。

几句大腔过后，我和在场的观众完全被他那精湛的演唱征服了。随着故事情节的发展，我逐渐忘记了站在台上演唱的刘宝全，而进入了一片艺术的幻景。似乎看到了那浩浩荡荡的江水，那顺水漂来的小舟，那黑大粗壮的李逵，那身躯矫健的张顺。听到了李逵的叫嚷，张顺的回答，二人的叫骂，双方的厮打，甚至还听到了二人搏斗时由于用力过猛所引起的气喘吁吁的声音。接着，宋江和戴宗来到江边，经过解劝，一场风波始告平息，二位英雄言归于好。一直到弦声中止，鼓声停住，我才从幻景中又走了出来。看见站在台上频频鞠躬的刘宝全先生，听见观众经久不息的掌声，情不自禁地也使劲鼓起掌来。随着熙熙攘攘的人群，怀着满意而又不够满足的心情，恋恋不舍地离开了剧场。一路上思索着刘宝全先生演唱时的行腔吐字，功架神情，心情激动，无法平静。

这就是我第一次欣赏刘宝全先生的演唱时所得到的印象和感受。虽然这件事已经过了四十年，但是，现在只要我闭眼一想，当天晚上刘先生演唱时的神情姿态，宛然历历在目，刘先生优美动人的曲调声腔，依然萦绕耳边，就像是昨天才经历过的事情一样，印象鲜明而深刻。由此可见，刘先生的演唱，艺术魅力是何等的巨大了。

从此，我便成了“刘迷”，做了刘先生最忠实的观众。每逢刘先生有演出，只要我没有戏，我是场场必到，风雨不误。有时候我即便有戏，完了戏匆匆忙忙卸了戏装，也要赶到“水心亭”（天桥附近）去听一场刘先生的演唱。后来，有一次我和金少山合作演出《溪皇庄》，其中有一场戏需要串演各种名曲。那天我反串武旦，就唱了一段刘宝全先生的《大西厢》，由“二八的俏佳人”唱到“大红缎子的绣花鞋底儿当了帮”。没有弦子伴奏，就由马富禄用嘴哼哼弦子的过门儿。观众非常欢迎。到了后台，金少山说：“真没想到你会唱刘宝全的《大西厢》，马富禄会用嘴弹弦子。”

经过这一段时期的观摩，我初步感觉到，刘先生的演唱艺术有以下三大特点：

第一，他的嗓子好。他的五音全，嗓音圆，音色美，音域宽，高而不尖，低而不浊，海阔天空，纵横自如。要哪儿有哪儿，可以随心所欲，尽情发挥，怎么唱都悦耳动听。

第二，他的技巧高。他对咬字吐字，五音四呼，四声平仄（zè），运气行腔，是下过一番功夫的。所以他的吐字清晰，行腔自然。高亢的地方如奇峰陡起，高耸入云；低回的时候，似山中溪水，委婉清丽，极尽唱功之妙。而且他的演唱，常是在一开始的地方，要一个大腔，先声夺人，造成一种气势，为下面的演唱渲染了气氛。然后，根据曲词的字音词意安排唱腔的变化。最后到快结束的时候，又要一两句大腔，使观众感到余音缭绕，余味无穷，首尾呼应，从而造成一种一气贯通、完整饱满的印象。

第三，他的戏路对。他所演唱的节目，才子佳人的段子较少，而历史故事、民间传说的段子较多。三国故事、水浒故事，几乎成了他主要演唱的节目。我想这绝不是偶然的。每一个演员，都有他表演艺术上的长处和短处。因此，演员在选择表演节目的时候，总是要考虑如何“善用其长”。刘先生的唱腔，龙飞凤舞，大气磅礴；刘先生的身段夸张奔放，雄强有力，正适合表现三国的勇将、水浒的英雄那种天武神威、英雄气概。所以，他比较爱唱像《单刀会》《闹江州》这样一类的段子，而白云鹏先生则喜爱演唱《红楼梦》的段子，道理也就在这个地方。当然，刘先生的演唱艺术才能是多方面的，他所演唱的《大西厢》就别具一格而风行一时，至今仍为广大的观众所喜爱。但据我所知，刘先生自己对这个节目并不十分满意，而且也不是他最喜爱演唱的节目。

又过了一些日子，经著名京剧演员王瑶卿先生介绍，我认识了刘宝全先生。我们两人是一见如故，很快就成了莫逆之交。此后有五年多的时间，我们是朝夕相处，形影不离。每天我到棉花九条他家里去找他，一块儿遛弯儿、散步，然后到“一品香”澡堂去洗澡。到了下午一块儿到“两益轩”去吃饭。吃罢饭，又一块儿去剧场，观摩余叔岩、杨小楼的演出。这几乎就是我们两人每天的活动程序。两人有一天不见面，就好像生活中缺少点什么似的，觉得不舒服。我们之间，不论什么事，都可以推心置腹，倾诉畅谈。经过这一段时间的交往，不但使我对刘宝全先生的艺术生活、见解有了更进一步的了解，而且，刘先生的言行举止、艺术思想，对我的艺术生活、表演技巧，也产生了极大的影响。

阅读链接

刘宝全（1869—1942），京韵大鼓演员。原名毅民，河北深县（今河北省深州市）人。幼年从父学唱木板大鼓，先后拜宋五、胡十、霍明亮为师。曾一度改学京剧。在演唱中吸收京剧演唱技巧和民间曲调，对京韵大鼓艺术有所创新。时有“鼓界大王”之誉。擅长《单刀会》《闹江州》等曲目。

③ 音乐的光芒

赵丽宏

深夜。无月，无风。带木栅栏的小窗外，合欢树高大的树冠犹如张开着巨臂的人影，纹丝不动，贴在墨一般深蓝的天幕上。一颗暗淡的星星孤独地挂在树梢，像凝固在黑色人影上的一粒冰珠，冷峻而肃穆。

静。静得使人想到死亡。思绪的河流也因之枯涸，没有涟漪，没有飞溅的水花，没有鱼儿轻盈的穿梭……只有自己沉闷的呼吸，沉闷得像岩石，像龟(jūn)裂的土地，像无法推动的铁门。难熬的寂静。

这时，突然有一种极轻微的声音从远处飘来，仿佛有一个小提琴手将弓轻轻地落到E弦上，又轻轻地拉了一下。这过程是那么短促，我还没有来得及品味其中的韵律，声音已经在夜空里消失。世界复又静寂。在我的小草屋里，这响动却留下了回声，一遍又一遍，委婉沉着地回荡着，回荡成一段优美的旋律，优美中蕴含着淡淡的忧伤，也流淌着梦幻一般的欣喜。眼前恍惚有形象出现：一个黑衣少女，伫立在月光下拉一把金黄色的小提琴。曲子是即兴的，纤手操持着轻巧的弓，在四根银弦上自由自在地跳跃滑行，音符奇妙地从弓弦下飘起来，变成一阵晶莹的旋风，先是绕着少女打转，少女黑色的长裙在旋风中翩然起舞，旋风缓缓移动，所达之处，一片星光闪烁。渐渐地，我也在这旋风的笼罩之中了。我仿佛走进了一个辉煌的音乐厅，无数熟悉的旋律在我耳畔光芒四射地响起来。钢琴沉静地弹着巴赫，长笛优雅地吹着莫扎特，交响乐队大气磅礴地合奏着贝多芬……也有洞箫和琵琶，娓娓叙说着古老的中国故事……

终于，一切都消失了，万籁俱寂，只剩下我坐在木窗下发呆。窗外，合欢树的黑影被镀上一层亮晶晶的银边。月亮已经悄悄升起……

以上的经验，距今已有二十多年，那时我孤身一人住在荒僻乡野的一间小草屋里，度过了无数寂静的长夜。静夜中突然出现的那种声音，其实是附近的人家在开门。破旧的木门被拉动时，门臼常常发出尖厉的摩擦声。从远处听起来，这尖厉的声音便显得悠扬而奇妙，使我生出很多不切实际的幻想。门臼的转动和美妙的音乐，两者毫不相干，把它们联系在一起，似乎很荒唐，然而却又是那么自然。一次又一次，我独自沉浸在对音乐的回忆中，这种回忆如同灿烂的星光洒进我灰暗的生活，使我在坎坷和泥泞中依然感受到做一个人的高尚和珍贵。

是的，如果要我感谢什么人，而且只能感谢一次，那么，我想把这一次感谢奉献给那些为人类创造出美妙音乐的人。倘若没有音乐，我们的生活将会变得多么沉闷可怕。我曾经请一位作曲家对音乐下一个定义，他几乎是不假思索地答道："什么是真正的音乐？音乐是人类的爱和智慧的升华，是人类对理想的憧憬和呼唤。"他的回答使我沉思了很久。这回答当然不错，可是用这样的定义来解释其他艺术，譬(pì)如绘画和舞蹈，似乎也未尝不可。但音乐毕竟不同于其他艺术。音乐把人类复杂微妙的感情和曲折丰富的经验化成了无形的音符，在冥冥之中回响。它们抚摸、叩动、撞击甚至撕扯着你的灵魂，使浮躁的心灵恢复宁静，使干涸的心田变得湿润，也可以让平静的心灵掀起奇妙的波澜。音乐对听者毫无要求，它们只是在空间鸣响，而你却可以使这鸣响变成翅膀，安插到你自己的心头，然后展翅翱翔，飞向你所向往的境界……而其他艺术则难以达到这样的境界。音乐是自由的，又是无所不在的。有什么记忆能比对音乐的记忆更为深刻，更为顽强，更为恒久呢？这种记忆不会因岁月的流逝而失去它应有的色彩。当你被孤寂笼罩的时候，能够打开这记忆的库藏是一种莫大的幸运。你有没有这样一个音乐库藏呢？如果有，那么你或许会理解，一扇木门的响动，怎么会变成优美的小提琴独奏。你的生活中曾经有过美妙的音乐，你的心曾经为美妙的音乐而震颤陶醉，那么，这些曾使你动情的旋律便会融化在你的灵魂里。一个浸透了动人音乐的灵魂是不会被空虚吞噬(shì)的。

是的，我常常陶醉在美妙的音乐里，我常常不去想这音乐究竟是表达什么内容，有些旋律永远无法用语言来解释，只能用你自己的心灵和思想去感受，去体会，去遐(xiá)想。而这种无拘无束、自由自在的遐想，是人生旅途中何等诗意盎(àng)然的境界。

我想起了我喜欢的一位中国指挥家侯润宇，他周游列国，在国际乐坛上为中国人争得了荣誉。我一直无法忘记他指挥的一场交响音乐会。这是一位瘦小而文静的中年人，在生活中并不起眼，和那些用夸张的动作和表情站在乐队前手舞足蹈的指挥相比，他实在太文雅太安静了。但他能用心灵感受音乐，理解音乐，表现音乐，他的精神中充满了音乐。当他站到庞大的乐队前面，不慌不忙地举起指挥棒时，就像一个骄傲而威严的大将军面对着他的千军万马……

那场音乐会演奏的是瓦格纳的歌剧《唐豪赛》序曲。侯润宇用他那根小小的指挥棒，挑出了惊天动地的声音。我在音乐中闭上眼睛，想透过轰鸣的旋律寻找《唐豪赛》中的人物，然而我失败了。我的眼前没有舞出妩媚的仙女，那位在盛宴上放歌豪饮的英雄更是无影无踪。我在音乐中感觉到的是毫不相干的一种景象。被轰鸣的旋律簇拥着，我仿佛又走到了二十年前我常常走的一道高耸的江堤上。灰色的浓云低低地压在我的头顶，眼前是浩瀚无际的长江入海口。浑黄的江水在云天下起伏翻滚，发出低沉的咆哮，巨大的浪头互相推挤着，成群结队向我扑来。巨浪一个接一个轰然打到堤壁上，又被撞成水花和白雾，飞飘到空中，飞溅到我的身上。我的整个身心逐渐湿润了，清凉了，郁积在心底的忧愁和烦恼在轰鸣的涛声中化成了轻烟，化成了白色的鸥鸟，振抖着翅膀翔舞在水天之间。浓重的铅云开裂了，露出了缝隙，一道阳光从缝隙中射进来，射在起伏的水面，波浪又把阳光反射到空中。我是在一片光明的包围之中了……

④ 我看舞蹈的美

梁　衡

舞之美，是人的美。舞蹈是一种艺术，当然有艺术美，但它不像唱歌、绘画，所假之物并不是声、色、字、词，而是天生的、自然存在的人，因此它首先又是一种自然的美。它努力挖掘人的灵秀之气，给人一种高级的美感。我国第一个提倡使用模特儿的美术教育家刘海粟(sù)先生说过：美的要素有二，一是形式，二是表现。人体充分具有这二要素，外有美妙的形式，内蕴不可思议的灵感，融合物质的美和精神的美的极致而为一体，所以为美中之至美。当我们看着舞台上那舞动着的美人时，她（他）举手、投足、弯腰、舒臂，那美的形态、身段、轮廓、线条，恰好表现了美的内蕴、美的感情，而不必借助什么道具。

当然，舞台上的演员绝不是画室里的模特儿，舞蹈除自然美外，更重艺术美，于是便要讲到衣饰。但这衣饰绝不像旧戏那样给人套上死板的程式，也不像话剧那样过分地写实。它是绿荷上的露珠，是峭壁上的青藤，是红花下的绿叶，是翠柳上的黄鹂，是一种微妙的附着。它不过是为了提示舞者美的存在，像几片白云说明天空的深蓝；它不过是为了衬托舞者美的形象，像流水绕过幽静的山冈。在舞台上作为外形之物，无论是先天的人体，还是后来补充的服饰，在形、体、色、质上都有极美的苛求，真可谓“四美具，二难并”，从而汇成为一种更理想、更美的“形”。为了表示飞动，西方艺术中有一种小天使，胖墩墩的孩子，两腋却生出一对肉翅，显得十分生硬。这何如我们敦煌石窟里的飞天，窈窕女子，肩垂飘带，升起在天空。人着衣披带本是很自然的事，但这自然的衣着，顿使沉重的人体化为轻捷的一叶，潇洒、舒展、轻盈、自如，满台生风。人外形的美，内蕴的美，都因那轻淡饰物的勾勒与提示而成一种美的理想、美的憧憬而挥发开来。国画界有“以形写神”与“以神写形”之争，从这个角度观之，舞者真是靠自己的外美之形来写内美之神了。

再者，飘动的舞者，又绝不是静止的雕像，所以造型美外，更讲情感，这便要借助音乐。本来，演员在那铃响幕启之前，是先在体内储满一汪情感的，上台后全待那乐声的煦风拂来，才摇曳荡漾，粼粼生辉。乐声之于舞，如松涛上的清风，如干柴上的火焰，如桂树林间的香馨，如钱塘江面的大潮。当我们耳闻乐声而目观舞台时，更多体味的已不是形、色、物、体，而是神，是情，是韵，是一种充蕴全场、流动飘浮、深幽朦胧的美，是一种逆接千古、延绵未来、辽阔久远的美。当斗牛士的乐曲响起时，那狂热的西班牙舞步，便是催人上阵的鼓点，我们激动、昂奋，仿佛一场决斗就在眼前；当《康定情歌》飘过时，那冉冉的舞影，便是夏日给人小憩的阴凉。我们的心头一片静谧、惆怅。这时，长袖在台上飘动，音符在空中隐现，舞者所内蕴外观的美，一起随着乐声融为一股感情的潮流，在观众的前后左右穿流激荡。对观众来说，现在已不是观看，而是在闭目听，凝神想，用心，用身，去与演员交流了。这时再看台上的演员，观众已经绕过直观而通过她心灵深处的那一泓秋水，在波光中照见了一个是她，但比她更美的形象。这便又是以神写形了。

我们知道，在客观世界上，存在着许多的美：大自然千姿百态的美，几何图形整齐组合的美，孩童天真烂漫的美，中年精壮强健的美，老者深熟沉静的美，美术家的色彩线条美，音乐家的声音和谐美。连被一般人认为最刻板的自然科学，也有它的“工程美”；连最枯燥的哲学，也有它的哲理美。这些美都是不同的人，在各自不同的环境与条件下，乐而自得的。而舞蹈，是一种真正以生命自身来塑造的艺术，因此它也最有灵性。舞者，是一面镜子，能照出各人的影；舞姿，是一阵风，能拂动各人的情；舞台，是一面大的雷达，能接收与反射各人的思想。当我们在大剧场里落座，四周灯光渐暗，乐声轻起，台上演员翩跹起舞时，我们便一下获得了一种共同的美——人之美。你看她一笑一颦(pín)，一起一停，一甩手一投足，挺拔、秀丽、高朗、愁忧，仿佛社会上一切美的物、美的情，这时已全都聚集在她的身上，成一团美的魅力。她早已不是她自己，而是一位法力无边的美神。她翻起人们的回忆，惹动人们的情思，牵动整个美的世界。这时平日里在你心中储存着的一切美好的形象，清风明月夜、风和日丽春、小桥流水、百鸟啭鸣，都会突然闪现在你的眼前，泛起在你的脑海。刹那间，美的信息开始了奇妙的交流。

本来，舞蹈就是因人们内心情感的摇荡而不由得手舞足蹈。明月当空，花间的李白无亲自怜，便起舞弄清影，举杯邀月；大江上的曹操有雄兵百万，就横槊(shuò)赋诗，酹(lèi)酒江心。今舞者，正是从人们平常不自觉的动作中，抽出最美的、规律性的东西，以衣具饰之，以音乐和之，酿成一股酒香，反过来荡摇人的感情。所以，老者观舞，会生还少的乐趣；少年观舞，会陷入一片深沉。科学家在这里能为自己的规律找到美的表述方式，哲学家在这里能为自己的哲理找到美的形象。张旭观公孙大娘一舞而得书法之精妙，杜甫观公孙弟子之舞而有华章传世。人们与其说是在欣赏舞蹈，不如说是在发现与升华自己潜在的美的意识、美的素养。因为，无论是演员还是观者，他们都是最有灵感的高级生命。虽说表演艺术中还有话剧，但它主要靠台词；还有戏曲，但它主要靠唱腔；还有电影，那便更要借助许多手段。只有舞蹈是纯靠人的外形与内蕴。它的美，实在是特别的。

阅读链接

舞蹈是一种表演艺术，以经过提炼、组织和美化的人体动作为主要表现手段，创造可被具体感知的生动的形象，表达思想感情，反映社会生活。

我国有很多学者认为舞蹈源于劳动，因为劳动是人生存和发展的第一需要，也是劳动创造了人自身，是劳动创造了人类社会。

阅读实践

提起京剧，你的脑海中也许会浮现出丰富多变的脸谱；读到《云南的歌会》，你也许能想象出少数民族对歌、传歌的场面……阅读这一组文章，摘抄相关的语句，想象描绘的画面，感受各种艺术的美妙。

文章题目	佳句
《云南的歌会》	
《忆刘宝全先生（节选）》	
《音乐的光芒》	
《我看舞蹈的美》	

这一组文章所介绍的几种艺术，你最欣赏哪一种？从中选出最感兴趣的一门艺术，和同学交流一下吧。

京韵大鼓，也称“京音大鼓”。清末由河北一带流行的木板大鼓经艺人改革发展形成。演唱短篇，只唱不说。唱词基本为七字句，主要唱腔有平腔、高腔、落腔、起伏腔等。一人演唱，自打鼓、板。伴奏乐器有三弦、四胡、琵琶等。代表曲目有《长坂坡》《大西厢》等。

我来聊聊……

跳舞、唱歌、弹琴、画画、剪纸、书法、捏泥人……你的拿手好戏是什么？用文字描述下来，和同学一起分享吧！

通过范文与组文的阅读，我们不仅感受到了各种艺术的魅力，还学会了“借助语言文字展开想象，体会艺术之美”的阅读方法。艺术无处不在，生活因艺术而精彩。阅读下面的文章，让我们在一个个扣人心弦的故事中继续感受艺术之美，让我们的思绪插上想象的翅膀自由飞翔，让我们的脚步踏遍世界的每一个角落，寻访人类文明的足迹……

阅读时，继续学习作者是怎样在叙事中展开联想和想象的，是怎样把眼前看到的和内心的想象自然地融合在一起的，进而联系现实生活，体会如何将艺术之美写得具体可感，并尝试运用到自己的习作中去。

① 音乐与我（节选）

王　蒙

我喜欢音乐，离不开音乐。音乐是我的生活的一部分，我的生命的一部分，我的作品的一部分。有时候是我的作品的一个非常重要的、头等重要的部分。

在《组织部来了个年轻人》里，我曾经动情地描写林震和赵慧文一起听《意大利随想曲》的情形。那时候我也爱听《意大利随想曲》，它的曲调对于我来说是透明纯洁的，遥远但不朦胧，清亮而又有反复无休的诗情。它常常使我想起碧蓝如洗的辽阔的天空，四周没有一点儿声音，突然，从天空传来了嘹亮的赞美诗般的乐声。

在《布礼》里，我的主人公新婚之夜是用唱歌来回忆他们的生活和道路与过往的年代的。

当年的战斗的、革命的歌曲，如今唱起来还具有某种怀旧意味。一唱某个歌，某个特定的历史时期就出现了，这真叫人感动。

我不会演奏任何乐器——真惭愧，但是我爱唱歌和听音乐……

《歌神》和《如歌的行板》干脆一个以维吾尔族歌曲、一个以柴可夫斯基《第一弦乐四重奏》第二乐章——“如歌的行板”来贯穿全篇。特别是“如歌的行板”，它是全篇的主线，又是该中篇小说的基调，连结构也受这段弦乐四重奏的影响，从容地发展进行，呈示和变奏，爬坡式的结尾。

问题还不仅仅在于这些直接写到歌曲或者乐曲的篇章或者片段的作品（还有《春之声》呢，“春之声”双关的语义之一，便是约翰·施特劳斯的那个著名的圆舞曲）。

从整体来说，我在写作中追求音乐，音乐的节奏性与旋律性，音乐的诚挚的美，音乐的结构手法。

我常常自以为60年代我写的《夜雨》是一个钢琴小品曲。全篇是以“窸窸窣窣”“窣窣窸窸”“滴滴答答”“答答滴滴”“哗哗啦啦”这样5次互相颠倒与重复的象声词来做每一段的起始，这是风声、树声和雨声，这也是钢琴声。

那时候（现在也一样）我喜欢听柴可夫斯基的钢琴曲《四季》中的《十一月》（即《雪橇》），当然，我写的《夜雨》要稍微沉郁一些。

《夜的眼》我自以为是大提琴曲。《风筝飘带》里，佳原和素素在饭馆里对话的时候，我总觉得在他们的身后是有伴奏的，他们说的只是“老豆腐”“四两粮票两毛钱”“端盘子”，然而他们的真情流露在伴奏里。后来佳原的奶奶死了，几天没有到素素的清真馆来吃炒疙瘩，素素惘然若失，想起了在内蒙古插队放马时失落了小马驹(jū)的悲哀。我又写素素和佳原的再见面，又写幻想中小马驹的奔跑。如果说素素和佳原的再见面是用弦乐来表现的，小马驹的奔跑则是敲响了木琴。把木琴插进去，也许有助于弦乐的衬托。

《春之声》里也写了歌和乐，写的是德文歌和约翰·施特劳斯的《春之声》，但这篇小说本身，我自以为是中国的民乐小合奏，二胡、扬琴、笙、唢呐、木鱼、锣、鼓一齐上。《春之声》里用了大量的象声词，“咣”“叮咚叮咚”“哞哞哞”“丁零丁零”“咚咚咚、噔噔噔、嘭嘭嘭”“轰轰轰、嗡嗡嗡、隆隆隆”“咣气咣气”“喀郎喀郎”“咣哧”“叭”……本来就是写“声”的嘛。

想一想作者为什么说《春之声》是中国的民乐小合奏。

那么《海的梦》呢？也许我希望它是一支电子琴的曲子吧。

《蝴蝶》大概是协奏曲，钢琴的？提琴的？琵琶的？《布礼》呢？像不像钢琴独奏？《相见时难》呢？

在1953年我开始写我的处女作《青春万岁》的时候，最感困难的是结构。那时，在我心目里，是有一批人物，有一系列生活画面，有一些激情的，怎么把这些东西组织起来呢？这可苦恼死我了。原因是，从一动笔，我就没有采用那种用一条完整的情节贯穿线来组织全篇的办法。

就在为《青春万岁》的结构而苦恼，而左冲右撞不得要领的时候，我去当时的中苏友协文化馆听了一次唱片音乐会。我已经记不清那是谁的作品了，反正是那时一个苏联作曲家的交响乐新作。交响乐的结构大大启发了我、鼓舞了我、帮助了我，我所向往的长篇小说的结构正应是这样的呀，引子、主题、和声、第二主题、冲突、呈示和再现。一把小提琴如诉如慕，好像是某个人物的心理抒情。小提琴齐奏开始了，好像是一个欢乐的群众场面。鼓点和打击乐，低沉的巴松，这是另一条干扰和破坏书中的年轻人物的生活的线索，一条反抒情线索的出现。竖琴过门，这是风景描写。突然的休止符，这是情节的急转直下。大提琴，这是一个老人的出场……

我悟到了，小说的结构也应该是这样的，既分散又统一，既多样又和谐。有时候有主有次，有时候互相冲击、互相纠缠、难解难分。有时候突然变了调、换了乐器、好像是天外飞来的另一个声音，小说里也是这样，写上四万字以后，你可以突然摆脱这四万字的情节和人物，似乎另起炉灶一样，写起一个一眼看去似乎与前四万字毫不相干的人和事来。但慢慢地，又和主题、主旋律、主线扭起来了，这样就产生了开阔感和洒脱感。狄更斯的小说——《双城记》就很善于运用这种天马行空、百川入海的结构方法。而这些方法，首先是音乐给我以启示。所以我说过，对于文学作品的结构，不但要设想它、认识它、掌握它，而且要感觉它。

音乐是我的老师，当然，音乐也为我服务，它可以引起我的回忆，触发我的感受。当我写《相见时难》的时候，我不停地与蓝佩玉和翁式含一起重温40年代、50年代的那些歌儿。我是哼哼着那些歌来写作的，包括儿歌“我们要求一个人……”“水牛儿，水牛儿，先出犄角后出头”，也包括用徐志摩的诗谱写的《偶然》。这首歌我本来几乎早已忘了，不知道是因为写《相见时难》而想起了《偶然》，还是因为1980年秋在美国衣阿华大学参加“中国周末”时偶然听到了《偶然》（只是片段地听了一两句），才触发了我要去写《相见时难》，并从而忆起了这首也许并不太好的歌的曲和词。

音乐有无穷的力量。读了本文，说一说：音乐带给作家哪些方面的帮助？

② 我的舞台

吴　霜

舞台对我有着神奇的吸引力。

我还没有出生时，便和舞台结下了不解之缘。我的母亲是评剧演员新凤霞。据说，我在娘胎时，就“登台唱戏”了——母亲在台上唱，我在她肚子里唱。肚子里暗无天日，又无观众，没情绪，不过瘾，我便“大闹天宫”——那天，母亲唱完戏，来不及卸妆，就被送到医院迎接我的降生。为了能够早日尽情演唱，我等不及十月怀胎期满，提早来到了人间。一出世，我就亮开了嗓门，憋了七个月，这回总算过足了瘾，全病房的观众都为我喝彩。

我刚会走路，就在小床上模仿母亲“演戏”。身上围着一条大毛巾，摇摇晃晃走几步，两手上下左右比画着，嘴里咿(yī)咿呀呀地乱唱。爷爷、奶奶还有小花猫，都是我的观众。“演出”中途，哪位观众要离开“剧场”，都会引起我的不满。一次，小花猫看得兴起，竟蹿(cuān)上了床。我为赶它下“台”，脚下没留神，一个倒栽葱，摔下床来，直摔得我眼冒金星，半天没缓过劲儿来。

后来，更多的时间是跟随母亲演出。无论多么远的剧场，无论演出到多晚，我是场场必到，直至演出结束。每次演出，我一定要到台上去看，即使被挤在厚厚的幕布里，憋闷得满头是汗，也兴味盎然。母亲演唱的许多戏文，演唱时的身段、板眼，就这样在不知不觉中学会了。母亲的学生来我家学戏，忘词的时候，趁母亲不在，会向我请教：“小霜霜，这句词是怎么唱来着？”

我六岁的时候，父母亲为了造就一个真正的小新凤霞，让我正式拜师学艺。师父是一位身高近两米的黑脸大汉，往我面前一站，像一堵墙。“霜霜，鞠躬，叫师父，以后每星期跟着师父练三次毯子功。”母亲一反平常对我溺(nì)爱娇宠(chǒng)的态度，绷(běng)着脸对我说。

于是，我的舞台从床上转移到了铺着练功毯的院子里。

全家人都惊讶地发现，我这个被宠坏了的小公主，不知从哪儿来了一股狠劲儿。六岁的小女孩柔弱的身体成了黑脸大汉手中的一块生面团，翻过来、拐(zhōu)过去、立起来、横过去，抻(chēn)、拉、压、拽，为所欲

反复默读这一段，想象“我”练功的画面，画出描写“我”练功动作的词语。从中你体会到了什么？

为。奶奶看不过我被整得满脸的泪水和汗水，每次都目不忍视地躲到里屋。我自己倒从没叫过苦、喊过疼——让观众看我哭哭啼啼地演戏，像什么话呀？

暑去寒来，几年后，我就可以下腰到地，双手倒抓住脚腕；或一手抓住举过头顶的脚心，做前后翻，跑虎跳，其他基本功的动作更不在话下。

我的观众不断增多。有一次，表演艺术大师赵丹和漫画家张乐平来我家，自然要看我的表演。我演到一半时，两个人开始窃窃私语，身为主演的我大为不满，竟然出了戏，跑到他们面前，提出抗议："不许说话，不然下次看你们演戏，我也说话。"事后妈妈批评我没有风度，我说："您不是常说要老实做人，认真演戏吗？"妈妈听了无言以对。

我在舞台上慢慢长大，舞台如一炉火，练就了我的勇气和毅力。

③ 傅雷家书（节选）

傅　雷

早预算新年中必可接到你的信，我们都当作等待什么礼物一般地等着。果然昨天早上收到你来信，而且是多少可喜的消息。孩子！要是我们在会场上，一定会禁不住涕泗横流的。世界上最高的最纯洁的欢乐，莫过于欣赏艺术，更莫过于欣赏自己的孩子的手和心传达出来的艺术！其次，我们也因为你替祖国增光而快乐！更因为你能借音乐而使多少人欢笑而快乐！想到你将来一定有更大的成就，没有止境的进步，为更多的人更广大的群众服务，鼓舞他们的心情，抚慰他们的创痛，我们真是心都要跳出来了！能够把不朽的大师的不朽的

《傅雷家书》是著名翻译家傅雷及夫人1954—1966年间写给两个儿子（主要是长子傅聪）的家信摘编，是充满着父爱的教子名篇。傅雷用自己的经历现身说法，以自己的人生经验教导儿子傅聪做一个“德艺俱备、人格卓越的艺术家”。读一读这本书吧，相信它会给你带来启发。

作品发扬光大，传布到地球上每一个角落去，真是多神圣、多光荣的使命！孩子，你太幸福了，天待你太厚了。我更高兴的更安慰的是：多少过分的谀辞与夸奖，都没有使你丧失自知之明，众人的掌声、拥抱，名流的赞美，都没有减少你对艺术的谦卑！总算我的教育没有白费，你二十年的折磨没有白受！你能坚强（不为胜利冲昏了头脑是坚强的最好的证据），只要你能坚强，我就一辈子放了心！成就的大小、高低，是不在我们掌握之内的，一半靠人力，一半靠天赋，但只要坚强，就不怕失败，不怕挫折，不怕打击——不管是人事上的，生活上的，技术上的，学习上的——打击；从此以后你可以孤军奋斗了。何况事实上有多少良师益友在周围帮助你，扶掖你。还加上古今的名著，时时刻刻给你精神上的养料！孩子，从今以后，你永远不会孤独的了，即使孤独也不怕的了！

“赤子之心”这句话，我也一直记住的。赤子便是不知道孤独的。赤子孤独了，会创造一个世界，创造许多心灵的朋友！永远保持赤子之心，到老也不会落伍，永远能够与普天下的赤子之心相接相契相抱！你那位朋友说得不错，艺术表现的动人，一定是从心灵的纯洁来的！不是纯洁到像明镜一般，怎能体会到前人的心灵？怎能打动听众的心灵？

…………

音乐院院长说你的演奏像流水、像河，更令我想到克利斯朵夫的象征。天舅舅说你小时候常以克利斯朵夫自命，而你的个性居然和罗曼·罗兰的理想有些相像了。河，莱茵，江声浩荡……钟声复起，天已黎明……中国正到了“复旦”的黎明时期，但愿你做中国的——新中国的——钟声，响遍世界，响遍每个人的心！滔滔不竭的流水，流到每个人的心坎里去，把大家都带着，跟你一块到无边无岸的音响的海洋中去吧！名闻世界的扬子江与黄河，比莱茵的气势还要大呢！……黄河之水天上来，奔流到海不复回！……无边落木萧萧下，不尽长江滚滚来！……有这种诗人灵魂的传统的民族，应该有气吞牛斗的表现才对。

你说常在矛盾与快乐之中，但我相信艺术家没有矛盾不会进步，不会演变，不会深入。有矛盾正是生机蓬勃的明证。眼前你感到的还不过是技巧与理想的矛盾，将来你还有反复不已更大的矛盾呢：形式与内容的枘(ruì)凿，自己内心的许许多多不可预料的矛盾，都在前途等着你。别担心，解决一个矛盾，便是前进一步！矛盾是解决不完的，所以艺术没有止境，没有perfect（完美）的一天，人生也没有perfect的一天！唯其如此，才需要我们日以继夜，终生地追求、苦练；要不然大家做了羲皇上人，垂手而天下治，做人也太腻了！

日积月累

美是艺术的最高原理，同时也是最高的目的。

——歌德

你如果要做一个艺术家，你要牢记：必须开拓你的胸襟，务使心如明镜，能够照见一切事物，一切色彩！

——达·芬奇

4 怀素《食鱼帖》

黄 裳

这两天天气很好，是江南最好的秋日。出去闲走，在书店里买得文物出版社新刊的唐怀素《食鱼帖》真迹，非常高兴。这帖只不过草书八行，五十六字。字写得好，文字尤为有趣：“老僧在长沙食鱼，及来长安城中，多食肉，又为常流所笑，深为不便，故久病不能多书，实疏还报。诸君欲兴善之会，当得扶羸也。九日，怀素藏真白。”

阅读本文，圈画出描写《食鱼帖》内容的语句，想象描绘的画面，感受怀素书法艺术的魅力吧！

我读此帖，良久，还是不想放手。其实不过五十六个字，一下子就看完了，但还是看了好半日，也许这是年纪大起来了的缘故吧，不过这种习惯，是多年以前就已如此了。欣赏书画，前人每喜用一“读”字，是很有道理的。比起“研究”“玩索”……这些字眼似乎都要好，它表达的意境要更为丰富而生动，也没有那种“正经气”。

不只是专家，就像我这种普通的读者也可以用得。我是不懂草书……一切书道的，但喜欢书法。就如这帖，出于老和尚之手，而且又声明他是在久病之中，但还是写得精神饱满，飞动如意，实在值得佩服。他说，来到长安以后，改食鱼为食肉，这就招来了许多人的非议，弄得很尴尬，以致生了很久的病。怀素是坦率的，他公开承认常常吃肉，白纸黑字，不怕被人抓住小辫子，以触犯佛门清规戒律的罪名揪出来批斗，是很可爱的。在这位老僧看来，和尚戒荤（hūn）酒这种条条，根本就是骗人的鬼话，殊不值得认真对待。他认为持此种迂见者就是“常流”，也就是习惯势力。他可并不在乎，他表示要扶病参加诸君打算举行的“兴善之会”（也许“兴”字是动词）。这是怎样的会，不得而知。推想不会是什么水陆道场之类的正规仪式，而且必然有肉可吃的吧？不过照此帖看来，食鱼可，食肉则不可。难道吃鱼就不算“杀生”吗？我于佛法毫无研究，读来读去也终于不能懂。

此帖原迹藏于青岛市博物馆，今用胶版印行，虽然不及珂罗版的精妙，但也可以看得，价钱只要人民币五角，可谓价廉物美。在我们社会主义祖国里，最广大的人民群众都有欣赏艺术珍品的方便，这就是很好的一例。近来各地印行的这种书画名迹日益增多了，真是值得高兴的事。

此帖后有宋人吴喆(zhé)于宣和甲辰（1124）所作之跋，他写得一笔苏字，十分逼肖，比起明代的吴宽来高明得多，完全可以免于“墨猪”之诮，但究竟比起东坡来天差地远。我们因此可以知道，在北宋末，苏轼的书风是怎样地风靡(mǐ)了一世。岳飞曾写得一笔好苏字，也是受了这风气的影响。岳飞的孙子岳珂就曾对此做过说明，可证今传岳飞书帖确是真迹无疑。

一九七九年九月十日

近读乙之先生文，谈《食鱼帖》，认为印本释文末句误将“会当”二字割裂，实当标作“诸君欲兴善之，会当得扶羸也”，义较长。

一九八三年中秋日重校记

⑤ 台北故宫博物院看画小记

冯骥才

去台湾前，友人们见我便说：“一定要看看台北故宫博物院呀。”

我连连点首说是。这之中另有一层缘故，便是少时习画，手中有一套家藏的《故宫周刊》。北京故宫所藏的书画珍玩，都印在上边。这套画集几乎被我翻烂。不少名画不但如印脑海，还一遍遍摹写于手下。这些画大都在1949年被搬到台湾，看不到真迹，只能从这印成巴掌大小的画面中领略原作的精神。以后，此画集又被闯入者付之一炬。那些画便从此诀别，全然化为一片美丽又迷离的梦了。

眼睛看不见的，只有靠心来看。凡是靠心来看的大多是消失的事物。谁想到它还能返回到眼前？

到了台北，自然是急切切寻得故宫博物院的大门便一头扎进去。今年（指1995年）正值北京故宫博物院70周年大庆，海峡两岸故宫博物院同庆吉日，都将珍存国宝悉数捧出。台北故宫博物院展出的是它庋(guǐ)藏最丰的宋人绘画，这便使我得以尽览历时千载、与日月同辉的东方杰作。

走入展馆，所有我曾经迷恋的、临摹过的、印在《故宫周刊》上的那些名画的原作，都一幅幅挂在这里。边走边停边看，过往的岁月便悄悄地令人感动地来到身边。原来艺术中也有时光隧道。一时连易培基题写“故宫周刊”那几个歪歪斜斜的字也从记忆深处跑出来。一幅幅画都像少时好友们的脸，此刻仿佛放大了，施了色彩，清清楚楚呈现面前。远去的事物之所以朦胧模糊，都因为细节的遗忘。现在画上历历的细节唤醒了几乎忘却的往日习画的情景。一时连当年运笔时美妙的感觉也隐隐生于指间与腕底。是不是由此还会联想到那时的画桌，一方紫石砚，半块万年青，几支李福寿制作的叶筋笔和白云笔、长笔与短笔、新笔与秃笔……还有室内晦明又迷人的光线？

对于艺术品，看原作和看印刷品截然两样。画是画家心灵挥洒的立体的空间，是浪漫想象的天空，也是画家意兴与才情的神气十足的呈现。这一切只能从原作中感受到。画家作画时，他生命的跃动、情致的状态、心绪的流变，一律通过笔墨，深深透进纸的纤维，画就成了生命的一种载体。它所承载的生命的气息，你的目光全能从这原作的画面上摸索到。如果把它拍成照片，印在画册上，自然精神全无了。这便是为什么当初我从《故宫周刊》上只感觉到“至美”，而现在从原作中才体会到“至真”的缘故。尤其是贾师古的《岩关古寺》，我曾多次从《故宫周刊》上摹习过，这一次见到原作，简直是受到了震撼！尺方一帧(zhēn)，苍雄刚劲，气吞千里。那山石不用皴(cūn)擦，全使笔锋削斫(zhuó)，宛如利斧剁石，细看每一笔似乎都用了千钧之力，铿锵干脆，非此不能达到满幅画面的坚硬之感。这是当初在印刷品中绝得不到的体验。于是想起中学时代在京师惠孝同先生家临摹宋人《寒林图》和王诜《渔村小雪图》的真迹时，惠先生再三说：“临画必临原作。”始信此话是一真理。世上的真理有大有小，大真理可望而不可即，小真理则应该牢牢抓在手中。

看来欣赏原画和看画册的感受是不一样的，说说它们的区别吧。你是否有过和作者同样的感受呢？

看到此时，已觉自己不是在宋画之中，而是身在宋人的精神天地里。中国绘画自唐至宋，社会进步，生活充裕，艺术家很少有避世的向往，多做现实的参与，因对人间故事充满兴趣，画法则趋向写实。然而宋人的写实并非客观冷静，而是充满主观热情，于是宋画对大千世界、人间百态、世上万物，无不关注，无不亲爱，无不描绘得精妙真切。我不由得对同来参观的北京画家王明明与詹庚西说：“宋人已经把写实手法发展到极致了，逼得元人只好走走写意的路子。”

从宋人的绘画中，我们已经看到了元代画风骤变的根由。

当一个时代把一种流行的审美，一种美妙的方式，一种大众宠爱、令人痴迷的形态，发挥到了无以复加、到了尽头，事物便会折返回来，向相反的全然不同的天地走去。但人类不会简单地重复这种往返，每一次看似重返，看似复旧或复古，实际上都注入了自己时代的成分。这成分中包含着一种精神的新需求，一种从变换的角度里去获得新发现的渴望，一种在更新中创造的追求。正像意大利文艺复兴运动所表现的那样。艺术史家的使命则是从这时代的新成分中，去寻找人类前行的足痕……

唉，如果我们每次看画，都能获得比画的本身多得多的东西，那么看画该是件多有意味的事啊！

⑥ 琼楼玉宇，高处不胜寒

季羡林

阿格拉是有名的地方，有名就有在泰姬陵。世界舆论说，泰姬陵是不朽的，它是世界上多少多少奇迹之一。而印度朋友则说："谁要是来到印度而不去看泰姬陵，那么就等于没有来。"

我前两次访问印度，都到泰姬陵来过，而且两次都在这里过了夜。我曾在朦胧的月色中来探望过泰姬陵，整个陵寝在月光下幻成了一个白色的奇迹。我也曾在朝晖的微光中来探望过泰姬陵，白色大理石的墙壁上成千上万块的红绿宝石闪出万点金光，幻成了一个五光十色的奇迹。总之，我两次都是名副其实地来到了印度。这一次我也决心再来，否则，我的三访印度，在印度朋友心目中就成了两访印度了。

同前两次一样，这一次也是乘汽车来的。车子下午从德里出发，一直到黄昏时分，才到了阿格拉。泰姬陵的白色的圆顶已经混入暮色苍茫之中。我们也就在苍茫的暮色中找到了我们的旅馆。从外面看上去，这旅馆砖墙剥落，宛如年久失修的莫卧儿王朝的废宫。但是里面却是灯光明亮，金碧辉煌，完全是另一番景象。房间都用与莫卧儿王朝有关的一些名字标出，使人一进去，就仿佛到了莫卧儿王朝；使人一睡下，就能够做起莫卧儿的梦来。

我真的做了一夜莫卧儿的梦。第二天一大早，我们就赶到泰姬陵门外。门还没有开。院子里，大树下，弥漫着一团雾气，掺杂着淡淡的花香。夜里下过雨，现在还没有晴开。我心里稍有懊恼之意：泰姬陵的真面目这一次恐怕看不到了。

但是，突然间，雨过天晴云破处，流出来了一缕金色的阳光，照在泰姬陵的圆顶上，只照亮一小块，其余的地方都暗淡无光，独有这一小块却亮得耀眼。我们的眼睛立刻明亮起来，这不就是泰姬陵的真面目吗？

我们走了进去，从映着泰姬陵倒影的小水池旁走向泰姬陵，登上了一层楼高的平台，绕着泰姬陵走了一周，到处瞭望了一番。平台的四个角上，各有一座高塔，尖尖地刺入灰暗的天空。四个尖尖的东西，衬托着中间泰姬陵的圆顶那个圆圆的东西，两相对比，给人一种奇特的美。我想不出一个适当的名词来表达这种美，就叫它几何的美吧。后面下临阎牟那河。河里水流平缓，有一个不知什么东西漂在水里面，一群秃鹫和乌鸦趴在上面啄食碎肉。秃鹫们吃饱了就飞上栏杆，成排地蹲在那里休息，傲然四顾，旁若无人。

我们就带着这些斑驳陆离的印象，回头来看泰姬陵本身。我怎样来描述这个白色的奇迹呢？我脑筋里所储存的一切词汇都毫无用处。我从小念的所有的描绘雄伟的陵墓的诗文，也都毫无用处。“碧瓦初寒外，金茎一气旁。山河扶绣户，日月近雕梁。”多么雄伟的诗句呀！然而，到了这里却丝毫也用不上。这里既无绣户，也无雕梁。这陵墓是用一块块白色大理石堆砌起来的。但是，无论从远处看，还是从近处看，却丝毫也看不出堆砌的痕迹，它浑然一体，好像是一块完整的大理石。多少年来，我看过无数的泰姬陵的照片和绘画，但是却没有看到有任何一幅真正照出、画出泰姬陵的气势来的。只有你到了泰姬陵跟前，站在白色大理石铺的地上，眼里看到的是纯白的大理石，脚下踩的是纯白的大理石，陵墓是纯白的大理石，栏杆是纯白的大理石，四个高塔也是纯白的大理石。你被裹在一片纯白的光辉中，翘首仰望，纯白的大理石墙壁有几十米高，仿佛上达苍穹。在这时候，你会有什么样的感觉，我不知道。反正我自己仿佛给这个白色的奇迹压住了，给这纯白的光辉网牢了，我想到了苏东坡的词：“琼楼玉宇，高处不胜寒。”我自己仿佛已经离开了人间，置身于琼楼玉宇之中。有人主张，世界上只有阴柔之美与阳刚之美。把二者融合起来成为浑然一体的那种美，只应天上有。我眼前看到的就是这种天上的美。我完全沉浸在这种美的享受中，忘记了时间的推移。等到我从这琼楼玉宇中回转来时，已经是我们应该离开的时候了。

从泰姬陵到红堡是一条必由之路，我们也不例外。到了红堡，限于时间我们只匆匆地走了一转。莫卧儿王朝的这一座故宫，完全是用红砂岩筑成的。如果说泰姬陵是白色的奇迹的话，那么这里就是红色的奇迹。但是，我到了这里，最关心的却是一块小小的水晶。据说，下令修建泰姬陵的沙贾汗，晚年被儿子囚了起来。他本来还准备在阎牟那河这一边同河对岸泰姬陵遥遥相对的地方，修建一座完全用黑色大理石砌成的陵墓，如果建成的话，那将是一个不折不扣的黑色的奇迹。然而在这黑色的奇迹出现以前，他就失去了自由，成为自己儿子的阶下囚。他天天坐在红堡的一个走廊上，背对着泰姬陵，凝神潜思，忍忧含悲，目不转睛地注视着镶嵌在一个柱子上的那一块水晶，里面反映出整个泰姬陵的影像。月月如此，天天如此，这位孤独的老皇帝就这样度过了他的残生。

这个故事很有些浪漫气息。几百年来，也打动了千千万万好心人的心弦，滴下了无数的同情之泪。但是，我却是无泪可滴。我上一次来的时候，印度朋友曾告诉过我，就在这走廊下面那一片空地上，莫卧儿皇帝把囚犯弄了来，然后放出老虎，让老虎把人活活地吃掉。他们坐在走廊上怡然欣赏这一幕奇景。这样的人，即使被儿子囚了起来，我难道还能为他流下什么同情之泪吗？这样的人，即使对死去的爱姬有那么一点情意，这种情意还值得几文钱呢？我正在胡思乱想的时候，红堡城墙下长着肥大的绿叶子的树丛中，虎皮鹦鹉又吱吱喳喳叫了起来。这种鸟在中国是会被当作珍禽装在精致的笼子里来养育的。但是在阿格拉，却多得像麻雀。有那么一个皇帝，再加上这些吱吱喳喳的虎皮鹦鹉，我的游兴已经索然了。那些充满了浪漫气氛的故事对于我已经毫无吸引力了。

我回到了现实。人间和现实是充满了矛盾的，但是它们又确实是美的。就是在阿格拉也并非例外。27年前，当我第一次到阿格拉来的时候，我在旅馆中遇到的一件小事，却使我忆念难忘。现在，当我离开了泰姬陵的时候，我不由得又回忆起来。

我们在旅馆里看一个贫苦的印度艺人让小黄鸟表演识字的本领。又看另一个艺人让眼镜蛇与獴决斗。两个小动物都拼上命互相搏斗，大战了几十回合，还不分胜负。正在看得入神的时候，我瞥见一个印度青年在外面探头探脑。他的衣着不像一个学生，而像一个学徒工。我没有多加注意，仍然继续观战。又过了不知多少时候，我又一抬头，看到那个青年仍然站在那里，我立刻走出去。那个青年猛跑了几步，紧紧地抓住了我的手，我感觉到他的手有点颤抖。他递给我一个极小的小盒，透过玻璃罩可以看到，里面铺的棉花上有一粒大米。我真有点吃惊了，这一粒大米有什么意义呢？青年打开小盒，把大米送到我眼底下，大米上写着“印中友谊万岁”几个字，只能用放大镜才能看得清楚。他告诉我，他是一个学徒工，最热爱新中国，但却从来没有机会接触一个中国人。听说我们来了，他便带了大米来看我们。从早晨等到现在，中午早已过了，但是几次被人撵走。现在终于见到中国朋友了，他是多么兴奋啊！我接过了小盒，深深地被这个淳朴的青年感动了。我握住了他的手，心里面思绪万千，半天没有说出话来。我一直目送这个青年的背影消失在大街上熙熙攘攘的人群中，才转回身来。

泰姬陵是美的，是不朽的。然而，人们心里的真挚感情不是比泰姬陵更美，更不朽吗？上面说的这件小事，到现在，已经过了27年，在人的一生中，27年是一段漫长的时间。可是，不管我什么时候想起这件小事，那个学徒工的影像就栩栩如生地浮现在我的眼前。现在他大概都有四五十岁了吧。中间沧海桑田，世间多变。但是我却不相信，他会忘掉我，会忘掉中国，正如我不会忘掉他一样。据我看，这才是真正的美，真正的不朽。是美的、不朽的泰姬陵无法比拟的美，无法比拟的不朽。

阅读链接

泰姬陵，位于印度北方邦的阿格拉近郊，是莫卧儿帝国皇帝沙贾汗为其妃蒙泰姬建造的墓。该建筑用白色大理石筑成，墙上镶嵌五彩宝石，中央覆盖着一个直径约18米的圆形穹隆，四角有四座高41米的尖塔。泰姬陵是印度伊斯兰建筑的主要代表。

⑦ 为什么学图画

丰子恺

不欢喜图画的人以为“我将来并不要靠画图吃饭，不会画图打什么紧？图画课不上也不妨”。

然而他们想错了。假如照他们所说，中学校里的图画课是为欲教学生做画家而设，将来他们长大起来，中国的四万万人全体是画家了！世间哪会有这样的事？故可知学图画绝不是想做画家。

其次，假如照他们所想，学校中的功课要直接有用处才应该学习，那么中学校的课程表上的科目大半可以废止了。因为在一般人们的实际生活中，哪个每天在解方程式，烧试验管，探显微镜呢？故可知学图画不是要直接应用的。

学图画绝不是想做画家，也不是要在将来直接应用，那么为什么大家要学图画呢？诸生务须先把这个根本问题想一想清楚，然后跨进图画教室去。现在让我来代替怀这个疑问的人解说一番。

假如有两个母亲都到衣料店去购买绸布，为小孩子做衣服。一个母亲很有钱，买了时髦的绫罗缎匹来，可是她不会裁缝，衣服的质料尽管贵重，而孩子们穿了姿态十分难看。还有一个母亲虽然钱很少，只买了几尺粗布，但是她对于服装样式很知道美恶，又长于裁缝，故所做的衣服虽然只是一件布衫，而孩子们穿了怪有样子，令人觉得可爱。

又假如有两处饮食店，一处烧菜用的材料都是山珍海味，可是不会调味，油盐酱醋配得不宜，盛菜的器皿(mǐn)和座位也粗污而不讲形式。另一处材料虽然只有蔬菜之类，但滋味调得恰好，盛菜的器皿和座位也清洁而形式美观，令人入座就觉得快适。

假如你们遇见这两个母亲和这两处饮食店，请问赞许哪一个和哪一处？我想一定赞许后者吧。因为我知道人都欢喜美观与快适。

原来人们都是欢喜感觉的快美的。故对于物，实用之外又必要求形色的美观。试看糖果店内的咖啡糖，用五色灿烂的锡纸包裹着，人们就欢喜购食，而且滋味似比不包裹的好得多。所以有人说：“人们吃东西不仅用口，又兼用眼。”同是一杯茶，盛的杯子的形式的美恶与茶的滋味的好坏大有关系。同是一盘菜，形色装得美观，滋味似乎也甘美。馈赠的饼饵，全靠有装潢（huáng），故能使人欢喜；送礼的两块钱，全靠有红封袋，故能表示敬意。商店的窗装饰华丽，可以引诱主顾；旅馆的房间布置精美，可以挽留旅客……我们的生活中，这样的例子不遑（huáng）枚举。可见人们是天生爱好快美的。

照上述的实例想来，快美之感，在人类生活上是何等重大的必要条件！为了形式的缺乏而受损失的例子，事实上也很多。就如前述的例子：衣服形式不良，把贵重的绫罗糟蹋了。商店装饰不美，其商业必受很大的影响。在美的要求强盛的现代，商品几乎是全靠装潢而畅销的了。

使我们起快美之感的东西，必具有美好的形状与色彩。反之，使我们起不快之感的东西，必定是其形状与色彩不美的缘故。怎样的形色是美的？怎样的形色是不美的？怎样可使形色美观而催人快感？这练习便是图画的最重要的目的。

故学图画并不是想做画家，也不是要把图画直接应用。我们之所以要学图画者，因为大家是人，凡人的生活都要求快美之感，故大家要能辨别形色的恶美，即大家要学图画。

男学生们说：“我并不是女子，将来并不要做母亲而缝衣服。”女学生们说：“我将来并不要开旅馆而布置房间。”这话显然是错误的了。因为既然是人，没有一个人不要求快美之感，即没有一个人可以没有辨别形色美恶的能力，没有一个人可以不学图画。你们身上的服饰，桌上的文具，起卧的寝室，用功的教室，散步的庭园，哪一种可以秽恶而不求美观？猪棚一般的屋子和整洁的屋子，你们当然欢喜后者。假如你们的社会中有美丽的公园，有清洁的道路，有壮丽的公共建筑，你们的学校里有可爱的校园、畅快的运动场、整洁的自修室、庄严的会场、雅致的画室，你们的家庭中有清静的院子，温暖的房屋，悦目的书画、盆栽和陈设，这等便是地方的当局、你们的校长父母等为你们设备着的。可知做官吏，做校长，做父母，都应该学过图画。他们没有一人常在画图画，不过他们的图画不画在纸上，而画在地方上、学校里、家庭中罢了。他们是在地方上、学校里、家庭中，应用着他们的图画的修养。假如他们没有图画的修养，没有对于形色美恶的鉴赏力，没有美术的眼识，人们一定不得享受这般美丽的社会、学校和家庭的幸福，而在秽恶不堪的社会、牢狱式的学校、猪棚一般的家庭中受苦了。

且不说什么人生的幸福，至少，可以免除一种可笑的愚举。世间往往有出了许多力，费了许多金钱，而反受识者的讥笑的愚举。富商的家里购备着红木的家具，然不解趣味，其陈设往往恶俗不堪。好时髦的女郎盲从流行而竞尚新装，然不辨美恶，有时反而难看，其徒劳着实可怜！就如前述的母亲，出重价为孩子制了衣服，反而在这里受我们的批评，岂不冤枉！

你们将来毕业之后，无论研究何种专门学问，从事何种社会事业，无论做官，做商，做工，做先生，做兵士，切勿忘却中学时代所修得的图画的趣味。这能增加人生的幸福，故图画可说是人生的永远必修的课业。

⑧ 大胆练习写字

邓　拓

写字写不好怎么办呢？近来有许多青年朋友因此感到苦恼。字写不好，甚至写出来叫人看不清楚，这种现象当然应该努力克服，而且只要努力，这是完全可以很快克服的，苦恼也大可不必。我以为这一点儿意思首先应该告诉给每一个年轻的朋友。

那么，应该怎样努力才能把字写好呢？一般地说来，每个人要学写字，总得知道一些书法的常识，从执笔的方法开始，到各种笔法的运用，大略都要懂得，这是完全必要的。同时，学一两种字帖，经常还要多看各种字帖，这些也是必要的。虽然这里头仍有若干不同的看法和做法值得商讨，但是，我现在不打算详细谈论这些问题，而只是想着重地说明最要紧的一件事，这就是要大胆地练习写字。

人们都记得，我国年轻的乒乓球选手曾经在掌握了基本的打法之后，勤学苦练，大胆地打出了自己的风格。这个经验非常可贵。写字也可以运用这个经验。这就是说，要在掌握基本的笔法之后，大胆地练习写字，经过一个时期不断的练习，自然就会写出一手好字。

刚开始练习的时候，必须学会悬腕和悬肘。这是一个关键，然而并不困难。教给小孩子只要练习三次，就完全能够悬腕悬肘，毫不困难；年纪大一些的只要多练几次，也不难养成习惯。至于懂得了笔法之后，写起字来，就不需要一大套清规戒律，以免束缚人的创造性，相反地，必须强调大胆放手，写出自己的字。

写自己的字是什么意思呢？这并不是说自己可以随意乱写，写出来别人完全看不懂。我的意思绝对不是这样的，而是说每个人的字毕竟要有自己的特点，不应该也不可能都学一种字体。奇怪的是，历代讲究书法的人，动辄就以王羲之父子的书法为范本，殊不知右军父子的书法也是他们自己创造的。倒是南齐张融说的道理，更为透辟。据《南史》卷三十二《张融传》载：

> 融善草书，常自美其能。帝曰："卿书殊有骨力，但恨无二王法。"答曰："非恨臣无二王法，亦恨二王无臣法。"……常叹云："不恨我不见古人，所恨古人又不见我。"

应该承认，张融的见解很高明，因为他不把王羲之父子的书法作为唯一的规范，而主张要加以发展，要独创自己的书法，这是完全正确的。如果历来的书法家都死守着前人的规范，不敢有任何发展和创造，那么，中国书法的历史早已停止了，怎么能够还有后来的许多辉煌成就呢？

例如，大家都很熟识的黄山谷的书法，在宋代要算是独树一帜的了。试问，黄山谷是死守着前人规范的吗？显然不是的。黄山谷《题幼安弟书后》写道：

幼安弟喜作草，求法于老夫。老夫之书，本无法也。但观世间万缘，如蚊蚋聚散，未尝一事横于胸中，故不择笔墨，遇纸则书，纸尽则已，亦不计较工拙与人之品藻讥弹。譬如木人，舞中节拍，人叹其工，舞罢则又萧然矣。幼安然吾言乎？

从来学者都非常赞成黄山谷的这种见解。“老夫之书本无法”这句话长期流传，已经成为名言了。这是富有创造性的口号，至今还值得我们重视。宋代的另一大作家晁(cháo)补之，在《鸡肋集》中也说：

学书在法，而其妙在人。法可以人人而传，而妙必其胸中之所独得。书工笔吏，竭精神于日夜，尽得古人点画之法而模之，浓纤横斜，毫发必似，而古人之妙处已亡，妙不在于法也。

这是我们完全应该表示赞同的意见。我建议大家按这种精神，大胆地去练习写字。

阅读链接

汉字的书法艺术，是传统文化的重要组成部分。学者梁启超曾说过：“写字这件事，说来奇怪，不必颜色，不必浓淡，就是墨，而且很匀称的墨，就可以表现美出来。写得好的字，墨光浮在纸上，看去很有精神。好的手笔，好的墨汁，几百年、几千年，墨光还是浮起来的。”

作家用文字将艺术留存，读者用心去感悟艺术。带着想象，阅读关于艺术的几篇文章，谈谈你对这些艺术形式有了哪些新的了解，和同学分享交流吧。

1 流水和高山（节选）

赵丽宏

听贝多芬的交响曲，很少有人不被他的激情所振奋。即便是那些对音乐没有多少了解的人，也能在他气势磅礴的旋律中感受到生机勃勃的力量，感受到一种居高临下、俯瞰大地的气概。就像读杜甫的《望岳》：“会当凌绝顶，一览众山小。”音乐家把心中的音符倾吐在乐谱上时，灵魂中涌动着多少澎湃的激情？贝多芬的其他曲子，也有相似的特点。我很难忘记第一次听贝多芬的《第五钢琴协奏曲》时的印象，当钢琴高亢激昂的声音突然从协奏的音乐中迸出时，我的眼前也出现了流水，不过这不是莫扎特的那种缓缓而动的优雅的流水，而是从悬崖绝壁上倾泻下来的飞瀑，是从高耸入云的阿尔卑斯山上一泻千里的急流，这急流裹挟着崩溃的积雪和碎裂的冰块，它们互相碰撞着，发出惊天动地、惊心动魄的轰鸣。我无法理解，这样的音乐，为什么会有《皇帝》这么一个别名，不喜欢皇帝的贝多芬，难道会喜欢用《皇帝》来为这样一部激情铿锵的作品命名？如果用《阿尔卑斯山》作为这部钢琴协奏曲的名字，该是多么贴切！在莫扎特的音乐中，似乎很少出现这样强烈的、激动人心的声音。如果是莫扎特的河流，他不会让流水飞泻直下，也不会让那些冷冽的冰雪掺和在他的清澈的流水中，他一定会寻找到几个平缓的山坡，让流水减慢速度，委婉地、迂回曲折地向山下流去。这样的流水，当然也是美，不过这是另外一种韵味的美。

在贝多芬的音乐中，我很自然地联想起那些高耸入云的山峰，它们以宽广深沉的大地为基础，以辽阔的天空为背景。它们像自由不羁的苍鹰俯瞰着大地，目光里出现的是大自然的雄浑和苍凉，是人世间的沧桑和悲剧。只有那些博大的灵魂，才可能描绘这样气势浩大的景象。

然而，贝多芬的山峰绝不是荒山。他的山峰上有蓊郁的森林，也有清溪流泉。他的钢琴奏鸣曲《月光》，便是倒映着清朗月色的高山湖泊，他的那些优美的钢琴三重奏，便是清澈的山涧，在幽谷中蜿蜒流淌……当音乐跌宕起落、震天撼地时，他的山峰便成了洪峰汹涌的峡谷，轰然喷发的火山。

曾经听一位西方的指挥家这样评论贝多芬：他把心中的愤怒、焦灼和困惑直接用音乐宣泄出来。在他之前，还没有人这样做。这就是现代音乐和古典音乐的分界。这样的结论，对于音乐史或许有些武断，但作为对贝多芬的评价，却一点没有错，这大概正是贝多芬对现代音乐的贡献。把心中那些复杂焦虑的情绪化为音乐的旋律，也许改变了古典的和谐优雅，使有些人觉得惊愕，觉得不那么顺耳，然而这种复杂心情，绝非贝多芬一人心中所独有，他用如此强烈激荡的形式把这种心情表达了出来，当然能使无数人产生共鸣。对那些萎靡不振、沮丧悲观的灵魂，贝多芬的音乐是一帖良药。正如萧伯纳在《贝多芬百年祭》所说：他不同于别人的地方，就在于他那令人激动的性格，他能使我们激动，并把他那奔放的激情笼罩着我们。贝多芬的音乐是使你清醒的音乐。

如果有人问我：面对着这样的流水和这样的高山，你更喜欢谁？我很难回答这问题。最近读美国钢琴家大卫·杜波的《梅纽因访谈录》，书中，大卫·杜波问梅纽因："在贝多芬和巴赫、莫扎特之间，谁更伟大？"这问题使梅纽因颇费神思。他这样回答："我没有必要把他们摆到同一水平线上去衡量，但我的生活中的确不能缺少他们之中的任何一位，除了贝多芬，我也不能没有莫扎特、巴赫、舒伯特以及其他许多人。"我想，在音乐的世界里，不能没有贝多芬，也不能没有莫扎特，少了他们两位中的任何一位，这世界就是残缺的。在这两个音乐大师中，谁也无法下结论说哪个更伟大，更了不起。就像在评价中国的唐诗时，你很难说李白和杜甫这两位大诗人中，谁更伟大，谁更了不起。如果把莫扎特比作流水，那么，贝多芬就是高山。流水和高山，都是大自然中最精彩的风景，流水的活泼清逸和高山的峻拔秀丽，同样令人神往。我们的大地上，不能没有流水，也不能没有高山。高山和流水，常常是那么难以分割地连在一起。高山因流水而更显其伟岸，流水因高山而更跌宕活泼。没有高山，也就不会有流水，而没有流水的高山，则必定是荒山。我并不关心人们怎样为莫扎特和贝多芬的音乐风格定义。古典主义也罢，浪漫主义也罢，这些帽子，怎么能罩住音乐塑造的丰富形象和复杂微妙的情感？

听莫扎特的音乐，你可以坐下来，静静地欣赏，犹如面对着水光潋滟（liàn yàn）、风光旖旎（yǐ nǐ）的湖水。你会情不自禁地陶醉在他的音乐中，让想象之翼做彩色的翔舞。

听贝多芬的音乐，令人激动，令人坐立不安。在那些跌宕起落的旋律中，你仿佛急步走在崎岖的山道上，路边万千气象，让你目不暇接。你也很可能产生这样的担忧：前面，会不会突然出现一个悬崖，会不会一失足跌落进万丈深渊。

这样的境界，都是诗意盎然的人生境界。

日积月累

音乐，有人将它比作花朵，因为它铺满人生的道路，散发出不绝的芬芳，把生活装饰得更美。

——贝多芬

音乐，是人生最大的快乐；音乐，是生活中的一股清泉；音乐，是陶冶性情的熔炉。

——冼星海

② 艺术三昧

丰子恺

有一次我看到吴昌硕写的一方字。觉得单看各笔画，并不好；单看各个字、各行字，也并不好。然而看这方字的全体，就觉得有一种说不出的好处。单看时觉得不好的地方，全体看时都变好，非此反不美了。

原来艺术品的这幅字，不是笔笔、字字、行行的集合，而是一个融合不可分解的全体。各笔各字各行，对于全体都是有机的，即为全体的一员。字的或大或小，或偏或正，或肥或瘦，或浓或淡，或刚或柔，都是全体构成上的必要，绝不是偶然的。即都是为全体而然，不是为个体自己而然的。于是我想象：假如有绝对完善的艺术品的字，必在任何一字或一笔里已经表出全体的倾向。如果把任何一字或一笔改变一个样子，全体也非统统改变不可；又如把任何一字或一笔除去，全体就不成立。换言之，在一笔中已经表出全体，在一笔中可以看出全体，而全体只是一个个体。

所以单看一笔一字或一行，自然不行。这是伟大的艺术的特点。在绘画也是如此。中国画论中所谓“气韵生动”，就是这个意思。西洋印象画派的持论：“以前的西洋画都只是集许多幅小画而成一幅大画，毫无生气。艺术的绘画，非画面浑然融合不可。”在这点上想来，印象派的创生确是西洋绘画的进步。

这是一个不可思议的艺术的三昧境。在一点里可以窥见全体，而在全体中只见一个个体。所谓“一有多种，二无两般”（《碧岩录》）就是这个意思吧！这道理看似矛盾又玄妙，其实是艺术的一般的特色，美学上的所谓“多样的统一”，很可明了地解释，其意义：譬如有三只苹果，水果摊上的人把它们规则地并列起来，就是“统一”。只有统一是板滞的，是死的。小孩子把它们触乱，东西滚开，就是“多样”。只有多样是散漫的，是乱的。最后来了一个画家，要写生它们，给它们安排成一个可以入画的美的位置——两个靠拢在后方一边，余一个稍离开在前方——望去恰好的时候，就是所谓“多样的统一”，是美的。要统一，又要多样；要规则，又要不规则；要不规则的规则，规则的不规则；要一中有多，多中有一。这是艺术的三昧境！

宇宙是一大艺术。人何以只知鉴赏书画的小艺术，而不知鉴赏宇宙的大艺术呢？人何以不拿看书画的眼来看宇宙呢？如果拿看书画的眼来看宇宙，必可发现更大的三昧境。宇宙是一个浑然融合的全体，万象都是这全体的多样而统一的诸相。在万象的一点中，必可窥见宇宙的全体，而森罗的万象，只是一个个体。勃雷克[①]的“一粒沙里见世界”，孟子的“万物皆备于我”，就是当作一大艺术而看宇宙的吧！艺术的字画中，没有可以独立存在的一笔。即宇宙间没有可以独立存在的事物。倘不为全体，各个体尽是虚幻而无意义了。那么这个“我”怎样呢？自然不是独立存在的小我，应该融入于宇宙全体的大我中，以造成这一大艺术。

① 勃雷克：也译作“布莱克”。英国诗人。

③ 盛年盛况

徐城北

京剧最兴盛的时期是20世纪二三十年代。何以见得？数一数当时北京城有多少家剧场，就可以得出这种判断了。以1937年为例，前门外以东有两家，一家是在肉市的广和楼，一家是在鲜鱼口内的华乐。在前门外以西，仅大栅栏一带就有广德楼、三庆戏院和庆乐戏院，在粮食店街有中和戏院，在西珠市口有第一舞台。此外，还有开明戏院和华北戏院。那时内城已不再禁止建剧场了，东城的东安市场有吉祥戏院，西城的西单有哈尔飞戏院。后来，在西长安街西口盖了长安大戏院，又在它以西盖了新新戏院。这两家后来居上，把原先的哈尔飞戏院给挤垮了。这样算来，那时全城已有十几家戏院。要知道，当时的北京城并不算大，外城也就是前门外附近繁华，再远就是荒郊野外了。

京剧是我国的国粹，散发着艺术的魅力。北京剧场的繁荣彰显了京剧的兴盛。

在20世纪二三十年代，京剧是一种相当时兴而且重要的文化形式和消遣方式，也是许多人重要的文化生活，与同时代的其他艺术门类相比，处于绝对的优势。著名的生理学教授刘曾复先生又是一位京剧研究专家，他回忆自己青年时代在清华上大学时，每星期放假回到城里，第一件事就是要挑一个有最好演出的戏院过一把戏瘾。巧的是，教他德文的外籍老师，事先借口星期日晚上要进城参加朋友的婚礼，因而不得不取消星期一早上的德文课。可星期日晚上，年轻的刘曾复坐进一家戏园子看戏时，却发现德文老师正坐在他的前边。师生二人对视而笑，有了一个心照不宣的秘密。

1938年正月，京剧界的一代宗师杨小楼去世。凡是在京的著名演员，都参加了他的葬礼，看过杨小楼演出的人，也都来缅怀他一生对京剧的贡献。一代名伶的葬礼引起了全城的轰动，这在京剧史上是前所未有的。

京剧的诞生，有其特定的背景——北京城的商业、文化发展到了一定阶段，民间文化生活也已达到了相当丰富的程度，各种戏曲都发展到了相当成熟的程度，这样“一综合”，水到渠成就产生了京剧。京剧和前门的关系格外密切，前门是造就北京民俗文化的摇篮。在京剧诞生之初及其重要的发展期，前门一带正是北京娱乐、饮食、商业活动和平民文化活动集中的地区。京剧是从前门“起家”的——不仅京剧的旧戏园子集中在这一带，当时的演员住家在这一带，就连常看戏的人以及与演戏有关的人也都云集于此。

说起那时候老北京的生活形态，可以用一条“延寿寺街”来描述。它位于和平门外琉璃厂东街东口，是一条南北走向的小巷。如今它很不起眼，但在20世纪三四十年代可是一条小而全的步行街。当时那里南北长不过半华里，东西宽不足五米，一条街共104个门牌，除了三个是居民户，其他都是铺面房——油盐店、粮店、早点铺、猪肉铺、羊肉铺、百货店、馒头切面铺、糕点铺、干鲜果铺、南酱园、香油房、豆腐房、粉房、面筋铺、饭馆、茶馆、茶叶铺、纸铺、布铺、棉花铺、鞋铺、成衣铺、洋铁铺、修车铺、电料行、药铺、澡堂子、理发馆等，手工作坊的形态、手工业时期的节奏和规矩、面对面的心口相授，一切都恪守传统的原则和规范，井然有序。巧的是，北京戏曲界的许多人自幼住在延寿寺街附近，他们在此出出进进，生活虽然简朴，倒也简单、惬意。

如今，这条延寿寺街还在，却已面目全非，周围人的生活已然发生了巨大的变化，京剧繁荣时期的生活图景已经一点点从人们的身边消逝了。

阅读链接

杨小楼（1878—1938），京剧演员，其父杨月楼。杨小楼在京剧中善于表演人物性格，塑造风采各异的勇士形象。他功架优美，武打利索，外形光彩，形象充实，无论唱、念，均使人感到人物威武雄壮、英气逼人。杨小楼开创了以“武戏文唱”为主要艺术特征的武生流派。代表剧目有《长坂坡》《挑滑车》《闹天宫》《霸王别姬》等。

④ 秦州皮影戏（节选）

白尚礼

在古城天水秦州，皮影戏的道具多用牛皮材料制作，故又被称为“牛皮灯影子戏”。秦州是秦人的发祥地，是秦文化的源头。据专家考证，秦州皮影戏形成于秦时期，盛行于明，繁荣于清中叶，鼎盛于清末至民国初年，唱词和唱腔主要以大西北的秦腔为主。因此，以秦腔为主调、皮影为主要表现形式的天水民间艺术，便在秦州这块神奇美丽的土地上扎下了根基。

秦州皮影戏大约在明清时就已经十分流行，皮影的造型俊俏大方，外轮廓挺拔概括，镌刻精细流畅。制作时选用年轻、毛色黑的公牛的皮，这种牛皮厚薄适中，质坚而柔韧，青中透明。待牛皮煮熟刮干净，晾至净亮透明后即可制作。制作时先将样稿轻画在牛皮上，然后用各种型号的刀具或刻或凿。之后用透明水色着色，颜色一般不调和，故而看上去整体效果纯正绚丽、对比强烈。刻凿、着色完毕后“出水”即熨平，这是其中最关键也是最难的一关。出水后再晾干，装订组合即可上台表演。关于皮影的传统雕刻技法和过程，艺人们归纳为顺口溜说：“先刻头帽后刻脸，再刻眉眼鼻子尖，服装发须一身全，最后整装把身安，刻成以后再上色，整个制作就算完。”在有些地方也有用硬纸片制作的皮影，但那种皮影挑动不太灵活，而且保存时间不长，几年下来着色容易脱落，浸水容易腐蚀变形，在箱子中收拾不当还容易弄断压褶。因此，秦州早期的皮影多数是用牛皮制作，偶尔也有用驴皮、羊皮做的，但质量都没有牛皮的坚韧、耐用。

秦州皮影戏的表演一般是在晚上进行，也有在白天表演的，但其效果就没有晚上那么逼真。台子的搭建相对比较简单，通常是用木头或钢管固定成“井”字形，上面铺上木板，顶部盖上棚布，表演时在台子前方绑上一片不到3平方米的白布或纱布，用灯光照射以牛皮或纸板雕刻成的人物而产生剪影。只有6平方米大小的后台，一般只需二三个演员操纵皮影，其他几名演员除了各自手里的乐器外，还要照顾到一边放着的锣或镲，时而还要在声响的配合下，和着挑动皮影的艺人按照不同的角色，装扮成生旦净丑的腔调唱着秦腔。说起皮影，后台看到的皮影颜色暗淡，被夹在一个个大布面夹子里，或者挂在绳子上，演员则根据剧情随时取下来舞动，然而当灯光穿过皮影，白布另一侧显现出来的人物、房屋、用具颜色却异常明艳。虽然如此，观众对幕后的兴趣却非常大，整个表演过程中，不断有人掀起后台的围帘探头探脑往里看，特别是小孩子，看皮影戏的表演，大多是冲着幕后这个神秘的地方而来。

秦州皮影戏的演出，有历史演义戏、民间传说戏、武侠公案戏、爱情故事戏、神话寓言戏等。唱词唱腔主要是以传统剧目秦腔戏文（折子戏）为主，也有单本戏和连本戏等剧目。但唱法略有不同，有歌颂美满幸福的爱情的剧目《花亭相会》；还有大人小孩子爱看的古典剧目《西游记》中的“三打白骨精”，《三国演义》中的“火烧连营”“草船借箭”，《封神榜》中的“黄河阵”等。另外，常见的还有《白蛇传》《拾玉镯》《西厢记》《牛郎织女》《水浒传》等。有的班子在刚开场时，还采用民间曲子、秧歌中“极兴”的腔调，有时还带有搞笑、娱乐的情节。

20世纪六七十年代，秦州皮影戏在天水特别盛行，大凡庙会和节庆期间，在南乡和城郊区域一带，各村都要请最好的皮影戏班来唱几天，一来是图个热闹喜庆，二来也是展示自己村子经济实力的一种形式。八九十年代的秦州农村经济还不太富裕，逢年过节、庙会期间能够请得起大秦腔班子的乡镇不多，而皮影戏以它栩栩如生、惟妙惟肖的表现手法和经济实惠的表演酬劳，受到了农村老百姓的普遍接受和欢迎。每年的春节和农历五月初五“端午节”、八月十五“中秋节”，皮影戏便在这里成了重头戏。每到夜幕降临的时候，全村都沉浸在一种喜庆、祥和的气氛中，此时，男女老少都提着凳子早早地占好位置，只等待皮影戏开演的锣鼓声。正所谓“你村唱罢转我村，一村唱完走邻村”，皮影班子往往是忙个不亦乐乎，如若哪个村的会长宴请动作稍微迟缓一点，戏班子来村时间紧，错过好日子，这个村也就只好等来年早早下帖了。

皮影戏的表演是一种双重的艺术，一方面它需要表演者有娴熟的动作技术和灵活自如的形体分解方式，需要按照剧情的发展和乐器的节奏来恰如其分地达到表演的目的。另一方面，表演者需要有深厚的秦腔功底。皮影戏的表演好不好，主要是看挑动皮影者的表演动作好不好，秦腔的调子响不响，能不能让欣赏皮影戏的观众，真正感受到皮影艺术带给他们的乐趣和精神享受。一种文化形式是和一个发展阶段相对应的。中国的大多数民间艺术形式与农业社会的生活方式分不开。当各地都奔着更发达的生活方式前进时，注定要使非物质的、没有现实的使用价值的艺术面临困境。

阅读链接

皮影戏，又称“影戏”“灯影戏”“土影戏”，是用灯光照射兽皮或纸板做成的人物剪影以表演故事的戏剧。由艺人一边操纵一边演唱，并配以音乐表演。中国皮影戏在北宋时已有演出。

⑤ 秦腔（节选）

贾平凹

每到农闲的夜里，村里就常听到几声锣响：戏班排演开始了。演员们都集合起来，到那古寺里去。吹、拉、弹、奏、翻、打、念、唱，提袍甩袖，吹胡瞪眼，古寺庙成了古今真乐府、天地大梨园。

导演是老一辈演员，享有绝对权威，演员是一家几口，夫妻同台，父子同台，公公儿媳也同台。按秦川的风俗：父和子不能不有其序，爷和孙却可以无道；弟与哥嫂可以嬉闹无常，兄与弟媳则无正事不能多言。但是，一到台上，秦腔面前人人平等，兄可以拜弟媳为帅为将，子可以将老父绳绑索捆。寺庙里有窗无扇，屋梁上蛛丝结网，夏天蚊虫飞来，成团成团在头上旋转，熏蚊草就墙角燃起，一声唱腔一声咳嗽。冬天里四面透风，柳木疙瘩火当中架起，一出场一脸正经，一下场凑近火堆，热了前怀，凉了后背。排演到什么时候都有观众，有抱着二尺长的烟袋的老者，有凳子高、桌子高趴满窗台的孩子。庙里一个跟斗未翻起，窗外就“哇”的一声叫倒好，演员出来骂一声：谁说不好的滚蛋！他们抓住窗台死不滚去，倒要连声讨好：翻得好！翻得好！更有殷勤的，跑回来偷拿了红薯、土豆，在火堆里煨(wēi)熟给演员做夜餐，赚得进屋里有一个安全位置。排演到三更鸡叫，月儿偏西，演员们散了，孩子们还围了火堆弯腰踢腿，学那一招一式。

一出戏排成了，一人传出，全村振奋，扳(bān)着指头盼那上演日期。一年十二个月，正月元宵日，二月龙抬头，三月三，四月四，五月五日过端午，六月六日晒丝绸，七月过半，八月中秋，九月初九，十月一日，再是那腊月五豆，腊八，二十三……月月有节，三月一会，那戏必是上演的。戏台是全村人的共同的事业，宁肯少吃少穿也要筹资积款，买上好的木石，请高强的工匠来修筑。村子富不富，就比这戏台阔不阔。一演出，半下午人就扛凳子去占位置了，未等戏开，台下坐的、站的人头攒(cuán)拥，台两边阶上立的卧的是一群顽童。那锣鼓就叮叮咣咣地闹台，似乎整个世界要天翻地覆了。各类小吃趁机摆开，一个食摊上一盏马灯，花生、瓜子、糖果、烟卷、油茶、麻花、烧鸡、煎饼，长一声短一声叫卖不绝。锣鼓还在一声声敲打，大幕只是不拉，演员偶尔从幕边往下望望，下边就喊：开演呀，场子都满了！幕布放下，只说就要出场了，却又叮叮咣咣不停。台下就乱了，后边的人喊前边的人坐下，前边的人喊后边的人为什么不说最前边的人立着；场外的大声叫着亲朋子女名字，问有坐处没有，场内的锐声回应快进来；有要吃煎饼的喊熟人去买一个，熟人买了站在场外一扬手，“日”的一声隔人头甩去，不偏不倚目标正好；左边的喊右边的踩了他的脚，右边的叫左边的挤了他的腰，一个说：“狗年快完了，你还叫啥哩？”一个说：“猪年还没到，你便拱开了！”言语伤人，动了手脚；外边的趁机而入，一时四边向里挤，里边向外扛，人的旋涡涌起，如四月的麦田起风，根儿不动，头身一会儿倒西，一会儿倒东，喊声、骂声、哭声一片；有拼命挤将出来的，一出来方觉世界偌(ruò)大，身体胖肿，但差不多却光了脚，乱了头发。大幕又一挑，站出戏班头儿，大声叫喊要维持秩序，立即就跳出一个两个所谓“二杆子”人物来。这类人物多是头脑简单，四肢发达，却十二分忠诚于秦腔，此时便拿了枝条儿，哪里人挤，哪里打去，如凶神恶煞(shà)一般。人人恨骂这些人，人人又都盼有这些人，叫他们是秦腔宪兵。宪兵者越发忠于职责，虽然彻夜不得看戏，但大家一夜满足了，他们也就满足了一夜。

终于台上锣鼓停了，大幕拉开，角色出场。但不管男的女的，出来偏不面对观众，一律背身掩面，女的就碎步后移，水上漂一样，台下就叫：“瞧那腰身，那肩头，一身的戏哟！”是男的就摇那帽翎，一会儿双摇，一会儿单摇，一边上下飞闪，一边纹丝不动，台下便叫：“绝了！绝了！”等到那角儿猛一转身，头一高扬，一声高叫，声如炸雷哗啷啷直从人们头顶碾过，全场一个冷战，从头到脚，每一个手指尖儿、每一根头发梢儿都麻酥酥的了。如果是演《救裴生》，那慧娘站在台中往下蹲，慢慢地，慢慢地，慧娘蹲下去了，全场人头也矬(cuó)下去了半尺，等那慧娘往起站，慢慢地，慢慢地，慧娘站起来了，全场人的脖子也全拉长了起来。他们不喜欢看生戏，最欢迎看熟戏，那一腔一调都晓得，哪个演员唱得好，就摇头晃脑跟着唱，哪个演员走了调，台下就有人要纠正。说穿了，看秦腔不为求新鲜，他们只图过过瘾。

在这样的地方，这样的环境，这样的气氛，面对着这样的观众，秦腔是最逞能的。它的艺术的享受，是和拥挤而存在，是有力气而获得的。如果是冬天，那风在刮着，像刀子一样，如果是夏天，人窝里热得如蒸笼一般，但只要不是大雪、冰雹、暴雨，台下的人是不肯撤场的。最可贵的是那些老一辈的秦腔迷，他们没有力气挤在台下，也没有好眼力看清演员，却一溜一排地蹲在戏台两侧的墙根，吸着草烟，慢慢将唱腔品赏。一声叫板，便可以使他们坠入艺术之宫，“听了秦腔，肉酒不香”，他们是体会得最深的。那些大一点儿的、脾性野一点儿的孩子，却占领了戏场周围所有的高空，杨树上、柳树上、槐树上，一个枝杈一个人。他们常常乐而忘了险境，双手鼓掌时竟从树杈上掉下来，掉下来自不会损伤，因为树下是无数的人头，只是招致一顿臭骂罢了。更有一些爬到了场边的麦秸垛(duò)上，夏天四面来风，好不凉快，冬日就趴个草洞，将身子缩进去，露一个脑袋。也正是有闲阶级享受不了秦腔吧，他们常就瞌睡了，一觉醒来，月在西天，戏毕人散，只好苦笑一声悄然没声儿地溜下来，回家敲门去了。

⑥ 童年漫忆（节选）

孙　犁

听说书

我的故乡的原始住户，据说是山西的移民。我幼小的时候，曾去过山西的人家，见过那个移民旧址的照片，上面有一株老槐树，那就是我们祖先最早的住处。

我的家乡离山西省是很远的，但在我们那一条街上，就有好几户人家，以长年去山西做小生意，维持一家人的生活，而且一直传下好几辈。他们多是挑货郎担，春节也不回家，因为那正是生意兴隆的季节。他们回到家来，我记得常常是在夏秋忙季。他们到家以后，就到地里干活，总是叫他们的女人，挨户送一些小玩意儿或是蚕豆给孩子们，所以我的印象很深。

其中有一个人，我叫他德胜大伯，那时他有四十岁上下。每年回来，如果是夏秋之间农活稍闲的时候，我们一条街上的人，吃过晚饭，就坐在碾盘旁边去乘凉。一家大梢门两旁，有两个柳木门墩，德胜大伯常常被人们推请坐在一个门墩上面，给人们讲说评书，另一个门墩上，照例是坐一位年纪大辈数高的人，和他对称。我记得他在这里讲过《七侠五义》等故事，他讲得真好，就像一个专业艺人一样。

他并不识字，这我是记得很清楚的。他常年在外，他家的大娘，因为身材高，我们都叫她“大个儿大妈”。她每天挎着一个大柳条篮子，敲着小铜锣卖烧饼馃(guǒ)子。德胜大伯回来，有时帮她记记账，他把高粱的茎杆，截成笔帽那么长，用绳穿结起来，横挂在炕头的墙壁上，这就叫“账码”，谁赊(shē)多少谁还多少，他就站在炕上，用手推拨那些茎秆儿，很有些结绳而治的味道。

他对评书记得很清楚，讲得也很熟练，我想他也不是花钱到娱乐场所听来的。他在山西做生意，长年住在小旅店里，同住的人，干什么的也有，夜晚没事，也许就请会说评书的人，免费说两段，为长年旅行在外的人们消愁解闷，日子长了，他就记住了全部。

他可能也说过一些山西人的风俗习惯，因为我年岁小，对这些没兴趣，都忘记了。

德胜大伯在做小买卖途中，遇到瘟(wēn)疫，死在外地的荒村小店里。他留下一个独生子叫铁锤。前几年，我回家乡，见到铁锤，一家人住在高爽的新房里，屋里陈设，在全村也是最讲究的。他心灵手巧，能做木工，并且能在玻璃片上画花鸟和山水，大受远近要结婚的青年农民的欢迎。他在公社担任会计，算法精通。

德胜大伯说的是评书，也叫平话，就是只凭演说，不加伴奏。在乡村，麦秋过后，还常有职业性的说书人，来到街头。其实，他们也多半是业余的，或是半职业性的。他们说唱完了以后，有的由经管人给他们敛些新打下的粮食，有的是自己兼做小买卖，比如卖针，在他说唱中间，由一个管事人，在妇女群中，给他卖完那一部分针就是了。这一种人，多是说快书，即不用弦子，只用鼓板。骑着一辆自行车，车后座做鼓架。他们不说整本，只说小段。卖完针，就又到别的村庄去了。

一年秋后，村里来了弟兄三个人，推着一车羊毛，说是会说书，兼有擀(gǎn)毡条的手艺。第一天晚上，就在街头说了起来，老大弹弦，老二说《呼家将》，真正的西河大鼓，韵调很好。村里一些老年的书迷，大为赞赏。第二天就去给他们张罗生意，挨家挨户去动员：擀毡条。

他们在村里住了三四个月，每天夜晚说《呼家将》。冬天天冷，就把书场移到一家茶馆的大房子里。有时老二回老家运羊毛，就由老三代说，但人们对他的评价不高，另外，他也不会说《呼家将》。

眼看就要过年了，呼延庆的擂(lèi)还没打成。每天晚上预告，明天就可以打擂了，第二天晚上，书中又出了岔子，还是打不成。人们盼呀，盼呀，大人孩子都在盼。村里娶儿聘妇要擀毡条的主，也差不多都擀了，几个老书迷，还在四处动员：

“擀一条吧，冬天铺在炕上多暖和呀！再说，你不擀毡条，呼延庆也打不了擂呀！”

直到腊月二十老几，弟兄三个看着这村里实在也没有生意可做了，才结束了《呼家将》。他们这部长篇，如果整理出版，我想一定也有两块大砖头那么厚吧。

《俗世奇人》

冯骥才

天津卫本是水陆码头，居民五方杂处，性格迥然相异。然燕赵故地，血气刚烈；水咸土碱，风习强悍。近百余年来，举凡中华大灾大难，无不首当其冲，因生出各种怪异人物，既在显耀上层，更在市井民间。余闻者甚夥，久记于心；尔后虽多用于《神鞭》《三寸金莲》等书，仍有一些故事人物，闲置一旁未被采纳。这些奇人妙事，闻所未闻，倘若废置，岂不可惜？近日忽生一念，何不笔录下来，供后世赏玩之中，得知往昔此地之众生相耶？故而随想随记，始作于今；每人一篇，各不相关。冠之总名《俗世奇人》耳。

——冯骥才《〈俗世奇人〉序》

作者题外话

日本的新锐作家南条竹则极通吾国文学。他读过我刊在《收获》上的几篇《市井人物》，便问我所写的这类小说是否受冯梦龙的影响。我说："然也。我与他皆姓冯，我们这是'家传'。"他笑了，接着问我受冯梦龙哪些影响。

我说：三个方面——

一是传奇。古小说无奇不传，无奇也无法传。传奇主要靠一个绝妙的故事。把故事写绝了是古人的第一能耐。故而我始终盯住故事。

二是杂学。杂学是生活，也是知识。杂学必须宽广与地道，而且现用现学不成。照古人看来，没有杂学的小说，只有骨头没有肉。故而我心里没根的事情决不写。

三是语言。中国的文学史，散文在前，小说在后。小说的语言受散文影响。中国人十分讲究文字的功力，尤重单个的方块字的运用，决不是一写一大片。故而我修改的遍数很多。

南条竹则说：“你所有小说都这样写吗？”

我说：“只这类小说才这样写。这是文本的需要。”

此后，我主动告诉他，鄙人写完《神鞭》与《三寸金莲》等书后，肚子里还有一大堆人物没处放，弃之实在可惜。后来忽有念头，何不把一个个人物写出来。各自成篇，互不相关；读起来正好是天津本土的“集体性格”？于是就此做了。

初写数篇，曾冠名《市井人物》。这次又续写十余篇，改名《俗世奇人》。话说明白，为了怕把读者搞乱。

再有，写完了这一组小说，便对此类文本的小说拱手告别。狡兔三窟，一窟必死；倘若再写，算我无能。

…………

龙年初月于津门俯仰堂

这么吸引人的作品，作者是如何创作出来的呢？原来，作者冯骥才就生在天津，长在天津，对这里的一山一水、一草一木，都怀着一种近乎狂热的激情。他从小喜爱美术、文学、音乐和球类活动，对民间艺术、地方风俗更是有着浓厚的兴趣。作者听得很多，长记在心，随想随记，开始创作，最后写成本书。

作为当代著名作家，冯骥才以小说名世，并且以写知识分子生活和天津近代历史故事见长。短篇小说集《雕花烟斗》

《高女人和她的矮丈夫》《俗世奇人》等作品，深受读者的喜爱，被翻译为多国文字在国外出版。但他被更多的人熟知，是因为他的民间艺术抢救工作者的身份。多年以来，冯骥才潜心研究民间艺术、地方风俗，致力于城市保护和民间文化遗产抢救，为保护民间文化遗产做出了不小的贡献。

俗世有百态，艺精方为奇。什么是“俗世”？简单点说就是老百姓的生活。什么人又可以称为“奇人”？市井里巷中的高手，三教九流皆可。本书就是以清末天津的市井生活为背景，以天津方言讲述一个个传奇人物的故事，展示真实的人生百态。天津旧称天津卫，是东南水路的门户，有守卫京都的意思。天津卫本来是水陆码头，居民五方杂居。在天津生活，“不强活不成，一强就生出各种各样空前绝后的人物”。

全书由新旧各18篇短篇小说连缀构成，各篇文字极精短，半文半白，生动有趣。每篇记述一个奇人趣事，各自独立。内容虽互不相关，但“读起来正好是天津本土的‘集体性格’”。

无论你翻开哪一页，奇人妙事就跃然纸上，读来令人惊叹不已：人称“苏七块”的正骨医生，几下拿捏就能接上摔断的胳膊，但是看病前必先收七块银元；医术顶天的牙医华大夫，只要病人一张嘴，他往里瞅一眼全知道你得的是什么牙病，更奇的是，他认人不认脸，认的是牙；刷子李刷浆时必穿一身黑，干完活，身上绝没有一个白点，别不信！他还给自己立下一个规矩，只要身上有白点，白刷不要钱；泥人张呀，从鞋底上取下一块泥巴，就能单手捏出活人嘴脸，捏的泥人比核桃还小，却比真人还真……读着这样的故事，手不释卷那就一点也不奇怪了。

泥人张

手艺道上的人，捏泥人的“泥人张”排第一。而且，有第一，没第二，第三差着十万八千里。

泥人张大名叫张明山。咸丰年间常去的地方有两处。一是东北城角的戏院大观楼，一是北关口的饭馆天庆馆。坐在那儿，为了瞧各样的人，也为捏各样的人。去大观楼要看戏台上的各种角色，去天庆馆要看人世间的各种角色。这后一种的样儿更多。

那天下雨，他一个人坐在天庆馆里饮酒，一边留神四下里吃客们的模样。这当儿，打外边进来三个人。中间一位穿得阔绰，大脑袋，中溜个子，挺着肚子，架势挺牛，横冲直撞往里走。站在迎门桌子上的“撂高的”一瞅，赶紧吆喝着：“益照临的张五爷可是稀客、贵客，张五爷这儿总共三位——里边请！”

一听这喊话，吃饭的人都停住嘴巴，甚至放下筷子瞧瞧这位大名鼎鼎的张五爷。当下，城里城外气最冲的要算这位靠着贩盐赚下金山的张锦文。他当年由于为盛京将军海仁卖过命，被海大人收为义子，排行老五。所以又有“海张五”一称。但人家当面叫他张五爷，背后叫他海张五。天津卫是做买卖的地界儿，谁有钱谁横，官儿也怵三分。

可是手艺人除外，手艺人靠手吃饭，求谁？怵谁？故此，泥人张只管饮酒，吃菜，西瞧东看，全然没把海张五当个人物。

但是不会儿，就听海张五那边议论起他来。有个细嗓门的说：“人家台下一边看戏，一边手在袖子里捏泥人。捏完拿出来一瞧，台上的嘛样，他捏的嘛样。”跟着就是海张五的大粗嗓门说：“在哪儿捏？在袖子里捏？在裤裆里捏吧！”随后一阵笑，拿泥人张找乐子。

这些话天庆馆里的人全都听见了。人们等着瞧艺高胆大的泥人张怎么“回报”海张五。一个泥团儿砍过去？

只见人家泥人张听赛没听，左手伸到桌子下边，打鞋底抠下一块泥巴。右手依然端杯饮酒，眼睛也只瞅着桌上的酒菜，这左手便摆弄起这团泥巴来，几个手指飞快捏弄，比变戏法的刘秃子的手还灵巧。海张五那边还在不停地找乐子，泥人张这边肯定把那些话在他手里这团泥上全找回来了。随后手一停，他把这泥团往桌上“叭”地一戳，起身去柜台结账。

吃饭的人伸脖一瞧，这泥人真捏绝了！就赛把海张五的脑袋割下来放在桌上一般。瓢似的脑袋，小鼓眼，一脸狂气，比海张五还像海张五。只是只有核桃大小。

海张五在那边，隔着两丈远就看出捏的是他。他朝着正走出门的泥人张的背影叫道：“这破手艺也想赚钱，贱卖都没人要。”

泥人张头都没回，撑开伞走了。但天津卫的事没有这样完的——第二天，北门外估衣街的几个小杂货摊上，摆出来一排排海张五这个泥像，还加了个身子，大模大样坐在那里。而且是翻模子扣的，成批生产，足有一二百个。摊上还都贴着个白纸条，上边使墨笔写着：

贱卖海张五。

估衣街上来来往往的人，谁看谁乐。乐完找熟人来看，再一块乐。

三天后，海张五派人花了大价钱，才把这些泥人全买走，据说连泥模子也买走了。泥人是没了，可“贱卖海张五”这事却传了一百多年，直到今儿个。

认 牙

治牙的华大夫，医术可谓顶天了。您朝他一张嘴，不用说哪个牙疼、哪个牙酸、哪个牙活动，他往里瞅一眼全知道。他能把真牙修理得赛假牙一样漂亮，也能把假牙做得赛真牙一样得用。他哪来的这么大的能耐？费猜！

华大夫人善、正派、规矩，可有个毛病，便是记性差，记不住人，见过就忘，忘得干干净净。您昨天刚去他的诊所瞧虫子牙，今儿在街头碰上，一打招呼，他不认得您了，您恼不恼？要说他眼神差，他从不戴镜子，可为嘛记性这么差？也是费猜！

后来，华大夫出了一件事，把这两个费猜的问题全解开了。

一天下晌，巡捕房来了两位便衣侦探，进门就问，今儿上午有没有一个黑脸汉子到诊所来？长相是络腮胡子，肿眼泡儿，挨着右嘴角一颗大黑痣。华大夫摇摇头说："记不得了。"

侦探问："您一上午看几号？"

华大夫回答："半天只看六号。"

侦探说："这就奇了！总共一上午才六个人，怎么会记不住？再说这人的长相，就是在大街上扫一眼，保管也会记一年。告明白您吧，这人上个月在估衣街持枪抢了一家首饰店，是通缉的要犯，您不说，难道跟他有瓜葛？”

华大夫平时没脾气，一听这话登时火起，“啪！”一拍桌子，拔牙的钳子在桌面上蹦得老高。他说：“我华家三代行医，治病救人，从不做违背良心的事。记不得就是记不得！我也明白告诉你们，那祸害人的家伙要给我瞧见，甭你们来找我，我找你们去！”

两位侦探见牙医动怒，龇着白牙，露着牙花，不像装假。他们迟疑片刻，扭身走了。

天冷了的一天，华大夫真的急急慌慌跑到巡捕房来。跑得太急，大褂都裂了。他说那抢首饰店的家伙正在开封道上的“一壶春”酒楼喝酒呢！巡捕闻知马上赶去，居然把这黑脸巨匪捉拿归案了。

侦探说：“华大夫，您怎么认出他来的？”

华大夫说：“当时我也在‘一壶春’吃饭，看见这家伙正跟人喝酒。我先认出他嘴角那颗黑痣，这长相是你们告诉我的，可我还不敢断定就是他，天下不会只有一个嘴角长痣的，万万不能弄错！但等到他咧嘴一笑，露出那颗虎牙，这牙我给他看过，记得，没错！我便赶紧报信来了！”

侦探说：“我还是不明白，怎么一看牙就认出来了呢？”

华大夫哈哈大笑，说：“我是治牙的呀，我不认识人，可认识牙呀！”

侦探听罢，惊奇不已。

这事传出去，人们对他那费猜的事就全明白啦。他记不住人，不是毛病，因为他不记人，只记牙；治牙的，把全部心思都使在牙上，医术还能不高？

阅读小贴士

快速浏览《俗世奇人》的目录，你有什么发现？对，好多章节名使用的是人物外号，你从这些人物外号中感受到了人物的哪些特点呢？

运用“快速默读，提取关键信息，捕捉人物形象”的阅读策略，感受奇人的奇特之处吧！

活动一　奇人奇事

选取你印象深刻的奇人，把他的名字及奇事写在相应的位置上吧！

奇人：
奇事：

奇人：
奇事：

奇人：
奇事：

奇人：张大力
奇事：轻松举起大石锁

奇人：
奇事：

奇人：
奇事：

奇人：
奇事：

活动二　我做你猜

找出奇人的奇特之处，小组合作，一人描述或表演，其他同学猜。注意表演者不能直接说出所模仿人物的信息。

活动三　创意大赛

到鲁迅故居，你会见到“早”字印章、“两棵枣树”笔记本等旅游纪念品。假如你是“奇人”纪念品商店的设计师，如何根据奇人的特点来设计纪念品呢？可以把你的创意画出来，或者以“我的‘奇人’品牌创意”为题写一段话，阐述你的创意。

我的“奇人”品牌创意

敬　启

为编好这本书，我们与收入本书的作品（含图片）作者进行了广泛联系，得到了各位作者的大力支持。在此，我们表示衷心的感谢。但是，由于个别作者地址不详，虽经多方努力，仍无法取得联系。敬请各位有著作权的作者尽快与我们联系，以便我们支付稿酬，并致谢忱！

我们还要感谢使用本书的师生们。希望你们在使用本书的过程中，能够及时把意见和建议反馈给我们，对此，我们深表谢意，并将给予一定奖励。让我们携起手来，共同完成本书的建设工作。

联 系 人：梁老师　张老师
联系电话：010-58022100
联系邮箱：ztxx2008@sina.com
网　　址：http://www.ywztxx.com
地　　址：北京市海淀区知春路7号致真大厦A座18层

图书在版编目（CIP）数据

守卫精神家园 / 孙玉亮主编. — 上海：上海教育出版社, 2021.6

ISBN 978-7-5720-0813-9

Ⅰ. ①守… Ⅱ. ①孙… Ⅲ. ①阅读课—小学—教学参考资料 Ⅳ. ①G624.233

中国版本图书馆CIP数据核字（2021）第142043号

责任编辑　余佳家　李光卫
封面设计　陈丽娟　王艺霖
著作权人　北京华樾教育科技有限公司

守卫精神家园

孙玉亮　主编

出版发行　上海教育出版社有限公司
官　　网　www.seph.com.cn
地　　址　上海市永福路 123 号
邮　　编　200031
印　　刷　河北泓景印刷有限公司
开　　本　720 × 1010　1/16　印张 63
字　　数　700千字
版　　次　2021年8月第1版
印　　次　2021年8月第1次印刷
书　　号　ISBN 978-7-5720-0813-9/G · 0629
定　　价　268.00元

如发现质量问题，请向本社调换　　电话 021-64377165

★ 适合11至12岁 ★

守卫精神家园

SHOUWEI JINGSHEN JIAYUAN

主 编 孙玉亮

名家寄语

学习语文，不能只读语文课本，还必须广泛阅读。

广泛阅读，可以提高阅读理解力；

广泛阅读，可以丰富知识，开阔视野；

广泛阅读，可以提升思维力、鉴赏力；

广泛阅读，可以促进人的精神成长。

新编的“语文主题学习”读本，包括古诗文经典诵读、优秀作品专题阅读和整本书阅读，是落实课内外阅读一体化的优质资源。

捧起这套读本读起来，你会越来越享受阅读，你的一生一定会因为阅读而精彩！

崔峦

用阅读滋养你的心灵，
让你变得聪明善良，独特，
宽人，更富想象力和创造力。

沈石溪

发现美，学会爱，表达自己，
在阅读和写作中不断进步！

王一梅

阅讀是開啓美
好人生的鑰匙

趙麗宏
庚子九月

为自己读书
为美好读书

肖复兴
庚子夏末

读经典的书
做优秀的人

[illegible]

幻想，从现实起飞

刘兴诗

目录

经典诵读

专题阅读一

范文阅读

组文阅读

自由阅读一

自由阅读二

专题阅读二

整本书阅读

经典诵读

鲁迅的诗歌语言朴实，立意深刻，在古体诗创作方面表现得尤为突出。郭沫若曾说：“鲁迅先生无心作诗，偶有所作，每臻绝唱。或则犀角烛怪，或则肝胆照人。”《岳阳楼记》《大学》是古仁人“格物、致知、诚意、正心”的经典文章，对今人依然有很深的影响。

让我们一起诵读经典诗文，体会前人的智慧。

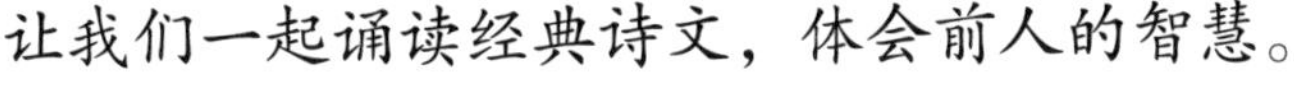

扫码收听朗诵音频

① 自题小像

鲁 迅

灵台①无计逃神矢(shǐ)②，
风雨如磐(pán)暗故园③。
寄意寒星荃(quán)不察，
我以我血荐轩辕(xuān yuán)④。

注 释

① 灵台：心。
② 神矢：古罗马神话中爱神丘比特的箭。
③ 故园：故国，祖国。
④ 轩辕：黄帝，我国传说中的上古帝王，汉民族的始祖。这里指祖国。

我爱国的心如同被爱神之箭射中一般无处可逃，祖国在风雨飘摇中黯然失色。我把这份情感寄托给天上的寒星却没有人明了，我誓将我的一腔热血报效我的祖国。

扫码收听朗诵音频

② 戊(xū)年初夏偶作

鲁　迅

万家[①]墨面[②]没蒿莱(hāo lái)[③]，

敢[④]有歌吟动地哀。

心事浩茫连广宇，

于无声处听惊雷。

注释

① 万家：指全国人民。
② 墨面：面容瘦黑，气色晦暗。
③ 蒿莱：泛指野草。
④ 敢：怎敢，岂敢。

译文

全国人民面容黑瘦，流离失所，寄身野草之中，因受到压迫而无法唱出震天动地的哀歌。我的心事茫茫与广阔的天空相连接，即便万物无声，也能听到如惊雷般悲愤的怒吼。

扫码收听朗诵音频

③ 别诸弟三首（其三）

鲁　迅

从来一别又经年，
万里长风送客船。
我有一言应记取，
文章[1]得失不由天。

注释

① 文章：不仅指当时应试科举所考的文章，也指仕途功名，更指事业和人生。

我们兄弟从来是聚少离多，这一分别又得来年才能再见，别离时，愿你们胸怀大志乘风破浪。我有一句话你们应牢记心间：人生的成败靠自己，不靠天。

4 自　嘲

鲁　迅

运交华盖[①]欲何求，未敢翻身已碰头。

破帽遮颜过闹市，漏船载酒泛中流。

横眉[②]冷对千夫指，俯首甘为孺子牛。

躲进小楼成一统，管他冬夏与春秋。

注释

① 华盖：不好的命运。
② 横眉：怒目而视。

交了霉运，还能有什么希求？在床上连身都没翻，还是碰了头。上街时压低破帽遮住脸，唯恐被人看见招来祸事，好像装酒的漏船在江心行走，随时有灭顶之灾。面对敌人的指斥，我怒目而视；面对老百姓，我甘心像齐景公那样被当作老牛任小孩子牵着走。躲进自己的小楼，爱做什么做什么，外面的冬夏春秋与我不相干。

扫码收听朗诵音频

⑤ 岳阳楼记（节选）

［宋］范仲淹

予①尝求古仁人之心，或异二者之为②，何哉？不以物喜，不以己悲，③居庙堂④之高则忧其民，处江湖之远则忧其君。是进亦忧，退亦忧。然则何时而乐耶？其必曰**“先天下之忧而忧，后天下之乐而乐”**乎！

注释

① 予：我。
② 或异二者之为：或许不同于以上两种表现。
③ 不以物喜，不以己悲：不因外物和自己处境的变化而喜悲。
④ 庙堂：指朝廷。

译文

我曾探求过古代品德高尚的人的思想感情，或许不同于以上两种表现，这是为什么呢？不因外物和自己处境的变化而喜悲。在朝中做官，就为百姓担忧；退居僻远的地方则为君主担忧。这样在朝中做官也担忧，退居僻远的地方也担忧。那么他们什么时候才会感到快乐呢？他们一定会说“在天下人忧之前先忧，在天下人乐之后才乐”吧！

扫码收听朗诵音频

6 大学（节选）

古之欲明明德于天下者，先治[①]其国；欲治其国者，先齐其家[②]；欲齐其家者，先修其身[③]；欲修其身者，先正其心[④]；欲正其心者，先诚其意[⑤]；欲诚其意者，先致其知。致知[⑥]在格物[⑦]。物格而后知至，知至而后意诚，意诚而后心正，心正而后身修，身修而后家齐，家齐而后国治，国治而后天下平。

注释

① 治：治理。
② 齐其家：管理好自己的家庭。
③ 修其身：不断提高修养。
④ 正其心：端正自己的思想。
⑤ 诚其意：意念真诚。
⑥ 致知：获得知识。
⑦ 格物：研究万事万物的道理。格，研究。

古代那些想要使美德彰明于天下的人，先要治理好自己的国家；要想治理好自己的国家，先要管理好自己的家庭；要想管理好自己的家庭，先要提高自我修养；要提高自我修养，先要端正自己的思想；要端正自己的思想，先要使自己的意念真诚；要想使自己的意念真诚，先要使自己获得知识。获得知识的途径在于研究万事万物。通过对万事万物的研究，才能获得知识；获得知识后，意念才能真诚；意念真诚后，思想才能端正；思想端正后，才能提高修养；修养提高后，才能管理好家庭；家庭管理好了，才能治理好国家；治理好国家后，天下才能太平。

走近鲁迅

鲁迅先生虽然离我们远去，但他的形象却永留人间——在儿子眼中，他是慈父；在学生眼中，他是良师；在朋友眼中，他是挚友……

让我们走进本专题，借助相关资料理解文章内容，体会先生笔下生动传神的人物形象及其蕴含的思想。读读他人眼中的鲁迅，感受先生那“横眉冷对千夫指，俯首甘为孺子牛”的坚强与柔软的内心。

范文阅读

①故乡（节选）

鲁　迅

第二日清早晨我到了我家的门口了。瓦楞上许多枯草的断茎当风抖着，正在说明这老屋难免易主的原因。几房的本家大约已经搬走了，所以很寂静。我到了自家的房外，我的母亲早已迎着出来了，接着便飞出了八岁的侄儿宏儿。

为什么母亲在高兴之余又感到凄凉？

我的母亲很高兴，但也藏着许多凄凉的神情，教我坐下，歇息，喝茶，且不谈搬家的事。宏儿没有见过我，远远的对面站着只是看。

但我们终于谈到搬家的事。我说外间的寓所已经租定了，又买了几件家具，此外须将家里所有的木器卖去，再去增添。母亲也说好，而且行李也略已齐集，木器不便搬运的，也小半卖去了，只是收不起钱来。

“你休息一两天，去拜望亲戚本家一回，我们便可以走了。”母亲说。

“是的。”

“还有闰土，他每到我家来时，总问起你，很想见你一回面。我已经将你到家的大约日期通知他，他也许就要来了。”

…………

现在我的母亲提起了他，我这儿时的记忆，忽而全都闪电似的苏生过来，似乎看到了我的美丽的故乡了。我应声说：

“我”此时可能想到了哪些画面？

“这好极！他，——怎样？……”

“他？……他景况也很不如意……”母亲说着，便向房外看，“这些人又来了。说是买木器，顺手也就随便拿走的，我得去看看。”

母亲站起身，出去了。门外有几个女人的声音。我便招宏儿走近面前，和他闲话：问他可会写字，可愿意出门。

“我们坐火车去么？”

“我们坐火车去。”

“船呢？”

“先坐船，……”

“哈！这模样了！胡子这么长了！”一种尖利的怪声突然大叫起来。

“吃了一吓”“愕然”，体现了“我”哪些内心活动？和同学交流一下看法。

我吃了一吓，赶忙抬起头，却见一个凸颧(quán)骨，薄嘴唇，五十岁上下的女人站在我面前，两手搭在髀(bì)间，没有系裙，张着两脚，正像一个画图仪器里细脚伶仃(líng dīng)的圆规。

我愕然了。

“不认识了么？我还抱过你咧！”

我愈加愕然了。幸而我的母亲也就进来，从旁说：

“他多年出门，统忘却了。你该记得罢①，”便向着我说，“这是斜对门的杨二嫂，……开豆腐店的。”

哦，我记得了。我孩子时候，在斜对门

---

①罢：现在写作“吧”。本书有的用字与现在不同，除了“罢”，还有“那”“阿”“的”等。遵照原文，未加改动。

的豆腐店里确乎终日坐着一个杨二嫂，人都叫伊“豆腐西施”。但是擦着白粉，颧骨没有这么高，嘴唇也没有这么薄，而且终日坐着，我也从没有见过这圆规式的姿势。那时人说：因为伊，这豆腐店的买卖非常好。但这大约因为年龄的关系，我却并未蒙着一毫感化，所以竟完全忘却了。然而圆规很不平，显出鄙夷的神色，仿佛嗤（chī）笑法国人不知道拿破仑，美国人不知道华盛顿似的，冷笑说：

这段人物描写充满了讽刺意味。

“忘了？这真是贵人眼高……”

“那有这事……我……”我惶恐着，站起来说。

“那么，我对你说。迅哥儿，你阔了，搬动又笨重，你还要什么这些破烂木器，让我拿去罢。我们小户人家，用得着。”

“我并没有阔哩。我须卖了这些，再去……”

“阿呀呀，你放了道台了，还说不阔？你现在有三房姨太太；出门便是八抬的大轿，还说不阔？吓，什么都瞒不过我。”

我知道无话可说了，便闭了口，默默的站着。

“阿呀阿呀，真是愈有钱，便愈是一毫不肯放松，愈是一毫不肯放松，便愈有钱……”圆规一面愤愤的回转身，一面絮絮的说，慢慢向外走，顺便将我母亲的一副手套塞在裤腰里，出去了。

你认为杨二嫂是一个怎样的人呢？

此后又有近处的本家和亲戚来访问我。我一面应酬，偷空便收拾些行李，这样的过了三四天。

一日是天气很冷的午后，我吃过午饭，坐着喝茶，觉得外面有人进来了，便回头去看。我看时，不由的非常吃惊，慌忙站起身，迎着走去。

这来的便是闰土。虽然我一见便知道是闰土，但又不是我这记忆上的闰土了。他身材增加了一倍；先前的紫色的圆脸，已经变作灰黄，而且加上了很深的皱纹；眼睛也像他父亲一样，周围都肿得通红，这我知道，在海边种地的人，终日吹着海风，大抵是这样的。他头上是一顶破毡帽，身上只一件极薄的棉衣，浑身瑟索[①]着；手里提着一个纸包和一支长烟管，那手也不是我所记得的红活圆实的手，却又粗又笨而且开裂，像是松树皮了。

中年闰土的形象发生了哪些变化？为什么会发生这样的变化呢？

我这时很兴奋，但不知道怎么说才好，只是说：

“阿！闰土哥，——你来了？……”

我接着便有许多话，想要连珠一般涌出：角鸡，跳鱼儿，贝壳，猹，……但又总觉得被什么挡着似的，单在脑里面回旋，吐不出口外去。

他站住了，脸上现出欢喜和凄凉的神情；动着嘴唇，却没有作声。他的态度终于恭敬起来了，分明的叫道：

“老爷！……”

我似乎打了一个寒噤；我就知道，我们

①瑟索：现在写作“瑟缩”。

结合相关资料，想一想：是什么造成了这层"可悲的厚障壁"？

之间已经隔了一层可悲的厚障壁了。我也说不出话。

他回过头去说："水生，给老爷磕头。"便拖出躲在背后的孩子来，这正是一个廿(niàn)年前的闰土，只是黄瘦些，颈子上没有银圈罢了。"这是第五个孩子，没有见过世面，躲躲闪闪……"

母亲和宏儿下楼来了，他们大约也听到了声音。

"老太太。信是早收到了。我实在喜欢的了不得，知道老爷回来……"闰土说。

"阿，你怎的这样客气起来。你们先前不是哥弟称呼么？还是照旧：迅哥儿。"母亲高兴的说。

"阿呀，老太太真是……这成什么规矩。那时是孩子，不懂事……"闰土说着，又叫水生上来打拱，那孩子却害羞，紧紧的只贴在他背后。

"他就是水生？第五个？都是生人，怕生也难怪的；还是宏儿和他去走走。"母亲说。

宏儿听得这话，便来招水生，水生却松松爽爽同他一路出去了。母亲叫闰土坐，他迟疑了一回，终于就了坐，将长烟管靠在桌旁，递过纸包来，说：

宏儿和水生愉快的相处，像极了“我”和闰土童年时相处的样子。

“冬天没有什么东西了。这一点干青豆倒是自家晒在那里的，请老爷……”

我问问他的景况。他只是摇头。

“非常难。第六个孩子也会帮忙了，却总是吃不够……又不太平……什么地方都要钱，没有定规……收成又坏。种出东西来，挑去卖，总要捐几回钱，折(shé)了本；不去卖，又只能烂掉……”

他只是摇头；脸上虽然刻着许多皱纹，却全然不动，仿佛石像一般。他大约只是觉得苦，却又形容不出，沉默了片时，便拿起烟管来默默的吸烟了。

母亲问他，知道他的家里事务忙，明天便得回去；又没有吃过午饭，便叫他自己到厨下炒饭吃去。

他出去了；母亲和我都叹息他的景况：

多子，饥荒，苛税，兵，匪，官，绅，都苦得他像一个木偶人了。母亲对我说，凡是不必搬走的东西，尽可以送他，可以听他自己去拣择。

结合相关资料，了解时代背景。想一想：在“我”的心中，中年闰土还有儿时的“美好形象”吗？

下午，他拣好了几件东西：两条长桌，四个椅子，一副香炉和烛台，一杆抬秤。他又要所有的草灰（我们这里煮饭是烧稻草的，那灰，可以做沙地的肥料），待我们启程的时候，他用船来载去。

夜间，我们又谈些闲天，都是无关紧要的话；第二天早晨，他就领了水生回去了。

又过了九日，是我们启程的日期。闰土早晨便到了，水生没有同来，却只带着一个五岁的女儿管船只。我们终日很忙碌，再没有谈天的工夫。来客也不少，有送行的，有拿东西的，有送行兼拿东西的。待到傍晚我们上船的时候，这老屋里的所有破旧大小粗细东西，已经一扫而空了。

猜猜此时的“我”是带着一种怎样的心情与故乡道别的。

一九二一年一月

② 孔乙己

鲁迅

鲁镇的酒店的格局，是和别处不同的：都是当街一个曲尺形的大柜台，柜里面预备着热水，可以随时温酒。做工的人，傍午傍晚散了工，每每花四文铜钱，买一碗酒，——这是二十多年前的事，现在每碗要涨到十文，——靠柜外站着，热热的喝了休息；倘肯多花一文，便可以买一碟盐煮笋，或者茴香豆，做下酒物了，如果出到十几文，那就能买一样荤菜，但这些顾客，多是短衣帮，大抵没有这样阔绰。只有穿长衫的，才踱进店面隔壁的房子里，要酒要菜，慢慢地坐喝。

这段文字交代了故事发生的时代背景，为孔乙己的出场做了铺垫。

我从十二岁起，便在镇口的咸亨酒店里当伙计，掌柜说，样子太傻，怕侍候不了长衫主顾，就在外面做点事罢。外面的短衣主顾，虽然容易说话，但唠唠叨叨缠夹不清的也很不少。他们往往要亲眼看着黄酒从坛子里舀出，看过壶子底里有水没有，又亲看将壶子放在热水里，然后放心：在这严重监督下，羼（chàn）[①]水也很为难。所以过了几天，掌柜又说我干不了这事。幸亏荐头[②]的情面大，辞退不得，便改为专管温酒的一种无聊职务了。

我从此便整天的站在柜台里，专管我的职务。虽然没有什么失职，但总觉有些单调，有些无聊。掌柜是一副凶脸孔，主顾也没有好声气[③]，教人活泼不得；只有孔乙己到店，才可以笑几声，所以至今还记得。

孔乙己是站着喝酒而穿长衫的唯一的人。他身材很高大；青白脸色，皱纹间时常夹些伤痕；一部乱蓬蓬的花白的胡子。穿的虽然是长衫，可是又脏又破，似乎十多年

把这段外貌描写多读几遍，说说你读出了一个怎样的孔乙己。

---

① 羼：混合，掺杂。
② 荐头：旧时以介绍佣工为业的人，也泛指介绍职业的人。
③ 声气：这里指态度。

没有补，也没有洗。他对人说话，总是满口之乎者也[1]，教人半懂不懂的。因为他姓孔，别人便从描红纸上的“上大人孔乙己”这半懂不懂的话里，替他取下一个绰号，叫作孔乙己。孔乙己一到店，所有喝酒的人便都看着他笑，有的叫道，“孔乙己，你脸上又添上新伤疤了！”他不回答，对柜里说，“温两碗酒，要一碟茴香豆。”便排出九文大钱。他们又故意的高声嚷道，“你一定又偷了人家的东西了！”孔乙己睁大眼睛说，“你怎么这样凭空污人清白……”“什么清白？我前天亲眼见你偷了何家的书，吊着打。”孔乙己便涨红了脸，额上的青筋条条绽出，争辩道，“窃书不能算偷……窃书！……读书人的事，能算偷么？”接连便是难懂的话，什么“君子固穷”，什么“者乎”之类，引得众人都哄笑起来：店内外充满了快活的空气。

这个“排”字用得真巧妙。你从中体会到了什么？

① 满口之乎者也：满口文言词语。这里是为了表现孔乙己的书呆子气。

孔乙己是一个有学问的人还是没学问的人？是一个好人还是坏人？说说你的看法。

听人家背地里谈论，孔乙己原来也读过书，但终于没有进学[1]，又不会营生[2]；于是愈过愈穷，弄到将要讨饭了。幸而写得一笔好字，便替人家钞[3]钞书，换一碗饭吃。可惜他又有一样坏脾气，便是好喝懒做。坐不到几天，便连人和书籍纸张笔砚，一齐失踪。如是几次，叫他钞书的人也没有了。孔乙己没有法，便免不了偶然做些偷窃的事。但他在我们店里，品行却比别人都好，就是从不拖欠；虽然间或没有现钱，暂时记在粉板上，但不出一月，定然还清，从粉板上拭去了孔乙己的名字。

孔乙己喝过半碗酒，涨红的脸色渐渐复了原，旁人便又问道，“孔乙己，你当真认识字么？”孔乙己看着问他的人，显出不屑置辩的神气。他们便接着说道，“你怎的

---

① 进学：明清科举制度，童生经过县考初试、府考复试，再参加由学政主持的院考（道考），考取的列名府、县学籍，叫进学，也就成了秀才。又规定每三年举行一次乡试（省一级考试），是秀才或监生应考，考中的就是举人。

② 营生：谋生，筹划如何生活。

③ 钞：现在写作“抄”。

连半个秀才也捞不到呢？”孔乙己立刻显出颓唐不安模样，脸上笼上了一层灰色，嘴里说些话；这回可是全是之乎者也之类，一些不懂了。在这时候，众人也都哄笑起来：店内外充满了快活的空气。

原来，大家的快乐是建立在对孔乙己的嘲笑之上的。

在这些时候，我可以附和着笑，掌柜是决不责备的。而且掌柜见了孔乙己，也每每这样问他，引人发笑。孔乙己自己知道不能和他们谈天，便只好向孩子说话。有一回对我说道，“你读过书么？”我略略点一点头。他说，“读过书，……我便考你一考。茴香豆的茴字，怎样写的？”我想，讨饭一样的人，也配考我么？便回过脸去，不再理会。孔乙己等了许久，很恳切的说道，“不能写罢？……我教给你，记着！这些字应该记着。将来做掌柜的时候，写账要用。”我暗想我和掌柜的等级还很远呢，而且我们掌柜也从不将茴香豆上账；又好笑，又不耐烦，懒懒的答他道，“谁要你教，不是草头底下一个来回的回字么？”孔乙己显出极高兴的样子，将两个指头的长指甲敲着柜台，点头说，“对呀对呀！……回字有四样写法，你知道么？”我愈不耐烦了，努着嘴走远。孔乙己刚用指甲蘸了酒，想在柜上写字，见我毫不热心，便又叹一口气，显出极惋惜的样子。

这段描写表现了孔乙己的什么特点？

有几回，邻居孩子听得笑声，也赶热闹，围住了孔乙己。他便给他们茴香豆吃，一人一颗。孩子吃完豆，仍然不散，眼睛都望着碟子。孔乙己着了慌，伸开五指将碟子罩住，弯腰下去说道：“不多了，我已经不多了。”直起身又看一看豆，自己摇头说：“不多不多！多乎哉？不多也。”于是这一群孩子都在笑声里走散了。

孔乙己是这样的使人快活，可是没有他，别人也便这么过。

有一天，大约是中秋前的两三天，掌柜正在慢慢的结账，取下粉板，忽然说：“孔乙己长久没有来了。还欠十九个钱呢！”我才也觉得他的确长久没有来了。一个喝酒的人说道："他怎么会来？……他打折了腿了。"掌柜说："哦！""他总仍旧是偷。这一回，是自己发昏，竟偷到丁举人家里去了。他家的东西，偷得的么？""后来怎么样？""怎么样？先写服辩[①]，后来是打，打了大半夜，再打折了腿。""后来呢？""后来打折了腿了。""打折了怎样呢？""怎样？……谁晓得？许是死了。"掌柜也不再问，仍然慢慢的算他的账。

大家是真的关心孔乙己的死活吗？你感受到鲁迅作品中的"看客"形象了吗？

中秋之后，秋风是一天凉比一天，看看将近初冬；我整天的靠着火，也须穿上棉袄了。一天的下半天，没有一个顾客，我正合了眼坐着。忽然间听得一个声音，"温一碗酒。"这声音虽然极低，却很耳熟。看时又全没有人。站起来向外一望，那孔乙己便在柜台下对了门槛坐着。他脸上黑而且瘦，已经不成样子；穿一件破夹袄，盘着两腿，

①服辩：认罪书。这里指不经官府而自行了案认罪的书状。

孔乙己在消失的这段时间里发生了什么？他身上有哪些变化？这段语言、动作、神态的描写太精彩了！可以尝试运用到人物描写中。

下面垫一个蒲包，用草绳在肩上挂住；见了我，又说道："温一碗酒。"掌柜也伸出头去，一面说："孔乙己么？你还欠十九个钱呢！"孔乙己很颓唐的仰面答道："这……下回还清罢。这一回是现钱，酒要好。"掌柜仍然同平常一样，笑着对他说："孔乙己，你又偷了东西了！"但他这回却不十分分辩，单说了一句"不要取笑！""取笑？要是不偷，怎么会打断腿？"孔乙己低声说道："跌断，跌，跌……"他的眼色，很像恳求掌柜，不要再提。此时已经聚集了几个人，便和掌柜都笑了。我温了酒，端出去，放在门槛上。他从破衣袋里摸出四文大钱，放在我手里，见他满手是泥，原来他便用这手走来的。不一会，他喝完酒，便又在旁人的说笑声中，坐着用这手慢慢走去了。

自此以后，又长久没有看见孔乙己。到了年关，掌柜取下粉板说："孔乙己还欠十九个钱呢！"到第二年的端午，又说"孔乙己还欠十九个钱呢！"到中秋可是没有说，再到年关也没有看见他。

我到现在终于没有见——大约孔乙己的确死了。

一九一九年三月

孔乙己给你留下怎样的印象？你是否找到了他悲剧命运的根源呢？

阅读链接

科举制度虽于1905年废除，但是培植孔乙己这种人的社会基础依然存在，这样就有可能产生新的“孔乙己”。要拯救青年一代，不能让他们再走孔乙己的老路。鲁迅选取了社会的一角——鲁镇的咸亨酒店，艺术地展现了社会上的这种贫苦知识分子的生活，启发读者对照孔乙己的生活道路和当时的教育现状，思考当时的社会教育和学校教育，批判封建教育制度和科举制度。

3 秋　夜

鲁　迅

在我的后园，可以看见墙外有两株树，一株是枣树，还有一株也是枣树。

这上面的夜的天空，奇怪而高，我生平没有见过这样的奇怪而高的天空。他仿佛要离开人间而去，使人们仰面不再看见。然而现在却非常之蓝，闪闪地䀹(shǎn)着几十个星星的眼，冷眼。他的口角上现出微笑，似乎自以为大有深意，而将繁霜洒在我的园里的野花草上。

对小粉红花的描写，不仅寄寓了作者对弱者的同情和鼓励，还有力地衬托了枣树的刚强性格和富有韧性的战斗精神。

我不知道那些花草真叫什么名字，人们叫他们什么名字。我记得有一种开过极细小的粉红花，现在还开着，但是更极细小了，她在冷的夜气中，瑟缩地做梦，梦见春的到来，梦见秋的到来，梦见瘦的诗人将眼泪擦在她最末的花瓣上，告诉她秋虽然来，冬虽然来，而此后接着还是春，胡蝶乱飞，蜜蜂都唱起春词来了。她于是一笑，虽然颜色冻得红惨惨地，仍然瑟缩着。

枣树，他们简直落尽了叶子。先前，还有一两个孩子来打他们别人打剩的枣子，现在是一个也不剩了，连叶子也落尽了。他知道小粉红花的梦，秋后要有春；他也知道落叶的梦，春后还是秋。他简直落尽叶子，单剩干子，然而脱了当初满树是果实和叶子时候的弧形，欠伸得很舒服。但是，有几枝还低亚着，护定他从打枣的竿梢所得的皮伤，而最直最长的几枝，却已默默地铁似的直刺着奇怪而高的天空，使天空闪闪地鬼䀹眼；直刺着天空中圆满的月亮，使月亮窘得发白。

通过直刺天空的枝干，我们可以感受到作者对枣树饱经沧桑、坚韧不拔的精神由衷地赞美。

鬼䀹眼的天空越加非常之蓝，不安了，仿佛想离去人间，避开枣树，只将月亮剩下。然而月亮也暗暗地躲到东边去了。而一无所有的干子，却仍然默默地铁似的直刺着奇怪而高的天空，一意要制他的死命，不管他各式各样地䀹着许多蛊惑的眼睛。

哇的一声，夜游的恶鸟飞过了。

我忽而听到夜半的笑声，吃吃地，似乎不愿意惊动睡着的人，然而四围的空气都应和着笑。夜半，没有别的人，我即刻听出这声音就在我嘴里，我也即刻被这笑声所驱逐，回进自己的房。灯火的带子也即刻被我旋高了。

小飞虫为追求光明不惜牺牲自己，作者对它们的这种斗争热情充满了敬意。

后窗的玻璃上丁丁地响，还有许多小飞虫乱撞。不多久，几个进来了，许是从窗纸的破孔进来的。他们一进来，又在玻璃的灯罩上撞得丁丁地响。一个从上面撞进去了，他于是遇到火，而且我以为这火是真的。两三个却休息在灯的纸罩上喘气。那罩是昨晚新换的罩，雪白的纸，折出波浪纹的叠痕，一角还画出一枝猩红色的栀子。

猩红的栀子开花时，枣树又要做小粉红花的梦，青葱地弯成弧形了……我又听到夜半的笑声；我赶紧砍断我的心绪，看那老在白纸罩上的小青虫，头大尾小，向日葵子似的，只有半粒小麦那么大，遍身的颜色苍翠得可爱，可怜。

我打一个呵欠，点起一支纸烟，喷出烟来，对着灯默默地敬奠这些苍翠精致的英雄们。

④ 风　筝

鲁　迅

北京的冬季，地上还有积雪，灰黑色的秃树枝丫叉于晴朗的天空中，而远处有一二风筝浮动，在我是一种惊异和悲哀。

本文写了一件什么事？借助相关资料思考：字里行间流露出作者怎样的情感？

故乡的风筝时节，是春二月，倘听到沙沙的风轮声，仰头便能看见一个淡墨色的蟹风筝或嫩蓝色的蜈蚣风筝。还有寂寞的瓦片风筝，没有风轮，又放得很低，伶仃地显出憔悴可怜模样。但此时地上的杨柳已经发芽，早的山桃也多吐蕾，和孩子们的天上的点缀相照应，打成一片春日的温和。我现在在那里呢？四面都还是严冬的肃杀[①]，而久经诀别的故乡的久经逝去的春天，却就在这天空中荡漾了。

① 肃杀：形容秋冬天气寒冷，草木枯落。

但我是向来不爱放风筝的，不但不爱，并且嫌恶他，因为我以为这是没出息孩子所做的玩艺。和我相反的是我的小兄弟[①]，他那时十岁内外罢，多病，瘦得不堪，然而最喜欢风筝，自己买不起，我又不许放，他只得张着小嘴，呆看着空中出神，有时至于小半日。远处的蟹风筝突然落下来了，他惊呼；两个瓦片风筝的缠绕解开了，他高兴得跳跃。他的这些，在我看来都是笑柄，可鄙的。

细细品读，结合加点词句，猜猜小兄弟看风筝时心里在想些什么。

有一天，我忽然想起，似乎多日不很看见他了，但记得曾见他在后园拾枯竹。我恍然大悟似的，便跑向少有人去的一间堆积杂物的小屋去，推开门，果然就在尘封的什物堆中发见了他。他向着大方凳，坐在小凳上；便很惊惶地站了起来，失了色瑟缩着。大方凳旁靠着一个胡蝶风筝的竹骨，还没有糊上纸，凳上是一对做眼睛用的小风

长兄如父，小兄弟对“我”充满了敬畏。

① 小兄弟：指鲁迅的三弟周建人。

轮，正用红纸条装饰着，将要完工了。我在破获秘密的满足中，又很愤怒他的瞒了我的眼睛，这样苦心孤诣地来偷做没出息孩子的玩艺。我即刻伸手折断了胡蝶的一支翅骨，又将风轮掷在地下，踏扁了。论长幼[1]，论力气，他是都敌不过我的，我当然得到完全的胜利，于是傲然走出，留他绝望地站在小屋里。后来他怎样，我不知道，也没有留心。

你对“我”的所作所为有什么看法？

然而我的惩罚终于轮到了，在我们离别得很久之后，我已经是中年。我不幸偶而[2]看了一本外国的讲论儿童的书，才知道游戏是儿童最正当的行为，玩具是儿童的天使。于是二十年来毫不忆及的幼小时候对于精神的虐杀的这一幕，忽地在眼前展开，而我的心也仿佛同时变了铅块，很重很重地堕下去了。

但心又不竟堕下去而至于断绝，他只是

① 论长幼：封建伦理道德宣扬长幼有序，规定幼小者必须无条件服从长者，因而弟弟必须服从兄长。

② 偶而：现在写作“偶尔”。

仔细品读描写“我”的心理活动的句子，思考：为什么“我”的心堕下去不至于断绝，而只是很重地堕着？

很重很重地堕着，堕着。

我也知道补过的方法的：送他风筝，赞成他放，劝他放，我和他一同放。我们嚷着，跑着，笑着。——然而他其时已经和我一样，早已有了胡子了。

我也知道还有一个补过的方法的：去讨他的宽恕，等他说，“我可是毫不怪你呵。”那么，我的心一定就轻松了，这确是一个可行的方法。有一回，我们会面的时候，是脸上都已添刻了许多“生”的辛苦的条纹，而我的心很沉重。我们渐渐谈起儿时的旧事来，我便叙述到这一节，自说少年时代的胡涂[1]。“我可是毫不怪你呵。”我想，他要说了，我即刻便受了宽恕，我的心从此也宽松了罢。

“有过这样的事么？”他惊异地笑着说，就像旁听着别人的故事一样。他什么也不记得了。

---

① 胡涂：现在写作“糊涂”。

全然忘却，毫无怨恨，又有什么宽恕之可言呢？无怨的恕，说谎罢了。

我还能希求什么呢？我的心只得沉重着。

“我”的心为什么那么沉重？读了文章，你有怎样的感受？

现在，故乡的春天又在这异地的空中了，既给我久经逝去的儿时的回忆，而一并也带着无可把握的悲哀。我倒不如躲到肃杀的严冬中去罢，——但是，四面又明明是严冬，正给我非常的寒威和冷气。

一九二五年一月二十四日

阅读链接

鲁迅在1919年9月9日的《国民公报》上发表过短文《我的兄弟》，文中记述了风筝事件。作者年少时对放风筝不屑一顾，故嫌恶小兄弟（周建人）喜好风筝，但是作者长大后，了解到玩具是儿童的天使，因此对年少时抹杀小兄弟的爱好感到深深的自责。

5 父亲对我的教育

周海婴

作者回忆了哪几件事？请给每件事加一个小标题。

曾有许多人问过我，父亲是否像三味书屋里的寿老师那样对我教育的？比如在家吃“偏饭”，搞各种形式的单独授课，还亲自每天检查督促作业，询问考试成绩；还另请家庭教师，辅导我练书法、学乐器；或在写作、待客之余，给我讲唐诗宋词、童话典故之类，以启迪我的智慧。总之，凡是当今父母们想得到的种种教子之方，都想在我这里得到印证。我的答复却每每使对方失望。因为父亲对我的教育，就是母亲在《鲁迅先生与海婴》里讲到的那样：“顺其自然，极力不多给他打击，甚或不愿拂逆他的喜爱，除非在极不能容忍，极不合理的某一程度之内。”

请结合文章内容，说说母亲这句话的意思。父亲给予“我”的教育是怎样的教育？

我幼时的玩具可谓不少，但我却是个玩

具破坏者，凡是能拆卸的都拆卸过。目的有两个：其一是看看内部结构，满足好奇心；其二是认为自己有把握装配复原。那年代会动的铁壳玩具，都是边角相勾固定的，薄薄的马口铁片经不住反复弯折，纷纷断开，再也复原不了。极薄的齿轮，齿牙破蚀，即使以今天的技能，也不易整修。所以，在我一楼的玩具柜里，除了实心木制拆卸不了的，没有几件能够完整活动的。但父母从不阻止我这样做。对我“拆卸技术”帮助最大的就是瞿秋白夫妇送的那套“积铁成像”玩具。它不但使我学会由简单到复杂的几百种积像玩法，还可以脱离图形，自我发挥想象力，拼搭种种东西。有了这个基础，我竟斗胆地把那架父亲特意为我买的留声机也大卸开了。我弄得满手油污，把齿轮当陀螺旋转着玩，趣味无穷。母亲见了，吃了一惊，但她没有斥责，只让我复原，我办到了。从此我越发胆大自信。一楼里有一架缝纫机，是父亲买给母亲的。我凭着拆卸留声机的技术积

结合相关文章，说说“父亲鲁迅”和“兄长鲁迅”有什么不同？

累，拿它拆开装拢，装拢又拆开，性能仍然正常。

在我上学以后，有一次父亲因我赖着不肯去学校，用报纸卷假意要打屁股。但是，待他了解了原因，便让母亲向教师请假，并向同学解释：的确不是赖学，是因气喘病发需在家休息，你们在街上也看到的，他还去过医院呢。这才解了小同学堵在我家门口，大唱“周海婴，赖学精，看见先生难为情……”的尴尬局面，友好如初。我虽也偶然挨打骂，其实那只是虚张声势，吓唬一下而已。父亲自己给祖母的信中也说：“打起来，声音虽然响，却不痛的。”又说：“有时是肯听话的，也讲道理的，所以近一年来，不但不挨打，也不大挨骂了。”这是一九三六年一月，父亲去世前半年，我已将近七岁。

父亲对“我”是严慈并济的。这种爱更加凸显了鲁迅作为父亲的伟岸形象。

叔叔在他供职的商务印书馆参加编辑了《儿童文库》和《少年文库》的丛书，每套几十册。他一齐购来赠给我。母亲收藏了内容较深的《少年文库》，让我看浅的。我耐心反复翻阅了多遍，不久翻腻了，向母亲索取《少年文库》，她让我长大些再看，而我坚持要看这套书。争论的声音被父亲听到了，他便让母亲收回成命，从柜子里取出书来，放在一楼外间我的专用柜里任凭选阅。这两套丛书，包含文史、童话、常识、卫生、科普等等，相当于现在的《十万个为什么》，却着重于文科。父亲也不过问选阅了哪些，或指定看哪几篇，背诵哪几段，完全“放任自流”。

父亲总是尊重“我”的选择，给了“我”很大的自主权。

父亲给祖母的信里常常提到我生病、痊愈、顽皮、纠缠、读书和考试成绩等情况，有时还让我写上几句。从存留的书信墨迹里，在信尾尚有我歪歪扭扭的个把句子。我当时是想长长地写一大段的，表达很多心里话，可惜一握笔便呆住了。在一九三五年一月十六日的信里，父亲写道：“海婴有几句话，写在另一张纸上，今附呈。”

父亲写信经常是用中式信笺，印有浅

结合《风筝》，对比“我”和小叔的童年境遇，你发现鲁迅先生有了怎样的变化？

淡的花卉、人物和风景，按不同亲疏的朋友亲属选用。如遇到父亲写信，我往往快速地从桌子倒数第二个抽屉里挑选信笺，以童子的爱好为标准，挑选有趣味的一页。父亲有时默许使用，也有感到不妥的，希望我另选一枚，遇到我僵持不肯，相互得不到一致时，他总是叹息一声勉强让步的。偶然父亲坚决以为不妥的，那当然只有我妥协了。据悉有一位日本仙台的研究者阿部兼也先生，他最近专门分析父亲信笺选用与收件者的内在关系。遗憾的是他不知道内中有我的“干扰”，使研究里渗进了“杂质”。在此，我谨向阿部先生表示歉意。

我小时候十分顽皮贪玩。但是，我们小朋友之间并不常在弄堂玩耍，因为在那里玩耍受日本孩子欺负。母亲就让我们在家里玩，这样她做家务时就不用牵挂着时不时探头察看。有一回，开头我们还安静地看书、玩耍，不久便打闹开了，在客厅和饭厅之间追逐打闹，转着转着眼看小朋友被我追到，他顺手关闭了内外间的玻璃门，我叫不开、推不开，便发力猛推，推了几下，手一滑，从竖格上一下子脱滑，敲击到玻璃上，“砰”的一声玻璃碎裂，右手腕和掌心割了两个裂口，血汩汩而下。小朋友吓得悄悄溜走了，而我也只顾从伤口处挖出碎玻璃，至少有三四小片。许是刚刚割破，倒未有痛感。父亲听说我手腕受了伤，便从二楼走下来，我也迎上去，觉得是自己闯的祸，也没有哭的理由。父亲很镇定，也不责骂，只从楼梯边的柜里取出外伤药水，用纱布替我包扎，裹好之后，仍什么也没说，就上楼了。

后来，他在给祖母的信中提到这件事：“前天玻璃割破了手，鲜血淋漓……”这是一九三六年九月二十二日写的，距父亲去世仅二十七天。有一张母亲和我在万国殡仪馆站在一起的照片，可以看到我右手腕包扎着纱布，可见当时伤得不轻。

读了本文，你是否感受到了字里行间那浓浓的深情呢？结合所搜集的资料，说说你对鲁迅先生有了哪些新的认识。

6 记鲁迅先生轶事①

蔡元培②

请用小标题概括作者回忆鲁迅先生的几件事。从这些事中，你认为鲁迅先生是一个怎样的人？

鲁迅先生去世，是现代文学界的大损失，不但我国人这样说，就是日本与苏联的文学家也这样说，可说是异口同声了。鲁迅先生的事迹，除自传外，各报发表的也不少，无取乎复述。我现在记他的几件轶事。

三十年以前，我在德国留学的时候，觉得学德语的困难，与留学东京之堂弟国亲通信时，谈到这一点。国亲后来书，说与周豫才、岂明昆弟谈及，都说“最要紧的是有一部好字典”，这是我领教于先生的第一次。后来，国亲又寄给我《或外小说

---

① 轶事：同“逸事”。

② 蔡元培（1868—1940），教育家、革命家。曾任北京大学校长。郭沫若曾说：“影响到鲁迅生活颇深的人应该推数蔡元培吧？这位精神博大的自由主义者，对于中国的文化教育界的贡献十分宏大，而他对于鲁迅始终是刮目相看的。”

集》一部，这是先生与岂明合译的，大都是北欧的短篇小说，译笔古奥，比林琴南君所译的，还要古奥；只要看书名“域外”写作“或外”，就可知先生那时候对于小学的热心了。

先生进教育部以后，我们始常常见面。在南京时，先生于办公之暇，常与许君季茀影抄一种从图书馆借来的善本书。后来先生所发表的有校订本魏中散大夫《嵇康集》等书，想就是那时期工作之一斑了。

鲁迅先生工作之余，依然笔耕不辍，博学笃行，因此才会有累累硕果。

先生于文学外，尤注意美术，但不喜音乐。我记得在北京大学的时候，教育部废去洪宪的国歌，而恢复《卿云歌》时，曾将两份歌谱，付北平中学练习后，在教育部礼堂唱奏，除本部职员外，并邀教育界的代表同往细听，选择一份。先生与我均在座。先生对我说：“余完全不懂音乐。”我不知道他说这句话的意思，是否把“懂”字看得太切实，以为非学过音乐不可？还是对于教育部这种办法，不以为然，而表示反抗？我后来没有机会问他。

我知道他对于图画很有兴会。他在北平时已经搜罗汉碑图案的拓本。从前记录汉碑的书，注重文字；对于碑上雕刻的花纹，毫不注意。先生特别搜辑，已获得数百种。我们见面时，总商量到付印的问题。因印费太昂，终无成议。这种稿本，恐在先生家中，深望周夫人能检出来，设法印行，于中国艺术史上，很有关系。先生晚年提倡版画，印有凯绥·珂勒惠支和E. 蒙克版画选集等，又与郑君振铎合选北平南纸铺雅驯的信笺印行数函，这都与搜辑汉碑图案的动机相等的。

先生在教育部时，同事中有高阳齐君寿山，对他非常崇拜，教育部免先生职后，齐君就声明辞职，与先生同退。齐君为人豪爽，与先生的沉毅不同；留德习法政，并不喜欢文学，但崇拜先生如此，这是先生人格的影响。

“先生人格”的具体内容是什么？与大家交流一下吧。

7 怀鲁迅

郁达夫[1]

真是晴天霹雳，在南台的宴会席上，忽而听到了鲁迅的死！

发出了几通电报，荟萃（huì cuì）了一夜行李，第二天我就匆匆跳上了开往上海的轮船。

二十二日上午十时船靠了岸，到家洗一个澡，吞了两口饭，跑到胶州路万国殡仪馆去，遇见的只是真诚的脸，热烈的脸，悲愤的脸，和千千万万将要破裂似的青年男女的心肺与紧捏的拳头。

这段话反映出当时人们怎样的心情？

这不是寻常的丧葬，这也不是沉郁的悲哀，这正像是大地震要来，或黎明将到时充塞在天地之间的一瞬间的寂静。

---

① 郁达夫（1896—1945），作家、诗人。他比鲁迅小十五岁，但两人却有相知甚深的友谊。郁达夫在鲁迅的日记中出现了多次，鲁迅生前列郁达夫为“知人”。

生死，肉体，灵魂，眼泪，悲叹，这些问题与感觉，在此地似乎太渺小了，在鲁迅的死的彼岸，还照耀着一道更伟大、更猛烈的寂光。

没有伟大的人物出现的民族，是世界上最可怜的生物之群；有了伟大的人物，而不知拥护、爱戴、崇仰的国家，是没有希望的奴隶之邦。因鲁迅的一死，使人们自觉出了民族的尚可以有为；也因鲁迅之一死，使人家看出了中国还是奴隶性很浓厚的半绝望的国家。

鲁迅先生留下的精神遗产引发了世人深深的思考，使更多后人觉醒，察觉到了民族尚可以有为。

鲁迅的灵柩(jiù)，在夜阴里被埋入浅土中去了；西天角却出现了一片微红的新月。

一九三六年十月二十四日

8 悼鲁迅先生

巴　金

十月十九日上午，一个不幸的消息从上海的一角传出来，在极短的时间里就传遍了全中国，全世界：

鲁迅先生逝世了！

花圈、唁（yàn）电[①]、挽辞[②]、眼泪、哀哭从中国各个地方像洪流一样地汇集到上海来。任何一个小城市的报纸上也发表了哀悼的文章，连最僻远的村镇里也响起了悲痛的哭声。全中国的良心从没有像现在这样地悲痛的。这一个老人，他的一支笔、一颗心做出了那些巨人所不能完成的事业。甚至在他安静地闭上眼睛的时候，他还把成

画线部分让你体会到人们怎样的心情？

---

① 唁电：慰问死者家属的电报、电传等。
② 挽辞：同“挽词”，哀悼死者的言辞，特指写在挽联上的。

千上万的人牵引到他的身边。不论是亲密的朋友或者恨深的仇敌，都怀着最深的敬意在他的遗体前哀痛地埋下了头。至少在这一刻全中国的良心是团结在一起的。

我们没有多的言辞来哀悼这么一位伟大的人，因为一切的语言在这个老人的面前都变成了十分渺小；我们不能单单用眼泪来埋葬死者，因为死者是一个至死不屈的英勇战士。但是我们也无法制止悲痛来否认我们的巨大损失；这个老人的逝世使我们失去了一位伟大的导师，青年失去了一个爱护他们的知己朋友，中国人民失去了一个代他们说话的人，中华民族解放运动失去了一个英勇的战士。这个缺额是无法填补的。

由此可见鲁迅先生的影响力之大，影响范围之广。

鲁迅先生是伟大的。没有人能够否认这样的一句话。然而我们并不想称他作巨星，比他作太阳，因为这样的比喻太抽象了。他并不是我们可望而不可即的自然界的壮观。他从不曾高高地坐在中国青年的头上。一个不识者的简单的信函就可以引起他胸怀的吐露，一个在困苦中的青年的呼吁也会得到他同情的帮忙。在中国没有一个作家像他那样爱护青年的。

然而把这样的一个人单单看作中国文艺界的珍宝是不够的。我们固然珍惜他在文学上的成就，我们也和别的许多人一样以为他的作品可以列入世界不朽的名作之林，但是我们更重视：在民族解放运动中，他是一个伟大的战士；在人类解放运动中，他是一个勇敢的先驱。

鲁迅先生的人格比他的作品更伟大。近二三十年来，他的正义的呼声响彻了中国的暗夜，在荆棘遍地的荒野中，他高举着思想的火炬，领导无数的青年向着远远的一线亮光前进。

鲁迅先生一生追求民主。早在新文化运动伊始，他便向封建旧文化宣战，与压迫民众的旧思想作斗争。他以辛辣的笔触、犀利的语言，深刻揭示了旧社会的黑暗、腐朽，引导无数的青年向着光明前进。

现在，这样的一个人从中国的地平线上消失了。他的死是全中国人民的一个不可补偿的损失。尤其是在国难加深、民族解放运动炽烈的时候，失去了这样的一个伟大的导师，我们的哀痛不是没有原因的。

别了，鲁迅先生！你说：“忘记我。”没有一个人能够忘记你的。我们不会让你静静地死去。你会活起来，活在我们的心里，活在全中国人民的心里。你活着来看大家怎样继承你的遗志向中华民族解放的道路迈进！

读完全文，说说作者是如何评价鲁迅先生的。

阅读链接

鲁迅先生讣告

鲁迅（周树人）先生于一九三六年十月十九日上午五时二十五分病卒于上海寓所，享年五十六岁。即日移置万国殡仪馆，由二十日上午十时至下午五时为各界人士瞻仰遗容的时间。依先生的遗言：“不得因为丧事，收受任何人的一文钱。”除祭奠和表示哀悼的挽词、花圈等以外，谢绝一切金钱上的赠送。谨此讣闻。

鲁迅先生治丧委员会（成员名单从略）

组文阅读

鲁迅先生的小说，塑造了很多平凡但生命力持久的人物形象。阅读本组文章，看看鲁迅先生塑造了哪些人物形象，这些人物的性格特征是什么样的，鲁迅先生在这些人物身上又寄托了什么样的情感。

1 一件小事

鲁　迅

我从乡下跑到京城里，一转眼已经六年了。其间耳闻目睹的所谓国家大事，算起来也很不少；但在我心里，都不留什么痕迹，倘要我寻出这些事的影响来说，便只是增长了我的坏脾气，——老实说，便是教我一天比一天的看不起人。

但有一件小事，却于我有意义，将我从坏脾气里拖开，使我至今忘记不得。

这是民国六年的冬天，大北风刮得正猛，我因为生计关系，不得不一早在路上走。一路几乎遇不见人，好容易才雇定了一辆人力车，教他拉到S门去。不一会，北风小了，路上浮尘早已刮净，剩下一条洁白的大道来，车夫也跑得更快。刚近S门，忽而车把上带着一个人，慢慢地倒了。

跌倒的是一个女人，花白头发，衣服都很破烂。伊从马路边上突然向车前横截过来；车夫已经让开道，但伊的破棉背心没有上扣，微风吹着，向外展开，所以终于兜着车把。幸而车夫早有点停步，否则伊定要栽一个大斤斗[①]，跌到头破血出了。

伊伏在地上；车夫便也立住脚。我料定这老女人并没有伤，又没有别人看见，便很怪他多事，要自己惹出是非，也误了我的路。

我便对他说，“没有什么的。走你的罢！”

车夫毫不理会，——或者并没有听到，——却放下车子，扶那老女人慢慢起来，搀着臂膊立定，问伊说：

“你怎么啦？”

“我摔坏了。”

我想，我眼见你慢慢倒地，怎么会摔坏呢，装腔作势罢了，这真可憎恶。车夫多事，也正是自讨苦吃，现在你自己想法去。

车夫听了这老女人的话，却毫不踌躇，仍然搀着伊的臂膊，便一步一步的向前走。我有些诧异，忙看前面，是

---

① 斤斗：现在写作“跟头”。

一所巡警分驻所，大风之后，外面也不见人。这车夫扶着那老女人，便正是向那大门走去。

我这时突然感到一种异样的感觉，觉得他满身灰尘的后影，刹时高大了，而且愈走愈大，须仰视才见。而且他对于我，渐渐的又几乎变成一种威压，甚而至于要榨出皮袍下面藏着的“小”来。

我的活力这时大约有些凝滞了，坐着没有动，也没有想，直到看见分驻所里走出一个巡警，才下了车。

巡警走近我说，“你自己雇车罢，他不能拉你了。”

我没有思索的从外套袋里抓出一大把铜元，交给巡警，说，“请你给他……”

风全住了，路上还很静。我走着，一面想，几乎怕敢想到我自己。以前的事姑且搁起，这一大把铜元又是什么意思？奖他么？我还能裁判车夫么？我不能回答自己。

这事到了现在，还是时时记起。我因此也时时熬了苦痛，努力的要想到我自己。几年来的文治武力，在我早如幼小时候所读过的“子曰诗云”一般，背不上半句了。独有这一件小事，却总是浮在我眼前，有时反更分明，教我惭愧，催我自新，并且增长我的勇气和希望。

一九二〇年七月

② 优胜记略[①]

鲁 迅

阿Q不独是姓名籍贯有些渺茫，连他先前的“行状[②]”也渺茫。因为未庄的人们之于阿Q，只要他帮忙，只拿他玩笑，从来没有留心他的“行状”的。而阿Q自己也不说，独有和别人口角的时候，间或瞪着眼睛道：

“我们先前——比你阔的多啦！你算是什么东西！”

阿Q没有家，住在未庄的土谷祠[③]里；也没有固定的职业，只给人家做短工，割麦便割麦，舂(chōng)米[④]便舂米，撑船便撑船。工作略长久时，他也或住在临时主人的家里，但一完就走了。所以，人们忙碌的时候，也还记起阿Q来，然而记起的是做工，并不是“行状”；一闲空，连阿Q都早忘却，更不必说“行状”了。只是有一回，有一个老头子颂扬说：“阿Q真能做！”这时阿Q赤着膊，懒洋洋的瘦伶仃的正在

---

① 选自《阿Q正传》。

② 行状：指人的品行业绩。

③ 土谷祠：土地庙。土谷，指土地神和五谷神。

④ 舂米：把谷子放在舂米桶内用舂米杵砸出壳的过程。

他面前，别人也摸不着这话是真心还是讥笑，然而阿Q很喜欢。

阿Q又很自尊，所有未庄的居民，全不在他眼睛里，甚而至于对于两位“文童[①]”也有以为不值一笑的神情。夫文童者，将来恐怕要变秀才者也；赵太爷钱太爷大受居民的尊敬，除有钱之外，就因为都是文童的爹爹，而阿Q在精神上独不表格外的崇奉，他想：我的儿子会阔得多啦！加以进了几回城，阿Q自然更自负，然而他又很鄙薄城里人，譬如用三尺长三寸宽的木板做成的凳子，未庄人叫“长凳”，他也叫“长凳”，城里人却叫“条凳”，他想：这是错的，可笑！油煎大头鱼，未庄都加上半寸长的葱叶，城里却加上切细的葱丝，他想：这也是错的，可笑！然而未庄人真是不见世面的可笑的乡下人呵，他们没有见过城里的煎鱼！

阿Q“先前阔”，见识高，而且“真能做”，本来几乎是一个“完人”了，但可惜他体质上还有一些缺点。最恼人的是在他头皮上，颇有几处不知起于何时的癞疮疤（lài chuāng）。这虽然也在他身上，而看阿Q的意思，倒也似乎以为不足贵的，因为他讳[②]说“癞”以及一切近于“赖”的音，后来推而广

① 文童：也称“童生”，指科举时代习举业而尚未考取秀才的人。
② 讳：因有所顾忌而不敢说或不愿说。

之，“光”也讳，“亮”也讳，再后来，连“灯”“烛”都讳了。一犯讳，不问有心与无心，阿Q便全疤通红的发起怒来，估量了对手，口讷的他便骂，气力小的他便打；然而不知怎么一回事，总还是阿Q吃亏的时候多。于是他渐渐的变换了方针，大抵改为怒目而视了。

谁知道阿Q采用怒目主义之后，未庄的闲人们便愈喜欢玩笑他。一见面，他们便假作吃惊的说：

kuài
“哙，亮起来了。”

阿Q照例的发了怒，他怒目而视了。

“原来有保险灯在这里！”他们并不怕。

阿Q没有法，只得另外想出报复的话来：

“你还不配……”这时候，又仿佛在他头上的是一种高尚的光荣的癞头疮，并非平常的癞头疮了；但上文说过，阿Q是有见识的，他立刻知道和“犯忌”有点抵触，便不再往底下说。

闲人还不完，只撩他，于是终而至于打。阿Q在形式上打败了，被人揪住黄辫子，在壁上碰了四五个响头，闲人这才心满意足的得胜的走了，阿Q站了一刻，心里想，“我总算被儿子打了，现在的世界真不像样……”于是也心满意足的得胜的走了。

阿Q想在心里的，后来每每说出口来，所以凡有和阿Q玩笑的人们，几乎全知道他有这一种精神上的胜利法，此后每逢揪住他黄辫子的时候，人就先一着对他说：

“阿Q，这不是儿子打老子，是人打畜生。自己说：人打畜生！”

阿Q两只手都捏住了自己的辫根，歪着头，说道：

“打虫豸(zhì)，好不好？我是虫豸——还不放么？”

但虽然是虫豸，闲人也并不放，仍旧在就近什么地方给他碰了五六个响头，这才心满意足的得胜的走了，他以为阿Q这回可遭了瘟。然而不到十秒钟，阿Q也心满意足的得胜的走了，他觉得他是第一个能够自轻自贱的人，除了“自轻自贱”不算外，余下的就是“第一个”。状元不也是“第一个”么？“你算是什么东西”呢？！

阿Q以如是等等妙法克服怨敌之后，便愉快的跑到酒店里喝几碗酒，又和别人调笑一通，口角一通，又得了胜，愉快的回到土谷祠，放倒头睡着了。假使有钱，他便去押牌宝[①]，一堆人蹲在地面上，阿Q即汗流满面的夹在这中间，声

① 押牌宝：一种赌博。赌局中为主的人叫“庄家”；下文的“青龙”“天门”“穿堂”等都是押牌宝的用语，指押赌注的位置；“四百”“一百五十”是押赌注的钱数。

音他最响：

“青龙四百！”

“咳……开……啦！”桩家[①]揭开盒子盖，也是汗流满面的唱。“天门啦……角回啦……！人和穿堂空在那里啦……！阿Q的铜钱拿过来……！”

“穿堂一百——一百五十！”

阿Q的钱便在这样的歌吟之下，渐渐的输入别个汗流满面的人物的腰间。他终于只好挤出堆外，站在后面看，替别人着急，一直到散场，然后恋恋的回到土谷祠，第二天，肿着眼睛去工作。

但真所谓“塞翁失马安知非福”罢，阿Q不幸而赢了一回，他倒几乎失败了。

这是未庄赛神[②]的晚上。这晚上照例有一台戏，戏台左近，也照例有许多的赌摊。做戏的锣鼓，在阿Q耳朵里仿佛在十里之外；他只听得桩家的歌唱了。他赢而又赢，铜钱变成角洋，角洋变成大洋，大洋又成了叠。他兴高采烈得非常：

---

① 桩家：现在写作“庄家”。

② 赛神：迎神赛会，旧时的一种民间习俗，用鼓乐、仪仗和杂戏等迎神出庙，周游街巷，以酬神祈福。

“天门两块！”

他不知道谁和谁为什么打起架来了。骂声打声脚步声，昏头昏脑的一大阵，他才爬起来，赌摊不见了，人们也不见了，身上有几处很似乎有些痛，似乎也挨了几拳几脚似的，几个人诧异的对他看。他如有所失的走进土谷祠，定一定神，知道他的一堆洋钱不见了。赶赛会的赌摊多不是本村人，还到那里去寻根柢呢？

很白很亮的一堆洋钱！而且是他的——现在不见了！说是算被儿子拿去了罢，总还是忽忽不乐；说自己是虫豸罢，也还是忽忽不乐：他这回才有些感到失败的苦痛了。

但他立刻转败为胜了。他擎起右手，用力的在自己脸上连打了两个嘴巴，热剌剌[①]的有些痛；打完之后，便心平气和起来，似乎打的是自己，被打的是别一个自己，不久也就仿佛是自己打了别个一般，——虽然还有些热剌剌，——心满意足的得胜的躺下了。

他睡着了。

---

① 热剌剌：现在写作“热辣辣”。

3 藤野先生

鲁　迅

默读全文，文中写了几件关于藤野先生的事？从这些事中，可以看出藤野先生是怎样的人？

东京也无非是这样。上野[①]的樱花烂熳的时节，望去确也像绯红的轻云，但花下也缺不了成群结队的“清国留学生”的速成班[②]，头顶上盘着大辫子，顶得学生制帽的顶上高高耸起，形成一座富士山。也有解散辫子，盘得平的，除下帽来，油光可鉴，宛如小姑娘的发髻一般，还要将脖子扭几扭。实在标致极了。

中国留学生会馆的门房里有几本书买，有时还值得去一转；倘在上午，里面的几间洋房里倒也还可以坐坐的。但到傍晚，有一间的地板便常不免要咚咚咚地响得震天，兼以满房烟尘斗乱[③]；问问精通时事的人，答道，“那是

① 上野：日本东京地名，文中指上野公园，以樱花著名。

② 速成班：指东京弘文学院速成班。当时初到日本的中国留学生，一般先在这里学习日语等课程。

③ 斗乱：飞腾纷乱。斗，通“抖”。

在学跳舞。”

到别的地方去看看，如何呢？

我就往仙台的医学专门学校去。从东京出发，不久便到一处驿站，写道：日暮里。不知怎地，我到现在还记得这名目。其次却只记得水户[①]了，这是明的遗民朱舜水[②]先生客死[③]的地方。仙台是一个市镇，并不大；冬天冷得利害[④]；还没有中国的学生。

大概是物以稀为贵罢。北京的白菜运往浙江，便用红头绳系住菜根，倒挂在水果店头，尊为“胶菜”；福建野生着的芦荟，一到北京就请进温室，且美其名曰“龙舌兰”。我到仙台也颇受了这样的优待，不但学校不收学费，几个职员还为我的食宿操心。我先是住在监狱旁边一个客店里的，初冬已经颇冷，蚊子却还多，后来用被盖了全身，用衣服包了头脸，只留两个鼻孔出气。在这呼吸不息的地方，蚊子竟无从插嘴，居然睡安稳了。饭食也不坏。但一位先生却以为这客店也包办囚人的饭食，我住在

---

① 水户：日本城市，在本州岛东北部，位于东京和仙台之间。

② 明的遗民朱舜水：朱之瑜（1600—1682），号舜水，浙江余姚人。明末思想家。明亡后曾进行反清复明活动，失败后长住日本讲学，客死水户。他忠于明朝，所以说是“明的遗民”。

③ 客死：死在异国他乡。

④ 利害：现在写作“厉害”。

那里不相宜，几次三番，几次三番地说。我虽然觉得客店兼办囚人的饭食和我不相干，然而好意难却，也只得别寻相宜的住处了。于是搬到别一家，离监狱也很远，可惜每天总要喝难以下咽的芋梗汤。

从此就看见许多陌生的先生，听到许多新鲜的讲义[①]。解剖学是两个教授分任的。最初是骨学。其时进来的是一个黑瘦的先生，八字须，戴着眼镜，挟着一叠大大小小的书。一将书放在讲台上，便用了缓慢而很有顿挫的声调，向学生介绍自己道："我就是叫作藤野严九郎的……"

后面有几个人笑起来了。他接着便讲述解剖学在日本发达的历史，那些大大小小的书，便是从最初到现今关于这一门学问的著作。起初有几本是线装的；还有翻刻中国译本的，他们的翻译和研究新的医学，并不比中国早。

那坐在后面发笑的是上学年不及格的留级学生，在校已经一年，掌故[②]颇为熟悉的了。他们便给新生讲演每个

---

① 讲义：为讲课而编写的材料。这里指讲课的内容。

② 掌故：关于历史人物、典章制度的传说或故事。这里指学校里发生过的一些事情。

教授的历史。这藤野先生，据说是穿衣服太模胡[1]了，有时竟会忘记带领结；冬天是一件旧外套，寒颤颤的，有一回上火车去，致使管车的疑心他是扒手，叫车里的客人大家小心些。

他们的话大概是真的，我就亲见他有一次上讲堂没有带领结。

过了一星期，大约是星期六，他使助手来叫我了。到得研究室，见他坐在人骨和许多单独的头骨中间，——他其时正在研究着头骨，后来有一篇论文在本校的杂志上发表出来。

“我的讲义，你能抄下来么？”他问。

“可以抄一点。”

“拿来我看！”

我交出所抄的讲义去，他收下了，第二三天便还我，并且说，此后每一星期要送给他看一回。我拿下来打开看时，很吃了一惊，同时也感到一种不安和感激。原来我的讲义已经从头到末，都用红笔添改过了，不但增加了许多脱漏的地方，连文法的错误，也都一一订正。这样一直继

---

①模胡：现在写作“模糊”，这里指马虎、不讲究。

续到教完了他所担任的功课：骨学，血管学，神经学。

可惜我那时太不用功，有时也很任性。还记得有一回藤野先生将我叫到他的研究室里去，翻出我那讲义上的一个图来，是下臂的血管，指着，向我和蔼的说道："你看，你将这条血管移了一点位置了。——自然，这样一移，的确比较的好看些，然而解剖图不是美术，实物是那么样的，我们没法改换它。现在我给你改好了，以后你要全照着黑板上那样的画。"

但是我还不服气，口头答应着，心里却想道："图还是我画的不错；至于实在的情形，我心里自然记得的。"

学年试验完毕之后，我便到东京玩了一夏天，秋初再回学校，成绩早已发表了，同学一百余人之中，我在中间，不过是没有落第[①]。这回藤野先生所担任的功课，是解剖实习和局部解剖学。

解剖实习了大概一星期，他又叫我去了，很高兴地，仍用了极有抑扬的声调对我说道："我因为听说中国人是很敬重鬼的，所以很担心，怕你不肯解剖尸体。现在总算放心了，没有这回事。"

---

①落第：原指科举时代应试不中。这里指考试不及格。

但他也偶有使我很为难的时候。他听说中国的女人是裹脚的，但不知道详细，所以要问我怎么裹法，足骨变成怎样的畸形，还叹息道，“总要看一看才知道。究竟是怎么一回事呢？”

有一天，本级的学生会干事到我寓里来了，要借我的讲义看。我检[1]出来交给他们，却只翻检了一通，并没有带走。但他们一走，邮差就送到一封很厚的信，拆开看时，第一句是：“你改悔罢！”

这是《新约》上的句子罢，但经托尔斯泰新近引用过的。其时正值日俄战争，托老先生便写了一封给俄国和日本的皇帝的信，开首便是这一句。日本报纸上很斥责他的不逊[2]，爱国青年也愤然，然而暗地里却早受了他的影响了。其次的话，大略是说上年解剖学试验的题目，是藤野先生在讲义上做了记号，我预先知道的，所以能有这样的成绩。末尾是匿名。

我这才回忆到前几天的一件事。因为要开同级会，干事便在黑板上写广告，末一句是“请全数到会勿漏为要”，而且在“漏”字旁边加了一个圈。我当时虽然觉到

---

① 检：现在写作“捡”。

② 不逊：没有礼貌。逊，谦逊。

圈得可笑，但是毫不介意，这回才悟出那字也在讥刺我了，犹言我得了教员漏泄出来的题目。

我便将这事告知了藤野先生；有几个和我熟识的同学也很不平，一同去诘责[①]干事托辞[②]检查的无礼，并且要求他们将检查的结果，发表出来。终于这流言消灭了，干事却又竭力运动，要收回那一封匿名信去。结末是我便将这托尔斯泰式的信退还了他们。

中国是弱国，所以中国人当然是低能儿，分数在六十分以上，便不是自己的能力了：也无怪他们疑惑。但我接着便有参观枪毙中国人的命运了。第二年添教霉菌学，细菌的形状是全用电影来显示的，一段落已完而还没有到下课的时候，便影几片时事的片子，自然都是日本战胜俄国的情形。但偏有中国人夹在里边：给俄国人做侦探，被日本军捕获，要枪毙了，围着看的也是一群中国人；在讲堂里的还有一个我。

"万岁！"他们都拍掌欢呼起来。

这种欢呼，是每看一片都有的，但在我，这一声却特别听得刺耳。此后回到中国来，我看见那些闲看枪毙犯人

---

①诘责：质问并责备。
②托辞：找借口。

的人们，他们也何尝不酒醉似的喝采①，——呜呼，无法可想！但在那时那地，我的意见却变化了。

到第二学年的终结，我便去寻藤野先生，告诉他我将不学医学，并且离开这仙台。他的脸色仿佛有些悲哀，似乎想说话，但竟没有说。

“我想去学生物学，先生教给我的学问，也还有用的。”其实我并没有决意要学生物学，因为看得他有些凄然，便说了一个慰安他的谎话。

“为医学而教的解剖学之类，怕于生物学也没有什么大帮助。”他叹息说。

将走的前几天，他叫我到他家里去，交给我一张照相，后面写着两个字道：“惜别”，还说希望将我的也送他。但我这时适值没有照相了；他便叮嘱我将来照了寄给他，并且时时通信告诉他此后的状况。

我离开仙台之后，就多年没有照过相，又因为状况也无聊，说起来无非使他失望，便连信也怕敢写了。经过的年月一多，话更无从说起，所以虽然有时想写信，却又难以下笔，这样的一直到现在，竟没有寄过一封信和一张照

---

① 喝采：现在写作“喝彩”。

片。从他那一面看起来，是一去之后，杳无消息了。

但不知怎地，我总还时时记起他，在我所认为我师的之中，他是最使我感激，给我鼓励的一个。有时我常常想：他的对于我的热心的希望，不倦的教诲，小而言之，是为中国，就是希望中国有新的医学；大而言之，是为学术，就是希望新的医学传到中国去。他的性格，在我的眼里和心里是伟大的，虽然他的姓名并不为许多人所知道。

他所改正的讲义，我曾经订成三厚本，收藏着的，将作为永久的纪念。不幸七年前迁居的时候，中途毁坏了一口书箱，失去半箱书，恰巧这讲义也遗失在内了。责成运送局去找寻，寂无回信。只有他的照相至今还挂在我北京寓居的东墙上，书桌对面。每当夜间疲倦，正想偷懒时，仰面在灯光中瞥见他黑瘦的面貌，似乎正要说出抑扬顿挫的话来，便使我忽又良心发现，而且增加勇气了，于是点上一枝[①]烟，再继续写些为“正人君子”之流所深恶痛疾的文字。

---

① 枝：现在写作“支”。

阅读实践

默读这三篇文章，用“小标题串联法”概括文章主要内容。

文章题目	小标题
《一件小事》	
《优胜记略》	
《藤野先生》	

活动二

小组合作，为故事中的一位人物建立个人档案。在左边的框中，画一画他在你心中的样子。在右边的框中，写一写可以用来形容他性格或行为的词。

这个人物长什么样？

这个人物的名字和年龄：

他经历了什么事？

他的性格特征：

照片定格了我们生活中的一个个瞬间，从你的照片中选一张，把当时的场景描述下来吧！

自由阅读一

通过阅读范文与组文，你对鲁迅一定有了更多了解，也学会了“借助相关资料，理解课文主要内容”的方法；同时也掌握了通过叙事来刻画人物形象，表达自己情感的方法。下面几篇文章，是鲁迅的亲人、好友为怀念他而写的。自由阅读，并借助批注及相关资料，看看他们是如何通过事情来写鲁迅的，表达出怎样的情感。

1 鲁迅幼年的学习和生活

周建人[①]

鲁迅成长于一个什么样的家庭？少年时的经历对他产生了怎样的影响？在弟弟眼里，鲁迅是一个什么样的人呢？

七十三年前，鲁迅生在浙江省绍兴府（现在称市）城内叫东昌坊的地方。他小的时候还没有学校，念书在书房里念。他念书的书房离家有十多间门面远。他早上去念书，中午回来吃饭，下午去，傍晚再回来。他的先生是寿镜吾老先

① 周建人（1888—1984），浙江绍兴人，字松寿，又字乔峰，鲁迅的三弟。

生，诚恳、负责，对鲁迅很好。鲁迅也和他非常要好。

鲁迅幼年就很聪明，但是他不凭自己的聪明读书。他读书很用功。那时同书房的还有两个人，是他的堂兄弟，都很会读书，特别其中的一个比鲁迅更聪明些，极会读书。但是他们读书不用功，生活很放浪，好游荡，没有做一点事，后来就马马虎虎地死去了。

鲁迅在书房里的时候也玩耍。一种玩法是用纸折成纸马，两人面向桌子对立着，各把放在桌上的纸马吹过去，两马相撞，被撞倒的一方算输。另一种玩的方法是做纸盔甲。用好纸糊成盔，大小适合套在大拇指上。又用好纸糊成甲，套在手上，指缝里夹上武器，如长枪、大刀之类，模仿打仗。他还很喜欢描画，旧小说前面的绣像，常被他描了下来。鲁迅也喜欢种花，但是他种花不光是为了看花，他在各种花的盆上都插着竹签，写上花的名称，像研究科学似的研究它。他还买了一本专门讲种花的书——《花镜》——来看。他看得很仔细，如果书上说的有不妥当的地方，他就替它改过来。这本书现在还在绍兴鲁迅纪念馆里存着。书房里有些学生很顽皮，时常把蟑螂捉来，放在别人的书桌抽

鲁迅真是做什么事都很认真啊！

屉里，把人家玩的盔、甲，都咬坏了。还有，书房里不供给茶水，大家如要喝茶，都从家里带去，茶壶一般用锡制成。有些坏学生乘人家跑开时，用锥子把人家的茶壶钻开一个孔（那时的学生几乎每人都有一个订书的锥子），再用黄蜡封住，冷茶不会漏出来。等到人家回去以后，倒去冷茶，泡上热茶，黄蜡一熔解，茶壶就漏了。这种顽皮的恶作剧，鲁迅从来都不参加，而且很反对。鲁迅幼时虽然也玩，但是非常严肃，非常正派。对别人有损害的事情，他绝对不做。

鲁迅的家庭，是一个封建家庭，鲁迅出生的时候，祖父正在北京当京官。祖父是封建家庭的家长，但是和别的同时代的家长相比，他比较民主些。那时一般的读书方法，是叫小孩子念“四书”“五经”，依次念下去。他却主张小孩子先念一点历史，以便使他们对历史有一个简单的概念，所以鲁迅的启蒙读本是《鉴略》。然后他主张叫小孩子读《西游记》，他说《西游记》容易懂，小孩子是喜欢看的，所以可以先看。读了《西游记》以后，就可以念《诗经》，《诗经》也比较容易懂。以后再念别的。如果要念诗，他认为最好先念白居易的诗，然后再念李白、杜甫的诗。他的这种思想，在当时来说，是比较进步的。祖父教后辈做事必须有“恒”（持久）。后来鲁迅常说与敌人作战须“韧战”，即坚持不懈地战斗下去，和幼时受到的家庭教育可能也有些关系。

后来祖父放外官到江西，恐怕幕友靠不住，他自理诉讼，并且常叫年纪小的人到监狱里去探听，是不是有人在叫唤。那时候看守监狱的人很凶恶，如果犯人不给他送钱，他们就拷打他。祖父如果知道有犯人被管监狱的人拷打，他就坐堂验看；如果看见犯人有伤，他就严办管监狱的人。

后来祖父闹了一件事情，清朝朝廷要捉他。祖父起先是避开了。但如果本人捉不到，不论家里的什么人（只要是男的）都要捉。于是，父亲避开了，母亲也领了鲁迅等人到皇甫庄去避难。势利眼光的亲戚们看不起避难的人，说鲁迅是“要饭来的”。鲁迅听了这话，心里很难受，便对母亲说，还是回去吧。祖父看到因为自己的缘故，使家里人到处受难，不是办法，于是自己便到杭州府（现在称市）去“投案”。祖父被关起来以后，母亲和鲁迅就先后回到了家里。但是回来以后，族里的长辈们也看不起他们（因为祖父犯了罪）。如有什么“议单”之类要鲁迅签字（这时父亲尚未回来），鲁迅若不大同意，说要考虑一下，他们就很不以为然。鲁迅所遭受的各种事情都使他对旧社会发生憎恨。他的确是憎恨旧社会的。

不久，父亲生了病，吐血，肚子胀，大约一直病了三年光景，终于死了。在这三年当中，祖父关在杭州还要用钱，父亲生病，看医生吃药，也要用钱，家里没有钱，母亲便叫鲁迅拿衣服到当铺里去当。当铺里的柜台很高，鲁迅把衣服递上去以后，“朝奉”也以很看不起的态度对待他。

这时候，家庭经济很困难，鲁迅不能再继续念书，他想找别的事情去做，但他不愿意学做幕僚或学什么生意。那时候，南京已有一个陆师学堂（那时不称学校，称学堂），里面附设有一个矿路学堂，学开矿的。鲁迅听说在这里念书不要钱，而且饭也有得吃，便和母亲商量到那里去念书。母亲就给他设法弄了八块银元，他就到南京念书去了。

在矿路学堂毕业以后，鲁迅便到日本去学医。有一天，鲁迅在电影中看见有一个中国青年，被日本人绑去杀头。被杀的原因据说是这个青年在日俄（还在沙皇时代）战争（旅顺之战）中帮了俄国人的忙，所以把他杀了。影片中还映出旁边有许多中国人在看杀头。鲁迅看了心里很难过。他想，如果我们的国家没有弄好，人民不觉悟，不知道爱国，我就是医好多少人，用处也是不大的。因此，他认为必须把中国改造一番，必须提倡革命。

鲁迅在年轻的时候，受过旧社会的压迫，后来又看到帝国主义的侵略，和对中国人民的压迫，他心里想：要改造中国，必须提倡革命，必须首先是改变政权。而且他的确也作了许多斗争，但是，对中国进行革命中的某些具体问题，当时他却并不十分清楚。他认为对旧制度应该给予打击，坏处应该加以揭露。他把自己改造中国的希望主要是寄托在青年人身上，因此，他非常爱护青年人，愿意帮助青年人的忙。如果青年人叫他改文章，他就一个字一个字地替他们改；青年人要出文集，他就替他们一篇一篇地挑选文章，常常工作到深夜。有时把自己的稿费用来帮助青年人升学。但是在“四一二”事变以后，他才由进化论进入到阶级论。他到那时候，才十分明确地认识到革命存在着一个阶级问题，中国革命必须由中国无产阶级和它的政党中国共产党来领导，才能获得胜利，如果不是无产阶级领导，就不行。后来，他又在上海专门研究了辩证唯物论，即研究了马克思列宁主义，这样对于革命的认识就更加明确了。

鲁迅爱好文艺，也研究科学。虽然他也看看电影之类，但工作非常认真努力，从年纪很轻的时候起，一贯和封建主义、帝国主义作着斗争，非常坚强，绝不消极退却。这种坚强持久的精神是可以理解的，因为他从来不从个人的利害上来打算。国民党通缉他的时候，他一点也不害怕，坚强不屈。所以毛主席说“鲁迅的骨头是最硬的”，说他是一个党外的共产主义者。

鲁迅逝世已经十八年了，如果他还活着，今年还只有七十三岁（一八八一年生的）。他战斗了一生，写了五百多万字的文章（有些是翻译的）。今天我们在这里纪念他，他的确有值得我们纪念的地方。

我们要学习鲁迅，要学习鲁迅的遇事认真负责，对旧势力绝不妥协，力求进步的精神。

有几个小问题，我简单解答一下。

有些同学问：《故乡》里的宏儿是谁？《故乡》里的宏儿是虚构的，并不是指哪一个孩子，因为当时鲁迅回绍兴来把家庭搬到北京去的时候，绍兴家内并没有这样的孩子。

你在读《故乡》时想过这些问题吗？

有些同学问：闰土是谁？现在还在不在？闰土实有其人，原名闰水，姓章。今年我到浙江去开会，在绍兴鲁迅纪念馆打听了一下，闰土已经死了，水生也已经死了。但水生的一个儿子，现在在鲁迅纪念馆工作。鲁迅纪念馆是鲁迅故居的旧地，它原来是卖给人家了的，解放以后，政府又买了回来，做了纪念馆。故居后面有一块地，这就是百草园。水生的儿子现在在这里种地。听说他学习非常积极。我去看他的时候，没有见到他，大概他到别的地方听报告去了。我回到北京以后，写信给鲁迅纪念馆的负责同志，请他替我跟水生的儿子打听一下：猹是什么？以前我收到许多读者的来信，问我猹是什么东西？这我也不知道。现在才知道猹就是獾猪，它很喜欢吃瓜，所以种瓜的农民要防它。

一九五四年十月

阅读链接

鲁迅的美术素养

鲁迅的文学成就人所共知，他的美术素养也令人刮目相看。他少年时代倾心于搜求绣像绘本，影描《荡寇志》《西游记》绣像，赏读《山海经图》《点石斋丛画》等。在日本留学期间，他接触了日本和欧洲美术。回国后，他大量收集中国古代美术品，如古砖、造像、墓志的拓本和瓦当文字等。晚年，他提倡木刻版画，介绍欧美优秀作品，对推动中国现代木刻事业的发展厥功至伟。他是中国现代书籍装帧艺术的开拓者和奠基人，也是五四运动后研究书刊装帧的第一人，常亲自动手设计书刊封面，或者题写设计书刊名字。《呐喊》《奔流》《小约翰》等由他设计并题签的书刊封面风格鲜明，让人印象深刻。

② 回忆鲁迅先生（节选）

萧 红

走进鲁迅的世界，我们常遇见这样的词汇：深邃、沉重、严厉、倔强……但在日常生活中，鲁迅也是这样吗？快速浏览全文，想一想：在萧红的笔下，你又看到一个怎样的鲁迅？

鲁迅先生的笑声是明朗的，是从心里的欢喜。若有人说了什么可笑的话，鲁迅先生笑得连烟卷都拿不住了，常常是笑得咳嗽起来。

鲁迅先生走路很轻捷，尤其使人记得清楚的，是他刚抓起帽子来往头上一扣，同时左腿就伸出去了，仿佛不顾一切地走去。

鲁迅先生不大注意人的衣裳，他说："谁穿什么衣裳我看不见的……"

鲁迅先生生病，刚好了一点，他坐在躺椅上，抽着烟，那天我穿着新奇的大红的上衣，很宽的袖子。

鲁迅先生说："这天气闷热起来，这就是梅雨天。"他把他装在象牙烟嘴上的香烟，又用手装得紧一点，往下又说了别的。

许先生忙着家务，跑来跑去，也没有对我的衣裳加以鉴赏。

于是我说："周先生，我的衣裳漂亮不漂亮？"

鲁迅先生从上往下看了一眼："不大漂亮。"

过了一会儿又接着说："你的裙子配的颜色不对。并不是红上衣不好看，各种颜色都是好看的，红上衣要配红裙子，不然就是黑裙子，咖啡色的就不行了；这两种颜色放在一起很混浊……你没看到外国人在街上走的吗？绝没有下边穿一件绿裙子，上边穿一件紫上衣，也没有穿一件红裙子而后穿一件白上衣的……"

鲁迅先生就在躺椅上看着我："你这裙子是咖啡色的，还带格子，颜色混浊得很，所以把红色衣裳也弄得不漂亮了。"

"……人瘦不要穿黑衣裳，人胖不要穿白衣裳；脚长的女人一定要穿黑鞋子，脚短就一定要穿白鞋子；方格子的衣裳胖人不能穿，但比横格子的还好；横格子的胖人穿上，就把胖子更往两边裂着，更横宽了；胖子要穿竖条子的，竖的把人显得长，横的把人显得宽……"

那天鲁迅先生很有兴致，把我一双短筒靴子也略略批评一下，说我的短靴是军人穿的，因为靴子的前后都有一条线织的拉手，这拉手据鲁迅先生说是放在裤子下边的……

我说：“周先生，为什么那靴子我穿了多久了而不告诉我，怎么现在才想起来呢？现在我不是不穿了吗？我穿的这不是另外的鞋吗？”

“你不穿我才说的，你穿的时候，我一说你该不穿了。”

那天下午要赴一个宴会去，我要许先生给我找一点布条和绸条束一束头发。许先生拿了来米色的、绿色的，还有桃红色的。经我和许先生共同选定的是米色的。为着取美，把那桃红色的，许先生举起来放在我的头发上，并且很开心地说着：“好看吧，多漂亮！”

我也非常得意，很规矩又顽皮地在等着鲁迅先生往这边看我们。

鲁迅先生这一看，脸是严肃的，他的眼皮往下一放，向着我们这边看着：“不要那样装饰她……”

许先生有点儿窘了。

我也安静下来。

鲁迅先生在北平教书时，从不发脾气，但常常好用这种眼光看人，许先生常跟我讲。她在女师大读书时，周先生在课堂上，一生气就用眼睛往下一掠，看着他们，这种眼光是鲁迅先生在记范爱农先生的文字曾自己述说过，而谁曾接触过这种眼光的人就会感到一个旷代的全智者的催逼。

我开始问："周先生怎么也晓得女人穿衣裳的这些事情呢？"

"看过书的，关于美学的。"

"什么时候看的……"

"大概是在日本读书的时候……"

"买的书吗？"

"不一定是买的，也许是从什么地方抓到就看的……"

"看了有趣味吗？！"

"随便看看……"

"周先生看这书做什么？"

"……"没有回答，好像很难回答。

许先生在旁说："周先生什么书都看的。"

③ 忆鲁迅先生

巴　金

从北平图书馆出来，我迎着风走一段路。风卷起尘土打在我的脸上，我几乎睁不开眼睛。我站在一棵树下避风。我取下眼镜来，用手帕擦掉镜片上的尘垢。我又戴上眼镜，我觉得眼前突然明亮了。我在这树下站了好一会，听着风声，望着匆忙走过的行人。我的思想却回到了我刚才离开的地方：图书馆里一间小小的展览室。那地方吸引了我整个的心。我有点奇怪：那个小小的房间怎么能够容纳下一个巨人的多么光辉的一生和多么伟大的心灵？

我说的是鲁迅先生，我想的是鲁迅先生。我刚才还看到他的手稿、他的信札和他的遗照。这些对我也是很熟悉的了。这些年来我就没有忘记过他。这些年来在我困苦的时候，在我绝望的时候，在我感到疲乏的时候，我常常想到这个瘦小的老人，我常常记起他那些含着强烈的、分明的爱憎的文章，我特别记得，十三年前的两个夜里我在殡仪馆中他灵前的情景。半截玻璃的棺盖没有掩住他那沉睡似的面颜，他四周都是芬芳的鲜花。夜很静，四五个朋友在外面工作，除了低微的谈话声外，再也听不见什么。我站在灵前，望着他那慈祥的脸，我想着我个人从他那里得过的恩惠，我想着他那充满困苦和斗争的一生，我想着他对青年们的真诚的爱，我想着他对中国人民的关切和对未来中国的期望，我想着他在日本帝国主义的铁蹄踏遍华北、阴云在中国天空扩大的时候离开我们，我不能够相信在我眼前的就是死。我暗暗地说：他睡着了，他会活起来的。我曾经这样地安慰过自己。他要是能够推开棺盖坐起来，那是多么好啊。然而我望着望着，我走开，又走回来，我仍然望着，他始终不曾动过。我知道他不会活起来了。我控制不住自己的眼泪，我像立誓愿似的对着那慈祥的面颜说：“你像一个普照一切的太阳，连我这渺小的青年也受到你的光辉，你像一颗永不陨(yǔn)落的巨星，在暗夜里我也见到你的光芒。中国青年不会辜负你的爱和你的期望，我也不应当。你会活下去，活在我们的心里，活在中国青年的心里，活在全中国人的心里。”的确，这些年来他的慈祥的笑脸，和他在棺盖下沉睡似的面颜就始终没有离开我的记忆。在困苦中，在绝望中，我每一想到那灵前的情景，我又找到了新的力量和勇气。对我来说，他的一生便是一个鼓舞的泉源，犹如他的书是我的一个指路者一样。没有他的《呐喊》和《彷徨》，我也许不会写出小说。

又是过去的事了，那是更早的事。一九二六年八月我第一次来北京考大学，住在北河沿一家同兴公寓。因了病我没有进过考场，在公寓里住了半个月就走了。那时北海公园还没有开放，我也没有去过别的地方。在北京我只有两三个偶尔来闲谈的朋友，半个月中间始终陪伴我的就是一本《呐喊》。我早就读过了它，我在成都就读过在《新青年》杂志上发表的《狂人日记》和别的几篇小说。我并不是一次就读懂了它们。我是慢慢地学会了爱好它们的。这一次我更有机会熟读它们。在这苦闷寂寞的公寓生活中，正是他的小说安慰了我这个失望的孩子的心。我第一次感到了、相信了艺术的力量。以后的几年中间，我一直没有离开过《呐喊》，我带着它走过好些地方，后来我又得到了《彷徨》和散文诗集《野草》，更热爱地读熟了它们。我至今还能够背出《伤逝》中的几段文字。我有意识和无意识地学到了一点驾驭文字的方法。现在想到我曾经写过好几本小说的事，我就不得不感激这第一个使我明白应该怎样驾驭文字的人。拿我这点微小不足道的成绩来说，我实在不能称作他的学生。但是墙边一棵小草的生长，也曾靠着太阳的恩泽。鲁迅先生原是一个普照一切的太阳。

不，他不止是一个太阳，有时他还是棵大树，就像眼前的树木一样，这树木给我挡住了风沙，他也曾给无数的青年人挡住了风沙。

他，我们大家敬爱的鲁迅先生，已经去世十三年了。每个人想起他，都会立刻想到他的道德和他的文章。这是他的每个读者、每个研究者都永远记住，永远敬爱的。他的作品已经成了中国人民的宝物。这些用不着我来提说了。今天看完了关于他的生平和著作的展览会出来，站在树下避风沙的时候，我想起来：

这个巨人，这个有着伟大心灵的瘦小的老人，他一生教导同胞反抗黑暗势力，追求光明，他预言着一个自由、独立的新中国的到来，他为着这个前途用尽了他的心血。他忘了自己地为着这个前途铺路。他并没有骗我们，今天他所预言的新中国果然实现了。可是在大家、在全国人民欢欣鼓舞的时候，他却不在我们中间露一下笑脸。他一生诅咒攻击中国的暗夜，歌颂中国的光明。而他却偏偏呕尽心血，死在黑暗正浓的时候。等到今天光明的中国到来，他这个最有资格看见它的人却已经永闭了眼睛。这的确是一件叫人痛心的事。为了这个，我们只有更加感激他。

风一直不停，阳光却更灿烂地照在街上，我已经歇了一会，我得往前走了。

一九四九年十月十一日

阅读链接

巴金先生和鲁迅先生的情谊

巴金与鲁迅的直接交往时间并不长，用巴金自己的话说："在他（鲁迅）最后的三四年间，我才有机会和他见面，而且我只有在他逝世的那天到过他的家。"但是，鲁迅却在有人攻击巴金时，挺身予以驳斥，称巴金"是一个有热情的有进步思想的作家，在屈指可数的好作家之列的作家"。鲁迅逝世后，巴金立即赶去吊唁，是几位最后扶棺的青年作家之一。由此看出，巴金对鲁迅的感情是真挚而深切的。

④ 朦胧的敬慕——悼念鲁迅先生

萧 乾

也许有人比我更怕死，我却不相信有比我再怕看死人的了。走在街上，我从没有胆子向寿衣铺里望望。夜半，即便从很远很远地方飘来的僧器或诵经声，也必害得我用棉被厚厚包起头来，直像那是什么符咒一样。

我曾见过三位死人，在我的记忆中，他们都将是我永不会忘记的。而且，我还该陈说我都例外地不曾害怕过：一个黄昏，我的母亲死在我的怀抱里；小学时代，曾排着队去中央公园社稷堂瞻仰过孙中山先生的遗体；最近，在鲁迅先生灵前，我守了两天灵。

扶着那绛色帷幔，职务使我看见了数千张陌生的但是诚笃的脸，一个个脚跟都像坠了铅球，那么轻又那么沉重地向灵堂踱。低垂的头，低垂的手，低垂的眉眼和心。待踱到灵堂中央，冥冥中似有什么使他们肃然驻足了。敬慕和哀悼如一双按住的手，他们的身子皆极自然地屈下了。然后噙了一汪眼泪，用手巾堵着嘴，仓皇地奔了出来。

最感人的莫如一群小学生的吊唁。在那近三十位小吊客中间，我特别留意一个衣服褴褛、腿下微跛的，他胁下夹着的画册和石板说明了是刚刚放学，如今正是回家或在街头玩耍的时候，然而他却结伴迢迢跑到了这里。那个微跛的孩子，一拐一拐地，一直来到灵前，两只颇清秀的眼睛直直地凝视着鲁迅先生的遗体，然后，又放下胁下的画册，深深地鞠躬。我不信做了那么些纪念周，他还不知道“三鞠躬”的礼数，然而，当我数到第三次以后，他仍向下屈着小小腰身，他一连鞠了七个躬才红涨着脸，也红涨着眼睛，走出灵堂。

如果稍换一个情况，我将忍不住笑出来的，然而，我那时是用极大的崇敬心情替他掀开帏幔，一直目送他走下殡仪馆的台阶。

那个背影唤起我一点回忆。十多年前一个傍晚，如一切贪爱窗外景色的孩子一样，四点钟以后的时间对我变了滋味，换成鲜艳颜色。然而我放下了玩具，和同伴沿着朱色的皇城墙走了好长好长一段路，去瞻仰一位“民国缔造者”的遗体。空着的肚皮充满着的一半是对“尸骸”的恐惧，一半是对“伟大”的钦仰。我们跨进那座御花园的大门时，紫禁城角的太阳已向下沉落了。我们喘着气向陌生的大人打听路线，好容易才攀了一道高大石阶，在花圈花篮的簇拥中，我看到了安息着的孙中山先生。

——我记得，当时我的心一点也没有跳！

我们环着那铜棺走了一圈，又蹑(niè)着脚步走了出来。

抬头，紫禁城角的太阳已经沉落下去了。我似乎打了一个冷战，然而，除了模糊的“伟大”，我并没有摸清死的是什么人。只是冥冥中，一种超乎孩子胸膛容量的哀戚或尊敬感觉梗塞在我喉咙间，我赶不掉它。

归途，我们放洋画的袋子里，每人都塞了一袋传单：有工人发的，大学生发的，有国民党的，共产党的，说明孙先生的生平和抱负（这些我曾保留到六年前，直到一个朋友将我寄存的最珍贵的东西，如小学生时代的作文本，全当作烂纸卖掉了）。当时我们其实一点也不懂，但是当孙传芳乱批三民主义，张作霖满街捉革命党时，我却私下藏了一本《孙中山传》。

伟大的人格也许有一种潜移默化的力量，这力量在茫然无知的孩子心灵上时常比成人更深刻，更恒久。

我不知道如果鲁迅先生这时醒转过来，他将会怎样热烈地抱起那个微跛的孩子。

自由阅读二

走进鲁迅的文学世界，相信你已经感受到其成熟优美的语言风格、生动传神的人物形象及深邃的思想哲理……

下面这一组鲁迅的文章，有小说、散文，还有杂文。在阅读时，可以借助批注及相关资料把握文章主要内容，体会文章的思想内涵。

1 明　天[①]

鲁　迅

《明天》是鲁迅先生创作的一篇小说，收录在小说集《呐喊》中。默读文章，看看鲁迅是怎样围绕着主人公单四嫂子展开故事的。

“没有声音，——小东西怎了？”

红鼻子老拱手里擎了一碗黄酒，说着，向间壁努一努嘴。蓝皮阿五便放下酒碗，在他脊梁上用死劲的打了一掌，含含糊糊嚷道：

“你……你你又在想心思……”

---

① 选入本书时略有改动。

原来鲁镇是僻静地方，还有些古风：不上一更，大家便都关门睡觉。深更半夜没有睡的只有两家：一家是咸亨酒店，几个酒肉朋友围着柜台，吃喝得正高兴；一家便是间壁的单四嫂子，他自从前年守了寡，便须专靠着自己的一双手纺出棉纱来，养活他自己和他三岁的儿子，所以睡的也迟。

这几天，确凿没有纺纱的声音了。但夜深没有睡的既然只有两家，这单四嫂子家有声音，便自然只有老拱们听到，没有声音，也只有老拱们听到。

老拱挨了打，仿佛很舒服似的喝了一大口酒，呜呜的唱起小曲来。

这时候，单四嫂子正抱着他的宝儿，坐在床沿上，纺车静静的立在地上。黑沉沉的灯光，照着宝儿的脸，绯红里带一点青。单四嫂子心里计算：神签也求过了，愿心也许过了，单方也吃过了，要是还不见效，怎么好？——那只有去诊何小仙了。但宝儿也许是日轻夜重，到了明天，太阳一出，热也会退，气喘也会平的：这实在是病人常有的事。

单四嫂子是一个粗笨女人，不明白这“但”字的可怕：许多坏事固然幸亏有了他才变好，许多好事却也因为有了他都弄糟。夏天夜短，老拱们呜呜的唱完了不多时，东方已经发白；不一会，窗缝里透进了银白色的曙光。

单四嫂子等候天明，却不像别人这样容易，觉得非常之慢，宝儿的一呼吸，几乎长过一年。现在居然明亮了；天的明亮，压倒了灯光，——看见宝儿的鼻翼，已经一放一收的扇动。

单四嫂子知道不妙，暗暗叫一声“阿呀！”心里计算：怎么好？只有去诊何小仙这一条路了。他虽然是粗笨女人，心里却有决断，便站起身，从木柜子里掏出每天节省下来的十三个小银元和一百八十铜钱，都装在衣袋里，锁上门，抱着宝儿直向何家奔过去。

天气还早，何家已经坐着四个病人了。他摸出四角银元，买了号签，第五个便轮到宝儿。何小仙伸开两个指头按脉，指甲足有四寸多长，单四嫂子暗地纳罕，心里计算：宝儿该有活命了。但总免不了着急，忍不住要问，便局局促促的说：

这是一个怎样的医生？继续读下文，说说你的看法吧。

“先生，——我家的宝儿什么病呀？”

“他中焦塞着①。”

---

① 中焦塞着：中医用语。指消化不良一类的病症。中医学以胃的上口至咽喉，包括心、肺、食管等为上焦；脾、胃为中焦；肾、大小肠和膀胱为下焦。

“不妨事么？他……”

“先去吃两帖。”

“他喘不过气来，鼻翅子都扇着呢。”

“这是火克金[①]……”

何小仙说了半句话，便闭上眼睛；单四嫂子也不好意思再问。在何小仙对面坐着的一个三十多岁的人，此时已经开好一张药方，指着纸角上的几个字说道：

“这第一味保婴活命丸，须是贾家济世老店才有！”

单四嫂子接过药方，一面走，一面想。他虽是粗笨女人，却知道何家与济世老店与自己的家，正是一个三角点；自然是买了药回去便宜了。于是又径向济世老店奔过去。店伙也翘了长指甲慢慢的看方，慢慢的包药。单四嫂子抱了宝儿等着；宝儿忽然擎起小手来，用力拔他散乱着的一绺头发，这是从来没有的举动，单四嫂子怕得发怔。

太阳早出了。单四嫂子抱了孩子，带着药包，越走觉得越重；孩子又不住的挣扎，路也觉得越长。没奈何坐在路旁一家公馆的门槛上，休息了一会，衣服渐渐的冰着肌肤，才

---

①火克金：中医用语。中医学用古代五行相生相克的说法来解释病理，认为心、肺、肝、脾、肾五脏与火、金、木、土、水五行相应。火克金，是说“心火”克制了“肺金”，引起了呼吸系统的疾病。

知道自己出了一身汗；宝儿却仿佛睡着了。他再起来慢慢地走，仍然支撑不得，耳朵边忽然听得人说：

“单四嫂子，我替你抱勃罗！”似乎是蓝皮阿五的声音。

他抬头看时，正是蓝皮阿五，睡眼朦胧[①]的跟着他走。

单四嫂子在这时候，虽然很希望降下一员天将，助他一臂之力，却不愿是阿五。但阿五有点侠气，无论如何，总是偏要帮忙，所以推让了一会，终于得了许可了。他便伸开臂膊，从单四嫂子的怀里，抱去了孩子。

他们两人离开了二尺五寸多地，一同走着。阿五说些话，单四嫂子却大半没有答。走了不多时候，阿五又将孩子还给他，说是昨天与朋友约定的吃饭时候到了；单四嫂子便接了孩子。幸而不远便是家，早看见对门的王九妈在街边坐着，远远地说话：

“单四嫂子，孩子怎了？——看过先生了么？”

“看是看了。——王九妈，你有年纪，见的多，不如请你老法眼看一看，怎样……”

“唔……”

---

① 睡眼朦胧：现在写作“睡眼蒙眬”。

“怎样……？”

“唔……”王九妈端详了一番，把头点了两点，摇了两摇。

宝儿吃下药，已经是午后了。单四嫂子留心看他神情，似乎仿佛平稳了不少；到得下午，忽然睁开眼叫一声“妈！”又仍然合上眼，像是睡去了。他睡了一刻，额上鼻尖都沁出一粒一粒的汗珠，单四嫂子轻轻一摸，胶水般粘着手；慌忙去摸胸口，便禁不住呜咽起来。

宝儿的呼吸从平稳变到没有，单四嫂子的声音也就从呜咽变成号啕。这时聚集了几堆人：门内是王九妈蓝皮阿五之类，门外是咸亨的掌柜和红鼻子老拱之类。王九妈便发命令，烧了一串纸钱；又将两条板凳和五件衣服作抵，替单四嫂子借了两块洋钱，给帮忙的人备饭。

第一个问题是棺木。单四嫂子还有一副银耳环和一支裹金的银簪，都交给了咸亨的掌柜，托他作一个保，半现半赊的买一具棺木。蓝皮阿五也伸出手来，很愿意自告奋勇；王九妈却不许他，只准他明天抬棺材的差使，阿五骂了一声，怏怏的努了嘴站着。掌柜便自去了；晚上回来，说棺木须得现做，后半夜才成功。

掌柜回来的时候，帮忙的人早吃过饭；因为鲁镇还有些古风，所以不上一更，便都回家睡觉了。只有阿五还靠着咸亨的柜台喝酒，老拱也呜呜的唱。

这时候，单四嫂子坐在床沿上哭着，宝儿在床上躺着，纺车静静的在地上立着。许多工夫，单四嫂子的眼泪宣告完结了，眼睛张得很大，看看四面的情形，觉得奇怪：所有的都是不会有的事。他心里计算：不过是梦罢了，这些事都是梦。明天醒过来，自己好好的睡在床上，宝儿也好好的睡在自己身边。他也醒过来，叫一声“妈”，生龙活虎似的跳去玩了。

老拱的歌声早经寂静，咸亨也熄了灯。单四嫂子张着眼，总不信所有的事。——鸡也叫了；东方渐渐发白，窗缝里透进了银白色的曙光。

银白的曙光又渐渐显出绯红，太阳光接着照到屋脊。单四嫂子张着眼，呆呆坐着；听得打门声音，才吃了一吓，跑出去开门。门外一个不认识的人，背了一件东西；后面站着王九妈。

哦，他们背了棺材来了。

下半天，棺木才合上盖：因为单四嫂子哭一回，看一回，总不肯死心塌地的盖上；幸亏王九妈等得不耐烦，气愤愤的跑上前，一把拖开他，才七手八脚的盖上了。

但单四嫂子待他的宝儿，实在已经尽了心，再没有什么缺陷。昨天烧过一串纸钱，上午又烧了四十九卷《大悲咒》；收敛的时候，给他穿上顶新的衣裳，平日喜欢的玩意儿，——一个泥人，两个小木碗，两个玻璃瓶，——都放在枕头旁边。后来王九妈掐着指头仔细推敲，也终于想不出一些什么缺陷。

这一日里，蓝皮阿五简直整天没有到；咸亨掌柜便替单四嫂子雇了两名脚夫，每名二百另十个大钱，抬棺木到义冢地上安放。王九妈又帮他煮了饭，凡是动过手开过口的人都吃了饭。太阳渐渐显出要落山的颜色；吃过饭的人也不觉都显出要回家的颜色，——于是他们终于都回了家。

单四嫂子很觉得头眩，歇息了一会，倒居然有点平稳了。但他接连着便觉得很异样：遇到了平生没有遇到过的事，不像会有的事，然而的确出现了。他越想越奇，又感到一件异样的事——这屋子忽然太静了。

他站起身，点上灯火，屋子越显得静。他昏昏的走去关上门，回来坐在床沿上，纺车静静的立在地上。他定一定神，四面一看，更觉得坐立不得，屋子不但太静，而且也太大了，东西也太空了。太大的屋子四面包围着他，太空的东西四面压着他，叫他喘气不得。

他现在知道他的宝儿确乎死了；不愿意见这屋子，吹熄了灯，躺着。他一面哭，一面想：想那时候，自己纺着棉纱，宝儿坐在身边吃茴香豆，瞪着一双小黑眼睛想了一刻，便说，“妈！爹卖馄饨，我大了也卖馄饨，卖许多许多钱，——我都给你。”那时候，真是连纺出的棉纱，也仿佛寸寸都有意思，寸寸都活着。但现在怎么了？现在的事，单四嫂子却实在没有想到什么。——我早经说过：他是粗笨女人。他能想出什么呢？他单觉得这屋子太静，太大，太空罢了。

但单四嫂子虽然粗笨，却知道还魂是不能有的事，他的宝儿也的确不能再见了。叹一口气，自言自语的说，“宝儿，你该还在这里，你给我梦里见见罢。”于是合上眼，想赶快睡去，会他的宝儿，苦苦的呼吸通过了静和大和空虚，自己听得明白。

单四嫂子终于朦朦胧胧的走入睡乡，全屋子都很静。这时红鼻子老拱的小曲，也早经唱完；跄跄踉踉出了咸亨，却又提尖了喉咙，唱道：

“我的冤家呀！——可怜你，——孤另另①的……”

---

①孤另另：现在写作“孤零零”。

蓝皮阿五便伸手揪住了老拱的肩头，两个人七歪八斜的笑着挤着走去。

单四嫂子是故事的中心人物，文章为何不以“单四嫂子”为题，而以“明天”为题呢？

单四嫂子早睡着了，老拱们也走了，咸亨也关上门了。这时的鲁镇，便完全落在寂静里。只有那暗夜为想变成明天，却仍在这寂静里奔波；另有几条狗，也躲在暗地里呜呜的叫。

阅读链接

鲁迅笔下的女性形象

鲁迅笔下的女性形象多是具有悲剧色彩的。无论是《离婚》中的爱姑，还是《伤逝》中的子君，抑或是《明天》中的单四嫂子，她们的地位不同，经历不同，但命运都是令人痛心的。这些人物形象深刻揭示了封建礼教对女性的影响。

② 兔和猫[1]

鲁 迅

住在我们后进院子里的三太太，在夏间买了一对白兔，是给伊的孩子们看的。

这一对白兔，似乎离娘并不久，虽然是异类，也可以看出他们的天真烂熳来。但也竖直了小小的通红的长耳朵，动着鼻子，眼睛里颇现些惊疑的神色，大约究竟觉得人地生疏，没有在老家时候的安心了。这种东西，倘到庙会[2]日期自己出去买，每个至多不过两吊钱，而三太太却花了一元，因为是叫小使上店买来的。

故事从这里开始，接下来发生了什么？默读文章，看看作者围绕“兔和猫”写了哪些曲折的故事？给你留下了怎样的印象？

孩子们自然大得意了，嚷着围住了看；大人也都围着

① 选入本书时略有改动。

② 庙会：设在寺庙里边或附近的集市，在节日或规定的日子举行。

看；还有一匹小狗名叫S的也跑来，闯过去一嗅，打了一个喷嚏，退了几步。三太太吆喝道，“S，听着，不准你咬他！”于是在他头上打了一拳，S便退开了，从此并不咬。

这一对兔总是关在后窗后面的小院子里的时候多，听说是因为太喜欢撕壁纸，也常常啃木器脚。这小院子里有一株野桑树，桑子落地，他们最爱吃，便连喂他们的菠菜也不吃了。乌鸦喜鹊想要下来时，他们便躬着身子用后脚在地上使劲的一弹，砉(huā)的一声直跳上来，像飞起了一团雪，鸦鹊吓得赶紧走，这样的几回，再也不敢近来了。三太太说，鸦鹊倒不打紧，至多也不过抢吃一点食料，可恶的是一匹大黑猫，常在矮墙上恶狠狠的看，这却要防的，幸而S和猫是对头，或者还不至于有什么罢。

孩子们时时捉他们来玩耍；他们很和气，竖起耳朵，动着鼻子，驯良的站在小手的圈子里，但一有空，却也就溜开去了。他们夜里的卧榻是一个小木箱，里面铺些稻草，就在后窗的房檐下。

这样的几个月之后，他们忽而自己掘土了，掘得非常快，前脚一抓，后脚一踢，不到半天，已经掘成一个深洞。大家都奇怪，后来仔细看时，原来一个的肚子比别一个的大得多了。他们第二天便将干草和树叶衔进洞里去，忙了大半天。

大家都高兴，说又有小兔可看了；三太太便对孩子们下了戒严令，从此不许再去捉。我的母亲也很喜欢他们家族的繁荣，还说待生下来的离了乳，也要去讨两匹来养在自己的窗外面。

他们从此便住在自造的洞府里，有时也出来吃些食，后来不见了，可不知道他们是预先运粮存在里面呢还是竟不吃。过了十多天，三太太对我说，那两匹又出来了，大约小兔是生下来又都死掉了，因为雌的一匹的奶非常多，却并不见有进去哺养孩子的形迹。伊言语之间颇气愤，然而也没有法。

有一天，太阳很温暖，也没有风，树叶都不动，我忽听得许多人在那里笑，寻声看时，却见许多人都靠着三太太的后窗看：原来有一个小兔，在院子里跳跃了。这比他的父母买来的时候还小得远，但也已经能用后脚一弹地，迸跳起来了。孩子们争着告诉我说，还看见一个小兔到洞口来探一探头，但是即刻便缩回去了，那该是他的弟弟罢。

那小的也检些草叶吃，然而大的似乎不许他，往往夹口的抢去了，而自己并不吃。孩子们笑得响，那小的终于吃惊了，便跳着钻进洞里去；大的也跟到洞门口，用前脚推着他的孩子的脊梁，推进之后，又爬开泥土来封了洞。

从此小院子里更热闹，窗口也时时有人窥探了。

然而竟又全不见了那小的和大的。这时是连日的阴天，三太太又虑到遭了那大黑猫的毒手的事去。我说不然，那是天气冷，当然都躲着，太阳一出，一定出来的。

太阳出来了，他们却都不见。于是大家就忘却了。

惟有三太太是常在那里喂他们菠菜的，所以常想到。伊有一回走进窗后的小院子去，忽然在墙角上发见了一个别的洞，再看旧洞口，却依稀的还见有许多爪痕。这爪痕倘说是大兔的，爪该不会有这样大，伊又疑心到那常在墙上的大黑猫去了，伊于是也就不能不定下发掘的决心了。伊终于出来取了锄子，一路掘下去，虽然疑心，却也希望着意外的见了小白兔的，但是待到底，却只见一堆烂草夹些兔毛，怕还是临蓐(rù)[①] 时候所铺的罢，此外是冷清清的，全没有什么雪白的小兔的踪迹，以及他那只一探头未出洞外的弟弟了。

气愤和失望和凄凉，使伊不能不再掘那墙角上的新洞

---

①临蓐：临产。

了。一动手，那大的两匹便先窜出洞外面。伊以为他们搬了家了，很高兴，然而仍然掘，待见底，那里面也铺着草叶和兔毛，而上面却睡着七个很小的兔，遍身肉红色，细看时，眼睛全都没有开。

一切都明白了，三太太先前的预料果不错。伊为预防危险起见，便将七个小的都装在木箱中，搬进自己的房里，又将大的也捺进箱里面，勒令伊去哺乳。

三太太从此不但深恨黑猫，而且颇不以大兔为然了。据说当初那两个被害之先，死掉的该还有，因为他们生一回，决不至于只两个，但为了哺乳不匀，不能争食的就先死了。这大概也不错的，现在七个之中，就有两个很瘦弱。所以三太太一有闲空，便捉住母兔，将小兔一个一个轮流的摆在肚子上来喝奶，不准有多少。

母亲对我说，那样麻烦的养兔法，伊历来连听也未曾听到过，恐怕是可以收入《无双谱》[1]的。

白兔的家族更繁荣；大家也又都高兴了。

但自此之后，我总觉得凄凉。夜半在灯下坐着想，那

---

①《无双谱》：清代金古良编绘，内收从汉代到宋代四十位名人的画像，并各附一诗。这里用来形容独一无二。

两条小性命，竟是人不知鬼不觉的早在不知什么时候丧失了，生物史上不着一些痕迹，并S也不叫一声。我于是记起旧事来，先前我住在会馆里，清早起身，只见大槐树下一片散乱的鸽子毛，这明明是膏于鹰吻①的了，上午长班②来一打扫，便什么都不见，谁知道曾有一个生命断送在这里呢？我又曾路过西四牌楼，看见一匹小狗被马车轧得快死，待回来时，什么也不见了，搬掉了罢，过往行人憧(chōng)憧③的走着，谁知道曾有一个生命断送在这里呢？夏夜，窗外面，常听到苍蝇的悠长的吱吱的叫声，这一定是给蝇虎咬住了，然而我向来无所容心于其间，而别人并且不听到……

假使造物也可以责备，那么，我以为他实在将生命造得太滥了，毁得太滥了。

嗥的一声，又是两条猫在窗外打起架来。

“迅儿！你又在那里打猫了？”

“不，他们自己咬。他那里会给我打呢。”

我的母亲是素来很不以我的虐待猫为然的，现在大约

---

① 膏于鹰吻：被鹰吃掉。
② 长班：旧时官员的随身仆人，也用作“听差”的通称。
③ 憧憧：形容往来不定或摇曳不定。

疑心我要替小兔抱不平，下什么辣手，便起来探问了。而我在全家的口碑上，却的确算一个猫敌。我曾经害过猫，平时也常打猫。

况且黑猫害了小兔，我更是“师出有名”的了。我觉得母亲实在太修善，于是不由的就说出模棱的近乎不以为然的答话来。

造物太胡闹，我不能不反抗他了，虽然也许是倒是帮他的忙……

那黑猫是不能久在矮墙上高视阔步的了，我决定的想，于是又不由的一瞥那藏在书箱里的一瓶青酸钾①。

一九二二年十月

阅读链接

《兔和猫》选自鲁迅的小说集《呐喊》。五四时期，鲁迅接受了进化论的发展观，认为将来必胜于过去，青年必胜于老人，希望是在于未来。他站在受压迫的人民大众的立场上，站在被侵略被欺侮的弱小民族一边，同情弱小，反抗强敌。认为“下等人胜于上等人”，宣传“对于一切幼者的爱”。这篇小说就是在这种思想背景下写出的。小说围绕着兔的出现和消失展开起伏曲折的故事情节，表达了作者对弱小者的同情，对随意欺凌弱小者的憎恨；同时也流露出作者反对无原则修善的主张。

---

① 青酸钾：指的是氰酸钾，一种有毒的化学品。

3 五猖(chāng)会[1]

鲁 迅

小时候，你有没有特别盼望哪一个节日？鲁迅笔下的“五猖会”，是否也让你想起相似的经历呢？快速阅读文章，想一想：作者的心情变化经历了哪几个阶段？

孩子们所盼望的，过年过节之外，大概要数迎神赛会的时候了。但我家的所在很偏僻，待到赛会的行列经过时，一定已在下午，仪仗之类，也减而又减，所剩的极其寥寥。往往伸着颈子等候多时，却只见十几个人抬着一个金脸或蓝脸红脸的神像匆匆地跑过去。于是，完了。

我常存着这样的一个希望：这一次所见的赛会，比前一次繁盛些。可是结果总是一个“差不多”；也总是只留下一个纪念品，就是当神像还未抬过之前，化[2]一文钱买下的，用一点烂泥，一点颜色纸，一枝竹签和两三枝鸡毛所

---

① 五猖会：旧时南方乡村为五猖所做的迎神赛会活动。五猖，也叫五通神、五郎神等，是旧时江南民间供奉的邪神。

② 化：现在写作“花”。

做的，吹起来会发出一种刺耳的声音的哨子，叫作“吹都都”的，吡（pǐ）吡地吹它两三天。

现在看看《陶庵梦忆》[1]，觉得那时的赛会，真是豪奢极了，虽然明人的文章，怕难免有些夸大。因为祷（dǎo）雨而迎龙王，现在也还有的，但办法却已经很简单，不过是十多人盘旋着一条龙，以及村童们扮些海鬼。那时却还要扮故事，而且实在奇拔[2]得可观。他记扮《水浒传》中人物云：“……于是分头四出，寻黑矮汉，寻梢长大汉，寻头陀[3]，寻胖大和尚，寻茁壮妇人，寻姣（jiāo）长妇人，寻青面，寻歪头，寻赤须，寻美髯（rán），寻黑大汉，寻赤脸长须。大索城中；无，则之郭，之村，之山僻，之邻府州县。用重价聘之，得三十六人，梁山泊好汉，个个呵活，臻臻至至[4]，人马称娖（chuò）[5]而行。……”这样的白描的活古人，谁能不动一看的雅兴呢？可惜这种盛举，早已和明社[6]一同消灭了。

赛会虽然不像现在上海的旗袍，北京的谈国事，为

---

①《陶庵梦忆》：明代张岱所作的笔记散文集。书中杂记他往日的生活和种种见闻。

② 奇拔：奇特出众。

③ 头陀：指行脚乞食的和尚。

④ 臻臻至至：齐备周到的样子。

⑤ 称娖：行列整齐的样子。

⑥ 明社：明王朝。社，指社稷。

当局所禁止，然而妇孺们是不许看的，读书人即所谓士子，也大抵不肯赶去看。只有游手好闲的闲人，这才跑到庙前或衙门前去看热闹；我关于赛会的知识，多半是从他们的叙述上得来的，并非考据家所贵重的“眼学[①]”。然而记得有一回，也亲见过较盛的赛会。开首是一个孩子骑马先来，称为“塘报[②]”；过了许久，“高照”到了，长竹竿揭起一条很长的旗，一个汗流浃(jiā)背的胖大汉用两手托着；他高兴的时候，就肯将竿头放在头顶或牙齿上，甚而至于鼻尖。其次是所谓“高跷”“抬阁”“马头[③]”了；还有扮犯人[④]的，红衣枷锁，内中也有孩子。我那时觉得这些都是有光荣的事业，与闻其事的即全是大有运气的人，——大概羡慕他们的出风头罢。我想，我为什么不生一场重病，使我的母亲也好到庙里去许下一个“扮犯人”的心愿的呢？……然而我到现在终于没有和赛会发生关系过。

要到东关看五猖会去了。这是我儿时所罕逢的一件盛事，因为那会是全县中最盛的会，东关又是离我家很远的地

---

① 眼学：意思是写文章做学问所用材料必须亲眼看过。

② 塘报：指驿报，原指古代驿站快马投递的紧急公文。浙东一带赛会时，由一化装的男孩骑马先行，告知路旁的观众赛会队伍即将到来，也叫塘报。

③ 马头：中国旧时迎神赛会的一种游艺。让孩子们饰扮戏里人物，骑马游行。

④ 扮犯人：旧时绍兴人因迷信认为生病是由于触犯了鬼神，要到庙里向神许愿病好以后在赛会中扮演犯人，以赎罪谢神，这样病才会好。

方，出城还有六十多里水路，在那里有两座特别的庙。一是梅姑庙，就是《聊斋志异》所记，室女守节，死后成神，却篡(cuàn)取别人的丈夫的；现在神座上确塑着一对少年男女，眉开眼笑，殊与“礼教”有妨。其一便是五猖庙了，名目就奇特。据有考据癖的人说：这就是五通神。然而也并无确据。神像是五个男人，也不见有什么猖獗(jué)之状；后面列坐着五位太太，却并不“分坐”，远不及北京戏园里界限之谨严。其实呢，这也是殊与“礼教”有妨的，——但他们既然是五猖，便也无法可想，而且自然也就“又作别论”了。

因为东关离城远，大清早大家就起来。昨夜预定好的三道明瓦窗的大船，已经泊在河埠(bù)头，船椅、饭菜、茶炊、点心盒子，都在陆续搬下去了。我笑着跳着，催他们要搬得快。忽然，工人的脸色很谨肃了，我知道有些蹊跷(qī qiāo)，四面一看，父亲就站在我背后。

> 大清早就起来，可见大家都非常兴奋。继续阅读文章，看看作者的心情发生了怎样的变化。

“去拿你的书来。”他慢慢地说。

这所谓“书”，是指我开蒙时候所读的《鉴略》，因为我再没有第二本了。我们那里上学的岁数是多拣单数的，所以这使我记住我其时是七岁。

我忐忑着，拿了书来了。他使我同坐在堂中央的桌子前，教我一句一句地读下去。我担着心，一句一句地读下去。

两句一行，大约读了二三十行罢，他说：

“给我读熟。背不出，就不准去看会。”

他说完，便站起来，走进房里去了。

我似乎从头上浇了一盆冷水。但是，有什么法子呢？自然是读着，读着，强记着，——而且要背出来。

粤自盘古，生于太荒，

首出御世，肇(zhào)开混茫。

就是这样的书，我现在只记得前四句，别的都忘却了；那时所强记的二三十行，自然也一齐忘却在里面了。记得那时听人说，读《鉴略》比读《千字文》《百家姓》有用得多，因为可以知道从古到今的大概。知道从古到今的大概，那当然是很好的，然而我一字也不懂。“粤自盘古”就是“粤自盘古”，读下去，记住它，“粤自盘古”呵！“生于太荒”呵！……

应用的物件已经搬完，家中由忙乱转成静肃了。朝阳照着西墙，天气很清朗。母亲、工人、长妈妈即阿长，都无法营救，只默默地静候着我读熟，而且背出来。在百静中，我似乎头里要伸出许多铁钳，将什么“生于太荒”之流夹住；也听到自己急急诵读的声音发着抖，仿佛深秋的蟋蟀，在夜中鸣叫似的。

他们都等候着；太阳也升得更高了。

请你圈画出父亲要求“我”背书时的两处景物描写。想一想：这两处描写在文中的作用是什么？

我忽然似乎已经很有把握，便即站了起来，拿书走进父亲的书房，一气背将下去，梦似的就背完了。

“不错。去罢。”父亲点着头，说。

大家同时活动起来，脸上都露出笑容，向河埠走去。工人将我高高地抱起，仿佛在祝贺我的成功一般，快步走在最前头。

我却并没有他们那么高兴。开船以后，水路中的风景，盒子里的点心，以及到了东关的五猖会的热闹，对于我似乎都没有什么大意思。

直到现在，别的完全忘却，不留一点痕迹了，只有背诵《鉴略》这一段，却还分明如昨日事。

我至今一想起，还诧异我的父亲何以要在那时候叫我来背书。

4 夏三虫[①]

鲁迅

本篇是鲁迅最为有力的讽刺文章之一，虽然篇幅不长，但思想深刻，语言简练，对社会某些人和思想行为进行了辛辣的嘲讽，实为讽刺杂文的经典之作。

夏天近了，将有三虫：蚤，蚊，蝇。

假如有谁提出一个问题，问我三者之中，最爱什么，而且非爱一个不可，又不准像“青年必读书”那样的缴白卷的。我便只得回答道：跳蚤。

跳蚤，代表了社会上普通的反动文人；蚊子，代表了虚伪、矫情的反动文人。

跳蚤的来吮血，虽然可恶，而一声不响地就是一口，何等直截爽快。蚊子便不然了，一针叮进皮肤，自然还可以算得有点彻底的，但当未叮之前，要哼哼地发一篇大议

① 本文选自《华盖集》。

论，却使人觉得讨厌。如果所哼的是在说明人血应该给它充饥的理由，那可更其讨厌了，幸而我不懂。

野雀野鹿，一落在人手中，总时时刻刻想要逃走。其实，在山林间，上有鹰鹯（zhān），下有虎狼，何尝比在人手里安全。为什么当初不逃到人类中来，现在却要逃到鹰鹯虎狼间去？或者，鹰鹯虎狼之于它们，正如跳蚤之于我们罢。肚子饿了，抓着就是一口，决不谈道理，弄玄虚。被吃者也无须在被吃之前，先承认自己之理应被吃，心悦诚服，誓死不二。人类，可是也颇擅长于哼哼的了，害中取小，它们的避之惟恐不速，正是绝顶聪明。

苍蝇嗡嗡地闹了大半天，停下来也不过舐（shì）一点油汗，倘有伤痕或疮疖（jiē），自然更占一些便宜；无论怎么好的、美的、干净的东西，又总喜欢一律拉上一点蝇矢[①]。但因为只舐一点油汗，只添一点腌臜（ā zā），在麻木的人们还没有切肤之痛，所以也就将它放过了。中国人还不很知道它能够传播

苍蝇，代表了表面上危险甚微却会传播病毒、影响深远的反动文人。

① 矢：同“屎”。

病菌，捕蝇运动大概不见得兴盛。它们的运命是长久的；还要更繁殖。

但它在好的、美的、干净的东西上拉了蝇矢之后，似乎还不至于欣欣然反过来嘲笑这东西的不洁：总要算还有一点道德的。

古今君子，每以禽兽斥人，殊不知便是昆虫，值得师法的地方也多着哪。

阅读链接

鲁迅的文章常常出人意料，读来风趣幽默，成为读者刻骨铭心的记忆。好的写作者往往是自由的，天地万物都能成为其吟咏、描画、比喻的对象。即使是跳蚤、蚊子、苍蝇，只要运用得当，也能为其所用，写出精彩的文章来。《夏三虫》便是这样一篇文章。

中国精神

中国精神是中华民族的灵魂，它植根于中华民族的发展历程中，彰显出强烈的民族凝聚力与时代感召力，鼓舞着一代又一代的中华儿女奋发向上，积极进取。

阅读本组文章，感受中国精神，从我做起，从现在做起，做奋发向上、积极进取的新时代的建设者和接班人！

❶ 诚[①]者，天之道也

《中庸》

诚者，天之道也；诚之[②]者，人之道也。诚者，不勉而中[③]，不思而得，从容中道[④]，圣人也。诚之者，择善[⑤]而固执之[⑥]者也。博学之，审问之，慎思之，明辨之，笃行之。[⑦]有弗[⑧]学，学之弗能，弗措[⑨]也；有弗问，问之弗知，弗措也；有弗思，思之弗得，弗措也；有弗辨，辨之弗明，弗措也；有弗行，行之弗笃，弗措也。人一能之，己百之；人十能之，己千之。[⑩]果能此道矣，虽愚必明，虽柔必强。

注 释

① 诚：真诚。
② 诚之：追求真诚。
③ 中：做到，达到目标。
④ 中道：符合天道。
⑤ 善：好的目标。
⑥ 固执之：执着地追求它。
⑦ 博学之，审问之，慎思之，明辨之，笃行之：广泛学习，详细询问，周密思考，明确辨别，切实实行。
⑧ 有弗：要么不。有，要么。弗，不。
⑨ 弗措：不停止。
⑩ 人一能之，己百之；人十能之，己千之：别人用一分努力就能做到的，我用一百分的努力去做；别人用十分的努力就能做到的，我用一千分的努力去做。

真诚，是上天施道的原则；追求真诚，是做人的原则。天生真诚的人，不用勉励就能做到，不用思考就能拥有，自然而然地符合上天的原则，这样的人是圣人。努力做到真诚，就要选择美好的目标执着追求。广泛学习，详细询问，周密思考，明确辨别，切实实行。要么不学，学了而没有学会决不罢休；要么不问，问了而没有弄懂决不罢休；要么不想，想了而没有想通决不罢休；要么不分辨，分辨了而没有明确决不罢休；要么不实行，实行了而没有成效决不罢休。别人用一分努力就能做到的，我用一百分的努力去做；别人用十分的努力就能做到的，我用一千分的努力去做。如果真能够做到这样，虽然愚笨也一定可以聪明起来，虽然柔弱也一定可以刚强起来。

② 中国人失掉自信力了吗

鲁　迅

鲁迅写这篇杂文时，正值“九一八”事变三周年之际，他反驳了当时社会对抗日前途的悲观论调以及指责中国人失掉了自信力的言论，鼓舞了民族自信心和抗日斗志。

从公开的文字上看起来：两年以前，我们总自夸着“地大物博”，是事实；不久就不再自夸了，只希望着国联，也是事实；现在是既不夸自己，也不信国联，改为一味求神拜佛，怀古伤今了——却也是事实。

于是有人慨叹曰：中国人失掉自信力了。

如果单据这一点现象而论，自信其实是早就失掉了的。先前信“地”，信“物”，后来信“国联”，都没有相信过“自己”。假使这也算一种“信”，那也只能说中国人曾经有过“他信力”，自从对国联失望之后，便把这他信力都失掉了。

失掉了他信力，就会疑，一个转身，也许能够只相信了自己，倒是一条新生路，但不幸的是逐渐玄虚起来了。

信“地”和“物”，还是切实的东西，国联就渺茫，不过这还可以令人不久就省悟到依赖它的不可靠。一到求神拜佛，可就玄虚之至了，有益或是有害，一时就找不出分明的结果来，它可以令人更长久的麻醉着自己。

中国人现在是在发展着“自欺力”。

“自欺”也并非现在的新东西，现在只不过日见其明显，笼罩了一切罢了。然而，在这笼罩之下，我们有并不失掉自信力的中国人在。

我们从古以来，就有埋头苦干的人，有拼命硬干的人，有为民请命的人，有舍身求法的人，……虽是等于为帝王将相作家谱的所谓“正史”，也往往掩不住他们的光耀，这就是中国的脊梁。

读到这里，“中国的脊梁”让你想到了哪些人？

这一类的人们，就是现在也何尝少呢？他们有确信，不自欺；他们在前仆后继的战斗，不过一面总在被摧残，被抹杀，消灭于黑暗中，不能为大家所知道罢了。说中国人失掉了自信力，用以指一部分人则可，倘若加于全体，那简直是诬蔑。

要论中国人，必须不被搽在表面的自欺欺人的脂粉所诓骗，却看看他的筋骨和脊梁。自信力的有无，状元宰相的文章是不足为据的，要自己去看地底下。

日积月累

惟有民魂是值得宝贵的，惟有他发扬起来，中国才有真进步。

——鲁迅

不满是向上的车轮，能够载着不自满的人类，向人道前进。多有不自满的人的种族，永远前进，永远有希望。

——鲁迅

③ 雨花石

孙友田

雨花开在枪声里，
地下的果实坚贞如玉。

雨花飞在歌声里，
血沃的信仰已经成熟。

每一枚都是一个五彩梦，
向往着红旗飞舞。

紫色，不是血，
白色，也不是恐怖。

是露，是蕊，是叶……
那梦已是花团锦簇。

人间的美有的飘在蓝天，

有的埋入黄土……

日积月累

要治这麻木状态的国度，只有一法，就是“韧”，也就是“锲而不舍”。

——鲁迅

人生现在实在苦痛，但我们总要战取光明，即使自己遇不到，也可以留给后来的。我们这样的活下去罢。

——鲁迅

《可爱的中国》

方志敏

“为什么我的眼里常含泪水？因为我对这土地爱得深沉……”家国情怀最能打动人心。古往今来，多少爱国志士赴汤蹈火，为了祖国和人民的福祉而献身。

范仲淹的“先天下之忧而忧，后天下之乐而乐”，陆游的“王师北定中原日，家祭无忘告乃翁”“位卑未敢忘忧国”“夜阑卧听风吹雨，铁马冰河入梦来”，文天祥的“人生自古谁无死，留取丹心照汗青”，林则徐的“苟利国家生死以，岂因祸福避趋之”……

方志敏在狱中用敌人劝降的笔和纸，在自己生命的最后一段时间，写下了《可爱的中国》。这部冲出黑狱的文稿，一经面世，振聋发聩，传递出那个时代的爱国最强音。

在生命的最后几个月里，方志敏克服了人们难以想象的饥寒病痛，在敌人眼皮子底下奋笔疾书、笔耕不辍，将自己的革命斗争经验写成文稿，以一腔热血写就了篇篇爱国主义经典散文。在那个积贫积弱、战火纷飞的年代，方志敏有着如此敏锐的目光：“目前的中国，固然是江山破碎，国弊民穷，但谁能断言，中国没有一个光明的前途呢？不，绝不会的，我们相信，中国一定有个可赞美的光明前途。”

问题起于当下，答案则在未来。历史证明了方志敏的预见，他在《可爱的中国》中的深情呼唤，在今天的中国大地上已逐渐变为现实。

法国著名作家罗曼·罗兰曾说：“世上只有一种英雄主义，就是认清生活的真相之后依然热爱生活。”阅读方志敏的狱中绝笔，你会感受到一位革命者不屈不挠的斗争精神、视死如归的英雄气概，你将体会到一个赤子对祖国母亲无限热爱的深情。

作者简介

方志敏（1899—1935），无产阶级革命家、军事家，赣东北红军和革命根据地创建人，中国工农红军高级指挥员。江西弋阳人。1922年加入中国社会主义青年团。1924年转为中国共产党党员。1935年1月在江西怀玉山区遭国民党军包围，在玉山陇首村被俘。面对诱降和严刑，他正义凛然，坚贞不屈。在狱中，他写下了《可爱的中国》《清贫》《狱中纪实》等作品。1935年于南昌英勇就义，时年36岁。临刑前，他留下遗言："敌人只能砍下我们的头颅，绝不能动摇我们的信仰！"

内容梗概

《可爱的中国》收录了方志敏在狱中所作的《可爱的中国》《清贫》《狱中纪实》等著作。

作者以亲身经历概括了中国从五四运动到第二次国内革命战争以来的悲惨历史，愤怒地控诉了帝国主义肆意欺侮中国人民的种种罪行。在《可爱的中国》一文中严正驳斥敌人对共产党人的诽谤和诬蔑，阐明自己的爱国主义情怀；在《我从事革命斗争的略述》中向党汇报情况，总结赣东北革命斗争和创建苏维埃政权的历史及其经验教训；在《清贫》《狱中纪实》等文中揭露了国民党军的凶残卑鄙和监狱的黑暗，彰显了共产党人舍己为公的美德。文章中所体现出的“爱国、创造、清贫、奉献”等价值观极具现实意义。

狱中文稿是方志敏革命事业的结晶，是一位坚贞的共产党人用他的一生所作的人生答卷。他在《序言》中明确说明，通过“忠实地写下”苏维埃政权为人民谋利益的成就，来回击国民党对苏维埃的诋毁、造谣和咒骂；同时，也为了把“我至死都不能忘却”的赣东北同志们“可敬的活动和努力，记录下来，以作我对于他们的纪念，并鼓励他们前进”。

“我想向你进一忠告，你们既已失败至此，何必尽着固执，到国方来做事好了。”处长进一步地进逼了。

“哼！我能做什么事？”祥松[①]差不多是从鼻子里哼出了这句话。

“你能，你能做事的，我们都知道，上面也知道；不然杀了多多少少你们那方的人，何以还留到你们不杀呢！老实说，上面要用你们啦，收拾残局，要用你们啦！”

“我可以告诉你，要知道，留在苏区的共产党员，都是经过共产党的长久训练，都是有深刻的主义的信仰的。”

“嘻嘻！”处长带着一种不信任的奸笑，“都是有

---

①祥松：方志敏曾化名李祥松。

主义的信仰？而且有深刻的主义的信仰？那倒也未必尽然吧！我想大部分不过是盲从罢了。”

“你不能这样去诬蔑共产党！”

“当然，我不能全说都是盲从，里面有主义信仰的顽固的自然也有，或者不少。我搁下那问题不说，现问一问你们的主义会不会成功呢？据我看来，你们的主义，是不得成功的，就是要成功，恐怕也还得五百年。”

“你从哪里看出来的呢？”

“我从人们对你们主义的心理上看出来的。”

“那倒不确实的，现在中国大多数人是倾向于我们的主义。”

“我所见的就不是那样。我所接近的人们，全反对你们。现在说转来吧，就作算不要五百年，顶快顶快也得要二百年。总之，不能在我们一代实现，那是一定的了。我们为什么要做傻子，去为几百年后的事情拼命呢？当然苏俄国家搞得很好，但并不是实行共产主义，你知道吗，他们是实行国家资本主义啦。据我的见解，主义并没有绝对的好坏，总得看看是否适合于今日……中国有句古话：‘识时务者为俊杰。’随风转舵，是做事人必要的本领……”

“朝三暮四，没有气节的人，我是不能做的。”

“气节？现在时代还讲气节？现在已经不是有皇帝的时代了，什么尽忠守节，那全是一些封建的道德啦。比方说，从前不是有许多人与中央反对吗？现在他们不都又在中央做事？打仗时是敌人，仗打完了就握手言欢，互称兄弟了。一个人无论怎样，目前的利益，必须顾到，只求在生快乐一点，死后，人家的批评怎样，我们倒可不用去管了。你晓得孔荷宠[①]吗？”

“听到他的名字，没有见过面，他是个无耻的东西！”

“他无耻？在你们说他无耻，在我们却说他是觉悟，他现在极蒙上面信任，少将参议！每月有五百元的薪金！”

“我不能跟他一样，我不爱爵位也不爱金钱。”

“哼！”处长的脸孔，突然变庄严了，“你须知你自己所做的事！有许多人被我判决执行枪毙的时候，都说：‘过二十年又是一个好汉！’你是知道这全是一种迷信的话，枪一响，人就完了，什么也没有了。所以我警告你，这确不是好玩的！我看你是一个人才，故来好意劝你，不然，你与我有什么相干呢？我做我的官，你做你的囚犯，

---

① 孔荷宠：早年参加过湘军。1926年在平江参加农民运动，任农民自卫军队长，同年加入中国共产党。1934年叛变投敌。

枪毙你是上面的命令，全不能怪我！千钧一发，稍纵即逝！确不是好玩的！”处长的警告是十分严重的，他的话后面就是：你如果不投降，马上就是一枪！

“我完全知道这个危险！但处在这事无两全的时候，我只有走死的一条路，这是我这次错误的结果啦！”祥松并没有怎样重视他的警告。

阅读小贴士

在狱中半年多的时间里，面对严刑逼供，方志敏大义凛然，坚贞不屈。他坚持以笔为武器，写就《可爱的中国》。

文章用大量的笔墨描写方志敏是怎样深刻了解和正视中国的苦难，以现实主义的创作方法真实地、历史地、具体地去描写现实。运用革命浪漫主义的创作手法，边叙边议，表达了对中国未来的美好向往的思想情感，以及革命者向死而生的革命乐观主义精神，流露出对祖国、对民族和对受压迫的人民的深沉大爱。

阅读时，可以借助相关资料，了解中国当时积贫积弱、内乱频仍的现状，感受文中的革命者形象。

活动一

在“祥松”成长过程中，是哪些经历促成了他爱国思想的形成？仔细读一读《可爱的中国》，找出这些重要的经历，感受他思想上的变化。

重要的经历	对中国的理解
读书受教育	知道爱护中国的道理
参加五四爱国运动	痛恨北洋军阀的卖国行径，积极投身爱国运动
受邀去公园散闷，发现“华人与狗不得入内”的牌子	
搭乘外国轮船，发现无票的中国乘客被人羞辱、戏弄和鞭打	
“五卅运动”、省港大罢工等广泛的社会斗争实践	

活动二

读一读《我从事革命斗争的略述》的第一章至第五章，从政治、经济、文化角度了解当时的社会状况。结合你的生活实际和搜集到的相关资料进行对比，从中探寻中国共产党革命成功的原因。

政治上

过去：

贪官污吏压榨群众、光怪离奇的选举把戏

现在：

经济上

过去：

苛捐杂税、重租重利、帝国主义盘剥

现在：

文化上

过去：

教育负债、教会学校实行文化侵略

现在：

我的体会

活动三

革命先烈为了民族独立和国家富强献出了宝贵的生命，换来了我们今天的幸福生活。请你给革命先烈写一封信，向他们表达感谢和敬佩之情。

敬　启

为编好这本书，我们与收入本书的作品（含图片）作者进行了广泛联系，得到了各位作者的大力支持。在此，我们表示衷心的感谢。但是，由于个别作者地址不详，虽经多方努力，仍无法取得联系。敬请各位有著作权的作者尽快与我们联系，以便我们支付稿酬，并致谢忱！

我们还要感谢使用本书的师生们。希望你们在使用本书的过程中，能够及时把意见和建议反馈给我们，对此，我们深表谢意，并将给予一定奖励。让我们携起手来，共同完成本书的建设工作。

联 系 人：梁老师　张老师

联系电话：010-58022100

联系邮箱：ztxx2008@sina.com

网　　址：http://www.ywztxx.com

地　　址：北京市海淀区知春路7号致真大厦A座18层

图书在版编目（CIP）数据

守卫精神家园 / 孙玉亮主编. — 上海：上海教育出版社, 2021.6
ISBN 978-7-5720-0813-9

Ⅰ. ①守… Ⅱ. ①孙… Ⅲ. ①阅读课—小学—教学参考资料 Ⅳ. ①G624.233

中国版本图书馆CIP数据核字（2021）第142043号

责任编辑　余佳家　李光卫
封面设计　陈丽娟　王艺霖
著作权人　北京华樾教育科技有限公司

守卫精神家园

孙玉亮　主编

出版发行　上海教育出版社有限公司
官　　网　www.seph.com.cn
地　　址　上海市永福路 123 号
邮　　编　200031
印　　刷　河北泓景印刷有限公司
开　　本　720×1010　1/16　印张 63
字　　数　700千字
版　　次　2021年8月第1版
印　　次　2021年8月第1次印刷
书　　号　ISBN 978-7-5720-0813-9/G·0629
定　　价　268.00元

如发现质量问题，请向本社调换　　电话 021-64377165

守卫精神家园 1

一 经典诵读

1.《晚泊浔阳望香炉峰》

（1）这首诗的作者是谁？（　）

A. 唐朝的杜甫　　B. 唐朝的李白

C. 唐朝的孟浩然　　D. 宋朝的孟浩然

（2）这首诗表达了作者怎样的思想感情？（　）

A. 对隐逸生活的向往。

B. 高兴愉悦之情。

C. 与友人的离情别绪。

D. 思乡之情。

2.《望洞庭湖赠张丞相》

（1）“端居”的意思是什么？（　）

A. 端正地坐着　　B. 闲居

C. 端正地居住　　D. 端正居中

（2）“气蒸云梦泽，波撼岳阳城。”写出了洞庭湖怎样的气势？（　）

A. 壮丽磅礴　　B. 平静恬淡

C. 辽阔秀美　　D. 庄严肃穆

3.《蝶恋花》（柳永）

（1）“蝶恋花”是这首词的什么？（　）

A. 古诗的题目　　B. 词的题目

C. 词牌名　　D. 曲牌名

（2）这首词主要围绕哪个字展开的？（　）

A. 愁　　B. 黯

C. 乐　　D. 悔

4.《蝶恋花》（晏殊）

（1）晏殊是哪个朝代的人？（　）

A. 清　　B. 元

C. 明　　D. 宋

（2）这首词以____为背景，抒写了词人的____之情。（　）

A. 秋天　　B. 冬天

C. 忧民爱国　　D. 离别相思

5.《咏雪》

（1）本文选自哪部作品？（　）

A.《浮生六记》　　B.《世说新语》

C.《儒林外史》　　D.《淮南子》

（2）按原文填空。兄女曰：“未若_________因风起。”（　）

A. 杨絮　　B. 桃花

C. 柳絮　　D. 鹅毛

6.《小石潭记（节选）》

（1）“冽”的读音是________，“坻”的读音是________。（　）

A.liè　　B.lì

C.chí　　D.dǐ

（2）下列分析不恰当的是哪一项？（　）

A. 作者隔着篁竹能找到小石潭，是小潭的流水声吸引了他。

B.“全石以为底”就是说潭底全部都是石头。

C.“如鸣珮环，心乐之。”一句运用了比喻的修辞手法。

D.“青树 / 翠蔓，蒙络 / 摇缀，参差 / 披拂。”节奏划分正确。

二 触摸自然

1.《迷人的夏季牧场》

（1）“而当阵雨过去，雨洗后的草原就变得更加清新碧绿，远看像块巨大的蓝宝石，近看缀满草尖上的水珠，却又像数不清的金刚钻。”句中把草原比作________，把________比作金刚钻。（　）

A. 碧玉　　B. 蓝宝石

C. 水珠　　D. 草尖

（2）“你用不着客气，任何一个毡房都是你的温暖的家，只要你朝火光的地方走去，____走进哪一家毡房，好客的哈萨克族牧民____会像对待亲兄弟似的热情地接待你。”选择恰当的关联词。（　）

A. 如果……就……

B. 不是……就是……

C. 与其……不如……

D. 不论……都……

2.《夏日草原》

（1）本文的作者是谁？（　）

A. 冰心　　B. 老舍

C. 席慕蓉　　D. 朱自清

（2）“她总是有着和缓而优美的起伏，像是放大了的微微动荡的海浪”作者用比喻的修辞手法，写出了草原的哪种美？（　）

A. 辽阔美　　B. 线条美

C. 高远美　　D. 宁静美

3.《报秋》

（1）判断正误：玉簪花在晚间开放，一朵持续约一昼夜。（　）

（2）“当中的一株顶着一点嫩黄，颤颤地望着自己雪白的小窝。”这一句运用的修辞手法是____。（　）

A. 比喻　　B. 排比

C. 对偶　　D. 拟人

4.《广玉兰赞》

（1）判断正误：作者陈荒煤用诗一般的语言描写了广玉兰花的香幽、色美、形秀以及叶片的独特情趣，表达了作者对广玉兰的喜爱之情。（　）

（2)作者是按照花开的先后顺序写的，先是____，然后是____，再就是____，最后是____。（　）

A. 盛开的　　B. 花苞

C. 略微开了的　　D. 凋谢了的

5.《旅夜书怀》

（1）请给下列诗句排序。（　）

A. 危樯独夜舟

B. 月涌大江流

C. 细草微风岸

D. 星垂平野阔

（2)这首诗抒发了作者什么样的感情？（　）

A. 怀才不遇的苦闷

B. 忧民爱国的抱负

C. 思乡念亲的忧伤

D. 漂泊无依的感伤

6.《五月十九日大雨》

（1）“殷”的读音是________，意思是________。（　）

A. yǐn　　B. yīng

C. 震动　　D. 深厚

（2）前两句中，“____”“驱”“洒”三个字形象地表现出夏雨的骤猛。（　）

A. 急　　B. 驱

C. 压　　D. 洒

7.《清平乐·博山道中即事》

（1）本文的作者是谁？（　）

A. 辛弃疾　　B. 陆游

C. 苏轼　　D. 李白

（2）“清平乐”是什么？（　）

A. 诗题　　B. 文眼

C. 词名　　D. 词牌

8.《雨之歌》

（1）请选择恰当的词语填空：“我是海洋的________，是苍穹的________，也是大地的________。”（　）

A. 脉搏　　B. 叹息

C. 眼泪　　D. 微笑

（2）为什么说“我在哭，一个个小山丘却在笑”？下列分析不正确的是哪一项？（　）

A. 下了雨，河水涨了。

B. 雨水让山丘变得更美了。

C. 雨水把山丘冲洗得更干净。

D. 雨水让山丘变得有生机。

9.《金色花》

（1）本文的作者是印度的________。（　）

A. 德富芦花　　B. 泰姬陵

C. 郑振铎　　D. 泰戈尔

（2）选词填空：当你沐浴后，湿发披在两肩，穿过金色花的林荫，走到____时，你会嗅到这花的香气，却不知道这香气是从我身上来的。（　）

A. 小庭院　　B. 小木屋

C. 草地上　　D. 水井旁

10.《石榴》

（1）请选出注音有误的一项。（　）

A. 金罍（léi）　　B. 皓（hào）齿

C. 丰腴（yú）　　D. 安普剌（cì）

（2）对“夏季的心脏”理解正确的是哪一项？（　）

A. 石榴花的颜色是夏天最独特的颜色。

B. 石榴花对于炎阳的直射毫不辟易，单瓣的已够陆离，双瓣的更为华贵。

C. 石榴的气味沁人心脾，让人心旷神怡。

D. 石榴的生命力特别顽强。

11.《紫云英》

（1）请选择恰当的词语填空：____的莲花、________的芬芳、________的顽童、________的摧残。（　）

A. 诱人　　B. 清雅

C. 恶意　　D. 活泼

（2）文章第3自然段，作者对比了紫云英与莲花：紫云英没有莲花____，也没有莲花的____，甚至开得过于____，但是紫云英有一种____。（　）

A. 显眼　　B. 阵势

C. 清雅　　D. 张扬

12.《牡丹的拒绝》

（1）下列哪个词语不能用来形容牡丹？（　）

A. 国色天香　　B. 姚黄魏紫

C. 雍容华贵　　D. 傲雪欺霜

（2）洛阳人种牡丹蔚然成风，渐盛于唐，极盛于____。（　）

A. 汉　　B. 宋

C. 元　　D. 明

13.《古藤》

（1）文中所写的古藤学名叫什么？（　）

A. 白花鱼藤　　B. 白花蛇藤

C. 常春藤　　D. 白花紫藤

（2）判断正误：文中所写的古藤不是一棵藤，而是无数棵藤纠缠在了一起。（　）

14.《草原八月末》

（1）下列词语中加点字词解释不正确的是哪一项？（　）

A. 落英：花。

B. 亭亭玉立：高耸直立的样子。

C. 无垠：边界。

D. 一见钟情：指时间。

（2）文章第1、第2自然段用了三个“总”字，分别表达了作者怎样的思想感情？“朋友们总说”表达了____；“我总赶不上”表达了____；“总不能”表达了____。（　）

A. 作者认为自己看不到草原最美季节的失望之情

B. 对草原景色秀丽神奇的赞美之情

C. 作者失望之余又不忍放弃草原美景的无奈之情

D. 作者对七八月草原美景的神往之情

15.《天地有大美（节选）》

（1）文中说离天最近的地方是____。（　）

A. 黄土高原　　B. 内蒙古大草原

C. 青藏高原　　D. 云贵高原

（2）“可以把生长了一个夏季的阳光卷起来”一句中的“阳光”具体指的是____。（　）

A. 四季　　B. 海水

C. 风　　D. 牧草

16.《乌篷摇梦到春江》

（1）“无怪朋友们相视叹曰：哦，一到富春江，眼瞳都是绿的！”这句话运用了____的修辞手法，写出了江水的____。（　）

A. 比喻　　B. 夸张

C. 澄澈碧绿　　D. 美丽清澈

（2）作者已经游览了两次富春江，还

要“唯愿年年得相觅”的原因不包括哪一项？（ ）

A. 富春江有梦幻般的美丽。

B. 作者对自然之美和傲世风骨的喜爱。

C. 富春江的水很是清澈，适合拍照。

D. 富春江在文人墨客笔下被描绘得很美。

17.《太湖黄昏》

（1）本文选自赵丽宏的散文____。（ ）

A.《山河》 B.《湖泊》

C.《珊瑚》 D.《风景》

（2）文章的2、3自然段形成对比，第2自然段写了____的湖面，第3自然段写了____的天色。（ ）

A. 宁静 B. 喧闹

C. 阴暗 D. 斑斓

18.《五月的青岛》

（1）“海棠、丁香、桃、梨、苹果、藤萝、杜鹃，都争着开放，墙角路边也都有了嫩绿的叶儿。”这句话运用了____的修辞手法，写出了青岛花开得____。（ ）

A. 比喻 B. 拟人

C. 茂盛 D. 美丽

（2）因为青岛的节气晚，所以樱花____是在四月下旬才能盛开。（ ）

A. 照样 B. 照例

C. 一般 D. 照旧

19.《初春的雨》

（1）按原文填空：春雨____，神武寺山的青烟迷离。樱花山头只有____白雪，然而，这山，这树，这房舍，这田园，无不在春雨里尽情洗浴。（ ）

A. 蒙蒙 B. 潇潇

C. 皑皑 D. 斑斑

（2）第4自然段“春潮带雨，清流湍急，如膏似玉”运用了____的修辞手法，写出了____。（ ）

A. 比喻

B. 排比

C. 春雨的颜色美和柔润感

D. 春雨的猛烈

20.《晓》

（1）选词填空：起初是昏沉沉一片黑，慢慢露出____，露出鱼肚白的____，露出紫色、红色、金色的____。（ ）

A. 天 B. 微光

C. 太阳 D. 霞彩

（2）判断正误：这首散文诗主要的艺术特点就是“对比”，运用天与地、人与人、色彩与色彩的强烈对比来抒发诗人的心里世界，字里行间流露出来的是一种忧伤的心境下所能够生发出来的希望和力量。（ ）

21.《兰溪棹歌》

（1）请选择诗中“镜”和“桃花雨”的正确意思。（ ）

A. 镜子

B. 形容水面平静如镜

C. 桃花开时下的雨，即春雨

D. 下雨时像桃花飘落一样

（2）判断正误：一个“凉”字既写出了月色的秀丽明朗，又点出了春雨过后凉爽宜人的气候，更与后面的“镜”字相照应，表达出了月光明洁，水色清澈的优美意蕴，有力地衬托了诗歌意境的创设。（　）

22.《望海楼晚景》

（1）下列哪项不是苏轼的作品？（　）

A.《清平乐·村居》

B.《题西林壁》

C.《水调歌头（明月几时有）》

D.《饮湖上初晴后雨》

（2）请给下列诗句排序。（　）

A. 横风吹雨入楼斜

B. 电光时掣紫金蛇

C. 雨过潮平江海碧

D. 壮观应须好句夸

23.《商山早行》

（1）诗中除了“晨起”“鸡声”表现了早行之外，还有“月”“____”也表现了早行。（　）

A. 槲叶　　B. 霜

C. 板桥　　D. 枳花

（2）“明”在这首古诗中是什么意思？（　）

A. 明白，知晓　　B. 亮光

C. 照亮，耀眼　　D. 明天，第二天

24.《柳信》

（1）“斧钺”“虫豸”中“钺”和“豸”的读音分别是________。（　）

A.wù　　B.yuè

C.zhì　　D.bào

（2）文章第一次写小花猫的死，侧重表现____，对生命死亡的悲伤；第二次写大猫的死，主要为了____。（　）

A.“我”对亲人的思念

B.“我”对死亡的认知

C. 反衬母亲去世带给“我”的沉重哀思

D. 衬托母亲的死亡对“我”的震撼

25.《海棠花》

（1）请选出字音有误的一项。（　）

A. 蓦地（mò dì）

B. 间或（jiān huò）

C. 窸窸窣窣（xī xī sū sū）

D. 异域（yì yù）

（2）下列对文章的理解正确的是哪一项？（　）

A. 第3自然段写作者故乡单调的房顶及同样单调的海景，表现出家中海棠花晚霞般的绚烂。

B. 文章串联起作者生命中从故乡到异域的一些片段，运用了首尾照应、寓情于物的表现手法。

C.20世纪30年代赴德国留学的作者始终用苦行者的精神钻研学问，以致无暇顾及海棠花。

D. 文章写于第二次世界大战期间，反映了作者对战争年代德国社会现实的思考与省察。

26.《沙之聚》

（1）请给下列短语选择恰当的搭配词语：____的水声、____的脸膛、____的山顶、____的雕塑。（　）

A. 瘦削　　B. 汩汩

C. 不朽　　D. 壮硕

（2）判断正误：作者借写沙之聚写人心之聚，揭示了沙之聚需要风，人心之聚需要一种精神力量。（　）

27.《鸟是树的花朵》

（1）文中引用了____两句古诗。（　）

A. 千树万树梨花开

B. 两个黄鹂鸣翠柳

C. 千朵万朵压枝低

D. 西塞山前白鹭飞

（2）判断正误："它们隐藏在树叶之间，与绿叶一起舞蹈，与春风一起歌唱。"这里运用拟人的修辞手法，写出了小鸟活泼欢快的动态美与它们和谐悦耳的鸣叫声。（　）

28.《空山鸟语》

（1）"葳蕤"的意思是什么？（　）

A. 形容情况危险

B. 形容枝叶繁盛

C. 形容华丽鲜艳

D. 形容萎靡不振

（2）判断正误：在文章中，作者描绘了空山鸟鸣的热闹场面，表明了作者对喧闹环境的抵触，对这种嘈杂环境的厌恶。（　）

29.《三只虫》

（1）故事中的蚂蚁不具备什么精神？（　）

A. 幽默风趣　　B. 迎难而上

C. 坚持不懈　　D. 聪明机智

（2）按照文章的顺序，主要写了____、____、____三只虫。（　）

A. 八条腿的小虫　　B. 蟑螂

C. 蜣螂　　D. 蚂蚁

30.《养花人的梦》

（1）请根据文章内容填空：白玉兰能展示____；仙人掌具有____；迎春花能带来____；兰花看重____。（　）

A. 信念　　B. 性格的美

C. 友谊　　D. 倔强的灵魂

（2）按照故事发展的顺序，将下列小标题排序。（　）

A. 众花不满，来养花人院子里抱怨。

B. 养花人反思自己的做法，认识到不足。

C. 养花人的院子变成众芳之国。

D. 养花人只喜欢月季花，院子里种满月季。

31.《对一朵花微笑》

（1）文章第2自然段用____的修辞手法写花草的笑，赋予了花草人的动作和感情。（　）

A 拟人　　B. 比喻

C. 夸张　　D. 排比

（2）文章先后写了“我”两次在荒地草原上的感受，第一次“我”笑是因为____，第二次“我”感到满足是因为____。（ ）

A.“我”为花的美和生机所感动

B. 花的色彩鲜艳

C.“我”能和这片“我”喜爱的绿草待在一起并亲密接触，令“我”满足

D. 荒草让“我”看到了不一样的风景

32.《告别》

（1）《告别》是一首____，是以一个____的口吻写的。（ ）

A. 古诗　　B. 散文诗

C. 孩子　　D. 老人

（2）下列哪个事物不是诗中“我”想象自己变成的？（ ）

A. 涟漪　　B. 月光

C. 清风　　D. 梦儿

33.《月》

（1）诗句“更无纤霭隔清光”中“纤”和“霭”的读音分别是________。（ ）

A.xiān　　B.qiān

C.gě　　D.ǎi

（2）下列选项中谁不是“唐宋八大家”？（ ）

A. 欧阳修　　B. 王安石

C. 杜甫　　D. 苏轼

34.《云》

（1）“我”想要变成云，和月亮玩____，和雷公____。（ ）

A. 猜谜语　　B. 捉迷藏

C. 跳到池塘里去　　D. 躲进山洞里

（2）在“我”心里，云具有什么样的特征？（ ）

A. 又白又大

B. 又松又软

C. 形态各异

D. 时而出现，时而隐藏

35.《初夏》

（1）按原文填空：我____月亮的圆窗，____一片片美丽而安静的积水……让一切故事的开始都充满____和____。（ ）

A. 跳过　　B. 跳出

C. 芳馨　　D. 惊奇

（2）第 1 自然段“我跳出月亮的圆窗，跳过一片片美丽而宁静的积水”通过对“我”的____描写，表现了____。（ ）

A. 动作　　B. 心理

C.“我”的灵动　　D.“我”的机智

36.《小桥》

（1）诗歌的第 1 小节用____的修辞手法，写出了小桥____的特点。（ ）

A. 比喻

B. 拟人

C. 默默无闻、无私奉献

D. 舍己为人、大公无私

（2）判断正误：本文通过写小桥的姿

态以及小桥对人类的贡献，表达了对小桥的奉献精神的感激之情。（ ）

37.《童年的梦》

（1）判断正误：第一句用问句开头，既激发了读者的兴趣，又引出了下文对“童年的梦”的描写。（ ）

（2）“有的苍白如洗，有的黑如泼墨；有的冰冷，有的火热；有的明亮，有的却是一团永远化不开的灰色……”这里运用____的修辞手法，写出了____。（ ）

A. 排比

B. 夸张

C. 童年梦的各种姿态

D. 童年梦的各种颜色

38.《纸船——寄母亲》

（1）“我从来不肯妄弃了一张纸，总是留着——留着”，这一句中意思相反的词是____和留。（ ）

A. 妄　　　　B. 弃

C. 肯　　　　D. 留

（2）诗人以《纸船——寄母亲》为题，托物言情，赋予纸船特别的含义是____、____、____。（ ）

A. 象征漂泊无依的孤独

B. 象征思念母亲、思念祖国的一颗心

C. 象征童年和母亲在一起时的美好回忆

D. 象征诗人纯洁、美好的心愿

三 整本书阅读

《绿山墙的安妮》

（1）判断正误：本书的作者是美国女作家露西·蒙哥马利。（ ）

（2）判断正误：作者以安妮的故事告诉人们，只要胸怀梦想，不懈努力，生活就会丰富多彩，生命就会美丽多姿。（ ）

参考答案

一、经典诵读

1.《晚泊浔阳望香炉峰》

（1）C

（2）A　解析：此诗在随意挥写间，不但勾画了江山风景，而且抒发了倾慕高僧慧远、向往隐居胜地的隐逸情怀。

2.《望洞庭湖赠张丞相》

（1）B

（2）A　解析：这两句写笼罩在湖上的水汽蒸腾，吞没了云梦泽，风起时，波涛奔腾，涌向岸边，好像要摇动岳阳城似的。蒸，蒸腾。撼，摇动。生动形象地写出了洞庭湖壮丽的景象和磅礴的气势。

3.《蝶恋花》（柳永）

（1）C

（2）A　解析：上阕把“愁”这种抽象的感情寄托在具体的、可看见的景物之中，下阕写了主人公借酒消愁。

4.《蝶恋花》（晏殊）

（1）D

（2）AD　解析：此词写深秋怀人，上片描写苑中景物,运用移情于景的手法，注入主人公的感情，点出离恨；下片承离恨而来，通过高楼独望生动地表现出主人公望眼欲穿的神态，蕴含着愁苦之情。

5.《咏雪》

（1）B　　（2）C

6.《小石潭记（节选）》

（1）AC　　（2）B

二、触摸自然

1.《迷人的夏季牧场》

（1）BC　　（2）D

2.《夏日草原》

（1）C　　（2）B

3.《报秋》

（1）对　　（2）D

4.《广玉兰赞》

（1）对　　（2）BCAD

5.《旅夜书怀》

（1）CADB　（2）D

6.《五月十九日大雨》

（1）AC　　（2）A

7.《清平乐·博山道中即事》

（1）A　　（2）D

8.《雨之歌》

（1）BCD　（2）A

9.《金色花》

（1）D　　（2）A

10.《石榴》

（1）D　　（2）B

11.《紫云英》

（1）BADC　（2）ACDB

12.《牡丹的拒绝》

（1）D　　（2）B

13.《古藤》

（1）A　　（2）错

14.《草原八月末》

（1）D　解析：一见钟情：专注、集中。

（2）DAC　解析：用“朋友们总说”，想象出草原上鲜花盛开，表达了作者对七八月草原美景的神往之情；“我总赶不上”，表达了作者认为自己看不到草原最美季节的失望之情；“总不能”一句，表达了作者失望之余又不忍放弃草原美景的无奈之情。

15.《天地有大美（节选）》

（1）C　　（2）D

16.《乌篷摇梦到春江》

（1）BC　　（2）C

17.《太湖黄昏》

（1）D　　（2）AD

18.《五月的青岛》

（1）BC　　（2）B

19.《初春的雨》

（1）BD　　（2）AC

20.《晓》

（1）BAD　　（2）对

21.《兰溪棹歌》

（1）BC　　（2）对

22.《望海楼晚景》

（1）A　　（2）ADCB

23.《商山早行》

（1）B

（2）C　解析：“明”原为形容词，这里用作动词，为“照亮”之意。枳树白花照亮驿墙，衬托出拂晓前的暗，突出了行之“早”。

24.《柳信》

（1）BC　　（2）BC

25.《海棠花》

（1）B

（2）B　解析：A 项，第 3 自然段写作者故乡单调的房顶及同样单调的海景，是表现自己似乎与海棠花无缘。C 项是写作者决心用苦行者的精神到德国来念书的，可是现实的情况又不允许他这样做，而且也做不到不看海棠花。D 项文章写于第二次世界大战期间，反映的战争年代作者十分浓烈的思乡之情。

26.《沙之聚》

（1）BDAC　（2）对

27.《鸟是树的花朵》

（1）AB　　（2）对

28.《空山鸟语》

（1）B

（2）错　解析：文章最后一句写“不管走到哪里，耳畔也会萦绕这刻骨铭心的鸟之绝唱”，说明作者很喜欢空山鸟语。

29.《三只虫》

（1）A　　（2）ACD

30.《养花人的梦》

（1）BDAC （2）DABC

31.《对一朵花微笑》

（1）A （2）AC

32.《告别》

（1）BC （2）B

33.《月》

（1）AD （2）C

34.《云》

（1）BC （2）B

35.《初夏》

（1）BACD （2）AC

36.《小桥》

（1）BC

（2）对 解析：第1小节写了小桥的姿态，第2小节写了小桥在“我”的成长中的作用，第3、第4小节写了小桥对人类的贡献，第5小节表达了“我”对小桥的喜爱以及感激之情。

37.《童年的梦》

（1）对 （2）AD

38.《纸船——寄母亲》

（1）B

（2）ABD 解析：诗歌的最后“这是你至爱的女儿含着泪叠的，万水千山，求它载着她的爱和悲哀归去”，表现了作者对母亲的思念以及强烈的归乡情怀。

四、整本书阅读

《绿山墙的安妮》

（1）错 （2）对

守卫精神家园 ❷

一 经典诵读

1.《南园十三首（其五）》

（1）“吴钩”的意思是什么？（　）

A. 鱼钩　　B. 吊钩

C. 弯形战刀　　D. 弯形菜刀

（2）按原诗内容选择填空：收取____五十州。（　）

A. 天山　　B. 黄山

C. 泰山　　D. 关山

2.《夜上受降城闻笛》

（1）《夜上受降城闻笛》是唐代诗人李益创作的一首____。（　）

A. 五言绝句　　B. 七言绝句

C. 七言律诗　　D. 五言律诗

（2）对本诗理解不正确的是哪一项？（　）

A. 诗人采用比喻的修辞手法将月下大漠比作白雪，将明月比作严霜，生动而形象地写出了大漠的荒寒和月色的凄冷。

B. 这是一首抒写豪情壮志的诗作。诗人将所要抒发的感情蕴含在对景物和情态的描写之中。

C. 诗歌前两句通过写如雪的大漠和如霜的月色，交代了环境的恶劣。

D. 后两句描写芦管声引出戍边将士的思乡之情。

3.《丑奴儿·书博山道中壁》

（1）下列词语解释错误的是哪一项？（　）

A. 少年：指年轻的时候。

B. 强（qiǎng）：勉强。

C. 识尽：尝够，深深懂得。

D. 休：休息。

（2）关于本词，下列表述错误的是哪一项？（　）

A. 作者连用两个“爱上层楼”，避开了一般的泛泛描述，有力地开启了下文。

B. “欲说还休”指的是诗人内心有所顾虑而不敢表达。

C. 本词作者着重回忆少年时代自己不知愁苦，所以在凉爽的秋天喜欢登上高楼，凭栏远眺。

D. 本词通过“少年”时与“而今”的对比，表现了作者受压抑、遭排挤、报国无路的痛苦，有对南宋朝廷的讽刺与不满。

4.《山坡羊·潼关怀古》

（1）按原曲内容选择填空：伤心____经行处，____万间都做了土。（　）

A. 秦代　　B. 秦汉

C. 宫阙　　D. 宫殿

（2）“西都”指如今的哪座城市？（　）

A. 北京　　B. 成都

C. 洛阳　　　　D. 西安

5.《猴》

（1）判断正误：本文选自《笑林》。《笑林》是我国古代最早的笑话专书，内容大都是一些短小精炼的讽刺性笑话。（　）

（2）对本文理解不正确的是哪一项？（　）

A. 一个自私自利，悭吝成性，不肯为别人付出的人，永远不会获得别人的爱戴和尊敬！

B. 要学会保护自己，一毛不拔。

C. 凡是想不劳而获的，都是不道德的，都是虚假不实的。

D. 做人不应吝啬，有舍才有得。

6.《出师表（节选）》

（1）本文的作者是三国的____。（　）

A. 刘备　　　　B. 诸葛亮

C. 周瑜　　　　D. 曹操

（2）“以光先帝遗德”中“光”的意思是什么？（　）

A. 照亮　　　　B. 光亮

C. 发扬光大　　D. 光明

二 难忘的旋律

1.《和毛主席长征诗》

（1）这首诗是依照谁的诗词作的？（　）

A. 毛泽东　　　B. 周恩来

C. 邓小平　　　D. 刘少奇

（2）“万里长征有何难？中原百战也等闲。”对这句理解不正确的是哪一项？（　）

A. 这两句是全诗的纲领。

B. 写出了长征途中困难重重，阻挡了红军前进的脚步。

C. 展现了威武之师坚韧不拔、所向披靡的精神风貌。

D. 这两句是全诗的首联。

2.《八百壮士守四行（节选）》

（1）第524团为什么要留守闸北？（　）

A. 因为中国军队开始撤退，他们要承担断后任务。

B. 因为他们要保护闸北无辜的人民群众。

C. 因为他们要准备闸北的大会战。

D. 因为闸北遭到了日军的攻击。

（2）判断正误：“我们中国军人宁愿战死，也决不放弃杀敌的责任。”从这句话可以看出谢晋元是一个视死如归，为了祖国的利益可以抛头颅、洒热血的人。（　）

3.《狼牙山远眺》

（1）第1自然段中“恶魔”指谁？（　）

A. 强盗匪徒　　　B. 恶毒的魔鬼

C. 凶残恶毒的人　D. 日寇

（2）“那一跳，如雄鹰搏猎，让一股英雄气激荡神州；那一跳，若流星闪烁，把光明播撒进天下人心中。”对句子理解分析不正确的是哪一项？（　）

A. 本句写出了五勇士面对凶残的日寇

时的大无畏精神。

B. 本句运用比喻的修辞手法，写出了五勇士为祖国、为人民义无反顾的英雄气概，这种精神培育了不屈不挠的民族之魂。

C. 本句写出了五勇士跳崖时姿态优美，如雄鹰一般。

D. 本句写出了作者对五勇士英勇献身精神的赞美。

4.《长安街——狂欢奔腾的河》

（1）“有的更加‘放肆’，干脆坐到了车顶上，骄傲地挥舞着彩旗、上衣”，从“放肆”一词可以看出什么？（　）

A. 人们不顾法规，任性妄为。

B. 人们抑制不住自己的爱国之情，行为大胆奔放。

C. 人们需要注意自己的言行举止。

D. 放肆的行为指坐在车顶上的行为，这是作者的夸张。

（2）为什么作者在标题中把长安街比作一条狂欢奔腾的河？（　）

A. 这个比喻体现了申奥成功当天的长安街给人的总体印象，车如河水，人如潮涌，表现了人们激动的心情。

B. 这个比喻体现了节日当天长安街涌进了奔腾的河水。

C. 这个比喻最能体现长安街上人们走得快，像流动的河。

D. 这个比喻写出了长安街的长，像河。

5.《船夫曲（节选）》

（1）对题目《船夫曲》在本文中的作用理解错误的是哪一项？（　）

A.《船夫曲》是贯穿全文的线索，使文章结构更紧密。

B.《船夫曲》象征着中华民族不畏艰难，奋勇向前的精神。

C.《船夫曲》赞扬了船夫们不惧危险，与恶劣环境作斗争的精神。

D.《船夫曲》渲染了战士们的革命热情，增强了文章的感染力。

（2）判断正误：文章中描写的合唱场面，既有对指挥和乐手的描写，又有作者联想的画面，写出了合唱场面的热烈和人们的革命热情。（　）

6.《七根火柴》

（1）“记住，这，这是，大家的！”这里的“大家”指的是谁？（　）

A. 无名战士和卢进勇

B. 革命队伍

C. 全中国

D. 全党

（2）无名战士牺牲时，作者写卢进勇“眼睛模糊了”，又写“只有那只手是清晰的”。既说“模糊”又说“清晰”，应怎么理解？（　）

A. 卢进勇为牺牲的战友流泪，所以远处的景物“模糊”，只能“清晰”地看见近处的手。

B. 这是夸张的写法，只有这样写，才能突出无名战士的“那只手”。

C. “模糊”是写卢进勇失去了战友的悲痛，“清晰”是写对烈士精神的敬仰。

D. 这样写，能给人强烈的感受，起到教育人的作用。

7.《活神仙》

（1）文中赵科长要“我”把文件包送到哪里去？（ ）

A. 小王庄　　B. 大王庄

C. 三里桥　　D. 六里桥

（2）“暴风带着满天的黑云，像是一群没有笼头的野马，迎面呜哇呜地叫喊着，拼命地向我扑来。”这句话运用了____的修辞手法，表现了____。（ ）

A. 拟人

B. 比喻

C. 当时环境非常恶劣。

D. 野外有动物出没，很危险。

8.《刑场上的婚礼》

（1）国民党反动派抓到了周文雍和陈铁军，为什么“如获至宝”？（ ）

A. 因为周文雍和陈铁军是反动派们好不容易抓到的。

B. 因为他们以为可以从周文雍和陈铁军口里知道共产党的秘密。

C. 因为他们认为有了杀鸡儆猴，恐吓革命党人的机会。

D. 因为他们认为找到了机会报复革命党人。

（2）“陈铁军呸了他一口，说：‘你们不配跟我谈这些！’”从人物的语言和动作，可以看出什么？下列分析不正确的是哪一项？（ ）

A. 陈铁军看破了敌人的阴谋诡计。

B. 陈铁军蔑视国民党反动派。

C. 陈铁军表明了和国民党反动派势不两立的立场。

D. 陈铁军性情孤傲，不屑理睬他们。

9.《浮云止水（节选）》

（1）本文的主人公是谁？（ ）

A. 瞿秋白　　B. 张品成

C. 陈炎冰　　D. 蒋先启

（2）“人生有小休息，有大休息，今后我要大休息了。”文段中“大休息”是什么意思？（ ）

A. 休闲　　B. 睡觉

C. 离世　　D. 歇息

10.《敌后武工队（节选）》

（1）武工队埋伏的目的是什么？（ ）

A. 救出被抓走的群众

B. 营救被捕的武工队员

C. 打击消灭夜袭队

D. 夺取日军的炮楼

（2）第 14 自然段中，“常景春抱起歪把子，调转枪口，横扫过去，像扫驴粪蛋子似的，把扑上来的敌人一股脑地扫下了土疙瘩”，这句话表现了常景春什么样的感情？（ ）

A. 愤怒　　　　B. 激动

C. 悲痛　　　　D. 憎恨

11.《马石山上（节选）》

（1）文中班长让王魁刻在石头上的是什么内容？（　）

A. 战士们牺牲的时间。

B. 战士们牺牲的原因。

C. 敌人的恶行。

D. 牺牲战士的名单。

（2）为什么战士们让那馒头冷冷地躺在地上，不去动它？（　）

A. 因为馒头又冷又硬，不好吃。

B. 因为馒头放的时间太长了，已经坏了。

C. 因为馒头是唯一的食物，所以大家互相推让，都不肯吃。

D. 因为大家都不觉得饿，不需要吃。

12.《悄然隐退的晨星（节选）》

（1）文章最后一个自然段：“仿佛一只无形的恶魔的手，朝陈虹胸口上猛力一推。她脚下的土地旋转起来，身子朝下沉下去，沉下去……”这里省略号的作用是什么？（　）

A. 表示声音的延长

B. 表示话未说完

C. 表示列举内容的省略

D. 表示语意未尽

（2）文章以《悄然隐退的晨星》为题，有什么特殊含义？（　）

A.“晨星”的光辉虽小，却永远不会熄灭，象征着革命的力量虽小，却永远不会被消灭。

B.“晨星”在这里象征着像陈虹一样的革命者，“悄然隐退”指的是为革命而牺牲。题目表现了革命战士的永恒不朽。

C.“悄然隐退的晨星”指的是陈虹被敌人杀害了，牺牲了。

D.“悄然隐退的晨星”是指天亮了，星星暂时消失了。

13.《荷花淀——白洋淀纪事之一》

（1）“她像坐在一片洁白的雪地上，也像坐在一片洁白的云彩上。她有时望望淀里，淀里也是一片银白世界。”这里运用了____的修辞手法，表达了作者____的思想感情。（　）

A. 拟人

B. 比喻

C. 对白洋淀及白洋淀人民的热爱

D. 觉得白洋淀席子非常美

（2）判断正误：本文通过刻画水生嫂等妇女的形象，展现了广大劳动妇女勤劳、质朴，识大体、顾大局的思想和光辉形象。（　）

14.《两个小八路（节选）》

（1）这个故事发生在____时期，两个小八路指的是____。（　）

A. 抗日战争

B. 解放战争

C. 王二小和小嘎子

D. 孙大兴和武建华

（2）文章最后一个自然段："朝阳从地平线升起，晶莹的露珠迎着阳光闪耀。傲霜的野菊花开满了山间，巍峨的大泽山显得格外峻拔瑰丽。"这里的环境描写有什么好处？（　）

A. 推动了故事情节的发展，为后文做铺垫。

B. 烘托了人们取得战争胜利后激动、兴奋的心情。

C. 象征着革命事业一定会取得最终胜利。

D. 增加了文章内容的真实性。

15.《小砍刀的故事（节选）》

（1）傍黑，游击队集合的地点在哪里？（　）

A. 柳树林子里　　B. 田间小道上

C. 庄稼地里　　D. 炮楼子下

（2）"小砍刀走在队伍中间，心里觉着有一股说不出来的滋味儿。"这"滋味儿"里不包含哪一项？（　）

A. 成为八路军战士的自豪感

B. 保卫老乡们过太平日子的责任感

C. 打败日本帝国主义的决心

D. 即将上战场的害怕心理

16.《老游击队员的故事（节选）》

（1）赵大叔看着小女儿在红旗面前庄严地举起拳头，他想起了什么？（　）

A. 他朝着镰刀锤头旗帜宣誓的时刻

B. 他养育女儿的画面

C. 他带着女儿打鬼子的日子

D. 他教女儿学叉鱼的时候

（2）判断正误："辅导员庄重地把红领巾给新队员戴上。"从"庄重"一词中，可以看出入队仪式的场面很严肃。（　）

17.《记一辆纺车》

（1）判断正误：作者说"在延安，纺车是作为战斗的武器使用的。"这是因为纺车沉重，能够当作武器杀伤敌人。（　）

（2）哪些物品是边区军民亲密的伙伴？（　）

A. 战斗用的枪

B. 耕田用的犁

C. 学习用的书和笔

D. 纺车

18.《看戏》

（1）文中描写的场面，下面哪一项不包括在内？（　）

A. 观众等待看戏的场面

B. 梅兰芳表演的场面

C. 观众们观戏的场面

D. 谢幕时欢呼的场面

（2）为什么说"这种奇迹只有在我们的国家里才能产生"？下列哪一项理解不正确？（　）

A. 我们是社会主义国家，国家是属于

人民的。

B. 我们是社会主义国家，我们的艺术家也是属于人民的。

C. 在我们的国家，观众热爱艺术家，艺术家也热爱观众，才会产生这样的奇迹。

D. 在我们的国家，艺术家们得到了特殊的照顾和优渥的待遇，所以才会产生这样的奇迹。

19.《歌声》

（1）“延安唱歌，也有传统，那就是陕北民歌。”这句话在文中起什么作用？（　）

A. 深化主旨　　B. 引起下文

C. 点明中心　　D. 设置悬念

（2）下列哪一项不属于作者在描写冼星海指挥合唱场面时的细节描写？（　）

A. 会场上人们的行为

B. 会场的环境

C. 指挥动作和歌声

D. 听毛主席的报告

20.《北平漫笔（节选）》

（1）“秋天来了，很自然地想起那条街——西单牌楼。”文中的破折号起什么作用？（　）

A. 语气的延长　　B. 内容的转折

C. 补充说明　　D. 内容的递进

（2）下列对老五形象的分析不恰当的是哪一项？（　）

A. 做生意公平　　B. 有些小聪明

C. 对人态度亲切　　D. 随和诚朴

21.《安塞腰鼓》

（1）文章一开始作者用景物描写衬托了腰鼓表演前的“静”。下列选项中，哪一个不属于作者描写的景物？（　）

A. 高粱地

B. 高粱叶子

C. 呆呆的腰鼓

D. 长着酸枣树的山崖

（2）作者在对精彩热烈的安塞腰鼓进行了整体描写之后，又写了具体人物和具体活动，这种写作方法是什么？（　）

A. 点面结合　　B. 首尾呼应

C. 详略得当　　D. 环境衬托

三 整本书阅读

《小游击队员》

（1）“我身上已经被打得没有一块好地方了，到处青一块紫一块，血块把衣服都粘住了，肋骨被打断了一根；原来胳膊上的伤口也发炎化脓了。”这句话通过____描写，让我们体会到了____。（　）

A. 动作

B. 细节

C. “我”衣衫褴褛，非常狼狈

D. “我”受伤严重，敌人残忍毒辣

（2）“要是因为我侦察得不仔细而使

同志们受伤亡，我心里怎么得安？”和这句话意思不同的是哪一句？（　）

A. 要是因为我侦察得不仔细而使同志们受伤亡，我心里不会得安。

B. 要是因为我侦察得不仔细而使同志们受伤亡，我心里难道会得安吗？

C. 要是因为我侦察得不仔细而使同志们受伤亡，我心里不会不得安。

D. 要是因为我侦察得不仔细而使同志们受伤亡，我心里多么不得安呀！

参考答案

一、经典诵读

1.《南园十三首（其五）》

（1）C （2）D

2.《夜上受降城闻笛》

（1）B

（2）B 解析：这是一首抒写戍边情怀的诗作。

3.《丑奴儿·书博山道中壁》

（1）D

（2）C 解析：此词通过回顾少年时不知愁苦，衬托“而今”深深领略了愁苦的滋味，却又说不出道不出的境况，写出两种截然不同的思想感情的变化。

4.《山坡羊·潼关怀古》

（1）BC （2）D

5.《猴》

（1）对

（2）B 解析：这个故事告诉大家做人做事不能自私自利，一毛不拔。

6.《出师表（节选）》

（1）B （2）C

二、难忘的旋律

1.《和毛主席长征诗》

（1）A （2）B

2.《八百壮士守四行（节选）》

（1）A （2）对

3.《狼牙山远眺》

（1）D （2）C

4.《长安街——狂欢奔腾的河》

（1）B （2）A

5.《船夫曲（节选）》

（1）C （2）对

6.《七根火柴》

（1）B （2）C

7.《活神仙》

（1）B

（2）BC 解析：环境描写衬托了当时环境的恶劣，给“我”送文件带来很大的麻烦，也为下文遇见老人埋下伏笔。

8.《刑场上的婚礼》

（1）B （2）D

9.《浮云止水（节选）》

（1）A （2）C

10.《敌后武工队（节选）》

（1）C （2）D

11.《马石山上（节选）》

（1）C （2）C

12.《悄然隐退的晨星（节选）》

（1）D

（2）B 解析：题目象征着像陈虹一样为革命事业勇于牺牲的革命者永垂不朽。

13.《荷花淀——白洋淀纪事之一》

（1）BC （2）对

14.《两个小八路（节选）》

（1）AD　　（2）C

15.《小砍刀的故事（节选）》

（1）A

（2）D　解析：小砍刀心里有保卫老乡们过上太平日子的决心和成为八路军的自豪感，这些情感让他无所畏惧。

16.《老游击队员的故事（节选）》

（1）A　　（2）对

17.《记一辆纺车》

（1）错　解析：纺车是丰衣的保证，能够粉碎敌人围困边区军民的阴谋。

（2）ABCD

18.《看戏》

（1）D

（2）D　解析：这一句话关系全文的主旨。仔细阅读全文，可以发现，作者正是通过梅兰芳身上的奇迹赞美社会主义国家的优越性。

19.《歌声》

（1）B　　（2）D

20.《北平漫笔（节选）》

（1）C　　（2）B

21.《安塞腰鼓》

（1）D　　（2）A

三、整本书阅读

《小游击队员》

（1）BD　　（2）C

守卫精神家园 ③

一 经典诵读

1.《春中田园作》

（1）这首诗的作者是谁？（　）

A. 唐朝的杜甫　　B. 唐朝的王维

C. 唐朝的李白　　D. 宋朝的王维

（2）“远扬”的意思是什么？（　）

A. 指远行

B. 指飘扬得很远

C. 指桑树的长枝条

D. 指扬帆远行

2.《归园田居（其三）》

（1）这首诗的作者是谁？（　）

A. 李白　　B. 陶渊明

C. 孟浩然　　D. 王之涣

（2）“____”一句诗写出了作者劳作的原因，“____”一句诗写出了作者劳作的辛苦。（　）

A. 带月荷锄归　　B. 道狭草木长

C. 但使愿无违　　D. 草盛豆苗稀

3.《秋登万山寄张五》

（1）“相望试登高”的下一句是什么？（　）

A. 隐者自怡悦　　B. 兴是清秋发

C. 愁因薄暮起　　D. 心随雁飞灭

（2）“薄暮”是什么意思？（　）

A. 薄薄的烟雾　　B. 薄的幕布

C. 傍晚　　D. 下午

4.《渭川田家》

（1）这是一首五言诗，作者是哪位诗人？（　）

A. 明朝的王维　　B. 唐朝的孟浩然

C. 唐朝的王维　　D. 宋朝的陆游

（2）“穷巷”的意思是什么？（　）

A. 破旧的港湾　　B. 陋巷，僻巷

C. 宽阔的街道　　D. 热闹的小巷

5.《游褒禅山记（节选）》

（1）“瑰怪”的意思是什么？（　）

A. 鬼怪　　B. 奇怪

C. 珍异瑰丽　　D. 瑰丽而奇怪

（2）从这段选文中，我们能感受到作者王安石认为：要想成功，____、____、____缺一不可。（　）

A. 意志　　B. 体力

C. 物件　　D. 伙伴

6.《醉翁亭记（节选）》

（1）按原文选择填空：野芳发而____，佳木秀而____。（　）

A. 香幽　　B. 幽香

C. 繁阴　　D. 繁荫

（2）选文描绘的景色有____和____的变化，表现了作者和滁州百姓在这样美景中的欢快生活。（　）

A. 早晚　　B. 明暗

C. 天气　　D. 四季

二 读书明理

1.《踢毽子》

（1）“我们那里养公鸡的人家很多，入了冬，快腌风鸡了，这时正是公鸡肥壮、羽毛丰满的时候，孩子们早就‘贼’上谁家的鸡了。”这句话中的“贼”字是什么意思？（　）

A. 悄悄地偷走　　B. 偷偷地看中

C. 做贼　　D. 减掉

（2）贯穿全文的线索句子是哪一句？（　）

A. 我们小时候踢毽子，毽子都是自己做的。

B. 踢毽子是乐事，做毽子也是乐事。

C. 踢毽子总是要比赛的。

D. 踢毽子是孩子的事，偶尔见到近二十边上的人还踢，少。

2.《竹蜻蜓》

（1）文章写的是“竹蜻蜓”，为什么前面用了4个自然段写玩具？（　）

A. 为了说明作者对各种玩具都很了解。

B. 为了引出“竹蜻蜓”这种玩具。

C. 表达了作者对各种玩具的喜爱之情。

D. 表达了作者念念不忘童年的玩具。

（2）“记得制成竹蜻蜓的时间是一个星期天的早晨，我捧着它走出家门，像捧着一件伟大的工艺品。”从这话中可以读出“我”怎样的心情？（　）

A. 兴奋　　B. 低落

C. 沉重　　D. 好奇

3.《星际来客：孕育地球与生命？》

（1）“‘星际流浪汉’是播种机。”这句话中引号的作用是什么？（　）

A. 表示行文中直接引用的话。

B. 表示需要着重论述的对象。

C. 表示讽刺和嘲笑。

D. 表示特殊称谓。

（2）下列哪一项不是我们迄今为止只看到一个像奥陌陌这样的星际天体的原因？（　）

A. 它们离我们太远。

B. 它们块头相对较小。

C. 它们移动快。

D. 它们不容易被察觉。

4.《外星生命越来越难找》

（1）我们目前已找到的可能存在生命进化的行星是哪一颗？（　）

A. 海王星　　B. 开普勒 −452b

C. 火星　　D. 木星

（2）存在外星生命需要满足的三个条件是____、____、____。（　）

A. 处于适宜居住区

B. 处于自然发生区

C. 岩石质行星

D. 有水的存在

5.《颐和园》（林徽因）

（1）按原文内容填空：颐和园规模宏大，布置错杂，我们可以分成____、____、

____、____四大部分来了解它。（　）

A. 东宫门　　B. 南湖和西堤

C. 后山　　D. 前山

（2）东宫门入口后的三大组主要建筑物是全园布局上最大的弱点，其原因表述有误的是哪一项？（　）

A. 这些建筑拥挤繁复。

B. 树木太多，挡住了视线。

C. 向后山和湖岸的合理路线被建筑物阻挡割裂。

D. 一些建筑堵塞了入口。

6.《苏州园林》

（1）“他们的成绩实现了他们的愿望”中，“他们”是指____，“愿望”是指____。

A. 苏州园林的设计者和匠师们

B. 苏州园林的拥有者

C. 苏州园林的设计者和匠师们被人称赞

D. 游览者得到“如在图画中”的实感

（2）以下对于苏州园林的表述，有误的是哪一项？（　）

A. 园林中的池沼一般不引用活水。

B. 苏州园林在每一个角落都注意图画美。

C. 屋瓦和檐漏一律是淡灰色。

D. 苏州园林极少使用彩绘。

7.《抽陀螺》

（1）请依次填入动词：“玩的时候，先得用鞭梢一圈一圈____陀螺的腰身，然后直放在地上，用指轻轻____陀螺顶端，用力____鞭绳，陀螺就在地上旋转起来，再用鞭子不断地____，越抽转得越快。”（　）

A. 抽打　　B. 一拉

C. 按住　　D. 缠住

（2）本文表达了作者怎样的情感？（　）

A. 作者小时候物质的贫乏。

B. 陀螺制作很简易。

C. 童年是快乐多彩的。

D. 玩陀螺需要技巧。

8.《童年游戏》

（1）“看着今天的孩子，我总会生出一点怜悯。”下列原因不正确的是哪一项？（　）

A. 他们不光缺少玩的时间，就是玩起来也很可怜。

B. 电视屏幕上的动物，毕竟不给人以实物感。

C. 作者觉得现在的孩子只对电子产品感兴趣。

D. 他们和机器玩，和从来没活过的玩具动物玩。

（2）“赤着脚溜出家门，去哪里偷偷抽一根墙篱笆，将面筋粘在梢上，结伙去粘知了。”从这句话可以看出孩子们什么样的特点？（　）

A. 顽劣　　B. 天真懂事

C. 沉稳安静　　D. 调皮可爱

9.《那年那月的游戏（节选）》

（1）下列哪一种不是玩牌头的玩法？

（　）

A. 劈牌头　　B. 飞牌头

C. 射纸箭　　D. 养鱼塘

（2）对于射箭的描述，以下说法有误的是哪一项？（　）

A. 射箭的射程一般是一二十米。

B. 第一名才有“吃箭”的资格。

C. 射箭游戏小女孩参加的不多。

D. 赢来的纸箭一般都要保留下来。

10.《玩具》

（1）本文的题目《玩具》在文中指的是什么？（　）

A. 小白兔　　B. 小汽车

C. 弹弓　　D. 陀螺

（2）每逢有人问小汽车的来历，“我”都坚持说是妈妈买的，原因是什么？（　）

A. 因为是母亲辛苦攒钱买的。

B. 因为舅舅不是真心想给“我”买玩具。

C. 因为“我”不爱自己的舅舅。

D. 母亲费了很大的劲才买到玩具，玩具承载着母亲的温情。

11.《叠纸》

（1）“小时候，我常去看大人怎么造房子。有砌砖墙的，也有夯土墙的，然后上梁，钉椽子，直到盖瓦或者苫草……”这句话中省略号的作用是什么？（　）

A. 提示下文

B. 表示列举内容的省略

C. 表示语言中断

D. 表示欲言又止

（2）对于“叠纸”的说法不正确的是哪一项？（　）

A. 叠纸让想象力的创造一代一代地传了下来。

B. 叠纸很便宜。

C. 叠纸让我们拥有很多现实中得不到的东西。

D. 叠纸给我们带来了快乐。

12.《兔儿爷》

（1）“兔儿爷”作为儿时的玩具，带给了作者很多的快乐。哪个神话故事中的角色和“兔儿爷”有关？（　）

A. 夸父逐日　　B. 后羿射日

C. 精卫填海　　D. 玉兔捣药

（2）“每年的中秋节，都愿意‘请’一尊兔儿爷来和我们玩耍。”这句话中的“请”是什么意思？（　）

A. 这里是“买”的意思，显示了人们对神明的敬畏。

B. 这里是“请来”的意思，显示了人们对兔儿爷的敬畏。

C. 这里是“请走”的意思，显示了人们对兔儿爷的害怕。

D. 这里是“卖”的意思，显示了人们对兔儿爷的喜欢。

13.《我的童玩（节选）》

（1）“拑子儿”中的“拑”是什么意思？

（　　）

A. 打，敲打　　B. 用指或爪挠

C. 贴，靠　　D. 抓（手中抓物）

（2）文中作者主要通过什么描写表现了童玩的乐趣？（　　）

A. 外貌　　B. 神态

C. 动作　　D. 心理活动

14.《在树上唱歌》

（1）“哪有人在树上唱歌的？”这是____句，意思是____。（　　）

A. 疑问句

B. 反问句

C. 不会有人在树上唱歌

D. 曾经有人在树上唱歌

（2）本文写作的线索是什么？（　　）

A. 在树上唱歌。

B.“我”想当个歌唱家。

C. 对唱歌好听的高三男女生的崇拜。

D.“我”锻炼自己的胆量。

15.《童年的画》

（1）本文的写作顺序是什么？（　　）

A. 事情发展的顺序

B. 方位顺序

C. 时间顺序

D. 游览顺序

（2）在作者回忆的童年的四幅画中，人物形象有什么共同特点？（　　）

A. 善良　　B. 勤劳

C. 团结　　D. 坚韧

16.《蜘蛛》

（1）判断正误：当看到蜘蛛快要掉进火里的时候，“我”救了它。（　　）

（2）“但当我捡起那根劈柴的时候，蜘蛛却生气勃勃。”这句话中的“生气勃勃”是什么意思？（　　）

A. 指蜘蛛趾高气扬的样子。

B. 指蜘蛛遇到火海非常生气。

C. 指蜘蛛很有活力。

D. 指蜘蛛的神情非常凝重。

17.《小动物》

（1）在逗弄小动物时，“我”做过____的趣事，又做过____的蠢事。（　　）

A. 玩“过山鲫”　　B. 玩小鳄鱼

C. 玩鳖　　D. 看斗鸡

（2）作者从童年的趣事和傻事中，获得了启示，以下说法正确的是哪一项？（　　）

A. 动物都具有攻击性，小孩子们不应该跟动物接触。

B. 鳖会咬人，所以不管大人还是孩子，都不能养鳖。

C. 动物是人类的朋友，我们要善待动物，跟动物和谐相处。

D. 一个人从小就要学习，就要努力使自己聪明一点，实事求是一点才好。

18.《你唱起一支童年的歌》

（1）作者把童年的歌比作____和____。（　　）

A. 雨水　　B. 河水

C. 雪水　　D. 泉水

（2）选词填空：去寻找____的声音，去寻找____的颜色，去____那故事里的小红花，去____那传说中的金苹果。（　）

A. 月亮　　B. 太阳

C. 摘　　D. 采

19.《禽兽为邻（节选）》

（1）“也许它从来没有看见过人，我们很快就亲热起来，它驰奔过我的皮鞋。”这句话中的“亲热”一词可以替换为以下哪个词语？（　）

A. 亲吻　　B. 熟悉

C. 热烈　　D. 拥抱

（2）这篇文章一定给你带来很多感想，以下说法正确的是哪一项？（　）

A. 人和动物可以建立和睦亲密的关系。

B. 人类很难和动物和谐相处，因为动物的兽性是难以改变的。

C. 我们要热爱大自然中的万物，但鸱鸮除外。

D. 旅行家们没法跟动物们成为朋友。

20.《大自然的语言》

（1）第 1 自然段和第 2 自然段主要写了什么？（　）

A. 气候变化　　B. 物候现象

C. 四季变化　　D. 景物规律

（2）“物候学记录植物的生长荣枯，动物的养育往来，如桃花开、燕子来等自然现象，从而了解随着时节推移的气候变化和这种变化对动植物的影响。”这句话运用了什么说明方法？（　）

A. 作比较　　B. 列数字

C. 分类别　　D. 举例子

21.《大自然的恩赐》

（1）文中作者主要描绘了____、____、____三个画面。（　）

A. 顽强的芦芽

B. 南归的候鸟

C. 湖中的鹭鸶

D. 蔓延的青草

（2）当看到燕子来来回回营造小窝时，作者为什么感动了？（　）

A. 被春天顽强的生命力感动。

B. 被燕子的叫声感动。

C. 被春天的美景感动。

D. 被燕子的恒心打动。

22.《在长城上》

（1）根据文章内容填空：墙顶靠外的一侧有高达两米的____，垛口上都还有____，垛口下面则是用作____的小洞。（　）

A. 瞭望口　　B. 垛口

C. 眺望　　D. 射击

（2）长城，这个古老的建筑，不仅凝集着我们祖先的____、____和汗，而且体现出他们的____和才干。（　）

A. 泪　　B. 血

C. 聪明　　D. 力量

23.《云冈》

（1）“万亿化身，罗刻满山，鬼斧神工，骇人心目。”这句话中的“鬼斧神工”是什么意思？（　）

A. 指鬼神神通广大。

B. 形容工匠技艺高超。

C. 指人工的胜过天然的。

D. 形容建筑高大华丽。

（2）《云冈》一文，作者是按照什么顺序来写的？（　）

A. 逻辑顺序　　B. 游览顺序

C. 从整体到局部　　D. 时间顺序

24.《颐和园》（陈从周）

（1）下列有关颐和园的说法错误的是哪一项？（　）

A. 颐和园在北京东南部10公里，风景润美。它是以杭州西湖为蓝本，景虽相同，趣则各异。

B. 谐趣园独自成区，倚万寿山之东麓，积水以成池，周以亭榭，小桥浮水，游廊随经，适宜静观，此大园中之小园，自有天地。

C.“因”“借”二字，是中国古代园林的主要手法的具体表现，颐和园也同样是这方面的典范。

D. 廊在中国园林中极尽变化之能事，颐和园长廊可算显例，其予游者之兴味最浓，印象特深。

（2）对颐和园的历史价值表述错误的是哪一项？（　）

A.颐和园是劳动人民血汗和智慧的结晶。

B. 颐和园有高度的艺术价值。

C. 颐和园是一处休闲娱乐的好去处。

D. 颐和园是祖国宝贵的文化遗产。

25.《背包客的太阳系指南》

（1）文章为我们依次介绍了太阳系的景点有：____、____、____、____最宏伟的峡谷。（　）

A. 最孤独的山　　B. 月亮洞穴

C. 太阳系最高峰　　D. 土卫八的赤道脊

（2）月球最大的月海叫什么？（　）

A. 大西洋　　B. 风暴圈

C. 风暴洋　　D. 火山海

26.《如何辨别外星生命》

（1）文章从____和____两方面介绍了理解外星生命的知识。（　）

A. 观看描述外星生命的电影

B. 多种可能的生命形态

C. 外星生物也经历自然选择

D. 外星生命具有超能力

（2）目前，科学家寻找外星生命的主要方法是寻找液态水和什么？（　）

A. 固态冰　　B. 碳元素

C. 脂肪　　D. 糖类

三 整本书阅读

《超新星纪元》

（1）《超新星纪元》这本书的作者

是____，这是一部____。（ ）

A. 刘慈欣　　B. 黄蓓佳

C. 散文集　　D. 科幻小说

（2）到第四天的早晨，孩子们走进大厅时，为什么有了一种走进坟墓的恐惧？（ ）

A. 因为大人们都相继死去，只剩下12岁以下的孩子们了。

B. 因为大厅中一片黑暗，前三天的绿光已完全消失了。

C. 因为地球将无法平稳地运行下去，地球即将进入混乱状态。

D. 因为孩子们永远无法再见到自己的父母。

参考答案

一、经典诵读

1.《春中田园作》

（1）B （2）C

2.《归园田居（其三）》

（1）B （2）DA

3.《秋登万山寄张五》

（1）D （2）C

4.《渭川田家》

（1）C （2）B

5.《游褒禅山记（节选）》

（1）C

（2）ABC 解析：王安石认识到，改革不可能一帆风顺，必将遇到重重阻碍，要成功，“志、力、物”缺一不可，但“物”与“力”不可强求，一个人要想为社会有所贡献，能做的只有“尽吾志”。

6.《醉翁亭记（节选）》

（1）BC

（2）AD 解析：“若夫日出而林霏开，云归而岩穴暝，晦明变化者，山间之朝暮也。”这是描写早晚的景色；“野芳发而幽香，佳木秀而繁阴，风霜高洁，水落而石出者，山间之四时也。”这是描写山间四季的景色。

二、读书明理

1.《踢毽子》

（1）B （2）B

2.《竹蜻蜓》

（1）B （2）A

3.《星际来客：孕育地球与生命？》

（1）D （2）A

4.《外星生命越来越难找》

（1）B （2）ABC

5.《颐和园（林徽因）》

（1）CDAB （2）B

6.《苏州园林》

（1）AD

（2）A 解析：园林中的池沼大多引用活水。

7.《抽陀螺》

（1）DCBA

（2）C 解析：从做陀螺、玩陀螺的细致描述中，我们感受到作者的童年是快乐的，作者对童年的快乐时光是念念不忘的。

8.《童年游戏》

（1）C

（2）D 解析：孩子们夏天随意抽取一根篱笆，粘上面筋，结伙去粘知了，他们不怕热、不怕晒，多么调皮可爱！

9.《那年那月的游戏（节选）》

（1）C （2）D

10.《玩具》

（1）B （2）D

11.《叠纸》

（1）B （2）B

12.《兔儿爷》

（1）D　　（2）A

13.《我的童玩（节选）》

（1）D　　（2）C

14.《在树上唱歌》

（1）BC　（2）B

15.《童年的画》

（1）C　　（2）B

16.《蜘蛛》

（1）错　　（2）C

17.《小动物》

（1）AC

（2）D　解析：本文通过写童年的趣事和傻事，告诉大家一个道理：一个人从小就要学习，就要努力使自己聪明一点，实事求是一点才好。

18.《你唱起一支童年的歌》

（1）CD　（2）ABDC

19.《禽兽为邻（节选）》

（1）B

（2）A　解析：与“禽兽”为邻，实际上是作者主观上把自然界中的生物都当作真正的邻居甚至伙伴、朋友，他细致观察，用心感受，与动物们建立了和睦亲密的关系。

20.《大自然的语言》

（1）B

（2）D　解析：通过列举桃花开、燕子来对应植物的生长荣枯和动物的养育往来等自然现象的实例，具体形象地说明了物候学的内容和要达到的目的。

21.《大自然的恩赐》

（1）ABC　（2）D

22.《在长城上》

（1）BAD　（2）BAC

23.《云冈》

（1）B

（2）B　解析：从每一段的第一句可以看出，本文是按照移步换景的游览顺序来写的。

24.《颐和园》（陈从周）

（1）A　　（2）C

25.《背包客的太阳系指南》

（1）BCAD　（2）C

26.《如何辨别外星生命》

（1）BC　（2）B

三、整本书阅读

《超新星纪元》

（1）AD

（2）B　解析：孩子们感到恐惧是因为大厅中一片黑暗，前三天的绿光已完全消失了。公元钟上只剩下一片绿色的光点。

守卫精神家园 ④

一 经典诵读

1.《闻王昌龄左迁龙标遥有此寄》

（1）王昌龄是____代著名的____诗人。（　）

A. 唐　　B. 宋

C. 边塞　　D. 田园

（2）诗中的“子规”指的是什么？（　）

A. 翠鸟　　B. 喜鹊

C. 乌鸦　　D. 杜鹃

2.《送杜少府之任蜀州》

（1）这是唐代诗人王勃的一首什么诗？（　）

A. 送别诗　　B. 田园诗

C. 边塞诗　　D. 写景诗

（2）“海内存知己，天涯若比邻”运用了什么修辞手法？（　）

A. 衬托　　B. 拟人

C. 对偶　　D. 对比

3.《送友人》

（1）下列哪首诗不是李白的作品？（　）

A.《静夜思》　　B.《将进酒》

C.《蜀道难》　　D.《江畔独步寻花》

（2）下列对于这首诗的理解，不正确的是哪一项？（　）

A.“送”字统领了诗人在这首诗中的情感。

B.“此地一为别，孤蓬万里征”中的“孤蓬”比喻即将孤身远行的友人。

C.“青山横北郭，白水绕东城”既点出离别的地点，又饱含着绵绵的离别之情。

D. 这首诗将自然美和人情美交织在一块，感情基调是哀伤的。

4.《送人东游》

（1）《送人东游》是一首什么诗？（　）

A. 抒情诗　　B. 写景诗

C. 言志诗　　D. 送别诗

（2）下列词语的解释，不正确的是哪一项？（　）

A. 荒戍：荒废的边塞营垒。

B. 浩然：凛然。

C. 江：长江。

D. 何当：何时。

5.《滥竽充数》

（1）本文作者是____时期的____。（　）

A. 战国　　B. 三国

C. 韩非　　D. 孟子

（2）对本文理解不正确的是哪一项？（　）

A. 这则寓言讽刺了无德无才、招摇撞骗的骗子，提醒人们严格把关，骗子就难行骗。

B. 告诉人们做事要毛遂自荐，主动请缨。

C. 告诉人们要有真才实学。

D. 我们想要成功，唯一的办法就是勤奋学习，练就一身真本领。

6.《呻吟语（节选）》

（1）请为“‘泰山乔岳以立身’四语”中的四语排序。（　）

A. 明镜止水以存心

B. 青天白日以应事

C. 泰山乔岳以立身

D. 光风霁月以待人

（2）判断正误：作者吕坤在本文中详细描述了泰山自然景观的美丽，表达了对泰山的喜爱。（　）

二 人性的光辉

1.《交接》

（1）文章中的老校长和娟子是什么关系？（　）

A. 夫妻关系　　B. 父女关系

C. 朋友关系　　D. 亲戚关系

（2）文章第2自然段：“上课了，孩子们像兔子一般蹦进教室里。”这句话运用了什么修辞手法？（　）

A. 夸张　　B. 拟人

C. 比喻　　D. 对比

2.《假币》

（1）文章以什么为线索写了辰和老教授两个人物？（　）

A. 药材　　B. 三张假币

C. 两千元钱　　D. 文学院

（2）文章结尾处辰“泪流满面”的原因是什么？（　）

A. 收到假币后的委屈伤心

B. 明白真相后的震撼激动

C. 不能按时交钱的焦急无奈

D. 因欺骗老师的愧疚自责

3.《中彩之夜》

（1）文章第3自然段：“拉车的是一匹古雪特兰种小马，母亲管它叫巴吉斯——这还是《大卫·科波菲尔》一书中某个人物的大名呢。”这句话中破折号的作用是什么？（　）

A. 表示意思的转折

B. 表示解释说明

C. 表示声音的延长

D. 表示说话断断续续

（2）文章结尾处“我家最富有的时刻”指的是什么时候？（　）

A. 买彩票中了汽车的时刻

B. 父亲买彩票的时刻

C. 家里解决了经济困难的时刻

D. 父亲打电话让吉姆老板开走汽车的时刻

4.《穷苦人（节选）》

（1）“漆黑一片，而寒风凛冽。在汹涌澎湃、冲击礁石的浪花中间，茫茫大海上，只有那么一个个小点。”这句话属于____，体现了____。（　）

A. 环境描写　　B. 心理活动描写

C. 气温很高　　D. 环境恶劣

（2）文章的最后为什么说“孩子不要

长大”？（　）

A. 怕孩子长大后花钱的地方越来越多，自己和丈夫承担不起。

B. 怕孩子长大后会离开自己，有些不舍。

C. 怕孩子长大后也得像父亲一样去海上捕鱼，承担风险。

D. 怕孩子长大后家里房子不够住。

5.《相片》

（1）文章的题目是《相片》，下面不属于这张相片特点的是哪一项？（　）

A. 一张旧的、残破了的照片

B. 照片的背面写有名字

C. 相片一旁有半个“验讫”字样的戳记

D. 人物呆板、阴沉，哭丧着脸

（2）远房嫂子为什么要把“良民证”上的照片撕下来寄给丈夫？（　）

A. 因为这张照片是照得最像自己的一张。

B. 因为这张照片上的自己年轻貌美。

C. 因为家里只有这一张照片。

D. 因为这张照片可以激励丈夫勇敢作战，换来以后幸福自由的生活。

6.《古渡头》

（1）文章第 1 自然段主要写了什么内容？（　）

A. 描写了渡夫安逸的生活

B. 表现出湖岸植物很多

C. 描绘了渡口的自然风光

D. 表现了渡夫的暴躁脾气

（2）文章对渡夫侧重用了什么描写方法？（　）

A. 动作描写　　B. 语言描写

C. 外貌描写　　D. 神态描写

7.《一个兵丁》

（1）文章第 1 自然段刻画了小玲的心理活动，对此下列哪一项说法是错误的？（　）

A. 表现了小玲的理想

B. 说明小玲调皮，不好好学习

C. 表现了小玲的好奇

D. 对下文故事情节的发展起了铺垫作用

（2）“小玲拿定枪柄，来回地念了几遍，好容易明白了”，小玲明白了什么？（　）

A. 兵丁会做木枪。

B. 兵丁爱自己就像爱自己的儿子，而自己却不理解他。

C. 自己很久没去找兵丁了。

D. 兵丁和自己一样喜欢枪。

8.《二十年以后》

（1）文章中的“吉米”其实就是谁？（　）

A. 穿长大衣的高大男子

B. 巡警威尔斯

C. 在五金店门口赴约的人

D. 一个“滑头”

（2）以下对文章内容的叙述，正确的是哪一项？（　）

A. 鲍勃的朋友吉米是一个铁面无私的警察，有值得赞赏的一面，但是他冷漠无情，出卖朋友，把朋友当垫脚石的卑劣行为与鲍勃形成了鲜明的对比。

B. 这篇小说在结尾处突然让人物的心理情境发生了出人意料的变化，主人公的命运陡然逆转，出现了让读者意料之外的结果。

C. 在小说情节发展中，作者精心设置了一系列伏笔，如“他掏出一只精致的表，表盖上缀满了珠宝。”“请了一个穿便衣的人”等。

D. 文章中的鲍勃一开始就知道来赴会的是自己的朋友警察吉米，他想在朋友的情谊下逃过一劫，可是朋友让他失望了。

9.《诺言》

（1）文章通过什么方法推动故事情节的发展？（ ）

A. 环境描写　　B. 人物的心理活动

C. 人物的讲述　　D. 人物的对话

（2）下面对小说内容的理解，不恰当的是哪一项？（ ）

A. 游戏中的小男孩是个耿直的孩子，被人戏弄，却被蒙在鼓里，作者嘲笑小男孩，小男孩却不自知。

B. 小男孩坚守在自己的岗位上，遵守游戏规则，说明小男孩是个诚实守信的好孩子。

C. 指挥员刚开始不理解“我”，后来看到小男孩的时候，指挥员也帮助了小男孩，可以看出指挥员很善良。

D. 在“我”的心里，小男孩就像真正的哨兵一样坚强勇敢，诚实守信，将来一定大有作为。

10.《韭菜》

（1）文章中生病的人到底是谁？（ ）

A. 儿子　　B. 爹

C. 娘　　D. 女孩

（2）下列对于儿子装病骗娘的原因表述有误的是哪一项？（ ）

A. 因为儿子知道娘好骗。

B. 儿子考虑到母亲的情绪，才采用欺骗的方式。

C. 母亲态度坚决，以死反对儿子捐献骨髓。

D. 母亲不懂捐献骨髓是怎么回事，不能明说。

11.《棉花糖》

（1）在父亲“打我”的过程中，“我”的情感先后发生了____、____、____、____的变化。（ ）

A. 破涕为笑　　B. 吓得半死

C. 哭着求饶　　D. 呆呆地看着

（2）“父亲的脸铁青，筋脉一根根在颤抖。”这一处细节描写表现了父亲当时怎样的心情？（ ）

A. 父亲想要惩罚“我”

B. 父亲老了，体力不支

C. 又气又急的心情

D. 为一缸水被破坏了而生气

12.《乞丐》

（1）文章第 9 自然段“这也是一种施舍呀，老弟”中的“这”指的是什么？（　）

A.“我”给了他一些钱

B.“我”给了他一点食物

C.“我”把衣服脱下来送给他

D.“我”握住了他的手

（2）“我”和乞丐老人互相紧紧握住对方的手，对此理解错误的是哪一项？（　）

A.“我”什么都给不了乞丐老人，感到很愧疚，所以握住了他的手。

B. 乞丐老人非常理解“我”虽善良但在此时却无能为力的尴尬，为了安慰“我”，而握住了“我”的手。

C.“我”和乞丐老人互相理解，互相尊重，所以紧紧握住对方的手。

D.“我”想把手上的温度传递给这位因寒冷而瑟瑟发抖的老人。

13.《柏林之围》

（1）是一种意志支撑上校从半身不遂到突然站了起来，对于这种意志的理解不正确的是哪一项？（　）

A. 对祖国的热爱和对敌人的仇恨

B. 不屈服于敌人的坚强

C. 对战争中失踪儿子的牵挂和思念

D. 坚信法国必胜的信念

（2）这篇小说交错叙述了三个故事，下列选项中概括不正确的是哪一项？（　）

A. 上校突然中风，然后奇迹般恢复，最后突然去世。

B. 孙女编造故事，使上校主观认为法军不断胜利，围攻柏林。

C. 现实中法军节节败退，巴黎被围，最终敌人入城。

D. 医生医术高明，和上校的孙女一起想尽一切办法终于使昏迷的上校转危为安，最终康复。

三 围绕中心意思写

1.《我的老师》

（1）第 2 自然段“阿姨摘了一抱花分给大家，轮到他，他不接，小眼睛翻着白，鼻翼一掀一掀的。”这段话写出了什么？（　）

A. 孙涵泊性格倔强、傲慢。

B. 孙涵泊对大人摘花行为的不理解和不满。

C. 孙涵泊对人冷漠，不热情。

D. 孙涵泊对大人摘花的赞赏和崇拜。

（2）文章结尾：“我的老师也将不会只有我一个学生吧？”这句话有什么深刻含义？（　）

A. 说明老师还有很多的学生，他们也会像“我”一样受到教育。

B. 说明老师是一个优秀的老师，所以有很多的学生。

C. 说明作者期待更多的人能在“老师”这样的人的影响下，变得坦诚，有爱心，充满力量。

D. 说明老师可以教会更多的人爱护花草，尊重每一个生命。

2.《山的那边是什么》

（1）作者是通过什么和童话结下了缘，开始想象的？（　）

A. 七星街的火车

B. 好看又好吃的苹果

C. 听收音机里的广播剧

D. 翻阁楼找书

（2）以下对文章内容的描述，哪一项是正确的？（　）

A. 是爸爸外出做工回来给“我”带的香蕉和花布，让“我”对山那边的世界又有了新的思考。

B. 爷爷告诉“我”：山的那边有火车，引发了“我”强烈的好奇心。

C.“我”和奶奶一样好奇收音机里怎么能装得下那么多人。

D.“我”和小伙伴们翻阁楼是为了找玩具。

3.《一双穿在心上的雨鞋》

（1）“我脑子里有很多很多的不理解在闹腾着，像一锅沸腾的水。”这句写出了此刻“我”怎样的心情？（　）

A. 欣喜　　B. 沮丧

C. 得意　　D. 激动

（2）文章以《一双穿在心上的雨鞋》为题有什么含义？（　）

A. 因为这双雨鞋曾让作者深深地牵挂，是唯一印象深刻的雨鞋。

B. 因为这双雨鞋是作者唯一的雨鞋。

C. 因为作者只记得这一双雨鞋。

D. 因为这双雨鞋作者喜欢穿。

4.《手（节选）》

（1）同学们口中的“怪物”指的是谁？（　）

A. 萧红　　B. 王亚明

C. 英文教师　　D. 李洁

（2）下列对文章有关内容的分析和概括，不恰当的是哪一项？（　）

A. 王亚明的“青色的手”凸显了人物贫苦的身世，刻画出一个底层勤苦女孩的形象。

B.“她的眼睛完全爬满着红丝条；贪婪，把持，和那青色的手一样在争取她那不能满足的愿望。”从这句中可以看出王亚明是个贪婪、不满足的人。

C.“手”的意象贯穿全文，是本文的一条线索，使情节更为紧密。

D. 小说叙述了一位来自底层家庭的女孩进入学校就读期间遭遇歧视、嘲讽，但她却抓紧一切时间刻苦学习的故事，取材小却意味深远，带有鲜明的进步色彩。

5.《两窝蚂蚁》

（1）我们家屋子里有两窝蚂蚁，一窝

是____，一窝是____。（　）

A. 小白蚂蚁　　B. 小黑蚂蚁

C. 红蚁　　D. 大黄蚂蚁

（2）关于作者喜欢小黑蚂蚁的原因，下列哪一项说法是错误的？（　）

A. 小黑蚂蚁不咬人。

B. 小黑蚂蚁排队整齐。

C. 小黑蚂蚁的生活悠闲自在。

D. 小黑蚂蚁队形乱，不循规蹈矩。

6.《鸟》

（1）第2自然段写鸟儿的“苦闷”，对其作用分析不正确的是哪一项？（　）

A. 表现作者对苦闷的鸟儿的同情。

B. 与下文那些欢快的鸟儿形成鲜明的对比。

C. 和第6自然段写鸟的悲苦相呼应。

D. 暗示作者心情很苦闷。

（2）“鸟并不永久地给人喜悦，有时也给人悲苦。”这句话在文中的作用是什么？（　）

A. 总领全文　　B. 总结全文

C. 承上启下　　D. 引出下文

7.《阿千》

（1）和“而他的出去和回来，不管是在清早或深夜，我总没有一次不注意到的……”表达的意思一致的是哪个句子？（　）

A. 而他的出去和回来，不管是在清早或深夜，我一次都没注意到……

B. 而他的出去和回来，不管是在清早或深夜，我每次都能注意到……

C. 而他的出去和回来，不管是在清早或深夜，我总是没有注意到……

D. 而他的出去和回来，不管是在清早或深夜，我注意不到……

（2）文章结尾处写“我愿意去砍柴”，对“我”有这样的想法的原因分析不正确的是哪一项？（　）

A. 是因为“我”跟着阿千去盘龙山野游，感受到了大自然的伟大和世界的宽广。

B. 因为“我”觉得“砍柴”真有趣，可以帮家里人做饭用。

C. 因为此次野游让“我”萌生了认识世界、追求新知的梦想。

D.“砍柴”是“我”有了自我意识后树立的第一个人生目标，是从懵懂走向自觉人生的第一步。

8.《倍倍》

（1）“一切东西都能引起他的兴趣——像不透明的溪水似的流遍暖和的大地上的花……”这句中的破折号起到了什么作用？（　）

A. 意思转换、跳跃

B. 意思的递进

C. 语音的延长

D. 解释说明

（2）文章先后详写了关于倍倍的____、

____、____三件事情。（　）

A. 用大娘的苹果砸人，把苹果分给别人吃

B. 一天到晚在岛边岩石上跳来跳去

C. 和姊姊一起改美国人的裤子

D. 独自站在岩石上看风景

四 整本书阅读

《童年》

（1）精彩片段中第 2 自然段写道：“她笑的时候，黑黑的眼珠又大又亮，闪烁着一种难以言表的神采……她整张脸上唯一有煞风景的大概就数那个又大又红、鼻孔张大的鼻子了。”这段话是对外婆的什么描写？（　）

A. 动作　　B. 心理

C. 外貌　　D. 语言

（2）以下对文章内容的描述，不正确的是哪一项？（　）

A. 外婆是一个给“我”力量的人。

B. 外婆经常给“我”讲故事。

C. 外婆的性格就像她的穿着一样，很阴沉。

D. 外婆是一个懂得生活、懂得满足的人。

参考答案

一、经典诵读

1.《闻王昌龄左迁龙标遥有此寄》

（1）AC （2）D

2.《送杜少府之任蜀州》

（1）A （2）C

3.《送友人》

（1）D

（2）D 解析：本诗的感情基调不是哀伤，应是浓浓的不舍之情。

4.《送人东游》

（1）D （2）B

5.《滥竽充数》

（1）AC

（2）B 解析：滥竽充数这个故事，一直广为传诵。南郭处士的行为骗得了一时，却骗不了一世。强调个人应该勤学苦练，使自己具有真才实学。

6.《呻吟语（节选）》

（1）ACBD

（2）错 解析：本文是修身格言，作者吕坤以泰山的自然景观来喻世间男儿，教人如何为人。

二、人性的光辉

1.《交接》

（1）B （2）C

2.《假币》

（1）B （2）B

3.《中彩之夜》

（1）B

（2）D 解析："最富有"指的是精神上的富有，不是金钱上的富有。

4.《穷苦人（节选）》

（1）AD

（2）C 解析：文章中写到了燕妮对丈夫无比担心，她不希望自己的孩子长大后也像父亲一样经历风险和磨难。

5.《相片》

（1）B （2）D

6.《古渡头》

（1）C （2）B

7.《一个兵丁》

（1）B

（2）B 解析：兵丁送给小玲一杆小木枪，小玲才意识到兵丁爱自己就像爱自己的儿子，而自己却不理解他。

8.《二十年以后》

（1）B

（2）B 解析：A项吉米是一个正直的人，他没有背叛自己的朋友；C项"请了一个穿便衣的人"不属于伏笔；D项从鲍勃与便衣警察的对话中可以知道鲍勃刚开始并没有认出吉米。

9.《诺言》

（1）D

（2）A 解析：作者没有嘲笑小男孩，起初是对小男孩的行为有些不理解，在了解事情的来龙去脉之后，他被小男孩诚实守信的品格所感动。

10.《韭菜》

（1）D （2）A

11.《棉花糖》

（1）BCAD

（2）C 解析：可见父亲很生气、很着急，由下文的抄起粗棍子和扁担的行为也可以看出这一点。

12.《乞丐》

（1）D （2）D

13.《柏林之围》

（1）C （2）D

三、围绕中心意思写

1.《我的老师》

（1）B

（2）C 解析：作者相信意识到儿童可以作为成人老师的应该不只是作者一个人，同时表达了他的良好愿望，希望更多的人都来向儿童学习，少一些庸俗、势利、胆怯和虚伪，多一些坦诚、爱心和勇气。

2.《山的那边是什么》

（1）C

（2）B 解析：爸爸带回来的是苹果和花布，“我”感兴趣的是收音机里的声音，“我”翻阁楼是要找书。

3.《一双穿在心上的雨鞋》

（1）B （2）A

4.《手（节选）》

（1）B

（2）B 解析：B项描写不是表现王亚明的贪婪、不满足，而是表现她对知识的渴求和她学习的刻苦。

5.《两窝蚂蚁》

（1）BD （2）D

6.《鸟》

（1）D （2）C

7.《阿千》

（1）B

（2）B 解析：从前后文可以看出，“我”想去砍柴，主要是因为“我”的眼界因为这次的野游得到了开阔，这是“我”想要迈出人生第一步的想法。

8.《倍倍》

（1）D

（2）ACD

四、整本书阅读

《童年》

（1）C

（2）C　解析：外婆虽然穿的是黑色衣服，但是她并不是性格阴沉的人，她的到来唤醒了“我”，把“我”从黑暗中领出来，带“我”走向光明。

守卫精神家园 5

一 经典诵读

1.《乌衣巷》

（1）诗中最能表现诗人怀古伤今的诗句是哪一句？（　　）

A. 朱雀桥边野草花，乌衣巷口夕阳斜。

B. 旧时王谢堂前燕，飞入寻常百姓家。

C. 朱雀桥边野草花。

D. 乌衣巷口夕阳斜。

（2）从全诗看，“野草花”“夕阳斜”反映的是一种怎样的景象？（　　）

A. 繁华　　B. 温馨

C. 沐浴夕阳光辉　　D. 荒凉衰败

2.《野望》

（1）根据诗歌内容填空：一天____冷晴湾，无数____远近间。（　　）

A. 秋色　　B. 落晖

C. 峰峦　　D. 落日

（2）“忽于水底见青山”的意思是什么？（　　）

A. 忽然在水底看到了倒映的青山。

B. “我”忽然看到水底的老朋友青山。

C. 青山忽然在水底看到了“我”。

D. “我”和青山在水底见面。

3.《春游湖》

（1）根据诗歌内容填空：双飞____几时回？夹岸____蘸水开。（　　）

A. 大雁　　B. 燕子

C. 杏花　　D. 桃花

（2）“夹岸桃花蘸水开”一句中的“蘸”字很传神，对此下列哪一项理解是错误的？（　　）

A. 写出桃花娇艳欲滴的美丽

B. 形象地表现了桃花带雨的动人神态、意趣

C. 写出了雨后万物萌发的情景

D. 表达了作者喜悦的心情

4.《兰（其一）》

（1）这首诗出自哪位诗人？（　　）

A. 李白　　B. 唐彦谦

C. 徐俯　　D. 苏轼

（2）根据诗歌内容填空：____摇翠环，____滴苍玉。（　　）

A. 清风　　B. 凉露

C. 清晨　　D. 凉爽

5.《山村即目（其二）》

（1）这首诗出自哪位诗人？（　　）

A. 丘逢甲　　B. 唐彦谦

C. 王集　　D. 刘禹锡

（2）这首诗抒发了作者怎样的思想感情？（　　）

A. 喜欢秋天的柿子

B. 热爱大自然

C. 喜欢秋雨

D. 喜欢红色

6.《童趣（节选）》

（1）“余年幼，方出神”中的“余”是什么意思？（　）

A. 伙计　　B. 朋友

C. 我　　D. 母亲

（2）下列哪一项不是“我”能得到物外之趣的原因？（　）

A. 敏锐的观察力

B. 热爱生活

C. 丰富的想象力

D. 讨厌癞蛤蟆

二 大地之声

1.《横江词（其四）》

（1）全诗最能表现海潮波涛凶险的是哪一句？（　）

A. 涛似连山喷雪来

B. 浙江八月何如此

C. 浪打天门石壁开

D. 海神来过恶风回

（2）“海神来过恶风回”中的“回”是什么意思？（　）

A. 答复　　B. 回荡、盘旋

C. 回来、归来　　D. 回顾、回首

2.《山房春事（其一）》

（1）根据诗歌内容填空：风恬____荡春光，戏蝶____乱入房。（　）

A. 闲蜂　　B. 游蜂

C. 日暖　　D. 日艳

（2）“戏蝶游蜂乱入房”中的“乱”字用得好，对于其表达效果，理解不正确的是哪一项？（　）

A. 生动形象地表现了蜂蝶之忙

B. 形象地写出了房间很多

C. 进一步表现了春日的勃勃生机

D. 一定程度上反映出作者对生活的热爱，对前途充满信心

3.《城南》

（1）下列哪一位不是“唐宋八大家”？（　）

A. 李白　　B. 苏轼

C. 欧阳修　　D. 曾巩

（2）下列哪一句话是本诗暗含的哲理？（　）

A. 一年之计在于春，凡事应该早作计划。

B. 春光易逝，我们应该珍惜来之不易的生命。

C. 朴实无华的事物往往潜藏着强大的生命力。

D. 对于生命来说，与其委曲求全，不如灿烂一瞬。

4.《森林的作用》

（1）文章介绍了森林____、____、____、____的作用。（　）

A. 释放氧气　　B. 调节气候

C. 防风固沙　　D. 减少噪声

（2）森林释放出什么对人的身体有益？（　）

A. 水蒸气　　　　B. 氧气

C. 二氧化碳　　　D. 一氧化碳

5.《总想栽棵树》

（1）统领全文的是哪一句话？（　）

A. 这棵树能让自己安身立命。

B. 栽了树，当然得关心它了。

C. 假如有机会栽一棵树，栽什么样的树合适呢？

D. 一直想栽一棵树。

（2）作者想栽的树有许多特点，以下哪一项与文章内容不相符？（　）

A. 矮小可爱的

B. 不招惹毛毛虫的

C. 姿态美、气质佳的

D. 不太容易长大的

6.《有一只八哥叫"小顺子"》

（1）在作者眼中，大自然在我们生命旅程中扮演着什么角色？（　）

A. 朋友　　　　B. 老师

C. 同学　　　　D. 伴侣

（2）作者说"亲近大自然，这是人类应有的情怀"，对此理解不恰当的是哪一项？（　）

A. 大自然欣欣向荣，生机勃勃。

B. 大自然孕育出不尽的智慧。

C. 大自然是我们心灵的家园。

D. 童年时代，我们从大自然中得到快乐。

7.《土地情诗》

（1）在诗歌的第一小节中，作者运用了什么修辞手法，表达了她怎样的情感？（　）

A. 比喻，表达了对这片土地深沉的爱。

B. 比喻，表达了对父亲深沉的爱。

C. 夸张，表达了对祖国深沉的爱。

D. 夸张，表达了对远大梦想的追求。

（2）在这首诗中，作者将对土地的爱比作对谁的爱？（　）

A. 妻子和孩子　　　B. 父亲和母亲

C. 恋人们　　　　　D. 童年和梦

8.《倾听黄河》

（1）在本文形容黄河声音的词语中，下列哪一项不包括在内？（　）

A. 震耳欲聋的大地之声

B. 奔突离去又奔突而来的马队

C. 一万张牛皮大鼓被擂响

D. 远方隐隐的奔雷

（2）本文先后写了黄河的两种声音，一种是____的，一种是____的。（　）

A. 恬静　　　　B. 狂放

C. 清冷　　　　D. 诡异

9.《黄果树听瀑（节选）》

（1）文章第 1 自然段中，作者按照什么顺序对水声进行描写的？（　）

A. 从近到远　　　B. 从远到近

C. 从前到后　　　D. 从后到前

（2）本文为何强调"听"字？（　）

A. 因为黄果树瀑布的壮观是通过声音给作者留下印象的。

B. 因为黄果树是瀑布，所以适合“听”。

C. 因为黄果树瀑布声音太小，必须要认真听、仔细听。

D. 因为来听黄果树瀑布的人很少，作者要唤醒大家重视这个瀑布。

10.《漫步在凋零的树林》

（1）“目光犹如自由飞翔的小鸟，几乎碰不到多少屏障。”这句话写出了什么？（　）

A. 写出了“我”心情的愉快。

B. 写出了“我”所看到的景物繁多。

C. 写出了“我”眼神的灵动。

D. 写出了落叶后树林的疏朗。

（2）深秋给作者的印象是怎样的？（　）

A. 疏远、高贵　　B. 疏朗、高远

C. 疏远、高远　　D. 疏朗、高贵

11.《受伤的核桃树》

（1）对于小孩们的行为，父亲的态度是怎样的？（　）

A. 责骂　　B. 劝阻

C. 气急败坏　　D. 坦然接受

（2）核桃刚成形的时节，邻居家的小孩经常做什么？（　）

A. 偷偷窥探核桃树

B. 在树旁做游戏

C. 用石头、长棍打核桃树

D. 为树浇水

12.《黄河之水天上来》

（1）这篇散文描述了在____、在____、在____上所见到的黄河。（　）

A. 兰州　　B. 黄果树

C. 刘家峡　　D. 飞机

（2）下列哪一项不是文中黄河给“我”的印象？（　）

A. 安逸平静　　B. 惊心动魄

C. 曲折缠绵　　D. 雄伟壮观

13.《泰山极顶》

（1）虽然看不见日出，“我”却“一点也没有惋惜的情绪”，为什么？（　）

A. 因为“我”爬泰山只为了锻炼体魄，并不一定非得看到日出。

B. 因为“我”的旅伴劝“我”要看长远一点儿，不要为一点儿不顺利的事情而灰心丧气。

C. 因为“我”本来就不愿为了看日出而吃爬山的苦头。

D. 因为“我”看到了全国人民为了建设新中国而奋斗的景象，这令“我”欢欣鼓舞。

（2）“那连绵不断的大小山岭却又像许多条龙灯，一齐滚舞——整个山河都在欢腾着啊！”这句话运用了什么修辞手法？（　）

A. 比喻　　B. 拟人

C. 排比　　D. 对偶

14.《穿过秦岭》

（1）“我”为什么笑着对柞水的朋友说：他们可以划入西安，成为西安

的郊区？（　）

A. 因为“秦岭终南山公路隧道”的存在大大缩短了柞水到西安的路程。

B. 因为柞水地广人稀，可以成为西安经济发展的下一个目标。

C. 因为西安和柞水很近，即使走山路，也只有 64 千米的路程。

D. 因为朋友很期待柞水融入西安城区。

（2）下列表述与原文不相符的是哪一项？（　）

A.53 年前，“我”和外公、母亲，早行夜宿，以双脚体验了这几百里山路的艰难。

B. 李白的“西当太白有鸟道，可以横绝峨眉巅”成为秦岭艰难的千秋写照。

C. 因为大山阻隔，交通不便，经济不发达，柞水人民曾长期生活艰辛。

D. 近些年，“我”去过商洛，过秦岭的艰难再一次震撼了“我”。

15.《长城远眺》

（1）作者重点描写了哪一次登长城的经历？（　）

A. 新中国成立三十周年纪念日时

B. 国庆之后

C. 新中国成立初期

D. 中秋刚过

（2）“它涌动着，奔腾着，不断掀起‘人的浪花’。”此处“人的浪花”加引号有什么作用？（　）

A. 解释说明　　B. 引用别人的话

C. 特殊含义　　D. 强调

16.《野河》

（1）随着时光的流转，作者记忆中的那条生机盎然的“野河”已由往日的“河”变成了什么？（　）

A. 一条小路　　B. 一片荒滩

C. 一片森林　　D. 一座高楼

（2）“河在无人烟的地方流着，喂养一些野草、野花、野兔、野鹿，以及很野很野的风景。”这一句话中连用六个“野”字，意在强调野河的什么特点？（　）

A. 磅礴大气　　B. 历史悠久

C. 原始古朴　　D. 神秘莫测

17.《清塘荷韵》

（1）下面哪一项不是季羡林先生笔下的“季荷”的特点？（　）

A. 富有反抗精神　　B. 充满生命力

C. 高洁　　D. 美丽

（2）季羡林先生对“季荷”充满特殊的情感，对此理解不正确的是哪一项？（　）

A. 因为“季荷”是他亲手所种。

B. 因为他苦等结果，每朵花都饱含着他对荷花的爱。

C. 因为他对荷花很失望。

D. 因为“季荷”因他得名。

18.《与虫同眠》

（1）本文的第 1 自然段在文中起什么作用？（　）

A. 设置悬念

B. 前后呼应

C. 欲扬先抑

D. 引起下文，作出铺垫

（2）本文语言幽默而富有哲理，下列哪一项对文章所蕴含的哲理阐述不正确？（　）

A. 在自然和人之间，人不一定要征服或者屈服于自然，我们可以与自然融为一体、和谐共存。

B. 虫子的生活因简单而快乐，人类因追求复杂而痛苦。大道至简，作为人类，我们应该善待自身，不必自寻烦恼。

C. 虽然虫子的个体渺小、短暂，但是由个体组成的集体却是永恒的、强大的。由此可见，个人的生命应融入集体之中，获得意义。

D. 人类应该征服自然，不屈服于自然，显示人类的智慧和力量。

19.《草木有本心》

（1）“这世上，还有什么坎不能迈过去呢？”下面哪一句和这一句的意思一致？（　）

A. 这世上，许多坎是迈不过去的。

B. 这世上，没有什么坎是迈不过去的。

C. 这世上，不得不迈过一些坎。

D. 这世界，有些坎迈得过去。

（2）作者以《草木有本心》为题，表达了怎样的情感态度？（　）

A. 主要表达了作者对草木“不伪不装，自然天成”的顽强生命力的赞美之情。

B. 表现了作者对草木野蛮生长的羡慕。

C. 表现了作者厌弃尘世，想要离群索居的倾向。

D. “草木有本心，何求美人折”，表现了作者傲然独立的处世态度。

20.《黄山绝壁松》

（1）作者说“给我以震动的是黄山松”，联系全文看，以下哪一项不是黄山松给作者带来的震动？（　）

A. 它身处绝境却卓立不群，志怀高远。

B. 它生长在极顶和绝壁上，有着顽强的生命力。

C. 宁为玉碎，不为瓦全，它们身上具有一种为集体牺牲的奉献精神。

D. 它在恶劣与凶险的环境中磨砺出非凡的性格与精神。

（2）关于黄山绝壁松能在石缝里生长的原因，下列哪一项说法有误？（　）

A. 因为绝壁松是一种特殊的品种，它们比石头更坚硬。

B. 这种树分泌的酸性物质会腐蚀石头的表面，使其化为养分被自己吸收。

C. 因为它们的根日夜与石头搏斗，最终穿入石体。

D. 因为它们具有顽强的生命力。

21.《美人松》

（1）美人松在外形上最奇特的地方是

什么？（　）

A. 高耸的树顶

B. 柔腻细嫩、粉红色的树皮

C. 钢针般的叶子

D. 细长的树干

（2）阅读本文，你读出了作者对美人松怎样的态度？（　）

A. 厌恶、批评　　B. 欣赏、赞美

C. 平淡地评价　　D. 好奇、夸耀

22.《紫藤萝瀑布》

（1）文末提到“我不觉加快了脚步”，原因是什么？（　）

A. 因为“我”忙着离开这个让“我”伤心的地方，去寻找慰藉。

B. 因为“我”急切地想自己种植一盆紫藤萝花。

C. 因为“我”受到了紫藤萝花顽强生命力的感染，信心陡增，力量大增。

D. 因为“我”从紫藤萝花身上得到了人生的启示，急于将这个启示分享给朋友。

（2）在第 2 自然段中，作者从多方面描写紫藤萝瀑布的美，下面哪一项不包含在内？（　）

A. 形态　　B. 声音

C. 颜色　　D. 形状

23.《染绿的声音》

（1）第 4 自然段开头写道：“听惯了这种声音，在夜里我常常睡不着觉。”这是为什么呢？（　）

A. 因为这声音令“我”心生向往，屏息聆听。

B. 因为这声音感动了“我”，让“我”思绪联翩。

C. 因为这声音煞是吵闹，令“我”不能安眠。

D. 因为这声音暗示着生命的意义，让“我”不断产生幻想。

（2）作者听大森林中染绿的声音，为什么会“感到一种生命的快意和心灵的悸动”？（　）

A. 作者在用心感受大森林中各种染绿的声音时，满心的尘垢被荡涤得无影无踪了。此时此刻，人与自然融为一体，只觉得惬意和激动。

B. 作者在用心感受大森林中各种染绿的声音时，感悟到了大自然所蕴含的奥秘，获得了知识的启迪，因此觉得惬意和激动。

C. 作者在用心感受大森林中各种染绿的声音时，寻找到了独特的写作素材，因此觉得惬意和激动。

D. 作者在用心感受大森林中各种染绿的声音时，绘画的灵感得到了激发，绘画的本领得到了提高，因此觉得惬意和激动。

24.《一片树叶》

（1）“这片叶子绿得莹洁可爱，在夏

日阳光的照耀下熠熠闪烁，这不禁使我想起第一次看到嫩芽初吐的时节。”对上面的句子缩写正确的是哪一项？（ ）

A. 叶子闪烁使我想起时节。

B. 叶子闪烁，使我想到嫩芽初吐的时节。

C. 这片叶子在阳光下闪烁。

D. 我想起时节。

（2）作者从一片树叶中获得了感悟，下面哪一项不包括在内？（ ）

A. 生命是一个生生不息的过程。

B. 应当珍视清澄的自然和淳朴的人性，做到二者之间的和谐相处。

C. 对待个体生命的自然消亡，我们要努力挽救。

D. 珍爱自己的生命，同时也珍视他人的生命。

25.《汉江临眺》

（1）王维，字摩诘，唐代诗人。世人尊称他为什么？（ ）

A. 诗佛　　B. 诗仙

C. 诗鬼　　D. 诗圣

（2）下面对这首诗歌的赏析，不正确的是哪一项？（ ）

A. 首联写汉水雄浑壮阔的景色，为全诗渲染气氛。

B. 尾联引用曾任征南将军镇守襄阳的晋人山简的故事，表明对襄阳风物的热爱之情。

C. 这首诗主要写了诗人泛游汉水的见闻，咏叹汉水之浩瀚缥缈。

D. 领联写汉水的波澜壮阔，周遭的景物明艳，更显出汉水的磅礴气势。

26.《西塞山》

（1）根据诗歌内容填空：岚横____雄，地束____满。（ ）

A. 秋塞　　B. 边塞

C. 河流　　D. 惊流

（2）“岚横秋塞雄”中的“岚”是什么意思？（ ）

A. 山里的雾气　　B. 山峦

C. 露水　　D. 细雨

27.《不违农时》

（1）战国时期的孟子是哪个学派的代表？（ ）

A. 法家　　B. 儒家

C. 杂家　　D. 墨家

（2）根据文章内容填空：谷与鱼鳖不可____，材木不可____，是使民养生丧死无憾也。（ ）

A. 胜用　　B. 胜捡

C. 胜食　　D. 胜利

28.《记先夫人不残鸟雀》

（1）本文的作者____是____代著名文学家，唐宋八大家之一。（ ）

A. 曾巩　　B. 苏轼

C. 宋　　D. 唐

（2）根据文章内容填空：异时鸟雀巢不敢近人者，以人为甚于____之类也。

“苛政猛于____”，信哉！（　）

A. 蛇鼠　　B. 猫鼠

C. 豹　　D. 虎

29.《我爱这土地》

（1）本诗的第一节主要运用了哪些修辞手法？（　）

A. 拟人、夸张　　B. 设问、拟人

C. 夸张、排比　　D. 比喻、排比

（2）小鸟用尽生命为土地歌唱，寄托了作者怎样的情感？（　）

A. 对小鸟的同情

B. 对祖国的热爱

C. 对暴风雨的憎恨

D. 对黎明的热爱

30.《中国的土地》

（1）判断正误：“埋藏着黄金般的相思”，说明人们对地下黄金的渴望。（　）

（2）“挂霜的葡萄”象征什么？（　）

A. 象征葡萄已经下架

B. 象征中国人民饱经风霜的洗礼

C. 象征中国人民敦厚的性格

D. 象征中国人民的顽强勇敢

31.《地之子》

（1）根据诗歌的含义，标题中的“地之子”指的是谁？（　）

A. 作者自己　　B. 农民

C. 矿石　　D. 树木

（2）下面哪一项是诗人所想表达的情感？（　）

A. 作者诚挚地抒发了对大地的崇敬和热爱。

B. 作者表达了回归故土的愿望。

C. 作者真诚地赞美了理想的力量。

D. 作者告诉了大家要求真务实的道理。

32.《土地》（韩少功）

（1）全文主要采用哪一种叙述人称？（　）

A. 第一人称　　B. 第二人称

C. 第三人称　　D. 第四人称

（2）结合全文思考，作者希望人们对“土地”持什么样的态度？（　）

A. 保护土地，让土地为商业社会的发展奠定根基。

B. 回到自给自足、个人享用自己耕种成果的时代。

C. 珍惜土地，热爱土地，把土地当作生命的根基和精神的源泉。

D. 高度地开发土地，利用土地，不浪费每一寸土地。

33.《土地的誓言》

（1）如何理解本文的标题？（　）

A. 指土地自身发出的誓言

B. 指土地的保护者发出的誓言

C. 指面对土地发出的誓言

D. 指土地中的植物发出的誓言

（2）对于文中“我常常感到它在泛滥着一种热情”中的“泛滥”一词理解不正确的是哪一项？（　）

A. 文中用来形容作者的心情如决堤之水不可遏止。

B. 是爱情的召唤让“我”热情泛滥，不可自抑。

C. 原意是指“江河水溢出，淹没土地”。

D. 它较“澎湃”“涌动”等词更能体现出作者失去国土的激愤和对乡土的赞美、怀念之情。

34.《土地随笔》

（1）“为祖国而战，祖国的具体体现不就是国土吗？！”下面哪一句话和这句话意思一致？（　）

A. 为祖国而战，祖国的具体体现不是国土。

B. 为祖国而战，祖国的具体体现怎么就是国土？

C. 为祖国而战，祖国的具体体现还能是国土吗？

D. 为祖国而战，祖国的具体体现就是国土。

（2）下面哪一项不能体现土地的“恩德无量”？（　）

A. 庇护我们　　B. 养育我们

C. 提醒我们　　D. 帮助我们

35.《土地》（秦牧）

（1）判断正误：“在一撮撮看似平凡的泥土里，寄托了人们多少丰富深厚的感情！”从这句话可以感受到华侨们对祖国和家乡的无限依恋、不舍与思念。（　）

（2）同样是土地，剥削阶级把它当作____，劳动者却把它当作____。（　）

A. 榨取劳动者血汗的工具

B. 种植水果的果园

C. 命根子，哺育自己的母亲

D. 种植粮食的沃土

三 整本书阅读

《地心游记》

（1）本文作者出版的第一部长篇小说是____。（　）

A.《海底两万里》

B.《气球上的星期五》

C.《神秘岛》

D.《格兰特船长的儿女》

（2）里登布洛克教授一行三人在地心历经千辛万苦，最后借助什么回到了地面？（　）

A. 地震的余波

B. 岩流的冲击

C. 热气球

D. 直升机

参考答案

一、经典诵读

1.《乌衣巷》

（1）B　　（2）D

2.《野望》

（1）AC　　（2）A

3.《春游湖》

（1）BD　　（2）C

4.《兰（其一）》

（1）B　　（2）AB

5.《山村即目（其二）》

（1）A

（2）B　解析：作者通过描绘山村西边日落东边雨、林枫欲老柿将熟、远处万山深处红等秋景，抒发了热爱大自然美景的感情。

6.《童趣（节选）》

（1）C

（2）D　解析：从文中可以看出，“我”能得到物外之趣的原因是有敏锐的观察力和丰富的想象力。这也启示我们要热爱生活，要学会观察和想象，要有爱心。

二、大地之声

1.《横江词（其四）》

（1）A　　（2）B

2.《山房春事（其一）》

（1）CB　　（2）B

3.《城南》

（1）A

（2）C　解析：诗人通过桃花、李花容易凋谢与小草青色长久相对比，暗示了这样的一个哲理：桃花、李花虽然美丽，生命力却弱小；青草虽然朴素无华，生命力却很强大。

4.《森林的作用》

（1）ABCD　（2）B

5.《总想栽棵树》

（1）D　　（2）A

6.《有一只八哥叫“小顺子”》

（1）A　　（2）A

7.《土地情诗》

（1）A　　（2）B

8.《倾听黄河》

（1）A　　（2）BA

9.《黄果树听瀑（节选）》

（1）B

（2）A　解析：黄果树瀑布很壮观，从很远的地方就能听得见。黄果树瀑布的雄伟壮观的气势和生生不息的活力从声音体现得最明显。

10.《漫步在凋零的树林》

（1）D　　（2）B

11.《受伤的核桃树》

（1）D　　（2）C

12.《黄河之水天上来》

（1）ACD　（2）C

13.《泰山极顶》

（1）D　（2）A

14.《穿过秦岭》

（1）A　（2）D

15.《长城远眺》

（1）A　（2）C

16.《野河》

（1）B　（2）C

17.《清塘荷韵》

（1）A　（2）C

18.《与虫同眠》

（1）D　（2）D

19.《草木有本心》

（1）B　（2）A

20.《黄山绝壁松》

（1）C　（2）A

21.《美人松》

（1）B

（2）B　解析：作者通过大量的笔墨描写了美人松的外形和关于美人松的想象，表达了对美人松的欣赏和赞美。

22.《紫藤萝瀑布》

（1）C　（2）B

23.《染绿的声音》

（1）B　（2）A

24.《　片树叶》

（1）D　（2）C

25.《汉江临眺》

（1）A

（2）D　解析：颔联的意思是江水滚滚似奔流天地之外，青山延绵，在水雾中时隐时现。所以D项中的“周遭的景物明艳”是不对的。

26.《西塞山》

（1）AD　（2）A

27.《不违农时》

（1）B　（2）CA

28.《记先夫人不残鸟雀》

（1）BC　（2）AD

29.《我爱这土地》

（1）D

（2）B　解析：小鸟用尽生命为土地歌唱，死后还要投进土地的怀抱，可见其对土地的热爱，寄托了诗人的爱国之情。

30.《中国的土地》

（1）错　解析：黄金，色彩鲜艳，分量沉重，永不褪色，不易改变。用“黄金”修饰“相思”，形象地表现了华夏子孙对祖国深沉凝重的眷念之情。

（2）B　解析：这首诗歌颂了祖国的疆域广阔、这片土地上勤劳勇敢的人民，以及对充满希望的未来的热烈欢呼。从“坚硬的核里已绽开复兴的契机”可以知道“挂霜的葡萄”象征了中国人民饱经风霜的洗礼，在复兴的道路上思想已经成熟，将为祖国的改革开放贡献更多的智慧和力量。

31.《地之子》

（1）A　　（2）A

32.《土地》（韩少功）

（1）B　　（2）C

33.《土地的誓言》

（1）C　　（2）B

34.《土地随笔》

（1）D　　（2）C

35.《土地》（秦牧）

（1）对　（2）AC

三、整本书阅读

《地心游记》

（1）B　（2）B

守卫精神家园 6

一 经典诵读

1.《赠花卿》

（1）关于本诗的作者及所处朝代，下列选项中正确的是哪一项？（　）

A. 杜甫 唐朝　　B. 李白 唐朝

C. 杜甫 宋朝　　D. 苏轼 宋朝

（2）“花卿”指的是谁？下列选项中正确的是哪一项？（　）

A. 诗人　　B. 植物的名称

C. 段子章　　D. 花敬定

2.《夜筝》

（1）关于本诗的作者及所处朝代，下列选项中正确的是哪一项？（　）

A. 白居易 唐朝　　B. 李白 唐朝

C. 苏轼 唐朝　　D. 杜甫 唐朝

（2）“夜筝”是什么意思？（　）

A. 夜晚看到古筝

B. 夜晚的古筝

C. 夜晚弹筝

D. 夜晚买古筝

3.《琵琶行（节选）》

（1）判断正误：《琵琶行》是一首写景长诗。（　）

（2）“低眉信手续续弹”的下一句是什么？（　）

A. 说尽心中无限事

B. 大弦嘈嘈如急雨

C. 犹抱琵琶半遮面

D. 整顿衣衫起敛容

4.《观公孙大娘弟子舞剑器行（节选）》

（1）关于本诗的作者及所处朝代，下列选项正确的是哪一项？（　）

A. 白居易 唐朝　　B. 李白 唐朝

C. 苏轼 唐朝　　D. 杜甫 唐朝

（2）这首诗节选部分寄托了诗人怎样的情感？（　）

A. 寄托了诗人对公孙氏舞蹈艺术的敬佩之情。

B. 寄托了诗人对舞蹈的喜爱之情。

C. 寄托了诗人对公孙氏舞蹈艺术的厌恶之情。

D. 寄托了诗人对公孙氏舞蹈艺术的批判之情。

5.《画龙点睛》

（1）“妄诞”在本文中是什么意思？（　）

A. 荒诞　　B. 诞生

C. 诞辰　　D. 妄想

（2）张僧繇把龙画在了哪里？（　）

A. 纸上　　B. 墙壁上

C. 柱子上　　D. 窗户上

6.《乐记（节选）》

（1）《乐记》选自儒家经典《礼记》，《礼记》和《____》《____》《____》《尚书》合称为“五经”？（　）

A. 诗经　　B. 史记

C. 周易　　D. 春秋

（2）“声相应，故生变”的下一句是什么？（　）

A. 比音而乐之

B. 变成方，谓之音

C. 其爱心感者

D. 声成文，谓之音

二 艺术百花园

1.《伯牙学琴》

（1）成连先生为了让伯牙学好琴，带伯牙去了哪里？（　）

A. 后海　　B. 渤海

C. 东海　　D. 南海

（2）“旬时不返”中的“旬”是什么意思？（　）

A. 十天　　B. 五天

C. 十二天　　D. 十五天

2.《书黄筌画雀》

（1）“大者”指的是什么？（　）

A. 大人　　B. 做更大的事

C. 长辈，老者　　D. 大孩子

（2）对“乃知观物不审者，虽画师且不能，况其大者乎？君子是以务学而好问也。”下列理解正确的是哪一项？（　）

A. 学习画画要多多练习。

B. 观察事物要多角度、全面。

C. 要深入观察，要勤学好问。

D. 只要有天赋，不用勤学苦练，也能成为画师。

3.《小溪巴赫》

（1）作者听到巴赫的第一首乐曲是什么？（　）

A.《哥德堡变奏曲》

B.《意大利协奏曲》

C.《马太受难曲》

D.《勃兰登堡协奏曲》

（2）判断正误：这篇文章告诉我们只有有天赋的人才能做出伟大的成就。（　）

4.《〈二泉映月〉的诞生（节选）》

（1）本文主要写了一件什么事？（　）

A. 阿炳创作《二泉映月》的艰难历程。

B. 阿炳艰难的生活经历。

C.《二泉映月》优美的旋律。

D. 人们对《二泉映月》给予了高度的评价。

（2）下列选项对本文分析正确的是哪一项？（　）

A. 表现了阿炳热爱生活，热爱音乐，追求美好理想，敢于同命运抗争，矢志不渝的精神。

B. 对阿炳坎坷经历的同情。

C. 对《二泉映月》的赞美，因为这首乐曲很优美。

D. 要学习阿炳坚持创作的精神。

5.《文武场（节选）》

（1）“西皮”适合表现什么样的情绪？（　　）

A. 坚毅、愉悦　　B. 沉思、忧伤

C. 愤怒、激动　　D. 感叹、悲怨

（2）京剧吸收了下列选项中哪些唱腔曲调，才形成了自己的特色？（　　）

A. 南梆子、四平调

B. 高拨子、吹腔

C. 昆曲

D. 西洋乐曲

6.《西皮流水》

（1）与卡拉OK相比较，作者为什么更喜爱公园里、浴池内的京剧？（　　）

A. 卡拉OK里听京剧的人很少，无法交流京剧心得。

B. 因为他们更接近自然，更接近艺术。

C. 因为他们表演的环境好。

D. 因为公园里人多，懂京剧听京剧的人也多。

（2）本文表达了作者怎样的情感？（　　）

A. 对卡拉OK里的京剧的不满。

B. 对表演京剧的人的赞美之情。

C. 对京剧的赞美、喜爱之情。

D. 学习京剧的执着追求。

7.《云南的歌会》

（1）文中对调子有“种种不同方式”具体指什么？（　　）

A. 见景生情　　B. 即物起兴

C. 提问　　D. 互嘲互赞

（2）赶马女孩的歌唱有什么特点？（　　）

A. 清脆明丽，宛若黄鹂

B. 矫揉造作

C. 高昂激情

D. 发哑带沙，淳朴的本色美

8.《忆刘宝全先生（节选）》

（1）下列选项中，哪一项不属于刘宝全先生演唱艺术的特点？（　　）

A. 嗓子好　　B. 技巧高

C. 戏路对　　D. 抑扬顿挫

（2）下列选项中，不符合文意的是哪一项？（　　）

A. 刘先生的唱腔，龙飞凤舞，气势磅礴。

B. 刘先生的身段夸张奔放，雄强有力。

C. 刘先生喜欢唱《红楼梦》的段子。

D. 刘先生适合表演勇将、英雄的天武神威、英雄气概。

9.《音乐的光芒》

（1）“带木栅栏的小窗外，合欢树高大的树冠犹如张开着巨臂的人影，纹丝不动，贴在墨一般深蓝的天幕上。”这句话运用了什么修辞手法？（　　）

A. 夸张　　B. 比喻

C. 拟人　　D. 排比

（2）从文中看，作者认为音乐具有哪些特点？（　　）

A. 音乐能通过无形的音符表现人类复杂的情感和体验，并能通过声响撞击人的灵魂，抚慰人的心灵。

B. 音乐无所不在，听者可以根据自己的需要展开自由的想象。

C. 音乐可以让人有更为深刻、更为顽强、更为恒久的记忆。

D. 音乐会让人反感。

10.《我看舞蹈的美》

（1）对“它是绿荷上的露珠，是峭壁上的青藤，是红花下的绿叶，是翠柳上的黄鹂，是一种微妙的附着。”这句话运用了哪些修辞手法？（ ）

A. 夸张、比喻　　B. 排比、比喻

C. 比喻、拟人　　D. 夸张、排比

（2）这篇文章表达了作者怎样的情感？（ ）

A. 对舞者的评价和建议。

B. 对舞蹈的怀念之情。

C. 对舞蹈的欣赏、赞美以及热爱。

D. 作者对舞蹈的不喜之情。

11.《音乐与我（节选）》

（1）本文主要写的是谁与什么的事？（ ）

A. 聂耳　音乐　　B. 冼星海　音乐

C. 王蒙　音乐　　D. 黄虹　音乐

（2）判断正误：音乐是作者的老师，音乐也为作者服务，它可以引起作者的回忆，但无法触发作者的感受。（ ）

12.《我的舞台》

（1）对“于是，我的舞台从床上转移到了铺着练功毯的院子里”这句话的作用分析正确的是哪一项？（ ）

A. 承上启下　　B. 引起下文

C. 总结上文　　D. 点明中心

（2）下列四句话中，哪句话最能概括本文的主旨？（ ）

A. 我在舞台上慢慢长大，舞台如一炉火，练就了我的勇气和毅力。

B. 舞台对我有着神奇的吸引力。

C. 暑去寒来，几年后，我就可以下腰到地，双手倒抓住脚腕；或一手抓住举过头顶的脚心，做前后翻，跑虎跳，其他基本功的动作更不在话下。

D. 于是，我的舞台从床上转移到了铺着练功毯的院子里。

13.《傅雷家书（节选）》

（1）对文章的理解，下面的分析正确的是哪一项？（ ）

A. 本文是一篇说明文，傅雷用自己的经历现身说法，以自己的人生经验教导儿子做“德艺兼备，人格卓越的艺术家”。

B. 本文是一篇家书，傅雷用自己的经历现身说法，以自己的人生经验教导儿子做“德艺兼备，人格卓越的艺术家”。

C. 傅雷在信中教育子女要多多向朋友学习，取人之长，补己之短。

D. 傅雷在信中教育子女要勤练基本功，多读书，读好书。

（2）从文章的最后一个自然段中，可以看出傅雷是一个什么样的人？（　）

A. 不懈追求，永不止步

B. 工作认真

C. 兢兢业业

D. 讨厌生活

14.《怀素〈食鱼帖〉》

（1）对“老僧在长沙食鱼，及来长安城中，多食肉，又为常流所笑”一句中的“常流”理解正确的是哪一项？（　）

A. 长河

B. 河流的正道

C. 常人，凡庸之辈

D. 常例

（2）对“我读此帖，良久，还是不想放手”一句中“良久”的理解正确的是哪一项？（　）

A. 良好　　B. 很久，很长时间

C. 久远　　D. 悠久

15.《台北故宫博物院看画小记》

（1）对文章的理解，下面的分析有误的是哪一项？（　）

A. 对于艺术品，看原作和看印刷品截然两样。

B. 画家作画时，他生命的跃动、情致的状态、心绪的流变，一律通过笔墨，深深透进纸的纤维。

C. 把原画拍成照片，印在画册上，原画自然精神全无。

D. 与原画相比，作者更喜欢印刷在画册上的照片。

（2）下列语句中，不属于描写作者看原画的感受的是哪一项？（　）

A. 尺方一帧，苍雄刚劲，气吞千里。

B. 这便是为什么当初我从《故宫周刊》上只感觉到“至美”，而现在从原作中才体会到“至真”的缘故。

C. 如果把它拍成照片，印在画册上，自然精神全无了。

D. 世上的真理有大有小，大真理可望而不可即，小真理则应该牢牢抓在手中。

16.《琼楼玉宇，高处不胜寒》

（1）作者围绕“泰姬陵”，从哪些方面展开写作？（　）

A. 写景、回忆、引用、评论

B. 写景、抒情

C. 写景、记事

D. 引用古人事迹

（2）下列句子中，哪一项不是作者参观泰姬陵的感受？（　）

A. 我自己仿佛给这个白色的奇迹压住了，给这纯白的光辉网牢了，我想到了苏东坡的词：“琼楼玉宇，高处不胜寒。”

B. 我自己仿佛已经离开了人间，置身于琼楼玉宇之中。

C. 碧瓦初寒外，金茎一气旁。山河扶绣户，日月近雕梁。

D. 有人主张，世界上只有阴柔之美和

阳刚之美。把二者融合起来成为浑然一体的那种美，只应天上有。

17.《为什么学图画》

（1）作者认为什么可以增加人生的幸福？（　）

A. 做官　　B. 做商

C. 图画　　D. 做工

（2）下列选项中，哪些选项是作者认为大家要学图画的原因？（　）

A. 快美之感是人类生活上的重大的必要条件。

B. 学习图画就可以成为画家。

C. 学图画能增加人生的幸福，可以说是人生的永远必修的课业。

D. 学习图画其实很容易。

18.《大胆练习写字》

（1）作者在文中的第 3 自然段描写了下列哪个事例？（　）

A. 乒乓球选手大胆打出自己的风格

B. 王羲之练字

C. 右军父子练字

D. 柳公权书帖

（2）如果选用文中的一句话来概括全文主旨，你会选择哪一句？（　）

A. 只是想着重地说明最要紧的一件事，这就是要大胆地练习写字。

B. 经过一个时期不断的练习，自然就会写出一手好字。

C. 刚开始练习的时候，必须学会悬腕和悬肘。

D. 每个人的字毕竟要有自己的特点，不应该也不可能都学一种字体。

19.《流水和高山（节选）》

（1）“然而，贝多芬的山峰绝不是荒山。他的山峰上有蓊郁的森林，也有清溪流泉。”怎样理解这句话的含意？（　）

A. 贝多芬的音乐内涵丰富，风格多样，既有气势雄浑的乐章，也有优美的旋律。

B. 贝多芬的音乐像高山。

C. 贝多芬的音乐像清泉。

D. 贝多芬的音乐风格统一，很好辨认。

（2）从全文看，关于文章标题取名为《流水和高山》的原因，以下分析哪一项是错误的？（　）

A.“流水和高山”能形象地表现莫扎特和贝多芬的音乐风格。

B.“流水和高山”象征莫扎特和贝多芬在音乐上心灵相通。

C. 人们通常用“流水”和“高山”来形容音乐。

D.“流水和高山”形象地表现出莫扎特和贝多芬的音乐具有永恒的生命力。

20.《艺术三昧》

（1）判断正误：文章由吴昌硕的字说起，意在说明伟大的艺术的特点在于一笔一画都要写好。（　）

（2）作者举水果摊上的三个苹果的例

子，想要表达什么观点？（　）

A. 说明画家比小孩摆放得好看。

B. 说明何谓“多样的统一”。

C. 说明整齐就是美。

D. 说明越是杂乱就越美。

21.《盛年盛况》

（1）《盛年盛况》在本文中指的是下列选项中的哪个时期？（　）

A.20 世纪二三十年代

B.20 世纪三四十年代

C.20 世纪四五十年代

D.20 世纪五六十年代

（2）下列选项中，哪些选项的描写彰显了京剧的兴盛？（　）

A. 以 1937 年为例，前门外以东有两家，一家是在肉市的广和楼，一家是在鲜鱼口内的华乐。

B. 在前门外以西，仅大栅栏一带就有广德楼、三庆戏院和庆乐戏院，在粮食店街有中和戏院，在西珠市口有第一舞台。

C. 此外，还有开明戏院和华北戏楼。

D. 与同时代的其他艺术门类相比，处于绝对的优势。

22.《秦州皮影戏（节选）》

（1）下列选项中，不属于秦州皮影戏表演的是哪一类？（　）

A. 历史演义戏　　B. 民间传说戏

C. 武侠公案戏　　D. 京剧表演戏

（2）作者是从哪些方面描写秦州皮影戏的？（　）

A. 皮影戏的形成、皮影的制作、皮影戏的表演时间，以及皮影戏的演出形式。

B. 皮影戏的表演时间和演出形式。

C. 皮影的制作。

D. 皮影戏的盛行时期。

23.《秦腔（节选）》

（1）本文的作者是谁？（　）

A. 贾平凹

B. 老舍

C. 叶圣陶

D. 季羡林

（2）“一演出，半下午人就扛凳子去占位置了，未等戏开，台下坐的、站的人头攒拥，台两边阶上立的卧的是一群顽童。那锣鼓就叮叮咣咣地闹台，似乎整个世界要天翻地覆了。”对这段文字分析正确的是哪一项？（　）

A. 动作描写。表现人们看秦腔的急切心情以及当时人山人海的热闹场面。

B. 场面描写。表现人们看秦腔的急切心情以及当时人山人海的热闹场面。

C. 神态描写。表现人们看秦腔的急切心情以及当时人山人海的热闹场面。

D. 外貌描写。表现人们看秦腔的急切心情以及当时人山人海的热闹场面。

24.《童年漫忆（节选）》

（1）下列选项中不属于说书人的是哪

一项？（   ）

A. 德胜大伯　　　B. 职业性的说书人

C. 弟兄三个人　　D. 铁锤

（2）文中记述德胜大伯的儿子铁锤有什么作用？下列分析正确的是哪一项？（   ）

A. 铁锤心灵手巧，能算会画，铁锤遗传了父亲的优点，侧面表现德胜大伯不识字但很聪明。

B. 为了增加文章内容。

C. 为了使读者感受到铁锤是个心灵手巧的人。

D. 表现了德胜大伯与铁锤之间亲密的父子关系。

三 整本书阅读

《俗世奇人》

（1）“泥人张”这个俗世奇人“奇”在哪些方面？下列说法错误的是哪一项？（   ）

A. 他有捏泥人的绝活。

B. 面对海张五对他的侮辱，他镇定自若、沉稳。

C. 他不畏权贵。

D. 他捏海张五泥人不是为了回击海张五，而是为了炫耀。

（2）“随后手一停，他把这泥团往桌上‘叭’地一戳，起身去柜台结账”中的“戳”字用得是否合适？下列分析合理的是哪两项？（   ）

A. “戳”用动作描写，写出了泥人张对海张五的憎恶、鄙夷、不屑的心理。

B. 只是泥人张随手的一个动作，毫无意义。

C. 表现了泥人张动作干脆利落，不拖泥带水。

D. 体现了泥人张捏泥人的手艺高超。

参考答案

一、经典诵读

1.《赠花卿》

（1）A （2）D

2.《夜筝》

（1）A （2）C

3.《琵琶行（节选）》

（1）错 （2）A

4.《观公孙大娘弟子舞剑器行（节选）》

（1）D （2）A

5.《画龙点睛》

（1）A （2）B

6.《乐记（节选）》

（1）ACD （2）B

二、艺术百花园

1.《伯牙学琴》

（1）C （2）A

2.《书黄筌画雀》

（1）B （2）C

3.《小溪巴赫》

（1）D （2）错

4.《〈二泉映月〉的诞生（节选）》

（1）A （2）A

5.《文武场（节选）》

（1）AC （2）ABC

6.《西皮流水》

（1）B （2）C

7.《云南的歌会》

（1）ABCD （2）D

8.《忆刘宝全先生（节选）》

（1）D （2）C

9.《音乐的光芒》

（1）B （2）ABC

10.《我看舞蹈的美》

（1）B （2）C

11.《音乐与我（节选）》

（1）C （2）错

12.《我的舞台》

（1）A

（2）A 解析：全文主要描写作者从小接触舞台，又在父母的熏陶下走上舞台，对舞台充满了热爱，也正是舞台给予了作者勇气和毅力。

13.《傅雷家书（节选）》

（1）B （2）A

14.《怀素〈食鱼帖〉》

（1）C （2）B

15.《台北故宫博物院看画小记》

（1）D （2）D

16.《琼楼玉宇，高处不胜寒》

（1）A

（2）C 解析：C选项是作者引用的诗文，作者认为这些诗句无法描绘出泰姬陵的美景，所以选C。

17.《为什么学图画》

（1）C　　（2）AC

18.《大胆练习写字》

（1）A　　（2）A

19.《流水和高山（节选）》

（1）A

（2）C　解析：以《流水和高山》为题，是为了说明莫扎特和贝多芬的音乐风格虽然不一致，但都是高雅的音乐，都能带给人们心灵的震撼和力量，并不是因为人们经常以“流水”和“高山”来形容音乐。

20.《艺术三昧》

（1）错　解析：文章由吴昌硕的字说起，意在说明伟大的艺术的特点在于整体美。

（2）B

21.《盛年盛况》

（1）A　解析：京剧最兴盛的时期是20世纪二三十年代。

（2）ABC　解析：北京剧场的繁荣彰显了当时京剧的兴盛。

22.《秦州皮影戏（节选）》

（1）D　　（2）A

23.《秦腔（节选）》

（1）A　　（2）B

24.《童年漫忆（节选）》

（1）D　解析：铁锤是德胜大伯的儿子，能做木工，还在公社担任会计。铁锤不是说书人。

（2）A

三、整本书阅读

《俗世奇人》

（1）D　解析：他用捏海张五泥人的方式机智地回击海张五，维护了自己的尊严。

（2）AC

守卫精神家园 7

一 经典诵读

1.《自题小像》

（1）下列词语解释错误的是哪一项？（　）

A. 灵台：心灵

B. 故园：祖国

C. 荐：推荐

D. 轩辕：黄帝，汉民族的始祖，这里代指祖国。

（2）下列说法中哪个是错误的？（　）

A.“灵台无计”写出了作者无法抑制的爱国之情。

B.“风雨如磐”反映了当时中国黑暗的社会现实以及所面临的危险境地。

C. 这首诗表达了作者不被理解、颓废的思想感情。

D. 这首诗是作者留学日本时所写。

2.《戊年初夏偶作》

（1）判断正误：“于无声处听惊雷”这一句精彩绝伦，体现了鲁迅看事物看形势时那种具有穿透力的眼光。（　）

（2）下列词语解释错误的是哪一项？（　）

A. 万家：指全国人民

B. 墨面：用墨汁涂面

C. 蒿莱：野草

D. 广宇：广大地域

3.《别诸弟三首（其三）》

（1）下列选项中哪一项使用了典故？（　）

A. 万里长风　　B. 经年

C. 文章得失　　D. 一言

（2）关于这首诗，下列分析不正确的是哪一项？（　）

A. 这首诗有志趣高远之感和乘风破浪之气魄。

B. 这首诗显示出作者百折不回的毅力和“路漫漫其修远兮，吾将上下而求索”的进取精神。

C. 离别亲人，心情低落，内心痛苦。

D. 鲁迅在“谋生无奈”的情况下，经历了这场重大的离别，因此自奋图强之心，久蓄于胸。

4.《自嘲》

（1）“华盖”在这首诗中的意思是什么？（　）

A. 古代帝王所乘车子上伞形的遮蔽物

B. 不好的命运

C. 华丽的盖头

D. 树名

（2）全诗主要反映了诗人怎样的品质？下列选项分析不正确的是哪一项？（　）

A. 洁身自好

B. 无私奉献

C. 对人民无限热爱

D. 自我批判

5.《岳阳楼记（节选）》

（1）《岳阳楼记》中哪一句最能表现作者的政治抱负？（　）

A. 是进亦忧，退亦忧。

B. 居庙堂之高则忧其民，处江湖之远则忧其君。

C. 先天下之忧而忧，后天下之乐而乐。

D. 不以物喜，不以己悲。

（2）本文的作者是谁？（　）

A. 范成大

B. 苏轼

C. 范仲淹

D. 韩愈

6.《大学（节选）》

（1）“古之欲明明德于天下者”中的“欲”是什么意思？（　）

A. 欲望　　B. 想要

C. 多于　　D. 明白

（2）下列词语的解释不正确的是哪一项？（　）

A. 先治其国。　治：治理

B. 致知在格物。　格：格外

C. 致知在格物。　致知：获得知识。

D. 国治而后天下平。　平：太平。

二 走近鲁迅

1.《故乡（节选）》

（1）“圆规一面愤愤的回转身，一面絮絮的说，慢慢向外走，顺便将我母亲的一副手套塞在裤腰里，出去了。”这里“圆规”指的是谁？（　）

A. 杨二嫂　　B. 祥林嫂

C. 单四嫂子　　D. 卫老婆子

（2）本文的叙事线索是什么？（　）

A.“我”回故乡见闰土的变化。

B.“我”回故乡见杨二嫂的变化。

C.“我”回故乡的心情变化。

D.“我”回故乡的见闻和感受。

2.《孔乙己》

（1）《孔乙己》这篇文章的叙事线索是什么？（　）

A. 以孔乙己在酒店的活动场景为线索。

B. 以孔乙己命运的变化为线索。

C. 以“我”——一个咸亨酒店的“小伙计”的所见所闻为线索。

D. 以“我”——一个咸亨酒店的“小伙计”的心理变化为线索。

（2）对于孔乙己给人们所带来的欢笑，理解正确的是哪一项？（　）

A. 孔乙己迂腐不堪，是人们生活中的笑料。

B. 孔乙己性格随和，人们喜欢和他开玩笑。

C. 孔乙己言谈举止引人入目，令人感到新奇。

D. 孔乙己学问较高，语言幽默，总能给大家带来欢笑。

3.《秋夜》

（1）全文分为两部分：第一部分（第1至第7自然段）写________，第二部分（第8至第10自然段）写________。（　）

A. 室内景物　　B. 室外景物

C. 天空　　D. 小草

（2）文中“奇怪而高”的天空象征着什么？（　）

A. 进步势力

B. 喧嚣的社会

C. 压迫和摧残进步力量的势力

D. 革命青年

4.《风筝》

（1）文中所说的“对于精神的虐杀的这一幕”，具体指什么？（　）

A. “我”不许小兄弟放风筝，发现他偷做风筝，气得“我”把他快要完工的风筝折断踏扁了。

B. “我”不许小兄弟和自己一起玩游戏。

C. “我”嫌恶小兄弟玩没有出息的游戏。

D. “我”一心想补过，然而小兄弟却全然忘却。

（2）对文章第1自然段自然环境描写的作用分析，不正确的是哪一项？（　）

A. 渲染严冬肃杀的气氛，烘托“我”悲哀的心情。

B. 开篇点题，引出回忆。

C. 开篇定下全文的感情基调。

D. 引起“我”对童年幸福往事的回忆。

5.《父亲对我的教育》

（1）“比如在家吃‘偏饭’……”联系上下文猜一猜：这里的“偏饭”指什么？（　）

A. 指共同的生活中吃好于别人的饭食。

B. 指父亲在教育上对“我”的特殊照顾。

C. 指父亲给“我”安排的优于其他人的饮食。

D. 指专门为“我”定制的和别人不一样的照顾方式。

（2）作者围绕“父亲对我的教育”表达了怎样的情感？请选出说法不恰当的一项。（　）

A. 表达了作者对父亲的赞颂之情。

B. 表达了作者对父亲的敬仰之情。

C. 表达了作者对父亲的歉疚之情。

D. 表达了作者对父亲的无比怀念之情。

6.《记鲁迅先生轶事》

（1）关于“先生的人格”，下列选项中表述不恰当的是哪一项？（　）

A. 真诚不虚伪　　B. 有民族大义

C. 思想开放　　D. 热爱文学

（2）“这是先生人格的影响”中，“这”指的是什么？（　）

A.“我”第一次领教于先生。

B. 先生译著的北欧小说。

C. 教育部免先生职后，齐君就声明辞职。

D. 先生对美术的热爱。

7.《怀鲁迅》

（1）文章的开头第一句写“真是晴天霹雳”，这里的“晴天霹雳”指的是什么？（　）

A. 听到鲁迅先生的死讯。

B. 听到关于战争的讯息。

C. 得知家里人遭遇不幸的消息。

D. 得知好友遇难的消息。

（2）“西天角却出现了一片微红的新月。”对这句话的理解不恰当的是哪一项？（　）

A. 鲁迅虽然逝世了，但是他的精神永存。

B. 鲁迅虽然逝世了，但新的力量必然产生。

C. 这里用环境描写烘托出人们的悲伤。

D. 表达了对民族和文化振兴的期盼。

8.《悼鲁迅先生》

（1）“花圈、唁电、挽辞、眼泪、哀哭从中国各个地方像洪流一样地汇集到上海来。”这句话运用了什么修辞手法？（　）

A. 夸张　　B. 比喻

C. 拟人　　D. 排比

（2）文章最后一段所表达的心情是：________和________。（　）

A. 对鲁迅的怀念

B. 无奈之情

C. 对未来坚定的信念

D. 压抑之性

9.《一件小事》

（1）对于作者在这篇文章中表达的情感分析，下列哪一项说法不正确？（　）

A. 赞美车夫对自己行为负责的精神。

B. 表现了“我”的自愧自省的精神。

C. 批判了社会中人与人之间的关系冷漠。

D. 表现了“我”勇于自我批评的精神。

（2）“风全住了，路上还很静。”这句环境描写，在这里起什么作用？（　）

A. 用安静的环境来烘托“我”此时复杂的心理活动。

B. 用安静的环境来烘托“我”此时平静的心理活动。

C. 用安静的环境来暗示撞人的事件已经处理好了。

D. 用安静的环境来暗示车夫对自己行为负责的高大形象。

10.《优胜记略》

（1）下列选项中，哪一项不属于阿 Q 的性格？（　）

A. 自尊自大　　B. 争强好胜

C. 不满现状　　D. 有同情心

（2）下列不属于阿 Q 的生存法宝是哪一项？（　）

A. 彰显武力　　　　B. 自轻自贱

C. 自我麻木　　　　D. 自我欺骗

11.《藤野先生》

（1）鲁迅弃医从文是因为什么事？（　　）

A. 学医成绩不好　　B. 匿名信事件

C. 看樱花　　　　　D. 看电影事件

（2）《藤野先生》写了藤野先生和“我”的哪几件事？（　　）

A. 添改讲义

B. 纠正解剖图

C. 了解中国女人的裹脚

D. 悬挂照相

12.《鲁迅幼年的学习和生活》

（1）鲁迅先生的祖父对读书有自己的看法，他认为小孩子要念诗，要先读________的诗，再读________的诗。（　　）

A. 白居易　　　　　B. 王维、孟浩然

C. 李白、杜甫　　　D. 李商隐

（2）下列事情不属于鲁迅先生幼年在书房读书做的是哪一项？（　　）

A. 折纸马　　　　　B. 折纸盔

C. 描画　　　　　　D. 恶作剧

13.《回忆鲁迅先生（节选）》

（1）对于《回忆鲁迅先生》一文中所描述的鲁迅形象，下列分析不正确的是哪一项？（　　）

A. 善解人意　　　　B. 乐观幽默

C. 富有生活情趣　　D. 冷酷无情

（2）对这篇文章分析不正确的是哪一项？（　　）

A. 本文表现了对鲁迅先生的敬爱之情。

B. 本文表现了鲁迅先生幽默风趣的性格。

C. 本文表现了鲁迅先生对青年的提携关爱之情以及对革命的支持。

D. 本文表现了鲁迅先生的多疑善怒、语言犀利。

14.《忆鲁迅先生》

（1）在这篇文章中作者回忆了哪两个情景？（　　）

A. 为鲁迅先生守灵

B. 年轻时到北京考大学

C. 病中读《呐喊》

D. 与鲁迅先生谈话

（2）判断正误：《忆鲁迅先生》全篇叙述了鲁迅先生的伟大人格及其作品对自己的巨大影响，深情地歌颂了鲁迅一生的功绩。（　　）

15.《朦胧的敬慕——悼念鲁迅先生》

（1）本文通过几个事例来表现“朦胧的敬慕”，请选出表述不正确的一项。（　　）

A. “我”瞻仰“民国缔造者”孙中山先生的遗体。

B. 作者对死人的不同心理感受。

C. 跛脚小孩吊唁鲁迅先生。

D. “我”珍藏有关孙中山先生的资料。

（2）最后两段在文中的作用是什么？请选出不恰当的一项。（　　）

A. 总结全文　　　　B. 点明主题

C. 照应标题　　　　D. 深化主旨

16.《明天》

（1）作者以《明天》为题的原因，下列解释不正确的是哪一项？（　）

A.“明天”代表着将来和希望。

B.“明天”指第二天。

C.“明天”表明文中主人公单四嫂子渴望摆脱现实，逃往明天。

D. 单四嫂子之类的人不会有明天。

（2）本文除了塑造单四嫂子之外，还描写了“老拱们”“蓝皮阿五”“王九妈”，下列不属于他们形象特点的是哪一项？（　）

A. 冷漠　　　　B. 有同情心

C. 恃强凌弱　　　　D. 缺乏真诚

17.《兔和猫》

（1）对于《兔和猫》中的“兔子”的形象，下列描述不正确的是哪一项？（　）

A. 幼小可爱　　　　B. 天真烂漫

C. 驯良和善　　　　D. 以强凌弱

（2）下列对作品内容的理解和分析，不正确的是哪一项？（　）

A. 作者对兔子生活习性的观察描写细致入微，说明“我”非常喜欢它。

B. 文章着重写兔，仔细地介绍买兔、养兔、育小兔的全过程，让读者通过跌宕起伏的情节发展为小兔高兴，也为它忧愁。

C. 除了小兔子，鸽子、狗、苍蝇也是“我”喜欢并同情的对象。

D. 这篇动物题材小说以小见大，既体现了别具一格的童趣和可爱，也对国民存在的劣根性进行了批评。

18.《五猖会》

（1）“我”一气把书背了出来，且“梦似的就背完了”，对于此处“梦”的含义的理解，下列哪项说法是不正确的？（　）

A. 没有想到自己竟然会背书了。

B.“我”对所背之物一无所知，此时纯粹是在背一堆文字而已。

C.“我”对所背的内容不知对与错，竟然通过了父亲的考查。

D.“我”当时昏昏沉沉的，仿佛在梦里。

（2）“我”被父亲要求背书时，有两处景物描写：“朝阳照着西墙，天气很清朗”“太阳也升得更高了”。这两个句子在文中的作用是什么？（　）

A. 反衬“我”内心的喜悦和轻松。

B. 反衬“我”内心的平静和自由。

C. 反衬“我”内心的焦急和懊恼。

D. 反衬“我”内心的忐忑和难受。

19.《夏三虫》

（1）本文的标题《夏三虫》表面指的是什么？（　）

A. 跳蚤、虱子、苍蝇

B. 跳蚤、蚊子、苍蝇

C. 夏天的三种虫子

D. 指一个人的名字

（2）文中提到的“跳蚤”代表着怎样的人？（　）

A. 代表普通的反动文人

B. 代表着虚伪、矫情的反动文人

C. 代表着表面上危险甚微却会传播病毒的文人

D. 代表影响深远的反动文人

三 中国精神

1.《诚者，天之道也》

（1）“诚者，天之道也。”这里的“诚”指的是什么？（　）

A. 真实　　B. 真诚

C. 实在　　D. 诚信

（2）“________，天之道也；________，人之道也。”把句子补充完整。（　）

A. 诚者　诚之者

B. 诚之者　诚者

C. 诚者　诚者之

D. 诚者之　诚者

2.《中国人失掉自信力了吗》

（1）关于本文的题目，下列说法不恰当的是哪一项？（　）

A. 聚焦当时社会的热点问题。

B. 把要谈的对象直接放在标题上，能引起读者的思考和阅读兴趣。

C. 以问句形式出现，感情强烈。

D. 直接表明作者写本文的目的。

（2）“这就是中国的脊梁。”这句话有什么含义？（　）

A. 运用比喻的修辞手法，生动形象地写出了没有失掉自信力的中国人是中国的主流和希望。

B. 运用拟人的修辞手法，生动形象地写出了没有失掉自信力的中国人是中国的主流和希望。

C. 运用拟人的修辞手法，生动形象地写出了没有失掉自信力的中国人是中国的中坚力量。

D. 运用比喻的修辞手法，表现了作者对他们的热爱，充满希望。

3.《雨花石》

（1）“紫色，不是血，白色，也不是恐怖。是露，是蕊，是叶……那梦已是花团锦簇。”从这一句中可以读出什么？（　）

A. 人们对和平、安宁生活的向往。

B. 人们对美好的大自然的向往。

C. 人们对敌人的痛恨。

D. 人们对亲人的思念。

（2）“每一枚都是一个五彩梦，向往着红旗飞舞。”这一句运用了什么修辞手法？有什么作用？（　）

A. 夸张，突出了共产党的力量之伟大。

B. 拟人，表达出作者对祖国的无限热爱。

C. 对比，表达出作者对革命必胜的决心与信心。

D. 比喻，“向往着红旗飞舞”生动形象地写出了人们对共产党的信仰之坚定。

四 整本书阅读

《可爱的中国》

（1）方志敏在狱中写下《可爱的中国》《清贫》《狱中纪实》等作品，表现了他的什么情感？（　）

A. 对自己年轻生命的总结。

B. 坚贞不屈的革命气节。

C. 对于要离开世界的恋恋不舍。

D. 对自己清贫生活的后悔。

（2）关于《可爱的中国》一文的思想特色，下列说法不正确的是哪一项？（　）

A. 立意高　　B. 革命性

C. 感召力　　D. 幽默有趣

参考答案

一、经典诵读

1.《自题小像》

（1）C

（2）C　解析：这首诗表现了作者即使不被广大的人民所理解，也要唤醒民众、振兴中华的坚定决心和豪迈斗志。

2.《戊年初夏偶作》

（1）对

（2）B　解析：墨面，面容憔悴瘦黑，气色晦暗。

3.《别诸弟三首（其三）》

（1）A　解析：南朝宋人宗悫年轻时，他的叔父问他志愿，他说："愿乘长风破万里浪。"

（2）C

4.《自嘲》

（1）B

（2）D　解析：这首诗表明了鲁迅先生全心全意为人民服务，甘于牺牲、乐于奉献的精神。

5.《岳阳楼记（节选）》

（1）C　　（2）C

6.《大学（节选）》

（1）B　　（2）B

二、走近鲁迅

1.《故乡（节选）》

（1）A　　（2）D

2.《孔乙己》

（1）C　　（2）A

3.《秋夜》

（1）BA　　（2）C

4.《风筝》

（1）A　　（2）D

5.《父亲对我的教育》

（1）B

（2）C　解析：从整篇文章来看，作者从父亲教育他的事情中，充分地表达了对父亲的怀念、赞颂和敬仰之情，歉疚之情是无中生有。

6.《记鲁迅先生轶事》

（1）D　解析：这是对人物性格的分析，在分析文章内容的基础上，概括人物的特点。

（2）C

7.《怀鲁迅》

（1）A

（2）C　解析：这句话具有一定的象征意义，要理解这句话的含义，必须在真正明白文章内容的基础上，再分析探究。

8.《悼鲁迅先生》

（1）B　　（2）AC

9.《一件小事》

（1）C

（2）A　解析：体会环境描写的作用，一定要结合当时的环境，联系上下文来体会。下文写了“我”的心理和想法，说明此时“我”的心情是复杂的。

10.《优胜记略》

（1）D （2）A

11.《藤野先生》

（1）D （2）ABC

12.《鲁迅幼年的学习和生活》

（1）AC （2）D

13.《回忆鲁迅先生（节选）》

（1）D （2）D

14.《忆鲁迅先生》

（1）AC （2）对

15.《朦胧的敬慕——悼念鲁迅先生》

（1）B （2）C

16.《明天》

（1）B （2）B

17.《兔和猫》

（1）D

（2）C 解析：文章中“我”对鸽子、狗、苍蝇是否“喜欢”并不明确，文章并没有详细记叙它们遇害的经过。

18.《五猖会》

（1）A （2）C

19.《夏三虫》

（1）B （2）A

三、中国精神

1.《诚者，天之道也》

（1）B （2）A

2.《中国人失掉自信力了吗》

（1）D （2）A

3.《雨花石》

（1）A （2）D

四、整本书阅读

《可爱的中国》

（1）B

（2）D 解析：作者把共产党人的奋斗目标与可爱的中国紧紧联系在一起，这就使作品的立意达到前所未有的高度。这也是战斗檄文，是共产党人追求中国光明前途的进军号角，具有强烈的革命性。作品以丰富的内容描述了“民众悲惨的命运”，发出了中华民族谋求解放和自由的震耳欲聋的呐喊，强烈地震撼着每一位读者的心灵，具有强大的感召力。